幸運を呼ぶ366日メッセージつ

水晶玉子のオリエン

開運暦2024

水晶玉子

CONTENTS

Part 1

ゲッターズ飯田×水晶玉子

2024〜25年は新しい時代が動きだす大転換点。その前半戦である2024年は運気が改まり、最強占い師の二人が大予測！ 世の中、生活、人間関係はどう変わる？ 新しい価値観との

突然、ダイナミックに揺れ動く!? 今から準備は万全に

Getters

個性の強さが新たな流れを生み出す。自分で考え、決断し、行動を起こそう！

ゲッターズ飯田（以下、ゲ）　これまでの対談で、ずっと「2024〜25年には世の中がガラッと変わる」と話してきましたが、とうとうその時を迎えますね。

水晶玉子（以下、玉）　どんなことが起こるのかちょっとドキドキします。2020年に始まった大きな時代の転換期は、2023年がちょうど曲がり角のカーブの真ん中。ダメなもの、古いものが抽出されて、それを乗り越えようとしながら、やっと先が見え始めるのが2024年。角を曲がり切って大きく変わるのが2025年。なのでこれから、新しい時代を感じさせるものが次々に登場してくると思います。

ゲ　僕が思うこの数年のイメージは、連凧《れんだこ》。連なる凧が強い風に吹かれ、今までとは違う方向へと勢いよく流されていく。一度流されると止まることができない。

玉　2024年の干支《えと》は「甲辰《きのえたつ》」。「甲」は10年をひとサイクルとする十干《じっかん》の占いの最初の年で、新しい時代の始まりです。これから勢いよく成長するものが萌芽しますが、「辰」（龍）は架空の動物なので、現実離れした理念がダイナミックに世の中を動かしていくことが多いんです。

ゲ　十干の占いは、２年単位で世の中を変えていくんですよね。

玉　2024年の「甲」は〝木の陽の気〟で、陽の年は目に見えないものが変わります。2025年の「乙《きのと》」は〝木の陰の気〟で、陰の年は目に見えるものが変わるので、2024年に人々の気持ちが変化し、2025年にはその思いが具現化され、見たり、手にしたりできるようになる。2024〜25年は、特に科学技術が大きく発展するはずです。

ゲ　2024年に新技術が発表されて、2025年に実用化されるのかも。すでに研究が進んでいる次世代電池は、動きがあるかも。

玉　無人タクシーの実用化も期待したいな。

ゲ　辰年は、水面下で行われることが増え、本当に大事なことほど、さらにその下で水脈のように広がっていく。実際に起きていることが見えにくい。物事の裏側にも目を向け、どこに人の流れやお金の流れがあるのかを見極めないと、2025年に成功をつかめなくなります。辰は突然ダイナミックに動くから、今から準備しておかないと！

玉　「辰」という文字は「震」にも通じ、〝揺れ動く〟という意味もある。〝突然大きなスケールで揺れ動く〟となると、地震も心配。

ゲ　辰年は普段は見えないところがうごめくので、確かにそうですね。土地はもちろん、社会の地盤も揺れて崩れていく。

玉　60年前の「甲辰」は東京オリンピックで、新幹線、高速道路建設などで日本の国土がガラッと生まれ変わった成長と発展の年でした。だから2024年も、やり方次第では大きな何かを生み出せて、よりよく変わっていける目はあると思うんです。

ゲ　そうですね、2024年をどう過ごすかで２年後の人生は大きく変わりますよ!!

玉　2024年は新しいものが勢いよく出てくる一方で、消えていく古いものもある。大きな組織の主役が代わったりもする。だからこそ誰かに頼って生きるより、自分の力を信じて生きる時代ですね。

どうなる!? 2024年大予測

新たなものがどんどん生まれていくチャレンジの年です。そんな希望と不安が入り乱れる時代を、
向き合い方のポイントは？ 二人のアドバイスを活かして、幸せな未来をつくっていきましょう。

Tamako

新しいものが次々登場する始まりの年。一粒の種から生まれる希望の芽を育てて

ゲ　僕の『五星三心占い』では、2024年は個性の年。単独行動ができる人、群れなくても平気な人が強くなる。「誰かがしているから」ではなく、「自分はしたいから」というスタンスで自分の道を探さないとダメです。オリエンタル占星術はどうですか？

様々なところで世代交代が。リスキリングが重要になる

玉　オリエンタル占星術では「鬼宿《きしゅく》」の年。鬼は〝人ならざるもの〟なので、常識では考えられない力が働くことがある年なんですよ。また、鬼宿のインド名は植物が育つ力を表しています。小さな種が芽を出し、花を咲かせ、実をつけるように、これから育つ、とても大きなものや、美しいものが生まれる年ともいえます。

ゲ　僕の占いでも、長い間努力してきた、忍耐力のある苦労人が時代を変える年だから、「鬼宿」と似てますね。また、真面目で上品、きちんと生きている人にもスポットが当たる年です。2024年は革命を起こす人と保守的な人が注目され、後半には、そんな異なるタイプの人たちが結束して新しいことを始めます。

玉　同じオリエンタル占星術の宿と六十干《ろくじっかん》支《し》が重なるのは420年に一度のサイクルですが、前回の鬼宿で甲辰の年は江戸時代初頭、1604年。前年の1603年に徳川幕府ができ、1605年は徳川秀忠が家康から将軍職を引き継ぎ、二代将軍になった年です。その間の1604年は、平和な世の基盤をつくるために、多くの人が力を合わせ、世代交代を実現させようとした地味だけど変革の年ともいえると思います。

ゲ　2024年は若い人が活躍できるので、様々なところで世代交代が起きると思います。若い人はチャンスです！

玉　チャンスなのは若い人だけ？

ゲ　特に50代以降は楽しくないかも(笑)。

玉　50代以降が動きにくくなっている理由のひとつに、若い人たちとのデジタルスキルの差がありますよね。

ゲ　わからなければ若い人から学べばいいんですよ。そして、自分でも勉強し直す。

玉　2024年５月26日に、「拡大と発展」の星・木星が、〝初等教育〟を象徴する双子座に入るので基本を学ぶにはピッタリの年。リスキリングの重要性も高まっているし、2024年は必ずひとつ、「自分が興味を持っていること」を学び、育ててほしいです。

ゲ　僕が育ててほしいのは「新しいことへの好奇心」。新しいと思うことは、学んだ

Point

2024年は「鬼宿《きしゅく》」の年

毎年、年運テーブルの「命」の位置にある宿を基本に各宿の年運が決まる。2024年は「鬼宿」が「命」の位置にくるので「鬼宿」の年となる。

り調べたりして、何がスゴイのか考える。挑戦するのは、興味がなかったこと、新しい分野など不慣れなことがいいです。というのも、2024年は〝庶民的なもの〟の運気が落ちて、その後、５年間続く。ここでものわかりのいい〝庶民〟のように自分の意見を持たず、上の言いなりだと、この先どんどん苦しくなる。運を落とさないためにも、新しいことに挑戦して、学んでほしい。

玉　あえて皆とは少し違ったことに挑戦するほうが面白い。個々が、自分の個性を自由に追求できる年にしてほしいですね。

人間関係が入れ替わる時。機械と人との関係は逆転!?

玉　〝個人〟が強くなると、人とのつながりには距離ができそうですね。

ゲ　〝べったり〟ではない距離感にはなるでしょうね。遠距離や中距離恋愛、海外の人との恋が話題になるかも。お互いが「忙しいなら会えなくてもいいよ」みたいな感じで、悪くいえば都合のいい恋も増える。

玉　それでも結婚を見据えた恋愛は増えるはず。「甲」は保守的なので結婚を求めるし、「鬼宿」は〝育む〟宿で、子供が欲しい、家庭を築きたい欲求が恋の始まりになる。

ゲ　お見合い、友人の紹介は成功率が上がります。結婚相談所の新バージョンも出てきそう。ただ何事も水面下で動く年なので、不倫も多くなりそうです。

玉　人間関係はガラッと入れ替わる可能性があります。そうなったら、今の縁に執着するより、これまでと違う人間関係を求めたほうが運気的にはいいです。

ゲ　「メンバーチェンジの時」と受け入れれば、新鮮な人間関係を楽しめる。でも今の縁に執着すると寂しくなる。いずれにしても、様々な〝つき合い方〟が変わるでしょう。

玉　私が〝つき合い方〟で気になっているのが、人と機械の関わり方です。西洋占星術では、「破壊と再生」の星・冥王星が、2024年11月20日に平等やテクノロジーを象徴する水瓶座へ完全に移動、約20年滞在します。水瓶座に冥王星が滞在する時代は、世の中の仕組みや人の価値観が逆転するといわれています。冥王星が12星座を１周するのには約250年かかり、前回、冥王星が水瓶座にあった時にはフランス革命が起き、権力が貴族から市民へと移っています。その前は、天文学者のコペルニクスなどが、天動説に替わって地動説を唱えた時代。では今回の水瓶座・冥王星時代に何が逆転するのかというと、人と機械の関係じゃないかと思うんです。機械が主役で人がサポート役になる、みたいな。機械の力と人がすべきことをどう折り合いをつけていくかが、これからの水瓶座・冥王星時代のひとつのテーマになるかもしれません。

ゲ　2025年に向けて、世の中のルールが変わってきている。それに伴って、あちこちで逆転現象が起き始めています。

玉　2023年の３月24日から６月11日の間、冥王星は水瓶座に滞在しましたが、その時に話題になったのが生成系AI。人工知能が世の中をどう変えるかなんて、水瓶座・冥王星時代を象徴する出来事だと思いました。

ゲ　機械と人の関係は、いつか逆転するでしょうね。今だって、部屋を綺麗にした電動掃除機を、僕が時間をかけて掃除している。とても微妙な気持ちになります(笑)。

玉　便利家電あるある、ですね(笑)。新しいテクノロジーはとても便利。次々出てくるけど、実際はなかなか安定した運用ができていません。マイナンバーカードのシステムも、問題が起きて人がその対応に追われるたびに、「人が機械に使われている」と感じてしまいます。「この数年で価値観も仕組みも大きく変わる」、占いにもそう出ているのでわかっているけど、実際にそうなった時、本当に自分が世の中についていけるか、ちょっと心配です。

ゲ　玉子さんは運がいいから問題ないです。僕も大変なことがあっても「自分は運がいいから大丈夫！」って思っているし、それで実際、運もすごくよくなってます。時代の流れに乗れず、運が悪くなった人がいても、それはこれまでやっていなかったことが表面化しているだけ。「成長するきっかけができた！」と気持ちを切り替えて、目の前の課題をクリアすればいいんです。

玉　いくつになってもどんな時も成長することを信じないと運気はよくなりません。私もゲッターズさんのように未来志向になって、自分を成長させる年にします！

経済の波乱は続く。大阪・関西万博に向け、最先端技術も登場

玉　「拡大と発展」の星・木星は、2024年５月26日まで経済を象徴する牡牛座にとどまります。日本では株価が上がっても、物価高や増税で国民の生活は苦しくなるなど、私たちの生活とかけ離れたところで経済が激しく動いている気がします。

ゲ　お金持ち同士で、大金を回しているだけですからねぇ。

玉　木星が牡牛座を抜けた後も、「改革」の星・天王星は2025年７月までは牡牛座にあるし、経済はまだ落ち着きませんね。

ゲ　2024年ではないかもしれないけど、まだまだ税金は上がると思いますよ。

玉　経済についても、国任せではなく、もっと個人が学ばないといけませんね。また、木星が双子座に移動していくと、IT、最先端技術が経済を動かしていきそうです。

ゲ　2025年は大阪・関西万博もあるし、新技術の登場が楽しみです。新しいゲームができたり、AIアイドルも増えるでしょう。

玉　AIアナウンサーも出てきていますね。

ゲ　苦労人がブレイクするので、地下アイドル、目立たなかった実力派役者。品も大事だから金持ちキャラ、お嬢様タレントも。

玉　優等生キャラ、高学歴タレントも。ロイヤルファミリーにも注目が集まります。

ゲ　華道や茶道、マナー、武道、着物の着付けなど、伝統的なものを学ぶのもいい。綺麗な所作が運を呼ぶ時代が４～５年続くので、今から始めておくとお得です。

玉　新しいものが出てくるからこそ、過去の素晴らしいものを守り続けることも大事

ゲッターズ飯田の開運3か条

1

見えない努力が個性を
磨く。好きなことを
極めるのもいい

2

時代の先を読む。
水面下での動き、物事の
裏側にも目を向ける

3

執着しない。
縁がないものは
終わらせていく

水晶玉子の開運3か条

1

今後〝伸ばしたいもの〟を
探して、学び、
育ててみよう

2

アロマは幸運を呼ぶ
アイテム。生活の中に、
好きな香りを漂わせて

3

守り続けたい
ものに気づき、
大事にする

Profile

ゲッターズ飯田

テレビで大人気！ 話題の占い師。『ゲッターズ飯田の五星三心占い2024』（朝日新聞出版）、『ゲッターズ飯田の五星三心占い 開運手帳2024』（幻冬舎）（共に12種）、大好評発売中!!

です。守るための新しい技術にも注目したい。牡牛座と双子座に木星が入る2024年は、食品や自然が見直される。代替食品、昆虫食など以外で、食料問題の解決策が出てくるといいな。自然回帰の動きも起こるので、植物園なども開運スポットです。

ゲ　今回の撮影も花や緑に囲まれていましたね(笑)。僕のおすすめはご神木など、大木のある神社。川、滝、かけ流しの温泉など、水のあるところや、水族館も開運スポット。ちなみに玉子さんの開運カラーは？

玉　水色などのブルー系とイエローです。ゲッターズさんの開運カラーは？

ゲ　水がポイントになるので、青です。

玉　そうそう！「鬼宿」が人体で司るのは鼻なので、アロマは開運アイテム。好きな香りに包まれると運気があがりますよ。

ゲ　実は2023年後半もとても大事。2024年まで待たず、ピンときたことは、すぐに勉強や、チャレンジをしてください。

etters

“誰か”ではなく“自分”がしたいことをする。新分野、不慣れなことにも、あえて挑戦！

二人の幸運日と警戒日が重なる日は要チェック！

玉　私は何をやろうかなぁ。ゲッターズさんは新しい勉強を始めるんでしょう。

ゲ　脚本の学校に行きます。占いを通じて出会った人の人生を物語にできたら、と。

玉　たくさんの人を占っているから、いろいろなドラマが生まれそう！

ゲ　コツコツ頑張ります(笑)。学校に行く、勉強を始めるなど、特別な行動を起こす日を幸運日にするのもいいです。特にオリエンタル占星術のカレンダーで★が３つ以上ついている日と、僕の『五星三心占い』の◎の日が重なる日は、年に数回しかない最大幸運日。活用しない手はないです。

玉　反対に、警戒日は動かない！

ゲ　玉子さんのカレンダーの！が３つ以上と、僕のカレンダーの×の日が重なったら最大警戒日。本当にヤバイので厳重注意。

玉　私は家でおとなしく過ごします。電話やメールも急ぎの要件以外は避けちゃう。

ゲ　僕も基本、家で原稿を書いてますね(笑)。オリエンタル占星術の警戒期間「七《しち》曜陵逼《ようりょうひつ》」は、2024年はいつですか？

玉　１月と２月、９月と10月。前半と後半に集中しているんですよ。それ以外は思い切り動けると思えば、少し気が楽(笑)。各宿の「七曜陵逼の乗り切り方」を参考に過ごしていただければと思います。ただ、１月２日から「七曜陵逼」なので、お正月ははじけすぎないほうがよいかも。

ゲ　自分のペースで慎重に、幸運の種を育て始めたほうがよさそうですね。2024年は、何かを極めた人たちが評価される時代。好きなことを見つけ、ゆっくりでもずっと続けることで強くなるし、個性も輝いてくる。これが得意と思える何かを見つけると、いい年になります。

玉　「鬼宿」は、一粒の種から、命が育っていく不思議な力を表す宿。いわば“神業”ですが、人間も生きている限りは、そんな成長する、変わっていける力を誰しもが秘めているんだと思います。2024年は自分の可能性を諦めずに、未来に続く大切な芽を育てていきましょう。

※本対談は2023年６月に行われました。

T amako

新しい学びを、必ずひとつ始めて。自分の可能性を信じ、未来のために！

Part 2

27宿×12星座

[27宿]×[12星座]の組み合わせによる、2024年の運勢ランキング全324位を大公開!! 最強な１位は？ 自分の順位のほか、家族や友人、気になる人もぜひチェックしてみて！ 自分より強運な人と行動すると運気もUP！

2024年運勢ランキング発表!!

Happiest
1-10位

1 柳宿×牡牛座
これまでの出来事がすべてプラスに転じ、夢が叶う。望みを達成する喜びが

2 井宿×牡牛座
欲しかったものを得て、行きたい場所に行き、会いたい人にも会えて大充実

3 柳宿×双子座
大変な仕事や難しいミッションも軽々クリア。周囲の人も巻き込んで幸せに

4 参宿×牡牛座
どんな出来事、変化も、結果的にあなたを成長させるので、安心して挑戦を

5 井宿×双子座
自分でも気づかなかった、自分の能力や可能性が開花。活躍の場が広がる年

6 張宿×牡牛座
魅力や才能が花開く。本当にやりたかったことが実現できるチャンス到来!!

7 柳宿×獅子座
あなたの思いや努力が報われる年。喜びと優しさに満ちた世界が待っている

8 参宿×双子座
あなたの頑張りや個性が認められる。存分に活かして大きく飛躍できそう

9 畢宿×牡牛座
ありのままの自分でいられる場や、人間関係に恵まれる。安らげて大満足

10 井宿×獅子座
待ち望んでいた出会いがもたらされ、望んだ方向へと道が開ける幸運あり

Happier
11-60位

11 張宿×双子座
12 奎宿×牡牛座
13 柳宿×蟹座
14 参宿×獅子座
15 畢宿×双子座
16 氐宿×牡牛座
17 井宿×蟹座
18 張宿×獅子座
19 奎宿×双子座
20 亢宿×牡牛座
21 柳宿×牡羊座
22 参宿×蟹座
23 畢宿×獅子座
24 氐宿×双子座
25 胃宿×牡牛座
26 井宿×牡羊座
27 張宿×蟹座
28 奎宿×獅子座
29 亢宿×双子座
30 軫宿×牡牛座
31 柳宿×山羊座
32 参宿×牡羊座
33 畢宿×蟹座
34 氐宿×獅子座
35 胃宿×双子座
36 翼宿×牡牛座
37 井宿×山羊座
38 張宿×牡羊座
39 奎宿×蟹座
40 亢宿×獅子座
41 軫宿×双子座
42 心宿×牡牛座
43 柳宿×蠍座
44 参宿×山羊座
45 畢宿×牡羊座
46 氐宿×蟹座
47 胃宿×獅子座
48 翼宿×双子座
49 室宿×牡牛座
50 井宿×蠍座
51 張宿×山羊座
52 奎宿×牡羊座
53 亢宿×蟹座
54 軫宿×獅子座
55 心宿×双子座
56 危宿×牡牛座
57 柳宿×乙女座
58 参宿×蠍座
59 畢宿×山羊座
60 氐宿×牡羊座

Happy
61-120位

61 胃宿×蟹座
62 翼宿×獅子座
63 室宿×双子座
64 箕宿×牡牛座
65 井宿×乙女座
66 張宿×蠍座
67 奎宿×山羊座
68 亢宿×牡羊座
69 軫宿×蟹座
70 心宿×獅子座
71 危宿×双子座
72 昴宿×牡牛座
73 柳宿×水瓶座
74 参宿×乙女座
75 畢宿×蠍座
76 氐宿×山羊座
77 胃宿×牡羊座
78 翼宿×蟹座
79 室宿×獅子座
80 箕宿×双子座
81 女宿×牡牛座
82 井宿×水瓶座
83 張宿×乙女座
84 奎宿×蠍座
85 亢宿×山羊座
86 軫宿×牡羊座
87 心宿×蟹座
88 危宿×獅子座
89 昴宿×双子座
90 星宿×牡牛座
91 柳宿×魚座
92 参宿×水瓶座
93 畢宿×乙女座
94 氐宿×蠍座
95 胃宿×山羊座
96 翼宿×牡羊座
97 室宿×蟹座
98 箕宿×獅子座
99 女宿×双子座
100 鬼宿×牡牛座
101 井宿×魚座
102 張宿×水瓶座
103 奎宿×乙女座
104 亢宿×蠍座
105 軫宿×山羊座
106 心宿×牡羊座
107 危宿×蟹座
108 昴宿×獅子座
109 星宿×双子座
110 房宿×牡牛座
111 柳宿×天秤座
112 参宿×魚座
113 畢宿×水瓶座
114 氐宿×乙女座
115 胃宿×蠍座
116 翼宿×山羊座
117 室宿×牡羊座
118 箕宿×蟹座
119 女宿×獅子座
120 鬼宿×双子座

Normal
121-200位

121 壁宿×牡牛座
122 井宿×天秤座
123 張宿×魚座
124 奎宿×水瓶座
125 亢宿×乙女座
126 軫宿×蠍座
127 心宿×山羊座
128 危宿×牡羊座
129 昴宿×蟹座
130 星宿×獅子座
131 房宿×双子座
132 斗宿×牡牛座
133 柳宿×射手座
134 参宿×天秤座
135 畢宿×魚座
136 氐宿×水瓶座
137 胃宿×乙女座
138 翼宿×蠍座
139 室宿×山羊座
140 箕宿×牡羊座
141 女宿×蟹座
142 鬼宿×獅子座

143 壁宿×双子座
144 婁宿×牡牛座
145 井宿×射手座
146 張宿×天秤座
147 奎宿×魚座
148 亢宿×水瓶座
149 軫宿×乙女座
150 心宿×蠍座
151 危宿×山羊座
152 昴宿×牡羊座
153 星宿×蟹座
154 房宿×獅子座
155 斗宿×双子座
156 尾宿×牡牛座
157 参宿×射手座
158 畢宿×天秤座
159 氐宿×魚座
160 胃宿×水瓶座
161 翼宿×乙女座
162 室宿×蠍座
163 箕宿×山羊座
164 女宿×牡羊座
165 鬼宿×蟹座
166 壁宿×獅子座
167 婁宿×双子座
168 觜宿×牡牛座
169 張宿×射手座
170 奎宿×天秤座
171 亢宿×魚座
172 軫宿×水瓶座
173 心宿×乙女座
174 危宿×蠍座
175 昴宿×山羊座
176 星宿×牡羊座
177 房宿×蟹座
178 斗宿×獅子座
179 尾宿×双子座
180 角宿×牡牛座
181 畢宿×射手座
182 氐宿×天秤座
183 胃宿×魚座
184 翼宿×水瓶座
185 室宿×乙女座
186 箕宿×蠍座
187 女宿×山羊座
188 鬼宿×牡羊座
189 壁宿×蟹座
190 婁宿×獅子座
191 觜宿×双子座
192 虚宿×牡牛座
193 奎宿×射手座
194 亢宿×天秤座
195 軫宿×魚座
196 心宿×水瓶座
197 危宿×乙女座
198 昴宿×蠍座
199 星宿×山羊座
200 房宿×牡羊座

Care
201-270位

201 斗宿×蟹座
202 尾宿×獅子座
203 角宿×双子座
204 氐宿×射手座
205 胃宿×天秤座
206 翼宿×魚座
207 室宿×水瓶座
208 箕宿×乙女座
209 女宿×蠍座
210 鬼宿×山羊座
211 壁宿×牡羊座
212 婁宿×蟹座
213 觜宿×獅子座
214 虚宿×双子座
215 亢宿×射手座
216 軫宿×天秤座
217 心宿×魚座
218 危宿×水瓶座
219 昴宿×乙女座
220 星宿×蠍座
221 房宿×山羊座
222 斗宿×牡羊座
223 尾宿×蟹座
224 角宿×獅子座
225 胃宿×射手座
226 翼宿×天秤座
227 室宿×魚座
228 箕宿×水瓶座
229 女宿×乙女座
230 鬼宿×蠍座
231 壁宿×山羊座
232 婁宿×牡羊座
233 觜宿×蟹座
234 虚宿×獅子座
235 軫宿×射手座
236 心宿×天秤座
237 危宿×魚座
238 昴宿×水瓶座
239 星宿×乙女座
240 房宿×蠍座
241 斗宿×山羊座
242 尾宿×牡羊座
243 角宿×蟹座
244 翼宿×射手座
245 室宿×天秤座
246 箕宿×魚座
247 女宿×水瓶座
248 鬼宿×乙女座
249 壁宿×蠍座
250 婁宿×山羊座
251 觜宿×牡羊座
252 虚宿×蟹座
253 心宿×射手座
254 危宿×天秤座
255 昴宿×魚座
256 星宿×水瓶座
257 房宿×乙女座
258 斗宿×蠍座
259 尾宿×山羊座
260 角宿×牡羊座
261 室宿×射手座
262 箕宿×天秤座
263 女宿×魚座
264 鬼宿×水瓶座
265 壁宿×乙女座
266 婁宿×蠍座
267 觜宿×山羊座
268 虚宿×牡羊座
269 危宿×射手座
270 昴宿×天秤座

Caution
271-314位

271 星宿×魚座
272 房宿×水瓶座
273 斗宿×乙女座
274 尾宿×蠍座
275 角宿×山羊座
276 箕宿×射手座
277 女宿×天秤座
278 鬼宿×魚座
279 壁宿×水瓶座
280 婁宿×乙女座
281 觜宿×蠍座
282 虚宿×山羊座
283 昴宿×射手座
284 星宿×天秤座
285 房宿×魚座
286 斗宿×水瓶座
287 尾宿×乙女座
288 角宿×蠍座
289 女宿×射手座
290 鬼宿×天秤座
291 壁宿×魚座
292 婁宿×水瓶座
293 觜宿×乙女座
294 虚宿×蠍座
295 星宿×射手座
296 房宿×天秤座
297 斗宿×魚座
298 尾宿×水瓶座
299 角宿×乙女座
300 鬼宿×射手座
301 壁宿×天秤座
302 婁宿×魚座
303 觜宿×水瓶座
304 虚宿×乙女座
305 房宿×射手座
306 斗宿×天秤座
307 尾宿×魚座
308 角宿×水瓶座
309 壁宿×射手座
310 婁宿×天秤座
311 觜宿×魚座
312 虚宿×水瓶座
313 斗宿×射手座
314 尾宿×天秤座

Worst
315-324位

315 角宿×魚座
よかれと思ったことが裏目に出がち。現実をシビアに見る視点を持ち、行動して

316 婁宿×射手座
人に振り回されやすく、無理をする恐れ。疲れたら早めに休んでパワーチャージを

317 觜宿×天秤座
期待したり、あてにするとガッカリ。自分のことはできる限り自分でやる

318 虚宿×魚座
変わりたい…と思ってもなかなか動けない。まずはマインドシフトをしよう

319 尾宿×射手座
限界や閉塞感を感じやすいけれど、身近なところに小さな喜びを探せるはず

320 角宿×天秤座
易きに流れやすく楽することばかりを考えて低迷。自分で決めたことは厳守

321 觜宿×射手座
これまでのやり方が通用せず四苦八苦。迷ったら〝初心〟に帰って再挑戦を

322 虚宿×天秤座
理不尽な出来事に巻き込まれることが。一気にやる気を失わないよう注意

323 角宿×射手座
面倒な現実に追われる日々が続きそう。無茶な現実逃避をしたくなるかも

324 虚宿×射手座
変わってほしいことは変わらず、変わらないでほしいことが変わる。柔軟に

Part 3

27宿別

全運勢&366日メッセージつき開運暦

日本も世界も、まだまだ混迷が続く2024年。運気の波に乗るために、27宿別の全運勢と１年分の開運暦を大公開！ 本命宿は【本命宿早見表】（P188〜200）、または２次元バーコードから飛んだ特設ページでご確認ください。運勢を知り、アドバイスを活用して、HAPPYな366日を過ごしましょう！

玉子先生が教える開運暦2024活用術

1 持つだけ&見るだけで運気上昇!!

2024年の開運モチーフは花、全体の開運色は黄色と水色などのブルー系。各宿のページにはその宿の開運色の花柄の星の子や花が！ 開運デザインの１冊を楽しんで。

2 2024年は「鬼宿」の年。〝育てる〟が幸運の鍵

「鬼宿」は人知を超えた存在の〝鬼〟を表す宿。花や滋養を意味し、物事を育てる力を持っています。2024年は何かを育てることが開運につながります！

3 波乱の「七曜陵逼《しちようりょうひつ》」。乗り切り方は必読!

2024年は、誰にとっても運気が荒れやすい「七曜陵逼」が４回（95日間も!!）訪れます。何に注意して過ごせばいいのか、宿別に過ごし方のコツを解説。

4 「最大開運日」と「最大警戒日」をカレンダーで確認

すべてがうまくいく「最大開運日」と、警戒度MAXの「最大警戒日」を、「開運暦」のカレンダーにわかりやすくマーク。スケジュールにメモして活用を！

5 おみくじシールの開運アドバイスを忘れず、日々に活かして

この本のスペシャル付録「おみくじシール」中央のお花をめくると、あなたへの特別なメッセージが！ シールは手帳の重要な日に貼って使って。

運勢ページの見方 まずは2024年の運気をチェック!

開運キーワード

開運の色や場所、食べ物、アイテム、石、アロマ。愛でても育ててもよい花や植物も紹介。

2024年開運3か条

運気アップにつながる3つのアドバイス。1年間のお守り代わりに心にとどめて過ごそう。

愛情運

運気を知って出会いや縁をキャッチ!! 大切な人との関係を深めるコツをお伝えします。

仕事運

自分らしく働き、成長し、活躍するためのヒント。転職や学び直しのチャンスなども解説。

美容・健康運

運気の波に沿ったメンテナンスで、美と心身の状態を上向きに。印象アップのポイントも。

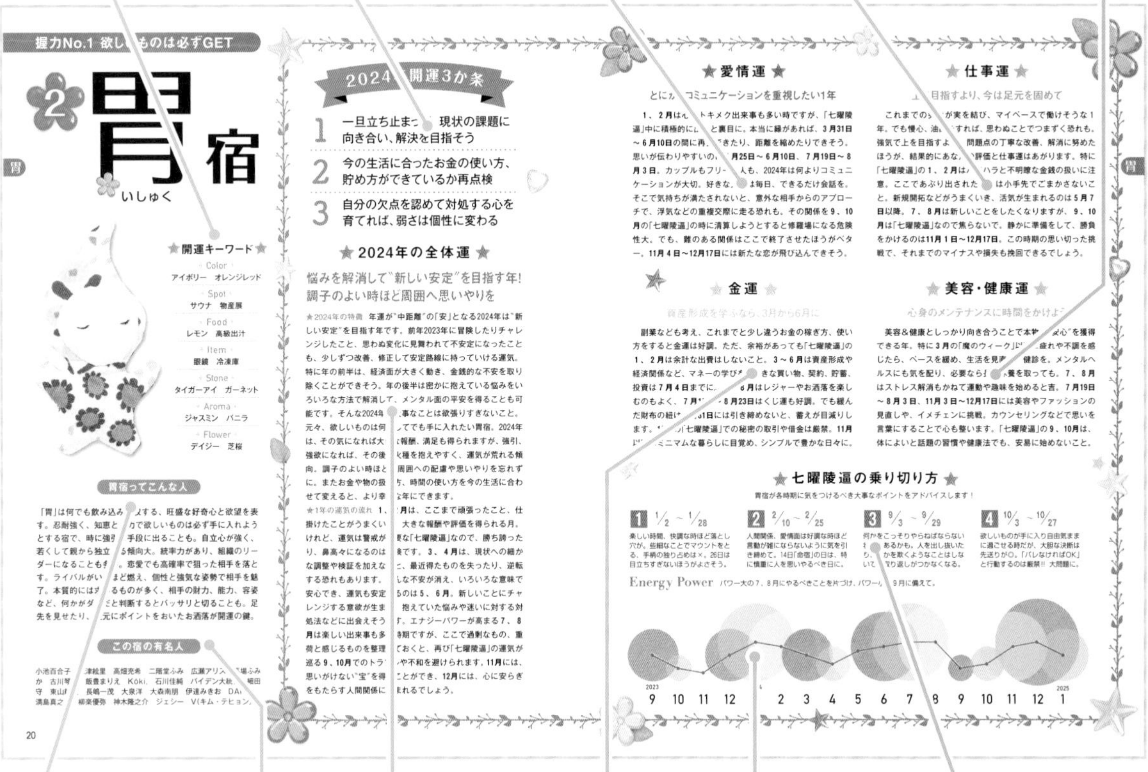
握力No.1 欲し ものは必ずGET

2 胃宿

いしゅく

胃

★開運キーワード★

Color
アイボリー　オレンジレッド

Spot
サウナ　物産展

Food
レモン　高級出汁

Item
眼鏡　冷凍庫

Stone
タイガーアイ　ガーネット

Aroma
ジャスミン　バニラ

Flower
デイジー　芝桜

胃宿ってこんな人

「胃」は何でも飲み込み する、旺盛な好奇心と欲望を表す。忍耐強く、知恵と 力で欲しいものは必ず手に入れようとする宿で、時に強引 手段に出ることも。自立心が強く、若くして親から独立 る傾向大。統率力があり、組織のリーダーになることも多 。恋愛でも高確率で狙った相手を落とす。ライバルがい ほど燃え、個性と強気な姿勢で相手を魅了。本質的には 　るものが多く、相手の財力、能力、容姿など、何かがダ 　と判断するとバッサリと切ることも。足先を見せたり、 元にポイントをおいたお洒落が開運の鍵。

この宿の有名人

小池百合子　 津絵里　高畑充希　二階堂ふみ　広瀬アリス　 場ふみか　古川琴 　飯豊まりえ　Kōki,　石川佳純　バイデン大統 　細田守　東山 　長嶋一茂　大泉洋　大森南朋　伊達みきお　DA 　満島真之 　柳楽優弥　神木隆之介　ジェシー　V(キム・テヒョン)

20

2024 開運3か条

1 一旦立ち止まっ 現状の課題に向き合い、解決を目指そう

2 今の生活に合ったお金の使い方、貯め方ができているか再点検

3 自分の欠点を認めて対処する心を育てれば、弱さは個性に変わる

★2024年の全体運★

悩みを解消して"新しい安定"を目指す年! 調子のよい時ほど周囲へ思いやりを

★2024年の特徴　年運が"中距離"の「安」となる2024年は"新しい安定"を目指す年です。前年2023年に冒険したりチャレンジしたこと、思わぬ変化に見舞われて不安定になったことも、少しずつ改善、修正して安定路線に持っていける運気。特に年の前半は、経済面が大きく動き、金銭的な不安を取り除くことができそう。年の後半は密かに抱えている悩みをいろいろな方法で解消して、メンタル面の平安を得ることも可能です。そんな2024年 事なことは欲張りすぎないこと。元々、欲しいものは何 してでも手に入れたい胃宿。2024年は、その気になれば大 な報酬、満足も得られますが、強引、強欲になれば、その後 火種を抱えやすく、運気が荒れる傾向。調子のよい時ほど 周囲への配慮や思いやりを忘れずに。またお金や物の扱 い、時間の使い方を今の生活に合わせて変えると、より幸 な年にできます。

★1年の運気の流れ　1、 月は、ここまで頑張ったこと、仕掛けたことがうまくい 　大きな報酬や評価を得られる月。けれど、運気は警戒が 要な「七曜陵逼」なので、勝ち誇ったり、鼻高々になるのは 険です。3、4月は、現状への細かな調整や検証を加えな 、最近得たものを失ったり、逆転する恐れもあります。 な不安が消え、いろいろな意味で安心でき、運気も安定 るのは5、6月。新しいことにチャレンジする意欲が生ま 　抱えていた悩みや迷いに対する対処法などに出会えそう す。エナジーパワーが高まる7、8月は楽しい出来事も多 い時期ですが、ここで過剰なもの、重荷と感じるものを整理 しておくと、再び「七曜陵逼」の運気が巡る9、10月でのトラ ルや不和を避けられます。11月には、思いがけない"宝"を得 ることができ、12月には、心に安らぎをもたらす人間関係に 恵まれるでしょう。

★愛情運★

とにか コミュニケーションを重視したい1年

1、2月は 　トキメク出来事も多い時ですが、「七曜陵逼」中に積極的に 　と裏目に。本当に縁があれば、3月31日～6月10日の間に再 　きたり、距離を縮めたりできそう。思いが伝わりやすいの 　月25日～6月10日、7月19日～8月3日。カップルもフリー 人も、2024年は何よりコミュニケーションが大切。好きな 　は毎日、できるだけ会話を。そこで気持ちが満たされないと、意外な相手からのアプローチで、浮気などの重複交際に走る恐れも。その関係を9、10月の「七曜陵逼」の時に清算しようとすると修羅場になる危険性大。でも、難のある関係はここで終了させたほうがベター。11月4日～12月17日には新たな恋が飛び込んできそう。

★仕事運★

上 目指すより、今は足元を固めて

これまでの 　が実を結び、マイペースで働けそうな1年。でも慢心、油 すれば、思わぬことでつまずく恐れも。強気で上を目指すよ 　問題点の丁寧な改善、解消に努めたほうが、結果的にあな 　評価と仕事運はあがります。特に「七曜陵逼」の1、2月は 　ハラと不明瞭な金銭の扱いに注意。ここであぶり出された 　は小手先でごまかさないこと。新規開拓などがうまくいき、活気が生まれるのは5月7日以降。7、8月は新しいことをしたくなりますが、9、10月は「七曜陵逼」なので焦らないで。静かに準備をして、勝負をかけるのは11月1日～12月17日。この時期の思い切った挑戦で、それまでのマイナスや損失も挽回できるでしょう。

★金運★

資産形成を学ぶなら、3月から6月に

副業なども考え、これまでと少し違うお金の稼ぎ方、使い方をすると金運は好調。ただ、余裕があっても「七曜陵逼」の1、2月は余計な出費はしないこと。3～6月は資産形成や経済関係など、マネーの学び 　きな買い物、契約、貯蓄、投資は7月4日までに。 　8月はレジャーやお洒落を楽しむのもよく、7月 　～8月23日はくじ運も好調。でも緩んだ財布の紐は 　31日には引き締めないと、蓄えが目減りします。 　の「七曜陵逼」での秘密の取引や借金は厳禁。11月 　ミニマムな暮らしに目覚め、シンプルで豊かな日々に。

★美容・健康運★

心身のメンテナンスに時間をかけよう

美容&健康としっかり向き合うことで本物 安心"を獲得できる年。特に3月の「魔のウィーク」以 疲れや不調を感じたら、ペースを緩め、生活を見直 　健診を。メンタルヘルスにも気を配り、必要なら 養を取っても。7、8月はストレス解消もかねて運動や趣味を始めると吉。7月19日～8月3日、11月3日～12月17日には美容やファッションの見直しや、イメチェンに挑戦。カウンセリングなどで思いを言葉にすることで心も整います。「七曜陵逼」の9、10月は、体によいと話題の習慣や健康法でも、安易に始めないこと。

★七曜陵逼の乗り切り方★

胃宿が各時期に気をつけるべき大事なポイントをアドバイスします!

1 1/2～1/28
楽しい時間、快調な時ほど落とし穴が。些細なことでマウントをとる、手柄の独り占めは×。26日は目立ちすぎないほうがよさそう。

2 2/10～2/25
人間関係、愛情面は好調な時ほど言動が雑にならないように気を引き締めて。14日「命宿」の日は、特に慎重に人を思いやるべき日に。

3 9/3～9/29
何かをこっそりやらねばならない 　あるかも。人を出し抜いたり、 かを欺くようなことはしないて 取り返しがつかなくなる。

4 10/3～10/27
欲しいものが手に入り自由気ままに過ごせる時だが、大胆な決断は先送りが○。「バレなければOK」と行動するのは厳禁!! 大問題に。

Energy Power　パワー大の7、8月にやるべきことを片づけ、パワー 　9月に備えて。

2023
9 10 11 12 2 3 4 5 6 7 8 9 10 11 12 1
2025

この宿ってこんな人

あなたの本質や、持って生まれた強み、秘めた能力、人間関係と恋愛・結婚の傾向、体の開運部位を解説。

2024年の全体運

1年間の運気の傾向を「2024年の特徴」として、各月の傾向を「1年の運気の流れ」として、解説します。2024年の過ごし方の方向性をつかみましょう!

金運

2024年ならではのお金の使い方、貯め方を説明。さらに金運をよりアップさせる秘訣も!

七曜陵逼の乗り切り方

2024年は運気に波乱を呼ぶ「七曜陵逼」が1月2～28日、2月10～25日、9月3～29日、10月3～27日と4回も訪れます! その期間、何に気をつけて過ごせばよいのか? 宿別にそれぞれのポイントをまとめて指南。

年間のエナジーパワー

1年の心身のエナジーパワーの推移が一目でわかる!! パワーボールが大きい時はアクティブに、小さい時は慎重に過ごすように。

この宿の有名人

この人もこの宿!? 各界で活躍の人々をご紹介!! イメージがつかめます。

開運暦の見方　毎日のアドバイスで366日HAPPYに!

1か月の運勢

1か月の運勢を解説。どのように過ごせばよいか気をつけるべき点をアドバイスします。まずチェック!!

2024年の甘露日《かんろび》・金剛峯日《こんごうぶび》・羅刹日《らせつび》

甘露日は何をするのにもよい大吉の日。金剛峯日は甘露日に次ぐ吉日。その日の運気の凶作用を緩和し、吉作用を増加。羅刹日は災難に見舞われやすい凶運日。吉作用を減らし、凶作用を増加。それぞれの日により、開運メッセージ冒頭にある「！」や「★」の数が変わります。

甘露日　金剛峯日　羅刹日

七曜陵逼

日付欄がグレー地の期間ですべての人に危険な時期。2024年は1、2月、9、10月に計4回も「七曜陵逼」が巡ってくるので要警戒！

六害宿《ろくがいしゅく》

命 事 意 聚 同 克

日付欄がグレー地の「七曜陵逼」の期間に訪れる大凶運日。通常は悪い運気ではない「命」「栄」「安」の日が最大レベルの警戒日に変化する。細心の注意を払って過ごしましょう（それぞれの乗り切り方はP13参照）。

運気の変わり時

「胎」は運気の変わり目の日。心は不安定になりがちで積極的な行動には向かないが、新たなスタートを切るにはよい日です。「命」も、「胎」と同じく運気の変わり目で、心身は不安定に。大きな決断はしないほうがよい日とされています。

最大開運日　2/1、6/15　　最大警戒日　1/4、2/10

2月

掃除や整理、アート活動で心整えて

ケジメをつ[illegible]けたり、つけられたりする星まわり。しなけれ[illegible]ならない決断や選択は「七曜陵逼」と「魔のウィ[illegible]ーク」前の8日までに。10日「事宿」の日は、人[illegible]ことに関心を持ちすぎると、〝やぶ蛇〟で自分の秘密がバレる恐れあり。心が整理できない時は、人に会うよりも部屋の掃除や物の整理、アート活動などを。

日付	運	月齢	開運メッセージ
1(木)	栄	◑	★★★皆が敬遠[illegible]仕事を引き受けよう
2(金)	衰	◑	返事は先送りにしないで。心を決める時
3(土)	安	◑	$$不要品を売ると意外な高値がつ[illegible]そう
4(日)	危	◑	バレンタインフェアでチョコレー[illegible]を吟味
5(月)	成	◑	◆◆信頼する仲間と共同作業[illegible]うまくいく
6(火)	壊	◑	！悪いと思ったら、まず「ご[illegible]めんなさい」を
7(水)	友	◑	★★相談することでヒ[illegible]トが見え[illegible]る
8(木)	親	◑	★★★大きな決断[illegible]選択はこの日までに
9(金)	業	●	！やりたいこと[illegible]り求められる[illegible]に注力
10	事	●	！！！！詮[illegible]NG。自分の秘密が[illegible]バレる
11(日)	栄	●	！！アート活動を。するのも見る[illegible]もいい
12(月)	衰	◐	！！ジタバタしない。ドンと構え[illegible]いよう
[illegible]	克	◐	！！！！去る者を追っても得るも[illegible]はない
14(水)	危	◐	！！言いっぱなし、やりっぱなし[illegible]モメる
15(木)	成	◐	！！滞納や未払いがあるならすぐ[illegible]清算
[illegible]	聚	◐	！！！！終わったはずの恋が心[illegible]がせる
17(土)	友	◐	部屋の掃除をすると不思議と心もスッキリ
18(日)	親	◐	家族[illegible]ービス。皆の希望が叶うように調整
19	胎	◐	マンダリンの[illegible]が心を癒してくれそう
20	同	◐	！[illegible]！！順調だったこと[illegible]り出しに!?
21(水)	衰	◐	♥マメ[illegible]連絡が二人の距離をさら[illegible]
22(木)	安	○	★おかずの作[illegible]置きをして〝家事貯金〟を
23(金)	危	○	★初対面の人との[illegible]話や食事が盛り上がる
24(土)	成	○	[illegible]
25(日)	壊	○	[illegible]
26(月)	友	○	[illegible]
27(火)	親	○	[illegible]
28	命	○	[illegible]
29(木)	栄	○	[illegible]

※この暦は説明用です

月齢

その日の月の満ち欠けの状況を表します。●は「始まり」を意味する新月。○は「完成」を意味する満月。何かをスタートさせるなら新月で、「友」「親」「栄」「成」などの吉日がおすすめ。デトックスやダイエットは満月から始めると月が欠けていく流れに乗って順調に進みます。

最大開運日　最大警戒日

運気もパワーも強くなる「最大開運日」は、1年の前半と後半に2日ずつ（合計4日）。この日は何をやってもうまくいく強運日！反対に運気がダウンする「最大警戒日」も、1年の前半と後半で2日ずつ（合計4日）。「最大開運日」は開運メッセージ欄が黄色の日で、「最大警戒日」は黒色の日です。カレンダーページの右上にも、ピックアップしてあるので、スケジュールにメモを！

開運メッセージ

運気マークは数が多いほど、運の度合いが高まります。運気を活かしたり、乗り切るためのメッセージが書かれています。

★…幸運日　　$…お金の好調日
♥…愛情の好調日　　！…警戒日
◆…仕事の好調日

魔のウィーク

メッセージ欄が水色の地になっている期間。月に一度（二度の場合も）は必ず巡ってくる、様々なことがうまくいかなくなる7日間（6〜10日間のこともあります）。パワーが低下して、心身も乱れがち。メッセージを読み、注意して慎重に過ごしましょう。

運気欄の見方

「命」「栄」「衰」「安」…などの漢字は、その日の運気を表します（P12参照）。下の図は文字の地色が示す吉凶の度合いで、地色が左端にあるピンクなら好調運、右端のネイビーなら低調運となります。同じ文字でも運気の高低により、色の濃淡が変わります。

吉 ←→ 凶

知って開運!! Q&A 運気UPにスグ役立つ！

Q 各宿のカレンダー「開運暦」の運気欄にある漢字の意味を教えて！

A 毎日の運気欄に入った漢字は、その日の運気を表します。
全体運の解説にも同じ漢字が使われていますが、意味は同じです。
それぞれの漢字が示す運気とベストな過ごし方を覚えておくと便利ですよ。

栄《えい》 愛情面も仕事も積極的に出ていい幸運日

繁栄を意味する吉日。何でも順調に動くので積極的に過ごして。よい出会いや思い通りの進展など、自分のペースで進められる。

友《ゆう》 よい人間関係がもたらされ、そこから幸運が生まれる日

友人や仲間を意味し、人との交流が恋愛や仕事の発展につながる吉日。合コンや紹介、打ち合わせや会食におすすめ。積極的に。

親《しん》 人間関係を強め、物事をより深められる日

親友を意味し、関係性を深めるのに適した吉日。パートナーや家族、親友などと過ごし、愛や信頼を深めて幸運度UP！ 活用すべき日。

安《あん》 予想外のことが起こりにくい、安心安全な日

予想外のことがないので集中して何かに取り組める、安定した日。不安定を安定化させる力が働くので、旅、デート、仕事の会合におすすめ。

成《せい》 学問や仕事など積み上げたことの結果が出る日

成立・成就という意味で、積み上げたことの結果が出る日。またこの日に始めたことは成就するといわれ、習い事やよい習慣のスタートにベスト。

危《き》 人の存在で運気が活性化する日

人とぶつかりやすい日である一方、運気が活性化もする日。人が集まる場所では刺激的な出来事が。少し危ない冒険もしがちなのでご用心。

衰《すい》 心身共にテンションが低くなりやすい日

無理をせずおとなしく過ごすのがベターな日。八つ当たりや愚痴、嫉妬などからは距離をおいて。情に流されやすくなるので注意を。

壊《かい》 破壊作用が望まない形で起こる日

新しい段階へと脱皮させるための破壊作用が起きる、要注意日。予定変更や体調の乱れ、関係悪化なども。勝負ごとはNG。無理は禁物。

業《ごう》 運気が崩れる「魔のウィーク」の始まる日

「魔のウィーク」初日のため、その後の運気は崩れる。今後の課題を突きつけられる日。やるべきことはこの日中に片づけておくこと！

命《めい》 運気も心身も不安定になりやすい日

自分が生まれ直す日といわれる。軽々しい行動は慎んで静かに過ごすのがベター。病気や事故にも注意。大きな決断は避けるべき。

胎《たい》 受け身の運気が能動的なものに切り替わる日

心は不安定になりがちだが、発想が切り替わったり、やる気スイッチが入る。運気の修正作用も生じやすい。スタートを切るには吉日。

Q 全体運の説明に出てくる〝遠距離〟〝中距離〟〝近距離〟って、どういう意味？

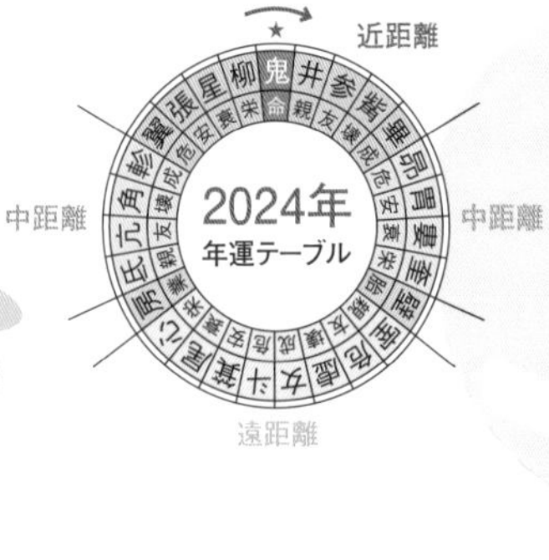

A その年の「命」の宿から、あなたの宿の距離を示し、その年の運気パワーを表します。
近いほうがパワーは強め、遠いほうが弱めです

〝遠距離〟〝中距離〟〝近距離〟とは、その年の「命」の運気の宿から、あなたの宿の距離を表します。2024年は「鬼宿」が「命」になる年で、他の宿の〝距離〟は左図のようになります。基本的に〝近距離〟の時は、自分の力で物事を動かしやすく、運を切り拓きやすい運気。パワーも強く、運勢ランキングでは上位に。逆に〝遠距離〟の時は、大きな流れに逆らえず、人からの影響やコントロールを受けやすい運気のため、運勢ランキングでは低め。〝中距離〟はその中間の過渡期的な運気です。「命」「業」「胎」は運気の切り替え時なので距離は関係ありません。

Q 「魔のウィーク」ってどんなもの？ 怖いけど、どう過ごせばいいの？

A 1か月に一度、誰にでも訪れる、物事が滞りやすい1週間。〝5か条〟を意識して乗り切って

月に一度は必ず巡ってくる、様々なことがうまくいかなくなる期間。パワーが低下し、体調も乱れ、仕事は大変、人間関係もこじれがち。いつもの調子でいるとイライラやストレスが増加し悪循環に陥るので、そういう期間と割り切って、前後を含めスケジューリングする必要があります。「魔のウィーク」前にできることは片づけて、最中は自分の心と体のデトックスを。大事な話や仲直りはこの期間の前後に。

「魔のウィーク」を乗り切る5か条

1. 重要な予定は「魔のウィーク」に入れない
2. スケジュールにゆとりを持って行動しよう
3. 自分のことより〝他人ファースト〟で過ごす
4. 予定を入れるなら「安」「危」の日に
5. 体調第一。リラックス&快眠を心がけて

Q 出生時間が日付の変わり目。どちらで調べたらよい？

A 迷う場合は両方を確認しよう

基本的にはあなたが誕生日としている日で調べてください。ただ24時を挟んだ隣の宿の性質、運勢も併せ持つ〝ハイブリッド〟として両方の宿をチェックしても。届け出日が違う人は、本当に生まれた日の宿をメインとすべきですが、届け出日の宿も調べて読み比べてみて。海外生まれの人は出生時間を日本時刻に換算して導いた宿をメインに、海外時刻の宿も確認しましょう。

Q 「七曜陵逼」ってなんですか？ 何が起きるの？

A 想定外の波乱が起こりがちな警戒ゾーン。2024年はなんと4回、95日間も!!

曜日と27宿の組み合わせの影響で巡ってくる、すべての人の運気に波乱を呼び込みやすい危険な時期。開運暦では、日付欄がグレー地になっている期間です。自分の行動に警鐘を鳴らすべき時期なのに、なぜか普段はしないような極端な行動をとってしまい、大変なことに…。2024年は1、2月と9、10月に4回、95日も巡ってくるので、各宿の運勢ページにある〝七曜陵逼の乗り切り方〟を熟読し、慎重に行動して。

Q ゲッターズ飯田さんも恐れる「六害宿」って!?

A 「七曜陵逼」中に訪れる大凶運日。重要な予定は相手の「六害宿」も確認して決めるのが正解!

「七曜陵逼」の期間に、ある曜日と特定の宿が重なると大凶運日「六害宿」になります。警戒レベルの強さは「命宿《めいしゅく》」「事宿《じしゅく》」「意宿《いしゅく》」「聚宿《じゅしゅく》」「同《どう》宿《しゅく》」「克宿《こくしゅく》」の順。とにかくこの日は、何かをしようとするとヘビーなトラブルが発生しがち。また、その後の不幸や不調のきっかけ作りをしてしまうこともあるので、どんなに素晴らしい話でも、それが舞い込んだのが「六害宿」の日であれば、飛びつかずに細心の注意を払って対処しましょう。相手が「六害宿」の日の場合、影響を受けて悪い結果を招くこともあります。重要な打ち合わせやイベントの場合は、相手の「六害宿」も開運暦でチェック。「六害宿」の日なら別日に変更するほうがベター。

命 凶作用は全「六害宿」中最大。この日は、事を起こさずに

「この日に動くと財産を失う」とされる日。金銭に関わる契約は避けること。また最大の財産である〝命〟、心身にも影響があるので健康に関する決断は保留にして、別日に。

事 この日から何かをスタートしない。冷静に状況を見極めるべき

2番目に凶作用が強い日。「この日に活動を始めると、災難に遭い、非難を受ける」とされる。心を穏やかに、物事の準備期間にあて、時流をよく見定める日としましょう。

意 行動は受け身、発言も慎重に。口約束や安請け合いもNG

「この日に何か実行すると苦労をする上に、深い悲哀を味わう」とされる。積極的な行動はとらないこと。また、失言に注意が必要。安請け合いや口約束もしないように。

聚 後にトラブルとなる〝種〟をまきがち。この日の誘いは断って別日に

「この日に事を起こすと、財産を失い、罪を得る」とされる。なるべくいつも通りに淡淡と過ごすこと。気になる人に誘われてもこの日は行かないほうが今後のため。

同 重要な予定は入れない。大きな決断は先送りにすること

「不安に陥り、一族で争って財産を衰耗する」とされる日。家族や親族などはもちろん、友人とも深い話はしないように。重要な予定は入れず、身の回りの片づけをして。

克 新しいことは始めないで。普段通りに過ごすのがベスト

「この日、新しいことを始めると、財産と職を失い、勢力失墜して地位をなくす」とされる。何かをスタートさせるなら別日に。普段しない言動、行動は慎むことが大事。

バランス感覚No.1 人間関係の達人

1 婁宿《ろうしゅく》

★開運キーワード★

- Color: ホワイト　レッド
- Spot: スパ　郵便局
- Food: 野菜スープ　梅干し
- Item: 新しい財布　空気清浄機
- Stone: オニキス　ルビー
- Aroma: カモミール　ユズ
- Flower: スズラン　レモンバーム

婁宿ってこんな人

「婁」は〝つなぐ〟という意味で、人間関係の要となる宿。計画的に物事を進めるのが得意で、組織で活躍する。聡明で親しみやすい雰囲気ながら、周囲を観察し冷静な判断が下せる、本質的にはドライな人。極端な失敗が少ないのも特徴。清潔な印象でモテ度は高く、開運部位である膝から下を見せると運気はさらにUP。結婚観は理性的で、能力や魅力が「自分にはかなわない」と思える相手だと長続き。「今後の生活にこの人が必要」と実感できることが重要。人の細部まで目がいきすぎて疲れることも。自分にも周囲にも、少し甘くて大丈夫。

この宿の有名人

アンジェリーナ・ジョリー　黒木瞳　宇多田ヒカル　土屋太鳳　永野芽郁　池田エライザ　生駒里奈　景井ひな　田辺智加　ビル・ゲイツ　水谷豊　吉田鋼太郎　竹野内豊　岡田准一　松田龍平　生田斗真　大倉忠義　中島健人　永瀬廉　渡辺翔太　兼近大樹　平野歩夢　橋岡優輝

2024年開運3か条

1. 問題点や不得意分野の解決に向け知識やツールをアップデート!
2. 何事も過剰は禁物! よいことも好きなこともバランス第一で
3. 育てたいのは健全な金銭感覚と物との関わり方。お金の勉強も◎

★ 2024年の全体運 ★

体調を整え、パワーをためるべき1年。誰かのために力を尽くすと運気UP!

★2024年の特徴　先を急がず、じっくりと実力を磨き、パワーをためるべき年です。ここ数年、新しい安定や安心を目指して頑張り、結果を出している婁宿ですが、2024年は焦らずに、少しペースを緩めてみましょう。運気は〝中距離〟の「衰」ですから、無理がきかない時です。自分からグイグイ行けば、弱点やダメな部分が目立ってしまうことに。むしろ一歩控えて、誰かや何かのために力を尽くすほうが、結果的にあなたの評価と運気はあがります。加点はなくても減点されない〝しのぎ方〟を覚えることも大切。そんな中で、自分の体と向き合って体調を整えることが、様々なつまずきの原因を排除し、今後の飛躍の土台となります。これまで隠れていたことが表面化したり、見えていなかった意外な事実に気づいたりもしますが、トラブルを収めるごとに、能力も運も強く鍛えられる年と思ってよいでしょう。

★1年の運気の流れ　**1、2月**は「七曜陵逼」の運気にガッツリ覆われているのに、大きな仕事を任される上、プライベートでも緊張するシーンの連続。思うようにならないことがあっても裏方に徹し、周囲に逆らわずに過ごして。その後の**3、4月**は心身のデトックスが必要な時期。ここでしっかり休養を取ってチャージしないと、エナジーパワーが落ちる秋に息切れし、今後の健康運に響きます。また**3月**頃の個人的な利益優先での秘密工作や暗躍はNG。後で嫌な形でバレます。**5月**からはパワー復活。新たに興味を魅かれる人や物と出会い、人間関係が広がります。新しい学びやレッスンによって不得意やコンプレックスの解消もできます。ただ、前のめりになりすぎると、再び「七曜陵逼」の運気が巡る**9、10月**に思わぬことで挫折しそう。ここを無事にしのぐと、**11、12月**には個性と実力を発揮できる機会が巡ってくるでしょう。

★愛情運★

5月下旬以降、新しい恋が動きだす予感♡

2024年の前半はあなた自身が、いろいろあっても現状を変えたくない、トキメキよりも安心が優先と、安定志向になりそう。カップルは**1、2月**と**9、10月**の「七曜陵逼」でつまらないケンカや、余計な干渉をしなければ安泰です。問題ありの二人は**1、2月**に波風を立てると〝パンドラの箱〞を開けてしまい、**3、4月**にこれまでの不満が爆発する恐れが。それでも**5月24日**以降は冷静な話し合い、交流ができ、修復も可能。そこでダメなら**11月**に、何らかの結論が出そうです。新たな恋が動きだすのは**5月24日～6月9日、7月18日～8月29日、11月3日～12月16日**。ただし二股など、重複交際はトラブルのもと。お金でモメそうな関係は早めに清算しましょう。

★仕事運★

将来に向けて、自らの課題の解決を

仕事で結果を出す時というより、学びと準備の年。現在、仕事が順調な人も、これからを見据えて計画を立てて、さらにブラッシュアップすべき時です。「七曜陵逼」の**1、2月**は難しい仕事を任され、見当違いの張り切り方をしがち。報告、相談しながら進めて。**3、4月**には今の自分に足りないこと、課題を実感。新しいことを取り入れたり、スキルアップの勉強を始めるなら**5月23日**「胎」、**6月6日**「成」、**7月7日**「親」の日頃が吉。また仕事や会社の現状、自分の役割を**5～8月**によく調べ、考えておくと、トラブル多めの「七曜陵逼」の**9、10月**に慌てずに済みます。低空飛行の運気も**11月**から上昇を始め、**12月**には努力や学びが実を結びそうです。

★金運★

誰かのために使うお金が〝福〞を呼び込む

金運＆物質運はよく、その気になれば、ガッチリと貯め、よいものをゲットできる年。**1、2月**は昇給、臨時収入がありそうですが、すぐに使わず、「七曜陵逼」後の**3～5月**に買い物や貯蓄の開始を。何気なく買ったものに後で価値が出ることも。積立預金、こまめなポイ活などを**5月13日**までに。投資は、よく理解できないものには手を出さないで。少額の積立投資などでも、しっかり調べてから。**9、10月**の「七曜陵逼」では家族や住居に予想外の出費の暗示。でもここで人のために使うお金は後で別の形の〝福〞として戻ってきます。

★美容・健康運★

不規則な生活はNG! 丁寧なケアを心がけて

細やかな健康への配慮が開運につながる年。美食・偏食、不規則な生活などの悪習は健康を乱すもと。メンタル面がキツい**1、2月**の「七曜陵逼」の影響は、**3、4月**に体調不良やアクシデントの形で出るかも。特に**3月20日**と**4月17日**からの「魔のウィーク」には警戒を。生活の立て直しや、治療が効果的なのは**5～8月**。特に歯の治療と矯正はおすすめ。美容面は**4月**と**7月15日～8月2日**がお手入れとイメチェンにベスト。新製品や美容医療も◎。**9、10月**の「七曜陵逼」の疲労やダメージは後に響くので、休める時はしっかり休むこと。

★七曜陵逼の乗り切り方★

妻宿が各時期に気をつけるべき大事なことをアドバイス。忘れずに！

1 1/2～1/28
仕事やプライベートで担っている役割をしっかり果たすことが最優先。つまらない見栄を張ったり、パワハラ的言動をしないように。

2 2/10～2/25
友人や恋人、職場の人などとの関係が一言で一変する恐れが。普段思っていても口にしないことは、何かあっても絶対に言わないこと。

3 9/3～9/29
思いがけない事実が発覚したり、秘密がバレるような出来事が。失望したり、されたりもする運気。体調面も乱れるので無理は禁物。

4 10/3～10/27
人に見せないところ、表には見えない部分を整える時。終わること、離れていく人などがあっても、慌ててする対処は裏目に出るだけ。

Energy Power 3月、9、10月はパワー減少。無理はせず、チャージして。

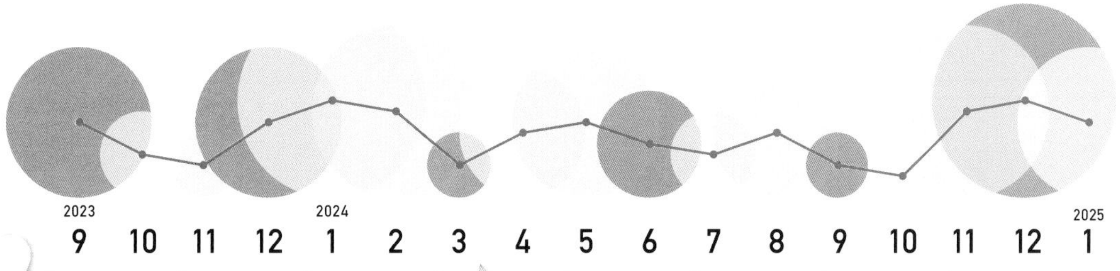

★妻宿の開運暦2024★

1月

エナジーパワーMAXだけど慎重に

年明け早々、気合を入れないと乗り越えられない仕事や課題に遭遇。でも２日からは「七曜陵逼」で、仕事始めの４日は「六害宿」の「聚宿」なので、空回りしないよう慎重に。19日「意宿」、25日「事宿」は強引な振る舞いで人間関係を壊す恐れが。金運はよいが、「七曜陵逼」が終わる28日までは、衝動買いは厳禁。

日付	運	月齢	開運メッセージ
1(月)	安	◑	！羽目を外さず、静かなお正月を過ごして
2(火)	危	◑	！！家庭内での問題が勃発。話し合いを
3(水)	成	◑	！！疲れた胃腸はお粥と梅干しで整えよう
4(木)	聚	◑	！！！！！慌てず急がず、まずは状況把握
5(金)	友	◑	★ノリのいい音楽を聴いてテンションUP
6(土)	親	◑	嘘のない褒め言葉が人間関係を円満にする
7(日)	胎	◑	★いつもと違うチョイスで新たな発見が
8(月)	同	◑	！！！！思うようにならなくても腐らない
9(火)	衰	●	しんどい仕事もなんとか気合で乗り越えて
10(水)	安	●	♥素直な気持ちで。アプリでの出会いも
11(木)	危	●	すべては健康あってこそだと肝に銘じて
12(金)	成	●	★自分の役割を全うすることが最優先事項
13(土)	壊	●	！些細なことでケンカも。早めに仲直りを
14(日)	友	●	＄＄思わぬ臨時収入が。使い道は熟慮して
15(月)	親	●	★★仕事の成功の鍵はコミュニケーション
16(火)	命	◐	！！！！パワハラ発言には十分注意しよう
17(水)	栄	◐	★★大きな仕事でも臆せず、自信を持って
18(木)	衰	◐	早めに帰宅して〝温活〟。免疫力を高めよう
19(金)	意	◐	！！！！自分本位で周りをかき乱さないで
20(土)	危	◐	話題の映画を鑑賞。どっぷりハマりそう
21(日)	成	◐	♥自分を磨くための行動が恋の追い風に
22(月)	壊	○	！すぐに反発せず、まずはやってみるべき
23(火)	友	○	◆◆頑張りが認められる。昇給があるかも
24(水)	親	○	★★★考えるより行動。スピード感が大事
25(木)	事	○	！！！！強引に進めると人間関係に亀裂が
26(金)	栄	○	！つまらない見栄を張ると恥をかくことに
27(土)	衰	○	！！セール価格とはいえ衝動買いは避けて
28(日)	克	○	！！！！余計な一言が相手との関係を壊す
29(月)	危	○	！その場のノリでキツい口調になりそう
30(火)	成	◑	！ひとつのことに執着せず、別案も検討
31(水)	壊	◑	！スケジュールに余裕を。詰めすぎ注意

2月

「七曜陵逼」のトラブルには慌てない

買い物やお金の話は８日「成」の日までに。９、10日「壊」の連続日は物の破損や紛失に注意。順調なことに問題が起きても冷静に。「七曜陵逼」中に慌てて対処すると傷口を広げそう。「六害宿」の13、16日は大事な人と難しい話はしない。22日からの「魔のウィーク」でのごまかしは後の火種になるので避けて。

日付	運	月齢	開運メッセージ
1(木)	友	◑	そのひと手間で心豊かな丁寧な暮らしに
2(金)	親	◑	話を始めるのは、相手の意見を聞いてから
3(土)	胎	◑	シチュエーションまで想像して購入しよう
4(日)	栄	◑	＄＄資産運用について勉強。必ず役に立つ
5(月)	衰	◑	尊敬する人を見習い、まずはまねから開始
6(火)	安	◑	★お金の話をさりげなく。スムーズに進む
7(水)	危	◑	同年代のライバルの存在がよい刺激になる
8(木)	成	◑	◆チームの利益を考えて動けば好結果が
9(金)	壊	●	！イライラして動作が雑になると物が破損
10(土)	壊	●	！スマホや鍵など手回り品の紛失に注意
11(日)	友	●	★★スーパー銭湯や日帰り温泉で癒されて
12(月)	親	●	★★白のアウターで外出を。気分も上がる
13(火)	命	●	！！！！大事な人との重要な話はリスケを
14(水)	栄	●	♥♥チョコはわかりやすく本命感を出して
15(木)	衰	◐	１時間に１回、背筋を伸ばして姿勢を矯正
16(金)	意	◐	！！！！何気ない一言で関係性にヒビが
17(土)	危	◐	借りたお金や物はなるべく早く返すように
18(日)	成	◐	♥ドキドキする人よりホッとできる人を
19(月)	壊	◐	！不慣れな仕事で頑張る方向性が迷走
20(火)	友	◐	★★技術を磨き、じっくり力をため込んで
21(水)	親	○	★★★お笑い番組を見て気分転換しよう
22(木)	事	○	！！！！気力が続かない。今は無理せずに
23(金)	栄	○	！その場しのぎの対応は後でツケが回る
24(土)	衰	○	！！思っていても口に出すと相手は不快に
25(日)	克	○	！！！！過去の問題を掘り起こしてはダメ
26(月)	危	○	！人に頼むより自分でやったほうが早そう
27(火)	成	○	！緊張感が走る場面が。平常心をキープ
28(水)	壊	◑	！しゃしゃり出ず、裏方に回ってサポート
29(木)	友	◑	おいしいコーヒーをいれよう。香りも堪能

3月

人間関係改善のチャンス到来!

こじれた人間関係は10日「親」の日以降に修復のチャンスあり。落ち込んだ時はおいしいものや好きなことを楽しんで。買い物も心癒されるのでおすすめ。ただ20日からの「魔のウィーク」は、無理やストレスが体調に出る恐れ。体と心を休める時間をしっかりとって。不要なものを片づけ、捨てると運気に好影響。

日付	運	月齢	開運メッセージ
1(金)	親	◑	ワードローブの見直しを。新たな着回しが
2(土)	胎	◑	リセットするタイミング。気持ちを新たに
3(日)	栄	◑	♥♥定番のデートコースが一番落ち着く
4(月)	衰	◑	空気清浄機で花粉やウイルス対策を徹底
5(火)	安	◑	★依頼は快く引き受けて。得るものがある
6(水)	危	◑	ピンチはチャンス。落ち着けば活路あり
7(木)	成	◑	◆やってみたかった企画を実行に移そう
8(金)	壊	◑	！損得勘定でコソコソ動いてもすぐバレる
9(土)	友	●	★★★ドラマティックな展開に思わず感動
10(日)	親	●	★★★仲間との会話で心の毒を吐き出そう
11(月)	命	●	★スズランを育てて初夏に花を楽しもう
12(火)	栄	●	＄＄＄〝春財布〟を新調。金運に弾みがつく
13(水)	衰	●	★ゲームでストレス発散。オンラインも◎
14(木)	安	●	★話題の便利家電を投入。生活の質が向上
15(金)	危	●	ネガティブな感情とも向き合う勇気が必要
16(土)	成	◐	♥相手との共通点を探して、距離を詰めて
17(日)	壊	◐	！好きなことでも夜更かしは×。睡眠第一
18(月)	友	◐	★★話題のミステリー小説が心の刺激に
19(火)	親	◐	★★★複雑化していた関係が改善に向かう
20(水)	業	◐	！不要品を片づけて、心も運気も軽くなる
21(木)	栄	◐	！ペースをやや落として。焦る必要はない
22(金)	衰	○	！積立投資は少額から。リスクもリサーチ
23(土)	安	○	！開き直らず反省を。早めに謝るのが正解
24(日)	危	○	！体調が不安定なら遊びの予定は見合わせ
25(月)	成	○	！保身のための隠蔽工作は裏目に出そう
26(火)	壊	○	！感情的になりやすい。人との衝突は回避
27(水)	友	○	インテリアに一工夫。上質な小物を飾って
28(木)	親	○	キャッシュレス決済の明細はマメに確認
29(金)	胎	◑	鏡に全身を映してボディラインをチェック
30(土)	栄	◑	★★大切な人や家族と花見散歩でほっこり
31(日)	衰	◑	落ち込んだ時こそ自分へのご褒美を奮発

最大開運日 4/9、5/3　最大警戒日 1/4、2/25

妻

4月

軌道修正するなら満月の24日までに

楽しい出来事も多く、特に1～9日は愛に満たされる時間も。ただエナジーパワーは小さめ。気持ちに体がついていかず、何事もスピードは出ないが焦らずに。失敗したり、遅れていることの密かな軌道修正は、満月の24日までに済ませておくこと。体調不良もそこまでにしっかり原因を探っておくと、一安心。

日付	運	月齢	開運メッセージ
1(月)	安	◑	◆◆根回しや準備を万端に。やり手感UP
2(火)	危	◑	パワー全開といかなくても気持ちは豊かに
3(水)	成	◑	★あなたをよく理解してくれる人に感謝
4(木)	壊	◑	！クイックな対応は難しい。マイペースで
5(金)	友	●	♥♥♥GWはどこに行きたいか二人で相談
6(土)	親	●	★★★春夏向けに髪型やカラーをチェンジ
7(日)	命	●	★こまめにケアをすれば体は応えてくれる
8(月)	栄	●	★★★食材の宅配などで家事の時間を短縮
9(火)	栄	●	★★★運気が味方。軌道修正が必要なら今
10(水)	衰	●	★行きつけのサロンで疲れや不調を撃退
11(木)	安	●	★親身に相談に乗って。信頼を得られそう
12(金)	危	●	いつも行かない街や店へ。思わぬ発見あり
13(土)	成	●	★推し活を楽しめる仲間たちと情報交換を
14(日)	壊	◐	！しっかりふき掃除。ハウスダスト対策も
15(月)	友	◐	★★今だけでなく先々のビジョンも描こう
16(火)	親	◐	★★★自分を信じれば結果はついてくる
17(水)	業	◐	！壊れた愛用品も手入れや修繕で蘇らせて
18(木)	栄	◐	！ミスや遅れのリカバリーは抜かりなく
19(金)	衰	◐	！不注意から、いつもしないような失敗が
20(土)	安	◐	！ため込んでいた紙袋は半分に減らして
21(日)	危	◐	！お互いに不満爆発。冷静になって会話を
22(月)	成	○	！体調不良の原因はしっかり突き止めよう
23(火)	壊	○	！投資話は鵜呑みにせず、自分でも調べて
24(水)	友	○	名刺の整理を。ピンときた人に連絡しても
25(木)	親	○	一人で悩むより、信頼できる人に相談を
26(金)	胎	○	タオルや下着類は肌触りのよさでチョイス
27(土)	栄	◑	$$ポイ活をスタート。ためて有効活用
28(日)	衰	◑	オープンカフェで休憩。新緑を感じよう
29(月)	安	◑	♥♥将来を考えられる相手を選ぶのが最良
30(火)	危	◑	連休明けの仕事に備えて、やるべきことを

5月

パワー復活、アクティブに楽しんで

GWは趣味や興味のあることをアクティブに楽しめる運気。ただ、好きなことへの熱中は13日「親」の日頃に一区切りつけないと、過剰、やりすぎになる傾向が。特に14日からの「魔のウィーク」には健康とお金の収支でバランスを崩しやすい。24日「栄」の日から自分を客観視する視点を取り戻すよう心がけたい。

日付	運	月齢	開運メッセージ
1(水)	成	◑	★目標金額を設定して積立預金を始めよう
2(木)	壊	◑	！UVケアを忘れがち。サングラスや日傘を
3(金)	友	◑	★★★好きなことを存分に楽しんでOK!!
4(土)	親	●	★★★リゾート気分が味わえるスパを満喫
5(日)	命	●	★パワーはフル充電。持久力も問題なし
6(月)	栄	●	♥♥♥恋の予感。いつもよりお洒落をして
7(火)	衰	●	短めの筋トレ動画を実践して。体スッキリ
8(水)	安	●	★生活リズムを見直し。いい流れを作ろう
9(木)	危	●	偉そうに見えないよう、控えめな態度で
10(金)	成	●	★柔軟な発想を意識して。いいアイデアが
11(土)	壊	●	！嫌な予感がしたら、近づかないのが正解
12(日)	友	●	$$$よい買い物ができそう。直感重視で
13(月)	親	◐	◆◆◆仕事も一区切り。次のステップへ
14(火)	業	◐	！ちょっとの辛抱が物事を丸く収める秘訣
15(水)	栄	◐	！結果にこだわりすぎると自分を見失う
16(木)	衰	◐	！疲れを感じたらひとり時間でリラックス
17(金)	安	◐	！キャパオーバーの時は断る勇気も必要
18(土)	危	◐	！支出がかさみ、収支バランスが乱れ気味
19(日)	成	◐	！シーツや枕カバーはこまめに取り替えて
20(月)	壊	○	！今まで見えてなかった現実に戸惑いも
21(火)	友	○	朝の時間を有効に使う方法を考えてみよう
22(水)	親	○	周りに合わせるほうがスムーズにいくはず
23(木)	胎	○	新たな試みを取り入れて。仕事運が活性化
24(金)	栄	○	♥♥二人の恋愛を客観的に見直す時間が◎
25(土)	衰	○	リンパマッサージをして体のこりを解消
26(日)	安	○	★普段使う食器を新しく。運気上昇の鍵に
27(月)	危	○	人間関係が広く浅くになりすぎないように
28(火)	成	◑	★自分の殻を破る時。今こそアクションを
29(水)	壊	◑	！自力と思わず、誰のおかげかを忘れない
30(木)	友	◑	★★★学ぼうとする姿勢が可能性を広げる
31(金)	親	◑	★★楽しそうな誘いにはすぐに乗るべき

6月

様々な出会いが世界を広げてくれる!

出会いの多い月。ユニークな人との出会いから新たに関心を持つ分野が広がったり、逆に好奇心を刺激されたものから面白い人間関係につながったり。特に「安」の4日と22日頃には、悩みや苦手意識を克服するきっかけとの出会いあり。よくも悪くも、隠れていたことの表面化、見えていなかった部分の発覚も。

日付	運	月齢	開運メッセージ
1(土)	命	◑	★隠れていたものが表面化して道が開ける
2(日)	栄	◑	★★地域のお取り寄せグルメを楽しもう
3(月)	衰	●	入浴前に毎日体重計にのる習慣をつけて
4(火)	安	●	$苦手な金融知識を教えてくれる救世主が
5(水)	危	●	後回しにしていたことはすぐに着手しよう
6(木)	成	●	★仕事に役立つ資格取得のため勉強開始
7(金)	壊	●	！目の前のことに気を取られすぎてはダメ
8(土)	友	●	★★★好奇心のままに動くと人の輪が拡大
9(日)	親	●	♥♥♥恋心が刺激を受ける出会いの予感！
10(月)	業	◐	！適正価格を把握して、金銭感覚を調整
11(火)	栄	◐	！些細なことを引きずりそう。一旦外出を
12(水)	衰	◐	！半身浴や、サウナで発汗してデトックス
13(木)	安	◐	！疑問はきちんと解消。うやむやにしない
14(金)	危	◐	！スリルや刺激を求めすぎると痛い目に
15(土)	成	◐	白黒はっきりさせることで気持ちに区切り
16(日)	壊	◐	！ジェネレーションギャップにショック
17(月)	友	○	サステナブル素材を選んで。環境に優しく
18(火)	親	○	長期目標と中期目標を立てて着実に前進
19(水)	胎	○	歯のケアを。ホワイトニングや矯正もいい
20(木)	栄	○	♥♥自分にはないユニークさに魅かれそう
21(金)	衰	○	自炊にこだわらず、テイクアウトでOK
22(土)	安	○	★悩みにお別れするきっかけがつかめそう
23(日)	危	○	気になっていた習い事の体験レッスンへ
24(月)	成	○	★自分の会社や業種の現状を分析しよう
25(火)	壊	○	！すぐに諦めない。他のやり方があるはず
26(水)	友	○	★★★友人たちとよく食べ、よく笑おう
27(木)	親	◑	◆◆◆抜擢されたり念願の案件が舞い込む
28(金)	命	◑	★日記には、その日の感謝も書き込んで
29(土)	栄	◑	★★★楽しいイベントに参加。いい体験が
30(日)	衰	◑	アイマスクや抱き枕で質のいい眠りを確保

★妻宿の開運暦2024★

7月

愛情運好調!! 再会にも期待♡

５～７日の吉日は新しいことを始めるのによい運気。特に学び、習得のスタート、挫折したことへの再チャレンジが吉。８日からの「魔のウィーク」はデジタル機器の不調、故障に警戒。データのバックアップは事前に済ませて。18日から愛情運が大きく盛り上がりそう。特に21日「危」の日の頃には強い再会運が。

日付	運	月齢	開運メッセージ
1(月)	安		★★季節限定のメニューで、夏を味わおう
2(火)	危		集中力が高まる音楽を作業用BGMに設定
3(水)	成		行動範囲を広げれば、出会う人も変わる
4(木)	壊		「人のふり見て我がふり直せ」の精神で
5(金)	友		◆◆◆再チャレンジでかつての失敗を挽回
6(土)	友		★★★友達の友達へと人の輪が広がる日
7(日)	親		★★★今後の目標を明確化。今日スタート
8(月)	業		！勘違いやすれ違いの予感。対話はマスト
9(火)	栄		！データのバックアップはこまめにとろう
10(水)	衰		！一度、思い込みを捨て、頭をまっさらに
11(木)	安		！与えられた役割を果たすのも立派な仕事
12(金)	危		！グイグイいくのはNG。程よい距離感で
13(土)	成		情報を鵜呑みにせず、よく吟味して判断を
14(日)	壊		！デジタル機器の不調に備え、事前に対策
15(月)	友		玄関は運の入り口。出ている靴は最小限に
16(火)	親		古い情報は削除。知識のアップデートを
17(水)	胎		暑い日の朝でも、白湯を飲むことを習慣に
18(木)	栄		♥♥デートのお誘いが。気軽にランチから
19(金)	衰		安易に相槌を打つと思わぬ誤解を受けそう
20(土)	安		＄貯蓄の目的を設定。モチベーションUP
21(日)	危		再会をきっかけに過去の恋心が復活の兆し
22(月)	成		★新たな学びで長年のコンプレックス解消
23(火)	壊		！言葉の選び方、言い方に気をつけること
24(水)	友		★★★イメチェンの好機。少し冒険しよう
25(木)	親		★★★ルビーのアクセを。魅力が倍増する
26(金)	命		★ポイントを稼ぐよりマイナスを減らそう
27(土)	栄		♥♥♥少し勇気を出せば二人の関係が進展
28(日)	衰		すぐ口出しをせず、そっと見守るのも大切
29(月)	安		★★美容医療で効果を実感。自信が持てる
30(火)	危		寛容な気持ちを持って。許す力こそ人間力
31(水)	成		顔トレで表情筋を鍛えよう。笑顔も輝く

8月

言えなかった思いを伝えよう!

コミュニケーション運が強まる月。これまで言えなかったことを何らかの形で伝えることができる。愛の告白はもちろん、家族や親友などへの言えなかった思いを言葉にして伝えてみよう。それで関係が劇的に好転する可能性もあり。ただし恋愛関係は29日までにうまくいかなければ、一度、引くほうがよいかも。

日付	運	月齢	開運メッセージ
1(木)	壊		開運食・梅干しで、暑気払い＆パワー充電
2(金)	友		♥♥♥思いは口に出そう。一気に好転も
3(土)	親		★★ライブや舞台の感動が心の栄養になる
4(日)	栄		！なんとなく続けているなら、やめ時かも
5(月)	衰		！羽織れるものを持って外出。冷房対策を
6(火)	安		！一人で決めないで。周りの意見も参考に
7(水)	危		！面倒なことから、先に済ませておくこと
8(木)	成		！自分と関係ないことには深入りしないで
9(金)	壊		！前のめりになりすぎると、思わぬ誤算が
10(土)	友		注意力低下。急いでいても歩きスマホは×
11(日)	親		ポジティブ思考を心がければ運気も活性
12(月)	胎		風鈴の音色が癒しと涼感を運んでくれる
13(火)	栄		★★目標はやや高めぐらいがちょうどいい
14(水)	衰		やることの優先順位を間違えないように
15(木)	安		★ターゲットを絞り、本気を出して邁進
16(金)	危		よい面と悪い面、両方を見て判断すること
17(土)	成		★専門家に相談して、体のメンテナンスを
18(日)	壊		！揚げ足を取らずに相手を立ててあげよう
19(月)	友		◆◆◆自分の役割を見極め、チームに貢献
20(火)	親		★★★家族や親友との対話で愛が深まる日
21(水)	命		★愛するペットや動物の動画が心の癒しに
22(木)	栄		★★★コミュ力でどんな事態も乗り切れる
23(金)	衰		夜空を見上げ深呼吸。月や星の光を浴びて
24(土)	安		＄副業をしている知人から有益な話を入手
25(日)	危		自分と真逆なタイプの人の言葉に救われる
26(月)	成		★苦手分野にあえて挑戦。克服のチャンス
27(火)	壊		！食わず嫌いは×。体験してから判断して
28(水)	友		♥♥♥恋活＆婚活中なら紹介のお願いを
29(木)	親		★★★人のために動くと自分の株が上がる
30(金)	業		！嵐が過ぎるのを待つのも、大事な処世術
31(土)	栄		！一歩引いて、俯瞰で見てみると気づきが

9月

運気失速の月。クールに状況判断を

「七曜陵逼」と「魔のウィーク」に覆われる１か月。予想外の出来事も起きやすく、せっかく始めたこと、うまくいっていたことが失速、休止、変更になることも。でも、ここで無理を通すのは禁物。流れに逆らわず、状況を冷静に判断して。情報の収集、過去の精査、人の話を聞く。そこに運気上昇のヒントがある。

日付	運	月齢	開運メッセージ
1(日)	衰		！偏食などの悪い食習慣を改善する努力を
2(月)	安		！努力している人の成功を妬むのは間違い
3(火)	危		！！流れに逆らわず、状況を見守るべき
4(水)	成		！！無理がきかないことを自覚して休憩を
5(木)	聚		！！！！！思いがけない事実に大ショック
6(金)	友		★いつも話していない人と積極的に交流を
7(土)	親		あなたの誠実さは、必ず相手に伝わるはず
8(日)	胎		★庭園や公園などで自然を感じながら散歩
9(月)	同		！！！！仕事のトラブル対応に追われそう
10(火)	衰		隙間時間にスマホ首対策のストレッチを
11(水)	安		★郵便局で可愛いキャラクター切手を購入
12(木)	危		公私混同に要注意。線引きはしっかりと
13(金)	成		★まずは道具から入って、不得意を得意に
14(土)	壊		！余計な気遣いは不要だけど空気は読んで
15(日)	友		♥♥パートナーが喜ぶことをしてあげよう
16(月)	親		★★トラブルを乗り越えれば、成長できる
17(火)	命		！！！！体調を崩しやすい。無理せず帰宅
18(水)	栄		★★人の話を聞こう。打開策が見つかる
19(木)	衰		肩に力が入りすぎかも。もっとリラックス
20(金)	意		！！！！うまくいっていたことが急に頓挫
21(土)	危		旬の味覚をたっぷり食べてパワーチャージ
22(日)	成		♥今の安定に感謝。相手にも思いやりを
23(月)	壊		！嘘や秘密がバレて周りを失望させるかも
24(火)	友		◆◆情報を集めて精査。役立つデータに
25(水)	親		＄＄＄臨時収入の予感。セール品にお宝も
26(木)	事		！！！！平気なふりをせず心と体を休めて
27(金)	栄		！詮索や干渉をしすぎると険悪なムード
28(土)	衰		！！わがままを抑えて。早く寝るのが一番
29(日)	克		！！！！修理やリフォームで大幅出費も
30(月)	危		！自分でできないことはプロに頼むべき

最大開運日	8/20、12/15	最大警戒日	9/17、10/3

妻

10月

エナジーパワーは低く、無理は禁物

目立たない地味な作業に地道に取り組む運気。でも、それができたらむしろ幸運ととらえて。ひとつのことを深掘り、集中することで実力が磨かれ、次の準備も整う。家族との関係改善、家や古いものや過去の整理によい時だが、捨てすぎる恐れも。大きな決断、契約は「六害宿」を避けて、できれば来月以降に。

日付	運	月齢	開運メッセージ
1(火)	成	●	！カチンときても、表情だけはクールに
2(水)	壊	●	！横着をしようとすると、二度手間になる
3(木)	聚	●	！！！！！気持ちが大きく落ち込みそう
4(金)	友	●	★ひとつのことを深掘りすれば武器になる
5(土)	親	●	親孝行や、家族サービスが幸運を呼び込む
6(日)	胎	●	$月々の固定費を見直し。プラン変更も◎
7(月)	同	◐	！！！！誰かを責めるより問題解決が先
8(火)	衰	◐	求めるより求められることに喜びを感じて
9(水)	安	◐	★話題のサプリや、健康グッズをリサーチ
10(木)	危	◐	でしゃばりは危険。一歩引いたスタンスで
11(金)	成	◐	★陰でコツコツ取り組む姿勢が評価される
12(土)	壊	◐	！丁寧なフォローが運を左右。雑にしない
13(日)	友	◐	♥♥聞き上手に徹して。相手にも好印象
14(月)	親	◐	★★家族と食卓を囲もう。関係性も修復
15(火)	命	○	！！！！疲れを持ち越さないように休息を
16(水)	栄	○	♥♥たまには電話で連絡。より愛が伝わる
17(木)	衰	○	もやもやした感情は紙に書いて丸めてポイ
18(金)	意	○	！！！！複数相手に同時進行の恋はご法度
19(土)	危	○	噂話や陰口は受け流して。同調もしない
20(日)	成	◑	★歩ける距離なら徒歩で。リフレッシュに
21(月)	壊	◑	！根拠のないネットの情報につられないで
22(火)	友	◑	◆◆目の前の仕事に集中。次につながる
23(水)	親	◑	★★★同じ目標を持つ人とタッグを組もう
24(木)	事	◑	！！！！大きな決断や契約は来月以降に
25(金)	栄	◑	！早寝、早起き。体にいいリズムに調整を
26(土)	衰	◑	！！人も物も去る者は追わず、切り替えて
27(日)	克	◑	！！！！家族のピンチ。資金面でサポート
28(月)	危	◑	！その場で確認&解決。もたもたしないで
29(火)	成	●	！ひとつのことや考えに固執しすぎない
30(水)	壊	●	！必要なものまで処分しないように注意
31(木)	友	●	面倒がらずに試着を。ピッタリの1着が

11月

運気上昇!! 欲しかったものをGET!

3日から運気もパワーも大きくアップ。ここまでの努力や試行錯誤が、よい方向へ発展していく。あなたの思いや考えが、大事な人や場所へと届く可能性も！ 特に16日「成」のころは、有形無形の欲しかったものが意外な形で手に入りそう。ただ、うれしくても20日からの「魔のウィーク」は調子に乗りすぎないで。

日付	運	月齢	開運メッセージ
1(金)	親	●	予定が立て込んでも計画的に進めればOK
2(土)	胎	●	野菜たっぷりのスープでビタミン補給を
3(日)	栄	●	★★気力も体力も十分。アクティブに活動
4(月)	衰	◐	むくみ防止のため利尿作用のある飲み物を
5(火)	安	◐	◆少しずつ力を発揮。一目置かれることも
6(水)	危	◐	理想と現実に、うまく折り合いをつけよう
7(木)	成	◐	★試行錯誤が糧に。いい流れを引き寄せる
8(金)	壊	◐	！お守り代わりにオニキスを身につけて
9(土)	友	◐	♥♥♥あなたの個性や魅力が注目の的に
10(日)	親	◐	★★★運気が強く味方する。流れに乗って
11(月)	命	◐	★自分の体と向き合うことが健康への近道
12(火)	栄	◐	★★★届けたい人のところに思いが伝わる
13(水)	衰	◐	★ユズの香りの入浴剤で心も体もポカポカ
14(木)	安	○	★知識とスキルを身につければ問題も解消
15(金)	危	○	理解しがたいことも、歩み寄る姿勢が大切
16(土)	成	○	$意外な人からの思わぬプレゼントの予感
17(日)	壊	○	！邪推はいらない。シンプルにとらえて
18(月)	友	◑	★★オールラウンダーな手腕が買われる
19(火)	親	◑	♥♥♥新たな恋が接近。前だけ向いてGO
20(水)	業	◑	！正論ばかり振りかざすと面倒な人扱いに
21(木)	栄	◑	！何事もやりすぎは×。ほどよい塩梅で
22(金)	衰	◑	！基本に立ち返ることで見えてくるものが
23(土)	安	◑	！大きな買い物は周りにも相談をしてから
24(日)	危	◑	！浮かれて調子に乗るとケガや事故のもと
25(月)	成	◑	！「でも」は禁句。大人らしい振る舞いで
26(火)	壊	◑	！報告・連絡・相談を怠るとチームが混乱
27(水)	友	◑	長所を見つけて。気持ちよくつき合えそう
28(木)	親	●	諦めることで、逆に得られるものもある
29(金)	胎	●	フィットネスを日課に。体幹を強化して
30(土)	栄	●	★★初めての土地にツキ。地のものを堪能

12月

みんなの中心となる幸運月!

望んでいた道へと進んで、遅れや停滞も取り戻せる幸運月。特に16日までは、前にうまくいかなかった告白や伝達のやり直しに最適。今度は違う結果を出せるはず。仕事、試験では実力を発揮。恋愛、SNSでのパフォーマンスも成功。みんなの中心になる運気なので連絡や挨拶が雑にならないよう心がけよう。

日付	運	月齢	開運メッセージ
1(日)	衰	●	乾燥に注意。加湿器で部屋の湿度をキープ
2(月)	安	●	$$資産運用の情報が。少額からトライ
3(火)	危	●	クローゼットは詰め込まずに、7割収納で
4(水)	成	◐	★SNSでの発信でいいリアクションあり
5(木)	壊	◐	！大掃除よりも、できる時に小掃除をする
6(金)	友	◐	◆◆◆今までの頑張りが評価される1日
7(土)	親	◐	★★★クリスマスや年末年始の予定を相談
8(日)	命	◐	★来年達成したいことを、5つ書き出そう
9(月)	栄	◐	♥♥♥告白のリベンジを。思いを素直に
10(火)	衰	◐	カモミールティーで体を温めてよい睡眠を
11(水)	安	◐	★イベントはあなたを中心に企画を進めて
12(木)	危	◐	誰かの役に立てることがモチベーションに
13(金)	成	◐	★今までの遅れを取り戻し、順調さを実感
14(土)	壊	○	！自分で制限をかけて可能性を狭めないで
15(日)	友	○	★★★開運色のレッドが強力な味方になる
16(月)	親	○	★★★遠慮は無用。実力を存分に発揮して
17(火)	業	◑	！答えを急がない。よく考える時間が大切
18(水)	栄	◑	！連絡漏れのないよう、ひとつずつ確認を
19(木)	衰	◑	！頼りにされすぎてストレスも。気楽に
20(金)	安	◑	！適当な挨拶はダメ。ちゃんと心を込めて
21(土)	危	◑	！気が回りすぎて、計算高く思われそう
22(日)	成	◑	！物の要不要を見極め、残すものを決めて
23(月)	壊	◑	！100点満点を求めなければ、案外幸せ
24(火)	友	◑	クリスマスらしい花を飾って、華やかに
25(水)	親	◑	几帳面になりすぎず、ズボラぐらいでOK
26(木)	胎	◑	新年から使い始められるものを購入しよう
27(金)	栄	◑	♥♥積極的なアプローチで絶大な効果が
28(土)	衰	●	自宅でリラックス。異世界を感じる小説を
29(日)	安	●	★人に親切にするとうれしい恩返しがある
30(月)	危	●	寒さで運動不足気味。近所をウォーキング
31(火)	危	●	年越しそばはちょっとアレンジをきかせて

握力No.1 欲しいものは必ずGET

2 胃宿《いしゅく》

★開運キーワード★

Color
アイボリー　オレンジレッド

Spot
サウナ　物産展

Food
レモン　高級出汁

Item
眼鏡　冷凍庫

Stone
タイガーアイ　ガーネット

Aroma
ジャスミン　バニラ

Flower
デイジー　芝桜

胃宿ってこんな人

「胃」は何でも飲み込み吸収する、旺盛な好奇心と欲望を表す。忍耐強く、知恵と底力で欲しいものは必ず手に入れようとする宿で、時に強引な手段に出ることも。自立心が強く、若くして親から独立する傾向大。統率力があり、組織のリーダーになることも多い。恋愛でも高確率で狙った相手を落とす。ライバルがいるほど燃え、個性と強気な姿勢で相手を魅了。本質的には求めるものが多く、相手の財力、能力、容姿など、何かがダメだと判断するとバッサリと切ることも。足先を見せたり、足元にポイントをおいたお洒落が開運の鍵。

この宿の有名人

小池百合子　深津絵里　高畑充希　二階堂ふみ　広瀬アリス　馬場ふみか　古川琴音　飯豊まりえ　Kōki,　石川佳純　バイデン大統領　細田守　東山紀之　長嶋一茂　大泉洋　大森南朋　伊達みきお　DAIGO　満島真之介　柳楽優弥　神木隆之介　ジェシー　V(キム・テヒョン)

2024年開運3か条

1 一旦立ち止まって、現状の課題に向き合い、解決を目指そう

2 今の生活に合ったお金の使い方、貯め方ができているか再点検

3 自分の欠点を認めて対処する心を育てれば、弱さは個性に変わる

★2024年の全体運★

悩みを解消して〝新しい安定〟を目指す年! 調子のよい時ほど周囲へ思いやりを

★2024年の特徴　年運が〝中距離〟の「安」となる2024年は〝新しい安定〟を目指す年です。前年2023年に冒険したりチャレンジしたこと、思わぬ変化に見舞われて不安定になったことも、少しずつ改善、修正して安定路線に持っていける運気。特に年の前半は、経済面が大きく動き、金銭的な不安を取り除くことができそう。年の後半は密かに抱えている悩みをいろいろな方法で解消して、メンタル面の平安を得ることも可能です。そんな2024年、大事なことは欲張りすぎないこと。元々、欲しいものは何としてでも手に入れたい胃宿。2024年は、その気になれば大きな報酬、満足も得られますが、強引、強欲になれば、その後の火種を抱えやすく、運気が荒れる傾向。調子のよい時ほど、周囲への配慮や思いやりを忘れずに。またお金や物の扱い方、時間の使い方を今の生活に合わせて変えると、より幸運な年にできます。

★1年の運気の流れ　**1、2月**は、ここまで頑張ったこと、仕掛けたことがうまくいき、大きな報酬や評価を得られる月。けれど、運気は警戒が必要な「七曜陵逼」なので、勝ち誇ったり、鼻高々になるのは危険です。**3、4月**は、現状への細かな調整や検証を加えないと、最近得たものを失ったり、逆転する恐れもあります。そんな不安が消え、いろいろな意味で安心でき、運気も安定するのは**5、6月**。新しいことにチャレンジする意欲が生まれ、抱えていた悩みや迷いに対する対処法などに出会えそうです。エナジーパワーが高まる**7、8月**は楽しい出来事も多い時期ですが、ここで過剰なもの、重荷と感じるものを整理しておくと、再び「七曜陵逼」の運気が巡る**9、10月**でのトラブルや不和を避けられます。**11月**には、思いがけない〝宝〟を得ることができ、**12月**には、心に安らぎをもたらす人間関係に恵まれるでしょう。

★愛情運★

とにかくコミュニケーションを重視したい1年

1、2月は心がトキメク出来事も多い時ですが、「七曜陵逼」中に積極的に出ると裏目に。本当に縁があれば、**3月31日～6月10日**の間に再会できたり、距離を縮めたりできそう。思いが伝わりやすいのは**5月25日～6月10日、7月19日～8月3日**。カップルもフリーの人も、2024年は何よりコミュニケーションが大切。好きな人とは毎日、できるだけ会話を。そこで気持ちが満たされないと、意外な相手からのアプローチで、浮気などの重複交際に走る恐れも。その関係を**9、10月**の「七曜陵逼」の時に清算しようとすると修羅場になる危険性大。でも、難のある関係はここで終了させたほうがベター。**11月4日～12月17日**には新たな恋が飛び込んできそう。

★仕事運★

上を目指すより、今は足元を固めて

これまでの努力が実を結び、マイペースで働けそうな1年。でも慢心、油断をすれば、思わぬことでつまずく恐れも。強気で上を目指すより、問題点の丁寧な改善、解消に努めたほうが、結果的にあなたの評価と仕事運はあがります。特に「七曜陵逼」の**1、2月**はパワハラと不明瞭な金銭の扱いに注意。ここであぶり出された課題は小手先でごまかさないこと。新規開拓などがうまくいき、活気が生まれるのは**5月7日**以降。**7、8月**は新しいことをしたくなりますが、**9、10月**は「七曜陵逼」なので焦らないで。静かに準備をして、勝負をかけるのは**11月1日～12月17日**。この時期の思い切った挑戦で、それまでのマイナスや損失も挽回できるでしょう。

★金運★

資産形成を学ぶなら、3月から6月に

副業なども考え、これまでと少し違うお金の稼ぎ方、使い方をすると金運は好調。ただ、余裕があっても「七曜陵逼」の**1、2月**は余計な出費はしないこと。**3～6月**は資産形成や経済関係など、マネーの学びを。大きな買い物、契約、貯蓄、投資は**7月4日**までに。**7、8月**はレジャーやお洒落を楽しむのもよく、**7月19日～8月23日**はくじ運も好調。でも緩んだ財布の紐は**8月31日**には引き締めないと、蓄えが目減りします。**10月**の「七曜陵逼」での秘密の取引や借金は厳禁。**11月**以降はミニマムな暮らしに目覚め、シンプルで豊かな日々に。

★美容・健康運★

心身のメンテナンスに時間をかけよう

美容＆健康としっかり向き合うことで本物の〝安心〟を獲得できる年。特に**3月**の「魔のウィーク」以降に疲れや不調を感じたら、ペースを緩め、生活を見直し、健診を。メンタルヘルスにも気を配り、必要なら長期休養を取っても。**7、8月**はストレス解消もかねて運動や趣味を始めると吉。**7月19日～8月3日、11月3日～12月17日**には美容やファッションの見直しや、イメチェンに挑戦。カウンセリングなどで思いを言葉にすることで心も整います。「七曜陵逼」の**9、10月**は、体によいと話題の習慣や健康法でも、安易に始めないこと。

★七曜陵逼の乗り切り方★

胃宿が各時期に気をつけるべき大事なポイントをアドバイスします！

1 1/2～1/28
楽しい時間、快調な時ほど落とし穴が。些細なことでマウントをとる、手柄の独り占めは×。26日は目立ちすぎないほうがよさそう。

2 2/10～2/25
人間関係、愛情面は好調な時ほど言動が雑にならないように気を引き締めて。14日「命宿」の日は、特に慎重に人を思いやるべき日に。

3 9/3～9/29
何かをこっそりやらねばならない状況があるかも。人を出し抜いたり、誰かを欺くようなことはしないで。取り返しがつかなくなる。

4 10/3～10/27
欲しいものが手に入り自由気ままに過ごせる時だが、大胆な決断は先送りが◎。「バレなければOK」と行動するのは厳禁!! 大問題に。

Energy Power パワー大の7、8月にやるべきことを片づけ、パワー小の9月に備えて。

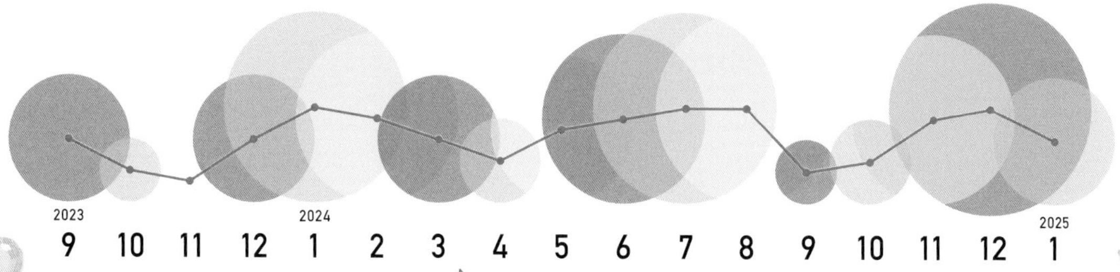

★胃宿の開運暦2024★

1月

好調な時だけれど、無理はしないで

仕事運も金運も好調だが、「七曜陵逼」と「魔のウィーク」に覆われた1か月なので背伸びは禁物。虚勢を張ったり、安請け合いの約束をすれば心の重荷に。やるべきことは「六害宿」の日を避けて慎重に。中でも2日「克宿」は愛情面、20日「意宿」は金銭面での暴走に注意。26日「事宿」は警戒日。感情的にならない。

日付	運	月齢	開運メッセージ
1(月)	衰	◑	！家族や大切な人と初詣へ。お守りを購入
2(火)	克	◑	！！！！愛情からでも押しつけは厳禁
3(水)	危	◑	！！支えてくれている人々に感謝を伝えて
4(木)	成	◑	！！！一つ一つ、丁寧に進めることが大事
5(金)	聚	◑	！！！！自慢話はNG。聞き役に徹しよう
6(土)	友	●	新しい靴を履いて行ってみたかった場所へ
7(日)	親	●	♥トキメクことがあっても今は受け身が◎
8(月)	胎	●	運動不足解消のために、少し長めの散歩を
9(火)	同	●	！！！！虚勢を張らない。等身大の自分で
10(水)	衰	●	速さではなく、精度を上げていくのが大事
11(木)	安	●	◆頑張ってきたことに一定の成果が出そう
12(金)	危	●	手柄の独り占めは周囲の反感を買うことに
13(土)	成	●	$欲しかった品をセールでお得にGET
14(日)	壊	●	！初めてのことには時間をかけて対応する
15(月)	友	●	★★仲間と、よい刺激を与え合える関係に
16(火)	親	●	★★自分なりの〝課題〟に真摯に取り組もう
17(水)	命	●	！！！！安請け合いはしない。後で苦しむ
18(木)	栄	◐	★★自由裁量の部分が増えて、やる気UP
19(金)	衰	◐	些細なことでマウントをとりにいかないで
20(土)	意	◐	！！！！財布の紐が緩みそう。衝動買い×
21(日)	危	○	散らかった部屋は運気を乱す。片づけよう
22(月)	成	○	♥パートナーとじっくり話して絆を深めて
23(火)	壊	○	！お金の面での「なんとかなるさ」は危険
24(水)	友	○	★★★好調な時ほど、謙虚な姿勢が好印象
25(木)	親	○	★★どんなに大きな夢でも、語った者勝ち
26(金)	事	○	！！！！感情の爆発に注意を。我慢の日
27(土)	栄	○	！！家でのんびりデー。心身を休めよう
28(日)	衰	○	！免疫力アップのため、腸内環境を整えて
29(月)	安	○	！年齢や立場が近いほど、対抗心が火種に
30(火)	危	○	！別の選択肢がないか粘り強く検討しよう
31(水)	成	◑	！人に厳しすぎると、器が小さく見える

2月

身近なところにある幸せを大切に

仕事もプライベートも、比較的順調な運気の時だからこそ〝足るを知る〟を意識して、決して欲張らないで。やりたいことは9日までに手をつけると吉。バレンタインの14日は「命宿」。大事な人は大切に扱わないと大荒れになる恐れも。「七曜陵逼」の期間はよくわからないことに手を出したり、秘密の行動は厳禁。

日付	運	月齢	開運メッセージ
1(木)	壊	◑	！フライング気味。皆と歩調を合わせよう
2(金)	友	◑	やりたいことは、9日までにスタートして
3(土)	親	◑	恵方巻きを食べよう。手作りに挑戦もいい
4(日)	胎	◑	ないものより、今あるものに目を向けよう
5(月)	栄	●	$$貯蓄用、生活費など資金を上手に分散
6(火)	衰	●	開運花・デイジーの鉢植えを窓辺で育てて
7(水)	安	●	◆学んできたことが生きて仕事の質が向上
8(木)	危	●	人任せにしようとすると、むしろ二度手間
9(金)	成	●	♥ふとした瞬間の笑顔にキュンとしそう
10(土)	成	●	★相手を許すことで自分自身も楽になれる
11(日)	壊	●	！秘密はバレるもの。作らないのがベスト
12(月)	友	●	★★物産展へ。掘り出し物を見つけられる
13(火)	親	●	★★精力的に動くことで気持ちも活気づく
14(水)	命	●	！！！！大切に思っているなら言動で示す
15(木)	栄	●	★★特別な日じゃなくてもお洒落をしよう
16(金)	衰	●	知らないことに手を出さない。よく調べて
17(土)	意	◐	！！！！調子に乗ると人間関係が台なしに
18(日)	危	◐	お風呂やトイレを掃除。水アカまで綺麗に
19(月)	成	◐	♥努力を惜しまない姿勢が魅力的に映る
20(火)	壊	◐	！言葉がきついとパワハラと思われそう
21(水)	友	○	★★★身の回りのささやかな幸せに感謝を
22(木)	親	○	★★自分なりの方法で存在感を高められる
23(金)	事	○	！！！！「親しき中にも礼儀あり」と心して
24(土)	栄	○	！！知らぬ間に嫉妬を買いそう。控えめに
25(日)	衰	○	！出汁にこだわって料理。おいしく開運
26(月)	安	○	！何事も、丁寧さを欠くとこじれやすい
27(火)	危	○	！ゲームで貴重な時間をつぶさないように
28(水)	成	○	！忙しくても身なりのチェックはしっかり
29(木)	壊	◑	！欲張るほど、大事なものがこぼれ落ちる

3月

メンタルダメージをしっかりケアして

人間関係は安定し、周囲との交流も盛んになるが、不安や不満をストレートに出せず、コンプレックスや体調不良などで悩むことも。1～20日は不調や悩み解消のためにできることをすべき時。そのためにお金を使うのは有意義。18日「壊」の日は、勘違いや妄想で選択を誤りそうなので重要な決断は避けよう。

日付	運	月齢	開運メッセージ
1(金)	友	◑	やりたいことをやるなら、根回しも必要
2(土)	親	◑	YouTubeの関連動画に面白いアイデアが
3(日)	胎	◑	可愛いひな祭りスイーツで気分を上げて
4(月)	栄	◑	◆◆丁寧な検証で、成果を確実に手中に
5(火)	衰	◑	体の不調はメンタルが原因かも。休息して
6(水)	安	●	★開運色のアイボリーで落ち着いた装いを
7(木)	危	●	面倒がらず参加して。ウキウキする展開に
8(金)	成	●	★尊敬する人の行動から学び、実践しよう
9(土)	壊	●	！不安感に悩まされたら大好物で元気回復
10(日)	友	●	★★★個性を最大限に発揮できる幸運日
11(月)	親	●	★★★コミュ力上昇。〝人の輪〟を広げて
12(火)	命	●	★意識改革が◎。苦手なものや人も好きに
13(水)	栄	●	$$$NISAなど資産運用について調べる
14(木)	衰	●	早寝早起きでコンディションを整えよう
15(金)	安	●	★資格取得やエステ、自分を高める投資を
16(土)	危	●	気が置けない仲間との会話でリフレッシュ
17(日)	成	◐	★エコ家事を実践して家計と地球に優しく
18(月)	壊	◐	！！判断を間違えそう。今日は決めないで
19(火)	友	◐	★★★好奇心がわくことが大事な原動力に
20(水)	親	◐	♥♥♥温かな言葉のやりとりで心をつなぐ
21(木)	業	○	！つまらない劣等感は捨てて、前を向く
22(金)	栄	○	！感覚は人それぞれ。相手の考えも認めて
23(土)	衰	○	！ミネラル豊富なバスソルトを入れて入浴
24(日)	安	○	！発想は自由に。勝手に限界値を設けない
25(月)	危	○	！物事の進め方が雑だと足をすくわれそう
26(火)	成	○	！〝質問力〟をつけよう。成長につながる
27(水)	壊	○	！責任逃れはせずに、正面から受け止めて
28(木)	友	○	達成できていない目標に向けて軌道修正を
29(金)	親	○	きっと悪気はないはず。大目に見てあげて
30(土)	胎	◑	朝起きたら5分間の瞑想で心を整えよう
31(日)	栄	◑	♥♥今日の出会いは発展する可能性あり

4月

金運は好調!! エナジーパワーは下降

長年、抱えていた問題や不安が表面化しそう。戸惑うことがあっても、今月は対処する好機。意外なものが役に立ち、解決の糸口をつかめそう。ただし先は急がず、自分の思い込みだけで突っ走らないこと。金運はよく、想定外の入金も。18日からの「魔のウィーク」での体調不良は、専門家に診てもらうこと。

日付	運	月齢	開運メッセージ
1(月)	衰	◑	★欠点を指摘するだけではなくフォローを
2(火)	安	◑	★開運石を身につけて、パワーをチャージ
3(水)	危	◑	すぐに結果が出なくても焦らずに続けよう
4(木)	成	◑	★会議でアイデアを発表。賛同者が増える
5(金)	壊	◑	！懸念していたことが的中かも。冷静に
6(土)	友	◑	★★★GWのレジャー計画を具体化させて
7(日)	親	◑	★★★親身になってくれる人の愛情を実感
8(月)	命	●	ジャスミンのアロマで、ゆったり寛いで
9(火)	命	●	★思いがけないものが、現状打開の糸口に
10(水)	栄	●	＄＄＄＄金運好調。意外な入金がありそう
11(木)	衰	◐	いつもの店でホッと一息。脳をリセット
12(金)	安	◐	★微調整がうまくいき、好結果につながる
13(土)	危	◐	ボランティアや、チャリティ活動に参加を
14(日)	成	◐	★ダンス動画で一緒に踊って汗をかこう
15(月)	壊	◐	！！ルールはルール。勝手な自己裁量は×
16(火)	友	◐	◆◆◆問題への対応力で手腕を発揮できる
17(水)	親	◐	♥♥♥今の関係性を守るために愛を注ごう
18(木)	業	◐	！好き嫌いを表情や態度に出しすぎないで
19(金)	栄	○	！相手の真剣な相談を適当にあしらわない
20(土)	衰	○	！不調が続くなら健診を予約し、メンテを
21(日)	安	○	！毛布やシーツ、大物を洗濯して気分爽快
22(月)	危	○	！心の隙間を〝別の人〟で埋めるのはキケン
23(火)	成	○	！調子に乗っていると〝失うもの〟がある
24(水)	壊	○	！思い込みかもしれない。落ち着いて再考
25(木)	友	○	いつも話していない人とも積極的に交流を
26(金)	親	○	欠点や弱みは個性のもと。上手に活かして
27(土)	胎	○	緑の中でのアクティビティで心身を癒そう
28(日)	栄	◑	♥♥連絡先の交換を。いい展開になるかも
29(月)	衰	◑	★お礼やお詫びは、直接、顔を見て伝えて
30(火)	安	◑	★あとひと押し。状況好転に向け頑張ろう

5月

運気上昇の波に乗り、攻めていこう

GWにパワー復活。趣味に没頭するのもよいけれど、普段できない片づけなどをやるのも◎。資金調達もうまくいくので、大きな買い物や経済面を整えるなら今月中に。でもおいしい話、家族に秘密の話は危険。リスクヘッジしながら進もう。15日からの「魔のウィーク」では、自分の好みにこだわりすぎないで。

日付	運	月齢	開運メッセージ
1(水)	危	◑	開運の花・芝桜の名所を調べて見に行こう
2(木)	成	◑	★ずっと気になっていた箇所の片づけ開始
3(金)	壊	◑	！リスクを想定しておけば慌てずに済む
4(土)	友	◑	★★★行動範囲が広がり知的好奇心が拡大
5(日)	親	◑	♥♥♥気持ちが通じ合い、絆が深まりそう
6(月)	命	◑	★好きなことに没頭していいチートデーに
7(火)	栄	●	＄＄＄投資に好機。大きな買い物もOK
8(水)	衰	●	いつもの道を大股ウォーキングで爽快に
9(木)	安	●	★ポジティブ思考を心がければ運気上昇
10(金)	危	◐	リーダーは人に譲ろう。サポート役が正解
11(土)	成	◐	★困った時に助けてくれる味方が近くに
12(日)	壊	◐	！家族に秘密を作るような隠密行動は禁止
13(月)	友	◐	◆◆◆やる気UP！ 未踏の分野にトライを
14(火)	親	◐	★★★夢を突き詰めれば至る道筋が見える
15(水)	業	◐	！噂話や陰口は漏れる。言わず聞かずで
16(木)	栄	◐	！自分の好みや趣味に執着しすぎるのは×
17(金)	衰	◐	！ダブルブッキングや遅刻には気をつけて
18(土)	安	◐	！メールを送る前にもう一度、内容を確認
19(日)	危	○	！誘い方が強引になっていないかチェック
20(月)	成	○	！おいしい話には用心を。世の中甘くない
21(火)	壊	○	！スピード感より丁寧さを重視して働こう
22(水)	友	○	気になる人には、積極的にコンタクトを
23(木)	親	○	しがらみを捨てると見えてくるものがある
24(金)	胎	○	サウナでデトックス。代謝も上げていこう
25(土)	栄	○	♥♥変に強がるより素直に甘えるのが正解
26(日)	衰	○	寝る前に安眠効果の高いハーブティーを
27(月)	安	◑	★SNSから金融経済系の旬の知識を入手
28(火)	危	◑	こちらから心を開けば受け入れられるはず
29(水)	成	◑	★技術や能力を上げる努力を絶やさずに
30(木)	壊	◑	！焦ってつかみに行くと、肩透かしに遭う
31(金)	友	◑	★★夢を応援してくれるパートナーに感謝

6月

望みにピッタリの出会いの予感♡

出会い運絶好調。あなたの望みにピッタリの人、物、話を見つけることができそう。特に学びたい、知りたいことがあるなら7日、25日「成」の日に動くと吉。学校や塾などともよい縁が。説明したい、連絡したいことは10日までにすべき。SNSの発信でも人気になりそうだけれど、話を盛りすぎないように。

日付	運	月齢	開運メッセージ
1(土)	親	◑	♥♥♥恋にハッピーな展開。流れに乗って
2(日)	命	◑	美術館や博物館へ出かけて、感性を磨こう
3(月)	栄	◑	★★★悩みや迷いに突破口が見つかる予感
4(火)	衰	◑	座り姿勢を確認。背筋を伸ばして美しく
5(水)	安	●	★自分の技術をしっかり伝えて後進を育成
6(木)	危	●	気になる点は本人に直接確認するのが一番
7(金)	成	●	★本気で学びたいならスクールに行こう
8(土)	壊	◐	！SNSでの発信は、盛りすぎに気をつけて
9(日)	友	◐	★★★人生のプラスになる人との出会いが
10(月)	親	◐	♥♥♥伝えていない思いは、今日、言葉に
11(火)	業	◐	！「あれも、これも」は、結局、何もできない
12(水)	栄	◐	！言い訳と思われても説明は丁寧にしよう
13(木)	衰	◐	！未読も既読スルーも×。何らかの返信を
14(金)	安	◐	！過度なストイックさは、自分を苦しめる
15(土)	危	◐	時には何もしない時間も大切。ゆったりと
16(日)	成	◐	！ストレスの発散先を〝食〟に求めないで
17(月)	壊	◐	！権利を主張するのは義務を果たした後
18(火)	友	◐	躊躇しないで動く。すぐにやれば間に合う
19(水)	親	○	プレイリストにピアノ曲を。心身の癒しに
20(木)	胎	○	一度、先入観を取り払うと見え方に変化が
21(金)	栄	○	＄＄毎月一定額、自動振り込みで貯蓄開始
22(土)	衰	○	目の周りをマッサージ。疲れ目を労ろう
23(日)	安	○	最新デジタル機器を品定めにショップへ
24(月)	危	○	年齢や職種が異なる人から刺激をもらえる
25(火)	成	○	★今、興味のあるジャンルの学習をスタート
26(水)	壊	◑	！言われた相手の気持ちを考えて発言を
27(木)	友	◑	◆◆◆新規開拓がうまくいき、自信がつく
28(金)	親	◑	★★★ご無沙汰な人に連絡。縁をつないで
29(土)	命	◑	★抱き枕やアイマスクで睡眠環境を快適に
30(日)	栄	◑	★★★うれしいことは、周りの人とシェア

★胃宿の開運暦2024★

7月

夏休みは大事な人と一緒に楽しもう

8日まではプライベートで調整したいことに集中すべき。9日からの「魔のウィーク」はデジタル系の不調や故障、物の紛失、破損もあるけれど、修復をきっかけに日々の生活が劇的に変わることも。愛情運もレジャー運もよいので、夏休みは大事な人と一緒に過ごす計画を。21日「安」の日はダメ元で勝負、挑戦を。

8月

〝目からウロコ〟で考え方が変わる⁉

知りたかったことがわかる、探し物が見つかるなどスッキリできる出来事が。〝目からウロコ〟で、今までと考え方が180度変わるようなこともありそう。懸案事項は30日までに片づけるよう心がけるとうまくいくはず。健康や美容によい習慣を始めるのも◎。しばらく会っていない友人・知人にも連絡してみて。

9月

パワー減少。縁の下の力持ちに徹して

「七曜陵逼」の今月は、強すぎるこだわり、欲、執着心からの行動を控えて。秘密工作や根回しなどは、うまくいっても意外な人の不信を買う恐れが。特に「六害宿」での嘘や強引な言動は、結果的に大事なことを諦めることにつながるので要注意。家族や誰かのため、縁の下の力持ちに徹して心穏やかに過ごそう。

7月

日付	運	月齢	開運メッセージ
1(月)	衰	◑	★朝晩、体重計にのり、鏡でボディチェック
2(火)	安	◑	★ここで調整しておくといい流れが作れる
3(水)	危	◑	！忘れていてもなかったことにはならない
4(木)	成	◑	◆◆独自のネットワークを築き、情報収集
5(金)	壊	●	！後回しにしていたことに着手。片づけて
6(土)	壊	●	！じっくり話をしてみよう。誤解は解ける
7(日)	友	●	♥♥♥海や山へ。夏らしいデートを満喫
8(月)	親	●	★★★好奇心に忠実に。行動力を発揮して
9(火)	業	◐	！故障や紛失で、予想外の出費がありそう
10(水)	栄	◐	！「過ぎたるは猶及ばざるが如し」と知って
11(木)	衰	◐	！お気に入りのカフェでクールダウンを
12(金)	安	◐	！スマホやPCをバージョンアップしよう
13(土)	危	◐	自分の希望より、相手の気持ちを第一に
14(日)	成	◐	！開運食・レモンで、爽やかにパワー回復
15(月)	壊	◐	！修復、修理すれば、まだ十分に役に立つ
16(火)	友	○	モチベーションアップのためご褒美を設定
17(水)	親	○	親友に相談すると問題解決。自然と笑顔に
18(木)	胎	○	賞味期限が近い品を購入。フードロス削減
19(金)	栄	○	★★ヘアカットやカラーでイメチェン成功
20(土)	衰	○	クヨクヨするよりも次のワクワクを探して
21(日)	安	○	＄宝くじ購入やキャンペーン応募にトライ
22(月)	危	○	自分にとっては簡単でも、相手は違うかも
23(火)	成	○	♥恋愛映画で二人の気分を盛り上げよう
24(水)	壊	○	！飲み物は、常温かホットで夏冷え対策
25(木)	友	◑	★★★お気に入りの服で出かけて気分上々
26(金)	親	◑	★★★あなたの得意分野で存在感を発揮
27(土)	命	◑	★自分のペースで続けられる運動を始める
28(日)	栄	◑	★★★大切な人とイベント参加。楽しんで
29(月)	衰	◑	★波の音や雨の音など、環境音をBGMに
30(火)	安	◑	★相手の立場も気遣いながらの言動が大事
31(水)	危	◑	！心を整えたいならカウンセリングも一案

8月

日付	運	月齢	開運メッセージ
1(木)	成	◑	♥♥心に素直に、愛する人に思いを伝えて
2(金)	壊	◑	！大切なものの取り扱いには十分に注意を
3(土)	友	●	★★眼鏡やサングラスを新しく。魅力UP
4(日)	業	●	！痛いところを突かれたら否定よりも反省
5(月)	栄	●	！ストレスは、深呼吸と共に吐き出そう
6(火)	衰	●	！こちらが引くと全体のバランスがとれる
7(水)	安	◐	！見た目や肩書きだけで人を判断しないで
8(木)	危	◐	！大人げない態度はNG。後で自己嫌悪に
9(金)	成	◐	！野心的になりすぎると味方が離れていく
10(土)	壊	◐	！小さな違和感でも見過ごさないように
11(日)	友	◐	キャンプやグランピングで、自然を満喫
12(月)	親	◐	なくしたものが出てきそう。部屋の掃除を
13(火)	胎	◐	帰省やお墓参りで心の落ち着きを取り戻す
14(水)	栄	○	＄＄懸賞つき預金や外貨預金に挑戦もあり
15(木)	衰	○	仕事を整理。過剰な負担を背負わないこと
16(金)	安	○	★懐かしい友人と旧交を温めてほっこり
17(土)	危	○	「すみません」より「ありがとう」が大事
18(日)	成	○	★開運アイテム・冷凍庫を賢く利用しよう
19(月)	壊	○	！白黒つけることが最善の策とは限らない
20(火)	友	○	♥♥♥会えなくても連絡。心の近さを実感
21(水)	親	○	★★★長年の疑問に答えが出てスッキリ
22(木)	命	○	★有名店のスパイスカレーで夏バテを撃退
23(金)	栄	○	★★★180度考え方が変わるような幸運が
24(土)	衰	○	30分のお昼寝タイムでエネルギーチャージ
25(日)	安	◑	★気になっているなら、早めに手を打って
26(月)	危	◑	歩きやすい靴や、機能的なアイテムを発見
27(火)	成	◑	★朝の白湯や夜の体操など健康習慣を開始
28(水)	壊	◑	！正論で責めるのは危険。相手に逃げ場を
29(木)	友	◑	◆◆◆先を焦るより、今を頑張れば成果が
30(金)	親	◑	★★★新事実に固定観念がくつがえりそう
31(土)	業	◑	！家計を引き締めて。金銭感覚も見直しを

9月

日付	運	月齢	開運メッセージ
1(日)	栄	◑	！勘違いやすれ違いの暗示が。対話が大事
2(月)	衰	◑	！開運色・オレンジレッドの小物をお守りに
3(火)	克	●	！！！！その場しのぎの嘘は後でモメる
4(水)	危	●	！！ミスは隠さず、早めに伝えて謝罪を
5(木)	成	●	！！！知ったかぶりはNG。学べばいい
6(金)	聚	●	！！！！強引に進めるのは敵を増やすだけ
7(土)	友	◐	仕事で目指す〝理想形〟を具体的に描こう
8(日)	親	◐	＄副業など、新たな収入の手段を検討して
9(月)	胎	◐	今の環境と、そばにいてくれる人に感謝を
10(火)	同	◐	！！！！慢心や油断はトラブルのもとに
11(水)	衰	◐	観葉植物の手入れや土いじりで心が安らぐ
12(木)	安	◐	◆チーム全体の利益を考えて動くと好印象
13(金)	危	○	「ごまかしがうまい」と誤解されると辛い
14(土)	成	○	♥デートは神社やお寺でのんびり過ごす
15(日)	壊	○	！サプリやコスメは比較検討してから購入
16(月)	友	○	★★食べて、笑って、悩みを吹き飛ばそう
17(火)	親	○	★★アンテナを立てて。有益な情報GET
18(水)	命	○	！！！！人を出し抜くようなことはしない
19(木)	栄	○	★★以前からの準備が生きてトラブル回避
20(金)	衰	○	財布の中を整理。レシートはため込まない
21(土)	意	○	！！！！誤解を招かないよう、公明正大に
22(日)	危	○	ネガティブな感情とも向き合う勇気が必要
23(月)	成	◑	♥一緒に過ごす何気ない時間を大切にして
24(火)	壊	◑	！目立たない動きも誠実に。信頼に関わる
25(水)	友	◑	★★★フォローやサブに回って、好印象
26(木)	親	◑	★★新たな人間関係が幸運を連れてくる
27(金)	事	◑	！！！！欲張りすぎると何も手に入らない
28(土)	栄	◑	！！パートナーに八つ当たりしてはダメ
29(日)	衰	◑	！湯船につかり発汗。基礎代謝を上げよう
30(月)	安	◑	！走りだすには準備が必要。まだ我慢の時

最大開運日 11/13、12/8　最大警戒日 9/18、9/21

胃

10月

手放すことが次への一歩につながる

「七曜陵逼」が続く今月は、心ならずも何かを終わらせたり、手放したり、諦めるようなことがあるかも。それが結果的には次への一歩の準備や土台となるので、淡々と進むべき。ただ「六害宿」の日は、重要なものやデータの取り扱い、体調管理には細心の注意を払って。何事も〝やりすぎる〟傾向にご用心。

日付	運	月齢	開運メッセージ
1(火)	危	●	！自己中心的になりがち。もっと優しく
2(水)	成	●	！集中して、やるべきことに取り組むこと
3(木)	成	●	！！！「バレなきゃOK」は、バレるもの
4(金)	聚	●	！！！！お金の貸し借りや契約ごとは厳禁
5(土)	友	●	果物やキノコ類。秋の味覚を思い切り堪能
6(日)	親	●	★幼馴染みや親友との会話に心が癒される
7(月)	胎	●	自分の問題点と向き合い、改善策を考えて
8(火)	同	●	！！！！手放すべき時かも。冷静に判断を
9(水)	衰	●	流行の健康法やダイエットに飛びつかない
10(木)	安	◐	$探していた欲しいものが手に入りそう
11(金)	危	◐	カリスマ性のある人の言葉に刺激を受ける
12(土)	成	○	♥評判のお店を予約して、ランチデートを
13(日)	壊	○	！相手の親切や厚意に甘えすぎないこと
14(月)	友	○	★★不思議なほど自由気ままを満喫できる
15(火)	親	○	♥♥本当に大切な人は誰か、考えてみよう
16(水)	命	○	！！！！勢いづいて暴走かも。落ち着いて
17(木)	栄	○	★★誰かのために動くことが自分の学びに
18(金)	衰	○	間接照明にこだわって、寛ぎの空間作りを
19(土)	意	○	！！！！我を通しすぎ。周りに気を使って
20(日)	危	○	あまり使っていないサブスクは解約しよう
21(月)	成	○	◆実直に仕事をして、コツコツと土台固め
22(火)	壊	○	！本来の目的を見失いがち。初心に帰って
23(水)	友	○	★★★自分のペースで進められて快調
24(木)	親	◑	★★散歩に出かけよう。短い時間でもいい
25(金)	事	◑	！！！！重要データには今日は触らないで
26(土)	栄	●	！！大きな決断は、延ばせるなら来月が◎
27(日)	衰	●	！リンパマッサージをしてコリをほぐそう
28(月)	安	●	！諦めたことで見えてくるものがあるかも
29(火)	危	●	！ペースをローに切り替えて自分を労ろう
30(水)	成	●	！軽く考えすぎ。もっと真摯に向き合って
31(木)	壊	●	！極端な考えに陥りがち。心をフラットに

11月

逆転から手に入れられる幸せが

これまでのことが逆転するような出来事がありそう。それを受けて仕切り直して進めば、結果的には自分の力にできるはず。買い物や投資、お金の問題は一旦、結論を出すべき。改めての話し合いで改善できる関係も多いけれど、18日「壊」の日は感情がエスカレートしやすいのでデリケートな話は避けること。

日付	運	月齢	開運メッセージ
1(金)	友	●	口角を上げて。感じのいい雰囲気が大事
2(土)	親	●	日帰り温泉やスーパー銭湯でリラックス
3(日)	胎	●	変えるべきものと、守るべきものの区別を
4(月)	栄	●	♥♥素敵なご縁あり。じっくり育てよう
5(火)	衰	●	パンプスやスニーカー、足元のお洒落を
6(水)	安	●	★頭と心を柔軟にすれば可能性が生まれる
7(木)	危	●	ミステリーや恋愛小説を読んで違う世界へ
8(金)	成	●	★仕切り直すことで、よい運気の波に乗る
9(土)	壊	◐	！文句を言う前に、解決策を考えるべき
10(日)	友	○	★★★やや攻めたヘアメイクで出かけて
11(月)	親	○	★★★ちゃんと話し合えば、心が通い合う
12(火)	命	○	★いつも支えてくれる人を５人挙げてみて
13(水)	栄	○	★★★★思いがけない〝宝〟を得るチャンス
14(木)	衰	○	バニラの芳香浴でゆっくり眠って、開運
15(金)	安	○	★立ち止まらず、少しでも前進し続けよう
16(土)	危	○	ライバルの存在が、あなたの成長の刺激に
17(日)	成	○	$身の丈に合った貯め方、使い方を考えて
18(月)	壊	○	！！感情の爆発に注意。話し合いは後日！
19(火)	友	○	♥♥♥気になる人には自分から話しかけて
20(水)	親	○	◆◆◆思い切った挑戦で仕事の幅が広がる
21(木)	業	○	！ドタキャン禁止。事前に予定をよく確認
22(金)	栄	○	！サービス精神のつもりがやりすぎかも
23(土)	衰	◑	！体調が最優先。自分のペースで進めよう
24(日)	安	◑	！仕事のことは忘れ、一人の時間を大切に
25(月)	危	●	！負ける戦いはする必要なし。安全策で
26(火)	成	●	！強がらずに人の力を借りることを選んで
27(水)	壊	●	！ピリピリした雰囲気を表に出さないこと
28(木)	友	●	友人と近況報告。楽しい計画を語り合おう
29(金)	親	●	デパ地下スイーツで、大満足の一品を発見
30(土)	胎	●	自分の人生プランに合う保険を検討しよう

12月

エナジーパワー最高潮。思いも伝わる

自分の気持ちを言葉や形で表現できる運気。わかってほしいことは改めて説明したり、伝えたりすれば、心が通じるはず。誰かや何かに対する誤解が解けることも。不安の種は17日までにクリアしておくと安心。うれしいプレゼントもあるかも。年末年始の準備はいつもより早めにするのがさらなる幸運を呼ぶ。

日付	運	月齢	開運メッセージ
1(日)	栄	●	♥♥予想外の相手からの告白があるかも
2(月)	衰	●	★ひとつずつ対処すれば難しいことはない
3(火)	安	●	★負けず嫌いな気持ちが上を目指す活力に
4(水)	危	●	あなたの言動次第で相手の反応にも変化が
5(木)	成	●	★以前のやり方をチェック。よい点は残す
6(金)	壊	●	！見て見ぬふりをすることも大人の優しさ
7(土)	友	●	★★★仲間との交流で自分も磨かれていく
8(日)	親	●	★★★誰かのための出費が幸せを呼び込む
9(月)	命	◐	★本当に信頼でき、安心できる人を再確認
10(火)	栄	○	◆◆◆マイナスや損失を挽回できる幸運日
11(水)	衰	○	クリスマスや新年のギフトは早めに準備を
12(木)	安	○	★「話してみると意外にいい人」と思える
13(金)	危	○	気にかかることは本人に直接聞くのが一番
14(土)	成	○	★思いがけないプレゼントがありそうな日
15(日)	壊	○	！あえて面倒な場所から大掃除をスタート
16(月)	友	○	$$$〝夢貯金〟を始めてみるのもおすすめ
17(火)	親	○	♥♥♥誠意を感じたら、恋を一歩進めよう
18(水)	業	○	！与えられた役割をきちんと果たすこと
19(木)	栄	○	！クラファンや、チャリティに参加して
20(金)	衰	○	！胃腸が疲れ気味。食べすぎにブレーキを
21(土)	安	○	！名作映画などを見て、泣いてデトックス
22(日)	危	○	！調子に乗りそう。羽目の外しすぎに用心
23(月)	成	◑	！野菜たっぷりシチューでパワーチャージ
24(火)	壊	◑	！クリスマスでもいつも通りの過ごし方で
25(水)	友	●	力を出し切れば、どんな結果でも自信に
26(木)	親	●	人脈が広がる時。一人一人、大切に接して
27(金)	胎	●	2024年を振り返りつつ来年の抱負を描こう
28(土)	栄	●	★★自分の感覚に従って。よい結果に
29(日)	衰	●	家族からの頼まれごとは、快く引き受けて
30(月)	安	●	★忘年会で楽しい交流が。幹事役もいい
31(火)	安	●	★大好きな人と心穏やかな年末を過ごそう

出世運No.1 セレブな雰囲気

3 昴宿

ぼうしゅく

★開運キーワード★

Color
水色　サーモンピンク

Spot
高級レストラン　古都

Food
新製品スイーツ　昆布

Item
生成系AI　加湿器

Stone
スモーキークォーツ　翡翠

Aroma
ローズマリー　ライム

Flower
スミレ　ヒヤシンス

昴宿ってこんな人

「昴」は〝統《す》べる〟の意で、人や物をまとめる力を持つ。全宿中最も出世運が強く、経済的にも恵まれる。真面目で勉強家。正論を主張しすぎることもあるが、清廉潔白で気品があり、損得抜きで動くため、周囲から尊敬を集める。人にも恵まれ、特に目上の人からの引き立てで成功する。芸術的な才能を持っていることも多い。恋愛面では、傷つくのを極端に恐れるため慎重で、一度好きになると一途。結婚を考える相手とは、お互いを理解し合うためにも、交際期間は長いほうがベター。開運部位は頭なので、髪型や帽子に凝ると運気上昇！

この宿の有名人

山口智子　永作博美　小池栄子　綾瀬はるか　新垣結衣　広瀬すず　松本まりか　宇垣美里　フワちゃん　山之内すず　遠藤さくら　大坂なおみ　宮﨑駿　木梨憲武　田中裕二　佐々木蔵之介　相葉雅紀　山田孝之　竜星涼　一ノ瀬颯　Taka　宮野真守　中島裕翔　せいや　田中碧

2024年開運3か条

1 「ピンチはチャンス‼」と考えて。柔軟な発想で動くことが大事

2 自分の現状を客観視する努力を。耳の痛い忠告ほど素直に聞こう

3 オンとオフのメリハリをつけよう! 日々のゆとりから新たな発想が育つ

★2024年の全体運★

チャレンジングな姿勢が開運の鍵に! 未知の分野でも恐れず進んでいこう

★2024年の特徴　〝中距離〟の「危」の運気となる2024年は、文字通りちょっとリスキーなチャレンジをする年になりそう。2023年は長年の夢を実現したり、望んだステイタスなどを手にできた人も多いはず。そこからさらなる進化やステップアップを目指す場合もありますが、会社や周囲の事情で、自分でも予想外の立場や役割を担うことになったり、新たに興味を広げた分野に大きく踏み込んでいくことも。基本的に頭脳派の昴宿ですが、2024年は、理屈抜きで「やるしかない」と思うこと、使命感や、本能、直感で今の自分に必要だと思うことのほうへ舵を切ることがありそう。周囲からは意外な選択に見えても、「危」の年である2024年はあなたらしい個性的な挑戦ができ、それが運気をあげてくれることになるでしょう。幸い、金運は安定しているので不安は少なめ。生来の知恵を活かし、向上心を持って恐れずに進んでください。

★1年の運気の流れ　**1、2月**は「七曜陵逼」の運気なのに、強く興味を魅かれる分野や物に出会うことが。一方で、仕事での肩書きやキャリアの道筋が変わったりするような暗示も。戸惑いや反発を感じても行動を起こすのは**3月5日**以降に。そうすれば、たとえ強制的な変化と向き合うことになっても、結果的には幸運な選択になるはず。ただ**3、4月**は混乱や不透明なことも多いので、大きなチャレンジはエナジーパワーが盛り上がる**5～7月**に。特に改めて関心を持ったこと、自分に足りないと感じることは、**8月31日**までに学び始めるとよいでしょう。再び「七曜陵逼」が巡る**9、10月**にはプライベートで立場や役割が変化したり、一度決めたことがブレたりしがちですが、慌てないこと。あなたの覚悟を試されるような出来事を経て、**11、12月**がリスタートのタイミング。新しいライフスタイルの土台を築いていけるはずです。

★愛情運★

愛に対する考え方がガラリと変化!?

仕事や家族の影響、あなたの望むものが変わることで、愛する人との関係、過ごす環境、愛に対する考え方などが様変わりしやすい年。でも**1、2月**は「七曜陵逼」なので、感情に流されるままに大胆な決断、行動をとるのは控えて。新たな展開や出会いがあるのは**3月11日～7月9日**。長年のパートナーともきちんと話し合う好機。逆に、この時期の秘密の恋や独断専行は愛を壊します。ケジメをつけたい恋は**8月**中に決着を。「七曜陵逼」の**9、10月**でのわがままな言動は相手を傷つけます。順調な仲でも、波風は立てないように注意して。**11月5日**以降は再び愛情が通じやすい運気に。**12月2～18日**には、諦めていた恋が蘇るような奇跡が起きることも。

★仕事運★

大勝負、転職活動のチャンスは5月下旬から

業界や会社に関わる、大きくて根深い問題と向き合うこともある運気。でも2024年は〝ピンチがチャンス〟になる星回り。なんとかせねば、と思った時ほどパワーや技が生きます。ただ**1、2月**は「七曜陵逼」なので面白い発想、魅力的な誘いでも飛びつかず、動くなら**3月5日**以降に。ここで新しいツールや、技術、システムを導入すると効率、収益も上昇。大きな勝負や、転職活動は**5月26日～8月4日**に。「七曜陵逼」前の**9月2日**までに結果が出なければ、**11月5日**以降に再挑戦を。**9、10月**は私生活の変化が仕事に影響する暗示。必要に応じて休みを取って生活を整え、自分らしい働き方を模索すれば、仕事へのモチベーションも上がるでしょう。

★金運★

予想外の収入は生活環境を整えることに使って

金運に恵まれる一方で出費も多い年。**1、2月**の「七曜陵逼」には公私でお金の問題が浮上。慌てず、そのことで資金を動かすなら**4月26日～7月9日**に。この時期は臨時収入も期待できそうなので、デジタル機器、電化製品、家族や住居に惜しまずに使って。資産の運用や投資にも縁がありますが、スタートしたり、勝負するのは、**9、10月**の「七曜陵逼」を避けて。**11、12月**には何かを手放したり、片づけるための出費がありそうですが、そんな中で想定外の〝お宝〟が見つかることも。堅実な貯金を始めるなら**11月2日**、**12月2日**がよい日。

★美容・健康運★

ダイエットに取り組むなら、6～8月が最適

2024年前半は自分を客観視できない傾向大。自分自身のイメージやこだわり、年齢、立場にとらわれすぎて、どこかズレたヘアメイクや装いになりそう。特に**4、5月**は運動不足、食欲爆発気味になるので、毎日体重計にのったり、鏡を見てチェックを怠らないこと。**6～8月**は体もよく動き、助言も耳に入るので、ダイエットやイメチェンを。中でも**7月17日～8月4日**は新しい運動、攻めたお洒落も◎。「七曜陵逼」の**9、10月**はストレスをためやすく、アクシデント運も強いので無理は禁物。ストレスの原因は**11月5日**以降に解消しそう。

★七曜陵逼の乗り切り方★

昴宿が各時期に気をつけるべき大事なことをアドバイス。手帳にメモ！

1 1/2 ～ 1/28

出会いが多い時期。会いたい人に会えたり、面白い話に出会っても、よさそうな話ほど舞い上がらずに。「六害宿」での大きな決断は×。

2 2/10 ～ 2/25

思いつきで大きなことを決めたり、お気楽になりすぎるのは危険。上下のある関係では、あなたがどちらの立場でも接し方に注意して。

3 9/3 ～ 9/29

好奇心を抱いても、よくわからないことに突っ込んでいかない。アクシデント、物の破損、紛失に注意。お金の話、得した自慢話はNG。

4 10/3 ～ 10/27

プライベートに変化が起こりがち。家族や身近な人に配慮を。自分にとって大切なこと、やるべきことの優先順位を間違えないように。

Energy Power パワー大の5～7月にはチャレンジを！ 9、10月は無理をしないで。

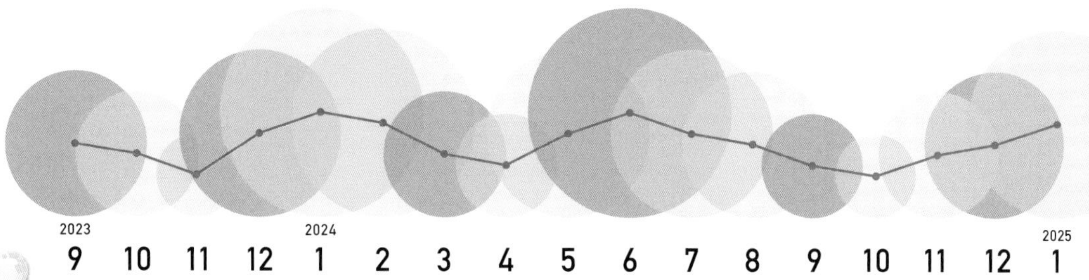

★昴宿の開運暦2024★

1月

好調なスタート。刺激的な出会いも

「魔のウィーク」と「七曜陵逼」で覆われた１か月だが、意外に過ごしやすく、刺激的な出会いも多い月。ただ、ノリや勢い、あるいは使命を感じても、大きな問題や深い話に前のめりにならぬよう慎重に。いつの間にか逃げられなくなる恐れも。「六害宿」の日には重要な打ち合わせ、お金の話をするのはなるべく避けて。

日付	運	月齢	開運メッセージ
1(月)	栄	◑	！家族など大切な人と、穏やかに過ごして
2(火)	衰	◑	！！暴飲暴食に注意。歩いて初詣へ行こう
3(水)	克	◑	！！！！落ち着いて。先を急ぐと失敗する
4(木)	危	◑	！！！仕事始めは、確実なタスクから着手
5(金)	成	◑	！頑張りすぎない。深刻な話は日を改めて
6(土)	聚	◑	！！！！プライドは捨てる。自然体が一番
7(日)	友	●	$自分へのご褒美だと思って奮発していい
8(月)	親	●	友人たちと新年会。ワクワクする話がある
9(火)	胎	●	マッサージへGO。老廃物を流して身軽に
10(水)	同	●	！！！！金銭問題が浮上しても、今は静観
11(木)	衰	●	疲れからミスをしそう。体調管理は万全に
12(金)	安	●	◆話題のビジネス書に、即役立つ方法が
13(土)	危	●	感情と理性とのバランスを考えて行動して
14(日)	成	●	♥セミナーや趣味の会に恋のきっかけあり
15(月)	壊	●	！睡眠も仕事のうち。生活リズムを整える
16(火)	友	◐	★★上司や同僚の助けが新たな展開を生む
17(水)	親	◐	★★多忙でも楽しみややりがいが見出せる
18(木)	命	◐	！！！！誤解が生じそう。焦らずに説明を
19(金)	栄	◐	★★問題点がわかれば挽回もスピーディ
20(土)	衰	◐	高級レストランへ。話題が盛り上がりそう
21(日)	意	◐	！！！！ノリだけで前に進むのは危険すぎ
22(月)	危	○	見直しを徹底し、トラブルを未然に防いで
23(火)	成	○	★ちょっとしたヒントが仕事に生きてくる
24(水)	壊	○	腹が立っても、人に八つ当たりをしない
25(木)	友	○	★★満足度が高い価値あるものを購入して
26(金)	親	○	★★★仕事にプラスになる人脈が作れそう
27(土)	事	○	！！！！深読み・裏読み・嫉妬はやめて
28(日)	栄	○	！予定を詰め込みすぎない。ゆとりが大事
29(月)	衰	○	！些細なことで言い合いになる恐れがある
30(火)	安	◑	！工夫する心を持つ。案外スムーズにいく
31(水)	危	◑	！余計なことはせず今できることを粛々と

2月

やりたいことができる月。強気はNG

自分のやりたいことを順調に進められる月。ただ10日からは再び「七曜陵逼」。特に仕事などではパワハラ、カスハラをされるだけではなく、あなたがする側になる恐れも。強引、わがままな言動で〝火種〟を抱え込まないように。マンネリ、冷めかけの愛情関係は24日からの「魔のウィーク」で問題噴出の恐れが。

日付	運	月齢	開運メッセージ
1(木)	成	◑	！任せるところは任せたほうがいい場合も
2(金)	壊	◑	！欠点を指摘されたら、謙虚に耳を傾ける
3(土)	友	◑	節分の豆まきをしていい運気を呼び込んで
4(日)	親	◑	家族からの何気ない連絡に、気持ちが和む
5(月)	胎	◑	月光浴をしよう。月の光がパワーをくれる
6(火)	栄	◑	$$臨時収入、プチボーナスが入る予感が
7(水)	衰	◑	鏡を見ながら顔トレ。たるみを予防しよう
8(木)	安	●	◆デスク周りを片づけると作業効率が上昇
9(金)	危	●	「少額ならいいや」が結局散財につながる
10(土)	危	●	現状を客観視できるような、冷静さが必要
11(日)	成	●	♥ちょっと早めに、本命へチョコを渡そう
12(月)	壊	●	！納得がいかなくても、主張は控えておく
13(火)	友	◐	★★一人で抱え込まないで。周りに相談を
14(水)	親	◐	★★チームプレーの楽しさを実感できそう
15(木)	命	◐	！！！！口調に注意を。パワハラの危険が
16(金)	栄	◐	★★やりたいことがあれば全力で飛び込む
17(土)	衰	◐	好きなバスソルトで、優雅なバスタイムを
18(日)	意	◐	！！！！セクハラ、カスハラ。十分に用心
19(月)	危	◐	思いつきで行動するのはやめたほうがいい
20(火)	成	◐	♥気になる人に連絡。恋の種をまいておく
21(水)	壊	○	お気楽になりすぎかも。思慮深い態度が◎
22(木)	友	○	★★少し視点を変えたら、いいアイデアが
23(金)	親	○	★★★大切な人に感謝の想いを伝えてみて
24(土)	事	○	！！！！目を背けていた問題が表面化する
25(日)	栄	○	！開運石の翡翠を身につけお守り代わりに
26(月)	衰	○	！野菜スープで、栄養素と食物繊維を補給
27(火)	安	○	！気持ちが乱れやすい。穏やかさをキープ
28(水)	危	◑	！過度の甘えや依存があると相手も冷める
29(木)	成	◑	！動きだす前に、優先順位を決めておこう

3月

問題解決も近い！ 愛にうれしい展開が

こじれていたり、遅れている問題に取り組むと少しずつ解決していける月。ただ結論は急がず、大きな案件ほど周囲の意見も聞き、独断専行しないこと。「壊」の10日に謙虚に反省したり、正すことがあると運気があがる。11～21日は愛情面にもうれしい出来事が。愛もお金も欲張って欲しがりすぎないよう注意。

日付	運	月齢	開運メッセージ
1(金)	壊	◑	！気乗りしない予定ならパスするのもあり
2(土)	友	◑	懐かしい友達とランチ。元気がもらえそう
3(日)	親	◑	家族でひな祭りパーティ。手料理を作って
4(月)	胎	◑	ライムのアロマを香らせて気分も爽やかに
5(火)	栄	◑	♥♥恋に追い風。今日から行動を起こそう
6(水)	衰	◑	マウンティングしてくる人とは距離をおく
7(木)	安	◑	★遅れていることがあれば一歩を踏み出す
8(金)	危	●	人の話に耳を傾ける。一人で暴走しないで
9(土)	成	●	★春服を新調。開運色のサーモンピンクを
10(日)	壊	●	！反省して、しっかり正せば運気も上向く
11(月)	友	●	♥♥♥好きな人にうれしい言葉をもらえる
12(火)	親	●	★★★得意なことを磨いて、今後の武器に
13(水)	命	◐	★★シートパックでゆらぎがちな肌をケア
14(木)	栄	◐	★★★真摯な対応が事態を解決へと進める
15(金)	衰	◐	翌日でもいいことは無理して今日やらない
16(土)	安	◐	$手元にあるもので代用。よい節約になる
17(日)	危	◐	忙しくても家族からの相談には耳を傾けて
18(月)	成	◐	周囲の刺激を受けて、スキルアップを決心
19(火)	壊	◐	！あれもこれもと、欲張りすぎないように
20(水)	友	◐	★★★思い切って相手の気持ちを確かめて
21(木)	親	◐	◆◆◆チームへ貢献するため、まずは動く
22(金)	業	○	！忘れ物に注意。出かける前にチェックを
23(土)	栄	○	！１日中パジャマでいる日があってもいい
24(日)	衰	○	！就寝１時間前には、スマホやPCは見ない
25(月)	安	○	！人と比較しない。結果は後でついてくる
26(火)	危	○	！近所を軽くランニング。意識的に運動を
27(水)	成	○	！財布と地球に優しく、こまめに節電節水
28(木)	壊	○	！肩書きで人を判断しない。偏見を捨てる
29(金)	友	○	友人とお花見。夜景も楽しめる店を選ぼう
30(土)	親	◑	推しのライブではじけて、ストレス発散！
31(日)	胎	◑	早めに起きたら白湯を飲んでのんびり

最大開運日	4/9、6/11	最大警戒日	1/21、2/24

昴

4月

決済方法の見直しやポイ活に挑戦!

焦ってもなぜか前に進めない運気。むしろ今、抱えている課題や今後の計画などの問題点を掘り下げて検討したり、今後の準備をすべき時。中途半端になっていること、気になっていることは18日までに手を打つと吉。お金に関しては、決済方法の見直しやポイ活を取り入れることで、効率よく、お得なことが。

日付	運	月齢	開運メッセージ
1(月)	栄	◑	♥♥♥２人の将来を、具体的に話し合おう
2(火)	衰	◑	家事を上手に手抜きして夕食はデリバリー
3(水)	安	◑	★異業種の人と話そう。違う発想が刺激に
4(木)	危	◑	体重計にのりセルフチェック＆ボディケア
5(金)	成	◑	★準備や根回しをする。今は足元を固めて
6(土)	壊	●	！現状維持の状態にイラついても焦らない
7(日)	友	●	★★★チャームポイントを磨いて、輝こう
8(月)	親	●	★★★最後のもうひとフォローが運を呼ぶ
9(火)	親	●	★★★勘が冴えている日。決断も成功する
10(水)	命	●	★★考え方を変えればピンチもチャンスに
11(木)	栄	●	＄＄＄ポイ活を研究。さらなるお得をGET
12(金)	衰	●	休憩時間に深呼吸。モヤモヤを吐き出そう
13(土)	安	◐	★やりかけていることがあれば終わらせて
14(日)	危	◐	昆布茶を飲もう。リラックス＆開運になる
15(月)	成	◐	夢を叶えたいなら、まず入念な下調べから
16(火)	壊	◐	！人前で相手を言い負かそうとしないこと
17(水)	友	◐	◆◆◆根気よく、粘ることが成功への道
18(木)	親	◐	★★★生成系AIの利用にトライ。気づきが
19(金)	業	○	！ファスティングなどで、内臓を労わって
20(土)	栄	○	！自己中な言動は×。愛や友情を遠ざける
21(日)	衰	○	！無理をしている自分に気づいたら休息を
22(月)	安	○	！仕事が山積みなら、前倒しで進めておく
23(火)	危	○	！後輩へ厳しくなりがち。言い方を考えて
24(水)	成	○	！GW前だからといって気を緩めないよう
25(木)	壊	○	！辛口なアドバイスも素直に聞いて感謝を
26(金)	友	○	楽しそうなイベントがあったら足を運ぼう
27(土)	親	○	シーツやベッドカバーを洗濯。気分も爽快
28(日)	胎	◑	舌回しエクササイズで、口元を引き締めて
29(月)	栄	◑	♥♥♥疲れた時に会いたい人が、本命かも
30(火)	衰	◑	大自然の中でエネルギーを満タンにしよう

5月

得意を活かして、目標も上方修正!?

GW後からパワーアップ。好きなことをガッツリ堪能できたり、得意なことを活かしたりできるチャンス到来。それで仕事や今後の目標が大きく変わる可能性あり。金運にも弾みがつき、欲しかったものが手に入りそう。機器の買い替えや新たな道具を生活に取り入れることで、状況が好転。ぐっと快適な毎日に。

日付	運	月齢	開運メッセージ
1(水)	安	◑	★皆が楽しめる提案を。ハッピー感UP！
2(木)	危	◑	自分の感情をうまくコントロールできそう
3(金)	成	◑	★古都を訪ねてお寺で願掛けをしてみよう
4(土)	壊	◑	！過去を掘り起こさない。大切なのは未来
5(日)	友	●	♥♥♥モテのオーラが全開に。強気でOK
6(月)	親	●	★★★信頼できる仲間にコメントを求めて
7(火)	命	●	★得意なことで収入を得る方法をリサーチ
8(水)	栄	●	＄＄＄金運上昇！欲しいものを入手できる
9(木)	衰	●	時間がなくても、食事はきちんととること
10(金)	安	●	★腰痛予防に股関節のストレッチを開始
11(土)	危	●	デスクの上にスミレの花を。心が穏やかに
12(日)	成	●	★好きなことだけして過ごすチートデーに
13(月)	壊	◐	！出がけにバタバタしそう。時間に余裕を
14(火)	友	◐	◆◆◆転職を含め先のビジョンが見えそう
15(水)	親	◐	★★★幸運の波到来。臆せずトライすべし
16(木)	業	◐	！片思いなど実らぬ関係からは卒業しよう
17(金)	栄	◐	！上質で長く使えるものに投資してみて
18(土)	衰	○	！ヨガで体をほぐすと気持ちまでスッキリ
19(日)	安	○	！誘われたらとりあえず顔を出してみよう
20(月)	危	○	！一緒にいて疲れる相手とは距離をとって
21(火)	成	○	！新しい関係や環境に興味が出てくるはず
22(水)	壊	○	！内心はどうであれ、表には出さないこと
23(木)	友	○	家族や友達からの連絡には、すぐに返信を
24(金)	親	○	高い目標や、目的を持つほど強くなれる
25(土)	胎	○	スマート家電を導入。快適な生活を追求
26(日)	栄	○	♥♥身近な人が恋愛対象に急浮上するかも
27(月)	衰	○	半身浴をして、脚のむくみを和らげよう
28(火)	安	◑	★変なこだわりを捨てれば自分も楽になる
29(水)	危	◑	意外な人と共感。いい仲間になる可能性が
30(木)	成	◑	★気軽に話しかけて。意気投合できるはず
31(金)	壊	◑	！！好きなポッドキャストを聞き気分転換

6月

エナジーパワー最大! 活動的に

アクティブに動いて、行きたい場所に行け、会いたい人に会える月。気になる人にはどんどんコンタクトをとろう。世界が大きく広がり、活動、活躍する場もこれまでと変わってくるはず。「安」の６日、「栄」の22日から新たな知識や情報を求めて学ぶことが開運の鍵に。よい師や指導者との出会いもある予感。

日付	運	月齢	開運メッセージ
1(土)	友	◑	★★★デキる人のビジネススタイルを学ぶ
2(日)	親	◑	★★プラスになると思うなら行動に移そう
3(月)	命	◑	★望んでいた通りの展開に、動きつつある
4(火)	栄	●	♥♥♥好意があるなら思い切って意思表示
5(水)	衰	●	最新スイーツを食べてエネルギーチャージ
6(木)	安	●	★ネット関係の知識を学んでさらに深めて
7(金)	危	●	曖昧な態度はNG。意志を強く持って動く
8(土)	成	●	★自分の個性やセンスを活かせる服を着て
9(日)	壊	●	！夏用の日焼け止めと日傘を探しておこう
10(月)	友	●	★★★会いたい人には、迷わず会いに行く
11(火)	親	◐	★★★公私共に大きく視野が広がりそう
12(水)	業	◐	！気持ちにブレーキがきかず、暴走気味に
13(木)	栄	◐	！心変わりを疑われそう。誠実さを示して
14(金)	衰	◐	！温かい飲み物をとって梅雨冷えの予防を
15(土)	安	◐	行きたかった町やスポットを訪ねてみよう
16(日)	危	◐	！サウナやジムで汗をかいて、デトックス
17(月)	成	○	！注意力が散漫に。ミッションに集中する
18(火)	壊	○	！何事も順番を間違えないように注意して
19(水)	友	○	尊敬できる師匠やコーチと懇意になれそう
20(木)	親	○	話題のお店を訪ねて、人気料理を堪能して
21(金)	胎	○	泣ける系の配信動画を見て、心をリセット
22(土)	栄	○	＄＄貯金や投資などの最新事情を徹底調査
23(日)	衰	○	無理しない。スケジュールは緩めに組んで
24(月)	安	○	★プロに相談すると実現の速度が速くなる
25(火)	危	○	思わぬ場所で巡り合う人もいるのが人生
26(水)	成	○	★自分が恋人に求めることを再認識しよう
27(木)	壊	◑	！言い訳は我慢。すぐに謝ったほうがいい
28(金)	友	◑	◆◆◆仕事で実力を発揮。昇進も視野に
29(土)	親	◑	♥♥♥意中の相手にはイメチェンが効果的
30(日)	命	◑	★立ち止まって見えた課題が成長の糧に

★昴宿の開運暦2024★

7月

個性を発揮することが飛躍につながる

何かを手放したり、終わるものがある暗示。特に10日からの「魔のウィーク」は物の破損や紛失、衝動買いには注意を。でも、それで楽になったり、解放感を味わったりもできそう。あなたらしく個性を発揮して飛躍できる可能性も大きい時。家族や友人、身近な人との交流は大切に。有意義な時間を過ごせそう。

日付	運	月齢	開運メッセージ
1(月)	栄		$$$$思わぬ臨時収入や支援があるかも
2(火)	衰		集中力が切れそう。コーヒーブレイクして
3(水)	安		ダンスなど、表現する習い事にチャレンジ
4(木)	危		★開運色・水色をコーデのポイントにする
5(金)	成		★使い終わった資料は処分を。仕事も進む
6(土)	成		♥素直になり、気持ちをきちんと伝えよう
7(日)	壊		！しつこいメールやDMはスルーして正解
8(月)	友		★★★企画の提案や意見に賛同者が出現
9(火)	親		★★★去る者追わずの姿勢が新たな開運に
10(水)	業		！気晴らしの買い物は予算を決めて楽しむ
11(木)	栄		！努力の方向性を間違えると、残念な人に
12(金)	衰		！旬のフルーツを食べてビタミンCを補給
13(土)	安		お財布、鍵などの置き忘れには気をつける
14(日)	危		！身内にうんと優しく。いい時間を過ごす
15(月)	成		！離別や喪失は、次のステージへの原動力
16(火)	壊		！短気は損気。おおらかな笑顔が幸運の鍵
17(水)	友		周囲に確認をしながら進めることが大事
18(木)	親		何でも首を突っ込まない。クールな対応を
19(金)	胎		惰性で続けてきたことを、リセットしよう
20(土)	栄		♥♥大切な人と花火デートで、夏を満喫
21(日)	衰		ダラダラ過ごしてもOK。疲労回復が優先
22(月)	安		★あなたらしい視点から発信&発言をする
23(火)	危		やる気が出ないなら中断。早めに帰宅しよう
24(水)	成		★投資上手な人から情報をもらえる予感
25(木)	壊		！ありのままが一番。背伸びしすぎないで
26(金)	友		★★★ビアガーデンで仲間と暑気払いも◎
27(土)	親		★★★話題のエクササイズにトライしよう
28(日)	命		★思わぬことから、現状突破のチャンスが
29(月)	栄		◆◆◆◆転職話が本格化。じっくり考えて
30(火)	衰		冷房の設定温度を見直して、夏風邪予防を
31(水)	安		面倒な相手と関係を解消できるタイミング

8月

やり直したいことは早めに動いて！

多くの発見や気づきがある時。知りたかったことがわかってスッキリしたり、迷いが消えたりする。忘れていて思い出したことは31日までに片づけて。データのバックアップも月内に済ませよう。恋愛やプライベートも含めて、やり直したいことは早めに動くべき。挨拶やキチンとした説明が運気を好転させる。

日付	運	月齢	開運メッセージ
1(木)	危		★玄関にローズマリーのアロマスプレーを
2(金)	成		★「ありがとう」の一言がうまくいく秘訣
3(土)	壊		！！マイペースすぎるかも。空気を読もう
4(日)	親		♥♥♥攻めたお洒落で、相手を意識させて
5(月)	業		！無駄なものと必要なものの、取捨選択を
6(火)	栄		！決めつけない。再考すると気づきがある
7(水)	衰		！朝食にはヨーグルト。腸活を意識しよう
8(木)	安		！人の話は遮らずに、最後まで聞くこと
9(金)	危		！熱中症に気をつけて。水分と塩分をとる
10(土)	成		！昼寝をして体力と気力をチャージしよう
11(日)	壊		！楽しくても、羽目を外しすぎないように
12(月)	友		見習うべき人が身近にいるかも。見回して
13(火)	親		挨拶やお礼。基本のマナーで運気が上向く
14(水)	胎		お墓参りで自分の気持ちも落ち着き安らぐ
15(木)	栄		★★忘れていたことに片をつけてスッキリ
16(金)	衰		いつもとは違う髪型に変えて、好感度UP
17(土)	安		♥復活愛もあり。未練があるなら連絡して
18(日)	危		姿勢を正して、腹式呼吸。イライラが消滅
19(月)	成		★相手を励ますことで自分も元気になれる
20(火)	壊		！うまくいかなくても人のせいにはしない
21(水)	友		◆◆◆好きな仕事に思い切り集中できる日
22(木)	親		★★★周りから注目されることがありそう
23(金)	命		★自然の中で、仲間とキャンプやBBQを
24(土)	栄		★★★心のモヤモヤが晴れ、迷いが消える
25(日)	衰		寝つきがよくなるように、枕の高さを工夫
26(月)	安		$スマホやプロバイダの通信費をチェック
27(火)	危		ライバルの存在が自分にとっていい刺激に
28(水)	成		★長い間知りたかったことがようやく解決
29(木)	壊		！データのバックアップは必ずとっておく
30(金)	友		★★★星空や夜空を眺めながらリラックス
31(土)	親		★★★思い出したことは今日までに返事を

9月

流れに身を任せて淡々と過ごそう

ほぼ「七曜陵逼」の運気の1か月で、強い力を持つ存在や大きな流れに翻弄されがち。逆らわずになりゆきに任せたほうが◎。目の前のやるべきことに集中し、淡々と過ごそう。秘密や隠れていたものが表面化したり、意外な事実が判明しても予定の変更はNG。「六害宿」の日は慣れていることでも油断しないで。

日付	運	月齢	開運メッセージ
1(日)	業		！怒りや不安、負の感情にとらわれないで
2(月)	栄		！今日まで結果が出ないことは、先送りに
3(火)	衰		！！夏枯れ肌や髪をケア。ダメージ対策を
4(水)	克		！！！！慣れていることこそ丁寧に進める
5(木)	危		！！！趣味も仕事も時間を区切ってやろう
6(金)	成		！トラブルが表面化しても、焦らずに対処
7(土)	聚		！！！！急接近するよりも少し様子を見て
8(日)	友		♥相手に合わせると自分自身も癒される
9(月)	親		アイロンのきいたシャツで、キリッと感を
10(火)	胎		今のあなたのベストを尽くせばそれでいい
11(水)	同		！！！！マネー系の話は乗らずに聞き流す
12(木)	衰		目立つ行動は控えよう。無駄に反感を買う
13(金)	安		◆予定変更はせずに、そのまま進めてOK
14(土)	危		好奇心があだに。お節介にも注意すること
15(日)	成		♥パートナーと何気ない幸せを共有しよう
16(月)	壊		！口角を上げて。感じのいい表情で挨拶を
17(火)	友		★★縁の下の力持ちポジションに徹して
18(水)	親		★★難しい課題も、自分の力を信じて集中
19(木)	命		！！！！お金絡みの自慢話は墓穴を掘る
20(金)	栄		★★5年先、10年先の理想の姿をイメージ
21(土)	衰		眼精疲労が気になりそう。目元を温めよう
22(日)	意		！！！！流れに逆らわずおとなしく過ごす
23(月)	危		ネガティブな感情とも向き合う勇気が必要
24(火)	成		$新NISAなど、資産形成の制度を勉強して
25(水)	壊		昔の手帳や写真を見返して初心にリセット
26(木)	友		★★気持ちを楽に。仲間は認めてくれる
27(金)	親		★★★一番の安全策は何かを考えてみよう
28(土)	事		！！！！破損や紛失の恐れ。荷物は少なく
29(日)	栄		！よかれと思っても、相手には重たいかも
30(月)	衰		！不調は体からのSOSの可能性。受診を

最大開運日 8/24、12/11　最大警戒日 9/19、10/17

昴

10月

エナジーパワーはダウン。万事慎重に

「七曜陵逼」と「魔のウィーク」が続く今月は余計なことに手を出さず、決められた日常を過ごすべき1か月。ストレスや不安、焦りを抱えていると、衝動的に思いついたことを実行して裏目に出がち。特に健康とお金に関することは「六害宿」の日の急な変更はダメ。17日「命宿」の日は意地悪をしないよう注意して。

日付	運	月齢	開運メッセージ
1(火)	安	●	！見切り発車で動かない。先々まで考えて
2(水)	危	●	！眼鏡や鏡を綺麗に磨こう。心もサッパリ
3(木)	危	●	！！！予測不能なことが起きても動じない
4(金)	成	●	！物を探す時間が無駄。整理整頓をしよう
5(土)	聚	●	！！！！安易な儲け話には飛びつかないで
6(日)	友	●	$故郷や応援したい町に、ふるさと納税を
7(月)	親	●	ホッとしても気を抜かず最後まで確認する
8(火)	胎	◐	できないことはできないと言う勇気を持つ
9(水)	同	◐	！！！！やるべきことの優先順位をつけて
10(木)	衰	◐	行きつけのお店へ。いい気分転換になる！
11(金)	安	◐	◆いつもの手順で仕事をするのが一番大事
12(土)	危	◐	近場の日帰り温泉へ。プチ旅行気分を満喫
13(日)	成	○	♥スポーツ観戦で大声を出し盛り上がろう
14(月)	壊	○	！プライベートで予期せぬ変化があるかも
15(火)	友	○	★★先輩や同僚の、陰のサポートに感謝を
16(水)	親	○	★★強い信念を持つことで道は開いていく
17(木)	命	○	！！！！意地悪はだめ。自分に返ってくる
18(金)	栄	○	★★二人の趣味を語り合うと新たな展開が
19(土)	衰	○	昔ながらの純喫茶でお茶して、ほっと一息
20(日)	意	○	！！！！身近な人にほど思いやりを大切に
21(月)	危	○	ひらめいたことはすぐメモアプリに残そう
22(火)	成	◑	♥懐かしい気持ちになる人との出会いが
23(水)	壊	◑	慰めているつもりが逆に反感を買うことも
24(木)	友	◑	★★紅葉を見よう。散歩やサイクリングへ
25(金)	親	◑	★★★相手ファーストで動くとうまくいく
26(土)	事	◑	！！！！急な予定変更はトラブルのもと
27(日)	栄	●	！玄関は運の入り口。徹底的に掃除をして
28(月)	衰	●	！場合によっては長期の休みを検討しても
29(火)	安	●	！手を広げすぎると何事も中途半端になる
30(水)	危	●	！食材の冷凍や作り置きしてゆとりを持つ
31(木)	成	●	！ワガママは恋に波風を立てる。ご用心！

11月

変化を前向きにとらえて方向転換も

無理や我慢をしていたことは方向転換すべきタイミング。身の回りに起こる変化は〝必然的なもの〟と前向きにとらえて。煩雑なことも多いが、金運はよく、便利な機械や新しいシステムなどに助けられそうなので臆せず試してみて。「魔のウィーク」は、目上の人にも、後輩や部下にも気を使って対応しよう。

日付	運	月齢	開運メッセージ
1(金)	壊	●	！思わぬところで、足をすくわれるかも
2(土)	友	●	コツコツと貯金をするならば今日から開始
3(日)	親	●	自分だけでなく周囲の体調にも気を配って
4(月)	胎	●	いつもの洗剤や柔軟剤を替えて、気分一新
5(火)	栄	◐	◆◆仕事や恋愛などの再挑戦はこの日から
6(水)	衰	◐	人から愚痴ばかり聞かされてゲンナリかも
7(木)	安	◐	★長い目で見てプラスになるほうを選ぼう
8(金)	危	◐	今日は頭で考えるよりも行動を優先して
9(土)	成	◐	★最新型の機器を導入すると、やる気がUP
10(日)	壊	○	！スモーキークォーツが災難除けのお守り
11(月)	友	○	♥♥♥気持ちが通じる。告白のタイミング
12(火)	親	○	$$$掃除中に思わぬ〝お宝〟を発見しそう
13(水)	命	○	★★手放す勇気も必要。執着心を捨てる時
14(木)	栄	○	★★★現状を見直し、必要なら方向転換を
15(金)	衰	○	油断すると体重オーバー。自炊を心がけて
16(土)	安	○	♥新しい靴で外出。褒められ気分が上がる
17(日)	危	○	意外なものに価値を見出し、満足度急上昇
18(月)	成	○	ポジティブな発言で、自分も周りも幸せに
19(火)	壊	○	！我慢だらけの関係はスッパリと清算して
20(水)	友	○	★★★チームワークを高めて生産性を向上
21(木)	親	◑	★★★最新のヘッドスパで頭のコリを解消
22(金)	業	◑	！後輩や部下の話を、よく聞いてあげよう
23(土)	栄	◑	！開運の花・ヒヤシンスを自宅で水耕栽培
24(日)	衰	◑	！誰のためでもなく自分のためのお洒落を
25(月)	安	◑	！明日になれば何てことのないケースかも
26(火)	危	●	！不注意で凡ミスが。再確認を怠らないで
27(水)	成	●	！目上の人には敬意を払った対応をすべき
28(木)	壊	●	！物だけでなく人間関係も壊さないように
29(金)	友	●	本や雑誌、Webから話題をキャッチアップ
30(土)	親	●	家族や仲間と鍋を囲んで。ほっこり温まる

12月

年末は体と生活のメンテナンスを

改善、修復の星回り。有形無形の壊れたり、失ったりしたものを取り戻したり、それに代わる新しいものを見つけたりしそう。夢を叶えるための新たな計画が動きだすことも。19日からの「魔のウィーク」以降、年内は予定を詰め込まず、のんびりと体調と生活を整える時間に。年越しは大切な人と語り合って。

日付	運	月齢	開運メッセージ
1(日)	胎	●	寝室の加湿器を最新モデルにリニューアル
2(月)	栄	●	$$$夢を叶えるための資金計画を立てて
3(火)	衰	●	エネルギー不足かも。早めに帰って休もう
4(水)	安	●	★今年のやり残しがないかチェックをして
5(木)	危	◐	妥協はいらないけど空気を読むことは大事
6(金)	成	◐	★趣味に打ち込む時間を作れば、心が和む
7(土)	壊	◐	！マフラー＆ネックウォーマーで防寒対策
8(日)	友	◐	♥♥♥諦めていた恋に復活戦があるかも！
9(月)	親	◐	★★★失ったもの以上に獲得。成果を実感
10(火)	命	◐	★ツリーやリースを飾って、気分を高めて
11(水)	栄	○	★★★リスタートの好機。前向きにGO！
12(木)	衰	○	ライブ配信を視聴。歌って踊って元気よく
13(金)	安	○	★全力で臨めばどんな結果でも自分の力に
14(土)	危	○	キッチンの片づけに集中。無心になれそう
15(日)	成	○	★背伸びせず自分の素を出せる相手が一番
16(月)	壊	○	！年内マストの用事は、必ず明後日までに
17(火)	友	○	◆◆◆信頼している人に相談。解決法あり
18(水)	親	○	♥♥♥愛の言葉を。さらに距離が近くなる
19(木)	業	○	！イルミネーションを見て気持ちが華やぐ
20(金)	栄	◑	！タオルや下着などを一新。来年の準備を
21(土)	衰	◑	！のど風邪に注意。うがい薬で早めにケア
22(日)	安	◑	！鍵のかけ忘れ、窓の閉め忘れにはご用心
23(月)	危	◑	！来年の目標を手帳に5つ以上書き出して
24(火)	成	◑	！静かに自宅でクリスマスイブを過ごそう
25(水)	壊	◑	！今の自分のキャパシティを把握しておく
26(木)	友	●	お世話になった人に、ささやかなギフトを
27(金)	親	●	お年玉の分も含め、まとまった現金を用意
28(土)	胎	●	スパやトリートメントでご褒美タイム満喫
29(日)	栄	●	★★隅々まで大掃除。気持ちもクリアに
30(月)	衰	●	必要な買い出しは早めに済ませてしまおう
31(火)	衰	●	1年を振り返りながら大事な人と年越しを

気力体力No.1 とことん粘る

4 畢宿

ひっしゅく

★開運キーワード★

Color
ターコイズ　黄緑

Spot
新装開店の店　花の名所

Food
すき焼き　ドライフルーツ

Item
アルバム　スマート家電

Stone
サファイア　エメラルド

Aroma
ジュニパー　パイン

Flower
アサガオ　ブルーベリー

畢宿ってこんな人

「畢」は畢生《ひっせい》（終生）の意。生涯かけて何かを成し遂げる強い信念と持続力を持つ。器用ではないが好みや志にブレがなく、人の言葉に左右されない。遠い目標に向かって地道に努力し、高確率で達成。反面、動きだしてからの方向転換が苦手。我流を通し意図せず周囲からライバル視されることも。柔軟性を身につけると開運に。恋愛は直球勝負で、努力を惜しまず相手に尽くす。文句を言わないぶん、不満をためて寂しさを募らせやすいので、本音を小出しに伝えたほうが長続きする。おでこを見せると運気上昇につながるので意識して。

この宿の有名人

山口百恵　松田聖子　有働由美子　内田有紀　米倉涼子　吉瀬美智子　若槻千夏　きゃりーぱみゅぱみゅ　ゆうちゃみ　ヒコロヒー　三谷幸喜　松本人志　古田新太　西島秀俊　新海誠　博多華丸　若林正恭　川島明　山崎育三郎　窪田正孝　志尊淳　阿部亮平　宮舘涼太　吉田正尚

2024年開運3か条

1 発想をガラリとチェンジ！
積極的に新しいことを取り入れて

2 楽しいこと、好きなことほど
限度を決めて。自分を甘やかさない

3 育てたいのは〝冒険心〟!!
いつもの自分の枠を超えていこう

★2024年の全体運★

好きを突き詰め、次の夢にフォーカス！未来へのベース作りをすべき重要な年

★2024年の特徴　あなたにとっての〝持続可能な未来〟を模索する年です。前年2023年は「壊」の運気の年で、今後の生き方に大きな影響を与える出来事や変化に遭遇した人も多いはず。よい方向への変化はできるだけうまく先につなぎ、あまりうれしくない変化は修正・改善して、自分と現状に合う形にしていくのが2024年の方向性。年運は〝近距離〟の「成」。「成」の年は、積み重ねてきたことに結論が出ると同時に、ここで始めたことは長続きする、時間がかかっても成就するという特徴があります。周囲からは少し消極的にも見られやすい2024年ですが、好きなことを突き詰めたり、自分のペースを作って過ごせば、次第に次の夢がフォーカスされ、挑戦するパワーもチャージされます。むしろ勢いで暴走せず、畢宿らしく粘り強く土台作りをすべき重要な年なのです。

★1年の運気の流れ　**1、2月**は、ずっと続けてきたことでうれしい評価を得たり、新たに取り組みたい夢や目標を見つけたりする悪くない運気ですが、警戒すべき「七曜陵逼」の期間です。思い立ってすぐに動くより、じっくり考えて。新しいことや切り替えるべきことは**3～5月**にスタートさせるのがベスト。人や物との意外な出会いもあって、予想外の飛躍、発展も予想される幸運期です。エナジーパワーが高まる**6月**もいろいろチャレンジできる運気は続きますが、**8月**にはパワーもダウン。お金や時間、採算性などをチェックして、仕切り直しが必要な部分は改めましょう。再び「七曜陵逼」が巡る**9、10月**は運気もパワーも低くないですが、何かを実行するのではなく、見極める時期。無闇に動くと、後でやり直しになる恐れがあります。必要な軌道修正は、**11、12月**に地道に、密かにやるのがおすすめです。慌てずに納得のいく取捨選択をすることが、着実に幸せに近づく鍵になります。

★愛情運★

愛を試される出来事が!? 年末は復活チャンスも!!

1、2月は「七曜陵逼」なのに心トキメク出会いがあったり、急接近する相手が現われるかも。でも慌てずに、アタックや決断は**3月6日～5月16日**に。ここでダメでも**7月21日～9月1日**には恋が成就したり、片思いが実る可能性が。ただ**9月3日**からの「七曜陵逼」が始まるまでに整わなければ、深追いしないほうが無難。また仕事や家族の問題で愛が試される出来事も起こりがちです。長年のカップルも改めて自分たちにとって何が大切かを考え、共通の目標や課題を持つことで気持ちが深まり、リフレッシュされます。特に**11月6日～12月19日**は復活愛のチャンスも。2024年は愛する人や家族に、時間、お金、パワーを惜しまず注ぐことが大切な年です。

★仕事運★

焦らず、知識と情報のインプットを心がけて

2023年にステップアップしたり、何かをやりきった感じがあったり、家族や会社事情の変化などで、働き方や方針の見直しがあったかもしれませんが、2024年は焦らずに進んで。**1～3月**は職場でのもめごとに巻き込まれがち。挑発に乗らず、冷静な状況判断と対応で乗り切って。**4月**以降は仕事で結果を出せたり、有益な出会いがある日々が続きます。**9、10月**は「六害宿」の日の契約や決断、変更を避けて。転職活動や勝負ごとは**6月20日～8月20日、11月6日～12月19日**に。未来に不安を感じやすい年なので、情報や知識のインプットと職場での交流を大切に。長年つながりのある人や場所を大事にすることがビジネスでの明るい展望を運んできます。

★金運★

金運好調!! 6月以降は収入アップも期待

これまでの頑張りが〝お金〟の形でもたらされる金運好調の年。ただ**5月**までは今後の夢や目標のための出費も多め。学費、最新機器の購入はケチらずに。**3月30日～4月19日**に金銭関係の不義理や滞りを解消しておくと、その後の運気が全体的に底上げされます。収入アップの暗示は**6月2日**以降。機器の買い替えやアップデートを進めると、劇的に日々の生活が楽に。買い物運がよいのは**6月23日～9月1日**。**8月**はくじ運も吉。**11、12月**は家族や何かを守るためならお金を使って◎。貯蓄や投資を始めるのによいのは**12月2日**と**15日**。

★美容・健康運★

偏食、不摂生な生活に陥りがちなので注意を

自分のペースで過ごせる2024年は、反面、何かに没頭しすぎたり、偏食や不規則な生活に陥りがち。特に「七曜陵逼」の**1、2月**の不摂生は、メンタル面も乱すので注意。運動不足や美食、過食で太りやすいので、**3、4月、7月**は運動の習慣を生活に取り入れ、自炊が無理なら宅配サービスや冷凍食品の利用で、バランスのよい食事を心がけて。ダイエットを始めるなら**8月20日、12月14日**から。美容面は最新の美容医療やジェンダーレスコスメなどで悩みを解消できるかも。イメチェンが成功するのは**8月5日～9月1日、11月6～22日**。

★七曜陵逼の乗り切り方★

畢宿が各時期に気をつけるべき大事なことをアドバイス。肝に銘じて！

1 1/2 ～ 1/28

新年を迎え、意欲がわくけれど、やや暴走気味。思いつきで始めたことはもちろん、念願の計画もなぜか不発、尻すぼみになりがち。

2 2/10 ～ 2/25

頑張ったことに結果が出る時期。満足できなくても、もっともっとと欲張るのは禁物。現状を受け入れないといろいろな人を傷つける。

3 9/3 ～ 9/29

賑やかで楽しい出来事が多い時だけに少し調子に乗りがち。余計な一言、自慢話、自分勝手な言動で気まずくなるシーンを作らないで。

4 10/3 ～ 10/27

細々とした仕事や義務に追われる時。勘違い、ケアレスミスも多め。簡単に大きな決断をしないで。新しいものを追いすぎるのも危険。

Energy Power 2月から高め安定なエナジーパワーは8月にダウン。仕切り直しを。

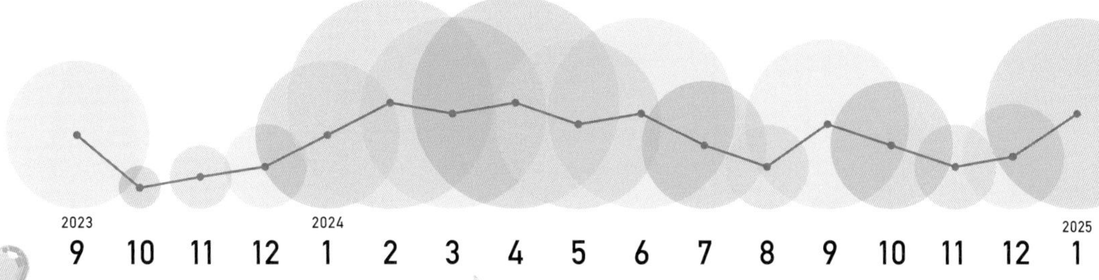

畢宿の開運暦2024

1月

実行に移すより計画を練るのが正解

「魔のウィーク」と「七曜陵逼」に覆われるお正月は人の話に余計な突っ込みを入れず、深い話は避けて。新たなことに挑戦したくなるけれど、何事もなぜかフライング気味。スタートしても予想したほどの結果が出ないので、もう少し計画は練るべきかも。ただし、「六害宿」の日の予定を急に変えるのはタブー。

日付	運	月齢	開運メッセージ
1(月)	業	◑	！早朝の爽やかな空気を感じながら深呼吸
2(火)	栄	◑	！！身内でも人の話に口出しは×。慎んで
3(水)	衰	◑	！！当たり前のことに感謝を忘れてはダメ
4(木)	克	◑	！！！！！安易な約束はドタキャンのもと
5(金)	危	◑	！言葉や態度が雑に。公私の区別は厳密に
6(土)	成	◑	！！過干渉かも。離れて見守ることも愛情
7(日)	聚	●	！！！！暴走気味。周囲の意見も聞くべき
8(月)	友	●	サウナや岩盤浴で冷えを撃退。体も整えて
9(火)	親	●	心がほっこり和むような出来事があるかも
10(水)	胎	●	正月太り解消には間食NG、大股で歩こう
11(木)	同	●	！！！！パワハラ警報！ 気を引き締めて
12(金)	衰	●	スマホから離れて、早めにベッドに入ろう
13(土)	安	●	♥面白そうな誘いが舞い込み、心ウキウキ
14(日)	危	●	散財の暗示。買い物は身の丈に合わせて
15(月)	成	●	◆雑談の中にヒントが。新たな視点を得る
16(火)	壊	●	！問題が再浮上。先送りせずに向き合って
17(水)	友	◐	★★お洒落な友人とのショッピングで刺激
18(木)	親	◐	★★バラエティ番組で、笑って気晴らしを
19(金)	命	◐	！！！！思いつきで動いても結果は不発
20(土)	栄	◐	♥♥トキメクような出会いや、展開の予感
21(日)	衰	◐	パインのアロマをたいてリラックスタイム
22(月)	意	◐	！！！！新たに始めたことが早速暗礁に
23(火)	危	○	グリーンスムージーで手軽にビタミン補給
24(水)	成	○	＄＄保険や貯蓄について見直すと有意義
25(木)	壊	○	！家のメンテを。修理が必要ならすぐ連絡
26(金)	友	○	★★★本当にやりたいことが見つかりそう
27(土)	親	○	★★スマート家電を導入。生活の質が向上
28(日)	事	○	！！！！急な予定変更はトラブルのもと
29(月)	栄	○	！行動の前にじっくり考える時間も必要
30(火)	衰	○	！不規則な生活は×。メンタルに悪影響が
31(水)	安	○	！動揺して下手な動きをせず状況に任せて

2月

気持ちが空回りしそうな月。平常心で

何事にもやる気満々で取り組めるのはいいけれど、やや強引だったり、空気が読めていなかったり。気合を入れるつもりでも「七曜陵逼」の期間の職場でのケンカ、目上の人との衝突は居心地や立場を悪くする恐れが。16日「命宿」と19日「意宿」は恋人や親しい友人や家族相手でも上から目線の態度をとらないこと。

日付	運	月齢	開運メッセージ
1(木)	危	◑	！失敗を長々と引きずらないで、前向きに
2(金)	成	◑	！トライするなら、まずは資金繰りを検討
3(土)	壊	◑	！強引すぎるやり方で周りを振り回さない
4(日)	友	◑	話題の本を読もう。知識と世界が広がる
5(月)	親	◑	フレキシブルに対応して、方向性を探ろう
6(火)	胎	◑	やりたいことに優先順位をつけ書き出して
7(水)	栄	●	♥♥最近知り合った人の中に恋の有望株が
8(木)	衰	●	ヨガやストレッチをして体も心もほぐそう
9(金)	安	●	◆人より秀でた専門分野が見つかるかも
10(土)	安	●	★すき焼きで肉も野菜もバランスよく摂取
11(日)	危	●	スニーカーを履いて遠くまで足を延ばして
12(月)	成	●	♥バレンタイン用のプチギフトを選ぼう
13(火)	壊	●	！衝突やケンカは×。立場が悪くなるだけ
14(水)	友	●	★★サポート役に回ると、物事がスムーズ
15(木)	親	●	★★努力の成果が実り、自信につながる
16(金)	命	●	！！！！上から目線な態度で関係悪化も
17(土)	栄	◐	＄＄目標を達成するための出費は必要経費
18(日)	衰	◐	ヘアオイルで髪のパサつきもマメに保湿
19(月)	意	◐	！！！！親しい相手でも、言葉は選ぶべき
20(火)	危	◐	「自分のためより人のため」を意識すること
21(水)	成	◐	★★小さな達成感を積み上げながら進もう
22(木)	壊	○	！現状を受け入れないと、周りに迷惑が
23(金)	友	○	★★★やる気がみなぎり、全力投球できる
24(土)	親	○	★★家族への手土産には人気のスイーツを
25(日)	事	○	！！！！欲張りすぎず、満足感を大切に
26(月)	栄	○	！時間をかけすぎ。効率も求めていくべき
27(火)	衰	○	！好きなことに夢中で空気が読めていない
28(水)	安	○	！夜更かしはNG。メンタル面もダウン
29(木)	危	○	！時間が足りなくなりそう。計画を立てて

3月

新たな挑戦にベストのタイミング!!

３～22日は、満を持して、いろいろなことを始めたり、新たな挑戦をするのにピッタリの星回り。特に「成」の10日と19日は長く続けたいこと、周囲と力を合わせたいことに取り組むのに最適の日。21、22日の吉日は、こじれた愛情面の修復ができたり、様々な問題のよい〝落としどころ〟が見つかりそうです。

日付	運	月齢	開運メッセージ
1(金)	成	◑	！遅刻しないよう、いつもより早めに出発
2(土)	壊	◑	！身近な人やペットの体調に気を配ること
3(日)	友	◑	桜もちと日本茶で春の訪れを感じてみて
4(月)	親	◑	他の人と比べず、自分の歩調で進めばいい
5(火)	胎	◑	写真や動画で、行きたい旅行先をイメージ
6(水)	栄	◑	♥♥気になるあの人のSNSを覗いてみる
7(木)	衰	●	人づき合いの難しさを実感。でも気づきも
8(金)	安	●	★春らしく黄緑を差し色に。一気に華やぐ
9(土)	危	●	意見交換から新たなアイデアが生まれそう
10(日)	成	●	★ラジオ体操など簡単な運動を習慣にして
11(月)	壊	●	！雑貨を減らしてスッキリ、ミニマルに
12(火)	友	●	◆◆◆準備万端で臨めば、プレゼン大成功
13(水)	親	●	★★★★満を持しての挑戦にピッタリの日
14(木)	命	●	★自分の中の潜在的な感情と向き合って
15(金)	栄	●	★★★停滞していたことも解決できそう
16(土)	衰	●	目元を温めたり、ツボ押しで疲れ目をケア
17(日)	安	◐	＄大切な人とお金の将来設計を立てよう
18(月)	危	◐	！継続が難しい試みなら早めに見切りを
19(火)	成	◐	★チームで取り組めば結果は右肩上がりに
20(水)	壊	◐	！お墓参りへ。遠方なら手を合わせ祈って
21(木)	友	◐	★★★雨降って地固まるような出来事が
22(金)	親	◐	♥♥♥ギクシャクした関係性も改善できる
23(土)	業	○	！焦って結論を出さないで。しばらく熟考
24(日)	栄	○	！ついつい食べすぎに。腹八分目を徹底
25(月)	衰	○	！積極的に意見するよりも聞き役に回ろう
26(火)	安	○	！データの紛失にご用心。バックアップを
27(水)	危	○	！皆が興味のない話をいつまでもしない
28(木)	成	○	！機器の買い替えや学費はケチらないこと
29(金)	壊	○	！物の破損に注意。丁寧な扱いを心がけて
30(土)	友	◑	新年度の準備に漏れがないか再確認しよう
31(日)	親	◑	離れた場所に住む家族や親戚とビデオ通話

最大開運日 3/13、4/10　最大警戒日 1/11、2/19

畢

4月

エナジーパワー大! 苦手克服の好機!

たくさんの課題や作業を進められる1か月。特に2～19日まではなかなか手をつけられなかったことに取り組める時期。ふとした出来事で苦手だった人や物と仲良くなれたり、好きになれたりするので先入観を捨てて。出会った時にピンときた人や、浮かんだアイデアはしばらく大事に温めて育ててみよう。

日付	運	月齢	開運メッセージ
1(月)	胎	◑	★新年度を機に切り替えたいことを実行
2(火)	栄	◑	♥♥本音で話せれば、ぐっと関係が深まる
3(水)	衰	◑	太りやすい傾向あり。美食・過食に注意
4(木)	安	◑	★仕事が順調に進み、心にゆとりができる
5(金)	危	●	セミナーや勉強会に参加。即役立つことが
6(土)	成	●	★気になる習い事があれば体験レッスンへ
7(日)	壊	●	!運動不足かも。歩けるところは歩いて
8(月)	友	●	★★★長く持ち続けられる逸品に出会える
9(火)	友	●	◆◆◆仕事で目に見える結果を出せそう
10(水)	親	●	★★★★積極的に冒険心を満たす行動を
11(木)	命	●	★放置していたことにじっくり取り組んで
12(金)	栄	●	★★★先入観を捨てれば苦手も好きに転換
13(土)	衰	◐	ジュニパーのアロマバスでリフレッシュ
14(日)	安	◐	★メッセージにはすぐ返信。スタンプでも
15(月)	危	◐	!執着心を捨てると新しい何かが手に入る
16(火)	成	◐	★思わぬことから意気投合。関係を温めて
17(水)	壊	○	!ちょっとした段差だとしても足元に注意
18(木)	友	○	★★★いい企画が浮かびそう。書き留めて
19(金)	親	○	♥♥♥今の恋愛を一歩進めるための決断を
20(土)	業	○	!イライラしているなら、ジムやプールへ
21(日)	栄	○	!いざという時のために最低限の現金を
22(月)	衰	○	!少しでも休憩時間をとれば頭がクリアに
23(火)	安	○	!第三者を介入させると余計にこじれそう
24(水)	危	○	!秘密を作らない。オープンマインドで
25(木)	成	○	!仕事が山積み。優先順位をつけて対処
26(金)	壊	○	!不摂生になりがち。なるべく家で自炊を
27(土)	友	◑	掃除や片づけが捗る。部屋も心もスッキリ
28(日)	親	◑	家族や仲間とスポーツ観戦で盛り上がろう
29(月)	胎	◑	$お金の不義理や滞りを解消して金運UP
30(火)	栄	◑	★★あなたの落ち着きが安心感につながる

5月

好きな人にも積極的に意思表示を

賑やかで華やかな出来事も多く、人間関係の中心となって動ける月。8日「命」の日頃には「自分にもこんな一面が…」と驚くことがありそう。まだ踏み出していない新たなチャレンジがあれば、16日までに一歩を。好きな人にも何かで意思表示をしてみて。積極的な言動で24日以降、流れを変えられる可能性大。

日付	運	月齢	開運メッセージ
1(水)	衰	◑	サプリに頼らず、食物からも栄養をとろう
2(木)	安	◑	★「好き」にこだわれば、夢が具体的になる
3(金)	危	◑	旅行や帰省先の郷土料理を。お土産にも◎
4(土)	成	◑	♥何らかの意思表示を。後から効いてくる
5(日)	壊	●	!頑固さがあだに。もっと柔軟に考えて
6(月)	友	●	★★★華やかな場所でプチ贅沢な思い出を
7(火)	親	●	★★★開運石・エメラルドでパワーを注入
8(水)	命	●	★自分自身と向き合う。意外な一面を発見
9(木)	栄	●	♥♥♥「この人が好き」と思うなら積極策で
10(金)	衰	●	「親しき中にも礼儀あり」。譲る気持ちを
11(土)	安	●	★花の名所へお出かけ。心癒されるひと時
12(日)	危	●	カルチャーショックから気づくこともある
13(月)	成	◐	★未踏の分野に挑戦。小さな一歩からでも
14(火)	壊	◐	!ゴリ押しやねじ込みNG。歪みが生じる
15(水)	友	◐	◆◆◆面白い出会いから新たなビジネスが
16(木)	親	○	★★★主役感を実感できそうな楽しい1日
17(金)	業	○	!不毛な関係は早めに清算しておくべき
18(土)	栄	○	!疲れがたまりがち。プロのマッサージを
19(日)	衰	○	!周りに振り回されないよう、軸を持って
20(月)	安	○	!結果よりプロセスが大事。丁寧な仕事を
21(火)	危	○	!口でうまく説明できなければメールでも
22(水)	成	○	!新しいことより続けていることを深掘り
23(木)	壊	○	!忘れ物や落とし物に注意。入念に確認を
24(金)	友	○	サブスクでアニメを視聴。元気をもらえる
25(土)	親	○	ブルーベリーを鉢で育てて実りを楽しもう
26(日)	胎	○	新緑の中をウォーキング。ストレスを発散
27(月)	栄	○	$$特典を見直し、ベストなカードを活用
28(火)	衰	◑	レイングッズは使い勝手も含めてチェック
29(水)	安	◑	★可愛い動物の動画アカウントをフォロー
30(木)	危	◑	相手の気持ちを敏感に感じとることが大事
31(金)	成	◑	職人のように自分のスキルを磨いてみよう

6月

欲しかったものはここでGET!

頑張ってきたことがいろいろな形で返ってきて、うれしい気持ちになれる時。それが次に向かう力になります。7日や23日は仕切り直し、リスタートに吉。金運もよく、収入アップも期待大。欲しいものを手に入れるチャンスです。特にデジタル機器のアップデートはおすすめ。買う時はしっかり比較検討して。

日付	運	月齢	開運メッセージ
1(土)	壊	◑	!恋人以外に目移りしがち。浮気はタブー
2(日)	友	◑	★★発想を転換。生活に新たなものを投入
3(月)	親	◑	◆◆◆得意な分野を任されて、実力を発揮
4(火)	命	●	★楽しいことを考えて〝幸せ脳〟を作ろう
5(水)	栄	●	★★★数字や評価で頑張りが形に現れる
6(木)	衰	●	ベッドや枕にこだわって、睡眠環境を改善
7(金)	安	●	★リスタートを。再挑戦やリベンジにも吉
8(土)	危	●	年齢を問わず素敵な人にその秘訣を聞いて
9(日)	成	●	★家族や仲間と夏休みの計画を立てよう
10(月)	壊	●	!周りが見えていない。歩調を合わせて
11(火)	友	●	★★★直感でいいと思ったら即購入OK
12(水)	親	◐	♥♥♥魅力がキラキラ輝く時。モテ度上昇
13(木)	業	◐	!人づき合いに疲れたら、一人の時間を
14(金)	栄	◐	!漠然とした不安が。人との交流で癒して
15(土)	衰	○	水回りの掃除を。風呂場のカビを重点的に
16(日)	安	○	!家電や機器は購入前にしっかりリサーチ
17(月)	危	○	!話がこじれそうなら、無理に進めない
18(火)	成	○	!羽目を外しすぎないで。後悔しても遅い
19(水)	壊	○	!規則正しい食事習慣が運気を底上げする
20(木)	友	○	今日は表に出ず、裏方に徹するほうがよい
21(金)	親	○	自分の考えに乗ってくれた人を大切にして
22(土)	胎	○	夢と現実との折り合いをつけることも大切
23(日)	栄	○	$$ボーナスは期待大。資産運用も視野に
24(月)	衰	○	デスクワークの合間に立ち上がって背伸び
25(火)	安	○	★友人の〝推し〟から興味が広がることも
26(水)	危	○	うやむやなままの問題にそろそろケジメを
27(木)	成	◑	★毎日使う歯ブラシを開運カラーに変えて
28(金)	壊	◑	!一気に解決しようとすると、結局散漫に
29(土)	友	◑	★★★頑張ったご褒美に自分を甘やかして
30(日)	親	◑	♥♥♥人の集まる場所にハッピーな縁あり

畢宿の開運暦2024

7月

やりたいことは10日までに実行!!

10日までは何かと勢いでできてしまう運気。憧れの土地への旅や、伝えたいことを伝えるなどは早めに実行を。11日からの「魔のウィーク」ではやりすぎたり、雑さが災いしてブレーキがかかる恐れ。古いものや自分にとって価値がないものの扱いも丁寧に。人の話は最後まで聞くこと。21日はリスタートによい日。

日付	運	月齢	開運メッセージ
1(月)	命	●	★★伝えたかったことは時間を作って話を
2(火)	栄	●	◆◆◆具体的な行動で転職活動が円滑に
3(水)	衰	●	！思うように進まなくてもイライラしない
4(木)	安	●	★★周りの人の優しさや愛を実感できる
5(金)	危	●	挨拶は笑顔で返して。親しみやすい印象に
6(土)	危	●	無理だと決めつけない気持ちが力になる
7(日)	成	●	★前から行きたかった場所へ。心が豊かに
8(月)	壊	●	！周囲に気を使って敏感に変化を察知して
9(火)	友	●	♥♥♥初デートの思い出話で、愛を再確認
10(水)	親	●	★★★頑張りがきいて、ベストを尽くせる
11(木)	業	●	！何事もやりすぎは×。ほどほどをキープ
12(金)	栄	◐	！明日になればなんてことない出来事かも
13(土)	衰	◐	不要品は寄付するなど、誰かの役に立てて
14(日)	安	◐	！川や海など水辺でのアクシデントに注意
15(月)	危	○	！推し活にハマりすぎると財布がピンチ
16(火)	成	○	！ざっくりやるのはダメ。信頼を落とす
17(水)	壊	○	！早とちりしない。話は最後まで聞くこと
18(木)	友	○	迷ったら複雑にとらえずシンプルに考えて
19(金)	親	○	皆とビアガーデンでストレスを発散しよう
20(土)	胎	○	ベランダで朝顔を育て、毎朝水やり＆挨拶
21(日)	栄	○	♥♥恋愛が成就しそう。一歩踏み出す時！
22(月)	衰	○	寝る前にストレッチやセルフマッサージを
23(火)	安	○	★段取りを考えながら進めれば万事順調
24(水)	危	○	ライバルを意識しすぎると、行動に迷いが
25(木)	成	○	★道具など形から入るとよい。長続きする
26(金)	壊	○	！手抜き料理でもいいのでバランス重視で
27(土)	友	◑	★★★BBQやキャンプ、大自然を楽しもう
28(日)	親	◑	★★★チャレンジ精神を発揮してトライ
29(月)	命	◑	★★迷ったらワクワクするほうを選んで
30(火)	栄	●	＄＄＄買い物運◎。欲しかったものを購入
31(水)	衰	●	！熱中症になる前に、水分補給をしっかり

8月

パワーダウン。一人で悩まないで

前に進むより、丁寧な見直しで現状把握を優先すべき月。やり直したい、訂正・修正したいと思っていたことや、ずっと先送りにしてきた件は、20日までに手をつけること。ただエナジーパワーは低め。一人であれもこれもと背負い込まないように。お金も有効に使って。〝物〟に心を込めると思いが通じやすい。

日付	運	月齢	開運メッセージ
1(木)	安	●	★★積み重ねてきたことが実を結びそう
2(金)	危	●	先送りにしていたことに着手。心も晴れる
3(土)	成	●	YouTubeで最新ヒット商品をチェック
4(日)	友	●	♥♥♥大切な人と花火やプールで夏を満喫
5(月)	親	●	★★★過去に身につけたスキルを活かせる
6(火)	業	●	！嫉妬するより、その人の成功から学んで
7(水)	栄	●	！使い捨てしない。長く愛用できるものを
8(木)	衰	●	！コスパやタイパ意識を高め、仕切り直し
9(金)	安	●	！一人で抱え込まず相談。意外な解決策が
10(土)	危	◐	！年長者の意見は耳が痛くても受け入れて
11(日)	成	◐	！やりたいことがあってもパワー不足かも
12(月)	壊	◐	！人の気持ちに敏感に。想像力を働かせて
13(火)	友	◐	身の回りの変化に応じて働き方も見直そう
14(水)	親	○	家族や友人の何気ない言葉にヒントがある
15(木)	胎	○	ご先祖様に思いを馳せて、静かに過ごそう
16(金)	栄	○	◆◆手直しや軌道修正でブラッシュアップ
17(土)	衰	○	暑くても湯船につかって、夏冷え対策を
18(日)	安	○	♥あなたの真剣さが相手にまっすぐ伝わる
19(月)	危	○	朝は太陽の光を浴びて体内時計を整えよう
20(火)	成	○	★ジェンダーレスコスメに掘り出し物が
21(水)	壊	○	！前進していなくても焦らず、視界を広く
22(木)	友	○	★★★少し攻めたファッションで魅力開花
23(金)	親	○	★★★最新の美容医療でメンテを検討して
24(土)	命	○	★ターコイズ色のアイテムを身につけて
25(日)	栄	◑	＄＄＄くじ運絶好調。運試しのチャンス！
26(月)	衰	◑	近場のジムを利用して、ダイエットを開始
27(火)	安	◑	★集中力を発揮して前倒しで作業完了
28(水)	危	◑	防災グッズの見直しを。使い方もチェック
29(木)	成	●	★うまくいった時のアイテムが強い味方に
30(金)	壊	●	！相手は善意。人の言葉を悪くとらないで
31(土)	友	●	★★★自分にとってのパワースポットへ

9月

運気もパワーも上昇! 失言には注意

3日から「七曜陵逼」。でもエナジーパワーやコミュニケーション運は次第によくなり、人間関係も仕事も案外、順調な月。ただし「六害宿」の日は失言に注意。相手を喜ばせるつもりで言葉選びを間違えそう。損得勘定で動くと見透かされやすいので誠実に。特に5日「克宿」の日は見通しが甘くなるのでご用心。

日付	運	月齢	開運メッセージ
1(日)	親	●	★★★家族サービスは思い切って贅沢を
2(月)	業	●	！固定観念を覆せば、可能性は広がるはず
3(火)	栄	●	！！本物かよく見極めて。行動はそれから
4(水)	衰	●	！！打算的な考えは相手に見透かされそう
5(木)	克	●	！！！！！先読みが甘いと痛い目をみる
6(金)	危	●	！人に言えないようなことはしないこと
7(土)	成	●	！！去る者は追わず。恋は深追いはしない
8(日)	聚	●	！！！！自慢話や余計な一言で空気が悪化
9(月)	友	◐	野菜スープを作り置き。食物繊維もとれる
10(火)	親	◐	自分流を貫くより、協調性を持って行動を
11(水)	胎	◐	本当に大切な人や安心できる場所を再確認
12(木)	同	○	！！！！楽しくても調子に乗りすぎはNG
13(金)	衰	○	無意識のうちに疲れが。ペースを落とそう
14(土)	安	○	＄テレビで見た節約アイデアを早速お試し
15(日)	危	○	礼儀やマナーを重んじ、言葉遣いも美しく
16(月)	成	○	♥家デートでまったり。幸せ気分に浸れる
17(火)	壊	○	！ミスは下手に隠そうとせず、正直に申告
18(水)	友	○	♥♥共通の話題から急接近。笑顔増量で
19(木)	親	○	★★あなたの努力を認めてくれる人が出現
20(金)	命	○	！！！！強引に推し進めない。ケアフルに
21(土)	栄	○	★★楽しいイベントで皆と盛り上がれそう
22(日)	衰	○	どっちつかずの返答は相手を困らせるだけ
23(月)	意	○	！！！！仕事や家族の問題で愛が不安定に
24(火)	危	◑	悩みごとは文章にすれば、心の整理がつく
25(水)	成	◑	◆◆次のステップに進むための土台作りを
26(木)	壊	◑	！その情報は古いかも。アップデートして
27(金)	友	●	★★★持つべきものは友達と実感できそう
28(土)	親	●	★★サファイアを身につけ、強い心をGET
29(日)	事	●	！！！！褒め言葉のつもりが相手は不快に
30(月)	栄	●	！しんどくて苦しいだけなら、やめていい

最大開運日 7/10、11/13

最大警戒日 9/5、10/18

10月

相手の気持ちを第一に考えて行動を

思いを言葉にすることが必要になりそう。でも、「七曜陵逼」なので、相手ファーストの配慮を忘れないで。自分語りが過ぎたり、余計なことを口にすると人間関係がこじれる恐れ。つまらない欲や承認欲求を露わにせず、SNSの発信も慎重に。27日からの「魔のウィーク」はデジタルデトックスもおすすめ。

日付	運	月齢	開運メッセージ
1(火)	衰	●	!カフェでぼーっと過ごす時間でリセット
2(水)	安	●	!アドバイスのつもりがお節介になりそう
3(木)	克	●	!!!!!軽い気持ちで大きな決断は危険
4(金)	危	●	!ゲームにハマりすぎ。制限時間を決めて
5(土)	成	●	!!自分の話ばかりしていると人が離れる
6(日)	聚	●	!!!!新しいものばかり追うと不具合も
7(月)	友	◐	出かける前にベッドや布団を軽く整えて
8(火)	親	◐	相手を信頼して任せると、スムーズに進む
9(水)	胎	◐	自分の気持ちは、ストレートに伝えること
10(木)	同	◐	!!!!大きな契約や決断は来月以降に
11(金)	衰	◐	夕飯は早めに終えて。胃腸を休める時間を
12(土)	安	◐	★スウェードやファー、秋素材でお洒落に
13(日)	危	◐	氏神様へ参拝。境内をゆっくり散策しよう
14(月)	成	○	♥ノープランの気まぐれデートも楽しい
15(火)	壊	○	!見切り発車で動くと、一からやり直しも
16(水)	友	○	♥♥二人にとって何が大切か見つめ直そう
17(木)	親	○	★★ゆかりのある場所や人が幸運を運ぶ
18(金)	命	○	!!!!エゴは×。相手ファーストを徹底
19(土)	栄	○	★★リニューアルオープンの店に幸運あり
20(日)	衰	○	梨、ぶどう、柿など旬の果物でエナジー補給
21(月)	意	◑	!!!!雑務に追われ、思わぬミスを連発
22(火)	危	◑	複雑な人間関係には「我関せず」の姿勢で
23(水)	成	◑	◆◆チームに貢献。信頼度も自然と上がる
24(木)	壊	◑	!目立ちたい、注目されたいは危険な欲求
25(金)	友	◑	★★★組織の内外で、あなたの評価がUP!
26(土)	親	◑	$$フリマアプリで出品。予想外の利益が
27(日)	事	●	!!!!脳が疲労。デジタルデトックスを
28(月)	栄	●	!自分は自分。周りと比較する必要はない
29(火)	衰	●	!SNSの発信は自慢にも嘘にも注意して
30(水)	安	●	!勢いで引き受けると、後で面倒なことに
31(木)	危	●	!後ろ向きになりがち。くよくよしないで

11月

悩みや疑問点が解決してスッキリ!

3日以降に停滞していたことやあなた自身の迷いに決着がつきそう。わからなかったことがわかってスッキリ。6日を過ぎたら行動力もアップするので、12～17日頃は、より自分らしく個性的な選択をすると悔いがない。金運は好調、物の買い替えもよいが、リフォーム、リユースも吉。古いものを活かそう。

日付	運	月齢	開運メッセージ
1(金)	成	●	!マストの業務さえ片づけばよしとしよう
2(土)	壊	●	!人の都合に合わせすぎると振り回される
3(日)	友	◐	本当の気持ちに気づくかも。素直に伝えて
4(月)	親	◐	一対一より複数で会ったほうが楽しめそう
5(火)	胎	◐	小腹が空いたらチョコよりドライフルーツ
6(水)	栄	◐	◆◆勝負に出よう。大きなものをつかめる
7(木)	衰	◐	常備薬をチェック。使用期限切れは処分を
8(金)	安	◐	★迷いが晴れて、気持ちがスッキリしそう
9(土)	危	◐	情報のアンテナを張り巡らせ、知識を補充
10(日)	成	◐	★古いものも使い方次第で蘇る。リペアも
11(月)	壊	◐	!できないことを責めない。支えてあげて
12(火)	友	○	♥♥♥共通の目標を持つことで愛が深まる
13(水)	親	○	★★★★自分らしい決断ができて気分爽快
14(木)	命	○	★今までの苦労が報われるような出来事が
15(金)	栄	○	$$$家族や家のための出費は後で生きる
16(土)	衰	○	仕事用PCや携帯はオフ。きっちり休もう
17(日)	安	○	★メイクや髪型をチェンジ。新たな魅力が
18(月)	危	◑	!口頭だけではなく、リマインドメールを
19(火)	成	◑	♥愛し愛されていることを実感できそう
20(水)	壊	◑	!足を引っ張るような人とは距離をおいて
21(木)	友	◑	★★★持ち前の持久力が行動範囲を広げる
22(金)	親	◑	★★★軌道修正がうまくいき、前途に光が
23(土)	業	◑	!相手に誤解を与えるような行動には注意
24(日)	栄	◑	!見栄を張って散財しそう。予算を厳守で
25(月)	衰	●	!偏食や不規則な生活は強い意志で絶って
26(火)	安	●	!人へのお礼やお詫びは後回しにしない
27(水)	危	●	!万が一の時のために、別の案も準備して
28(木)	成	●	!地味にコツコツやることで運気が安定
29(金)	壊	●	!疑問点は、そのままにせず質問するべき
30(土)	友	●	発酵食品を食べて腸活。プヨ腹問題も改善

12月

これからの人生をプランニング

将来のことを考えるタイミング。周囲の状況や人間関係など避けられない変化もあるけれど、その中で自分の大切なものを守るために周囲が驚くような方向を目指すことも。大きなお金を動かす暗示があるが、無理のない、モメないやり方で。難しい話は19日までが◎。30、31日は長期的な計画を練ってみて。

日付	運	月齢	開運メッセージ
1(日)	親	●	美術館や博物館へ。芸術的感覚を刺激して
2(月)	胎	●	$まずは少額から、投資や貯蓄をスタート
3(火)	栄	◐	★★周囲が驚くような決断も自分を信じて
4(水)	衰	◐	加湿器で乾燥対策。内部の掃除も忘れずに
5(木)	安	◐	★デパ地下を巡り、人気のグルメを堪能!
6(金)	危	◐	大きなお金を動かす時はモメないように
7(土)	成	◐	★お洒落は足元から。流行のブーツで外出
8(日)	壊	◐	!周りの状況や環境が変わっても動じない
9(月)	友	◐	◆◆◆希望のプロジェクトに携われそう
10(火)	親	◐	★★★ややこしい話もスムーズに進みだす
11(水)	命	○	★好きなことほど、限度を決めてやること
12(木)	栄	○	★★★素敵なお店を予約して早めの忘年会
13(金)	衰	○	長い目で見てプラスになるほうをチョイス
14(土)	安	○	★16時間ダイエットに挑戦。冬太り対策を
15(日)	危	○	今後、価値が上がりそうなものを集めよう
16(月)	成	○	★自分が納得のいく選択をすることが大切
17(火)	壊	○	!状況を改善したいなら、今すぐ動くべき
18(水)	友	○	★★★家族にクリスマスプレゼントを用意
19(木)	親	○	♥♥♥復活愛の気配。思いがあるなら連絡
20(金)	業	◑	!人間関係の変化に一喜一憂しないこと
21(土)	栄	◑	!大掃除が難しければ、ピンポイントで
22(日)	衰	◑	!スキンケア法を見直し、肌と心に潤いを
23(月)	安	◑	!やる気があるなら、先延ばしにしないで
24(火)	危	◑	!イブは人混みを避けて家でのんびりと
25(水)	成	◑	!無理に終わらせるより、来年に持ち越し
26(木)	壊	◑	!仲裁に入るよりも、今は静かに見守ろう
27(金)	友	●	今年お世話になった人にご挨拶メールを
28(土)	親	●	外出先でお年賀にぴったりの品が見つかる
29(日)	胎	●	昔のアルバムを見返そう。今の幸せに感謝
30(月)	栄	●	★★新しい手帳に10年計画を書き出そう
31(火)	栄	●	♥♥二人の将来を考えつつ穏やかな年越し

5 觜宿《ししゅく》

★開運キーワード★

✦ Color ✦
ライムグリーン　青緑

✦ Spot ✦
お城　家電量販店

✦ Food ✦
雑穀　紅茶

✦ Item ✦
スマートウォッチ　星形グッズ

✦ Stone ✦
アクアマリン　アマゾナイト

✦ Aroma ✦
シダーウッド　ハッカ

✦ Flower ✦
クロッカス　スイセン

觜宿ってこんな人

「觜」はクチバシの意で、核心を突く一言や説得力のある言葉で周囲を動かす力を持つ。人の言葉を聞く力もあり、慎重に振る舞える。危機管理能力も高く、順調に出世し成功する挫折知らず。全宿中トップの財運の強さで、自分の才覚で蓄財する。〝殺し文句〟で人を魅きつけるが、言葉の力が強すぎて誤解されることもあるので注意したい。恋愛には臆病で、気持ちを簡単に打ち明けないため、言葉を交わさず理解し合える人が理想の相手。経験を重ね、自分に自信が持てると、愛を上手に育める。眉を整えると運気も整い、よい流れに。

この宿の有名人

YOU　宮沢りえ　深田恭子　小嶋陽菜　大塚愛　しずちゃん　ローラ　吉田沙保里　本田翼　白石麻衣　あいみょん　与田祐希　市川ぼたん　プーチン大統領　矢沢永吉　高橋克典　小栗旬　松本潤　有田哲平　日村勇紀　ノブ　岩井勇気　関口メンディー　花村想太　大谷翔平

2024年開運3か条

1 積み重ねてきたものに自信を持ち、それを活かして新たな目標設定を

2 気持ちを言葉にして日記をつけよう。写真に一言添えるだけでもいい

3 育てたいのはデジタル系のスキルや知識。自分の世界が変わるかも

★ 2024年の全体運 ★

脱皮し、新たな〝ステージ〟の扉を開こう! 変化を柔軟に受け入れ、発想の転換を

★2024年の特徴　2024年は〝脱皮〟の年になります。年運は〝近距離〟の「壊」で、文字通り、これまでの〝殻〟をひとつ壊して前に進むような年。周囲にいろいろな変化が起き、あなた自身の立場や役割が変わることも多いでしょう。たとえ、周囲に変化がないように感じられても、あなた自身の意識や思いが変わる様々なきっかけに遭遇することがありそう。変化は、ひとつの目的が達成され、次の夢や目標に進んでいく、うれしい形で来る場合もあれば、不本意な波に翻弄される形で来る場合もあります。いずれにしても過去のこだわりや執着を捨てる潔さと、理想を現実にするための妥協と粘り強さが何より大事です。手放すものや離れる人間関係があっても、柔軟に受け入れて本当に大事な人や物、理想を守ることが幸運の鍵。あなた自身の脱皮、次の成功につながります。

★1年の運気の流れ　**1、2月**は出会いも多く、心が動かされるような誘い、教えや情報とも遭遇しそうですが、運気は「七曜陵逼」。どんなによいと思ったことも慌てて飛びつかず、実際にアクションを起こすのは**3月**以降に。そこで逃したチャンスも、本当に大事な縁なら、**4月**にまたつかむ機会が巡るはずです。真に発展的な出会いやうれしいハプニングがあるのは**4月29日～7月11日**。あなたが変わりたい方向に道が開けたり、この時期の予想外の変化が結果的には幸運につながることも。特に会いたかった人との再会や、一度諦めたことの再開もありそうです。ただエナジーパワーは**8月**から下降傾向で、再び「七曜陵逼」の運気が巡る**9、10月**は体力や集中力が充実せず、思うようにならないことが多いかも。でもそんな低迷の中での熟考こそが、**11、12月**には大きな気づきと発想の転換をもたらし、これまでの自分をブレイク。新たな〝ステージ〟への扉を開くことになるでしょう。

★愛情運★

自分が変わることで本物の愛に巡り合う

身の回りに変化が起きる中で、本当に大切な人は誰か、気づける時。**1、2月**は「七曜陵逼」ですが、インパクトのある出会いや再会がありそう。でも前のめりにならず、距離を縮めるなら**3月7日～5月17日**に。離れてみて改めて相手のよさがわかったら、**6月24日～8月30日**に動くと復活愛へ。こじれた愛の修復に星が力を貸してくれます。逆に**6月**の浮気や秘密の行動は厳禁。「七曜陵逼」の**9、10月**の気まぐれな言動も愛を壊すので、相手第一で過ごして。「壊」の年は変化したほうが運気はあがるので、恋愛対象の条件や探す方法を変えたり、愛する相手のために自分の生活や考え方を変える努力をすれば、**11、12月**は愛の大逆転の可能性もあります。

★仕事運★

11月以降、偶然に導かれふさわしい場所へ

ステイタスや役割の変化、職場や業界の浮き沈みに翻弄されながら、今後、仕事で目指すべきものや、自分らしい働き方について模索する年になります。「七曜陵逼」の**1、2月**は流れに逆らわずに過ごしたほうが多くの気づきを得ます。**3、4月**は積み重ねた結果が出て、うれしい活躍ができる一方で、プレッシャーや目上の人への不満を抱える傾向も。転職活動によいのは**5月7日～8月6日**。**8月**は今後についてじっくりと考えを巡らせる時間を持つと有意義。面白いアイデアが浮かんでも**9、10月**は「七曜陵逼」なので慌てて動かずに。むしろ、その後の**11月4日～12月20日**に起きる意外な出来事や偶然が、あなたをふさわしい場所に導いてくれそう。

★金運★

今後のために資産運用の勉強をスタート!

1月は年明けから人づき合いや、身近な誰かのためにお金を使う暗示。でも「七曜陵逼」の運気なので常識的な使い方を心がけ、金銭絡みの安易な約束、契約は避けて。その後の経済面は案外、安定。ただしお金について、今後の計画をしっかり考えておくこと。金運、買い物運がよいのは**6月3日～7月11日、11月4～23日**。学費やデジタル関連への出費は有意義。**8、9月**はくじ運がよいけれど「あぶく銭は身につかない」かも。貯蓄や投資にいいのは**12月**。ライフプランと照らし合わせながら、iDeCoや新NISAなどの制度を調べてみて。

★美容・健康運★

9月以降は太りやすい!? 食生活を見直して

目的意識が強くなる年なので、目指す健康状態、理想の体重や体型をしっかりイメージできると、頑張れて心も運気も安定します。ただ**1、2月**は無理をしないこと。新しい運動、中断していた健康法の再開にいいのは**3月11日と23日**。ダイエットはまずカロリー計算や、食事内容と体重の記録から。開始は**5月25日と6月22日**が◎。**9月**以降は太りやすい星回りなので、そこまでに食生活の見直しを。自分に合う美容グッズ、サプリと出会えるのは**5月25日～6月13日、8月14～30日**。ここでのイメチェンやエイジングケアは効果大。

★七曜陵逼の乗り切り方★

觜宿が各時期に気をつけるべき大事なことをアドバイス。要チェック!

1 1/2～1/28
お人よしになりがち。周囲からの誘いや依頼を断り切れずに、安易な約束をするのはNG。何かを断る時は「六害宿」の日を避けて。

2 2/10～2/25
いろいろな話が舞い込み、心が揺れそう。でも独断専行、安易な決断はトラブルのもと。連絡、話し合いは「六害宿」の日以外で丁寧に。

3 9/3～9/29
面倒なことを終わらせたくて短絡的になりがち。突拍子もない思いつきを実行に移すのは厳禁。自分の好きなことを人に押しつけない。

4 10/3～10/27
自分にどこまでも甘くなり、わがままやルーズになる。あともう少し、と欲張ると、誰かを傷つけたり、大事なものを失うので要注意。

Energy Power 動きだすなら3月から。7月もパワフル。10月は無理せずに。

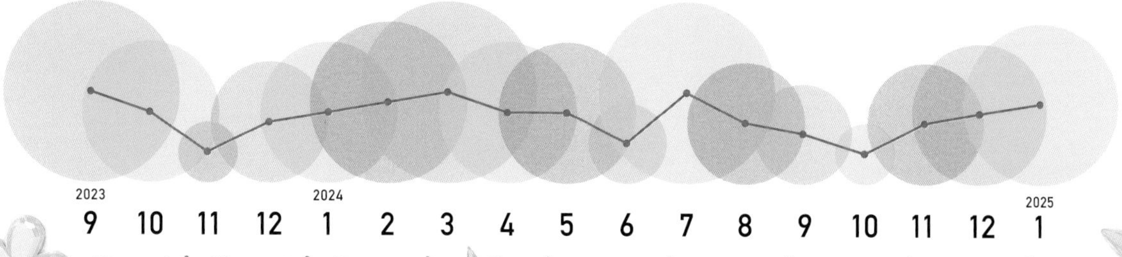

觜宿の開運暦2024

1月

即断即決を避けて、慎重にスタート

２日から「魔のウィーク」。懐かしい人との再会などもあり、賑やかな時間を過ごせそうですが、誘いや頼まれごとを持ち込まれても即断即決はしないように注意。「七曜陵逼」中でもあり、曖昧な約束もしないこと。親しい人と深い話をしたり、中断したことを再開する必要がある場合は「六害宿」の日を避けて。

日付	運	月齢	開運メッセージ
1（月）	親	◑	★★★家族や仲間と集まり、明るい年明け
2（火）	事	◑	！！！！今日は深い話は避け、別の機会に
3（水）	栄	◑	！！忙しくても新年の挨拶は面倒がらない
4（木）	衰	◑	！！！大盤振る舞いをすると金運がダウン
5（金）	克	◑	！！！！即決しないで、熟考してから返事
6（土）	危	◑	！！去年からの持ち越し案件に改めて着手
7（日）	成	◑	！曖昧な返事は誤解のもと。ハッキリと
8（月）	聚	◑	！！！！無理をすると体調にガタがくる
9（火）	友	●	新年会の会計は気持ちよく支払うのが正解
10（水）	親	●	謙遜するより素直に「ありがとう」と言おう
11（木）	胎	●	日々の思いを日記に。心の中が整理される
12（金）	同	●	！！！！お金にまつわる契約は避けるべき
13（土）	衰	◐	シダーウッドのオイルでフットマッサージ
14（日）	安	◐	♥マッチングアプリで新たな出会いを模索
15（月）	危	◐	のどスプレーなど風邪予防グッズを携帯
16（火）	成	◐	◆任された仕事をこなすうちに実力がつく
17（水）	壊	◐	！打ち明け話は明日以降。今日は静かに
18（木）	友	◐	★★ちゃんと話し合えば、いい方向へいく
19（金）	親	◐	★★手柄は譲って、代わりに信頼を得よう
20（土）	命	○	！！！！安請け合いは危険。慎重になって
21（日）	栄	○	♥♥会った瞬間にビビッとくる人が登場
22（月）	衰	○	偏った意見は鵜呑みにせず話半分で聞いて
23（火）	意	○	！！！！まだ再開するタイミングではない
24（水）	危	○	★読書がいい気分転換に。物語世界に没入
25（木）	成	○	★年上の人と交流。先輩から学べることが
26（金）	壊	○	探し物は時間の無駄。物の住所を決めよう
27（土）	友	○	$$家電量販店へ。買い替え時を逃さずに
28（日）	親	○	★★★楽しいイベントで交友関係が広がる
29（月）	業	◑	！役割の変化に対応しきれず、ストレスに
30（火）	栄	◑	！クールになりすぎると薄情だと思われる
31（水）	衰	◑	！聞くことを恥ずかしがらず堂々と質問を

2月

旅行はゆったりとしたスケジュールで

やりたいこと、やるべきことは９日までに。そこを逃したら「七曜陵逼」が終わる25日までは焦らずに。旅行や移動の暗示も強い時ですが、無理なスケジュールは禁物。あなたの発言が影響力を持つ時なので「六害宿」の日はSNSも含めて言葉選びを慎重に。デジタル系機器の不調も注意。早めにバックアップを。

日付	運	月齢	開運メッセージ
1（木）	安	◑	！過去は引きずらず、今は未来だけ見よう
2（金）	危	◑	！スムーズにコトを運ぶには根回しも必要
3（土）	成	◑	！期待しすぎ。見返りを求めると落胆する
4（日）	壊	◑	！片づけをして散らかった思考もスッキリ
5（月）	友	◑	鍋料理で冷蔵庫の残り野菜を上手に整理
6（火）	親	◑	推し活仲間たちと情報交換で盛り上がる
7（水）	胎	◑	やっておくべきことはなるべく早めに処理
8（木）	栄	◑	$$応援したい街にふるさと納税。金運UP
9（金）	衰	●	クラシックやジャズを流してリラックス
10（土）	衰	●	旅のスケジュールは余裕を持たせておこう
11（日）	安	●	★香り豊かな紅茶でゆったりとした時間を
12（月）	危	◐	自然体が一番。必要以上に見栄を張らない
13（火）	成	◐	◆デジタル系スキルを学んで仕事を効率化
14（水）	壊	◐	！面白そうな話は聞き流すか裏をとること
15（木）	友	◐	★★スピーディで的確な判断でリスク回避
16（金）	親	◐	★★ワクワクするお誘いは二つ返事でGO
17（土）	命	◐	！！！！大事な連絡や話し合いは避けて
18（日）	栄	◐	♥♥偶然の再会。前よりずっと好印象に
19（月）	衰	◐	念のためバックアップを。まさかに備えて
20（火）	意	○	！！！！SNSも生の言葉も、発言には注意
21（水）	危	○	★話題のゲームにトライして憂さ晴らしを
22（木）	成	○	★サポートや補佐役で、頼られる存在に
23（金）	壊	○	安易に決めないこと。後で問題になりそう
24（土）	友	○	♥♥恋愛に追い風。婚活も前向きに進めて
25（日）	親	○	★★★神社仏閣などを巡ると心が落ち着く
26（月）	業	○	！妙な詮索は×。相手を信じることが大事
27（火）	栄	◑	！職場での立ち位置を見失いがち。冷静に
28（水）	衰	◑	！同じものばかり食べず、バランスを重視
29（木）	安	◑	！とっつきにくいと思われそう。笑顔で

3月

エナジーパワーMAX。仕事運も好調!

新しい計画のスタートや、興味を持ったことへのアクセスは４日以降に。エナジーパワーは最高潮で、仕事では実力が発揮でき、実績なども評価されそう。ただステイタスや立場、人間関係が変わるので、次の局面、次の一手を考える必要も。24日からの「魔のウィーク」でパワハラを感じる出来事があるかも。

日付	運	月齢	開運メッセージ
1（金）	危	◑	！「まぁいいか」ではなく、しっかり対処
2（土）	成	◑	！休日でも早起きを。体内リズムを整えて
3（日）	壊	◑	！急な変更でも一喜一憂しないで。柔軟に
4（月）	友	◑	オーディオブックで耳から学びを深めて
5（火）	親	◑	周りとの調和を大切に。足並みをそろえる
6（水）	胎	◑	理想の体型のビジュアルをスマホに保存
7（木）	栄	◑	♥♥ストライクゾーンを広げてみるのも◎
8（金）	衰	●	背負い込んでいたものを、手放せる時かも
9（土）	安	●	★キャラグッズやぬいぐるみが癒しになる
10（日）	危	●	自分の長所に気づいて。もっと伸ばそう
11（月）	成	●	★健康マニアの友おすすめの筋トレを実践
12（火）	壊	◐	！仕事がマンネリ気味。何かを変えるべき
13（水）	友	◐	★★★★興味があるなら積極的に動いて
14（木）	親	◐	◆◆◆本領発揮で周りからも評価される
15（金）	命	◐	★楽しいことをイメージ。〝幸せ脳〟を作る
16（土）	栄	◐	★★★ステップアップの一手が浮かびそう
17（日）	衰	◐	家事代行サービスなどで負荷を軽減して
18（月）	安	◐	アクアマリンを身につけると心が穏やかに
19（火）	危	◐	社交辞令はいらない。素直な言葉で話そう
20（水）	成	◐	$不要なものをフリマへ。予想以上の利益
21（木）	壊	○	！花粉症やアレルギーは食生活でも対策を
22（金）	友	○	★★★新事業や新たな計画に乗り出そう
23（土）	親	○	♥♥♥スポーツ施設やジムに出会いの予感
24（日）	業	○	！新年度の準備は先延ばしせずに、早めに
25（月）	栄	○	！パワハラ注意報。詳細を記録しておこう
26（火）	衰	○	！心にもないことを言わぬよう口を閉ざす
27（水）	安	○	！もっといろいろな可能性を検討するべき
28（木）	危	○	！油断しなければ大丈夫。細部に気配りを
29（金）	成	◑	！サウナや岩盤浴で血行促進、心身が整う
30（土）	壊	◑	！前のめりすぎると相手が引いてしまう
31（日）	友	◑	お花見がてらの食事会を企画。春を感じて

最大開運日 4/10、6/3 最大警戒日 1/20、2/17

觜

4月

変化の波、到来! 考え方を柔軟に

あなた自身にも周囲にも、変化の波が押し寄せる星回り。偶然やハプニングが運んでくるチャンスも、予想を超えた展開もありそう。いずれにせよ流れには逆らわないこと。特に8、9日の「壊」の連続日は考え方を柔軟に。昔の計画や夢の掘り起こしも面白くなりそう。〝やり直し〟ができることはむしろ幸運。

日付	運	月齢	開運メッセージ
1(月)	親	◑	★コーデに開運色・ライム色を取り入れて
2(火)	胎	◑	結論を急がずに、なりゆきを見守るのも手
3(水)	栄	◑	$ $人気のマネー本で、お金の基本を勉強
4(木)	衰	◑	「無理かも」は禁句。もっと自分を信じよう
5(金)	安	●	★旅行の予定はしっかり立てておくと安心
6(土)	危	●	室内に観葉植物を。気の流れがよくなる
7(日)	成	●	★アートに親しむ日にしよう。感性を刺激
8(月)	壊	●	!凝り固まった思考を、やわらかアタマに
9(火)	壊	●	!昔の夢に対する後悔は捨て、やり直しを
10(水)	友	●	★★★★思わぬチャンスが転がり込みそう
11(木)	親	●	♥♥♥共通の話題から徐々に距離を詰めて
12(金)	命	●	★当たり前の日常にこそ感謝を忘れずに
13(土)	栄	◐	★★★古くからの仲間の応援に救われそう
14(日)	衰	◐	大豆ミートなどヘルシー食材を取り入れて
15(月)	安	◐	移動はリュックで。身軽さと快適さが◎
16(火)	危	◐	ネガティブな感情は上手に解放する工夫を
17(水)	成	◐	★今まで培ったものを活かし、目標を設定
18(木)	壊	◐	!周りの変化に動揺しても、ドンと構えて
19(金)	友	◐	◆◆◆積み重ねてきた努力が大きく結実
20(土)	親	◐	♥♥♥一度つかみ損ねた縁がつながるかも
21(日)	業	○	!「わかってほしい」を押しつけてはダメ
22(月)	栄	○	!プレッシャーは期待の裏返し。前向きに
23(火)	衰	○	!体のことは自己流や口コミに頼らないで
24(水)	安	○	!何事も人生経験と思って、受け入れよう
25(木)	危	○	!揚げ足を取りすぎると、相手は不機嫌に
26(金)	成	○	!自分が悪いと思ったら誠意を持って謝る
27(土)	壊	○	!いちいちイライラせず、広い心を持って
28(日)	友	◑	いつもの道を早歩きするだけで筋力に差が
29(月)	親	◑	★話を聞いてもらうだけでいいガス抜きに
30(火)	胎	◑	こだわりを捨てると見えてくるものがある

5月

自分を変える勇気がハッピーを呼ぶ

GWはリラックスして過ごすと、自分にとって大事なことや目指すべきもの、愛する人との関係を再確認できるはず。7日は公私ともにリスタートのタイミング。「今さら無理」と思ったことでも、新たな技術が力を与えてくれます。25日以降は周囲や誰かを変えるのではなく、自分自身が変わっていくことが大切。

日付	運	月齢	開運メッセージ
1(水)	栄	◑	★★自分の殻を破れれば、新たな展開が
2(木)	衰	◑	ヨガやストレッチで気の巡りを改善しよう
3(金)	安	◑	★家族への愛情を感じながらのんびりと
4(土)	危	●	新しい靴を履いて出かけよう。心もはずむ
5(日)	成	●	★自分にとって何が大事かが見えてくる
6(月)	壊	●	!先方の出方を待ってから行動に移ること
7(火)	友	●	◆◆◆諦めていたことも今の能力なら叶う
8(水)	親	●	★★★新たな技術が突破口を開いてくれる
9(木)	命	●	★スマートウォッチで歩数を管理しよう
10(金)	栄	●	♥♥♥予期せぬハプニングから急接近も
11(土)	衰	●	目のケアを。蒸しタオルで温めるのもいい
12(日)	安	◐	★お洒落して外出、贅沢スイーツを堪能!
13(月)	危	◐	人の集まる場では辛口トークは封印しよう
14(火)	成	◐	★結果うまくいくと信じていれば大丈夫
15(水)	壊	◐	!言行一致を徹底しよう。信頼性に関わる
16(木)	友	◐	★★★新たな技術が課題解決の突破口に
17(金)	親	◐	♥♥♥相手への愛を再確認する出来事が
18(土)	業	◐	!今までのこだわりや執着とは決別すべき
19(日)	栄	○	!やりすぎ、はしゃぎすぎには気をつけて
20(月)	衰	○	!無意識に無理をしがち。ノー残業を意識
21(火)	安	○	!詰めが甘い。せっかくのチャンスを失う
22(水)	危	○	!重要書類などの取り扱いは、十分に注意
23(木)	成	○	!頑張る方向性がズレていないかチェック
24(金)	壊	○	!理不尽な思いや不本意な出来事に遭遇も
25(土)	友	○	体重をアプリで記録。食事内容もメモして
26(日)	親	○	フォーマルもOKなレインシューズを購入
27(月)	胎	◑	人を変えようとするより自分を変えるべき
28(火)	栄	◑	$ $外貨預金など、今の資産を増やす策を
29(水)	衰	◑	ランチは単品メニューより定食スタイルで
30(木)	安	◑	★緊張する場面はアマゾナイトがお守りに
31(金)	危	◑	!悪目立ちしがち。おとなしくしておこう

6月

思い切った方向転換で状況好転!

2日「壊」の日は暴走しがちですが、3～13日は、思い切った方向転換によい運気。これまでの考え方、やり方を変えると、いろいろなことが好転するはず。14日からの「魔のウィーク」はデトックス期間。古いものだけでなく負担になっている人間関係も見直して。ルーティンの健康&美容面のケアの再検討も◎。

日付	運	月齢	開運メッセージ
1(土)	成	◑	★コンディションに合わせてサプリを選択
2(日)	壊	◑	!!あなただけ突っ走っても周りは白い目
3(月)	友	●	★★★思考や発想の大転換で流れが変わる
4(火)	親	●	◆◆◆的を絞って、転職に向けた行動を
5(水)	命	●	★瞑想などマインドフルネスを取り入れて
6(木)	栄	●	$ $ $デジタル関連の出費は優先して正解
7(金)	衰	●	何事も、まずは形から入ると長続きする
8(土)	安	●	★髪を短くしたり、髪色を明るくチェンジ
9(日)	危	●	今日は頭で考えるよりも気持ちを優先して
10(月)	成	●	★ひらめいたことはメモ。後から役に立つ
11(火)	壊	◐	!やっつけ仕事はしない。やるなら全力で
12(水)	友	◐	★★★なりたかった自分にグッと近づける
13(木)	親	◐	★★★知性をフル回転。皆をリードしよう
14(金)	業	◐	!浮気心や秘密を持つと相手の信用を失う
15(土)	栄	◐	今の年齢に合わせてスキンケアを見直し
16(日)	衰	◐	!腸活レシピや腸マッサージでデトックス
17(月)	安	◐	!不満があるなら、自分から変える努力を
18(火)	危	◐	!お財布にレシートはためない。毎日整理
19(水)	成	○	!もう着ないもの、使わないものを処分
20(木)	壊	○	!腐れ縁だと思うなら、断ち切るのも一案
21(金)	友	○	録りためたドラマを見たり夜更かしもアリ
22(土)	親	○	1週間単位のカロリー調整でダイエット
23(日)	胎	○	居心地のよい部屋作りのために、模様替え
24(月)	栄	○	♥♥素直になれば、こじれた縁もまとまる
25(火)	衰	○	優先順位を決めて、一つ一つ処理しよう
26(水)	安	○	★悩みに耳を傾ける。優しく寄り添うこと
27(木)	危	○	知的好奇心を持って、自由に突き詰めよう
28(金)	成	◑	★変に粘るより、スパッと諦めると新展開が
29(土)	壊	◑	!噂を信じると、大恥をかくことになる
30(日)	友	◑	♥♥♥とんとん拍子に話が進み、幸せ全開

觜宿の開運暦2024

7月

パワー最高潮!! 決断、転身に最適

エナジーパワーMAX。周囲が驚くような決断や転身もサラッとできてしまう時。あなたの一言で、流れや局面をガラリと変えることも可能。12日からの「魔のウィーク」は、自分を束縛する物や人との闘いの予感。ここでのハプニングやアクシデントは、あなたが今後、進むべき道、選ぶべきことを示唆します。

日付	運	月齢	開運メッセージ
1(月)	親	●	★★★★ミラクルな転身や決断で大成功
2(火)	命	●	★宙ぶらりんにしていたことに着手しよう
3(水)	栄	●	★★会いたいと強く願えば実現するかも
4(木)	衰	●	★眉サロンで〝正解眉〞を知って、魅力UP
5(金)	安	●	★上司や同僚と意見交換。いい刺激になる
6(土)	安	●	★ミステリー映画で謎解き感にワクワク
7(日)	危	●	七夕は星柄や星形アクセを取り入れて開運
8(月)	成	●	★日記を習慣に。写真に一言書くだけでも
9(火)	壊	●	!直球よりも、オブラートに包んで伝えて
10(水)	友	●	$$$いい条件でローンや融資の可能性が
11(木)	親	●	♥♥♥復縁希望なら自分からアクションを
12(金)	業	◐	!好物でも甘いものは食べすぎないように
13(土)	栄	◐	今日は外出するより、部屋の片づけを優先
14(日)	衰	◐	!現金不足で慌てるかも。日頃から準備を
15(月)	安	◐	!束縛感や窮屈さを感じそう。主張も大事
16(火)	危	◐	!消耗品のストックはチェックしておこう
17(水)	成	○	!おいしい話には何か裏があると疑って
18(木)	壊	○	!トラブルととらえず、今後の足がかりに
19(金)	友	○	ハンディ扇風機などクールグッズを携帯
20(土)	親	○	気になるセミナーや体験レッスンに参加
21(日)	胎	○	満月の光を浴びながらご近所ウォーキング
22(月)	栄	○	★★努力と根性で夢を現実にできるはず
23(火)	衰	○	鏡を見よう。浮かない顔なら口角を上げて
24(水)	安	○	★身近なパワースポットで元気をチャージ
25(木)	危	○	簡単なことであればYouTubeでマスター
26(金)	成	◑	★説得力のあるプレゼンで有利な展開に
27(土)	壊	◑	!調子に乗って危ないことに手を出さない
28(日)	友	◑	♥♥♥夜風を感じながらディナーデートを
29(月)	親	◑	◆◆◆◆あなたの発言で状況が一気に好転
30(火)	命	●	★快適な睡眠がとれるベストな枕を探そう
31(水)	栄	●	★★ポジションや役職が変わり、気合十分

8月

立ち止まり、周囲の話を聞いてみよう

7日からの「魔のウィーク」からエナジーパワーは下降。グイグイ進むばかりではなく、人の話をよく聞き、リスクヘッジを考えた行動を。大きな変化も細やかな検証で整えて。14日からは愛情運も上昇。大事な人と楽しい時間を。イメチェンも効果大。資産運用するなら、経済動向を事前にしっかり研究してから。

日付	運	月齢	開運メッセージ
1(木)	衰	●	★好きな芸人のコントで思いっ切り笑って
2(金)	安	●	★事前の準備やリサーチで気持ちに余裕が
3(土)	危	●	!過ぎたことは悔やんでいても仕方がない
4(日)	壊	●	!ネガティブな人に引っ張られないように
5(月)	友	●	◆◆◆仕事に対するビジョンが明確になる
6(火)	親	●	★★★経験は強い味方。自信を持っていい
7(水)	業	●	!指示を出す時は細かく丁寧に伝えるべき
8(木)	栄	●	!パワーダウンを実感。欲を出すのはNG
9(金)	衰	◐	!リスクを避けるためにも人の話を聞いて
10(土)	安	◐	!暑くてもドリンクは氷抜き。夏冷え防止
11(日)	危	◐	!予定を詰めすぎず、睡眠時間を絶対確保
12(月)	成	◐	!秘密主義すぎるのはよくない。心を開く
13(火)	壊	◐	!猪突猛進ではなく、確かな検証を重ねて
14(水)	友	○	大切な人との時間を大事に。ときめき復活
15(木)	親	○	忖度は最低限に。フラットな関係がベスト
16(金)	胎	○	ハッカの香りで清涼感を。思考もスッキリ
17(土)	栄	○	$$経済情報をアップデート。必ず役立つ
18(日)	衰	○	下着やパジャマは肌触りのよさで選ぼう
19(月)	安	○	★家族や友人に連絡してお気楽トークを
20(火)	危	○	突然の臨時収入は、なくなるのも早そう
21(水)	成	○	★仕事上のマイルールを決めるとブレない
22(木)	壊	○	!陰口を言う人には同調せず、聞き流して
23(金)	友	◑	♥♥♥いつもと違うスタイルが相手に好評
24(土)	親	◑	★★★憧れの人に近づくチャンス。進展も
25(日)	命	◑	★エイジングケアを意識。美容液をお試し
26(月)	栄	◑	♥♥♥こまめな連絡&即レスで愛が育つ
27(火)	衰	◑	冷感グッズで首を冷やして、体温の調整を
28(水)	安	◑	★夢を追い続ければ、必ず何かをつかめる
29(木)	危	●	歯ブラシに開運色・青緑を取り入れよう
30(金)	成	●	★陰の努力を見ていてくれる人がいるはず
31(土)	壊	●	!媚びる必要はないけれど、気遣いは必要

9月

運気は下降。急ブレーキに備えて!

3日から「七曜陵逼」と「魔のウィーク」に突入。急ブレーキがかかることがありそう。無理に進むと、大事なものが壊れたり、手元からなくなる恐れも。お財布の紐も固く締めて無駄遣いしないこと。18日「壊」の日は愛情面で、21日「命宿」の日は健康面で、24日「意宿」の日は仕事面で衝動的に動かないよう注意。

日付	運	月齢	開運メッセージ
1(日)	友	●	★★★仲間と本音で語り合える時間が癒し
2(月)	親	●	★★★意識改革のきっかけが。志も高まる
3(火)	事	●	!!!!思いつきだけで動くのは絶対NG
4(水)	栄	●	!!クールダウンして。今は様子見が正解
5(木)	衰	●	!!!職場や業界の不透明感に不安が増大
6(金)	克	●	!!!!自分の趣味や好みを押しつけない
7(土)	危	●	!!散財しがち。買い物はもう少し慎重に
8(日)	成	●	!人は人。思い通りにならなくて当たり前
9(月)	聚	◐	!!!!無理に推し進めると失うものが大
10(火)	友	◐	アイロンのきいたシャツで心までシャキッ
11(水)	親	◐	聞き役やフォロー役で、ムードメーカーに
12(木)	胎	○	金額で選ばず、本当に好きなものを選んで
13(金)	同	○	!!!!早く終わらせようと雑になりがち
14(土)	衰	○	近くの公園へ。心地よい空気の中で深呼吸
15(日)	安	○	$くじ運が好調。宝くじや懸賞で運試しを
16(月)	危	○	髪やお肌、全身の保湿ケアで夏枯れを解消
17(火)	成	○	★本当に大事なものだけに集中すればOK
18(水)	壊	○	!急なお誘いは相手に不信感を与えるだけ
19(木)	友	○	★★コミュ力上昇。営業トークもバッチリ
20(金)	親	○	★★同じ価値観を持った人が強い味方に
21(土)	命	◑	!!!!すぐに飛びつかず自分の体と相談
22(日)	栄	◑	★★国内外を問わず、城を訪ねる旅で開運
23(月)	衰	◑	お墓参りでご先祖様に日頃の感謝を伝えて
24(火)	意	◑	!!!!突発的な行動は順調な仕事の妨げ
25(水)	危	◑	♥相手の価値観に寄り添う努力が運を呼ぶ
26(木)	成	◑	◆自分らしい働き方を見つけるヒントが
27(金)	壊	●	集中力不足。一旦別のことをしてみよう
28(土)	友	●	★★開運花・クロッカスを窓辺で水栽培
29(日)	親	●	♥♥♥相手の好きなところを3つ伝えよう
30(月)	業	●	!細かい用事を忘れがち。リスト化して

觜

最大開運日 7/1、11/16　**最大警戒日** 9/3、10/19

10月

習い事や調べものにパワーを発揮

頭の回転に体が追いつかないジレンマの月。「七曜陵逼」でも、何かを学ぶ、調べることにはスペシャルなパワーを発揮できそう。目からウロコの発見、〝覚醒〟もある時。ただし発言、行動は慎重に。「六害宿」の日の人への干渉や余計な一言はNG。思わぬ方向に局面が変わる恐れも。「親しき中にも礼儀あり」で。

日付	運	月齢	開運メッセージ
1(火)	栄	●	！行き詰まったら、歯磨きでリフレッシュ
2(水)	衰	●	！言いっ放し、やりっ放しはトラブルに
3(木)	衰	●	！ストレッチ&呼吸法で心身を整えよう
4(金)	克	●	！！！！過干渉はNG。無神経な発言も×
5(土)	危	●	！！よそ見をしていると、愛が逃げていく
6(日)	成	●	！課題をこなしつつ、自分の適性を深掘り
7(月)	聚	●	！！！！近しい間柄だからこそ礼節が必要
8(火)	友	◐	チームの意見を吸い上げ、うまく調整して
9(水)	親	◐	社内研修などで、将来に役立つ教えを得る
10(木)	胎	◐	一度、頭をからっぽにしてリセットしよう
11(金)	同	◐	！！！！強すぎるこだわりは人を遠ざける
12(土)	衰	◐	バスタイムに重炭酸入浴剤を使い疲労回復
13(日)	安	○	♥生活スタイルを合わせれば距離も縮まる
14(月)	危	○	財布、家の鍵など手回り品の紛失にご用心
15(火)	成	○	◆向上心が上昇。課題を掘り下げて解決へ
16(水)	壊	○	！安易な発言や発信は誤解を招くので危険
17(木)	友	○	♥♥相手の気持ちを大切にして過ごそう
18(金)	親	○	★★ある気づきをきっかけに一気に覚醒も
19(土)	命	○	！！！！エゴを通すと大事なものを失う
20(日)	栄	○	★★長く使えるように上質なものを選ぼう
21(月)	衰	◑	上司や部下とは程よい距離を。円満のコツ
22(火)	意	◑	！！！！人に優しく、自分に厳しくを徹底
23(水)	危	◑	頭が冴えて、面白いアイデアが浮かびそう
24(木)	成	◑	$家計を見直そう。消費傾向を把握して
25(金)	壊	◑	違うと思ったら、別の方法に切り替えよう
26(土)	友	◑	★★家族や仲良しと焼肉や鍋でパワー充電
27(日)	親	◑	★★★さりげない気配りが魅力を輝かせる
28(月)	業	●	！興味を魅かれても先約を優先するべき
29(火)	栄	●	！大風呂敷を広げると後で苦労することに
30(水)	衰	●	！自分が正義だと思い込むのは危険すぎる
31(木)	安	●	！歩きながらのスマホ操作は事故のもと

11月

気持ちをリセットして、運気好転!

これまでの考え方や設定した目標が変わる体験や出会いの予感。そんな時は柔軟に変化し、リセットもOK。４日以降は自分の信じる方向に、改めるべきところは改めて。16日は偶然からの幸運もあり、自然と吹っ切れることも多いはず。気持ちを切り替えれば、仕事も愛情も思いがけない形で好転しそう。

日付	運	月齢	開運メッセージ
1(金)	危	●	！年齢や性別で先入観を持つのは古い考え
2(土)	成	●	！冷凍庫に放置されているものを消費して
3(日)	壊	●	！人でも物でも、去る者は追わずがベスト
4(月)	友	●	可愛らしく咲いたスイセンを部屋に飾って
5(火)	親	◐	クローゼットにない色の服を購入しよう
6(水)	胎	◐	自分がどうなりたいかを10個書き出そう
7(木)	栄	◐	★★ゴールが明確になり、視界がクリアに
8(金)	衰	◐	焦る必要はない。自分のペースでゆっくり
9(土)	安	◐	★視点や見方を変えれば、大きな気づきが
10(日)	危	◐	秋の味覚を食べよう。朝のフルーツもいい
11(月)	成	○	★新たなビジョンが生まれる体験をしそう
12(火)	壊	○	！自分の意見を押すより、周りに合わせて
13(水)	友	○	$$$$学びへの投資が一番ハイリターン
14(木)	親	○	♥♥♥相手のために変わる勇気が運を呼ぶ
15(金)	命	○	★目標体重を設定。朝一番に量って記録を
16(土)	栄	○	★★★思わぬラッキーが。心も一気に快晴
17(日)	衰	○	コンサートや美術展へ。心にビタミン補給
18(月)	安	○	自分を理解してくれる人が助言をくれる
19(火)	危	◑	提案は先方のニーズに合うもので準備して
20(水)	成	◑	★初対面の人ともいい協力関係が作れる
21(木)	壊	◑	！気にかかる不調があれば、人間ドックへ
22(金)	友	◑	◆◆◆偶然からサクセスへの道が開けそう
23(土)	親	◑	♥♥♥恋の一発逆転もあり。自分に正直に
24(日)	業	◑	！レジに行く前に、型番や種類をよく確認
25(月)	栄	◑	！愚痴っぽくなりがち。ポジティブに変換
26(火)	衰	◑	！緊張で肩がカチコチ。肩回しでほぐして
27(水)	安	◑	！気になっていることは早めに確認すべき
28(木)	危	●	！思わせぶりな態度は相手を混乱させる
29(金)	成	●	！ひとつのことにこだわりすぎず、柔軟に
30(土)	壊	●	！納得がいかなくても人に当たらないこと

12月

細やかな調整で大胆な方向転換を

あなた自身が変えたことや、周囲に起きた変化を調整する時。きめ細かな説明と、潔い思い切り、最新技術の助けなどがあれば、大胆な方向転換もうまくいくでしょう。「安」の15日頃にはホッとできるはず。マイナスをプラスに変えられる大逆転もあり。年末はお金の面でどんぶり勘定にならなければ、安泰。

日付	運	月齢	開運メッセージ
1(日)	友	●	大切な人たちと、笑い合える時間を作ろう
2(月)	親	●	$マネー雑誌や本で、リテラシーを高める
3(火)	胎	●	食事に、雑穀米を取り入れて。腸活にも◎
4(水)	栄	●	★★覚悟を決めて、丁寧に説明すればOK
5(木)	衰	◐	コーヒーやお茶はカフェインレスを選んで
6(金)	安	◐	★最新技術をうまく活用。流れも味方する
7(土)	危	◐	思ったほど状況は悪くない。明るく考えて
8(日)	成	◐	★今までの頑張りが報われそう。結実の日
9(月)	壊	◐	！人のトラブル処理などで煽りを受けそう
10(火)	友	◐	◆◆◆希望する業務や部署に就けるかも
11(水)	親	○	★★★マイナスから一気にプラスへと好転
12(木)	命	○	★自分の中の強いこだわりを、ひとつ消去
13(金)	栄	○	♥♥♥ダメ元の告白が大成功。急進展も
14(土)	衰	○	乾燥対策で、ヘアもネイルもオイルでケア
15(日)	安	○	★友人を招きプチ忘年会。パワーを充填！
16(月)	危	○	妥協はいらないけど歩み寄りの姿勢は必要
17(火)	成	○	★過去をブレイクスルー。新たな扉を開く
18(水)	壊	◑	！面倒な仕事は先に処理して、早めに帰宅
19(木)	友	◑	★★★大胆なシフトチェンジも軌道に乗る
20(金)	親	◑	♥♥♥お互いの愛を確認し合える出来事が
21(土)	業	◑	！玄関は運気の入り口。大掃除も念入りに
22(日)	栄	◑	！分不相応なものを求めると幸せが逃げる
23(月)	衰	◑	！使っていないサブスクサービスは解約を
24(火)	安	◑	！行き違いで険悪なムード。誤解を解こう
25(水)	危	◑	！寝る１時間前にはスマホをオフにして
26(木)	成	●	！黙々と進めれば山のような仕事も片づく
27(金)	壊	●	！人を介さない。かえってややこしくなる
28(土)	友	●	ウィンドウショッピングで軽い気晴らしを
29(日)	親	●	お金の計算は大雑把にせず、予算に忠実に
30(月)	胎	●	新しい手帳に来年の夢や目標を書き込もう
31(火)	胎	●	１年を振り返り、家族と穏やかな年越しを

改革力No.1 華のある存在感

6 参宿《しんしゅく》

★開運キーワード★

Color
サーモンピンク　水色

Spot
高層ビル　神社仏閣

Food
おにぎり　アボカド

Item
クラシック音楽　入浴剤

Stone
モルガナイト　ブルートパーズ

Aroma
パルマローザ　グレープフルーツ

Flower
チューリップ　クレマチス

参宿ってこんな人

「参」はオリオン座の３つ星のこと。嵐の神を意味し、浄化と混乱という両極端を表す。大胆不敵でエネルギッシュ。欲しいと思ったものは周囲からどう思われようと猛烈な努力でモノにする宿。批判精神も反抗心も強く、そこから既成概念を打ち破って新しいものを生み出す力のある、才気あふれる改革者。ただしワンマンになると運気が下がるので注意。恋愛も大胆で積極的だが、愛する人には従順で、依存度は高い。相手によって雰囲気や生き方がかなり変わってくるタイプ。目で人を魅きつけ、運気を呼び込むので、目元のケアは重要！

この宿の有名人

松嶋菜々子　武井咲　菜々緒　内田理央　黒島結菜　LiSA　南沙良　ウィリアム王子　池上彰　原泰久　谷原章介　斎藤工　松下洸平　柄本時生　竹内涼真　鈴木福　氷川きよし　滝沢秀明　菊池風磨　深澤辰哉　目黒蓮　ラウール　昴生　長田庄平　張本智和　佐々木朗希　山本由伸

2024年開運3か条

1. 届きそうにないことでも、背伸びして手を伸ばしてみよう
2. 上から目線の発言に注意! 好調な時ほど謙虚な姿勢で
3. 育てたいのは特技。好きなことや褒められたことに力を入れて

★2024年の全体運★

常に周囲の協力が得られる幸運な時。感謝を忘れずに、さらに上を目指そう!

★2024年の特徴　運気は好調をキープ。ここまで積み重ねてきたことを踏まえて、さらに上を目指せる幸運期です。ただ、そこにはプレッシャーやリスクが伴い、楽な挑戦ではなく、職場や環境の変化、あなた自身が担うべき役割や立場の変化などが、次の転身を促すことも多いでしょう。ステップアップできる運気ですが、時には自分が望む方向とは少し違う方向へと押しやられたり、何かを選んだら何かを手放さねばならないような選択も必要になりそう。でも2024年は〝近距離〟の「友」の年。方向転換には周囲の理解と協力が得られ、どこに行っても人間関係に恵まれ、その〝つながり〟に救いや癒しをもらえるでしょう。そんな人たちの支えで大きな挑戦ができ、成功をつかめる2024年は、どんな時も「自分は一人ではない」という思いを胸に過ごしてください。

★1年の運気の流れ　**1、2月**は、将来の展望や仕事面、あるいは身近な人に関する変化が起きて、今後の方向性について悩む時。「七曜陵逼」期間なので、言いにくい話をしたり、大きな決断をするのは、**3月5日**以降がスムーズ。また**3、4月**は周囲からの影響で変化がありそうですが、焦りは禁物。ここで少しリラックスする時間を作り、心身を整え、人にも自分にも優しく過ごすことが、この後のよい出会いや幸運につながります。そして、本気の選択、決断をするならパワー高めの**5月26日～8月31日**に。その後の**9、10月**の「七曜陵逼」の期間は、気力・体力が少し低下するので、抱えている案件を流れに任せてスタートさせたり、進めたりしないように気をつけて。次に動くなら**11、12月**。特に**12月**は問題のある人間関係も好転し、話し合いや再検討がうまくいく大ラッキー期間。ここまでに不本意な選択をしたとしても、諦めずに動くことで納得のいくように自分と生活を立て直せるでしょう。

★愛情運★

距離感が変わった相手と急接近も

　仕事や将来のことで動きがあり、恋愛や愛情面もその影響を強く受ける年。だからこそ１月は恋人やパートナーとの会話、交流が大事になります。でも「七曜陵逼」なので深い話は「六害宿」の日を避けて。恋愛運がよくなるのは４月以降。４月１日～６月14日は心トキメク出会いがあり、恋愛も進展。特に立場の変化で距離感が変わった相手とは急接近しそう。仕事ファーストで過ごしても、５、６月、８月は家族や大事な人と向き合う時間が必要。９、10月は「七曜陵逼」中でも恋が盛り上がります。先を急がず、関係性を深めて。11月８日～12月21日は話し合いによい運気。正直な気持ちで向き合えば、心が通じ合い、こじれた関係もきっと修復できるはず。

★仕事運★

仕事を通して、今後の生き方を問われそう

　次のステージに向かう年。大きな仕事を任される場合もあれば、転職、離職を余儀なくされる暗示も。変化は明暗が分かれる形で訪れます。仕事を通じて今後の生き方を問われる年でもあるのです。１、２月は多くの誘いや話が舞い込みますが、「七曜陵逼」なので決断は３月８日以降に。４月は仕事仲間との関係を整えて。実力が試される勝負の時は５月29日～８月７日。ここでの頑張りは飛躍につながります。「七曜陵逼」の９、10月は休暇を取って、緊張を緩めてパワーチャージを。再び気力が充実する11月５日～12月21日は、再挑戦や、対立した人や組織との関係修復にトライ。迷ったら、専門性を絞る方向に舵を切れば、間違いのない選択ができます。

★金運★

収支や貯蓄の見直しは8月後半に

　お金より、やりがいやステータスを優先させることが、将来への投資となったり、プライスレスな喜びにつながる年。１、２月は誰かのための出費など、お金を使う話が出ますが大きな契約は３月５日以降に。買い物によいのは６月22日～７月12日。高価なものの購入もOK。８月15～29日は財産や収支の精査、貯蓄法の見直しを。要警戒は「七曜陵逼」の９、10月。ここでのどんぶり勘定は計画をスケールダウンさせます。くじ運はよいですが浪費につながらぬよう注意。11月８～24日はこれまでのマイナスもプラスに変換できる幸運期。

★美容・健康運★

上手に息抜き、アプリを使った健康管理も◎

　プレッシャーきつめの年なので、早めに上手なリラックス法を探して。おすすめは旅行やサウナ、エステ。３月以降、睡眠や健康をアプリで管理すると生活が整います。４、５月は健康によいことも過剰になりがち。食事制限のしすぎ、サプリのとりすぎに注意。ウォーキングや筋トレに挑戦すると効果的なのは８月、11月。12月は止まっていたジム通いやレッスンの再開を。お洒落を見直すなら５月26日～８月７日。モード系より、品格ある上質な装いを目指して。12月２～21日はヘアとアイメイクを華やかにすると幸運が舞い込む。

★七曜陵逼の乗り切り方★

参宿が各時期に気をつけるべき大事なことをアドバイス。手帳にメモ！

1　1/2 ～ 1/28

身近な人の話や都合に振り回されがち。「ここだけの話」的なことを聞かされそう。秘密で何かを決めたり、進めたりせず、様子を見て。

2　2/10 ～ 2/25

仕事など、将来の方向性を考えさせられる出来事が。拙速な判断は×。SNSも含め自分からの発信より、情報収集し知識を深めること。

3　9/3 ～ 9/29

疲れが出たり、気が緩んだりして、よく考えるべきことをノリや勢いで実行してしまう恐れが。楽をしようとすると後悔することに。

4　10/3 ～ 10/27

楽観的になりすぎる時。お金や時間などをいい加減に使うと評価急落。目上の人や優しく接してくれる人を甘くみるとしっぺ返しが。

Energy Power　基本的にパワーは高めの１年！ ４回あるパワーMAXの月を活かして。

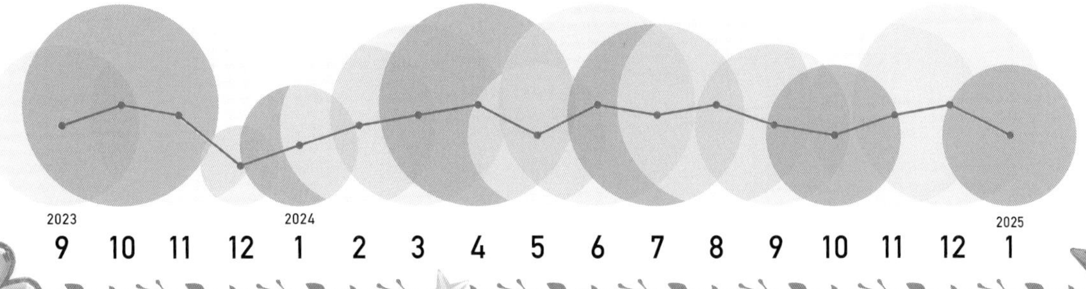

参宿の開運暦2024

1月

運気は不安定。決断は先延ばしに

ほぼ「魔のウィーク」の上旬は周囲に合わせて過ごすのが一番。身近な人から深い話をされそうなので、「六害宿」の日は人に会うのはなるべくパスし、難しい交渉や何かの返事をするのも、別日を選んで。健康も不安定。今月は物事の裏側が見えやすい時。特に21日「命宿」の日は意外な逆転があるので油断禁物。

日付	運	月齢	開運メッセージ
1(月)	友	◑	★★★大切な人たちに明るく新年の挨拶を
2(火)	親	◑	★★身内でのんびり。家族ファーストで
3(水)	事	◑	！！！！一人静かに新年の目標を考えよう
4(木)	栄	◑	！！！皆が動きやすい方法を選択するべき
5(金)	衰	◑	！体調が低空飛行。スローペースが無難
6(土)	克	◑	！！！！迷ったら即答せず、一旦保留に
7(日)	危	◑	！独断で行動しない。周りに合わせること
8(月)	成	◑	！！物事の意外な事情を知って驚く場面が
9(火)	聚	◑	！！！！言いにくい話は持ち出さないで
10(水)	友	●	笑顔がハッピーを呼ぶ。口角を上げよう
11(木)	親	●	運の入り口・玄関を掃除。靴箱もすっきりと
12(金)	胎	●	何事も基本を大切に。初心に立ち返って
13(土)	同	◐	！！！！大勢の集まりはパスするのが賢明
14(日)	衰	◐	スパやサウナで汗を流してリフレッシュ
15(月)	安	◐	★ランチは好きな具のおにぎりで簡単に
16(火)	危	◐	会議や会話では、聞き役に回るのが正解
17(水)	成	◐	★人からすすめられたことは前向きに挑戦
18(木)	壊	◐	！噂話や陰口からはそっと距離をおくこと
19(金)	友	◐	★★面白そうな企画や遊びへのお誘いが
20(土)	親	◐	♥♥恋人との何気ないやりとりに心安らぐ
21(日)	命	◐	！！！！どんでん返しが！ 気を緩めない
22(月)	栄	◐	★★スキルアップに力を入れると収穫大
23(火)	衰	○	免疫力が低下。除菌や消毒をしっかりと
24(水)	意	○	！！！！秘密工作はマズイ。まず様子見を
25(木)	危	○	すぐに返信しなくても大丈夫。内容を吟味
26(金)	成	○	＄＄臨時収入の兆し。身近な人に福分けを
27(土)	壊	○	！深い話を聞かされるかも。反応は慎重に
28(日)	友	○	♥♥♥高層ビルやタワーデート。急接近も
29(月)	親	◑	◆◆◆希望の業務や役職への話が舞い込む
30(火)	業	◑	！大きな決断はしない。じっくり検討して
31(水)	栄	◑	！身近な人に変化が。前向きにとらえよう

2月

胸躍る出会いや、面白い情報が

面白そうな話が聞けたり、ワクワクする出会いがある月。でも不確定な部分も多いので飛びつかないほうがいい。深入りも避けて。「六害宿」の日に動くと後で話が変わったり、重荷を背負う恐れ。上司や先輩などへの報告や相談、確認はマスト。「壊」の24日は先のことより今、自分がやるべきことを優先して。

日付	運	月齢	開運メッセージ
1(木)	衰	◑	！体を冷やさない。鍋などを食べて温めて
2(金)	安	◑	！変更が出そう。スケジュールには余裕を
3(土)	危	◑	！深入りしない。後でがっかりする暗示
4(日)	成	◑	！人のための出費がかさむ。慌てず対応
5(月)	壊	◑	！気の進まない案件は後回しにするのも手
6(火)	友	◑	ひらめき力アップ。思いついたことはメモ
7(水)	親	◑	ブルートパーズを持つとヒーリング効果大
8(木)	胎	◑	マインドフルネスを実践して心をリセット
9(金)	栄	●	★★人間関係が広がり、刺激をもらえそう
10(土)	同	●	！！！！何事も要警戒。フライングはNG
11(日)	衰	●	感動系の映画で涙活。モヤモヤを発散して
12(月)	安	◐	★ワクワクする予定が舞い込んでくる気配
13(火)	危	◐	自分とは違う意見もまずは受け入れること
14(水)	成	◐	♥バレンタインは高級チョコが喜ばれそう
15(木)	壊	◐	！将来を考えるべき時。適当に判断しない
16(金)	友	◐	★★年上の友人との会話に今後のヒントが
17(土)	親	◐	★★さりげない心配りが信頼につながる
18(日)	命	◐	！！！！すぐに飛びつかず、一息おいて
19(月)	栄	◐	＄＄自分に合った運用方法が見つかる予感
20(火)	衰	◐	ストレスで過食気味に。腹八分目に抑えて
21(水)	意	○	！！！！上司や先輩への報・連・相は必須
22(木)	危	○	SNSでの発信は控え、情報や知識を集めて
23(金)	成	○	♥♥将来を見据えて、しっかり話し合える
24(土)	壊	○	！今やるべきことに集中。足元を固めよう
25(日)	友	○	★★★あなたを応援してくれる味方が出現
26(月)	親	○	◆◆◆能力や才能が高く評価されることに
27(火)	業	◑	！一人で空回りしがち。冷静に周りを見て
28(水)	栄	◑	！浪費に注意。本当に必要なものに使おう
29(木)	衰	◑	！就寝時は部屋を真っ暗に。深く眠れる

3月

自分の進むべき道が明確になる

仕事に対する姿勢、社会との関わり方を問われる出来事がありそう。選択、決断を迫られたら、５日以降にもう一度、確認してから。理不尽な出来事があっても、今の自分の志、求める道がハッキリすれば意味のあること。目上の人、力のある人との関わりが多い時なので、丁寧に接して。時間があれば親孝行も。

日付	運	月齢	開運メッセージ
1(金)	安	◑	！答えを求められる。5日まで熟考しよう
2(土)	危	◑	！年長者には敬意を忘れず丁寧に接して
3(日)	成	◑	！ひな祭りを祝って、和菓子でお茶タイム
4(月)	壊	◑	！仕事や社会との関わり方を問われるかも
5(火)	友	◑	他人だけでなく自分にも優しくすると開運
6(水)	親	◑	写真共有サービスなどで家族に近況を報告
7(木)	胎	◑	クラシック音楽を聴き、良質な眠りをGET
8(金)	栄	◑	★★迷っていたことにいい決断を下せそう
9(土)	衰	●	健康管理アプリを入手。楽しく続けられる
10(日)	安	●	＄大きな契約や選択も前向きに検討して
11(月)	危	●	近所の人に明るく挨拶や声かけをしよう
12(火)	成	◐	★チューリップの鉢植えを窓辺で育てて
13(水)	壊	◐	電子マネー派でも少しは現金を持ち歩こう
14(木)	友	◐	◆◆◆立場のある人から素晴らしい助言が
15(金)	親	◐	★★★親孝行に最適の日。帰省や連絡を
16(土)	命	◐	★今年度の反省を新年度の目標に活かして
17(日)	栄	◐	♥♥♥恋人を身内に紹介。揺らがない絆が
18(月)	衰	◐	！睡眠データをとり、今後の管理の参考に
19(火)	安	◐	★パロマローザの香りを。気分がすっきり
20(水)	危	◐	イベントに参加。人脈が大きく広がりそう
21(木)	成	◐	★周囲の状況が変わり、居心地がよくなる
22(金)	壊	○	！つき合いより自分の気持ちを優先して
23(土)	友	○	♥♥♥湖や滝など水辺で癒し系デートを
24(日)	親	○	★★★仲間の存在を心強く感じる出来事が
25(月)	業	○	！理不尽なことから見えてくるものがある
26(火)	栄	○	！ポジションの変更を言い渡されるかも
27(水)	衰	○	！パワーダウン。肉や魚をしっかり食べて
28(木)	安	◑	！行き詰まったら屋上やテラスで気分転換
29(金)	危	◑	！周りの変化に影響を受けそう。焦らずに
30(土)	成	◑	！試練が与えられたら、成長するチャンス
31(日)	壊	◑	！不満の原因を追求。そこに解決の糸口が

最大開運日	4/20、6/4	最大警戒日	1/21、2/10

参

4月

ご縁の輪が広がり、恋の新展開も♡

人間関係に恵まれる月。よき仲間と出会えるので、パーティなどには積極的に参加を。チームで動くことで成果もあがる。恋愛も新展開の予感。特に21～24日はハプニングが恋のきっかけに。仕事のプレッシャーやパワハラは周囲に相談を。自分自身が上から目線や仕事ファーストになりすぎていないか注意。

日付	運	月齢	開運メッセージ
1(月)	友	◑	★アイロンをかけた服で、気分新たに出発
2(火)	親	◑	自己紹介では親しみやすさを意識すると◎
3(水)	胎	◑	今年度、叶えたい目標をリストアップして
4(木)	栄	◑	★★職場の歓迎会などへ。関係が円滑に
5(金)	衰	●	忙しくても掃除を。水回りは清潔に保って
6(土)	安	●	★自分から心を開けば打ち解けられるはず
7(日)	危	●	考え方の違う人と交わることで視野が拡大
8(月)	成	●	★ステーショナリーを新調。やる気がUP
9(火)	成	●	★ライバルの存在が成長のよい刺激になる
10(水)	壊	●	仕事至上主義になっていないか自問自答を
11(木)	友	●	◆◆◆チームで業務に当たると成果が出る
12(金)	親	●	★★★転居や、転職してきた人と急接近も
13(土)	命	◐	★自分自身と対話を。本音を導き出そう
14(日)	栄	◐	♥♥♥お洒落をしてパーティへ。よい縁が
15(月)	衰	◐	！残業はほどほどに。自分の時間をキープ
16(火)	安	◐	★ストレッチで体を気持ちよく伸ばして
17(水)	危	◐	わからないことは質問。教えてもらえる
18(木)	成	◐	★PCやスマホのトップ画面を整理しよう
19(金)	壊	◐	！信頼できる人に仕事の悩みを話してみて
20(土)	友	◐	★★★趣味などの集いで面白い出会いあり
21(日)	親	◐	♥♥♥ハプニングから恋が始まる予感！
22(月)	業	○	！プレッシャーを感じがち。息抜きをして
23(火)	栄	○	！激しい運動にご用心。適度なペースで
24(水)	衰	○	！胃腸に負担が。プチ断食などでブレイク
25(木)	安	○	！一人で抱え込まない。周りを頼ってOK
26(金)	危	○	！上から目線は禁止。ソフトに対応しよう
27(土)	成	◑	！床に荷物を置いたままにすると運気下降
28(日)	壊	◑	！仕事や義務を忘れて、リラックスする日
29(月)	友	◑	$地道な節約を始めて。予想以上の効果が
30(火)	親	◑	あなたが思うより協力者は大勢いるみたい

5月

要調整の月。体を休め、次への準備を

勢いはあるが調整も必要な月。GWはゆっくり休んで。デジタルデトックスも◎。19日からの「魔のウィーク」では何事も過剰、歯止めがかかりにくいので注意が必要。モテても浮気は禁物。運気は26日から上昇するので、その前に、周囲に少し甘えてでも、大事なことがうまくいくよう準備や調整をしておこう。

日付	運	月齢	開運メッセージ
1(水)	胎	◑	自分が夢中になれることを5つ書き出そう
2(木)	栄	◑	♥♥のんびりデートで笑顔が増えて絆強化
3(金)	衰	◑	自然豊かな場所でデジタルデトックスして
4(土)	安	●	★パートナーや家族が喜ぶプランを選択
5(日)	危	●	BBQやたき火など、アウトドアを楽しんで
6(月)	成	●	★エステやマッサージで頭も体もほぐそう
7(火)	壊	●	！自分に非があると思ったら素直に謝罪
8(水)	友	●	◆◆◆よき指導者やリーダーに出会えそう
9(木)	親	●	★★★友人の優しさに感動。お返しもして
10(金)	命	●	★深い呼吸を意識して心を落ち着かせよう
11(土)	栄	◐	★★★よく歩くと吉。スニーカーで軽快に
12(日)	衰	◐	うまくいかない場面では周りに甘えてOK
13(月)	安	◐	$欲しかったものをお得に入手できそう
14(火)	危	◐	人と接する時は、謙虚な姿勢を大切にして
15(水)	成	◐	★次に進むための準備を。スムーズに整う
16(木)	壊	◐	！訂正や変更が必要なら、ここでしっかり
17(金)	友	◐	★★★仲間があなたをフォローしてくれる
18(土)	親	◐	♥♥♥最近親しくなった相手が恋人候補に
19(日)	業	○	！暴走注意。自分にブレーキをかけよう
20(月)	栄	○	！100点でなくていい。80点とれれば十分
21(火)	衰	○	！嗜好品のとりすぎはNG。バランスよく
22(水)	安	○	！慣れないスポーツは控えて。ケガのもと
23(木)	危	○	！モテても調子に乗らないこと。浮気は×
24(金)	成	○	！人へのお礼やお詫びは早めにするように
25(土)	壊	○	！隠しごとはダメ。オープンに話すこと
26(日)	友	○	素敵な人のブログを拝見。センスを磨こう
27(月)	親	◑	クレマチスなど、季節の花を待ち受けに
28(火)	胎	◑	クローゼットの整理を。不要なものは処分
29(水)	栄	◑	◆◆頑張り時。実力をガンガン発揮して
30(木)	衰	◑	空気清浄機などで、湿気やカビの対策を
31(金)	安	◑	落とし物・なくし物の暗示あり。注意して

6月

パワー回復! スタートに最適な幸運月

心に秘めた計画を実行に移し、スタートを切るのによい幸運月。特に14日までは恋愛・愛情運が強いので素直になってOK。新たな出会いも有望。仕事は決意と覚悟を持って向き合う時です。でも結果は焦らずに。15日からの「魔のウィーク」は見通しの甘さが露呈する出来事もあるが、ここで修正すれば大丈夫。

日付	運	月齢	開運メッセージ
1(土)	危	◑	年下の相手にも雑な態度をとらないこと
2(日)	成	◑	新しい雨具を。爽やかな水色が力をくれる
3(月)	壊	◑	！ダブルブッキングに注意。再チェックを
4(火)	友	●	★★★幸運を呼ぶ日。やりたいことに挑戦
5(水)	親	●	◆◆◆能力や才能を堂々とアピールしよう
6(木)	命	●	★胸の奥に秘めてきた願望を見つめ直して
7(金)	栄	●	♥♥♥心トキメク出会いが。連絡先を交換
8(土)	衰	●	生活リズムを崩さない。早寝早起きが基本
9(日)	安	●	★興味ある教室やスクールの見学・体験へ
10(月)	危	◐	一対一より複数人で会ったほうがよさそう
11(火)	成	◐	★本気で取り組めば必ず実力がついてくる
12(水)	壊	◐	！八方美人になりすぎると信用度がダウン
13(木)	友	◐	★★★あなたのファンがエールをくれそう
14(金)	親	◐	♥♥♥思いを伝えるなら今。素直な言葉で
15(土)	業	◐	考え方ひとつで心の霧を吹き飛ばせるはず
16(日)	栄	◐	！大切な人と過ごす時間をたっぷりとって
17(月)	衰	◐	！体力を過信しがち。倒れ込む前に休もう
18(火)	安	◐	！できそうにないなら早めに自己申告を
19(水)	危	◐	！嘘やごまかしはダメ。バレて大問題に
20(木)	成	○	！結果はすぐに出なくて当然。焦らないで
21(金)	壊	○	！楽観的すぎるかも。軌道修正すること
22(土)	友	○	ダイエットスタートの好機。動画を参考に
23(日)	親	○	誰かの趣味につき合って、意外な発見あり
24(月)	胎	○	やるべきことに向き合う覚悟を固めよう
25(火)	栄	○	$$高価な買い物が成功。自分を格上げ！
26(水)	衰	○	旬の果物を食べてエネルギーをチャージ
27(木)	安	○	★水着やサンダルなどを一新。気分上々
28(金)	危	◑	地域の人とコミュニケーションをとろう
29(土)	成	◑	★人から褒められた点を自分でも認めて
30(日)	壊	◑	！手を抜いたら、しっぺ返しがあるかも

参宿の開運暦2024

7月

一休みして問題点を整理しよう

エナジーパワーは高めながら、今月は小休止すべき。12日までは金運がよく、ステイタスアップを実感できることも。13日からの「魔のウィーク」はアクシデントの暗示。でも、それがきっかけで問題点のあぶり出し、デトックスが可能に。ここで細かな点、見えない部分を整えれば、23日から運気は再び上昇。

日付	運	月齢	開運メッセージ
1(月)	友	◑	★★★★選んだ道が最適解。自信を持って
2(火)	親	◑	★★★気の合う仲間たちと夏休みの計画を
3(水)	命	◑	鏡で全身を映してボディラインをチェック
4(木)	栄	◑	＄＄＄＄昇給や臨時収入の打診があるかも
5(金)	衰	●	食欲減退。アボカドなど高栄養価の食材を
6(土)	衰	●	一人の時間を。静かで落ち着ける空間へ
7(日)	安	●	★シーツやタオルケットを洗濯して爽快！
8(月)	危	◐	自分と違う価値観に目からウロコが落ちる
9(火)	成	◐	★時計や宝石を扱うお店へ。購入検討も◎
10(水)	壊	◐	！自信過剰かも。立ち止まり、周りに感謝を
11(木)	友	◐	♥♥♥恋愛対象外だった人が圏内に急浮上
12(金)	親	◐	★★★テンションが上がる予定が舞い込む
13(土)	業	◐	問題に対処することが成長につながるはず
14(日)	栄	◐	！順調だったことが停滞。素直にSOSを
15(月)	衰	◐	！衝突すると負のループに。争わないで
16(火)	安	◐	！データ破損の恐れ。早めにバックアップ
17(水)	危	◐	！重要なことはなるべく直接伝えるべき
18(木)	成	○	！望まない仕事の中に、意外なヒントが
19(金)	壊	○	！アクシデントの暗示。原因追究が肝心
20(土)	友	○	ピンときたお店へ入ろう。行きつけになる
21(日)	親	○	ペットや植物との時間に心が満たされそう
22(月)	胎	○	何かを手放すと、新しく手に入るものあり
23(火)	栄	◑	♥♥小手先のテクよりも一途な思いが効く
24(水)	衰	◑	デスクでできる体操で肩こり・腰痛を解消
25(木)	安	◑	★手料理などでサポートすると喜ばれそう
26(金)	危	◑	主張する時は相手の意見を受け入れてから
27(土)	成	◑	★ライブなどで〝推し活〟をエンジョイして
28(日)	壊	◑	！熱中症にご用心。水分補給はしっかりと
29(月)	友	◑	◆◆◆◆あなたを見込んで任されることが
30(火)	親	◑	★★★他愛ない話で盛り上がるのが癒しに
31(水)	命	◑	朝起きたら、一番に光と風を取り入れよう

8月

新しい挑戦にベストのタイミング!

高い壁にも、初めての体験にも挑戦できる運気。うまくいくことも、いかないこともあるけれど、まず動くこと。やってみてわかることや、次の選択が決まることも多いので、口よりも実際に手を動かすよう心がけて。キャンセルや変更をしたり、されたりもするけれど、9月にズレ込まなければ結果オーライ。

日付	運	月齢	開運メッセージ
1(木)	栄	◑	★★★★行動あるのみ。幸運の波に乗ろう
2(金)	衰	◑	グレープフルーツのアロマで気分を上げて
3(土)	安	●	柔軟な対応が効果的。笑顔を忘れないこと
4(日)	成	●	★ハイグレードなサロンへ。イメチェンを
5(月)	壊	●	！冷房病に注意。しっかり湯船につかって
6(火)	友	◐	◆◆◆与えられた仕事に尽力。高い評価が
7(水)	親	◐	★★★家族や親戚と昔話で盛り上がって
8(木)	業	◐	！口だけではなく、手を動かすことが大事
9(金)	栄	◐	！遠回りに思える道がベストルートかも
10(土)	衰	◐	！夏バテ気味。ミネラルや塩分をチャージ
11(日)	安	◐	！計画が頓挫しても、腐らず機会を待って
12(月)	危	◐	！近寄りがたいと敬遠してはもったいない
13(火)	成	◐	！失敗するかも。でもそこから学ぶことが
14(水)	壊	◐	！リスケする必要が。今月中に完了させて
15(木)	友	◐	プールで水泳やアクアビクスなどの運動を
16(金)	親	◐	アプリを使って収支の内訳を可視化しよう
17(土)	胎	○	パックやトリートメントで丁寧にお手入れ
18(日)	栄	○	♥♥普段見せない一面で相手をトリコに！
19(月)	衰	○	歯科健診や人間ドックの予約を忘れない
20(火)	安	○	★筋トレ開始。気になる部位を引き締めて
21(水)	危	○	言葉が強くなりがち。優しく寄り添うこと
22(木)	成	◑	★未体験のことにツキ。誘われたら乗って
23(金)	壊	◑	！日傘やサングラスで入念に紫外線対策を
24(土)	友	◑	♥♥♥食フェスなどでグルメデートを堪能
25(日)	親	◑	＄＄＄自分に合った貯蓄法が見つかりそう
26(月)	命	◑	★憧れの人物の発言や写真を集めて研究
27(火)	栄	◑	★★★一流品を身につけると存在感も上昇
28(水)	衰	◑	防災用品の再点検を。万一の場合に備えて
29(木)	安	◑	★集まりに参加。初めての人とも意気投合
30(金)	危	◑	待ち合わせの時間や場所をよく確認して
31(土)	成	◑	★今ある問題や案件はこの日までに決着を

9月

自然に触れてパワーチャージを

様々な問題に自然と結論が出ることも多い時。でも、ほぼ「七曜陵逼」なのでジタバタせず、流れには逆らわないで。特に「六害宿」の日の予定変更、ドタキャンは×。欲張ると損をしやすいので「あと少し」と思った時にやめること。物は買う前に修理や再利用を検討。休日には大切な人と自然に触れると開運に。

日付	運	月齢	開運メッセージ
1(日)	壊	◑	！発酵食品をとって腸活。おなかスッキリ
2(月)	友	●	★★★欲しかった言葉をかけてもらえそう
3(火)	親	●	♥♥今までにないタイプの相手にドキッ!?
4(水)	事	●	！！！！ジタバタしない。なるようになる
5(木)	栄	◐	！！！欲張らないで。もう十分と満足を
6(金)	衰	◐	！気力体力が低下。投げ出さず踏ん張って
7(土)	克	◐	！！！！冒険せずに堅実な方法を選ぶこと
8(日)	危	◐	！修理や補修を考えよう。蘇るものあり
9(月)	成	◐	！！多くを求めるよりひとつのことに集中
10(火)	聚	◐	！！！！約束は守ること。信頼に関わる
11(水)	友	◐	本や雑誌、Webから話題をキャッチアップ
12(木)	親	◐	両親や祖父母へ敬老の日ギフトをセレクト
13(金)	胎	◐	思い込みを手放し新たな視点を手に入れて
14(土)	同	◐	！！！！楽をしようとすると後で苦労する
15(日)	衰	◐	体年齢や肌年齢を調べて、メンテの指針に
16(月)	安	○	＄くじ運あり。当たったら賢く活用しよう
17(火)	危	○	ノリや勢いで動かない。一度冷静になって
18(水)	成	○	◆新しい業務にやりがいを感じられそう
19(木)	壊	○	！気が緩みがち。ケアレスミスに注意を
20(金)	友	◑	★★世間で話題のスイーツをお取り寄せ
21(土)	親	◑	★★ガーデニングや家庭菜園に挑戦しよう
22(日)	命	◑	！！！！気まぐれで変更は×。予定通りに
23(月)	栄	◑	★★リサイクルや再利用にツキ。無駄なく
24(火)	衰	◑	幸運石のモルガナイトをお守り代わりに
25(水)	意	◑	！！！！流れには逆らわないほうがベター
26(木)	危	◑	踏み込みすぎない。適度な距離感を大切に
27(金)	成	◑	♥♥ゆっくりとお互いへの理解を深めよう
28(土)	壊	◑	！どんぶり勘定は危険。細かく計算して
29(日)	友	◑	★★★旅先で自然と触れ合う。寛ぎ＆開運
30(月)	親	◑	★★★懸案事項に解決の糸口が見つかる

最大開運日	8/1、12/20	最大警戒日	9/22、10/23

10月

パワーダウン。予定は先送りして

忙しいのにパワー不足で踏ん張りがきかない時。今月はできるだけ予定を先送りにして。特に「克宿」の5日と「壊」の17日は欲張らないで。8日「聚宿」と12日「同宿」の日は、人に大事なものを預けない、お金を動かさない。また、優しい人のシビアな面に触れることがありそう。甘えすぎ、突っ込みすぎに注意して。

日付	運	月齢	開運メッセージ
1(火)	業	●	!全部完璧を目指さず、優先順位をつけて
2(水)	栄	●	!散財しがち。本当に必要かよく考えよう
3(木)	栄	●	!!!判断力が低下。見切り発車は控えて
4(金)	衰	●	!ヘッドスパや足のツボ押しで疲れをオフ
5(土)	克	●	!!!!用事は延期もあり。ゆっくりして
6(日)	危	●	!楽観的すぎるかも。もう少し配慮が必要
7(月)	成	●	!!忘れ物に注意。もう一度確認して出発
8(火)	聚	●	!!!!預金や証券などは動かさないこと
9(水)	友	◐	カフェテラスなどオープンな場所で休憩を
10(木)	親	◐	好きな作家の本や漫画を大人買いして読書
11(金)	胎	◐	自分に求められている役割について再考
12(土)	同	○	!!!!大事なものは預けず自ら管理して
13(日)	衰	○	甘いものを食べすぎない。1日の量を制限
14(月)	安	○	$懸賞やモニターに応募を。当選確率高め
15(火)	危	○	甘えすぎているとビシッと厳しい指摘が
16(水)	成	○	★趣味や習い事で受賞・昇級できるかも
17(木)	壊	○	!持ち物を見直して。多すぎるなら適量に
18(金)	友	○	★★普段のあなたが一番。自然体でいよう
19(土)	親	○	♥♥ドライブデートなど遠出が盛り上がる
20(日)	命	○	!!!!何もしない1日を過ごすのがいい
21(月)	栄	○	★★食卓に秋の食材を使った和食をズラリ
22(火)	衰	○	入浴剤でバスタイムを充実。体を温めよう
23(水)	意	○	!!!!辛辣な突っ込みはせず、朗らかに
24(木)	危	◑	お金にルーズにならない。貸し借りも厳禁
25(金)	成	◑	★★家族や仲間と共有できる楽しみを発見
26(土)	壊	●	!遅刻は厳禁。5分前行動を心がけること
27(日)	友	●	♥♥♥注目度UP。モテモテ気分を満喫して
28(月)	親	●	◆◆◆夢のポジションに近づくチャンスが
29(火)	業	●	!滞りがちだが焦らず、ひとつずつ丁寧に
30(水)	栄	●	!「二兎を追う者は一兎をも得ず」と心得て
31(木)	衰	●	!肌触りのいい部屋着でゴロゴロ寛ごう

11月

上昇する運気に乗って突き進もう!

目標に向かって頑張れる月。高いハードルを越えたり、アイデアが浮かんだり。人の言葉やアドバイスから有益な気づきをもらうことも。16日「命」の日のひらめきは、潜在能力を目覚めさせそう。粘ることで達成できることも多い月だが、25日に「魔のウィーク」に入ってからダメなことは、諦めて方向転換を。

日付	運	月齢	開運メッセージ
1(金)	安	●	!ささやかでもボランティア活動に参加を
2(土)	危	●	!誠実さが大切。裏表のない言葉と態度を
3(日)	成	●	!ゴミやホコリを排除。生活空間をクリアに
4(月)	壊	●	!ツケや滞納は×。払い込みを完了させて
5(火)	友	◐	ブーツやタイツなど足元からおしゃれを
6(水)	親	◐	食事にスープなど温かい汁物をプラスして
7(木)	胎	◐	神社仏閣で厳かに。氏神様への参拝も◎
8(金)	栄	◐	◆◆職場の環境や人間関係を修復できそう
9(土)	衰	◐	美しい絵画などを眺めて、心に栄養を補給
10(日)	安	○	♥恋人と理想の将来について話し合って
11(月)	危	○	場にふさわしい立ち居振る舞いを意識する
12(火)	成	○	★ギリギリまで粘れば名案が浮かぶはず
13(水)	壊	○	一人で突っ走らない。周りの出方も見よう
14(木)	友	○	◆◆◆もうひと頑張りで目標に手が届く
15(金)	親	○	★★★注意や指摘に感謝できれば一歩成長
16(土)	命	○	★この日のひらめきが新しい扉を開く鍵に
17(日)	栄	○	$$$赤字や損失もカバーする収入の予感
18(月)	衰	○	!愚痴などネガティブな言葉は口にしない
19(火)	安	○	★サブスクでエンタメをたっぷり堪能して
20(水)	危	◑	迷ったらハードルが高い道を選んでトライ
21(木)	成	◑	★骨格診断やカラー診断を受けてみよう
22(金)	壊	◑	!風邪や感染症に注意。うがいと手洗いを
23(土)	友	◑	★★★ジムやスポーツクラブへ入会を検討
24(日)	親	◑	♥♥♥ケンカや問題を乗り越え絆が深まる
25(月)	業	●	!うまくいかないならやり方を変えてみて
26(火)	栄	●	!弱点を克服するより強みを伸ばすこと
27(水)	衰	●	!肌にトラブルが。保湿に力を入れ、潤いを
28(木)	安	●	!関係のないことには口を出さないでおく
29(金)	危	●	!衝突は回避。和やかに収める工夫をして
30(土)	成	●	!カラオケなどでモヤモヤを吹き飛ばそう

12月

絆が深まり、ハッピーな年末♡

コミュニケーションをしっかりとることで、仕事やプライベートでの大事な人と関係を深められる運気。こじれたり、離れたりしていた相手にはあなたから声をかけて。心に秘めていた挑戦、再挑戦は21日までに。面白い情報や、出会いも飛び込む予感。年末年始の予定は、21日までに決めれば楽しく過ごせる。

日付	運	月齢	開運メッセージ
1(日)	壊	●	!年内に終わらせたいことを整理しておく
2(月)	友	●	$上質なコートやバッグは自分への投資
3(火)	親	●	先輩から知識や技術を伝授してもらおう
4(水)	胎	●	試験や検定などを受けて今の自分を把握
5(木)	栄	◐	◆◆専門性を活かして挑戦すれば好結果に
6(金)	衰	◐	聞き役に回るといい。共感力が絆を深める
7(土)	安	◐	♥あなたが思うより、愛は育っている模様
8(日)	危	◐	離れてしまった人に、勇気を出して連絡を
9(月)	成	◐	★挫折した習い事を再開。今度は続く
10(火)	壊	○	!批判精神は抑えて。周囲から反感を買う
11(水)	友	○	★★★不本意なことが納得できる方向へ
12(木)	親	○	★★★話し合えば、すれ違いも解消できる
13(金)	命	○	★5分間の瞑想を。自分の心と向き合おう
14(土)	栄	○	★★★一流ホテル滞在や名店での食事が◎
15(日)	衰	○	多忙な年末に備えてエネルギーの温存を
16(月)	安	○	★ヘアやアイメイクを華やかに仕上げて
17(火)	危	○	年末年始の予定を早めに決定・調整しよう
18(水)	成	○	★昔やっていた運動をもう一度始めてみて
19(木)	壊	○	!カチンときても反抗的な態度に出ない
20(金)	友	○	★★★チャレンジデー。夢に近づく一歩を
21(土)	親	○	♥♥♥愛する人と深い話を。本心を伝えて
22(日)	業	◑	!最後まで諦めずに取り組む姿勢が大切
23(月)	栄	◑	!開運色・サーモンピンクの洋服や小物を
24(火)	衰	◑	!暴飲暴食に注意。特に酒量に注意して
25(水)	安	●	!クリスマスは自宅や近所でゆったりと
26(木)	危	●	!お世話になった人たちに年末の挨拶を
27(金)	成	●	!普段行き届かない場所を念入りに掃除
28(土)	壊	●	!実家や自分がホッとできる場所を訪ねて
29(日)	友	●	タオルや下着、靴下を、来年用に新調する
30(月)	親	●	今年を振り返り、2025年の目標を書き出す
31(火)	親	●	大好きな人と一緒に、賑やかな年越しを!

トークバトルNo.1 繊細な面も

7

井宿

せいしゅく

★開運キーワード★

Color
オレンジレッド　アイボリー

Spot
水族館　ベッドルーム

Food
お寿司　ガーリック

Item
化粧品　カードケース

Stone
アメジスト　シトリン

Aroma
オレンジ　コリアンダー

Flower
ガーベラ　サルビア

井宿ってこんな人

「井」は井戸を表し、毎日水をくみ上げる〝反復〟の象徴。何かを繰り返し、経験を積み重ねることで道を究めるスペシャリストタイプ。情報収集と分析能力に優れ、議論の強さは全宿でトップ。集中するあまり視野が狭くなる難点はあるが、トラブルや挫折を転機にできる強運の持ち主でもある。理知的でクールに見えて、内面は繊細で感情豊か。恋愛には不器用で、些細なことに傷ついたり、相手に完璧を求めて別れたりする。よきパートナー候補は、長年の友人や知人の中にいそう。耳と頬のマッサージで顔の血色をよくすると運気UP！

この宿の有名人

松坂慶子　江國香織　中谷美紀　杏　安藤サクラ　仲里依紗　前田敦子　堀田真由　箕輪はるか　Ado　MIIHI　小室哲哉　立川志らく　内野聖陽　武井壮　堺雅人　稲垣吾郎　安田顕　山内健司　畠中悠　藤ヶ谷太輔　千賀健永　知念侑李　佐藤勝利　那須川天心　マイク・トラウト

2024年開運3か条

1 「ここではないどこか」ではなく、「今、ここ」に精一杯、集中して

2 人にも自分に対しても、許せないと思うことを許してみる

3 育てたいのは、人との縁。丁寧な対応で未来につなげよう

★ 2024年の全体運 ★

全力勝負が幸運を招く〝正念場〟の年。表舞台でも裏方でも評価を得られそう

★2024年の特徴　あなたが真価を発揮すべき〝正念場〟の１年です。実は、28年に一度の「命」の年だった2023年に訪れたターニングポイントや変化、〝覚醒〟を経て、あなたの生活環境や人間関係、役割や使命など、背負うべきものは、以前と比べるとかなり変わってきています。それを踏まえて、2024年はできる範囲で全力勝負をすること。仕事では実力が評価され、狙っていた〝勲章〟を手にするような活躍も可能です。一方で、目立たない地道な活動の中で、本来の資質を開花させられるのも2024年の特徴。特に、人や場所をつないだり、調整したり、誰かのケアやフォローをする立場で、あなたの専門的技能や個性が活かされそうです。〝近距離〟の「親」の年なので、あなたと深い交流を求めてくる人も多いはず。その中から、支え合える本物の味方と出会えるでしょう。

★1年の運気の流れ　「七曜陵逼」の**1、2月**には思わぬ問題が表面化したり、片づけるべき課題に向き合わなければならなくなりますが、慌てず冷静に対処して。できれば、重要な会合や契約などは**3、4月**に回すこと。頑張ってきたことの結果が出たり、やりたいことを実行できる本領発揮の幸運期は**5月3日～7月3日**。この時期は同時に、見えないところでの調整や準備、健康面やメンタル面のケアが大事になります。また、少し先の計画に向けて、水面下で大きく動くような出来事もありそう。**9月**はエナジーパワーが高まりますが、運気は「七曜陵逼」。調子に乗ると悪目立ちしたり、意外な人に嫉妬されたりするので、謙虚な振る舞いを心がけて。**11、12月**はパワーが小さめなのに欲張りになりがち。油断や甘えがトラブルを招くこともあるので、何事も控えめにするのがベター。むしろ、今の自分に足りないものを補おうとする努力に、救いの手が差し伸べられる幸運がありそうです。

★愛情運★

問題解決のチャンスは3、4月。絆も深まる♡

夢や目標の変化から、パートナーとの距離感や、愛する対象が変わりやすい年。それでも愛が大きな癒しや救いになる1年です。**1、2月**はパートナーに変化があったり、愛情面の問題が表面化しそうですが、「七曜陵逼」中の極端な言動は避けて。**3月9日～4月22日**に問題解決に動けばうまくいき、絆も深まるはず。ここで新たな出会いの予感も。**6、7月**は、推し活や片思いの相手を追いかけがち。再び「七曜陵逼」が巡る**9、10月**には、浮気や秘密の恋の誘惑が。深入りすれば混乱必至なので、軽い気持ちで手を出さないこと。**11月8日～12月22日**は関係性の修復や、復活愛によい運気。誰かの癒しになるよう心がけることであなた自身も癒されます。

★仕事運★

〝情報戦〟の年。データ収集&分析力を高めて

転勤や異動、取引先の変化などの暗示がありますが、人間関係はよい運気の1年。仕事仲間を大切にすれば問題なく進みそう。それだけに**4月23日**と**5月20日**からの「魔のウィーク」での職場でのトラブルに注意。特に力のある相手とはモメないように。〝情報戦〟の年なので、データ収集や分析、メディアの活用、同時にあなた自身のスキルアップが重要です。学びをスタートするなら**3、4月**から。ただ転身は焦らず、**5月27日～8月30日**は今いる場所で最大限の力を発揮して。そこで新たな能力を開花させ、ニッチな分野で成功のヒントを見つける可能性も。**9、10月**は〝やりきった感〟が得られそう。チャージしてから、**11月**以降に次へ進む準備を。

★金運★

資産の現状を、まずしっかりと把握しておこう

日々のやりくり以外に〝未来への投資〟として大きなお金の使い方、貯め方を考える時。**1、2月**は、家族や人のための出費や、物の故障、破損などから生じる支払いがありそう。よい機会なので、ここで現在の自分の資産、経済状況を把握して。ただ、保険の契約以外の誘いはパスすること。2024年は、学びや情報関連などへの出費は惜しまずに。物の買い替えはできれば**7、8月**に。くじ運がいいのは**5月30日～6月15日**。投資や貯蓄、決済方法の切り替えなどに関することは、よく研究してから**12月3～22日**に実行するのをおすすめ。

★美容・健康運★

オンとオフを切り替えて、効果的なチャージを

気の張るシーンも多い2024年はオンとオフの切り替え、休息の上手な取り方が重要。**3～6月中旬**までは疲れ知らずで走れますが、**7、8月**はパワーが落ちても休めない時。だからこそ入浴と睡眠で疲れを取り、日々の食事も見直しを。健康管理アプリの使用も吉。健康診断も受けて。「七曜陵逼」の**9、10月**は何事も極端に走りやすく、依存傾向も強まるので、新しい健康法などには手を出さず、現状維持が◎。美容やお洒落に力を入れたいのは**3月9日～4月22日**。**12月5～22日**は憧れの人をまねしてみると、マインドも運気もあがります。

★七曜陵逼の乗り切り方★

井宿が各時期に気をつけるべき大事なことをアドバイス。忘れないで！

1 1/2 ～ 1/28
人の忠告やクレームなどは軽く流してはダメ。そうしないと、その人との縁が切れてしまうことも。また人の問題には深入りしないで。

2 2/10 ～ 2/25
ここで失った信頼を取り戻すのは困難。気まぐれやドタキャン、お金の貸借は避けて。機器の紛失、故障にも注意しバックアップを。

3 9/3 ～ 9/29
冷静なつもりで感情的になりがち。愛や正義、信念のためでも「六害宿」の日の反論、叱責は意に反して決裂、関係がこじれるもとに。

4 10/3 ～ 10/27
パワー低下で集中力不足。ケアレスミスと体力の過信に注意。「あともう少し」と欲張るのは危険。失敗しても極端な対処に走らないで。

Energy Power 4月、6月、9月はパワー大きめ。11月以降は欲張らずに、控えめに。

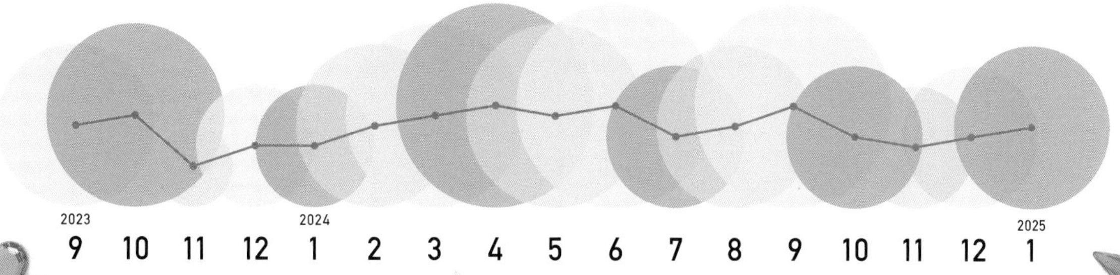

★井宿の開運暦2024★

1月

旧交を温め、楽しい時間を過ごそう

久々に友人・知人で集まったり、連絡を取り合う機会があり、楽しい時間を過ごせる月。でも、深い話をするのは控えて。「七曜陵逼」中は人の都合に振り回されがち。急な予定変更があっても相手を責めないで。また親しい人からの頼まれごとでも安易に引き受けないこと。特に「六害宿」の日に即答はしないで。

日付	運	月齢	開運メッセージ
1(月)	壊	◑	！活発に動くより、穏やかに過ごす元日に
2(火)	友	◑	★★パートナーと初詣。おみくじを引いて
3(水)	親	◑	★★普段会えない親族や仲間と集まろう
4(木)	事	◑	！！！！！深い話をするのはまたの機会に
5(金)	栄	◑	！人の都合に合わせたほうが結局スムーズ
6(土)	衰	◑	！！頼まれごとの安請け合いは後悔のもと
7(日)	克	◑	！！！！急な予定変更にも柔軟に対応して
8(月)	危	◑	！！大切な人とモメそう。言動に注意しよう
9(火)	成	◑	！！他人の問題に興味本位で深入りしない
10(水)	聚	●	！！！！大事な契約ごとや、会合は避けて
11(木)	友	●	すすめられた本を読もう。今必要な言葉が
12(金)	親	●	やる気が出ないなら無理に動かなくていい
13(土)	胎	◐	今年中に成し遂げたいことを３つ書き出す
14(日)	同	◐	！！！！思わぬ問題が露見しそう。冷静に
15(月)	衰	◐	収支を確認。自分の経済状態を把握しよう
16(火)	安	◐	★持ち前の論理的思考で本質に辿り着ける
17(水)	危	◐	お笑い系YouTubeでテンションを上げて
18(木)	成	◐	♥見返りを求めない愛情が絆を強くする
19(金)	壊	◐	！壊れた物の修理に、想定外の費用が必要に
20(土)	友	◐	★★戸外でのスポーツで気分リフレッシュ
21(日)	親	◐	★★開運食・お寿司で、皆と楽しく新年会
22(月)	命	◐	！！！！即答×。自分のキャパを超えそう
23(火)	栄	○	★★信念を貫けば「なりたい自分」になれる
24(水)	衰	○	★日常のささやかな幸せに改めて感謝を
25(木)	意	○	！！！！忠告やクレームを軽く流さないで
26(金)	危	○	$誰かのためになることにお金を役立てて
27(土)	成	○	★少し疎遠だった友人と連絡を取り合おう
28(日)	壊	○	好きな歌を歌いながら掃除。ストレス発散
29(月)	友	○	♥♥♥献身的な愛情が相手の心をつかむ
30(火)	親	◑	◆◆◆高い目標を持つほど、スキルもUP
31(水)	業	◑	！資産運用の勧誘は、今は上手に断ること

2月

理性派の井宿が感情に走る危険な月

月初めの「魔のウィーク」はアクシデントや機械類の故障の暗示。それで予定が押せ押せになることも。９日までにバックアップをとるなど準備をしておこう。「六害宿」では人との距離感が狂いがち。恋話やのろけ話、噂話などに適当に同調しないで。また感情的になって大事なものを放り出さないように注意。

日付	運	月齢	開運メッセージ
1(木)	栄	◑	！PCトラブルに備えてバックアップを！
2(金)	衰	◑	！「いい加減」ではなく「よい加減」が正解
3(土)	安	◑	！気まぐれな行動禁止。人間性を疑われる
4(日)	危	◑	！ひとつに固執せず、少し離れてみるべき
5(月)	成	◑	！スケジュールには余裕を持って進めよう
6(火)	壊	◑	！アクシデントの暗示あり。行動は慎重に
7(水)	友	◑	ずっと開けていない引き出しの中の整理を
8(木)	親	◑	失敗から学ぶことあり。経験値を上げよう
9(金)	胎	●	どっしり構えていれば、周りも安心する
10(土)	胎	●	言いだしたことには最後まで責任を持って
11(日)	同	●	！！！！感情的になると失うものが大きい
12(月)	衰	◐	意見の不一致で身近な人とギクシャクする
13(火)	安	◐	★周囲の人と信頼関係を築くことが最優先
14(水)	危	◐	友チョコや感謝チョコ。気楽に渡すのが◎
15(木)	成	◐	★力を借りたり貸したりして目標に向かう
16(金)	壊	◐	！お金を貸す時はあげるつもりで渡すこと
17(土)	友	◐	♥♥恋する心があなたをますます輝かせる
18(日)	親	◐	★★知らなかった世界に触れ、視野が拡大
19(月)	命	◐	！！！！適当な相槌を打つと面倒な展開に
20(火)	栄	◐	★★課題と向き合う。緻密に進めればOK
21(水)	衰	○	♥笑顔で会話を楽しめれば、印象もよくなる
22(木)	意	○	！！！！「人との距離感」をしっかり意識
23(金)	危	○	★温かい飲み物を持って、冬の公園を散策
24(土)	成	○	$不定期収入や当面使わないお金は貯蓄へ
25(日)	壊	○	土壇場でのキャンセルは信頼をなくすもと
26(月)	友	○	◆◆◆黙々と仕事をこなす姿勢が高評価
27(火)	親	○	★★★開運色・アイボリーの財布や小物を
28(水)	業	◑	！後でもう一度確認。集中してチェック
29(木)	栄	◑	！夜はスマホの電源をオフ。脳を休めよう

3月

ルーティン的日常から飛び出して

パワー上昇！ 停滞していたことが動きだし、懸案事項を片づけられそう。職場での立場や役割、生活環境にも変化が。それに伴って人との交流も盛んになる。親睦会的な集まりには参加してつながりを大事に。そこで恋が芽生えることも。９～25日は習い事を始めたり、旅行をしたり、少し日常を飛び出そう。

日付	運	月齢	開運メッセージ
1(金)	衰	◑	！堅物と思われると損。もっと笑ってみて
2(土)	安	◑	！開運の花・ガーベラの鉢植えを窓辺に
3(日)	危	◑	！その気がないなら、期待を持たせないで
4(月)	成	◑	！やるべきことをやれば問題は起きない
5(火)	壊	◑	！口論で勝っても後味が悪いのでやめよう
6(水)	友	◑	好奇心のアンテナが反応した先に発見が
7(木)	親	◑	後回しにしていたことに、そろそろ着手を
8(金)	胎	◑	「去る者は追わず」が、幸運を呼び込む鍵
9(土)	栄	●	♥♥集まりに積極的に参加すれば良縁あり
10(日)	衰	●	読書や映画三昧で、作品世界にワープして
11(月)	安	●	★情報収集・分析法を学べば仕事に生きる
12(火)	危	◐	こだわりを押し出したほうがうまくいく
13(水)	成	◐	★★大きな変化を伴う挑戦もやる価値あり
14(木)	壊	◐	！人がやりたがらないことこそ手を挙げて
15(金)	友	◐	★★★あたためていたアイデアを実行に
16(土)	親	◐	★★★じっくり話してみれば印象が変わる
17(日)	命	◐	★ダンスで楽しく体を動かして、脂肪燃焼
18(月)	栄	◐	★★興味深い案件に出会えそう。深掘りを
19(火)	衰	◐	仕事上のつき合いも、面倒がらず大切に
20(水)	安	◐	$スマホやプロバイダーの通信費を見直す
21(木)	危	○	下着類や爪など、細かいところをお洒落に
22(金)	成	○	◆立場が変わることでよい人脈ができる
23(土)	壊	○	！敬語やビジネスマナーのおさらいが必要
24(日)	友	○	♥♥♥小旅行へ。日常を離れ、絆が深まる
25(月)	親	○	★★★お金が絡む話や、契約も順調に進む
26(火)	業	○	！説明や段取りはしっかり押さえておこう
27(水)	栄	○	！ノープランで動かず事前に計画を立てて
28(木)	衰	◑	！動画で人気のストレッチで体をほぐそう
29(金)	安	◑	！速さより、丁寧にすることのほうが大事
30(土)	危	◑	！神社やお寺を散策。いい息抜きになる
31(日)	成	◑	！部屋を整理整頓。生活環境を整えよう

最大開運日 4/21、6/15 **最大警戒日** 1/25、2/11

4月

エナジーパワー最大。幸運の波が!!

新年度と共に新たな仕事、重要な役割を担うことが増えて気合が入る。昔の人脈、過去に得た知識が役に立ちそう。予想外のことが起こっても結果オーライなので、慌てずに柔軟な対応を。特に21、22日は幸運なハプニングの予感。このころのひらめきも大切に。月末の「魔のウィーク」は忙しいけれど充実感あり。

日付	運	月齢	開運メッセージ
1(月)	壊	◑	新年度だからと気負わずに、平常運転で
2(火)	友	◑	開運アイテムのカードケースを新調しよう
3(水)	親	◑	遠慮や謙遜は、ほどほどにするのがベター
4(木)	胎	◑	外見も内面も理想を目指して磨きをかける
5(金)	栄	●	$ $ 堅実な貯蓄計画で守りを固めれば安心
6(土)	衰	●	しっかり保湿を。美肌になって気分も上々
7(日)	安	●	♥二人でじっくり話し合って。よい展開に
8(月)	危	●	新しい服で外出。気合が入り、好感度も上昇
9(火)	危	●	問題発生なら、解決の一手は今日のうちに
10(水)	成	●	◆◆重要な仕事を任されて、実力を発揮
11(木)	壊	●	!ジャンクフードは×。栄養をよく考えて
12(金)	友	●	★★★かつて習得した資格や知識が生きる
13(土)	親	◐	★★★友人・知人のネットワークが頼りに
14(日)	命	◐	★自分が役に立てる居場所が見つかりそう
15(月)	栄	◐	★★流れに任せて大丈夫。気負わないこと
16(火)	衰	◐	好きな飲み物で休憩。一度、頭をからっぽに
17(水)	安	◐	★スキルアップのためにセミナー受講開始
18(木)	危	◐	目標は1個ずつ確実にクリア。焦らないで
19(金)	成	○	★ひらめいたら、忘れないうちに即行動
20(土)	壊	○	!ご近所をのんびり散歩。モヤモヤ解消に
21(日)	友	○	★★★大きな幸運が舞い込むラッキーデー
22(月)	親	○	♥♥♥愛のリベンジチャンス。告白もGO
23(火)	業	○	!リスクヘッジの策を練ることを忘れずに
24(水)	栄	○	!「追い詰められた」と思っても挽回可能
25(木)	衰	○	!上司とモメると後が面倒。ここは我慢で
26(金)	安	○	!黙々とタスクをこなせば、充実した気分
27(土)	危	○	!忘れ物や落とし物、うっかりミスに注意
28(日)	成	◑	!相手を尊重しすぎて自分を見失わないで
29(月)	壊	◑	開運スポットの水族館でパワーチャージ
30(火)	友	◑	信頼できる誰か一人に意見を求めてみよう

5月

過去のわだかまりが解消するかも!?

GWは、やるべきことが山積みでも、案外面白いことができて、身近な人との交流が楽しい。今月はグイグイいかず、一歩譲るほうが大きな信頼と幸福を得ることができる。過去の嫌な出来事も、許せたり、水に流すことができるきっかけがありそう。仲直りや修復の好機。「魔のウィーク」は〝負けるが勝ち〟で。

日付	運	月齢	開運メッセージ
1(水)	親	◑	忙しくても楽しいことがちゃんと待ってる
2(木)	胎	◑	懐かしい場所を訪ねて自分の原点を再確認
3(金)	栄	◑	♥♥相手の希望優先のデートが盛り上がる
4(土)	衰	●	コリアンダーがきいたタイ料理で運気に活
5(日)	安	●	★仲間と会って他愛ない会話でリラックス
6(月)	危	●	緑豊かな場所で深呼吸。細胞が目覚めそう
7(火)	成	●	★フォローに回って。一歩引いた姿勢が◎
8(水)	壊	●	!ナーバスになりがち。もっと気を楽に
9(木)	友	●	★★★ここから本領発揮。エンジン全開で
10(金)	親	●	★★★仲直りしたい相手がいたら今が好機
11(土)	命	●	★新しい気づきがあり、目標が明確になる
12(日)	栄	◐	★★★大好きな人と外出。何をしても幸せ
13(月)	衰	◐	デジタル疲れ目対策を。時々遠くを見よう
14(火)	安	◐	$家計簿アプリで収支をしっかり管理する
15(水)	危	◐	問題点を明らかに。水面下での調整が大事
16(木)	成	◐	★ちゃんと準備して臨めばスムーズに進む
17(金)	壊	◐	!開運の花・サルビアを種から育ててみて
18(土)	友	◐	♥♥♥子供の頃の話を。共通点で意気投合
19(日)	親	◐	★★★長年のわだかまりが解けて晴れ晴れ
20(月)	業	○	!正論でもモメてまで押し通せば角が立つ
21(火)	栄	○	!職場の問題児は鈍感力を発揮してスルー
22(水)	衰	○	!手柄は人に譲って、代わりに信頼を得て
23(木)	安	○	!限界まで頑張ったら、その先には光が
24(金)	危	○	!自分にとって簡単でも相手は違うことも
25(土)	成	○	!疲労を感じたら、ペースダウンしていい
26(日)	壊	○	!シーツやカーテンを洗濯して気分爽快
27(月)	友	○	同じ失敗はしない。過去の経験を活かして
28(火)	親	◑	誰かを羨ましがる前に、自分を磨くべき
29(水)	胎	◑	夢を追うばかりでなく、しっかり現状分析
30(木)	栄	◑	◆◆今できることで勝負を。高評価を得る
31(金)	衰	◑	!湯船につかってたっぷり発汗、代謝UP

6月

再びパワー最大。目標達成も可能

周囲が好意的で、様々に支え、協力してくれる時。それを受けて目標を達成したり、狙った結果を出せる幸運期なので、15日までは全力疾走を。16日からの「魔のウィーク」以降は体力を過信せず、心身のメンテナンスを心がけて。また、人へのお礼や感謝の気持ちを言葉や何かの形で伝えると、幸運がさらに継続。

日付	運	月齢	開運メッセージ
1(土)	安	◑	★必要とされている充実感で頑張りがきく
2(日)	危	◑	!夏らしい爽やかな部屋に模様替えしよう
3(月)	成	●	♥「支えてあげたい」と感じたら恋の始まり
4(火)	壊	●	!損な役回りでも腐らず、淡々とこなして
5(水)	友	●	◆◆◆周囲の協力を得て仕事で大きな成果
6(木)	親	●	★★★大局を見据えた戦略を練って進もう
7(金)	命	●	★何事も経験。自分の世界が広がっていく
8(土)	栄	●	♥♥♥片思いでも満足。トキメキが癒しに
9(日)	衰	●	お礼の気持ちはカードとプチギフトで表現
10(月)	安	●	$くじ運あり。懸賞や宝くじで運試しを
11(火)	危	◐	時短家事&料理をして趣味の時間を増やす
12(水)	成	◐	★あなたの頑張りを見ていてくれる人が
13(木)	壊	◐	!イライラしたら、大股でウォーキング
14(金)	友	◐	★★★計画を人に話すとよいアドバイスが
15(土)	親	◐	★★★★やりたいことは今日がチャンス!!
16(日)	業	◐	!アメジストの輝きが未来を明るく照らす
17(月)	栄	◐	!プラス思考を習慣に。自分を肯定しよう
18(火)	衰	○	!たっぷり睡眠をとれば明日も頑張れる
19(水)	安	○	!メールはよく読み直してから送信して
20(木)	危	○	!ちょっと高級なランチで気分を上げよう
21(金)	成	○	!転職情報があっても、今は動かないこと
22(土)	壊	○	!目の前のことに集中する気持ちが大事
23(日)	友	○	話題のイベントへ。発想力が刺激されそう
24(月)	親	○	人の優しさに触れた時は、感謝を言葉で
25(火)	胎	○	ヨガや瞑想を試して、心身をメンテナンス
26(水)	栄	○	$ $ 教育資金や保険の内容を確認&見直し
27(木)	衰	○	ペットや家族の写真を飾ろう。温かい気持ちに
28(金)	安	◑	★水面下での動きに敏感になって先を読む
29(土)	危	◑	あえて自分とは違うタイプの人と会話を
30(日)	成	◑	★アウトドアで運動すればよい気分転換に

★井宿の開運暦2024★

7月

人間関係が良好。公私共にハッピー

仕事もプライベートも、身近な人と関係を深めながらうまく進んでいける月。理解と共感で、悩みや不安が薄らいだり、消えることも。14日「魔のウィーク」からパワーは下降気味。誰かに頼りすぎたり、損得勘定が先に立つとよいバランスが崩れそう。買い物運はよいが、こだわりすぎると予算オーバーの恐れも。

日付	運	月齢	開運メッセージ
1（月）	壊		相手の長所を認めれば、いい関係が築ける
2（火）	友		◆◆◆積極的に動いて望んだ成果を手中に
3（水）	親		★★気になる人には今日のうちに一度連絡
4（木）	命		★★10年後の自分を具体的に想像しよう
5（金）	栄		＄＄＄よく吟味すれば大きな買い物も◎
6（土）	栄		★★★隙間的なところに成功のヒントが
7（日）	衰		ベッドルームを快適に工夫してよい眠りを
8（月）	安		★爽やかな髪型と服装で、好感度が急上昇
9（火）	危		ライバルの存在がやる気を刺激してくれる
10（水）	成		★誰かのためを思っての行動は間違いない
11（木）	壊		！熱い趣味トークは、周囲にウザがられる
12（金）	友		♥♥♥才能のある人にグッと魅かれそう
13（土）	親		★★★★長年の悩みや不安に突破口を発見
14（日）	業		！海や高原など開放感のある場所へGO
15（月）	栄		！思い込みで推し進めると厄介なことに
16（火）	衰		！香りのよいバスソルトで、疲れを取ろう
17（水）	安		！あてにしすぎると、相手の負担になる
18（木）	危		！猫背は印象も運気もダウン。背筋ピンで
19（金）	成		！自分の意見より、協調性を大事にすべき
20（土）	壊		！打算的な考えは見抜かれてしまうもの
21（日）	友		浴衣を着てお出かけ。夏の宵を満喫しよう
22（月）	親		肩の力を抜く。そのほうが相手も心地いい
23（火）	胎		“耳活”で英会話など、移動時間を有効活用
24（水）	栄		♥♥好きな人の一番のサポーターになる
25（木）	衰		健康診断を受けて、自分の状態を知ろう
26（金）	安		★ふと覗いたお店で掘り出し物を発見かも
27（土）	危		「大丈夫！」は自分にも相手にも効く一言
28（日）	成		★甘えたり甘えられたりで、親密度が増す
29（月）	壊		人を試すような言動はしない。状況が悪化
30（火）	友		★★★独自のネットワークを築き情報収集
31（水）	親		★★結果が出たら自分にご褒美をあげよう

8月

弱点を克服する努力が運気を底上げ

スピードを緩めて現状を整理すべき月。モヤモヤしている仕事や、人間関係の問題点、特に経済面、様々な手続きなどはここで精査を。今の自分に足りないもの、必要なことを探り、今月中に補強をすればかなり運気を底上げできそう。遅れていること、タイミングを逃した連絡などは30日までにすればOK。

日付	運	月齢	開運メッセージ
1（木）	命		★★風鈴の音やセミの声が癒しのBGMに
2（金）	栄		＄＄＄投資や蓄財法を人気の本から学んで
3（土）	衰		！酵素ジュースで夏バテ予防＆デトックス
4（日）	危		意見が食い違う日。身内の話し合いも回避
5（月）	成		★できる上司の補佐役を。よい学びになる
6（火）	壊		！デスク周りを整理して。頭の中も片づく
7（水）	友		♥♥♥じっくり話す時間が愛をより育てる
8（木）	親		★★★適切な役割分担をして作業効率UP
9（金）	業		！お金が絡む書類は内容をしっかり確認
10（土）	栄		！少し冷静に自分の行動を客観視すべき
11（日）	衰		！消耗しそうな日。肉食で栄養補給して
12（月）	安		！ボランティア活動に誘われたら参加を
13（火）	危		！気持ちだけで突っ走らない。周りを見て
14（水）	成		！得意なことから始めればサクサク進む
15（木）	壊		！価値観や考えの相違は歩み寄りが大事
16（金）	友		キャッシュレス決済の明細はマメに確認を
17（土）	親		家族との時間を。日頃の感謝も言葉にして
18（日）	胎		オレンジアロマでマッサージ。開運＆癒し
19（月）	栄		★★相手ファーストで過ごすと関係は良好
20（火）	衰		ペースを落としてOK。頑張りすぎないで
21（水）	安		★必要なスキルがあるなら学び始めよう
22（木）	危		パソコンの不要なデータやアドレスを削除
23（金）	成		★努力することが重要。諦めず、最後まで
24（土）	壊		！強気に出るとこじれる。真摯な対応を
25（日）	友		★★★BBQへ。準備の段階からエンジョイ
26（月）	親		◆◆◆新たな能力に気づくような幸運が
27（火）	命		★自分に足りないものについて考えてみる
28（水）	栄		★★★ピンチにも助け船あり。必ずお礼を
29（木）	衰		予定を確認して、優先順位をつけておく
30（金）	安		★「後手に回った」と思ってもまだ間に合う
31（土）	危		二人の間での、つき合い方やルールを約束

9月

みなぎるパワーを抑えて慎重に行動

ほとんど「七曜陵逼」なのにパワーが復活。衝動的な言動、暴走が心配。特に「魔のウィーク」は、普段しないことは些細なことでもしないほうがいい。その後も、思い切った決断、目上の人への非礼、愛の告白、新しい健康＆美容法などは、「七曜陵逼」中は回避。決めなければならないことは「六害宿」の日を避けて。

日付	運	月齢	開運メッセージ
1（日）	成		＄自己アピールのための勝負服を買おう
2（月）	壊		！愚痴や不満はNG。明るい話題を選んで
3（火）	友		★★個人プレーより、チーム力で好結果が
4（水）	親		★★楽しいと思う気持ちが原動力になる
5（木）	事		！！！！！普段しないことは絶対しないで
6（金）	栄		！軽い気持ちでも恋の脱線は大きな問題に
7（土）	衰		！！告白は時期尚早。11月以降に考えて
8（日）	克		！！！！感情的になりがちな時だと自覚を
9（月）	危		！！ポロリ失言、やみくもな行動に要注意
10（火）	成		！！仕事上の思い切った決断はしないが◎
11（水）	聚		！！！！目上の人や上司への非礼は厳禁
12（木）	友		飛ばしすぎかも。周囲のテンポに合わせて
13（金）	親		懐かしいヒットソングが気持ちを前向きに
14（土）	胎		謙虚な振る舞いで、人間性が評価される
15（日）	同		！！！！新しい健康法も美容法も今はNG
16（月）	衰		トイレや水回りの掃除で、心もピカピカ
17（火）	安		♥身近な人が持つ魅力にハッとする瞬間が
18（水）	危		月光浴しよう。満月のパワーを心身に吸収
19（木）	成		★鋭い分析力を発揮。問題解決につながる
20（金）	壊		！サプリを過信しない。過剰にとるのは×
21（土）	友		★★お笑い番組で思い切り笑って元気充電
22（日）	親		★★果物狩りなど、旬の味覚を堪能して
23（月）	命		！！！！調子に乗ると、意外な嫉妬を買う
24（火）	栄		♥♥愛情表現はオープンに。相手も喜ぶ
25（水）	衰		★お気に入りの品を身につければお守りに
26（木）	意		！！！！反論は×。筋を通しても決裂必至
27（金）	危		★「時は金なり」。時間を区切って行動を
28（土）	成		★古本屋巡りで思い出の１冊との再会が
29（日）	壊		一度距離をおいたほうが関係を見直せる
30（月）	友		◆◆◆やりきった感あり。次の目標へ始動

最大開運日	7/6、12/15	最大警戒日	9/5、10/13

井

10月

不思議に楽観的に。それが落とし穴!

楽観的な気分で無謀なことに突っ込んだり、一か八かの勝負をしたり。でもほぼ「七曜陵逼」なので、結果はよくても一時的。「六害宿」の日は危険なこと、怪しい場所には近づかない。楽しいこともやりすぎない。人に頼りすぎは傷つくもと。安易な貸し借りも厳禁。恋愛も含めて人のものを欲しがるのは×。

日付	運	月齢	開運メッセージ
1(火)	親	●	★★★この日までに見直しや改善をする
2(水)	業	●	!すべてを言わず、半分くらいでストップ
3(木)	事	●	!!!!!楽しいことでもブレーキは必要
4(金)	栄	●	!素直に聞けないなら、相談しないほうが
5(土)	衰	◐	!!「まあいいか」の雑さが後で困ることに
6(日)	克	◐	!!!!人のものを欲しがるのは間違い
7(月)	危	◐	!!頼りすぎ、信じすぎは傷つく結果に
8(火)	成	◐	!!進みたい方向をイメージして行動を
9(水)	聚	◐	!!!!失敗したら、何よりまず謝罪が先
10(木)	友	◐	目の前にいる人が喜ぶ言葉を使ってみよう
11(金)	親	◐	動物動画や、世界の絶景写真で心を動かす
12(土)	胎	○	立ち止まって見えた課題が、成長のヒント
13(日)	同	○	!!!!「君子危うきに近寄らず」を徹底
14(月)	衰	○	体力を過信しないで。家でのんびりしよう
15(火)	安	○	◆事前リサーチを万全に。仕事がスムーズ
16(水)	危	○	物の貸し借りは意外にデリケート。注意を
17(木)	成	○	♥思いやりのある行動が二人の愛を深める
18(金)	壊	○	!根拠もなく楽観していると痛い目に遭う
19(土)	友	◑	★★自分の実体験からの言葉は相手に響く
20(日)	親	◑	★★面白そうなイベントに仲良しを誘おう
21(月)	命	◑	!!!!リスキーな勝負に挑むのはやめて
22(火)	栄	◑	★★欲張らないことが、幸せをつかむ秘訣
23(水)	衰	◑	$お金の流れを精査。無駄を省く工夫を
24(木)	意	◑	!!!!悪目立ちしそう。自制心を持って
25(金)	危	◑	◆ゆっくりめのスケジュールで確実に進行
26(土)	成	◑	★使っていないものを最低3つ処分しよう
27(日)	壊	◑	体によさそうでも自分に合うとは限らない
28(月)	友	◑	★★★陰での努力は確実に力になっている
29(火)	親	◑	★★★料理にガーリックを使って運気UP
30(水)	業	●	!闘いを挑む相手を見誤らないようにして
31(木)	栄	●	!過去の思い込みとは決別。未来を見よう

11月

心癒されるペット、場所との出会いが

「七曜陵逼」は抜けたけれど、パワー小さめの月。ケアレスミスに注意を。限界を感じたことは、9日以降にゆっくり改善を目指して。周囲には力を貸してくれる人もいて、意外な形で人から受け継ぐもの、人へ託すものがありそう。運命のペットや、リフレッシュできる癒しの場所、アイテムなどに出会える予感。

日付	運	月齢	開運メッセージ
1(金)	衰	●	!マッサージで頭や肩をほぐしてもらおう
2(土)	安	●	!気の緩みからくる凡ミスに気をつけて
3(日)	危	◐	!身の回りにある、小さな幸せを大事に
4(月)	成	◐	!素材にこだわった部屋着でゆっくり寛ぐ
5(火)	壊	◐	!甘えや油断がトラブルを招く。慎重に
6(水)	友	◐	気になる人には自分から挨拶&声かけして
7(木)	親	◐	正面からぶつからずにサラリと受け流す
8(金)	胎	◐	仕事道具を新しくすることでやる気が再燃
9(土)	栄	◐	★★究極の癒しになるペットとの出会いが
10(日)	衰	○	開運色・オレンジレッドの小物で運気強化
11(月)	安	○	★やることをひとつに絞って集中力を発揮
12(火)	危	○	気分が凹んだら、〝推し〟の写真を見て復活
13(水)	成	○	◆◆得意を磨いて。さらに上を目指す力に
14(木)	壊	○	!固定観念は開運の邪魔に。柔軟に考えて
15(金)	友	○	★★★いい助言で、今後の方向性が固まる
16(土)	親	○	♥♥♥愛の復活を願うなら素直に伝えよう
17(日)	命	○	★路地裏を散歩。心地いい空間が見つかる
18(月)	栄	◑	★★シトリンは生命力をアップするお守り
19(火)	衰	◑	欠点を自覚できたら、少しずつ直す努力を
20(水)	安	◑	$余裕資金は貯金か、自分への投資に回す
21(木)	危	◑	控えめに二番手で。そのほうが実力を発揮
22(金)	成	◑	♥相手の心に寄り添えば自分の心も温かい
23(土)	壊	◑	!二度確認はマスト。特に数字は慎重に
24(日)	友	◑	★★★大切なものを人から受け継ぐことが
25(月)	親	◑	★★★真摯に頑張っていれば救いの手あり
26(火)	業	◑	!安請け合いはしない。後で困るのは自分
27(水)	栄	◑	!冷たい人と思われそう。言い方には注意
28(木)	衰	◑	!やる気が出ないなら、長めに休憩を取る
29(金)	安	●	!独断で動かない。まず周囲や相手に確認
30(土)	危	●	!年末に備えてプチ断食。胃腸をリセット

12月

話し合いが大切。気持ちもスッキリ

3~22日は大事な人と深い話をしっかりするべき運気。それで修復できたり、ケジメがついて一安心かも。混乱した状況を細かい調整で収めたり、わからなかったことをハッキリさせることもできそう。仕事や美容なども人の紹介でよい縁が。年末は「魔のウィーク」なので予定にゆとりを持ち、人に合わせて。

日付	運	月齢	開運メッセージ
1(日)	成	●	!約束の詰め込みすぎには気をつけること
2(月)	壊	●	努力を無駄にしないために、ひと踏ん張り
3(火)	友	◐	全く異なる業種の人の話が大きな刺激に
4(水)	親	◐	誤解が解ければ、結びつきはさらに強まる
5(木)	胎	◐	1年間頑張ってきた自分に何かご褒美を!
6(金)	栄	◐	★★友人おすすめの化粧品が当たりかも
7(土)	衰	◐	早めに大掃除を。今日から少しずつ進めて
8(日)	安	◐	♥クリスマスギフトを選び合うデートを
9(月)	危	◐	ボランティアマインドで過ごすことで開運
10(火)	成	◐	★力を出し切れば、どんな結果でも自信に
11(水)	壊	○	!ケジメがついたら、後ろは振り返らない
12(木)	友	○	★★★疑問だったことが解決してスッキリ
13(金)	親	○	◆◆◆情報収集など転職準備を始動して
14(土)	命	○	★来年の目標を、10個ノートに書き出そう
15(日)	栄	○	★★★星が応援!! 願った方向に動きだす
16(月)	衰	○	熱々の鍋料理を食べて体も心もポカポカに
17(火)	安	○	★紹介で、プラスになる人脈とつながりが
18(水)	危	◑	内輪話にならないように皆に共通の話題を
19(木)	成	◑	★憧れの人をまねた装いが気持ちも格上げ
20(金)	壊	◑	!新しい経験にトライして、世界を広げて
21(土)	友	◑	$$$決済や貯蓄の仕方を切り替える好機
22(日)	親	◑	♥♥♥自分たちの未来予想図を語り合って
23(月)	業	◑	!人に仕事を振ると、結局は二度手間に
24(火)	栄	◑	!予定が合わなくても、無理せず過ごそう
25(水)	衰	◑	!期待しすぎないでいたほうが喜びは倍に
26(木)	安	◑	!相手の負担や迷惑になることはしない
27(金)	危	◑	!おいしいものを食べて、心も満たして
28(土)	成	◑	!玄関を綺麗に掃除して新年を迎える準備
29(日)	壊	◑	!タオルや下着を新しく。気持ちも新たに
30(月)	友	●	メールやLINEで、今年の感謝を伝えよう
31(火)	友	●	家族や心を許せる人と、温かな年越しを

発想力No.1 ピュアな心のままに

8 鬼宿

きしゅく

開運キーワード

Color
レッド　ホワイト

Spot
友達の家　動物園

Food
鍋料理　ワイン

Item
集合写真　懐かしい音楽

Stone
ルビー　パール

Aroma
サンダルウッド　月桃《ゲットウ》

Flower
ハイビスカス　ハナニラ

鬼宿ってこんな人

「鬼」とは人知を超えて優れた存在の意。常識にとらわれず好奇心のまま進む行動力と規格外の発想力を持つ、スケール大の個性派。心のツボも独特で、関心事や感動を周囲に理解されないことも多い。本質的に善意の人で、頼まれごとを断るのが苦手。もし誰かに利用されたとしても気にしないし、他人への奉仕が〝幸運の貯金〟となるタイプ。恋愛面では無邪気な言動が魅力となりモテモテ。束縛されるのは苦手だけど実は27宿中一番、相手に尽くすピュアな愛の持ち主。それだけに〝嘘〟にはとても敏感。生活に香りを取り入れると開運に。

この宿の有名人

鈴木保奈美　石田ゆり子　LiLiCo　近藤春菜　江上敬子　中村アン　川口春奈　奈緒　石橋静河　三吉彩花　田中希実　竹中直人　渡辺謙　岡村隆史　マツコ・デラックス　香取慎吾　大悟　下野紘　柄本佑　賀来賢人　伊野尾慧　坂口健太郎　村上虹郎　ROLAND　鍵山優真

2024年開運3か条

1 理想は高く、でもとらわれすぎず、皆が喜ぶことを考えよう

2 変化には柔軟に対応を! 飛躍や挽回のヒントが隠れている

3 育てたいのはデトックス力。心と体の毒出しができる自分に

2024年の全体運

28年に一度、人生の転換点となる年。新たな〝使命〟で自分をバージョンアップ!

★2024年の特徴　28年に一度の「命」の運気の年であり、今後の人生に影響を与える出来事、人や物、場所などに遭遇するターニングポイントの年です。満を持して、新たな環境に飛び込むようなこともありますが、自分でコントロールできないことで流れが変わり、これからの生き方やライフスタイルを模索することになりそう。もし淡々とした1年になったとしても、後で振り返ると、今後を決める重要なきっかけに出会っているはず。特に〝命〟や〝人生〟を考える機会があり、今までの生き方を問い直し、今後を考えることで、新たな〝使命〟を抱くことになりそうです。枠にとらわれない発想力と行動力を持つ鬼宿にとっては、個性とスペックをバージョンアップしていく〝原点〟の年といえるでしょう。

★1年の運気の流れ　「七曜陵逼」の運気が巡る**1、2月**はあなた自身というより周囲に変化が起こりやすい時。その余波で、計画していたことや、やるべきことに急な変更が生じるかも。**3月**はリスタートの時。目の前の現実は、理想や予定と少し違っていて、その厳しさに直面もします。でも、それを踏まえた上で、簡単には成し遂げられない高い目標を立て、長期的な戦略、タイムスケジュールを作れば、それが今後の指針と生活の軸となっていくはず。**4～7月**は人間関係にも恵まれ、力強く前進できるでしょう。問題は**9、10月**。ここは「七曜陵逼」の運気なのにエナジーパワーが高まるため、これまで慎重に取り組んできたこと、あるいは止めていたことを一気に推し進めてしまう恐れがあります。そのことが巻き起こす変化や混乱の調整に**11、12月**は追われることになりそう。たとえ「七曜陵逼」を無事に過ごしても、**12月**には予想外のことが起きる暗示が。それらに柔軟に対応することが、あなたに大きな進化をもたらすことになるでしょう。

★愛情運★

愛の姿が変化、新たな絆の可能性も!

あなたの生き方や選ぶ道の変化で、愛の姿も変わる年。独立、遠距離恋愛のほか、親離れや子離れをする人も。物理的な距離が心の距離になることもあれば、別の絆を生むことも。特に「七曜陵逼」の**1、2月**は愛の距離感が変わる運気。問題のある関係は別離も。話し合いや決断は**3月10日〜5月20日**にすると◎。環境が変わって愛を自覚した相手には、早めに気持ちを伝えて。この時期は新たな出会いも多く、心も通じやすいけれど、**7月14日**までに進展しなければ友人関係で落ち着きそう。**8〜10月**の心の揺れや浮気は大波乱に。**11月7日〜12月23日**には修復の望みもあるけれど、強引、欲張りすぎは逆効果。相手の幸せを願うことが一番の愛と考えて。

★仕事運★

漠然とした夢や目標が現実になりそう

様々な人との関わりから、夢や目標が実現に向かいそう。**1、2月**の「七曜陵逼」は現実の厳しさを思い知る運気ですが、**3月7日**からは実力不足を感じた部分のスキルアップや、自己PR、情報収集と拡散に力を入れて巻き返しを。人間関係はよく、特に**3〜5月**にチームを組んだ人とは今後もよい縁に。**6月4日〜8月31日**は、尊敬する先輩に弟子入りする感覚で仕事をすると吉。**9、10月**の「七曜陵逼」は自分の立ち位置を間違えないこと。秘密保持にも細心の注意を払って。**11、12月**は、誰かの代理で仕事を任されたり、引き継ぐような出来事の暗示も。特に古いものや、受け継いだものの再生にはビジネスチャンスあり。新たな使命を感じそうです。

★金運★

財を受け継ぎ、託される年。信用第一で

遺産相続などで金品を受け継ぐ一方で、故障や紛失、修理や整理で予想外の出費もありそうな、気が抜けない年。特に**1、2月**はお金が動く運気ですが、契約などは**3月**以降に。買い物やローンを組むなら**7月22日〜9月2日**。ここで金融知識を学ぶのも◎。「七曜陵逼」の**9、10月**は儲け話、勧誘に乗らないで。**11、12月**は維持費が負担になっているものを手放すのも一案。2024年は、お金で信用を失うと特にダメージ大な年なので、貸し借り関係はクリーンに。くじ運がよいのは**5月4〜20日**と**11月7〜26日**。でも、大金を賭けるのは×。

★美容・健康運★

体質改善のチャンス! インナーケアで美肌に

健康運は曲がり角。生まれ変わるような体質改善が可能な反面、不摂生から不調を抱える恐れも。「七曜陵逼」の**1、2月**は生活が乱れやすく、アクシデント運も強い要注意期間。**4〜6月**はエネルギッシュに動けますが、「七曜陵逼」の**9、10月**は空回りして消耗してしまいそう。そのため**11、12月**には免疫低下による感染症の心配が。健康キープには**3月、8月**に健康診断を受けて。ここは治療や休養にもいい期間。イメチェンによいのは**5月1〜20日**と**11月7〜26日**。最適な美容法は〝腸活〟など体の内側からのケアで美肌を目指すこと。

★七曜陵逼の乗り切り方★

鬼宿が各時期に気をつけるべき大事なことをアドバイス。要チェック！

1 1/2〜1/28

人と会う機会が多い時。照れたり、冗談のつもりでもわかりにくい態度は誤解を生みがち。「六害宿」での初顔合わせや再会は避けて。

2 2/10〜2/25

人と深い話をしたり、深く関わらねばならない時は、「親しき中にも礼儀あり」で相手を傷つけないように。物の紛失にも気をつけて。

3 9/3〜9/29

フットワークは軽くなるが、思いつきの行動や予定変更はNG。人の言葉に乗せられて普段しないことに手を出すのも×。嫉妬にも注意。

4 10/3〜10/27

楽しい出来事も多く、調子に乗りがち。軽はずみな言動で誰かの逆鱗に触れると修復は困難。浮気や秘密は後で、とんでもない重荷に。

Energy Power 4、5月と好調！ 10月はパワーは大きめだが「七曜陵逼」と重なるので注意。

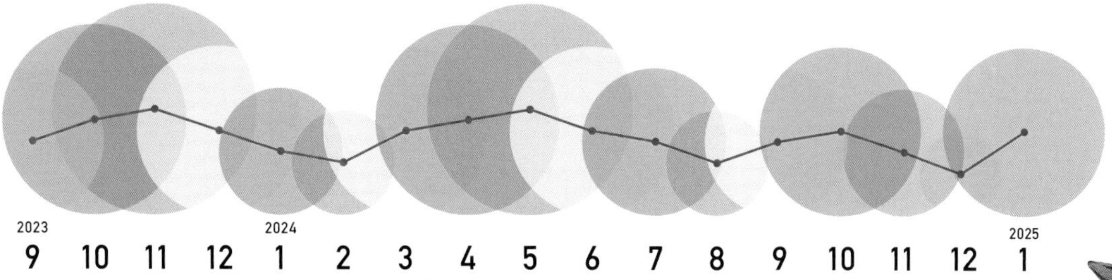

☆鬼宿の開運暦2024☆

1月

賑やかな年明け! 周囲には変化も

年明けはレジャーや会合など楽しいことも多いけれど、忙しくて生活は乱れがち。２日からは「七曜陵逼」で、予想外の出来事が起こったり、パートナーや身近な人に変化の暗示が。「六害宿」の日には、物やお金の気楽な貸し借りや、突っ込んだ話をするのは避けて。特に久々に再会した相手との会話は慎重に。

日付	運	月齢	開運メッセージ
1(月)	成	◑	♥大切な人とおみくじを引いて運試しを
2(火)	壊	◑	！生活リズムが乱れ、軽い時差ボケ状態に
3(水)	友	◑	★★仲間と冬のレジャーで盛り上がろう
4(木)	親	◑	★忘年会ができなかった友人とプチ新年会
5(金)	事	◑	！！！！物やお金の貸し借りは避けること
6(土)	栄	◑	！！予想外の事態が。まずは冷静になろう
7(日)	衰	◑	！平坦な場所でつまずくなどのケガに注意
8(月)	克	◑	！！！！曖昧な態度は誤解を生むのでNG
9(火)	危	●	！！実力不足を思い知らされる出来事が
10(水)	成	●	！！見栄を張ると、浪費が癖になりやすい
11(木)	聚	●	！！！！状況に応じた計画の変更は不可避
12(金)	友	●	誰かを喜ばせることで、自分もハッピーに
13(土)	親	◐	掃除や片づけをすると気持ちも整理される
14(日)	胎	◐	体を冷やさないように、湯たんぽを利用
15(月)	同	◐	！！！！大事な話や重めの話は日を改めて
16(火)	衰	◐	集中力が低下しそう。早めに切り上げよう
17(水)	安	◐	★入浴剤とボディケアは香りにこだわって
18(木)	危	◐	パートナーや身近な人との関係に変化が
19(金)	成	◐	$たまったポイントを飲食や買い物に活用
20(土)	壊	◐	！楽観的な予測は危険。裏目に出ることが
21(日)	友	◐	★★海外リゾートなど解放的な旅を計画
22(月)	親	◐	★★人が集まる場所が◎。謙遜せず素直に
23(火)	命	○	！！！！自分がやるべきことを見失いそう
24(水)	栄	○	★★★新たな環境に飛び込んでみるのも◎
25(木)	衰	○	不安や緊張緩和のため、月桃のアロマを
26(金)	意	○	！！！！顔合わせや再会の約束は避けて
27(土)	危	○	気ままに一人で行動。いいストレス発散に
28(日)	成	○	♥♥デートに誘おう。心の距離が縮まる
29(月)	壊	◑	！話があちこちに飛びがち。相手も困り顔
30(火)	友	◑	◆◆◆思わぬ依頼が舞い込み、やる気UP
31(水)	親	◑	★★★ポテンシャルを十二分に発揮できる

2月

無防備になりすぎず、適度に警戒を

人の事情や都合に振り回されそう。急な予定変更も多そうですが柔軟に対処を。10日からの「七曜陵逼」では、あなた自身が思いつきで行動したり予定変更をしないこと。人と話す機会は多いけれど裏があることも。未知の人や物に無防備になりすぎないで。人の嫉妬にもご用心。愛情面では尽くしすぎに注意を。

日付	運	月齢	開運メッセージ
1(木)	業	◑	！先方都合の変更で、対応に追われそう
2(金)	栄	◑	！人に任せると決めたなら口出ししないで
3(土)	衰	◑	！忙しくても部屋を掃除してから豆まきを
4(日)	安	◑	！離れるべき時かも。「去る者追わず」で
5(月)	危	◑	！うまい話には裏が。慎重さが身を守る
6(火)	成	◑	！嫉妬ややっかみの対象にならないように
7(水)	壊	◑	！小さな手抜きが、大きなミスを誘発する
8(木)	友	●	一度頭の中をからっぽにして考えを再構築
9(金)	親	●	話したかった人と話せるチャンス。笑顔で
10(土)	親	●	近所を散策しよう。運動不足解消にもなる
11(日)	胎	●	今のままでいいのか、自問自答する時間を
12(月)	同	◐	！！！！親しい仲でもきつい言葉は慎んで
13(火)	衰	◐	その場のノリで勝手に予定を変えないこと
14(水)	安	◐	$感謝の心でチョコを。ビッグなお返しが
15(木)	危	◐	苦手な人でも、認めるべきところは認めて
16(金)	成	◐	★白いアウターで外出を。気分も晴れやか
17(土)	壊	◐	！尽くしすぎて相手をダメにしないように
18(日)	友	◐	$$昔のブランド物がお宝に。臨時収入が
19(月)	親	◐	★★頭をやわらかくすることが挽回の鍵
20(火)	命	◐	！！！！人と深く関わることで気苦労も
21(水)	栄	○	★★★プレッシャーも味方にできれば最強
22(木)	衰	○	栄養が偏らないよう、野菜も肉も魚もとる
23(金)	意	○	！！！！大事なものを紛失!? 油断は禁物
24(土)	危	○	ちょっとした優しさであなたの株が上がる
25(日)	成	○	♥♥遠距離を障害と思わずプラスに考えて
26(月)	壊	○	！自分だけが特別ではない。ルールは必須
27(火)	友	◑	★★★人の輪が広がりワクワクする展開に
28(水)	親	◑	◆◆◆的確なフィードバックが功を奏す
29(木)	業	◑	！言い訳がましくなる。シンプルに伝えて

3月

歓送迎会などで急接近の可能性!

月初めの「魔のウィーク」では不確定なことも多く迷いがち。７日以降は、まず行動すべき。計画を実行に移すのにもよい時。過去にダメだったことも、相手や場所を変えて再挑戦してみて。恋愛は歓送迎会などで急に親しくなることが。「栄」の10日と「友」の25日は長期計画やウィッシュリストをまとめると叶いそう。

日付	運	月齢	開運メッセージ
1(金)	栄	◑	！未定のことが多くて次の手が決まらない
2(土)	衰	◑	！バレてないと思っていても、バレている
3(日)	安	◑	！ひな祭りは桃の花を飾ってお祝いしよう
4(月)	危	◑	！よく考えれば、大したことではないはず
5(火)	成	◑	！理想と現実の差を感じたら、それが課題
6(水)	壊	◑	！体調の変化に敏感に。早めの対処が肝心
7(木)	友	◑	情報収集だけでなく、拡散にも工夫が必要
8(金)	親	●	雑談から面白いアイデアが浮かんできそう
9(土)	胎	●	カラオケや音読、ボイトレなどで声を出す
10(日)	栄	●	♥♥愛する人と、将来について話し合おう
11(月)	衰	●	ルームウェアは肌触りや着心地を重視して
12(火)	安	●	★欠点カバーのため、スキルアップに注力
13(水)	危	◐	★歓送迎会で仲良くなったら連絡先を交換
14(木)	成	◐	★以前から練っていたプランを実行しよう
15(金)	壊	◐	！時間は大切。優先順位をつけて対処して
16(土)	友	◐	★★★旧知の友人が集まったら集合写真を
17(日)	親	◐	♥♥♥好きな人に何かを教われば急接近も
18(月)	命	◐	ハナニラを育てて。星形の花に心が潤う
19(火)	栄	◐	★★★場所や人を変えての再トライが有効
20(水)	衰	◐	ワードローブを見回して、着回しを考えて
21(木)	安	◐	★腸活など、インナーケアで美肌を目指す
22(金)	危	○	コーヒーブレイクを挟んでやる気を維持
23(土)	成	○	$遺産相続などで受け継ぐものがありそう
24(日)	壊	○	！人の言葉にショック。引きずらないで
25(月)	友	○	◆◆◆ビジネスの長期計画を立て、即始動
26(火)	親	○	★★★少しの勇気が大きな成功を呼び込む
27(水)	業	○	！話は最後まで聞かないと、誤解が生じる
28(木)	栄	○	！自分の都合だけでなく、周りを気遣って
29(金)	衰	◑	！年度末の仕事で忙殺。気合で乗り切ろう
30(土)	安	◑	！人間関係に疲れが。一人になれる場所へ
31(日)	危	◑	！配信ドラマで充電。でも夜更かしはNG

最大開運日 4/13、5/19　最大警戒日 1/26、2/12

4月

よい仲間や運命の仕事との出会いが

人間関係に恵まれる月でグループ活動や団体戦がおすすめ。一人では無理そうなことも、周囲の力を借りれば大丈夫。環境が変わったり、新たに勉強を始めた人は、長く続くよい仲間を得られそう。使命を感じる仕事や大事な場所とも出会える暗示。迷ったら、尊敬する人を手本にしたり、相談するとよい答えが。

日付	運	月齢	開運メッセージ
1(月)	成	◑	モヤモヤするなら、相手に詳細を確認して
2(火)	壊	◑	！強すぎるこだわりは自分の首を絞める
3(水)	友	◑	お世辞も時には大事。人づき合いの潤滑油
4(木)	親	◑	元気がない人がいたら、さりげなく挨拶を
5(金)	胎	◑	必要なものと、不要なものが見えてくる
6(土)	栄	◑	♥♥出会ったばかりでも積極的にアタック
7(日)	衰	◑	サンダルウッドのアロマで心地よい眠りを
8(月)	安	●	★新メンバーと仕事でいい関係が築けそう
9(火)	安	●	★困った時こそ自分の発想力を信じてみて
10(水)	危	●	★憧れの人をまねることで乗り越えられる
11(木)	成	◐	$お金が絡む契約によい日。捺印も丁寧に
12(金)	壊	◐	！再修正にならないよう、隅々まで確認を
13(土)	友	◐	★★★エネルギッシュに動けて楽しさ倍増
14(日)	親	◐	♥♥♥グループで出かけた先で愛を再確認
15(月)	命	◐	寝る前に理想の自分を具体的に思い描いて
16(火)	栄	◐	★★★同じ目的を持つ仲間が刺激をくれる
17(水)	衰	◐	余計な買い物をするより冷蔵庫の残り物で
18(木)	安	◐	★迷った時は、尊敬する上司に相談しよう
19(金)	危	◐	行き詰まったら当初の目的を思い出して
20(土)	成	○	★マンネリ気味のコーデやメイクに変化を
21(日)	壊	○	！モテても調子に乗らない。可愛げが大事
22(月)	友	○	◆◆◆天職と思える仕事や場に出会える
23(火)	親	○	★★★チーム力で何倍もの相乗効果を発揮
24(水)	業	○	！たまには愚痴も。毒を出したら次に進む
25(木)	栄	○	！自分に甘く、人に厳しくならないように
26(金)	衰	○	！突然投げ出すのはルール違反。責任感を
27(土)	安	○	！太ってきたと思ったら、間食を減らして
28(日)	危	◑	！家電の故障で痛い出費。でもケチらずに
29(月)	成	◑	冗談か本気か、相手の気持ちを見極めよう
30(火)	壊	◑	！多少気になる点があっても目をつぶって

5月

パワー最大! リベンジ旅行へGO!

GWは公私共に周囲に人が集まり、楽しい時間に。以前に諦めた旅をするのもおすすめ。仕事では達成感を味わえる出来事もあり、次のステップに進むのによい時。会議やディスカッションは実りあるものになりそう。転職活動も◎。SNSで新しいことを始めたり、広報や宣伝活動などでも手応えを得られる。

日付	運	月齢	開運メッセージ
1(水)	友	◑	面倒なことより楽しい部分に目を向けて
2(木)	親	◑	仲間と一緒に〝推し活〟で、エネルギー補給
3(金)	胎	◑	少しずつ衣替え。不要品は処分して身軽に
4(土)	栄	◑	♥♥行きたかった場所へ二人で旅に出よう
5(日)	衰	◑	お笑いライブ動画を見て、笑ってスッキリ
6(月)	安	◑	★皆で集まっておいしいものを食べる会を
7(火)	危	●	小さなことでも、日々の積み重ねは大事
8(水)	成	●	★ディスカッションにより、いい案が浮上
9(木)	壊	●	！気持ちが焦る。ペースダウンして丁寧に
10(金)	友	◐	★★★達成感を味わえて、さらにやる気が
11(土)	親	◐	$$$くじ運絶好調。少ない額から挑戦を
12(日)	命	◐	★動物園でお気に入りの動物に癒されよう
13(月)	栄	◐	◆◆◆次のステップに進むため転職活動を
14(火)	衰	◐	今日はサポート役に回ったほうがスムーズ
15(水)	安	◐	★夏らしい素材を使ったバッグや靴で外出
16(木)	危	◐	タイミングを逃さないよう状況を見極めて
17(金)	成	◐	★SNSや新ツールでの広報活動に手応え
18(土)	壊	◐	！目が疲れ気味。目元を温めリラックス
19(日)	友	○	★★★髪型でイメチェン。一気に魅力的に
20(月)	親	○	♥♥♥何らか決着を。それが恋愛運を開く
21(火)	業	○	！不本意なことがあっても事を荒立てない
22(水)	栄	○	！決め打ちは危険。選択肢は多めに準備
23(木)	衰	○	！ミスは素直に認めて。対応策を考えよう
24(金)	安	○	！体力を過信しての、飛ばしすぎに注意を
25(土)	危	○	！どんな場面でも感情的になったら負け
26(日)	成	○	！忘れ物の暗示。外出の準備は念入りに
27(月)	壊	○	！余計なことに手を出さず、義務を確実に
28(火)	友	◑	相手のリアクションを見て対応をチェンジ
29(水)	親	◑	余裕があれば、周りの人を手伝ってあげて
30(木)	胎	◑	公園でランニングするのもよい気分転換に
31(金)	栄	◑	★偶然の出来事でも何か意味があるはず

6月

中心的な役割として活躍する時

アグレッシブに動ける活動期で、皆を引っ張っていく中心的立場になることも。大きな仕事や重要な話ほど水面下で動くことが必要。仕事上の情報はもちろん、人の秘密などをオープンにしすぎないように注意。15、16日はとてもモテる星回り。でも秘密の恋は簡単に切れなくなりそうなので、深入りは禁物。

日付	運	月齢	開運メッセージ
1(土)	衰	◑	温度変化に敏感に。羽織り物などで調整を
2(日)	安	◑	趣味に没頭。充実した時間が過ごせそう
3(月)	危	◑	あちこちから声がかかる。パワー全開で
4(火)	成	◑	$月々の出費を見直して、無駄をカット
5(水)	壊	●	！納得がいかないなら、冷静に伝えてみる
6(木)	友	●	◆◆◆リーダー的立場に。自信を持とう
7(金)	親	●	★★★上半期を振り返り、目標を上方修正
8(土)	命	◐	★よいことを数えてあげて〝幸せ脳〟を作ろう
9(日)	栄	◐	★★★出かけた先で、うれしい初体験が
10(月)	衰	◐	身勝手な部分や、ダメな面が露呈しがち
11(火)	安	◐	★パールのジュエリーを身につけて開運
12(水)	危	◐	意地を張らない。譲るべきところは譲って
13(木)	成	◐	★水面下の根回しで大きな案件もまとまる
14(金)	壊	◐	！貸し借りがあるのなら早めに清算をして
15(土)	友	◐	★★★★人の注目が集まる。お洒落は必須
16(日)	親	◐	♥♥♥強烈なモテ運到来。上手に活かそう
17(月)	業	◐	！天気予報や交通状況をチェックして行動
18(火)	栄	◐	！「ここだけの話」をうっかり漏らさないで
19(水)	衰	○	！あれもこれもと手をつけると収拾不能に
20(木)	安	○	！近視眼的になっている。広い視野で見て
21(金)	危	○	！ギリギリを攻めすぎると失敗する羽目に
22(土)	成	○	！人に言えない恋は腐れ縁になる危険性が
23(日)	壊	○	！正面からぶつからずサラリと受け流す
24(月)	友	○	自分ではなく人のためなら力が出せそう
25(火)	親	○	押してダメなら引いてみるとうまくいく
26(水)	胎	○	美も健康も頑張れば劇的な体質改善が可能
27(木)	栄	○	♥♥思い切った決断で、恋が動きだす予感
28(金)	衰	◑	張り詰めていた気持ちの糸を少し緩めよう
29(土)	安	◑	★理想に縛られないように。でも志は高く
30(日)	危	◑	ヨガや筋トレ、ダンスなどの動画で運動を

☆鬼宿の開運暦2024☆

7月

魅力全開、的確なジャッジで前進!

魅力と個性、能力を発揮できる月。的確な判断と賢い妥協で前進してOK。新しい技術やツール、システムの導入も役に立ちそう。ただし金銭面はクリアに。愛情面では、14日までに自分の気持ちを素直に伝えて。SNSなどで同じ趣味や心情、悩みなど共有する人たちとのつながりができ、心が救われることも。

日付	運	月齢	開運メッセージ
1(月)	成	●	★★最新技術やシステムの導入で快適に
2(火)	壊	●	!心配をかけたくなくても秘密はよくない
3(水)	友	●	◆◆並外れたパワーで、想像以上の成果が
4(木)	親	●	★★★★個性や魅力、能力が評価される日
5(金)	命	●	★好きなものや心情を共有できる人が癒し
6(土)	命	●	★時間に余裕があれば心にも余裕ができる
7(日)	栄	●	♥♥♥お祭りや花火へ。二人の夏を満喫
8(月)	衰	●	ルビーを身につけて、いい流れをキャッチ
9(火)	安	●	★悩みの解決につながる情報に出会えそう
10(水)	危	●	誤解が生じても、誠意は必ず相手に伝わる
11(木)	成	●	★朝活でストレッチをして頭も体も活性化
12(金)	壊	◐	!余計なお世話かも。口出しは最小限に
13(土)	友	◐	★★★★人の後押しを受けて、大きく前進
14(日)	親	◐	♥♥♥後悔しないように、思いを伝えよう
15(月)	業	○	!家族とのコミュニケーションを怠らない
16(火)	栄	○	!忘れないようバッグの中身は1か所に
17(水)	衰	○	!足にむくみが。歩きやすい靴を選んで
18(木)	安	○	!問題に気づいたら、なるべく早めに対処
19(金)	危	○	!お金のことは適当にせず、クリーンに
20(土)	成	○	!自分の価値観を人に押しつけてはダメ
21(日)	壊	○	!友達止まりの関係には見切りをつけて
22(月)	友	○	eスポーツなど、新しいジャンルにトライ
23(火)	親	◑	横のつながりのありがたみを実感できそう
24(水)	胎	◑	ボランティアに挑戦したり、少額の寄付を
25(木)	栄	◑	$$運用のため金融商品を研究しよう
26(金)	衰	◑	気を使いすぎて疲れそう。早めに帰宅して
27(土)	安	◑	★家事の流れや動線を改良すれば時短に
28(日)	危	◑	疎遠になっている人に暑中見舞いメールを
29(月)	成	◑	★★的確な判断と前向きな妥協で好結果に
30(火)	壊	●	!説明は簡潔に順序立てて。事前に準備を
31(水)	友	●	★★かき氷など夏スイーツで気分を上げて

8月

パワーダウン。見切り発車はNG

難解なこと、不透明なことと向き合わねばならない月。秘密や弱点が表面化することも。でもここはじっくり調べて、学ぶべき。10日からの「魔のウィーク」では、よくわからないまま見切り発車するのはNG。混乱や失敗を呼ぶ。健康面の不安は、健診とケアで早めに取り除いて。試験対策は今月の集中力が勝負。

日付	運	月齢	開運メッセージ
1(木)	親	●	$$$$予想より好条件でローンが組める
2(金)	命	●	★好きなものに打ち込む時間が、心の栄養
3(土)	栄	●	★★海の見える場所へ。ストレスも浄化
4(日)	安	●	★開運の花・ハイビスカスで明るい気分に
5(月)	危	●	弱点が露呈。ここで向き合えば学びになる
6(火)	成	●	★資格試験のための勉強は集中力で勝負
7(水)	壊	●	!不透明なこと、難解な案件に戸惑いそう
8(木)	友	●	♥♥♥次々と波のように恋のチャンスが
9(金)	親	●	★★★尊敬する先輩から学んだことは宝物
10(土)	業	◐	!いつまでもしがみつかず、手放してみて
11(日)	栄	◐	!スパイシーなアジア料理で夏バテを撃退
12(月)	衰	◐	!体によいこともやりすぎるとかえって毒
13(火)	安	◐	!体調に不安があるなら迷わず健康診断を
14(水)	危	○	!未確認のまま動きだしても失敗するだけ
15(木)	成	○	!過密すぎるスケジュールはミスを招く
16(金)	壊	○	!第一印象で判断しない。内面をよく見て
17(土)	友	○	納得できなくても、ひとまず受け入れよう
18(日)	親	○	お世話になっている人へお土産を忘れずに
19(月)	胎	○	先延ばしにしていた計画をそろそろ実行へ
20(火)	栄	○	♥♥献身的に尽くすことで愛がより深まる
21(水)	衰	○	背伸びせず、目の前のやるべきことに集中
22(木)	安	◑	★ギクシャクしていた相手と雪解けの予感
23(金)	危	◑	気になったことは放置せずに、掘り下げて
24(土)	成	◑	★同世代の友人とカラオケで懐メロを熱唱
25(日)	壊	◑	!〝推し活〟の活動費は、限度額を守って
26(月)	友	◑	◆◆◆メリットを熱心に伝えれば交渉成立
27(火)	親	◑	★★★状況判断が的確。自信を持って行動
28(水)	命	●	★ペットに愛情をかけることが癒しになる
29(木)	栄	●	★★★夢や目標を実現するための協力者が
30(金)	衰	●	冷えを感じたら、常温か温かい飲み物を
31(土)	安	●	★ありのままでいたほうが愛されるはず

9月

甘い見通しで飛びつかないで

3日から「七曜陵逼」なのに、大量に情報が入ってきたり、興味を魅かれる出会いがあったり。甘い見通しで飛びつくと、挫折、立ち消えになる恐れがあるので、よい話ほど下調べと分析、周囲への相談が必要。長く続けたいことは、「六害宿」を避けてスタートすること。特に「同宿」の16日はお金の話をしない。

日付	運	月齢	開運メッセージ
1(日)	危	●	話題の漫画を一気読み。明日への活力に
2(月)	成	●	$金融知識や有益な情報を吸収しておこう
3(火)	壊	●	!冷たいと思われても合理的に判断すべき
4(水)	友	●	♥♥気になるなら初対面でも話しかけて
5(木)	親	●	★皆の喜びを優先するのが幸せになるコツ
6(金)	事	●	!!!!嫉妬しすぎると相手の心が離れる
7(土)	栄	●	!!怪しい勧誘にはNOを。資産を守って
8(日)	衰	●	!コントロールがきかず、手に余る状況に
9(月)	克	◐	!!!!思いつきで予定や計画を変えない
10(火)	危	◐	!!いい話ほど下調べや情報分析はマスト
11(水)	成	◐	!!体力を消耗。早めの就寝でチャージを
12(木)	聚	○	!!!!読みが甘いと、途中で立ち消えに
13(金)	友	○	得意分野を活かして、何か貢献ができそう
14(土)	親	○	忘れ物に注意。リマインド機能を活用して
15(日)	胎	○	直感を信じて。嫌な予感がしたらすぐ退散
16(月)	同	○	!!!!お金の話は×。別のタイミングで
17(火)	衰	○	歯の治療やクリーニングの予約は早めに
18(水)	安	○	◆求められることがモチベーションになる
19(木)	危	○	アドリブはほどほどに。指示を忠実に実行
20(金)	成	○	★理想の自分になるための方法を書き出す
21(土)	壊	◑	!誘惑に心が揺れがち。ブレない愛が一番
22(日)	友	◑	★★頑張ったご褒美に少し贅沢なワインを
23(月)	親	◑	★★キャンプや登山で大自然を感じよう
24(火)	命	◑	!!!!普段しないことには手を出さない
25(水)	栄	◑	★★★スピード感あるやりとりができる
26(木)	衰	◑	相手が誰であれ、できない約束はしないで
27(金)	意	●	!!!!継続させたいことの開始は別日に
28(土)	危	●	噂話は話半分に聞こう。他で広めないこと
29(日)	成	●	♥♥今の自分に合った恋愛スタイルでいい
30(月)	壊	●	!小さな嘘もNG。後で帳尻が合わなくなる

最大開運日 7/4、8/29　最大警戒日 9/16、10/14

鬼

10月

パワー大! 予想外のハッピーも!!

予想外のうれしい出来事があり、レジャー運や恋愛運は盛り上がりそう。でも「七曜陵逼」の期間の出来事は一過性だったり、簡単に逆転するので、大胆な方向転換や決断は危険。はしゃぎすぎると意外なところで反感を買いそう。特に「聚宿」の10日は自慢話は禁止。チャンスがあってもワンナイトラブはパスで。

日付	運	月齢	開運メッセージ
1(火)	友	●	♥♥♥ダメ元でアタック。予想外の好感触
2(水)	親	●	◆◆◆事業や取引先の拡大を狙っていこう
3(木)	親	●	★親離れ、子離れはお互いの成長と思って
4(金)	事	●	！！！！一夜限りの火遊びは断固お断りを
5(土)	栄	◐	！！楽に儲かる方法はない。騙されないで
6(日)	衰	◐	！疲労が蓄積。ボーッとできる時間をとる
7(月)	克	◐	！！！！軽率な言動で逆鱗も。修復は困難
8(火)	危	◐	！！機密保持の意識を高めて。責任問題に
9(水)	成	◐	！！調子に乗りすぎ。勘違い発言にも注意
10(木)	聚	◐	！！！！自慢話や自分語りは反感を買う
11(金)	友	◐	割り勘にしたほうがお互いに気を使わない
12(土)	親	◐	返事の催促はしない。気になっても待って
13(日)	胎	◐	今後の人生や生き方について見つめ直そう
14(月)	同	○	！！！！思い切った決断や路線変更は危険
15(火)	衰	○	口元を動かす顔トレを。やわらかい表情に
16(水)	安	○	♥会えない時間が、思いを強くしてくれる
17(木)	危	○	深読みしない。ストレートに受け取るべき
18(金)	成	○	$フリマアプリで商品比較。格安で購入も
19(土)	壊	◑	！予定は無理のないように。段取り重視で
20(日)	友	◑	★★大人気のスイーツを持って友達の家へ
21(月)	親	◑	★★人との関係も、自分らしく自由に構築
22(火)	命	◑	！！！！いい流れのはずが、望まぬ展開に
23(水)	栄	◑	★★★持ち前の発想力と行動力が光る時
24(木)	衰	◑	完璧を目指さなくていい。今日は70点でOK
25(金)	意	◑	！！！！浮気や秘密は大きな後悔を呼ぶ
26(土)	危	◑	異業種の人と会話を。たくさんの学びあり
27(日)	成	◑	★★秋の味覚を使ったバーベキューを開催
28(月)	壊	●	！最初から他人頼みではなく、まず自分で
29(火)	友	●	★★★ターニングポイントとなる出来事が
30(水)	親	●	★★★クリエイティブな才能を発揮できる
31(木)	業	●	！不確実な情報を無責任に広めないこと

11月

よりよいアップデートのチャンス!?

月初めの「魔のウィーク」は、突発的な出来事やアクシデントの暗示。あてにしていたことがなくなったり、変わったりして、残念なことも。でも7日からは本物を再構築できる運気。丁寧な見直しで、前よりバージョンアップした、よりよいものを取り戻せそう。16、17日はユニークで役に立つ考えが浮かぶ。

日付	運	月齢	開運メッセージ
1(金)	栄	●	！勘違いに気づかぬまま暴走する危険性が
2(土)	衰	●	！お気に入りの商品が廃番になりガッカリ
3(日)	安	◐	！場の空気が大切。余計なことは言わない
4(月)	危	◐	！免疫力の低下に備え、具だくさんの鍋を
5(火)	成	◐	！突発的なアクシデントが。諦めも必要
6(水)	壊	◐	！床に物を置きだすと、一気に部屋が散乱
7(木)	友	◐	昔の写真やノートを見返すと気づくことが
8(金)	親	◐	友人がすすめる保湿ケアアイテムをお試し
9(土)	胎	◐	サウナや酵素風呂で汗をかきリフレッシュ
10(日)	栄	◐	♥♥相手の包容力を感じ、惚れ直しそう
11(月)	衰	◐	脳のお疲れには少し甘味のあるドリンクを
12(火)	安	○	★古いものを再生。そこに使命が見つかる
13(水)	危	○	◆代打的な仕事で自分の新たな適性を発見
14(木)	成	○	★丁寧に見直せば、よりよいものができる
15(金)	壊	○	！勝ち負けにこだわると大事なものを失う
16(土)	友	○	$$$お買い得価格で、いい買い物ができる
17(日)	親	○	★★★生活が豊かになるアイデアが浮かぶ
18(月)	命	◑	起きたら換気を。朝の空気と太陽を感じて
19(火)	栄	◑	♥♥♥真心を伝えれば、復縁や関係修復も
20(水)	衰	◑	いい意味で“開き直る”のも、時には必要
21(木)	安	◑	★本心を話せる人を大切に。心が軽くなる
22(金)	危	◑	必要でもストックしすぎはスペースの無駄
23(土)	成	◑	★雑誌の素敵なコーデをまねてイメチェン
24(日)	壊	◑	！上から目線の発言が多くなっているかも
25(月)	友	◑	★★★少額のスクラッチなどで金運を刺激
26(火)	親	◑	★★★これしかない！という軸が決まる
27(水)	業	●	！調整に追われて、心身共にクタクタに
28(木)	栄	●	！中途半端に手を出すと、深みにハマる
29(金)	衰	●	！気が大きくなって大風呂敷を広げそう
30(土)	安	●	！水に流さないと次のステップに進めない

12月

自分のできることを冷静に判断

焦らず、何事も丁寧に、納得のいくまで取り組めば不安を取り除けるはず。その結果、やり直しになったとしても、むしろ幸運だととらえて。貴重なものを譲り受ける、逆に託す暗示があるが、欲張ると重荷に。自分のできる範囲を冷静に判断すること。24日からの「魔のウィーク」はサービス精神で乗り切って。

日付	運	月齢	開運メッセージ
1(日)	危	●	！我を通しても、相手の恋心は冷めるだけ
2(月)	成	●	柔軟性が重要。うまく対応できれば糧に
3(火)	壊	◐	！仕事の引き継ぎは相手の負担も考えて
4(水)	友	◐	お礼をしたい人に、一筆添えたお歳暮を
5(木)	親	◐	パーソナルで指導を受ければ効果もUP
6(金)	胎	◐	今の思いを書き出すと頭の中が整理できる
7(土)	栄	◐	★★維持費がかかるものは思い切って処分
8(日)	衰	◐	時にはスマホと離れてデジタルデトックス
9(月)	安	◐	◆受け継いだノウハウが別の事業の種に
10(火)	危	◐	長い目で見て、プラスになるほうを選ぼう
11(水)	成	◐	★焦らず、納得いくまでやると自信になる
12(木)	壊	○	！混乱状態を乗り切るための秘策を考えて
13(金)	友	○	♥♥♥相手の幸せを思う純な心が愛を育む
14(土)	親	○	★★★ベストを尽くせばどんな結果も満足
15(日)	命	○	★冬の夜空を眺めながら頭の中をクリアに
16(月)	栄	○	★★★やり直すことで、ラッキーな方向へ
17(火)	衰	○	人と自分を比べず、マイペースを心がけて
18(水)	安	◑	★色で迷ったらレッドを。気持ちも上がる
19(木)	危	◑	日常に何か一工夫。マンネリを打破しよう
20(金)	成	◑	$価値あるものを譲り受けるかも。大切に
21(土)	壊	◑	！テンションが上がっても場はわきまえる
22(日)	友	◑	♥♥♥二人で温泉旅行デート。愛も温めて
23(月)	親	◑	★★★スポットライトが当たり、充実感が
24(火)	業	◑	！イブだからといって特別なことは不要
25(水)	栄	◑	！世間体よりも自分の信念を大切にすべき
26(木)	衰	◑	！風邪症状を感じたら甘くみないで病院へ
27(金)	安	●	！バタバタしないよう正月の準備は着々と
28(土)	危	●	！家族サービスをしよう。笑顔があふれる
29(日)	成	●	！マウンティングしたがる人とは距離を
30(月)	壊	●	！親や目上の人の忠告には素直に従うべき
31(火)	壊	●	！カリカリせずに、寛容な心で新しい年を

集中力No.1 マニアックな熱中体質

9 柳宿《りゅうしゅく》

★開運キーワード★

Color
ネイビー　ラベンダー

Spot
コンサート会場　温泉

Food
駅弁　高カカオチョコ

Item
オンラインゲーム　サンダル

Stone
ガーネット　ムーンストーン

Aroma
ロータス　ベルガモット

Flower
アネモネ　ローズ

柳宿ってこんな人

「柳」は細く長く枝分かれした〝専門性〟を表す。柳の木のように優しく静かで、たおやかな印象の人が多いが、内面は情熱的な熱中体質。一度ハマると猛烈な集中力で物事を突き詰めるため、分野を絞るほどに才能を発揮する。一方で、熱しやすく冷めやすい傾向もあり、人生で何度か興味の対象や人間関係を大きく変える。恋愛では、狙いを定めて落とす情熱家。一途で、好きな相手とはすぐに家族になりたいので、早婚の人も多い。ひとつの愛にこだわって独身を貫く人も。開運のポイントは白い歯の口元なので、デンタルケアは積極的に！

この宿の有名人

ミランダ・カー　吉田美和　吉田羊　宮﨑あおい　満島ひかり　新川優愛　松井愛莉　生田絵梨花　佐久間由衣　井上咲楽　蒔田彩珠　桜田ひより　開心那　トム・クルーズ　キアヌ・リーブス　村上春樹　ヒロミ　大野智　横山裕　松田翔太　松尾駿　内田篤人　石川祐希　八村塁

2024年開運3か条

1. 自分と立場や年齢の違う人たちとたくさん交流し、話をよく聞こう
2. いろいろな形で勉強や習い事を。こだわりのあることは深掘りして
3. コンプレックスに向き合う強さを育てよう。あなたらしく輝ける!

★2024年の全体運★

強い思いが出会いと〝宝物〟を呼び込む。パワフルに次々と実現できる強運年!

★2024年の特徴　望んだことを次々と実現しながら、夢や目標にグンと近づける強運の年。生き方を問われる「命」の年を１年後に控える〝近距離〟の「栄」の運気であり、その気になれば、自分らしい成功に続く道や方策を必ず見出せます。凝り性で集中力があり、限定された専門分野に高い能力と個性的な感性を発揮する柳宿の人にとって、2024年は没入できる対象、フィールドとの出会いや、その絞り込みが期待できます。何かの変化や別離、譲ったり、受け継ぐことがきっかけになる場合もあれば、これまでこだわって続けてきたことを支持し、協力してくれる人々が現れて、飛躍を遂げる土台が築かれることもあるでしょう。あなたが強く願えば、それにドンピシャな出会いがもたらされ、これまでのマイナスもプラスに変わり、新たな〝宝物〟を得られるのです。

★1年の運気の流れ　「七曜陵逼」の**1、2月**は周囲に変化があり、受け身で過ごす時ですが、その変化はあなたに有利な結果をもたらしそう。**3、4月**も環境や人間関係に入れ替わりがありますが、それがあなたに新たな目標や〝志〟〝使命〟を抱かせます。再会、再訪がきっかけで、かつての夢が再燃したりもしそう。快調な発展運の**5月**を経て、**6月**に一度、〝中締め〟的に結果を出してみて。**7月**には設定した目標やアプローチ方法などを少し見直すと、好調な運気を保てます。また、愛する人とも**7月**までにしっかり向き合う時間を持ちましょう。「七曜陵逼」なのにパワーが高まる**9、10月**は、お気楽に何かを始めると、こじれたり、尻すぼみになりやすいので注意して。**11、12月**は、自分より誰かや何かを優先するような、とても奉仕的な過ごし方をするかもしれませんが、プライスレスな経験になるはずです。それがあなたの心を満たし、次の幸運へとつながるでしょう。

★愛情運★

転職、引っ越し、SNSなどで新たな縁も

2024年は、心動く新たな出会いや再会があり、前に進める時。パートナーのいる人は、寄り添って共に新たな環境を切り拓く運気です。問題のある関係は「七曜陵逼」の1、2月に切れる暗示。そこで手放したほうが、3月10日～5月21日で強い出会い運をつかめます。転職、引っ越し、学びの場やSNSでの巡り合わせ、偶然の再会などで関係が深まり、7月12日「成」の日までに成就する恋もありそう。ただ、どんなに理想の相手、癒しの存在でも、不倫、二股はNG。別れ話をするなら9、10月の「七曜陵逼」の後に。相手に依存、尽くしすぎている恋も9、10月にモメますが、11、12月は深い話ができる時。あなた自身が自立心を持てば愛も蘇るはずです。

★仕事運★

転職や資格取得、スキルアップも狙える

結果を出しながら、バージョンアップができる2024年ですが、「七曜陵逼」の1、2月は問題噴出の予感。でも3月以降は運気上昇。特に3～5月はよい人脈や仲間とつながれます。転職は3月10日～6月17日にチャンスがあるけれど、急がずに。今後の自分の〝武器〟になるスキルや資格の取得をまずは優先させて。8月は仕事全般の見直しのタイミング。取引先やコスト、PR方法のほか、あなた自身の意志も再考を。それで心が決まっても「七曜陵逼」の9、10月には拙速に動かないで。また、ここではセクハラやお金の扱いにも注意。2024年のマイナスは、11月11～27日に浮かんだアイデア、12月8～24日の周囲への細やかな配慮で取り戻せるでしょう。

★金運★

金銭感覚を基準につき合う人を選んで

「七曜陵逼」の1、2月が2024年最大の危険ゾーン。お金にならない作業に時間をとられたり、紛失、破損で予定外の出費もありそう。苦しくても堅実に過ごして。運気が上向くのは6月1日～8月10日。6月は不要品の処分、7月は貯蓄を始めるのにベスト。8月は資産形成やお金について学ぶのによい時期ですが、わかったつもりで9、10月の「七曜陵逼」に大金を動かすのはやめて。11、12月に有形無形の貸し借りを解消すると金運が底上げされます。人間関係が広がる2024年はつき合う相手を選ぶ際に、金銭感覚の一致を重要視して！

★美容・健康運★

旅など〝非日常〟で心身のデトックスを!

華やかな出来事や挑戦もある2024年は、気づかずにたまるストレスや疲れをうまく解消する必要が。特に1～3月は、無理をすると大きく体調を崩す恐れも。アクティブに過ごせるのは4～7月。中でも5月2～21日はお洒落に、6月25日～7月15日は美容に力を入れると、美しさと好感度がアップ。7月26日～9月1日は日常を離れるなどして、心身のデトックスを心がけると、「七曜陵逼」の9、10月に体調や感情の波を抑えられます。11、12月には、あなたにとって究極の癒しの存在や、〝神の手〟を持つ施術者に出会えるかも！

★七曜陵逼の乗り切り方★

柳宿が各時期に気をつけるべき大事なことをアドバイス。忘れないで！

1 1/2～1/28

忙しく、自分の時間はないが、相手ファーストに徹して正解。「魔のウィーク」や「六害宿」は誤解、曲解あり。謝罪や弁解は別の日に。

2 2/10～2/25

人との交流が盛んだけど、急に親しくなりすぎたり、深い問題に関わるのは危険。センシティブなことに、気楽にコメントしないで。

3 9/3～9/29

自分勝手に動いたり、語りまくると、よくないものも引き寄せる。秘密はしっかり保持。好き嫌いを出して人をえこひいきしないで。

4 10/3～10/27

自由に動きすぎてチームワークを乱すと、ここまでの努力が台なし。嫉妬はしない以上にされないように注意。お金の扱いも慎重に。

Energy Power 1年を通じパワーが大きい年！ 8月、12月は疲れをうまく解消して。

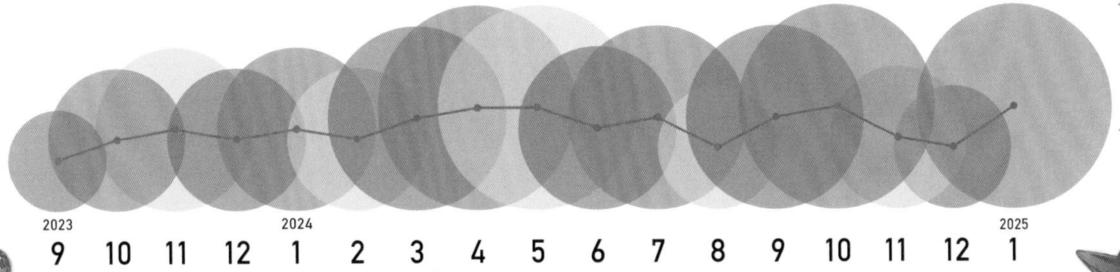

★柳宿の開運暦2024★

1月

人のために尽くして運気をためる

仕事やプライベートで、自分の利益や得にならないことを必死に頑張る状況におかれそう。でも「七曜陵逼」の期間はあまり流れに逆らわずに。人のためにできることをすれば運の貯金になります。人間関係は賑やかだけど、少しの行き違いでこじれる恐れもあり。特に久々の再会は「六害宿」の日は避けて。

日付	運	月齢	開運メッセージ
1(月)	危	◑	お正月らしさにこだわらなくても楽しめる
2(火)	成	◑	$好きなブランドの初売りで掘り出し物が
3(水)	壊	◑	!先約を優先すべき。わがままは控えよう
4(木)	友	◑	★達成したい目標を5つ、具体的に書き出す
5(金)	親	◑	★★★ちょっとした親切で一気に人気上昇
6(土)	事	◑	!!!!久しぶりの再会はまた別の機会に
7(日)	栄	◑	!粗探ししない。いいところに目を向けて
8(月)	衰	◑	!!生活リズムの乱れから体調を崩しがち
9(火)	克	●	!!!!悪気がないことはしっかり伝えて
10(水)	危	●	!!損な役回りでも頑張ることで活路が
11(木)	成	●	!!仕事でトラブル発生。焦らずに対応を
12(金)	聚	●	!!!!事実をねじ曲げてとらえないで
13(土)	友	◐	トレンドよりも防寒重視のファッションを
14(日)	親	◐	何かが壊れたら、厄払いになったと考えて
15(月)	胎	◐	不足しがちな栄養素はサプリメントで補給
16(火)	同	◐	!!!!多忙でも相手に合わせる努力を
17(水)	衰	◐	交通機関の遅れや渋滞情報を確認して移動
18(木)	安	◐	★相手との信頼関係を築くことを最優先に
19(金)	危	◐	変化にうまく対応するには今は受け身が◎
20(土)	成	◐	♥恋に前向きになれば、ご縁は身近にあり
21(日)	壊	○	!なりゆきに任せておいたほうが安全かも
22(月)	友	○	★★年齢や立場を超えた交流から気づきが
23(火)	親	○	★★人のために動くことで運を鍛えられる
24(水)	命	○	!!!!誤解が生じそう。後日改めて謝罪
25(木)	栄	○	★★内に秘めた情熱を伝えて。結果も上々
26(金)	衰	○	★ミント系のガムで、口内も気分も爽快に
27(土)	意	○	!!!!自己嫌悪に陥りそう。切り替えて
28(日)	危	○	★好きなことに、とことん没頭して発散
29(月)	成	◑	♥自分の気持ちに素直に。壁を越えられる
30(火)	壊	◑	!ガーネットは不安な心を和らげるお守り
31(水)	友	◑	◆◆◆マニアックなほどの情熱が成功の鍵

2月

パワー低調。アクシデントに注意を

「魔のウィーク」では人の都合に振り回されて疲弊。その後もアクシデントに警戒が必要。10日からの「七曜陵逼」では、よかれと思ってしたことが非難されたり、欲を出して失敗したり。反対に何かを手放して難を逃れたりと吉凶が混合する運気。「六害宿」では深い話、微妙な話はしない。お金の流れもクリアに。

日付	運	月齢	開運メッセージ
1(木)	親	◑	★★★楽しい誘いが舞い込む。即レスで
2(金)	業	◑	!人に振り回されクタクタ。早めに就寝を
3(土)	栄	◑	!放っておくのも思いやり。過干渉は厳禁
4(日)	衰	◑	!胃腸の疲れを感じたらプチ断食で調整を
5(月)	安	◑	!忖度はほどほどに。やるべきことをして
6(火)	危	◑	!離れるべき縁であれば、未練は必要なし
7(水)	成	◑	!無理をすると免疫力低下。風邪に注意
8(木)	壊	◑	!曖昧な態度はNG。どちらか明言しよう
9(金)	友	●	目の前のことに集中。ひとつずつこなして
10(土)	友	●	家族間でもお金の話はうやむやにしない
11(日)	親	●	オリジナルレシピに挑戦。食卓を豊かに
12(月)	胎	◐	余計な執着を捨てることで難を逃れられる
13(火)	同	◐	!!!!繊細な問題には慎重な発言が必須
14(水)	衰	◐	義理チョコも◎。円滑なつき合いに役立つ
15(木)	安	◐	$堅実路線をキープすることが最良の金策
16(金)	危	◐	よかれと思ってやっても相手には迷惑かも
17(土)	成	◐	♥仲良く温泉デート。愛もポカポカ温まる
18(日)	壊	◐	!故障や紛失で、予想外の出費がありそう
19(月)	友	◐	★★スクワットなど、体を動かす新習慣を
20(火)	親	○	★★結果的にラッキーな展開になり一安心
21(水)	命	○	!!!!欲を出すと大失敗。着実な方法で
22(木)	栄	○	★★シンプルに物事を考えるとよい状況に
23(金)	衰	○	★デリバリーやテイクアウトで手抜きOK
24(土)	意	○	!!!!深入りは危険。急進展も要警戒!!
25(日)	危	○	★人の意見を取り入れると可能性が広がる
26(月)	成	○	♥相手の気持ちに敏感になることが大切
27(火)	壊	○	!歩きスマホは思わぬアクシデントのもと
28(水)	友	◑	★★★皆を驚かす画期的なアイデアが
29(木)	親	◑	◆◆◆リスキリングに挑戦。仕事に生きる

3月

執着心を手放して上昇気流に乗ろう

先月の「七曜陵逼」の運気の余韻もあり、月初めの「魔のウィーク」は体調と、お金の取り扱いに注意を払って。愛は執着心を手放すと10日からの出会い運がつかみやすい。新たな習い事や学び直しも吉。歓送迎会的な集まりでは、人との距離感がいい意味で変わりそう。25日「壊」の日は昔の出来事を清算することが。

日付	運	月齢	開運メッセージ
1(金)	業	◑	!花粉などのアレルギーには早めの対策を
2(土)	栄	◑	!執着心はいい恋を遠ざける。踏ん切りを
3(日)	衰	◑	!桜もちなど甘いもので桃の節句をお祝い
4(月)	安	◑	!体調の変化に敏感になって。体を労ろう
5(火)	危	◑	!変わり身の早さに、周囲は置いてけぼり
6(水)	成	◑	!金額にかかわらず、お金の扱いは慎重に
7(木)	壊	◑	!相手に甘えすぎ。自分のことは自分で
8(金)	友	●	アネモネを飾ると、部屋も気分も華やかに
9(土)	親	●	話を聞いてもらうことで迷いが解消される
10(日)	胎	●	朝はロータスのアロマと共に5分間瞑想を
11(月)	栄	●	♥♥出会い運上昇。紹介の話に乗ってみて
12(火)	衰	◐	仕事を請け負う時は、体力とタイパを検討
13(水)	安	◐	★★第一印象で相手の心をつかめるはず
14(木)	危	◐	あえて、自分とは違うタイプの人と会話を
15(金)	成	◐	$ライフステージに合わせて保険を見直し
16(土)	壊	◐	!話が盛り上がるが、はしゃぎすぎないで
17(日)	友	◐	♥♥♥偶然の再会が。すぐメッセージを
18(月)	親	◐	★★学びは宝。挑戦もリトライも前向きに
19(火)	命	◐	★環境や人間関係の変化で新たな目標が
20(水)	栄	◐	★★★ハイキングや登山へ。景色が癒しに
21(木)	衰	○	目についたエッセイに意外なヒントを発見
22(金)	安	○	★開運色・ネイビーの小物がお守り代わり
23(土)	危	○	気になるダンスをまねしよう。いい運動に
24(日)	成	○	★一番のお気に入りの服を着て出かけよう
25(月)	壊	○	!過去は清算すべき。水に流して前進して
26(火)	友	○	◆◆◆いい人脈が広がる。転職の話題も
27(水)	親	○	★★★歓送迎会で、友好な関係が築けそう
28(木)	業	○	!予定が変更になるかも。慌てず対応を
29(金)	栄	◑	!雑務に追われてピリピリ。力を抜いて
30(土)	衰	◑	!何を言っても無駄かも。軽く聞き流そう
31(日)	安	◑	!一人でじっくり花見を楽しむ時間も大切

最大開運日 4/24、5/21　最大警戒日 1/12、2/24

4月

エナジーパワーMAX。願いが叶う時!?

パワー全開！ 人脈も行動範囲も広がって、行きたかった場所に行けたり、会いたかった人に会える。仕事では、一度諦めたことに再挑戦のチャンスが巡るのでトライを。望む以上の場所や人と縁がつながることも多いですが、臆せず、相手の話をよく聞くことが大切。21～24日の偶然には何か意味がありそう。

日付	運	月齢	開運メッセージ
1(月)	危	◑	些細なことでも「ありがとう」を伝えよう
2(火)	成	◑	！耳が痛いことも、ちゃんと聞いて反省を
3(水)	壊	◑	！正義感は大事だけど、正論で押すのは×
4(木)	友	◑	日常の小さな幸せを拾い集めると心豊かに
5(金)	親	●	待っているだけではダメ。自分から連絡を
6(土)	胎	●	近所の公園まで大股で軽くウォーキング
7(日)	栄	●	$＄予算より安くいいものが買えて大満足
8(月)	衰	●	野菜をたっぷり使った料理でビタミン補給
9(火)	衰	●	自分にも相手にも優しく。穏やかな１日に
10(水)	安	●	♥♥新たな環境で思いがけない出会いあり
11(木)	危	●	他愛ないおしゃべりからひらめくことが
12(金)	成	●	★昔思い描いた夢が蘇る。再び追いかけて
13(土)	壊	●	！オイシイ話を持ちかけられても乗らない
14(日)	友	●	♥♥♥憧れの場所へ二人で。急進展の予感
15(月)	親	●	★★一度諦めたことも、今ならできるはず
16(火)	命	◐	★相談に乗ってあげれば、自分の学びにも
17(水)	栄	◐	★★★メンバーに恵まれ予想以上の成績に
18(木)	衰	◐	もやもやしたら、温かいお茶で心も安らぐ
19(金)	安	◐	★かつての仲間と再タッグ。面白い展開に
20(土)	危	◐	欠点を魅力に変える強さを身につけよう
21(日)	成	○	★偶然に思えても、そこに意味があるはず
22(月)	壊	○	！妬むより、目指す意識でいるほうがいい
23(火)	友	○	◆◆◆尊敬する人の話から重要な気づきが
24(水)	親	○	★★★ワンランク上の自分になるチャンス
25(木)	業	○	！細部にこだわりすぎると、全体を見誤る
26(金)	栄	○	！期待しすぎなければガッカリもしない
27(土)	衰	◑	！頑固さがあだとなる。もっと柔軟性を
28(日)	安	◑	！キッチンや風呂など水回りをピカピカに
29(月)	危	◑	家族と一緒に過ごす時間を大切にしよう
30(火)	成	◑	！一人で抱え込まずに、SOSのサインを

5月

引き続き好調! 恋愛運、再会運も♡

GWは、友人と会ったり、人気スポットに行くと吉。恋愛運が好調で、そこで恋が芽生えたり、仲良くなれる人も。再会運も強く、忘れられない人には21日までに連絡を。今月は、一人では無理なことでも皆でやれば大きく前進する暗示。SNSや情報発信にも向く時だが、22日以降は無駄に見栄を張らないで。

日付	運	月齢	開運メッセージ
1(水)	壊	◑	！アクティブに動ける時だけにケガに注意
2(木)	友	◑	可愛らしいショート動画を見てほっこり
3(金)	親	◑	仲のいい友人と集まって、おしゃべり三昧
4(土)	胎	●	事前にリサーチして、話題のスポットへ
5(日)	栄	●	$＄ポイントを有効活用する裏技を実践
6(月)	衰	●	UVケアを忘れずに。サングラスや帽子を
7(火)	安	●	★自分のいいところを認めることも大切
8(水)	危	●	思いついたらメモ。実行への道筋も書こう
9(木)	成	●	★開運アイテムのサンダルを購入。気分UP
10(金)	壊	●	！早め早めに動くことでトラブルを回避
11(土)	友	●	♥♥♥グループでBBQへ。気になる存在が
12(日)	親	●	★★★心を許せる仲間には無防備でもいい
13(月)	命	●	★〝受け継ぐこと〞の中に飛躍の土台がある
14(火)	栄	●	◆◆◆SNSを使ったPRが起爆剤になりそう
15(水)	衰	◐	考えすぎている。もっとシンプルでいい
16(木)	安	◐	★デスクの片づけを。煮詰まった頭も整理
17(金)	危	◐	勝手に決めつけない。多様な視点で考える
18(土)	成	◐	★バラの咲く公園へ。美しい映像を待受に
19(日)	壊	◐	！できない理由を見つける前に、行動して
20(月)	友	○	♥♥♥まだ気があるなら勇気を出して連絡
21(火)	親	○	★★★チームの総合力で大きな成果を獲得
22(水)	業	○	！強引に推し進めると、余計にこじれそう
23(木)	栄	○	！不規則な生活で太りやすく。生活改善を
24(金)	衰	○	！面白いことを見つけてもハマりすぎは×
25(土)	安	○	！見栄を張らない。帳尻合わせに苦労する
26(日)	危	○	！ストレスを買い物で発散するのはやめて
27(月)	成	◑	！あれこれ手を出しすぎると回収不能に
28(火)	壊	◑	！急に対応を変えて相手を混乱させないで
29(水)	友	◑	大事なことは再確認を。リスクを減らせる
30(木)	親	◑	親しい人に少しだけ愚痴を聞いてもらおう
31(金)	胎	◑	！鏡の前で全身をチェック。背面も忘れず

6月

目標を決めたら水面下で準備を

目的や専門分野を絞り込むと運気があがる。そこがクリアになったら、あとは大事なことほど水面下で準備を。裏方で動くほうがうまくいく時期。目指すべきものが曖昧だと、易きに流れて迷走しがち。恋愛では、モテても世間に顔向けできないようなことはしない。心身をデトックス＆ケアする時間を確保して。

日付	運	月齢	開運メッセージ
1(土)	栄	◑	♥♥学びの場での交流から恋が芽生えそう
2(日)	衰	◑	！その場のノリで、つい心にもない毒舌が
3(月)	安	●	★有効活用できそうなサブスクを徹底調査
4(火)	危	●	ムーンストーンが直感やひらめきをくれる
5(水)	成	●	★ペース配分さえ守れば、順調に進みそう
6(木)	壊	●	！重要な情報の取り扱いには十分に注意
7(金)	友	●	◆◆◆専門分野を掘り下げれば強い武器に
8(土)	親	●	★★★アクティブに行きたいところへGO
9(日)	命	●	★野菜やハーブを育てることが運を呼ぶ
10(月)	栄	●	★★★重要な局面こそ、水面下での準備を
11(火)	衰	●	口角を上げているうちに気分も上がるもの
12(水)	安	●	★趣味の時間をキープ。ゆっくり楽しんで
13(木)	危	◐	いい意味で、開き直ることも時には必要
14(金)	成	◐	★裏方で働くことで、存分に実力を発揮！
15(土)	壊	◐	一人カラオケで熱唱。よい憂さ晴らしに
16(日)	友	◐	♥♥♥気さくな振る舞いで、モテ運急上昇
17(月)	親	◐	★★★確固たる信念があれば夢に手が届く
18(火)	業	◐	！自分の物差しで、人を判断してはダメ
19(水)	栄	◐	！楽な道に走ると迷走。まずは軸を固めて
20(木)	衰	○	！体力を過信しないで。早めにベッドへ
21(金)	安	○	！友人に紹介できない相手はやめるべき
22(土)	危	○	！控えめでいるのがいい。淡々と過ごして
23(日)	成	○	！部屋を夏仕様に模様替え。やる気が出る
24(月)	壊	○	！気を使いすぎかも。もっとフラットに
25(火)	友	○	歯のメンテナンスを忘れずに。口元に自信
26(水)	親	○	友達の友達へと、交際範囲を広げてみよう
27(木)	胎	◑	上半期の自分を評価し、今後の課題を検討
28(金)	栄	◑	$＄不要品はフリマアプリへ。いい収入に
29(土)	衰	◑	読書や映画三昧で脳内を別世界に飛ばそう
30(日)	安	◑	★サウナで発汗して、心と体をデトックス

★柳宿の開運暦2024★

7月

前半はアクティブに恋も仕事も攻めて

15日までにやりたいこと、やるべきことに全力投球を。その結果を踏まえて、今の自分の実力や立ち位置などを客観的にとらえると、これからの課題がクリアに。お金や時間のことなどを甘く考えていると損をする。レジャーもイメチェンも楽しむなら15日まで。恋愛も、16日以降は頑張りすぎないほうがいい。

日付	運	月齢	開運メッセージ
1(月)	危	◑	★外面と内面のギャップがかえって好印象
2(火)	成	◑	★あれこれ悩む前に、まずは行動してみて
3(水)	壊	◑	！！甘い見積もりが、金銭的ピンチを招く
4(木)	友	●	★★★★願いを実現させる力が働く幸運日
5(金)	親	●	♥♥♥お互いの思いを確認。真剣交際へ
6(土)	親	●	★★★コンサートやフェスの空気が刺激に
7(日)	命	●	★ウィッグなど大胆なイメチェンで楽しむ
8(月)	栄	●	★★★着実なステップアップの手応えあり
9(火)	衰	●	クールなくらいが人間関係はうまくいく
10(水)	安	◐	★最新の健康法や美容法を取り入れてみる
11(木)	危	◐	人と比べるより自分との闘いを乗り越えて
12(金)	成	◐	★全力投球をすれば結果はちゃんと出る
13(土)	壊	◐	楽しいイベントを堪能。早めの帰宅が正解
14(日)	友	◐	♥♥♥水辺や山へ。夏らしいデートを満喫
15(月)	親	◐	$$$貯蓄型の金融商品で耳寄り情報が
16(火)	業	◐	！意外と時間がないことに早く気づいて
17(水)	栄	◐	！失敗から学べなければ、ただの挫折に
18(木)	衰	◐	！人も趣味も食べ物も食わず嫌いはしない
19(金)	安	○	！体重測定を日課にしてコントロール強化
20(土)	危	○	！「人は人、自分は自分」と割り切ること
21(日)	成	○	！恋愛は多くを求めすぎると、逃げられる
22(月)	壊	○	！メールは送信前に内容と宛先を確認して
23(火)	友	○	今の気持ちを素直に文章に。本心に気づく
24(水)	親	○	決めつけないこと。フェアな視点を保とう
25(木)	胎	◑	ポジティブな言葉を発して〝幸せ体質〟に
26(金)	栄	◑	◆◆実力や資質を客観視。課題が明確に
27(土)	衰	◑	暑くても湯船に。温活で深部体温を上げて
28(日)	安	◑	★漫才やコント、落語を見て大声で笑おう
29(月)	危	◑	★ずっと気になっていたことが一件落着
30(火)	成	◑	★仲間との情報交換でビジネスの種を発見
31(水)	壊	◑	！！思ったよりスタミナ不足。無理は禁物

8月

学びや習い事のスタートにベスト!!

わからないことや曖昧なことをできるだけはっきりさせる努力をすべき時。集中的な学びもよく、4日、20日に習い事や運動を始めると長続きしそう。人の言葉や行動の中に悩みの〝答え〟を見つけたり、ある事実を知って考えが大きく変わる経験も。1～10日は話しにくかったことや、誤解を訂正するのによい時。

日付	運	月齢	開運メッセージ
1(木)	友	◑	★★★★人の言動から大きなヒントを得る
2(金)	親	◑	$$$資産作りの勉強を。必ず役に立つ
3(土)	命	●	初心に帰って、大切なことは何か考えよう
4(日)	衰	●	運動不足気味。真夏もできる〝宅トレ〟開始
5(月)	安	●	★言いにくいことも言葉に。きっと伝わる
6(火)	危	●	人と違う部分こそあなたの個性であり武器
7(水)	成	●	★電子化やコスパなど業務上の見直しが◎
8(木)	壊	●	！誠実に向き合えば、誤解は必ず解ける
9(金)	友	◐	◆◆◆仕事に必要なスキルをじっくり習得
10(土)	親	◐	♥♥♥あなたがリードして理想のデートを
11(日)	業	◐	！自分のゴキゲンがよくなることをひとつ
12(月)	栄	◐	！嫌な予感がしたらそれ以上踏み込まない
13(火)	衰	◐	！横着しないこと。面倒でも手間をかけて
14(水)	安	◐	！何事も淡々と。感情的になるのは危険
15(木)	危	◐	！楽しさよりも、今は義務を遂行するべき
16(金)	成	◐	！諦めることも大事。余計な執着心は不要
17(土)	壊	○	！放置していたことをハッキリさせるべき
18(日)	友	○	パフォーマンスを維持するためには休養も
19(月)	親	○	帰りにアイスを買って、食後のデザートに
20(火)	胎	○	やりたかった習い事を。長続きを目指そう
21(水)	栄	○	♥♥将来を考えられる相手なら迷わず前進
22(木)	衰	○	ベルガモットの香りで心身をリラックス
23(金)	安	○	★趣味や特技を意外な場面で活かせるかも
24(土)	危	◑	プールやジムで体を動かすと、心も軽やか
25(日)	成	◑	★非日常感を味わえる空間へ。心身が浄化
26(月)	壊	◑	！わからないことはそのままにせず調べて
27(火)	友	◑	★★★あなたさえその気になれば手に入る
28(水)	親	◑	★★★公私共に充実の時。意欲的に進もう
29(木)	命	◑	★誰かの陰の努力を見て、意識に変化が
30(金)	栄	◑	★★★経験は宝。臆せずやりたいことを
31(土)	衰	◑	休日でも早寝早起き。体内時計を整えよう

9月

運気回復。発言には細心の注意を

パワフルに動けるが、3日からの「七曜陵逼」では事前にしっかり予定を立てて。土壇場で変更はしないこと。言葉が強い影響力を持つ時なのでSNSも含め発言は慎重に。重要な報告は「六害宿」以外の日に。知ったかぶりはもちろん、学歴や知識の有無の話題はタブー。人の秘密や個人情報も漏らさないで。

日付	運	月齢	開運メッセージ
1(日)	安	●	$趣味や遊びのお金はケチらないのが正解
2(月)	危	●	通勤や通学に普段とは違う道を使ってみる
3(火)	成	●	★後輩や部下のフォローで自分にも学びが
4(水)	壊	●	！今はまだ大きなお金を動かす時ではない
5(木)	友	●	★元気や勇気がわいてくるプレイリストを
6(金)	親	◐	★★★パワフルに動けて、成果もバッチリ
7(土)	事	◐	！！！！重要な報告は別の日を選ぶように
8(日)	栄	◐	！尽くしてばかりでは、心がすり減るだけ
9(月)	衰	◐	！！知ったかぶりをしても人にはバレる
10(火)	克	◐	！！！！好き嫌いで選ぶと反発も大きい
11(水)	危	◐	！！急な予定変更はトラブルを呼びそう
12(木)	成	◐	！！秘密は守る。うっかりでは許されない
13(金)	聚	◐	！！！！焦って動かず、タイミングを見て
14(土)	友	◐	笑いのツボが合う友達とお気楽トーク満喫
15(日)	親	◐	せっかくならば、協調性を持って楽しもう
16(月)	胎	○	何もせずにダラダラ過ごす時間も有意義
17(火)	同	○	！！！！野望は胸に秘めておくのが安全
18(水)	衰	○	起床後、1杯の白湯で、体を目覚めさせて
19(木)	安	○	♥金銭感覚が合うかが相手選びのポイント
20(金)	危	○	噂話に乗らないで。明るい話題に切り替え
21(土)	成	○	★自分らしさを出したほうが魅力が開花
22(日)	壊	◑	！物の置き忘れに注意。手荷物をよく確認
23(月)	友	◑	★★ご当地駅弁を。車窓の景色も楽しんで
24(火)	親	◑	★★自分のこだわりを応援してくれる人が
25(水)	命	◑	！！！！勢いでSNSに投稿しない。慎重に
26(木)	栄	◑	♥♥積極的に人と会おう。出会いが広がる
27(金)	衰	◑	★プロがすすめるスキンケアで効果を実感
28(土)	意	◑	！！！！学歴や知識をひけらかさないこと
29(日)	危	◑	★老舗の味を楽しもう。お取り寄せもいい
30(月)	成	◑	◆今の課題をリストアップして〝見える化〟

最大開運日 7/4、8/1　最大警戒日 9/17、10/15

柳

10月

パワーMAX! 空回りしないよう慎重に

「七曜陵逼」でも、パワーが大きい時なので楽観的になり、躊躇していたことを見切り発車したり、実行に移しがち。結果的に混乱を招くので自重して。特に、浮気やセクハラ的な言動、不透明なお金の話は信用を失うもと。「同宿」の15日は自分のセンスを過信せず、23日「命宿」は未知の人、場所に近づかないこと。

日付	運	月齢	開運メッセージ
1(火)	壊	●	！馴れ合いで進めていくと収拾がつかない
2(水)	友	●	◆◆◆ひとつ上のステージの仕事ができる
3(木)	友	●	★周りの人へのさりげない配慮が好感度に
4(金)	親	●	★★★冷静に現状分析して、必要な一歩を
5(土)	事	●	！！！！楽観視は危険。見切り発車もNG
6(日)	栄	●	！自分だけでなく家族の健康にも目配りを
7(月)	衰	●	！！調子に乗っていると無駄に嫉妬される
8(火)	克	●	！！！！お金が絡むことには細心の注意を
9(水)	危	●	！！そこまでされると相手も気が重くなる
10(木)	成	◐	！！勢いで別れ話をしない。泥沼化の恐れ
11(金)	聚	◐	！！！！セクハラ的な言動や浮気は絶対×
12(土)	友	◐	普段あまり話さない人との会話を楽しんで
13(日)	親	◐	賞味期限が近い品を購入しフードロス削減
14(月)	胎	◐	落ち着いて感情の波を上手にやり過ごそう
15(火)	同	○	！！！！自分のセンスを押しつけないこと
16(水)	衰	○	食事にオートミールを取り入れて腸活を
17(木)	安	○	♥相手の気持ちを探りつつ、少しずつ接近
18(金)	危	○	やる気が空回りしがち。優先順位を考えて
19(土)	成	○	★手先を使う趣味を。集中すると心が安定
20(日)	壊	○	！依存心が強すぎると自分を見失うことに
21(月)	友	◑	★★大きく飛躍するための土台が作られる
22(火)	親	◑	♥♥容姿より人柄重視で。本質を見定めて
23(水)	命	◑	！！！！初対面の人、アウェーな場に注意
24(木)	栄	◑	★★興味のある分野を集中的に深掘りする
25(金)	衰	◑	★オンラインゲームで日頃の鬱憤を晴らす
26(土)	意	◑	！！！！自分勝手な動きで輪を乱さないで
27(日)	危	◑	★料理をすることが、ほどよい気分転換に
28(月)	成	●	$家計簿アプリで月々の出費傾向を把握
29(火)	壊	●	！安易な考えで始めると、やがて失速する
30(水)	友	●	★★★目標は無理めな設定がちょうどいい
31(木)	親	●	★★★仲間とプチ仮装でハロウィン気分

11月

早めの対応でマイナスをプラスに!

１日からの「魔のウィーク」はアクシデント運強め。抱えていた問題が意外な形で表面化するかも。でも急いで手を打つことで事なきを得たり、マイナスをプラスへと逆転できる運気でもあります。思いもよらぬ策で解決できることもあるけれど、欲張りすぎないことが大事。修理やリニューアルは開運の鍵になる。

日付	運	月齢	開運メッセージ
1(金)	業	●	！任せられることは任せ大事なことに集中
2(土)	栄	●	！ヒステリックにならないで。一旦深呼吸
3(日)	衰	●	！ムダ毛処理など細かい身だしなみを徹底
4(月)	安	●	！相手を試すようなことをすると関係悪化
5(火)	危	●	！最新のトップニュースは最低限チェック
6(水)	成	●	！アクシデントの気配。緊張感を持って
7(木)	壊	●	！ひょんなことから、今ある問題が表面化
8(金)	友	◐	タイミングの見極めが大事。少し様子見で
9(土)	親	◐	既読無視にならないように、返信は早めに
10(日)	胎	◐	ゴッドハンドの施術で、心も体も極楽気分
11(月)	栄	◐	◆◆◆リニューアルすることで逆転も可能
12(火)	衰	◐	顔トレで表情筋を鍛えよう。素敵な笑顔に
13(水)	安	◐	♥♥踏み込んだ話をすることで絆が強まる
14(木)	危	○	気分の切り替えにマウスウォッシュを活用
15(金)	成	○	$家事の中でプロの節約テクニックを実践
16(土)	壊	○	！ついやりすぎる。ほどほどでストップを
17(日)	友	○	★★★本当に欲しい愛の形がクリアになる
18(月)	親	○	★★素早い対応で、ピンチから脱出が可能
19(火)	命	◑	★間食するなら高カカオチョコをつまもう
20(水)	栄	◑	♥♥♥意中の相手を射止める秘策が成功
21(木)	衰	◑	ホッとしても気を抜かず、最後まで丁寧に
22(金)	安	◑	★意外なアイデアで懸案事項が見事に解決
23(土)	危	◑	モヤモヤは紙に書いて丸めてゴミ箱へポイ
24(日)	成	◑	★修理すればまだ使える。大事に使って
25(月)	壊	◑	！反省は言葉だけじゃなく、行動で示そう
26(火)	友	◑	★★★今までのマイナスがプラスに転換
27(水)	親	◑	★★★心に響く言葉と思ったらすぐメモ
28(木)	業	●	！必要以上に欲張ると、台なしになるかも
29(金)	栄	●	！報告・連絡・相談を怠らないようにして
30(土)	衰	●	！語りすぎると逆に真意が伝わらなくなる

12月

自分のペースで着実に進んでいこう

何事も慌てず、マイペースでOK。問題や迷いも年内に結論を出す必要はないので、無理せず熟慮して。特に16日「命」の日までは、周りに急かされての決断はNG。許しや譲歩が結果的に有利な立場や幸運をもたらすことも。年末は、家事が心に安定をもたらしてくれそう。ささやかでもボランティアや寄付を。

日付	運	月齢	開運メッセージ
1(日)	安	●	！やるべきことを片づけてから次に進もう
2(月)	危	●	自立していないと、相手と対等になれない
3(火)	成	●	！疲れ目はホットタオルでじんわり温めて
4(水)	壊	●	！周囲に促されて決断しても後悔が残る
5(木)	友	●	気が乗らないお誘いはスマートにお断りを
6(金)	親	●	煮込み料理や鍋料理で体の中から温めよう
7(土)	胎	◐	大掃除より小掃除を。１日１時間と決めて
8(日)	栄	◐	♥♥二人の未来予想図について話をしよう
9(月)	衰	◐	年内に結論を出す必要なし。マイペースで
10(火)	安	◐	★開運色・ラベンダーのマフラーで華やかに
11(水)	危	◐	会合やセミナーで面白い人と知り合えそう
12(木)	成	◐	★寛大な心がラッキーな巡り合わせを呼ぶ
13(金)	壊	○	！夢を追うだけでなく、しっかり現状分析
14(土)	友	○	♥♥♥復活愛を望むなら、勇気を出すべき
15(日)	親	○	★★★大事な誰かのための行動が運を開く
16(月)	命	○	★募金やボランティア活動に参加してみる
17(火)	栄	○	◆◆◆ビジネスセンスが冴え、交渉も上々
18(水)	衰	○	風呂上がりにストレッチ。全身をほぐして
19(木)	安	◑	★細やかな配慮で相手の信頼を得られそう
20(金)	危	◑	クリスマスで賑わう街を、ウキウキお散歩
21(土)	成	◑	$有形無形の貸し借りを清算し、金運UP
22(日)	壊	◑	！八つ当たりには、痛烈なしっぺ返しが
23(月)	友	◑	★★★難しい仕事に挑戦。いい腕試しに
24(火)	親	◑	★★★大切な人たちとクリスマスを祝おう
25(水)	業	◑	！答えを急がない。検討する時間を大切に
26(木)	栄	◑	！思い込みで推し進めると、混乱を招く
27(金)	衰	◑	！正月らしい小物を飾って福を呼び込もう
28(土)	安	●	！家事に集中。意外とストレス解消になる
29(日)	危	●	！〝推し活〟はほどほどに。散財の原因に
30(月)	成	●	！「ま、いいか」で済ませて。追及はしない
31(火)	成	●	！穏やかな心で、新しい年を迎える準備を

働き者No.1 自分だけの夢を叶える

10 星宿

せいしゅく

★開運キーワード★

Color
バイオレット　ゴールド

Spot
スポーツジム　劇場

Food
うなぎ　マカロン

Item
イベントグッズ　健康管理アプリ

Stone
翡翠　琥珀

Aroma
ラベンダー　プチグレイン

Flower
アヤメ　エキナセア

星宿ってこんな人

「星」は仰ぎ見る偉大な理想を示し、独自の夢や目標に向かい時間をかけて近づいていく宿。理想を見つけるまではつかみどころがないが、目標が定まると27宿中一番の働き者に。本質的にはNo.2タイプだが、反骨精神も秘めており、時間をかけて培った個性と実力で〝異端のカリスマ〟になることも。恋愛は臆病でかなり本気にならないとつき合わない。交際中も真剣だが、夢を理解してくれる相手が理想なので晩婚になる人も。開運部位のうなじを見せる髪型を意識し、背筋を伸ばし、よい姿勢をキープすることが健康と運気上昇のもと！

この宿の有名人

キャサリン妃　松任谷由実　鈴木京香　工藤静香　アンミカ　井川遥　平愛梨　川栄李奈　ちゃんみな　平手友梨奈　大橋悠依　池江璃花子　西田敏行　是枝裕和　濱口竜介　上川隆也　沢村一樹　山寺宏一　中丸雄一　ウエンツ瑛士　林遣都　杉野遥亮　粗品　Vaundy　田中将大

2024年開運3か条

1 仕事で勝負するなら7月までに。種をまくだけでも成功率UP!

2 大事な人とよいことだけでなく、大変なこともシェアし合おう

3 育てたいのはチームワークと絆。仲間のまとめ役も買って出て

★2024年の全体運★

周りの人への配慮が深い信頼を築く。活躍の場と人間関係の広がる1年に!

★2024年の特徴　〝本音〟と〝建前〟をうまく使い分けて、したたかに成功をつかみ、大事なものを守る年。仕事運はよく、活躍の場が広がり、人間関係にも恵まれますが、そのぶん、これまで以上に配慮や〝忖度〟も必要になります。運気は〝近距離〟の「衰」で、表面的には華やかでも、内実は人の事情や周囲の都合に縛られて、自分の気持ちだけで押し通せないことや、乗り越えなければならない課題が多くなりそう。特に仕事や周囲のために、自分のことを後回しにしなければならず、身近な人との関係性が微妙に変わったりしそうです。周りの人たちへの気遣いを忘れず、表に見えないところで密かに義務をこなすことが2024年のポイント。そうすれば、助けているはずの人に助けられたり、支えてくれる人を何かで支えることもできたりと、深い信頼と縁をつかめるでしょう。

★1年の運気の流れ　前半は、仕事も含め新しい役割を背負うことも多い時。「七曜陵逼」の**1、2月**は、仕事などは順調で、これまで積み重ねたことが実を結んで多忙に。昇進や転職、また家族の事情などで少し立場や、やるべきことが変わってきそうなのは**3、4月**。仕事運などは引き続き好調、あなたのやりたいことができ、大きな飛躍もできる星回りです。ステップアップを目指すための挑戦をするなら、**7月25日**までに一歩を踏み出して。**8月**は、それまで先延ばしにしていたことに取り組んだり、金銭面を整えたり、自分は一歩引いて、相手や周囲のことを改めて考えるべきタイミング。**9、10月**の「七曜陵逼」が巡る前にそれをしておけば、この2か月の波乱を抑えられそう。2024年は健康面にも注意が必要ですが、この**9、10月**に無理をしないことが大事です。ここで英気を養えば、**11、12月**は、思い切り能力と魅力を発揮し、多くの困難をはね返し、強い味方を得る時になります。

★愛情運★

出会いと別れが交錯、ケジメをつけて進んで

別離や終了する関係もある一方で、強い出会い運も巡る年。別れと出会いが交錯するので、複雑にならないようケジメをつけながら進みたい時です。1、2月はモテますが、浮かれていると、大事な人との関係が悪化するので注意。3、4月は恋人や家族で深い問題を共有すべきタイミング。真摯に向き合うと絆は深まりますが、うまくいかなければ5月は執着心を捨て、視点を変えて別の可能性を求めるべき。5月3日〜8月20日は素敵な出会いが待っています。「七曜陵逼」の9、10月に入ると、愛に損得勘定が入り込んでブレやすく、まとまりかけた話が壊れる恐れも。でも11、12月に、素直に気持ちを言葉にすれば、大逆転できる愛もあるでしょう。

★仕事運★

前半はチャンス多数、後半は組織戦が◎

年の前半にチャンスが集中。とはいえ1、2月は「七曜陵逼」なので、大きな挑戦は禁物。経費やコストの精査、新たな企画やアイデアを出しながら過ごし、3月11日「胎」の日から改めて始動を。本気の勝負は5月3日〜7月16日に。その結果、8月にはよい手応えを得られそうな予感。9、10月の「七曜陵逼」に突入すると、見えなかった問題点などが浮上して停滞。特に、ミスなどをこっそりリカバーしようと、個人的に動くのはトラブルのもとです。改善や挽回は11月9日から。年の後半は個人戦より組織戦の運気。チームワークや人の数が力になるので、SNSなども駆使し、宣伝や広報にも力を入れてみると、新たなビジネスチャンスをつかめます。

★金運★

使うことより、貯蓄や返済を優先すべき

仕事運がよいわりに金運は不安定。やりがいや理想を優先しすぎると、お金がついてこないことも。先行投資やローンを組むなら、「七曜陵逼」の1、2月、9、10月は避けて。4月は予想外の出費や、入金の遅れの暗示もあり、お金の流れと収支をよくチェックすること。貯蓄を始めるなら3月と8月。人間関係運はよい年だが、お金のシェアや支払い方に配慮を欠くと、不和の種に。特に9、10月はフェアに。買い物運がよいのは7月27日〜8月11日ですが、2024年は使うより貯める、返すことを大事にすべき。それができれば上々です。

★美容・健康運★

2〜4月に弱点が表面化。健診やケアを!

「衰」の年は疲れやストレスへの感度が鈍くなりがち。休養や休肝日などデトックスの習慣化を。特に弱点が表面化しやすい2〜4月は健診やケアをしっかり。腸活やホルモンバランスの調整もおすすめ。アクティブに過ごせる夏はスポーツや観戦、仲間とする習い事がよい気分転換に。ただパワーが低下する8〜11月は無理な計画への参加は×。10月6日と11月2日からの「魔のウィーク」はアクシデントでのケガなどに注意。6月2〜18日と12月のイベント前のイメチェンは◎。仲間が推す食品やサプリ、健康・美容法にトライしてみて。

★七曜陵逼の乗り切り方★

星宿が各時期に気をつけるべき大事なことをアドバイス。忘れずに！

1 1/2〜1/28
華やかな出来事も多いけどストレスも多い時。消耗するので予定外のことに手を出さないで。見栄やカッコのつけすぎは後で大変。

2 2/10〜2/25
表と裏の顔を使い分けなければならないことが。腹が立ってもケンカをすれば修復不能。危ないことや、人のトラブルに近づかないで。

3 9/3〜9/29
人にあおられてブレる恐れあり。「皆でやれば怖くない」には乗らない。秘密は作らず、人に打ち明けるのも×。人の秘密もバラさない。

4 10/3〜10/27
水面下で進むことが多いので粛々と。自己顕示欲と承認欲求は抑えて。甘えられる相手にも甘えすぎないように。体力も過信しない。

Energy Power　4、5月はパワー大！ 9、10月に休んでおくとその後、活躍できる。

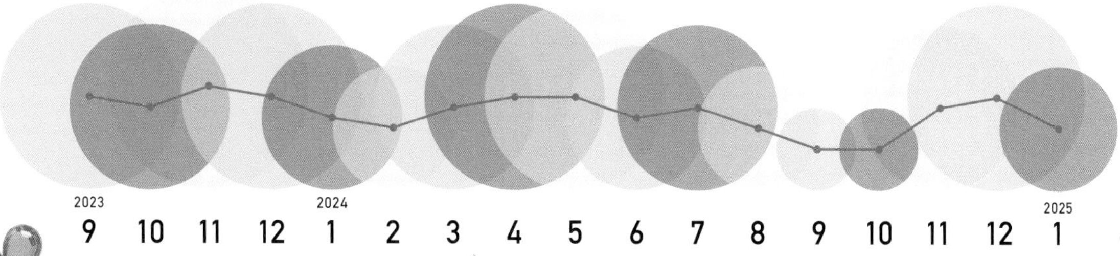

星宿の開運暦2024

1月

目上の人には礼儀正しく、丁寧に

２日から「七曜陵逼」だけど、休みはレジャーやデートを楽しめたり、仕事も順調にスタート。でも油断は禁物。17日「同宿」、25日「命宿」頃に突然、よい話がひっくり返ったり、立ち消えることも。お正月も含め、目上の人に対しては礼儀作法を守り、隙のない対応をして。「六害宿」の日は予定を詰め込まない。

日付	運	月齢	開運メッセージ
1(月)	安	◑	★大切な人とおせちを囲んでお屠蘇で乾杯
2(火)	危	◑	目上の人には敬意を払い、丁寧に対応を
3(水)	成	◑	♥縁結びで有名な神社で二人の縁を強固に
4(木)	壊	◑	！！正月気分をいつまでも引きずらない
5(金)	友	◑	★★★楽しい会に呼ばれて、人脈が広がる
6(土)	親	◑	★★温泉やウィンタースポーツを満喫して
7(日)	事	◑	！！！！つまらない見栄を張ると後が大変
8(月)	栄	●	！！勝手な被害妄想で周りを責めてはダメ
9(火)	衰	●	！！他人の思惑に振り回され、消耗しそう
10(水)	克	●	！！！！予定外のことにはノータッチで
11(木)	危	●	！！先の見えない先行投資は無謀なだけ
12(金)	成	●	！！配慮に欠ける言動が。もっと心配りを
13(土)	聚	●	！！！！スケジュールは詰めすぎずに
14(日)	友	◐	掃除は午前中に済ませ、ゆとりある午後を
15(月)	親	◐	デキる人の仕事術を取り入れて。効率UP
16(火)	胎	◐	健康管理アプリで体重や歩数をチェック
17(水)	同	◐	！！！！順調だった話が突如消滅の危機に
18(木)	衰	◐	お気に入りのフレーバーのハーブティーを
19(金)	安	◐	◆仕事仲間に助けられ、万事丸く収まる
20(土)	危	◐	「迷ったら買わない」と決めて無駄遣い防止
21(日)	成	◐	♥自分から積極的でいい。モテ運が開花
22(月)	壊	◐	！ご近所への外出でも手洗いとうがいを
23(火)	友	◐	★★片づけておきたいことは早めに実行
24(水)	親	◐	★★★大物を追わないほうが結果を出せる
25(木)	命	○	！！！！思わぬどんでん返しで大慌てても
26(金)	栄	○	★★★費用対効果を検討。よい案が出そう
27(土)	衰	○	虚勢を張る必要はない。等身大の自分で
28(日)	意	○	！！！！家でのんびり。英気を養う日に
29(月)	危	○	フェイクニュースを鵜呑みにしないこと
30(火)	成	○	＄不要品はフリマへ出品でお小遣いに変換
31(水)	壊	◑	！自分の考えだけでは押し通せず、苦労も

2月

リスキーな相手はスルーするのが正解

３日からの「魔のウィーク」はハードな仕事や誰かのケアで消耗。「七曜陵逼」では、「同宿」の14日前後に理不尽な出来事や、リスキーな相手に遭遇しがち。「君子危うきに近寄らず」でスルースキルが大切。ストレスがあると、つまらないことで身近な人にマウントをとりそう。それで失う愛と信頼もあるので要注意。

日付	運	月齢	開運メッセージ
1(木)	友	◑	★★★ソロ活を楽しもう。リフレッシュに
2(金)	親	◑	◆◆◆企画をプレゼン。アイデアが高評価
3(土)	業	◑	！節分の豆まきで、停滞したムードを一掃
4(日)	栄	◑	！調子に乗っていると、大事な縁にヒビが
5(月)	衰	◑	！のどのイガイガにはスプレーやのど飴を
6(火)	安	◑	！自分のことは後回しにする必要がある
7(水)	危	◑	！直感で違うかもと感じたらやめるべき
8(木)	成	◑	！フォローは初動が命。早ければ傷も浅い
9(金)	壊	●	！寒さで首や肩が硬め。肩甲骨を動かそう
10(土)	聚	●	！！！！人の問題には首を突っ込まないで
11(日)	友	●	美容に詳しい友人のケア方法が参考になる
12(月)	親	●	お世話になった人にちょっとしたギフトを
13(火)	胎	●	自分にとって何が大事かに気づく出来事が
14(水)	同	◐	！！！！危険やトラブルは敏感に察知して
15(木)	衰	◐	外出時は忘れ物がないか自分の目で確認を
16(金)	安	◐	＄決済方法を工夫すればポイントも貯まる
17(土)	危	◐	人間関係に変化があっても動揺せず平常心
18(日)	成	◐	♥まずは友達として距離を縮めていこう
19(月)	壊	◐	！本音と建前を使い分けないとトラブルに
20(火)	友	◐	★★あえてハードな道を選択。経験になる
21(水)	親	◐	★★★求めに応じることで使命がクリアに
22(木)	命	○	！！！！人と対立しないで。修復が困難に
23(金)	栄	○	★★★イベントの後は、記念に集合写真を
24(土)	衰	○	アナログな方法のほうが意外とうまくいく
25(日)	意	○	！！！！マウントをとると幻滅されそう
26(月)	危	○	逃げてばかりいないで、直接話して解決を
27(火)	成	○	♥夢を応援してくれる人こそ理想の相手
28(水)	壊	○	！毒舌がエスカレート。客観視を忘れずに
29(木)	友	◑	★★★これまでの地道な努力が実を結ぶ

3月

仕事運上昇!! 意外なチャンスが

２日からの「魔のウィーク」は「去る者は追わず」でいたほうがメンタル面もその後の展開も吉。面倒な問題ほど家族や大事な人と共有して対応を。それで壊れるなら、それまでの関係。健康診断、保険、貯蓄の見直しなど、不安を取り除く作業は28日までに。仕事運は11日から上昇。人の代理や代役でチャンスも。

日付	運	月齢	開運メッセージ
1(金)	親	◑	★★★人から感謝される出来事がありそう
2(土)	業	◑	！周囲の都合や事情に振り回されて困惑
3(日)	栄	◑	！週末にやるべきことを粛々とこなして
4(月)	衰	◑	！「去る者は追わず」。執着を捨て心穏やか
5(火)	安	◑	！面倒ごとこそ、大切な人との相談が大事
6(水)	危	◑	！後輩のケアや多忙な仕事でパワーダウン
7(木)	成	◑	！深刻に考えすぎない。ライトさも必要
8(金)	壊	●	！保身のための嘘や言い訳は信用を落とす
9(土)	友	●	今の自分に合ったファッションが見つかる
10(日)	親	●	仲間内ならきっちり割り勘が気持ちいい
11(月)	胎	●	人に負けない専門ジャンルは何か考えよう
12(火)	栄	●	♥♥恋人募集中と伝えて。早速いい話が
13(水)	衰	◐	★健康も備えあれば憂いなし。健診を予約
14(木)	安	◐	★ゴールドのアクセや時計が力をくれる
15(金)	危	◐	家庭の事情で仕事上の立場や役割に変化も
16(土)	成	◐	♥パートナーと問題をシェア。絆が深まる
17(日)	壊	◐	！テンションが高すぎて一人だけ浮きそう
18(月)	友	◐	★★大事なアポ取りや会議が順調に進む
19(火)	親	◐	★★★仲間と共にやりたかったことを実行
20(水)	命	○	★メニューに発酵食を。腸内環境も良好に
21(木)	栄	○	＄＄＄保険を見直し。浮いた予算は貯蓄へ
22(金)	衰	○	細かい部分が気になっても指摘せずスルー
23(土)	安	○	★清潔感が第一。服装の乱れも気をつけて
24(日)	危	○	お墓参りもおろそかにしない。先祖に感謝
25(月)	成	○	★周りの人へのさりげない気配りが信頼に
26(火)	壊	○	！失敗を引きずっていてはダメ。前を向く
27(水)	友	○	◆◆◆代理や代役は好機。逃さずトライを
28(木)	親	○	★★★秘めていたお洒落心を爆発させよう
29(金)	業	◑	！自分語りも度を越すとウザがられるだけ
30(土)	栄	◑	！親身になってくれない人は見限っていい
31(日)	衰	◑	！適度な運動で、ホルモンバランスを調整

最大開運日 4/24、6/9　**最大警戒日** 1/25、2/14

4月

先延ばししていた案件に着手して

月初めは「魔のウィーク」なのでスロースタートでOK。「友」の5日からは、数年前や1、2月から先延ばしにしたことに手をつけるタイミング。7～9日にウィッシュリストを書くと実現率UP。金銭面は要注意。よい話の裏にあるマイナス面を必ずチェック。キャッシングは×。ネガティブな話への同調はNG。

日付	運	月齢	開運メッセージ
1(月)	安	◑	初対面の人とは自分から挨拶を交わして
2(火)	危	◑	！マイペースで少しずつ慣れていけばいい
3(水)	成	◑	！功を焦ると、間違った選択をすることに
4(木)	壊	◑	！オイシイ話には裏が。内容を細かく確認
5(金)	友	●	先延ばしにしていたことに、ようやく着手
6(土)	親	●	ゲームも漫画も限度を決めながら楽しんで
7(日)	胎	●	目指すべき理想像をノートに。実現度UP
8(月)	栄	●	♥♥いつもと違う面を。ギャップが魅力に
9(火)	栄	●	★★やりたい仕事には自分から手を挙げて
10(水)	衰	●	★待受やアイコン画像を変更。気分転換に
11(木)	安	●	★配信ドラマの世界観にどっぷりハマろう
12(金)	危	●	人に合わせるより、自分が食べたいものを
13(土)	成	◐	★家族間のモメごとは、本音で話せば解決
14(日)	壊	◐	！強情を張らない。困ったら助けを求めて
15(月)	友	◐	★★タオルや下着を一新。よい気が巡る
16(火)	親	◐	★★★未知のことにも貪欲に取り組めそう
17(水)	命	◐	★開運アロマ・ラベンダーでリラックス
18(木)	栄	◐	★★★まとめ役を買って出ると、団結力が
19(金)	衰	◐	デトックス効果のあるお茶をマイボトルに
20(土)	安	◐	$お金の収支を細かく管理しておくと安心
21(日)	危	○	日帰りスパやサウナで、汗活してスッキリ
22(月)	成	○	♥何気ないLINEのラリーで仲が深まる
23(火)	壊	○	！想定外の出費や入金の遅れで金運が乱調
24(水)	友	○	★★★応援者も増えて、大きく飛躍できる
25(木)	親	○	◆◆◆得意をアピールすればチャンス到来
26(金)	業	○	！GWだからと無理に予定を詰め込まない
27(土)	栄	◑	！愚痴っぽい話につき合うと精神的に疲労
28(日)	衰	◑	！体の弱い部分に不調が。早めのケアを
29(月)	安	◑	新緑を感じながら少し大股でウォーキング
30(火)	危	◑	！キャッシングや借金は避け、自己資金で

5月

エナジーパワーは高め。転職もOK

仕事運、快調の月。力のある人やステイタスのある場所との縁もでき、仕事で一番やりたいこと、初めてのことは、22日までに一歩を踏み出して。転職も、望むならエントリーを。華々しく実力を見せつけられる時だが、そのために見えないところでの準備や調整も必要。遠方への連絡、海外との縁に幸運あり。

日付	運	月齢	開運メッセージ
1(水)	成	◑	！今日は攻めるより、ディフェンス重視で
2(木)	壊	◑	！ミスはすぐに認めて謝罪。訂正も迅速に
3(金)	友	●	自分より周りが喜ぶことをするのがベスト
4(土)	親	●	アヤメが咲く公園へ。育てて愛でるのも◎
5(日)	胎	●	海外など、遠方に出かけるとラッキーが
6(月)	栄	●	♥♥見切りをつけることで新たな可能性も
7(火)	衰	●	下準備や事前調整など見えない努力が大事
8(水)	安	●	★無理に人に合わせず、自分の希望を主張
9(木)	危	●	ワークライフバランスを見直して対策を
10(金)	成	●	★初めてのことも、まずは一歩踏み出して
11(土)	壊	●	！お金を出さないなら口を出す権利はなし
12(日)	友	◐	♥♥♥強烈な出会い運が。社交的になって
13(月)	親	◐	★★★実力を遺憾なく発揮。皆の注目の的
14(火)	命	◐	★人に理解されなくても信じた道を進もう
15(水)	栄	◐	★★★転職願望があるならエントリーを
16(木)	衰	◐	朝晩、体重計にのり、鏡でボディチェック
17(金)	安	◐	★一旦引いて、タイミングを見極めよう
18(土)	危	◐	ポジティブな人と行動を。気分が上向きに
19(日)	成	◐	$クーポンを有効活用してお得にお買い物
20(月)	壊	○	！視野を広げる気持ちがないと変わらない
21(火)	友	○	★★★迷っているなら誘いに乗ってみよう
22(水)	親	○	◆◆◆ワンランク上の縁や出会いが続々と
23(木)	業	○	！世間の常識とマイルールとの差に困惑
24(金)	栄	○	！自分はもっとできると過信するのは危険
25(土)	衰	○	！現実を見るべき。その上で理想を描いて
26(日)	安	○	！暴飲暴食は避けて。ジャンクフードも×
27(月)	危	○	！ネットの情報に振り回されず真実を追求
28(火)	成	◑	！情熱だけで突っ走っても、実が伴わない
29(水)	壊	◑	！指示を待つより自分から仕事を探して
30(木)	友	◑	リモートのほうがいい場合も。うまく活用
31(金)	親	◑	！双方の顔を立てようとすると、板挟みに

6月

公私共に出会いに恵まれる予感♡

人間関係に大きな広がりがある月。仕事などを通じて親しくなり、周囲に人が集まり、人気が高まりそう。心ならずも八方美人になりがちなので注意して。金銭問題や利害関係については最初からきちんと話すことがトラブル回避の鍵。愛情面で素敵な出会いもあるけれど浮気や不倫は×。束縛や独占欲も慎んで。

日付	運	月齢	開運メッセージ
1(土)	胎	◑	ヨガや瞑想の時間をとって、心身を整える
2(日)	栄	◑	★友達の友達が、あなたの人生のプラスに
3(月)	衰	●	煮詰まった時は別のことをして切り替え
4(火)	安	●	★趣味のグループの情報交換で面白い話が
5(水)	危	●	夏に向けて、ぷよ肉に効く筋トレを実践
6(木)	成	●	★成功をつかむには、したたかさも必要
7(金)	壊	●	！慣れていることほど気を抜かず、慎重に
8(土)	友	●	♥♥♥素敵なアプローチが増えそうな予感
9(日)	親	●	★★★飛躍の時。思い切って挑戦しよう！
10(月)	命	●	★うれしいことは一緒に喜ぶと運気も上昇
11(火)	栄	◐	★★★なりたい自分になれそうな手応えが
12(水)	衰	◐	前回うまくいかなかったなら別のやり方で
13(木)	安	◐	$ボーナスは返済やお礼以外は貯蓄が正解
14(金)	危	◐	お互いウインウインになる方法を考えよう
15(土)	成	◐	★★本格的な夏を前にヘアチェンジが好評
16(日)	壊	◐	！独占欲は慎んで。相手を萎えさせるだけ
17(月)	友	◐	◆◆◆人脈が広がることで仕事にも好影響
18(火)	親	◐	★★★水面下で進めたことがうまく運ぶ
19(水)	業	○	！八方美人的な行動をとらないように注意
20(木)	栄	○	！東洋の神秘を感じる翡翠や琥珀が守り石
21(金)	衰	○	！浮気や不倫など危険な恋には近づかない
22(土)	安	○	！整体やマッサージで体のこりをほぐして
23(日)	危	○	！束縛しようとするほど相手は逃げるもの
24(月)	成	○	！お金のことは最初に話をつけておくべき
25(火)	壊	○	！決めつけすぎは可能性を狭めてしまう
26(水)	友	◑	目標とする人の言葉から勇気をもらえる
27(木)	親	◑	お気に入りのキャラのグッズを持ち歩こう
28(金)	胎	◑	ベッドリネンにプチグレインの香りで快眠
29(土)	栄	◑	♥♥素直に愛情やリスペクトの念を伝えて
30(日)	衰	◑	ダラダラ食べ飲みするのは体重増の原因に

星宿の開運暦2024

7月

今は、離れた人や物を追わないで

仕事など結果を出したいことは16日までに全力投球。17日からの「魔のウィーク」では、進んでいた話が立ち消えるなど、思わぬ変化の暗示。リスクヘッジを。交友関係は活発だけど相手は玉石混交。金銭感覚やモラルに違和感がある人はパス。縁が切れた人や物も本当に必要ならば戻ってくると信じて追わないで。

日付	運	月齢	開運メッセージ
1(月)	安	◑	◆◆明確な目標を見定めたら、全力投球で
2(火)	危	◑	ガラスに映る、ふとした表情もチェック
3(水)	成	◑	人がやりたがらないことを率先してやろう
4(木)	壊	●	ナーバスになりそう。好きな音楽で寛いで
5(金)	友	●	★★★トライし続けることで成功率が上昇
6(土)	友	●	★★★ホテルの贅沢プランでバカンス気分
7(日)	親	●	★★★仕事仲間とプライベートでも交流を
8(月)	命	●	★朝のラジオ体操を習慣に。スイッチオン
9(火)	栄	●	♥♥♥恋の相手は身近に。周りを見渡して
10(水)	衰	◐	部屋や職場にミニ植物を飾って、気を浄化
11(木)	安	◐	★トップを極めた人の人生哲学から学んで
12(金)	危	◐	別案も考えておこう。リスクヘッジになる
13(土)	成	◐	♥♥スポーツを楽しみながら爽やかデート
14(日)	壊	◐	！「自分さえよければいい」は通用しない
15(月)	友	◐	★★★ステップアップを目指し大胆に挑戦
16(火)	親	◐	★★★あなたの頑張りを見ている人がいる
17(水)	業	◐	！進行中の案件に大きなトラブルが発生!?
18(木)	栄	◐	！縁があるならまた戻ってくる。追わない
19(金)	衰	○	！受け身の姿勢でいたほうが安定感が増す
20(土)	安	○	！「失う」ではなく、「手放す」と思えば楽に
21(日)	危	○	！金銭感覚や倫理観に問題がある人はNG
22(月)	成	○	！一時の感情で仕事を投げ出さないこと
23(火)	壊	○	！ケアレスミスが出たらコーヒーブレイク
24(水)	友	◑	開運食・うなぎを食べて、運気も元気もUP
25(木)	親	◑	次の一手を考えておくべき。段取りが大事
26(金)	胎	◑	親しいからこそ気遣いを。信頼感が深まる
27(土)	栄	◑	$ $ 想定より安い価格で欲しいものを入手
28(日)	衰	◑	神社などの夏祭りに出かけて童心に帰ろう
29(月)	安	◑	★★助けているようで助けられているかも
30(火)	危	◑	ピリ辛麺で食欲を刺激。夏バテ対策にも◎
31(水)	成	◑	小さな成功体験を積むことが自信になる

8月

見直し、改善、修復のチャンス!

見直しと調整の月。11日まで何事も勢いがあり、恋も仕事も急進展。夏休みは大勢が集まるイベントなどを楽しんで。12日からの「魔のウィーク」では隠れていた問題が表面化したり、やり直しが必要になることがあるけれど、改善や修復のチャンス。保険や積み立てなど、堅実な方法での貯蓄開始にもよい時。

日付	運	月齢	開運メッセージ
1(木)	壊	◑	まずは相手がどう感じるかを考えるべき
2(金)	友	◑	◆◆◆仕事で大きな手応え。チームで共有
3(土)	親	●	★★フェスなどではイベントグッズを入手
4(日)	栄	●	♥♥♥ドラマティックな急展開が訪れそう
5(月)	衰	●	ドリンクはアイスでもいいけれど氷抜きで
6(火)	安	●	★オリンピックを観戦。パワーをもらえる
7(水)	危	●	未開拓のジャンルの本が才能の扉を開く
8(木)	成	●	★先送りにしていたことを少しずつ進めて
9(金)	壊	◐	！反省だけで終わらせず、行動で示そう
10(土)	友	◐	$ $ $ 堅実に積立をして。将来が楽しみに
11(日)	親	◐	★★★海や川、山など解放感のある場所へ
12(月)	業	◐	！自分のやり方を、人に押しつけてはダメ
13(火)	栄	◐	！問題が明るみに。慌てず冷静な対応を
14(水)	衰	◐	！やり直しはよりよいものにできる好機
15(木)	安	◐	！休肝日を設定して、肝臓を休ませる日を
16(金)	危	◐	！疑心暗鬼になりがち。悪く考えないこと
17(土)	成	○	！夏冷えにご用心。羽織り物は必ず持って
18(日)	壊	○	！憶測だけで動かない。事実確認はマスト
19(月)	友	○	お土産の受け渡しは、日頃の感謝も伝えて
20(火)	親	○	風景写真やアートを鑑賞して、心軽やかに
21(水)	胎	○	床に物を置くのは運気低下のもと。避けて
22(木)	栄	○	♥♥家庭的な部分をアピールすると好印象
23(金)	衰	◑	ごまかしはきかない。最初からやり直そう
24(土)	安	◑	★友達とスポーツジムで体験レッスンを
25(日)	危	◑	一流のものやサービスに触れ、学びを得て
26(月)	成	◑	★自分の義務を果たすことで道が開ける
27(火)	壊	◑	！手抜きはすぐにバレる。丁寧な仕事を
28(水)	友	◑	★★★活躍の場が広がりそう。柔軟に行動
29(木)	親	◑	★★★最新美容アイテムで、肌悩みをケア
30(金)	命	◑	★一歩引いて、周りを引き立たせてあげて
31(土)	栄	◑	★★★気になる演目を観劇。心がわき立つ

9月

パワーダウン。整理整頓で運をキープ

「七曜陵逼」に入ると同時にパワーが低下。8日からの「魔のウィーク」は疲れも出やすく体調に注意。〝水かけ論〞的な争いが起こりやすいので、何でも記録をとっておくと安心。特に仲間内の貸し借りは慎重に。曖昧なことは避けて。モメやすい時なので、恋愛も優柔不断や二股、不倫は厳禁。幸運の鍵は整理整頓。

日付	運	月齢	開運メッセージ
1(日)	衰	◑	偏った意見は話半分で聞いておくのが正解
2(月)	安	●	$ 人のためにお金を使うと、いい運が巡る
3(火)	危	●	違うと思ったら方向転換。切り替えが大事
4(水)	成	●	★ひらめいたプランはスマホのメモに保存
5(木)	壊	●	！！不誠実な恋愛は、モメごとの種になる
6(金)	友	●	★★★職人気質のこだわりが結果に反映
7(土)	親	●	♥♥辛いことも分かち合えば愛情を実感
8(日)	事	◐	！！！！カミングアウトは混乱を招くだけ
9(月)	栄	◐	！！無理がたたりそう。体をメンテナンス
10(火)	衰	◐	！！希望的観測でローンを組まないように
11(水)	克	◐	！！！！仲間内でのお金の貸し借りは×
12(木)	危	◐	！！恋愛に打算が入ると、気持ちが揺らぐ
13(金)	成	◐	！！問題点があぶり出されて、停滞しそう
14(土)	聚	◐	！！！！人に乗せられるのは危険。冷静に
15(日)	友	◐	話を聞いてもらうだけで心の曇りが晴れる
16(月)	親	○	家族でできる趣味やゲームで団欒タイムを
17(火)	胎	○	褒められ待ちをせず自分から相手を褒めて
18(水)	同	○	！！！！秘密は作るのもバラすのも厳禁
19(木)	衰	○	自分の欠点に気づけたら、あとは直すだけ
20(金)	安	○	♥共通の経験をすることでマンネリ打破
21(土)	危	◑	エキナセアの種を買ってベランダで栽培
22(日)	成	◑	◆仕事に役立つスキルや資格試験の勉強を
23(月)	壊	◑	！何事も曖昧にせず。しっかり意思表示
24(火)	友	◑	★★部屋を整理整頓。頭の中も心も整う
25(水)	親	◑	★★★少しハードルを上げてもクリア可能
26(木)	命	◑	！！！！水かけ論にならないよう記録を！
27(金)	栄	◑	★★★興味のある講習会に参加申し込みを
28(土)	衰	◑	秋の気配を感じながら近所をのんびり散歩
29(日)	意	◑	！！！！パワー減少。外出よりも休養を
30(月)	危	◑	憧れの有名人のセンスを取り入れてみよう

最大開運日 7/15、12/15　最大警戒日 9/18、10/16

10月

仲間内のノリではしゃぎすぎない

物事が水面下で進む時。「七曜陵逼」の運気でもあり、秘密保持は大切。でも逆に誰にも相談せずに決断、契約、依頼はしないこと。「六害宿」の日の〝ここだけの話〟は、するのも聞くのも危険。16日以降は「皆がやるから」と仲間内のノリで暴走しない。派閥争いに深入りも×。体調は持病を悪化させないよう注意。

日付	運	月齢	開運メッセージ
1(火)	成	●	★独自のネットワークを活用して情報収集
2(水)	壊	●	！不足に目を向けず、今あるものに感謝を
3(木)	壊	●	！！甘えていい相手でも甘えすぎてはダメ
4(金)	友	●	★★★原点に立ち返ろう。そこに答えが
5(土)	親	●	♥♥おそろいのウェアや小物で絆が深まる
6(日)	事	●	！！！！自己顕示欲や承認欲求は抑えて
7(月)	栄	●	！！相談なしに大きなことを決断しない
8(火)	衰	●	！！集中力が低下。ケガには特に注意する
9(水)	克	◐	！！！！〝ここだけの話〟とは距離をとって
10(木)	危	◐	！！ミスは隠蔽しようとせず、誠実に報告
11(金)	成	◐	！！秘密は必ず守るべき。信頼性に関わる
12(土)	聚	○	！！！！無理な計画だと思うならお断りを
13(日)	友	○	質のいい食事と睡眠をとって英気を養おう
14(月)	親	○	お気に入りの服装でお出かけして気分転換
15(火)	胎	○	謙虚さは大事だけれど謙遜はかえって嫌味
16(水)	同	○	！！！！派閥争いに巻き込まれないように
17(木)	衰	○	新しすぎる機器に手を出すのは時期尚早
18(金)	安	○	◆粛々と裏で進めておくと、後がスムーズ
19(土)	危	○	早起きして窓を開け、新鮮な空気を入れて
20(日)	成	○	♥献身的なサポートで相手の心をつかもう
21(月)	壊	○	！思ったより体力不足。無理はしないこと
22(火)	友	○	★★大きすぎる夢も小さな一歩から始まる
23(水)	親	◑	★★★支えてくれる人を支えることで開運
24(木)	命	◑	！！！！持病をケア。悪化させないように
25(金)	栄	◑	★★★二番手でいたほうが力を発揮できる
26(土)	衰	●	気の合う人とテラス席でランチを楽しもう
27(日)	意	●	！！！！「皆がやってる」では通用しない
28(月)	危	●	緊張感やプレッシャーを毛嫌いしないこと
29(火)	成	●	$節約アイデアを調べてひとつ試してみる
30(水)	壊	●	！イライラする時は目を閉じて深い呼吸を
31(木)	友	●	★★★うまく仕切って皆をまとめられそう

11月

9日からは覚醒! 意欲的に行動を

２日からの「魔のウィーク」はアクシデント運強め。でもそれがきっかけで〝覚醒〟するように９日から意欲的なモードに。16日の「成」の日には時間をかけて頑張ったことが結果を出して、次の段階へ。仲間や皆で一緒にできることを計画するのも吉。友情が恋愛に変わったりするが、幸せでも恋の話はほどほどに。

日付	運	月齢	開運メッセージ
1(金)	親	●	★★★仲間と紅葉狩りや果物狩りを計画
2(土)	業	●	！厳しい意見を言ってくれるのは愛情の証
3(日)	栄	●	！急なアクシデントに動揺。落ち着いて
4(月)	衰	●	！隣の芝生が青く見えたとしても気のせい
5(火)	安	●	！罪悪感や制限を取り払うことから始めて
6(水)	危	●	！ノリだけで決めない。バランスを大切に
7(木)	成	●	！体だけでなく心の負荷にも敏感になって
8(金)	壊	◐	！自分と同じレベルを後輩に求めてはダメ
9(土)	友	◐	変化はチャンス。新たな流れが生まれそう
10(日)	親	◐	時には相手の優しさに甘えることも必要
11(月)	胎	○	考え方次第でマイナスもプラスに変わる
12(火)	栄	○	$$臨時収入が。家族や身近な人に還元を
13(水)	衰	○	★開運色・バイオレットの小物で心穏やか
14(木)	安	○	★お取り寄せグルメで食卓にプロの味を
15(金)	危	○	言いにくいことも、思い切って伝えてみて
16(土)	成	○	★頑張った結果が出て、次のステージへ
17(日)	壊	○	！親や子供への小言が多すぎ。少し控えて
18(月)	友	○	★★やる気がみなぎる。果敢に挑戦しよう
19(火)	親	○	♥♥♥友情が愛情に。安らぎと安定感が
20(水)	命	○	★旅系のYouTubeの映像で、妄想旅行へ
21(木)	栄	◑	◆◆◆連携プレーでお互いの持ち味を発揮
22(金)	衰	◑	相手に譲る気持ちがあれば平和に過ごせる
23(土)	安	◑	★青春時代の思い出の曲をカラオケで熱唱
24(日)	危	◑	値段のわりにイマイチ。これも勉強のうち
25(月)	成	●	★SNSに新たなビジネスのヒントがある
26(火)	壊	●	！乗りかかった船。最後まで投げ出さない
27(水)	友	●	★★★あなたの魅力で強力な味方が現れる
28(木)	親	●	♥♥♥気持ちを素直に伝えれば大逆転も
29(金)	業	●	！勝ち負けにこだわっても損をするだけ
30(土)	栄	●	！長々とのろけ話をされると相手は苦痛

12月

パワー復活! 意中の人と接近も♡

漠然としていた計画や道筋が具体的になっていく時。ただ意外な展開もあるので無理に何でも年内に決めないほうが。年末は楽しい計画も入り、賑やかに。お洒落も楽しめるけれど無駄に目立ちすぎないよう、立ち位置を考えて。好きな相手は25日までなら誘うチャンスあり。くじ運が一番よいのは15〜20日。

日付	運	月齢	開運メッセージ
1(日)	衰	●	！ついで買いはダメ。要不要を見極めよう
2(月)	安	●	周りの希望を優先すればうまくいくはず
3(火)	危	●	！人の言葉を気にしすぎ。考えるだけ無駄
4(水)	成	●	！ふとした時の姿勢が大事。立ち姿も注意
5(木)	壊	●	！期待しすぎないで。冷静に状況を判断
6(金)	友	●	癒される香りの入浴剤で体を芯から温める
7(土)	親	●	いいことは皆にシェア。幸福の輪を広げて
8(日)	胎	◐	新しいスケジュール帳やカレンダーを購入
9(月)	栄	◐	◆◆ぼんやりしていた計画が具体的に進展
10(火)	衰	◐	やるべきことに優先順位をつけて順次処理
11(水)	安	○	★魅力や能力を惜しみなく出せて、自信に
12(木)	危	○	腹を割って話すことで気づけることがある
13(金)	成	○	★友達から耳寄りの美容・健康情報をGET
14(土)	壊	○	！悪目立ちしないよう、装いに気を使って
15(日)	友	○	★★★思い立ったが吉日。行動あるのみ
16(月)	親	○	♥♥♥あなたからデートに誘ってみて！
17(火)	命	○	★懐かしい写真を見て、初心を思い出そう
18(水)	栄	○	$$$くじ運好調。来年の運試しに宝くじ
19(木)	衰	○	朝一番で白湯を。ゆっくり腸を動かそう
20(金)	安	○	★高級レストランで素敵なディナータイム
21(土)	危	◑	片づけや大掃除はゴールを決めてから開始
22(日)	成	◑	★見た目も可愛いマカロンをお土産にして
23(月)	壊	◑	！無理に年内に決断や結論を急がないこと
24(火)	友	◑	♥♥♥イルミネーションが恋を後押しする
25(水)	親	◑	★★★仲間とのクリスマスパーティを満喫
26(木)	業	●	！慣れない場所へは、時間に余裕を持って
27(金)	栄	●	！自分に向き合い、2025年の目標を立てる
28(土)	衰	●	！買い忘れがないよう、手書きメモを持参
29(日)	安	●	！人混みは避けて。疲れを翌日に引きずる
30(月)	危	●	！嫌な気分はお笑い番組で笑い飛ばそう
31(火)	危	●	！バタバタせず穏やかな気持ちで大晦日を

引き立て運No.1 華やかな人気者

11 張宿

ちょうしゅく

★開運キーワード★

Color
アクアブルー　イエロー

Spot
ランドマーク　歴史遺産

Food
コース料理　ぬか漬け

Item
名刺　アンティーク

Stone
エメラルド　ダイヤモンド

Aroma
サイプレス　ペパーミント

Flower
ライラック　ネモフィラ

張宿ってこんな人

「張」は強く張った弦を表す。威勢のよさやカッコよさを持つ宿で、華がある上に自分の見せ方も上手。若い頃から人に引き立てられる運気の持ち主。男女で性格が違っており、女性は負けず嫌いで怖いもの知らず、肝の据わった大物の器。男性は堂々としているようで、実は気が小さく几帳面で神経質。恋愛面では男女共にスタイリッシュでモテ体質だが、自分が追いかけてモノにしないと満足できない。開運部位は右肩なので、肩を開いて、胸を張った堂々とした姿を保つと魅力UP。右胸にファッションのポイントをおくのもよい。

この宿の有名人

草間彌生　小泉今日子　藤原紀香　丸山桂里奈　シシド·カフカ　小芝風花　cocomi　芦田愛菜　平野美宇　東野圭吾　小泉進次郎　加藤浩次　向井理　松山ケンイチ　横尾渉　三浦大知　重岡大毅　藤井流星　板垣李光人　くっきー！　長谷部誠　水谷隼　菊池雄星　宇野昌磨

2024年開運3か条

1. 皆のことを考えて行動し、リーダーシップを発揮しよう!
2. 金銭面での見栄は張らない。身の丈に合ったお金の使い方を
3. 育てたいのはリスクヘッジ能力。個人情報の保全にも力を入れて

2024年の全体運

水面下で水をかく優美な〝白鳥〟のように見えない努力が報われ、理想が叶う年

★2024年の特徴　2024年は、様々な現実的な制約を受け、それと折り合いをつけていく年。でも、それをすることで目標を達成できたり、よい出会いや新たな道への扉も引き寄せることができる〝近距離〟の「安」の運気です。自分の弱みやカッコ悪い部分を絶対に人に見せたくない張宿にとって、シビアな現実と闘う2024年は、水面下で懸命に水をかく優雅な〝白鳥〟のような、いかにも張宿らしい過ごし方の年になります。その努力は報われ、理想を実体を伴うものに変えられるでしょう。さらに「誰かのため」「人のため」という視点が加われば、運気はパワーアップ。よいことも独り占めせずシェア、辛いことも一人で抱え込まずに、誰かと一緒に向き合えば、多くの出会いから優しい絆が生まれ、あなた自身も成長し、ステップアップできるでしょう。

★1年の運気の流れ　**1、2月**は好調。仕事でもプライベートでもうれしい出来事、出会いがありそうですが、「七曜陵逼」の運気でもあり、調子に乗ると、相手を激怒させたり、トラブルの種をまくこともあるので、慎重に。**3、4月**は、身近な人に変化が起きたり、お金や時間などシビアな現実を突きつけられそうな暗示。けれど、それに対する修正や工夫がよい変化を招き、ビジネスチャンスにつながることも。**5〜7月**には、それなりの成功や満足が得られそうです。たとえお金や誰かの都合で大きな夢がスケールダウンしても、周囲から認められる成果に。**8月**は様々な微調整によい時期。その後の「七曜陵逼」の**9、10月**は、エナジーパワーも低下するため、焦って余計なことに手を出したり、心がブレて不安定になりがちです。ここを自制的に過ごせば、**11、12月**には、あなたの意見や主張が通りやすい時期に。特にプライベートではあなたらしい個性的な活動ができる時になります。

★愛情運★

誠実に向き合えば確かな愛をGET!

2024年は確かな愛を得る年ですが、それは誠実に愛と向き合った場合のみ。「七曜陵逼」なのに**1月**は出会い運も強く、愛に前のめりになりますが、決断は、**3、4月**に経済面や二人の間の課題をすり合わせてからが吉。モテ運と強い出会い運は**5月4日～6月17日**に巡るので、こじれた関係や片思いはGW前に清算するのもあり。**7月25日～8月31日**、**11月10日～12月26日**も、ピンとくる人に会えたり、愛を深められる時。一方で**9、10月**の「七曜陵逼」の恋はから騒ぎに終わりそう。浮気や二股だけでなく、問題からの逃避も愛を傷つけます。子供やローンなど共通で担うものが多い時ですが、それらは責任と束縛であると同時に、強い絆にもなり得るのです。

★仕事運★

5～7月は快進撃の時。昇進、抜擢なども

結果を出せる年。**1、2月**にもいい話が舞い込みますが、「七曜陵逼」なので、**3、4月**にお金の話を詰めてから進めて。また、ここで情報管理やリスクヘッジを強化すると後で役に立ちます。華々しい結果を出せるのは**5～7月**。昇進や抜擢があり、よい人脈も得て、快進撃で理想を実現できそう。転職は**5月23日**までにエントリーを。**8月**は後回しにしていた細かな問題の調整をすべき運気。それを放置すると**9、10月**の「七曜陵逼」に波乱が。曖昧なお金の流れ、嫉妬やセクハラなどに足を引っ張られる恐れも。混乱の仕切り直しができるのは**11月13日**以降。ここで取引先やノウハウの新規開拓と工夫をすると、好調な仕事運を長くキープできます。

★金運★

出費大の予感! 事前の配慮がマスト

華やかな出来事が多い反面、経費がかかり、借入金も増えそうな年です。仕事や家族などのために大金を動かしたりもしますが、「七曜陵逼」の**1、2月**、**9、10月**での契約は避けて。予算や経済力で話が変わったり、決まったりすることも多い時。お金を人と分け合うのなら、モメないように、細やかな配慮が必要。特に**4月**と**11月**は浪費に注意。**8月**に収支をチェックすると金運が安定します。買い物運がよいのは**3月13～29日**、**8月20日～9月1日**ですが、高級志向はほどほどに。くじ運がよいのは**6月3～19日**、**11月13日～12月26日**。

★美容・健康運★

漢方や鍼灸、東洋系の治療がおすすめ

目立つ機会が多いこの1年は、パリッとして隙のない張宿の個性が輝く時。**6月3～19日**、**7月25日～8月12日**には、マンネリ打破のお洒落を。いつもは選ばない色やデザインをセレクト。**1、2月**は健康運が乱れがちなので、**3、4月**に健診や治療、メンテナンスをすると安心。**5～8月**は忙しくても走れますが、「七曜陵逼」の**9、10月**はパワーが落ちるので休息も必要。エステや温泉でリラックスを。不調は漢方や鍼灸など東洋系の治療も試して。パワーが回復する**11、12月**は代謝アップできる運動を始めるといい。入浴習慣も大切に。

★七曜陵逼の乗り切り方★

張宿が各時期に気をつけるべき大事なことをアドバイス。手帳にメモして！

1 1/2 ～ 1/28

趣味や遊びを楽しめそう。ただ8日からの「魔のウィーク」に自慢したり、上から目線になると、反感を買い、敵を作るので謙虚に。

2 2/10 ～ 2/25

予想外の出来事が起きて、逆転することがある星回り。「六害宿」の日の行き違いは修復不能。お金を動かすこと、契約は極力避けて。

3 9/3 ～ 9/29

ここで遭遇する出来事には裏や秘密が。安易に信用しないで。「六害宿」の日には深い話、前から言いたかったことは、口にしない。

4 10/3 ～ 10/27

コンプレックスを刺激されると、心が暴発する恐れ。見栄を張って嘘や秘密を作ると災いの種に。詰めの甘さはトラブルを引き起こす。

Energy Power 4～7月はパワー大さめの幸運期。8月は調整タイムと心得て。

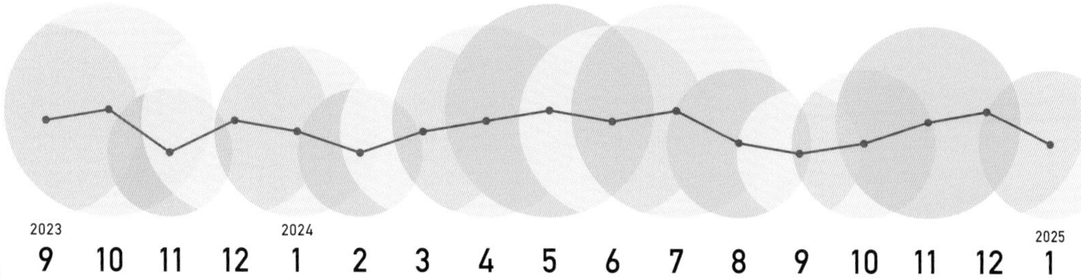

張宿の開運暦2024

1月

意外に好調。図に乗らないことが大事

２日「意宿」は欲張って失敗しがちだが「七曜陵逼」でも意外に穏やかなお正月。仕事のチャンスにつながる出来事もありそう。８日からの「魔のウィーク」では、いい話のマイナス面も考えて行動を。11日「克宿」での奇策は×。26日「命宿」は、恋人や身近な人との関係が変わりやすいので、思いやりを忘れないで。

日付	運	月齢	開運メッセージ
1(月)	衰	◑	家族や親しい人たちと心穏やかな年明け
2(火)	意	◑	！！！！欲を出すと痛い目に。謙虚でいて
3(水)	危	◑	物の置き忘れに注意。手荷物を逐一確認
4(木)	成	◑	自分も周りも楽しめるような話題を選んで
5(金)	壊	◑	体がまだお正月モード。無理はきかなそう
6(土)	友	●	♥♥気になる相手が登場。ときめき度上昇
7(日)	親	●	★★★行きたかったテーマパークで遊ぼう
8(月)	事	●	！！！！上から目線の発言で周囲は白い目
9(火)	栄	●	！！うまい話の裏にはデメリットがある
10(水)	衰	●	！！体調が不安定。無理せず早めに帰宅を
11(木)	克	●	！！！！奇をてらった作戦は失敗しがち
12(金)	危	●	！！大きな契約は避けるべき。内容を精査
13(土)	成	●	！！相手の逆鱗に触れそう。言葉に注意を
14(日)	聚	●	！！！！自慢話は敵を作るだけ。気づいて
15(月)	友	●	心配しすぎ。いつも通りでいれば問題なし
16(火)	親	●	今日は誰かのためになることを優先しよう
17(水)	胎	●	サイプレスのアロマでウイルスや抗菌対策
18(木)	同	◐	！！！！プライドが邪魔すると失うものが
19(金)	衰	◐	肩こり解消のために肩甲骨のストレッチを
20(土)	安	◐	♥今日あった楽しいことを報告。電話も◎
21(日)	危	◐	話題の漫画や小説に浸り、異世界へワープ
22(月)	成	○	★お洒落にエメラルドを取り入れて開運！
23(火)	壊	○	！マイペースでOK。着実に片づけていこう
24(水)	友	○	★★★好奇心に忠実に。行動力を発揮して
25(木)	親	○	★★聞き役に徹したほうがスムーズに進む
26(金)	命	○	！！！！思いやりの心がないと信頼を失う
27(土)	栄	○	★★ウェブの知識を強化。今後に活かせる
28(日)	衰	○	★デリバリーやテイクアウトで簡単ごはん
29(月)	安	○	$業務拡大のための投資は惜しまずにGO
30(火)	危	○	ライバルの努力や姿勢に見習うべき点が
31(水)	成	◑	◆ツキが向いてきて、希望の仕事の担当に

2月

パワー低下。健康には気をつけて

「魔のウィーク」は健康に注意。感染症やメンタル面も気をつけて。「七曜陵逼」に入ったら、危ない場所や話に気楽に近づかないこと。特にお金や法律の絡む話は複数の人に意見を聞いて。仕事は好調だが、仕事優先になりすぎると誰かを傷つけそう。「六害宿」の日の誤解、衝突はダメージ大。丁寧に謙虚に。

日付	運	月齢	開運メッセージ
1(木)	壊	◑	！借りたものはなるべく早めに返すべき
2(金)	友	◑	◆◆◆日頃の頑張りが認められて大抜擢も
3(土)	親	◑	♥♥♥安心感と安定感のある愛を得られる
4(日)	業	◑	！モヤモヤは紙に書き出して心の中を整理
5(月)	栄	●	！気分がふさぎがち。目を閉じて深呼吸
6(火)	衰	●	！法律が絡む話は詳しい人たちから意見を
7(水)	安	●	！風邪の気配を感じたら早めの受診が肝心
8(木)	危	●	！トラブルの発端は自分かも。気をつけて
9(金)	成	●	！仕事優先でも身近な人のケアは忘れずに
10(土)	成	●	！！慣れない場所や知らない話には警戒を
11(日)	聚	●	！！！！言葉の行き違いで仲がこじれそう
12(月)	友	●	理不尽なことを言う相手はスルーしていい
13(火)	親	●	気持ちに体が追いつかない。一息入れよう
14(水)	胎	●	本命チョコには心を込めたカードを添えて
15(木)	同	●	！！！！誤解や衝突を回避！ 修復困難に
16(金)	衰	●	多くを望むより、無事に進むことを祈って
17(土)	安	◐	$こだわりたい部分にはお金をかけてOK
18(日)	危	◐	正論でも伝え方を間違えるとケンカのもと
19(月)	成	◐	★現実とうまく折り合いをつけられそう
20(火)	壊	◐	！大きな金銭が動くことや、取引は避けて
21(水)	友	◐	★★★新しいランドマークスポットを探索
22(木)	親	○	★★人との関係性から学びが。成長できる
23(金)	命	○	！！！！思わぬ出来事で状況が一気に暗転
24(土)	栄	○	★★人気店の贅沢ランチで優雅な休日を
25(日)	衰	○	★サウナで整うと、頭の中もクリアになる
26(月)	安	○	★よいことがあったら人にも親切にしよう
27(火)	危	○	反対意見や忠告にハッとさせられることが
28(水)	成	○	♥条件は後回し。一緒にいて楽な人が正解
29(木)	壊	◑	！気持ちだけ先走って実態が伴わないかも

3月

スタートや大事な決断によい月

３日からの「魔のウィーク」は、まだ荒れ気味の運気。何事も相手ファーストで状況に合わせて柔軟に対処を。10日「友」の日からは、新たな行動を起こしたり、大事なことを決めてもよい星回り。仕事などのオファーやアポ入れもよいけれど、最近、感じた不安やリスクを解消するのもよい。保険の見直しも◎。

日付	運	月齢	開運メッセージ
1(金)	友	◑	★★★夢物語のような話も今なら実現可能
2(土)	親	◑	★★★自己肯定感が高まるような出来事が
3(日)	業	◑	！おでかけするより、家で体を休めよう
4(月)	栄	◑	！取り繕おうとすると逆効果。素直に謝罪
5(火)	衰	◑	！急な方向転換は危険。様子を見ながらで
6(水)	安	●	！相手の都合や状況に合わせて対応しよう
7(木)	危	●	！スマホやパソコンのバックアップをして
8(金)	成	●	！何かと経費がかさみそう。うまく調整を
9(土)	壊	●	！神経質で潔癖すぎると、周りは敬遠する
10(日)	友	●	友達の輪が広がる。フレンドリーに接して
11(月)	親	●	アイロンでシワをのばせば気持ちもピン！
12(火)	胎	●	新たなチャレンジに向けた準備を始めよう
13(水)	栄	●	◆◆◆アポ取りやプレゼンの用意も順調
14(木)	衰	●	健康診断で今の体の状態を細かく把握して
15(金)	安	●	★懸念点を早めにつぶせば安心できそう
16(土)	危	●	自己嫌悪に陥ったらたっぷり眠って回復を
17(日)	成	◐	♥話し合っておくべきことを相談しよう
18(月)	壊	◐	！！注意力が散漫になりそう。気を張って
19(火)	友	◐	★★★大事な決断も思い切ってしてみよう
20(水)	親	◐	★★★グランピングやキャンプで自然満喫
21(木)	命	◐	★新鮮な野菜ジュースでビタミンチャージ
22(金)	栄	◐	$$$今の保険をプロの目を通して見直し
23(土)	衰	○	どちらの味方もせず中立的な立場を守って
24(日)	安	○	★長く使えそうな春服を購入。気分も上昇
25(月)	危	○	自分とは違う意見も面白がれる余裕を持つ
26(火)	成	○	♥「好き」と思う気持ちに正直になっていい
27(水)	壊	○	！簡単だと思うことでも相手は違うことも
28(木)	友	○	★★★叶えたい願いを公言。実現が近づく
29(金)	親	○	★★★ピンチをチャンスに変えられる時
30(土)	業	◑	！高級志向になりすぎると、金運が乱調に
31(日)	栄	◑	！自分を犠牲にしてまで頑張る必要はない

最大開運日 5/23、6/19　**最大警戒日** 1/26、2/15

張

4月

前進OK! 密かな努力を忘れずに

目標に向かってグングン進み、目立つことも多い時だが、同時に陰でする努力や調整、細かなチェックも必要。特にお金や時間など現実的なことはシビアに。甘い見通しや安易なブランド信仰は禁物。恋愛は別離と出会いが交錯。進め方の順番を間違えないで。連休は仕事や課題の遅れを取り戻す時間にしよう。

日付	運	月齢	開運メッセージ
1(月)	衰	◑	人知れず努力をしたり調整することが大事
2(火)	安	◑	！管轄外のことは口を出さないほうがいい
3(水)	危	◑	！ブランドに気を取られず、本質を見よう
4(木)	成	◑	！時には妥協も必要。受け入れる勇気を
5(金)	壊	◑	！別れる前につき合うとトラブルに発展
6(土)	友	●	プチ模様替えで部屋に変化を。気分も一新
7(日)	親	●	散歩がてら近くの神社仏閣をお参りしよう
8(月)	胎	●	TO DOリストを作ることを毎日の習慣に
9(火)	胎	●	メンテナンスや施術、治療で健康をキープ
10(水)	栄	●	◆◆◆情報収集してリスク管理。後で有効
11(木)	衰	●	ゆっくりお風呂につかってストレス解消
12(金)	安	●	★待遇面などの条件はしっかり詰めておく
13(土)	危	●	深刻に考えすぎ。それほど問題ではない
14(日)	成	◐	♥金銭感覚をすり合わせておくと後が楽
15(月)	壊	◐	！！見通しが甘い。もっと作戦を練るべき
16(火)	友	◐	★★★目標に向かって一直線。猪突猛進で
17(水)	親	◐	★★★工夫が新たなビジネスにつながる
18(木)	命	○	★ボーッとする時間でリセットできそう
19(金)	栄	○	★★★リカバリー能力を発揮。高い評価に
20(土)	衰	○	ネモフィラが咲き誇る公園へ。記念撮影も
21(日)	安	○	$交際費は必要経費。楽しむことが大事
22(月)	危	○	進展のない恋には見切りを。縁を呼び込む
23(火)	成	○	★開運アイテム・名刺はアプリで賢く管理
24(水)	壊	○	！漏れや見逃しがないか細かい確認が必要
25(木)	友	○	★★★注目を浴びそう。堂々と振る舞って
26(金)	親	○	♥♥♥素敵な出会いが。友達からスタート
27(土)	業	◑	！時間とお金にルーズさが出ると信用失墜
28(日)	栄	◑	！弱みを見せることを恐れず、素直な心で
29(月)	衰	◑	遅れていた仕事や課題を休日のうちに挽回
30(火)	安	◑	！ちゃんと話し合えば、誤解は解けるもの

5月

パワーMAX! 仕事のチャンス到来

GWではちょっとした外出も心身のデトックスになる。7～23日は仕事関係でビッグチャンスが到来。転職も含め、挑戦したい計画はここで一歩を踏み出して。ステップアップにつながる話が舞い込む可能性も。ただ金銭面は慎重に詰めて。24日からの「魔のウィーク」では仕事でも恋愛でも虚栄心は抑えること。

日付	運	月齢	開運メッセージ
1(水)	危	◑	！人の集まる場では特に発言に注意して
2(木)	成	◑	！お金にまつわることは慎重に進めるべき
3(金)	壊	◑	！近場の散歩や、映画館に行って気分転換
4(土)	友	●	大好物を食べよう。おなかも心も大満足
5(日)	親	●	海や山、大自然を感じる場所へ。温泉も吉
6(月)	胎	●	早起きして、ヨガやラジオ体操で爽やかに
7(火)	栄	●	♥♥結婚など一緒に暮らすことを考えても
8(水)	衰	●	足りない栄養素はサプリでとるのもあり
9(木)	安	●	★ポジティブ発言がいい流れを引き寄せる
10(金)	危	●	口約束だけでは心配。リマインドメールを
11(土)	成	●	★少し隙を見せたほうがギャップが際立つ
12(日)	壊	●	！母の日を忘れずに。花にカードを添えて
13(月)	友	◐	◆◆◆転職など新たな挑戦の機会が訪れる
14(火)	親	◐	★★★フットワーク快調。積極的に進んで
15(水)	命	◐	★ぬか漬けを始めてみよう。腸活にも有効
16(木)	栄	◐	★★★人脈が広がると共に後押しも強力に
17(金)	衰	○	安眠のために、寝室の香りにもこだわって
18(土)	安	○	$家族のためにお金を使うと好循環を生む
19(日)	危	○	靴は見た目だけでなく、歩きやすさを重視
20(月)	成	○	★最新ニュースをチェック。いいヒントが
21(火)	壊	○	！やってもらって当たり前と思わないこと
22(水)	友	○	♥♥♥心から夢中になれる相手が現れそう
23(木)	親	○	★★★ステップアップを望むなら今が好機
24(金)	業	○	！一人で抱え込まず、重圧も分かち合おう
25(土)	栄	○	！モテようと余計な見栄を張ると裏目に
26(日)	衰	○	！痛いところを突かれてもムキにならない
27(月)	安	○	！もっと視野を広げて様々な可能性を模索
28(火)	危	◑	！忙しくても身なりは整えて。信頼度UP
29(水)	成	◑	！自分で問題をややこしくしているかも
30(木)	壊	◑	！仕事で知ったかぶりすると後で苦労する
31(金)	友	◑	！勝手に決めないで。周りの意見も聞こう

6月

モテ運高め、新たな恋の予感も♡

あなたの頑張りが人を動かしたり、皆に伝わる幸運月。大勢を引っ張る力を発揮できるのでリーダー的な立場を引き受けてもOK。人気運もモテ運もアップして人間関係が好転。いい人脈をつかみ、恋愛が始まることも。ただ強気になりすぎて人を責めると相手を追い詰めがち。セクハラやパワハラにも注意を。

日付	運	月齢	開運メッセージ
1(土)	親	◑	開運花・ライラックを飾って香りも楽しむ
2(日)	胎	◑	！周りの人の顔色を窺いすぎないように
3(月)	栄	◑	♥♥モテ運が上昇中。積極的に動いてみて
4(火)	衰	●	カラフルなレイングッズで気分を上げよう
5(水)	安	●	★データの保存方法を工夫。効率的に整理
6(木)	危	●	後悔ではなく、反省ができる建設的な時期
7(金)	成	●	★達成感を得られる。次なる目標を設定
8(土)	壊	●	！マイナス面より、プラス面に目を向けて
9(日)	友	●	★★★開運色を取り入れて、脱マンネリを
10(月)	親	●	★★★味方が増え、周りの人間関係が力に
11(火)	命	●	★まっさらな気持ちで物事に取り組めそう
12(水)	栄	◐	$$$プレゼント応募やくじにトライも◎
13(木)	衰	◐	水分補給やエアコンの活用で、熱中症対策
14(金)	安	◐	★前のやり方を振り返り、よい点は残して
15(土)	危	◐	★いつもよりカジュアルな装いが映える
16(日)	成	○	★対戦型のスポーツやゲームで白熱しそう
17(月)	壊	○	！段取りやスケジューリングをしっかりと
18(火)	友	○	◆◆◆リーダー的立場で隠れた実力を発揮
19(水)	親	○	★★★頑張りが認められ、周囲から高評価
20(木)	業	○	！油断しないで。最後まで緊張感をキープ
21(金)	栄	○	！強引すぎるとパワハラやセクハラ傾向に
22(土)	衰	○	！偏食になるのは、ストレス過多のサイン
23(日)	安	○	！デリカシーのない一言はケンカの火種に
24(月)	危	○	！メールは、送信前にしっかり読み直して
25(火)	成	○	！外的要因で調整が必要に。丁寧に進めて
26(水)	壊	○	！相手に非があっても責めすぎはよくない
27(木)	友	◑	洗練された人の服装や言動をまねてみよう
28(金)	親	◑	大事なことを伝えるなら、直筆の手紙で
29(土)	胎	◑	寝る前に瞑想を。心を鎮める時間を持とう
30(日)	栄	◑	♥♥人がつないでくれた縁が恋愛に発展

張宿の開運暦2024

7月

再びパワーMAX! 好感度も上昇

あなたを中心に物事が回る月。17日までは仕事で成果をあげられたり、やりたいことができるチャンス。周囲も協力的で頑張るほど好感度もUP。ただ、18日からの「魔のウィーク」以降は強引に押し切ろうとすると状況がひっくり返る恐れ。公私混同や、安易なお金や物の貸借は×。21日は敵を作らないよう注意。

日付	運	月齢	開運メッセージ
1(月)	衰	●	★時間をかけて進めたほうがいい結果に
2(火)	安	●	★スパイシーなピリ辛料理で夏バテを撃退
3(水)	危	●	！「言わなくてもわかる」と思わないこと
4(木)	成	●	♥♥ひたむきに頑張る姿が好感を持たれる
5(金)	壊	●	！うまくいかなくても人のせいにしないで
6(土)	壊	●	！過去の武勇伝や自慢話は場がしらける
7(日)	友	●	★★★行きたかった場所に旅をして大満足
8(月)	親	●	★★★仲間を率いて楽しいイベントへGO
9(火)	命	●	★開運のペパーミント精油でクールダウン
10(水)	栄	◐	◆◆◆仕事で大きな成果が。昇進にも期待
11(木)	衰	◐	マイボトルに麦茶を。こまめに水分補給
12(金)	安	◐	★不要と思っていたものが意外と役に立つ
13(土)	危	◐	★趣味友達とおしゃべり。トーク力を発揮
14(日)	成	◐	＄思いがけない収入や素敵ないただき物が
15(月)	壊	◐	！夜にお菓子やお酒より、よい睡眠を
16(火)	友	○	★★★やりたかったことを実行に移せそう
17(水)	親	○	★★★たくさんの人からのサポートを実感
18(木)	業	○	！公私の区別は重要。ちゃんと切り分けて
19(金)	栄	○	！力技で押し切ろうとすると状況は暗転
20(土)	衰	○	！お金や物の貸し借りはトラブルのもと
21(日)	安	○	！勘違い発言で敵を作らないように注意
22(月)	危	○	！今さら過去の話を蒸し返すのはよくない
23(火)	成	○	！部下や後輩に厳しすぎる。大目にみよう
24(水)	壊	○	！ハッタリが通用するほど世の中甘くない
25(木)	友	◑	暑さ対策グッズもデザインにこだわって
26(金)	親	◑	マナーはきちんと守ろう。爽やかな気分に
27(土)	胎	◑	不器用な言い方でも、心を込めれば伝わる
28(日)	栄	◑	♥♥ビビッときたらスピード重視で行動を
29(月)	衰	◑	★ストレッチやヨガなどを習慣にしよう
30(火)	安	◑	★ちょっとした親切で、あなたの株が上昇
31(水)	危	◑	！自分の判断ではなく、ルールに従うべき

8月

頑張りすぎないほうがうまくいく

人との交流が盛んで華やかな出来事も多い時。裏側では、多少の妥協や資金のやりくりなど、表面を飾るための苦労も。細かな部分でやり直しもあるが、欲張りすぎなければうまくいきそう。仕事などで重要なことの引き継ぎも。お金の話や買い物なども含めて、できることは31日までに実行しておくと安心。

日付	運	月齢	開運メッセージ
1(木)	成	●	★★勇気を持って挑戦。追い風が吹きそう
2(金)	壊	●	！自分だけじゃなく皆がどう思うか考えて
3(土)	友	●	★★いつもと違うお洒落を。好評でご機嫌
4(日)	命	●	★自然の中へ。森林浴でリフレッシュを
5(月)	栄	●	◆◆◆丁寧な引き継ぎで早速いい流れが
6(火)	衰	●	協調性重視で。周りに合わせたほうが安心
7(水)	安	●	★わずかなズレもなくして、盤石な関係に
8(木)	危	●	最新美容機器や健康グッズを取り入れよう
9(金)	成	◐	★先送りにしていた問題をうまく調整して
10(土)	壊	◐	！嫌味な言い方はしないで。ストレートに
11(日)	友	◐	♥♥♥浴衣でデート。相手も惚れ直すはず
12(月)	親	◐	★★★地元の仲間とワイワイ語り明かそう
13(火)	業	◐	！見返りを期待しなければ、不満も出ない
14(水)	栄	◐	！資金繰りで苦労も。細かい計算が必要
15(木)	衰	◐	！無理をすると、やり直しになる可能性も
16(金)	安	○	！疑心暗鬼になりがち。もっと人を信じて
17(土)	危	○	！乗り換えや交通状況を事前にチェック
18(日)	成	○	！噂話や陰口は聞くのも言うのも避けよう
19(月)	壊	○	！自意識過剰かも。人の目を気にしすぎ
20(火)	友	○	家計簿アプリで収支と流れをしっかり管理
21(水)	親	○	信じる道を進んで。ブレないことが大事
22(木)	胎	○	アルバムを見返そう。思い出が活力の源に
23(金)	栄	○	♥♥気になっていた人から意外なお誘いが
24(土)	衰	○	小一時間の昼寝を取り入れて、疲れも回復
25(日)	安	◑	★人があまり行かないところが癒しの場に
26(月)	危	◑	やる気が出ないなら、まずは机の上を整理
27(火)	成	◑	★やるべきことを淡々と済ませてスッキリ
28(水)	壊	◑	！気になることはスルーせず、周りに確認
29(木)	友	◑	★★★個性が光る時。グイグイ進んでOK
30(金)	親	◑	＄＄＄資産運用にトライ。知識も増やそう
31(土)	命	◑	★譲り受けたアンティークを今に活かして

9月

パワーダウン。流れに身を任せて

エナジーパワーが下降。自分から動かず、流れに任せ、やるべきことを淡々とこなすべき月。舞い込む仕事や抱えている問題、悩みに対する情報も鵜呑みにせず、精査を。セカンドオピニオンも聞くべき。「六害宿」の日の話し合い、予定変更は×。相手を信頼していても、自分の秘密や人の秘密を漏らさないこと。

日付	運	月齢	開運メッセージ
1(日)	栄	●	★★★ずっと欲しかったものを安価で発見
2(月)	衰	●	受け身でいたほうが今日は得策。控えめに
3(火)	意	●	！！！！安易に信用せず、警戒心を強めて
4(水)	危	●	お金でモメることのないように配慮が必要
5(木)	成	●	縁の下の力持ち的なポジションでサポート
6(金)	壊	●	やるべき仕事や義務をこなすことに専念を
7(土)	友	●	♥♥心からリラックスできる相手がベスト
8(日)	親	●	★★★歴史遺産を巡り太古のロマンを満喫
9(月)	事	◐	！！！！腰を据えて話をするのは別の日に
10(火)	栄	◐	！！自分から動かず、流れに身を任せて
11(水)	衰	◐	！！消耗しそうな日。肉食でエナジー補給
12(木)	克	◐	！！！！信頼していても秘密は漏らさない
13(金)	危	◐	！！盛り上がった恋も一時的なものかも
14(土)	成	◐	！！ひとつの意見だけでなく、他も聞いて
15(日)	聚	○	！！！！鬱憤を晴らす発言は×。修復困難
16(月)	友	○	遊びに行くより家で疲れを癒すことに専念
17(火)	親	○	人に任せるところは任せて、タッチしない
18(水)	胎	○	自分の短所を認識。直せることから改善を
19(木)	同	○	！！！！いい展開に見えても実は裏がある
20(金)	衰	○	仕事上のお金の流れはクリーンさが重要
21(土)	安	○	＄心地よい住環境のための出費は惜しまず
22(日)	危	○	スマホをオフにしてデジタルデトックス
23(月)	成	◑	★ネットでバズっているレシピにトライ
24(火)	壊	◑	！情報を鵜呑みにせず、自分なりに精査を
25(水)	友	◑	★★★任された役割を全うすることで開運
26(木)	親	◑	♥♥二人で背負うことで同志のような絆が
27(金)	命	◑	！！！！急な予定変更は×。約束も守って
28(土)	栄	◑	★★ピンときたら挑戦。長く続けられそう
29(日)	衰	◑	★漢方や鍼灸など東洋医学の力でメンテを
30(月)	安	◑	◆説得力のあるプレゼンで心をつかめる

最大開運日 11/13、12/19　最大警戒日 9/3、10/17

張

10月

弱みにつけ込まれないよう警戒を!!

重要なことほど水面下で動く月。仕事などで準備や根回しをする時は、変更も織り込んで、いくつか案を用意。最悪の場合も想定して備えておけば大丈夫。弱みにつけ込まれやすい傾向もあり、おいしい話、危ない場所には近づかない。浮気や不倫も後が大変。「自分だけいい思いをする」ことは運気を下げる。

日付	運	月齢	開運メッセージ
1(火)	危	●	違う角度から見れば、ラッキーなことかも
2(水)	成	●	★開運石・ダイヤを身につけ幸運を呼ぼう
3(木)	成	●	虚勢を張らずに、ありのままの自分で勝負
4(金)	壊	●	我慢が必要なことも。忍耐力が試される
5(土)	友	●	♥♥同じことで笑い合える時間を大切に
6(日)	親	●	★★★温泉やサウナで発汗し、デトックス
7(月)	事	◐	！！！！詰めが甘い。ぬかりなく遂行して
8(火)	栄	◐	！！うまい話や怪しい場所には近づかない
9(水)	衰	◐	！！嫉妬されると思わぬ足かせとなりそう
10(木)	克	◐	！！！！つけ込まれないよう、引き締めて
11(金)	危	◐	！！最悪の場合を想定して備えをしておく
12(土)	成	◐	！！浮気や不倫など危険な恋とは距離を
13(日)	聚	◐	！！！！虚栄心からくる嘘は後で問題に
14(月)	友	○	大好きな歌を熱唱しよう。前向きになれる
15(火)	親	○	午前と午後のペース配分を考えて進めよう
16(水)	胎	○	栄養バランスのとれた食生活を心がけて
17(木)	同	○	！！！！コンプレックスを突かれ心が暴発
18(金)	衰	○	余計なことに手を出さないで。焦りは禁物
19(土)	安	○	★頑張ったご褒美にちょっと贅沢な休日を
20(日)	危	◑	初対面で判断しないで。意外といい人かも
21(月)	成	◑	♥自分にない才能を持った人に魅かれそう
22(火)	壊	◑	！パートナーとの問題から目を背けないで
23(水)	友	◑	★★★自分から動くことで新たな扉が開く
24(木)	親	◑	★★大事なことほど水面下で事を進めて
25(金)	命	◑	！！！！損得勘定だけで動くと痛い目に
26(土)	栄	◑	★★今日あった楽しいことを家族に報告
27(日)	衰	◑	★エステやマッサージで頑固なこりを解消
28(月)	安	●	＄十分リサーチしたのなら大物買いもOK
29(火)	危	●	去っていく人は「役目を終えた」と考えて
30(水)	成	●	◆その後の展開も考えた準備と根回しが◎
31(木)	壊	●	！気持ちが揺れ動いているならやめるべき

11月

周囲への感謝とフォローを忘れない

３日からの「魔のウィーク」はアクシデント運強め。強硬策は裏目に。10日以降は人と集まる機会、イベントもあり、あなたを中心に動くことも多いけれど、うっかり人を利用してしまわぬよう、丁寧な感謝やフォローを。18日「壊」の日は確認とチェックが大切。大事なことは言葉で伝えるようにすると運気上昇。

日付	運	月齢	開運メッセージ
1(金)	友	●	★★★お洒落して、コース料理を楽しもう
2(土)	親	●	♥♥♥大事なことこそ、照れずに言葉に！
3(日)	業	●	！浪費か、必要経費か、しっかり見極める
4(月)	栄	◐	！愚痴はほどほどに。聞かされる側も苦痛
5(火)	衰	◐	！小さな火種を見過ごすと後でおおごとに
6(水)	安	◐	！興味がない話でもきちんと耳を傾けよう
7(木)	危	◐	！邪念に惑わされてはダメ。初志貫徹で
8(金)	成	◐	！頑なな姿勢を改めないと、こう着状態に
9(土)	壊	◐	！外出前に物の紛失や故障などトラブルが
10(日)	友	◐	長めのバスタイムで、体を芯から温めよう
11(月)	親	◐	紅葉で色づいた木々を見ながらランチを
12(火)	胎	◐	５分間目を閉じて、深い呼吸でリラックス
13(水)	栄	○	★★★公私共に大充実。意欲的に楽しんで
14(木)	衰	○	厚意に甘えるばかりでは相手の重荷になる
15(金)	安	○	★プライベートも自分らしさを大事にして
16(土)	危	○	体力不足を実感。少し長めにウォーキング
17(日)	成	○	♥出会った頃の思い出話で、愛が深まる
18(月)	壊	◑	！！確認は必須。しっかりと目を光らせて
19(火)	友	◑	＄＄＄目標を定めて、計画的に貯蓄を開始
20(水)	親	◑	◆◆◆新規開拓に知恵を絞るといい流れが
21(木)	命	◑	★休憩時間に自分だけのパワースポットへ
22(金)	栄	◑	★★★人の集まる場でいろんな人と交流を
23(土)	衰	◑	口にするものが未来の自分を作ると心得て
24(日)	安	◑	★運動やエクササイズの習慣化で代謝UP
25(月)	危	◑	経験を活かせばピンチも乗り越えられる
26(火)	成	◑	★創意工夫が大きな成功を引き寄せる鍵に
27(水)	壊	●	！〝ちゃっかり〞は×。感謝とフォローを
28(木)	友	●	★★★地道に重ねてきた努力が報われる時
29(金)	親	●	★★★あなたを中心にプロジェクトが進行
30(土)	業	●	！無理強いはダメ。人の心は変えられない

12月

運気回復! リトライに最適の時

パワーも大きく、運気も好調。仕事もプライベートも、思ったことが実現できる。一度断念したことにもトライを。15日「壊」の日の小さな失敗は大きな気づきのきっかけに。年末は家族や大事な人に、お金をかけたギフトではなく、素敵なサプライズを考えて。カップルは課題にしっかり向き合えば愛が蘇りそう。

日付	運	月齢	開運メッセージ
1(日)	栄	●	！カッコつけようとすると逆にダサくなる
2(月)	衰	●	すぐに結果を求めない。どんと構えよう
3(火)	安	●	！個人情報や機密事項は細心の注意が必須
4(水)	危	◐	！免疫力アップのために規則正しい生活を
5(木)	成	◐	！悪目立ちしそうな日。おとなしくしよう
6(金)	壊	◐	！大掃除や年末年始の準備は前倒しが正解
7(土)	友	◐	お節介と思われても親切心を示すのは大事
8(日)	親	◐	素敵な夜景とイルミネーションにうっとり
9(月)	胎	◐	寝る前に今日よかったことを３つ挙げよう
10(火)	栄	◐	♥♥二人の間の課題に向き合えば復活も
11(水)	衰	◐	丸まった背中を伸ばして、たっぷり深呼吸
12(木)	安	○	★交渉次第でウインウインの結果に到達
13(金)	危	○	仕事で追い立てられても、順序立てて対処
14(土)	成	○	★温活のことを考えた入浴法を習慣にして
15(日)	壊	○	！些細な失敗がきっかけで大きな気づきが
16(月)	友	○	＄＄＄くじ運好調。年末の宝くじで運試し
17(火)	親	○	◆◆◆リベンジでトライするといい結果が
18(水)	命	○	★2025年に向け、できることからスタート
19(木)	栄	◑	★★★意見や主張が通りやすい。積極的に
20(金)	衰	◑	慣れていることほど適当にやらず、丁寧に
21(土)	安	◑	★今ハマってる趣味や推し活に没頭しよう
22(日)	危	◑	友人のさりげない言葉が状況打破のヒント
23(月)	成	◑	★持ち前の度胸と責任感で乗り切れるはず
24(火)	壊	◑	！指示待ちは×。空気を読んで自ら動いて
25(水)	友	◑	♥♥♥二人きりでクリスマスパーティを
26(木)	親	◑	★★★いいアイデアが浮かんだら即実行
27(金)	業	●	！終わったことをいつまでも引きずらない
28(土)	栄	●	！身の丈に合ったお金の使い方をするべき
29(日)	衰	●	！家族や大切な人のために動くことが大事
30(月)	安	●	！時間が解決することもある。待つ努力を
31(火)	安	●	！イライラするよりも１年の感謝を胸に

適応力No.1 海外でも活躍できる

12 翼宿《よくしゅく》

★開運キーワード★

Color
レモン色　薄緑

Spot
展望台　ラグジュアリーホテル

Food
ワイン　和菓子

Item
海外ニュース　お土産

Stone
アマゾナイト　ペリドット

Aroma
レモングラス　ニアウリ

Flower
カモミール　ハニーサックル

翼宿ってこんな人

「翼」は大きく羽ばたくという意味で、遠くに飛んでいく力と使命を持つ宿。海外を含め、遠方への旅や移住が開運につながる。サービス精神も旺盛で、高い視点から物事を客観的に見るため、自然とリーダー的な立場に就くことも多い。反面、理想を掲げ、妥協を許さない完璧主義者の傾向があり、自分だけでなく他人にも厳しく接してしまうと、運気はダウンするので注意。恋愛面でも理想は高く、新しい恋を次々と見つけ、過去に執着しません。開運部位は左肩なので、ストレッチを習慣にすると、肩こりも取れて体調も運気も整う。

この宿の有名人

ヤマザキマリ　真矢ミキ　蒼井優　田中みな実　長澤まさみ　桐谷美玲　橋本環奈　JUJU　松村沙友理　岡田結実　高梨沙羅　伊藤美誠　ゼレンスキー大統領　尾田栄一郎　桑田佳祐　役所広司　佐藤浩市　大沢たかお　GACKT　二宮和也　風間俊介　亀梨和也　木村昂　富澤たけし

2024年開運3か条

1 チャンスは背伸びしてでもGET! 自分の力を試す体験がバネになる

2 どんな日も、気まずい相手にも、無視されても、キチンと挨拶して

3 育てたいのは、免疫力が上がる生活習慣。体は温かく心は明るく

★ 2024年の全体運 ★

大胆さと緻密な戦略で上を目指して! のびのびと羽ばたける場所を見つける年

★2024年の特徴　夢に向かって上を目指し、闘う年です。その気になれば多くのチャンスに恵まれますが、運気は〝近距離〟の「危」の年。チャンスをつかんで飛躍するためには、未知の領域に足を踏み入れる勇気や、深いクレバスを飛び越えるような思い切りが必要に。予想外のライバルが登場したり、思わぬ邪魔やトラブルも降ってくるので、大胆さと同時に緻密な戦略や配慮も欠かせません。特に仕事などのキャリアに関しては、これまでの考え方を大きく変えて、転身、異動なども含め、のるか反るかのリスキーな判断をすることもある、分かれ道のような運気です。ただ翼宿は本来、いざとなると度胸があり、環境適応能力も高め。その〝羽根〟を使って、自分がのびのびと自由に羽ばたける場所や立場を見つけることが、2024年の闘いで本当に目指すべき着地点です。

★1年の運気の流れ　「七曜陵逼」でも**1、2月**はアクティブに動けて、多忙。でも「六害宿」の日に勢いで何かを決めたり、進めたりすると、運気は不安定になり、人間関係が切れたり、〝重荷〟を背負うことも。**3、4月**はその整理が必要になりますが、早めにケジメをつけ、切り替えれば、運気は大きく上昇。**5～8月**は思い切った挑戦、勝負をしながら、前進できる時期なので、多少、準備不足でも、**8月13日**「親」の日までに、その時できることは一歩を踏み出して。**9、10月**は周囲からの干渉やプレッシャーと闘う時期ですが、「七曜陵逼」の運気でパワーも下降するので、一度決めたことの取り消し、変更は原則しないこと。またハラスメントやジェンダー問題の知識や意識をここでアップデートしておくとよいでしょう。**11、12月**はパワーが戻るので、ひとつのことに集中し、丁寧に取り組んで。やり直しは、むしろ幸運と思って粘り強く、したたかに過ごしましょう。

★愛情運★

現実を踏まえて出会いを求めれば、良縁あり

仕事中心になる2024年は、長年の恋人やパートナーとはマンネリ化。放置すれば**3、4月**は関係悪化の恐れも。新たな恋では、ハイスペックな相手を追いかけがち。愛に打算が入り込みやすく、そんな相手と秘密の関係に陥り、長期化する暗示も。特に「七曜陵逼」の**1、2月、9、10月**は誘惑やムードでよろめかないで。一方で、2024年はキチンとした婚活は好調。特に**5月5日～7月18日**には、現実を踏まえて出会いを求めれば、ピッタリの相手が出現しそう。パートナーとは日々の会話の積み重ねが大切。特に**4月、8月、11月**は冷静な話し合いで蘇る愛も。**12月8～27日**は自分が誰を守りたいのか、よく考えて。ここを逃すと戻れない愛もあります。

★仕事運★

転職、起業...etc. 夢に向かってチャレンジを!

仕事運は強く、目標達成、夢の実現のチャンスのための挑戦をすべき年。まず**1、2月**は与えられた仕事を確実にこなし、**3、4月**にはコスパとタイパをよく考えて。ここでのトラブル、ダメ出しの中には成功のヒントが潜んでいます。**6月3日～8月31日**は自分の力を試せる幸運期。転職や起業もよく、できる挑戦は**8月中**に。**9、10月**には、組織変更や異動、上司の交代など予想外の変化もあるので、ステイタスを過信しないで。**11月**は〝下克上〟の運気。不利な状況を覆せる反面、あなたが思わぬ相手に出し抜かれることも。でも強い仕事運はまだ続くので、**12月**はギリギリまで上を目指す闘いを。年末は人が休んでいる時に働くと、さらに運気UP！

★金運★

相続などで人間関係を壊さぬように

収入アップもあるが経費もかかり、借り入れの返済などもあって、意外に余裕はない年。**3月**は臨時収入の暗示だが、自分以外のことに使いそう。必要なローンは**4月**に熟考し、**5月**に組むといい。いただき物や相続などで人間関係が壊れたりしやすいので、何かを受け取るなら、金銭では測れない部分まで考慮に入れて。後で「タダほど高いものはない」になることも。最新機器などに興味を魅かれても、高価なものに手を出さない。買い物運がよいのは**3月9～27日、8月4～31日**。くじ運は**11月11～30日**がよいが、儲けは小さめ。

★美容・健康運★

心身のメンテナンスは必須。過信しないで!

仕事などで極端に忙しい時期がある1年なので、合間にしっかり休息し、心身のメンテナンスを。体を壊して不本意な形で休む恐れもあるので、体力を過信せず、健康第一で。限界超えの無理をしがちなのは**1、2月と10～12月**。**3、4月**は健康診断やストレス解消法を見つけるとよい時。おすすめは気功やヨガ。歯の治療や〝腸活〟もここで。**8月**にイメチェンや好きだった趣味を再開すると、メンタル面によい影響が。**10～12月**はオーバーワークになりがちですが、**8月**中に食事や入浴法など快適な生活習慣を作っておくと乗り切れそう。

★七曜陵逼の乗り切り方★

翼宿が各時期に気をつけるべき大事なことをアドバイス。肝に銘じて！

1 1/2～1/28

仕事もプライベートも意外に好調。お正月は家族や大事な人との時間を大切に。求められたことは引き受けてよいが欲張ると重荷に。

2 2/10～2/25

人の都合に振り回されがち。人の問題には中途半端に関わらないよう、どこかで線引きを。「六害宿」はアクシデントと体調不良に注意。

3 9/3～9/29

キャリアに変化があったり、目立つ機会もあり、弱みを隠そうとしてパワハラっぽい言動をしがち。「六害宿」の日は皆に優しくして。

4 10/3～10/27

同調圧力をかけたり、かけられたり。不用意な発言や無意識の同意が人間関係を壊し、物事が逆転する恐れ。公私混同な振る舞いも×。

Energy Power 1月はパワー最大！ 3、4月に一区切りつけると、6月に再び上昇!!

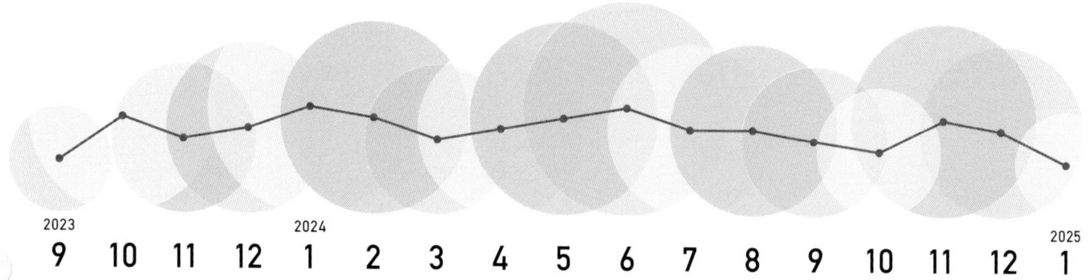

翼宿の開運暦2024

1月

パワーはMAX! 恋愛にもハッピーが

お正月は３日「意宿」に家族とモメないようにすれば、楽しく穏やかな日々に。恋愛でもうれしいことがありそう。ただし先は急がないで。９日からの「魔のウィーク」では、仕事がいきなりハードかも。頼まれごとが多く、目上の人から期待もされるけれど、「六害宿」に断り切れずに引き受けるのはかなり危険。

日付	運	月齢	開運メッセージ
1(月)	栄	◑	★★★家族や仲間と楽しく過ごすお正月に
2(火)	衰	◑	近場で初詣。ついでにのんびり散歩しよう
3(水)	意	◑	！！！！身内に優しく。モメごとは避ける
4(木)	危	◑	！お正月ボケかも。ケアレスミスに注意を
5(金)	成	◑	♥♥ときめく出来事が。様子を見つつ前進
6(土)	壊	◑	！人に厳しくなりそう。完璧主義は抑えて
7(日)	友	◑	★★★ラグジュアリーホテルで新年会が吉
8(月)	親	◑	★★好奇心に忠実に。ピンときたらGO！
9(火)	事	●	！！！！できない業務ははっきりと断ろう
10(水)	栄	●	！！功を急がない。目標は少し先に定める
11(木)	衰	●	！！メンタルにきそう。一人の時間を優先
12(金)	克	●	！！！！相続関係のモメごとが起こるかも
13(土)	危	●	！！楽しい誘いも体調と相談。無理せずに
14(日)	成	●	！！大切な人に寂しい思いをさせないこと
15(月)	聚	●	！！！！ワークライフバランスを重視して
16(火)	友	◐	仕事で面白い提案が。じっくり話を聞こう
17(水)	親	◐	ちょっとした親切から、好展開をつかめる
18(木)	胎	◐	開運石・ペリドットをお守りに持ち歩こう
19(金)	同	◐	！！！！勢いで動くと運気が低迷。慎重に
20(土)	衰	◐	しゃぶしゃぶでたんぱく質＆野菜をとって
21(日)	安	◐	★サービス精神を発揮。周りの笑顔を意識
22(月)	危	◐	小さなタスクの積み重ねが危機管理になる
23(火)	成	○	＄節約系ユーチューバーのおすすめを実践
24(水)	壊	○	長所を見つけて、褒めることが今日の課題
25(木)	友	○	♥♥デートは相手のリクエストに応えて
26(金)	親	○	★★★兄弟や姉妹のありがたみを感じそう
27(土)	命	○	！！！！慣れないことには手を出さない
28(日)	栄	○	★★★夢を語り合って共有。絆が強くなる
29(月)	衰	◑	早めに帰宅。ゆっくりとお風呂につかろう
30(火)	安	◑	◆与えられた仕事を真面目にこなせばOK
31(水)	危	◑	ネガティブな感情とも向き合う勇気が必要

2月

目標に近づけて充実感。無茶はNG

超多忙な月だけど、グングン目標に近づける充実感もある時。でも「六害宿」の日は、時間や体力的なことで無茶をしないように。12日「聚宿」での対立や争いは、大きな溝になるのでご用心。16日「同宿」は目上の人には逆らわないほうがいい。24日「命宿」は感情的、衝動的になると手強い〝敵〟を作ってしまう恐れ。

日付	運	月齢	開運メッセージ
1(木)	成	◑	★チームで挑めば、お互いの欠点も補える
2(金)	壊	◑	！食事の糖質は控えめに。お菓子類も我慢
3(土)	友	◑	★★★苦手分野への挑戦で、レベルアップ
4(日)	親	◑	♥♥♥ハイスペックな人に、心が動きそう
5(月)	業	◑	！大事な話や決断は即決しないで持ち帰る
6(火)	栄	◑	！余計な小細工は、事態を悪化させるだけ
7(水)	衰	◑	！スケジュールを詰め込みすぎているかも
8(木)	安	●	！あなたの意見に皆が納得しているか確認
9(金)	危	●	！お金の話はクールな頭で聞いて、慎重に
10(土)	危	●	！！遊び心、誘惑に惑わされないのが大事
11(日)	成	●	！！予想外のアクシデントも淡々と対処を
12(月)	聚	●	！！！！対立や争いは×。溝を深めるだけ
13(火)	友	◐	オリジナリティを出すより従来のやり方で
14(水)	親	◐	家族や自分のために、絶品チョコを買おう
15(木)	胎	◐	自分時間を最優先。雑事に振り回されない
16(金)	同	◐	！！！！目上の人の意見は受け入れること
17(土)	衰	◐	限界超えの無理はNG。体の負担を考えて
18(日)	安	◐	＄収支を細かくチェック。改善点がわかる
19(月)	危	◐	SNSや雑誌で、最新トレンドをキャッチ
20(火)	成	○	♥話してみると意外にいいかもと思えそう
21(水)	壊	○	他人のトラブルに首を突っ込みすぎないで
22(木)	友	○	★★目標に着実に近づいている充実感あり
23(金)	親	○	★★★オンラインゲームが憂さ晴らしに
24(土)	命	○	！！！！感情が暴走しそう。敵を作る恐れ
25(日)	栄	○	★★★自分の空間をもっと居心地よく工夫
26(月)	衰	○	足元や腰回りなど下半身を冷やさないこと
27(火)	安	◑	★お世話になっている人に小さなギフトを
28(水)	危	◑	「行けたら行く」などの適当な返事は失礼
29(木)	成	◑	◆迷いを断ち切って、前に進んでみよう！

3月

いい感じに落としどころが見つかる月

４日からの「魔のウィーク」は大変でも、多くの仕事、課題を片づけられる時。11日以降は名案がひらめいたり、味方が現れたりして楽になりそう。交渉や話し合いは少し妥協してもよい落としどころが見つかる。金銭面は余裕があっても引き締めて。使うより貯めるほうがよく、貯蓄を始めるなら13日、21日から。

日付	運	月齢	開運メッセージ
1(金)	壊	◑	！やってもらって当たり前とは思わないで
2(土)	友	◑	♥♥♥二人でイベントへ。愛も盛り上がる
3(日)	親	◑	★★★開運食・和菓子で桃の節句をお祝い
4(月)	業	◑	！自分と向き合えば迷いも消え光も見える
5(火)	栄	◑	！忙しいけれども仕事が一気に片づきそう
6(水)	衰	◑	！相手の失敗は水に流して。許す心が大切
7(木)	安	◑	！ルーティン作業だからと手を抜かないで
8(金)	危	●	！奉仕の心を持って働くようにするとよい
9(土)	成	●	！友達とランチやお茶。憩いのひと時を
10(日)	壊	●	！もっと自分を労ろう。心も体も休息の日
11(月)	友	●	初対面の人があなたにとって思わぬ味方に
12(火)	親	●	一度引き受けたことは最後まで責任を持つ
13(水)	胎	●	★貯蓄を始めるといい。少額からスタート
14(木)	栄	◐	♥♥多忙な時ほど愛する人との会話が癒し
15(金)	衰	◐	カモミールを鉢で育てて花と香りを楽しむ
16(土)	安	◐	★将来の自分につながる学びに投資しよう
17(日)	危	◐	海外ニュースからよいアイデアがひらめく
18(月)	成	◐	朝時間にヨガや気功、体にいい習慣を開始
19(火)	壊	◐	！開運色・薄緑の小物を身につけお守りに
20(水)	友	◐	★★★多少の妥協でよい着地点が見つかる
21(木)	親	◐	◆◆◆トラブルの中に成功のヒントを発見
22(金)	命	○	★自分の長所を10個リストアップしよう
23(土)	栄	○	＄＄＄臨時収入の気配。周りにもお裾分け
24(日)	衰	○	ナッツや野菜から食物繊維をとって腸活を
25(月)	安	○	★オファーに的確に応えて高評価を得そう
26(火)	危	○	以前から欲しかったものを納得価格で購入
27(水)	成	○	★歯のメンテナンスを。笑顔も明るくなる
28(木)	壊	◑	！お人よしすぎかも。人を見る目を養って
29(金)	友	◑	★★★コスパをよく考えてから判断しよう
30(土)	親	◑	★★★親しい人と日帰り旅。アクティブに
31(日)	業	◑	！せっかちはほどほどに。急かさないこと

最大開運日 5/23、6/10　**最大警戒日** 1/19、2/24

翼

4月

無理せず、体のメンテナンスを優先

これまでに無理してきたことのツケを払うような星回り。月初めの「魔のウィーク」ではトラブルや不具合が発覚する暗示も。でも7日以降に対処をすれば大丈夫。見直しや調整でクリアできそう。体の不調も放置せずに受診やケアを。9日から生活習慣を変えることが幸運の鍵。仕事では、ひとつ願いが叶う予感。

日付	運	月齢	開運メッセージ
1(月)	栄	◑	うっかり本音がポロリ。言い方に注意して
2(火)	衰	◑	！周りの変化に振り回されて心が疲れ気味
3(水)	安	◑	！勢いだけではダメ。もう少しよく考えて
4(木)	危	◑	！思わぬクレームに、気分もトーンダウン
5(金)	成	◑	！過去の無理な選択がここにきて破綻かも
6(土)	壊	◑	！今、ちゃんと向き合わないと、後悔する
7(日)	友	●	思いがけず手に入ったものは皆でシェアを
8(月)	親	●	困りごとも、調整がうまくいって無事解決
9(火)	親	●	早寝早起きなどできるところから生活改善
10(水)	胎	●	♥会いたいなら素直に言葉にして伝えよう
11(木)	栄	●	$ $ 交際費を確保。人間関係の投資も重要
12(金)	衰	●	健康診断を受けて、自分の体の現状を把握
13(土)	安	◐	★急なお誘いでも、行ってみれば正解かも
14(日)	危	◐	表面を取り繕うのではなく内面から変える
15(月)	成	◐	今の自分に合った服装か、見直してみよう
16(火)	壊	◐	！媚びる必要はないけれど笑顔は忘れずに
17(水)	友	◐	★★★主張より人の意見を聞くことが大事
18(木)	親	◐	★★★欲しかった情報や物と巡り合えそう
19(金)	命	○	★レモングラスのアロマで心が穏やかに
20(土)	栄	○	◆◆◆長年あたためてきた計画が実現に！
21(日)	衰	○	好きな歌を大声で歌って気分リフレッシュ
22(月)	安	○	★見直しや調整を徹底。見えてくることが
23(火)	危	○	空き時間に首や腕を大きく回して血行促進
24(水)	成	○	★仕切り直して再挑戦。素早い軌道修正を
25(木)	壊	○	！脳疲労に用心。スマホを使いすぎないで
26(金)	友	○	♥♥♥マンネリ打破のデートプランを提案
27(土)	親	◑	★★★ケジメをつければよい流れに乗れる
28(日)	業	◑	！助けを求めることを恥ずかしがらないで
29(月)	栄	◑	クローゼットを整理整頓。心もスッキリ
30(火)	衰	◑	！ローンを組みたいなら、しっかり調べて

5月

仕事運絶好調! チャンスを逃さないで

「魔のウィーク」のGWは休養か、周囲に合わせた過ごし方を。ダメな習慣を修正するのにもよい時。8日以降は、頑張ったことの成果を得られそう。特に仕事運はよく、思い切った挑戦をする好機。職場で予想外の変化もあるが、よい流れにつながるはず。22日「壊」の日は上から目線の発言、自慢話を慎むこと。

日付	運	月齢	開運メッセージ
1(水)	安	◑	！丁寧な下準備やフォローが皆の役に立つ
2(木)	危	◑	！いい話でも鵜呑みにせず、多角的に精査
3(金)	成	◑	！喫煙、深酒、偏食など、改める努力を開始
4(土)	壊	◑	！見晴らしのいい展望台でリラックス！
5(日)	友	●	周りの人と足並みをそろえて、行動しよう
6(月)	親	●	温泉やサウナへ。心も体も日常から解放
7(火)	胎	●	深い呼吸を5分間。自分の内面を見つめて
8(水)	栄	●	♥♥真剣に婚活すればよい縁が巡ってくる
9(木)	衰	●	聞き上手に専念。自己主張は控えておこう
10(金)	安	●	★「できる」と思えたのなら一歩踏み出す時
11(土)	危	●	母の日は心を込めたカードをお花に添えて
12(日)	成	●	$ 熟考した融資なら今が受けるタイミング
13(月)	壊	◐	！隙間時間に顔トレ。シャープな輪郭に
14(火)	友	◐	★★★予想外の変化が逆に好機となりそう
15(水)	親	◐	★★★好きなことを、とことん突き詰めて
16(木)	命	◐	★レモン色の文具、雑貨を使うと運気UP
17(金)	栄	◐	♥♥♥周りのお膳立てに乗るとうまくいく
18(土)	衰	◐	開運花・ハニーサックルをお洒落に生けて
19(日)	安	○	★楽しそうな誘いは即OKの返事をしよう
20(月)	危	○	可能性の低い案件を追い続けても無駄かも
21(火)	成	○	★現状を俯瞰し、自分らしい働き方を考察
22(水)	壊	○	！上から目線は封印。自慢話、武勇伝も×
23(木)	友	○	★★★今までの頑張りが報われそうな気配
24(金)	親	○	◆◆◆より高い目標への挑戦が力になる
25(土)	業	○	！財布の中のレシートや、カード類を整理
26(日)	栄	○	！衝動的に動かず、家族や仲間にも相談を
27(月)	衰	◑	！早めに用事を済ませて、家でのんびりと
28(火)	安	◑	！些細なことも、ごまかしは禁物。誠実に
29(水)	危	◑	！わかってほしいならまず相手を理解する
30(木)	成	◑	！新しいことを覚えるのをためらわないで
31(金)	壊	◑	！！会社や業界の動向に、振り回されそう

6月

再びパワーMAX!! 華々しく活躍を

エネルギッシュに動いて、仕事などで高評価を得られる華々しい運気。仲間にも恵まれ、やりたいことができる時。これまでのマイナスをプラスに変え、目立つことを恐れずに個性を発揮してOK。昇進や成功、ステップアップを実感できる出来事も。あなたを支えてくれる身近な人への配慮や感謝は忘れずに。

日付	運	月齢	開運メッセージ
1(土)	友	◑	歴史小説や時代劇を。探求心が刺激される
2(日)	親	◑	！迷ったら両親や祖父母の言葉を思い出す
3(月)	胎	◑	温度や湿度を調節して、睡眠環境を快適に
4(火)	栄	●	$ $ 収入アップが期待できる。まず貯金を
5(水)	衰	●	正解がすぐに見つからなくても焦らずに
6(木)	安	●	♥アウトドアでお弁当デート。テラスも◎
7(金)	危	●	甘やかしてくれる相手に逃げない。自立を
8(土)	成	●	★前例や過去から学ぶことで、さらに前進
9(日)	壊	●	！うれしいことがあっても浮かれすぎない
10(月)	友	●	★★★新たなステージに駆け上がれそう
11(火)	親	●	★★★マイナスもプラスに転じる好機！
12(水)	命	◐	★やりたいことは諦めない。とにかく動く
13(木)	栄	◐	◆◆◆実力を発揮。サクセスや昇進を手に
14(金)	衰	◐	グループLINEの雑談からは距離をおいて
15(土)	安	◐	♥♥パートナーを、親友や家族にお披露目
16(日)	危	◐	身近な人への感謝の気持ちを忘れないこと
17(月)	成	◐	★よき仲間の力で、仕事がよりスムーズに
18(火)	壊	○	！誠意や愛情は、口だけでなく行動で示す
19(水)	友	○	★★★目立つのを恐れずに、個性を出そう
20(木)	親	○	★★★あなたの夢の理解者は、すぐ近くに
21(金)	業	○	！ダメ出しや反対意見にも耳を傾けよう
22(土)	栄	○	！限界まで頑張ることで見えてくることが
23(日)	衰	○	！パワー低下気味。自分ケアの日にしよう
24(月)	安	○	！上辺だけの優しさや労りは相手にバレる
25(火)	危	○	！金銭感覚は人それぞれ。押しつけないで
26(水)	成	○	！おいしいものを食べて、元気をチャージ
27(木)	壊	○	！表面的なことに惑わされず、本質を把握
28(金)	友	◑	誠意を持って説明すれば、わかってくれる
29(土)	親	◑	ゴルフやテニスなど球技がストレス発散に
30(日)	胎	◑	神社で〝夏越の祓〟。下半期の息災も祈願

翼宿の開運暦2024

7月

大胆なチャレンジの月。計画は綿密に

自主的な場合もあれば、逃れられない流れの場合もあるけれど、今月は最もリスキーな挑戦をする可能性あり。味方もいるので精一杯の勝負を。方向転換することで難局を乗り切れることも。大胆に動く時ほど、緻密な計算と準備を大切に。緊張感が続くので、19日からの「魔のウィーク」は癒しの時間も必要。

日付	運	月齢	開運メッセージ
1(月)	栄		★★★「当たって砕けろ」の精神でいこう
2(火)	衰		人の何気ない言葉を気にしない。他意なし
3(水)	安		あなたの努力をちゃんと見ている人がいる
4(木)	危		★方向転換を。ピンチもチャンスへと変化
5(金)	成		★緻密な計算と十分な下準備が功を奏する
6(土)	成		★一人で気ままにおでかけ。ドライブも◎
7(日)	壊		!せっかくの申し出を無下に断らないこと
8(月)	友		★★★大きな決断も臆せず。自信を持って
9(火)	親		★★★あなたの意見が多くの賛同を得そう
10(水)	命		★頼まれごとから自分の新たな価値を発見
11(木)	栄		♥♥♥運命的な出会いが。積極的にGO!
12(金)	衰		涼感タイプの寝具で寝苦しい夜を回避して
13(土)	安		★★座禅や写経を体験できる旅行へ行こう
14(日)	危		開運フードのワインで大切な人たちと乾杯
15(月)	成		$貯金の金利や税金について勉強しておく
16(火)	壊		!うかつな一言で軽く見られることもある
17(水)	友		★★★悩みを聞いてあげよう。親密度がUP
18(木)	親		◆◆◆決断の時。起業も転職も思い切って
19(金)	業		!ライバルの言動はむしろ参考にすること
20(土)	栄		!たまには動画にハマって夜更かしもOK
21(日)	衰		!出かけるよりも、家でボディケアが正解
22(月)	安		!相手を動かしたいなら、先に自分が動く
23(火)	危		!モヤモヤしたら近場を散歩してスッキリ
24(水)	成		!面倒なタスクから先に。粛々と進めよう
25(木)	壊		!込み入った話は、改めて機会を作ること
26(金)	友		気になる業界で働く人に話を聞いてみよう
27(土)	親		地球環境のためにエシカル消費を意識して
28(日)	胎		誰かや、動植物の世話が心の支えになる
29(月)	栄		♥♥♥デートでお互いに惚れ直すことが
30(火)	衰		理想の人を研究することでその人に近づく
31(水)	安		リンパマッサージをして体のこりをほぐす

8月

調整することで、好調な運気をキープ

微調整の運気。スケジュールやお金、人への配慮などは、少し遡って検証。今からでも修正や改善を心がければ好調をキープできる。アドバイスには耳を傾けて。助けていたつもりの相手に助けられたり、「誰かのため」にやっていたことが自分を助けることもありそう。健康面のチェックとケアも怠らないこと。

日付	運	月齢	開運メッセージ
1(木)	危		作業しやすいようにデスク周りを整理整頓
2(金)	成		★今までのやり方を微調整すれば、大丈夫
3(土)	壊		!!欠点ではなくいいところに目を向ける
4(日)	親		♥♥♥花火や祭り。夏を感じるイベントへ
5(月)	命		★メイクや服を替え、新しい魅力を引き出す
6(火)	栄		★★★手土産などで相手を喜ばせる工夫を
7(水)	衰		〝ぬるめのお風呂にゆっくり10分〟を定番に
8(木)	安		★中断していた趣味を再開。やる気が出る
9(金)	危		過干渉しないで。黙って見守る余裕が必要
10(土)	成		★何かあってもすぐ謝れば、関係は良好
11(日)	壊		!耳に痛い忠告ほどありがたいものはない
12(月)	友		★★★お盆で集まった親族と楽しくトーク
13(火)	親		◆◆◆やりたい、伝えたいことは今日中に
14(水)	業		!軌道修正が求められる。臨機応変に対応
15(木)	栄		!発酵食品など体によいものをとる習慣を
16(金)	衰		!周りの人の顔色を窺いすぎないように
17(土)	安		!偏った考え方や頑固さは、孤立を深める
18(日)	危		!暑さが引く早朝や夜に、ウォーキングを
19(月)	成		!予定を詰め込みすぎていないか、再確認
20(火)	壊		!時間が解決することもある。無理しない
21(水)	友		書店へ寄り道。話題の1冊にいいヒントが
22(木)	親		細やかな気遣いやフォローで好感度急上昇
23(金)	胎		古い写真に写る知人に連絡。新たな展開も
24(土)	栄		♥♥気持ちの隙間は話し合うことで埋まる
25(日)	衰		辛いことは、紙に書き出して破り捨てよう
26(月)	安		★実はあなたが相手に助けられているかも
27(火)	危		人と比べるより、過去の自分と比べてみて
28(水)	成		$欲しかった機器を、リーズナブルに購入
29(木)	壊		!思ってもいない社交辞令はすぐにバレる
30(金)	友		★★★「情け」は回りまわって自分のために
31(土)	親		★★★旬の果物を食べると、運気も上向く

9月

初対面の人に注意。安易に信用しない

人間関係は賑やかで、人脈も広がる時。でも3日からは「七曜陵逼」。誰かの紹介でも、知り合ったばかりの相手を気楽に信用しすぎないで。頼まれごとを安易に引き受けるのもNG。特に「六害宿」の日は「皆でやれば怖くない」的な言動はタブー。仕事では奇をてらった策、派手なお金の使い方などしないように。

日付	運	月齢	開運メッセージ
1(日)	命		★開運石・アマゾナイトの力で癒されそう
2(月)	栄		♥♥♥ほっこりできる相手との時間を満喫
3(火)	衰		組織の変更や異動、上司の交代があるかも
4(水)	意		!!!!「皆でやれば怖くない」は落とし穴
5(木)	危		!初対面の相手に乗せられないで、慎重に
6(金)	成		♥♥歩み寄ろうとする気持ちが愛を深める
7(土)	壊		!思わぬトラブル。原因究明よりまず対策
8(日)	友		★★★ダンスで楽しく脂肪を燃焼させよう
9(月)	親		★★今日の頑張りが未来の成功につながる
10(火)	事		!!!!予定変更は禁物。計画通りに動く
11(水)	栄		!!奇をてらうのは逆効果。堅実な道を
12(木)	衰		!!約束の時間を守る。5分前行動を徹底
13(金)	克		!!!!安請け合いをしないで。後が大変
14(土)	危		!!打算から始まる恋は、幸せとは程遠い
15(日)	成		!!財布の紐は固く。派手な使い方は厳禁
16(月)	聚		!!!!今日は、関わる人すべてに優しく
17(火)	友		いつもよりも控えめぐらいでちょうどいい
18(水)	親		年下の人から今のエンタメトレンドを吸収
19(木)	胎		睡眠アプリを使って快適な眠りと目覚めを
20(金)	同		!!!!弱みを隠そうとしてパワハラ的に
21(土)	衰		ニアウリのアロマをたこう。心が元気に
22(日)	安		$人に喜ばれるようなお金の使い方が吉
23(月)	危		ジェンダー感覚のアップデートをするべき
24(火)	成		◆抜擢されて目立つポジションに就くかも
25(水)	壊		忘れないうちに、スマホにこまめにメモを
26(木)	友		★★知らなかった世界に触れ視野が広がる
27(金)	親		★★★周囲が喜ぶことを。自分の心も充実
28(土)	命		!!!!誘惑や甘いムードによろめかない
29(日)	栄		★★★大切な人との会話でエネルギー充填
30(月)	衰		プレッシャーを感じたらゆっくり深呼吸を

最大開運日 11/20、12/20　**最大警戒日** 9/4、10/18

翼

10月

エナジーパワーはダウン。焦らずに

仕事でもプライベートでも立場や役割が急に変わる暗示。周囲からは頼られ、期待もされて、ちょっと頑張りすぎる傾向も。「七曜陵逼」でもあり、8日からの「魔のウィーク」は理想と現実の差を感じがちだが、人を責めたり、焦って問題解決しようとすると、人間関係がこじれそう。お金や物の使い方は熟考を。

日付	運	月齢	開運メッセージ
1(火)	安	●	★問題に真摯に向き合えば救いの神あり
2(水)	危	●	今の立ち位置やステイタスが変わることも
3(木)	危	●	！短気は損気。カッときたら一旦離席して
4(金)	成	●	♥♥欠点も魅力的に思えたら、本物の愛
5(土)	壊	●	！時間に追われての決断は後悔することも
6(日)	友	●	★★★遊ぶと決めたら、とことん楽しんで
7(月)	親	●	★★周囲からの期待の高さを実感できそう
8(火)	事	◐	！！！！人は人。同意を強要しないように
9(水)	栄	◐	！！公私混同はしない。線引きをしっかり
10(木)	衰	◐	！！体に無理をしてまで頑張らなくていい
11(金)	克	◐	！！！！理想と現実との違いに戸惑いそう
12(土)	危	○	！！問題解決を急ぐと、かえって混乱する
13(日)	成	○	！！秘密や、人に言えない関係は作らない
14(月)	聚	○	！！！！責めるとこじれる。静観するべし
15(火)	友	○	不足を嘆くよりも、今あるものを大切に
16(水)	親	○	「どうすればできるか」と、率直に相談して
17(木)	胎	○	外食でも栄養バランスをしっかり考える
18(金)	同	○	！！！！不用意な発言で窮地に。用心を
19(土)	衰	○	今日はおうちで息抜きデー。ゴロゴロして
20(日)	安	○	♥好きな人に思いっ切り甘えて過ごそう
21(月)	危	◑	自分にとってのベスト体重をキープしよう
22(火)	成	◑	◆地道に進めてきた業務が高く評価される
23(水)	壊	◑	完璧主義を押し通さないで。疲れるだけ
24(木)	友	◑	★★注目が集まる。気負わずに対応をして
25(金)	親	◑	★★★好きなことを追求。やりがいを実感
26(土)	命	◑	！！！！必要な出費かどうかをよく考える
27(日)	栄	◑	★★★現実を見れば進む方向がクリアに
28(月)	衰	●	お洒落に自信がないなら人に聞くのもアリ
29(火)	安	●	＄格安SIMなど、通信費削減のテクを研究
30(水)	危	●	衝突を恐れすぎていては、何も生まれない
31(木)	成	●	★ワントーンコーデで落ち着きある印象に

11月

問題と向き合うことで運気は上昇!

4日からの「魔のウィーク」はアクシデント運強め。仕事でもリスクヘッジが必要。リラックスする時間を作り、心身も労って。抱えている問題が噴出するが、きちんと対処すればむしろ運気は上昇。仕事では16日「安」の日を目安に次の一手を考えて。愛情運もアップするので伝えられなかった思いを言葉や行動に。

日付	運	月齢	開運メッセージ
1(金)	壊	●	！視点を高く。様々な可能性を模索しよう
2(土)	友	●	★★★相手の優しさに慣れずに常に感謝を
3(日)	親	●	♥♥♥愛情を言葉にすれば、幸せが倍増！
4(月)	業	●	！「ありがとう」の一言が皆を幸せにする
5(火)	栄	●	！無理難題には何が無理かちゃんと言おう
6(水)	衰	●	！嘘や言い訳は大問題に発展する恐れあり
7(木)	安	◐	！やるべきことをやっておけば心に余裕が
8(金)	危	◐	！面倒な案件や問題には深入りしないこと
9(土)	成	◐	！サウナや岩盤浴へ。汗とストレスを排出
10(日)	壊	◐	！頭にくることがあってもそれがパワーに
11(月)	友	○	既読スルーは避けよう。なんらかの返信を
12(火)	親	○	買い物は値段より品質のよさにこだわって
13(水)	胎	○	＄くじ運あり。小さな喜びを得られるかも
14(木)	栄	○	◆◆能力を発揮でき、もっと上を目指せる
15(金)	衰	○	乳酸菌を積極的にとって、腸活をサポート
16(土)	安	○	★今日を節目にして、次の手を考えてみて
17(日)	危	○	もっと大胆さが必要。常識を突き破ろう
18(月)	成	○	粘り強く。今は無理でも「継続は力」になる
19(火)	壊	○	！出し抜かれたと思ったら自分を磨くべき
20(水)	友	◑	★★★状況が好転して、達成感が得られる
21(木)	親	◑	★★★ひとつのことに集中すれば好結果に
22(金)	命	◑	★一人になって考えをまとめるのにいい日
23(土)	栄	◑	★★★紅葉狩りなど自然に触れて気分転換
24(日)	衰	◑	コスメカウンターで、肌の状態を定期点検
25(月)	安	◑	★使っていない定額サービスは整理しよう
26(火)	危	◑	辛いものなど胃腸に負担がある食事はNG
27(水)	成	●	★スキル習得のための習い事をスタート
28(木)	壊	●	！惰性で進んでいることは、細部を要確認
29(金)	友	●	★★★海外旅行など来年のおでかけを計画
30(土)	親	●	♥♥♥出会った頃を思い出して、愛が再燃

12月

ケア次第で、愛情も健康も蘇る

1日からの「魔のウィーク」は優先順位を見直して、本当に大事にしたい人や物を守ることを考えて。特に愛情と健康は、今月のテコ入れでかなり蘇るはず。背伸びしすぎていた部分は「成」の15日以降、修正を。諦めたり、手放したり、やり直すことで修復できることあり。年末は家族との時間、会話を大切にして。

日付	運	月齢	開運メッセージ
1(日)	業	●	！大事にすべき人の優先順位を間違えない
2(月)	栄	●	誰かのために動けば、運気の乱れが収まる
3(火)	衰	●	！相手につけ込まれないように毅然と対応
4(水)	安	●	！遅刻は厳禁。移動には、余裕を持つこと
5(木)	危	●	！経費の精算など、金銭チェックは慎重に
6(金)	成	●	！進行中の企画がストップ。別案を考えて
7(土)	壊	●	！早めの大掃除で、家の中からデトックス
8(日)	友	●	乾燥に要注意。肌や髪、指先の保湿ケアを
9(月)	親	◐	無視されたり気まずくても挨拶はすること
10(火)	胎	◐	体を冷やさないようにして、早めに就寝を
11(水)	栄	○	◆◆ゲットしたい目標に、もう少しで届く
12(木)	衰	○	不調を感じたら放置しないで検査を受けて
13(金)	安	○	★いいプレゼントやお年賀の品が見つかる
14(土)	危	○	サプライズで何かイベントを計画してみて
15(日)	成	○	★人の輪が広がって面白い展開になりそう
16(月)	壊	○	！親しくても年上の人には相応の気遣いを
17(火)	友	○	♥♥♥相手の大切なものを大切にしてみる
18(水)	親	○	★★★リトライは、挽回が叶うチャンス！
19(木)	命	◑	★大好きな場所でパワーチャージをしよう
20(金)	栄	◑	★★★諦めていたものが、もう一度手中に
21(土)	衰	◑	下味冷凍や作り置きで、料理の手間を短縮
22(日)	安	◑	★イルミネーションの輝きで気分も華やか
23(月)	危	◑	自分が絶対ではない。多様な価値観を尊重
24(火)	成	◑	＄ライフステージに合わせて保険を見直し
25(水)	壊	◑	！思い切って相談すれば解決策が見つかる
26(木)	友	◑	★★★年内ギリギリまで上を目指す闘いを
27(金)	親	●	♥♥♥二人きりの時間を大切に過ごそう
28(土)	業	●	！整体などボディメンテナンスですっきり
29(日)	栄	●	！あなたの言動で、相手の態度も軟化する
30(月)	衰	●	！気ぜわしくても今日は無理せず休息日に
31(火)	衰	●	！家族と一緒におしゃべりしながら年越し

社交性No.1 軽快なフットワーク

13 軫宿

しんしゅく

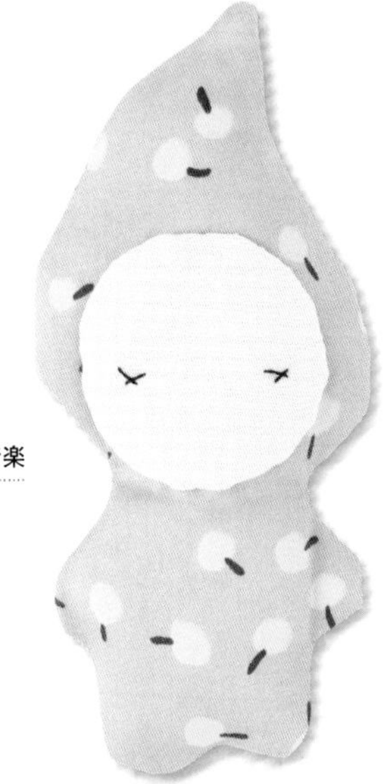

★開運キーワード★

Color
グレー　オリーブグリーン

Spot
憧れの場所　教会

Food
焼き菓子　フカヒレ

Item
キャリーバッグ　ヒーリング音楽

Stone
トパーズ　アゲート(めのう)

Aroma
クスノキ　レモン

Flower
モッコウバラ　キンカン

軫宿ってこんな人

「軫」とは車輪と車輪をつなぐ横木のことで、ふたつの車輪をつなげて回すように、人と人をつなぎ動かすフィクサー役。雰囲気はソフトだが何をやっても迅速で的確。甘え上手で気配り上手。周囲に可愛がられ、気づけば裏で全体を取り仕切っていることも。誰に対してもうまく折れることで、自分のペースに引き込む強さを持つ。恋愛では狙った相手を素早く落とす強者。根がロマンティストなので、常にラブラブでいられるマメな相手が理想的。結婚後も恋人気分は大事！整った手先が幸運を呼ぶので、丁寧なケアで清潔に保って。

この宿の有名人

ジュリア・ロバーツ　阿川佐和子　天海祐希　松雪泰子　上戸彩　比嘉愛未　多部未華子　佐藤栞里　水原希子　清原果耶　早田ひな　岸田文雄　栗山英樹　羽生善治　博多大吉　有吉弘行　カズレーザー　桐谷健太　佐藤健　山田裕貴　仲野太賀　福士蒼汰　佐久間大介　堀米雄斗

2024年開運3か条

1 争いや衝突には現実的に対応し、平和的〝落としどころ〟を探ろう

2 困ったり、迷ったら第三者に相談。セカンドオピニオンも聞くこと

3 育てたいのは、自分に足りないスキル。挑戦する勇気を大切に!

★ 2024年の全体運 ★

〝未開の地〟を整えていく再構築の年。周囲の期待を受けて、さらなる飛躍も!

★2024年の特徴　ここまでに切り拓いた〝未開の地〟や、トラブルなどで荒れた場所を、過ごしやすい環境へと整えていく、再構築の年です。波乱もあった2023年の「壊」運を経て、変わったこと、始まったことも多いはずですが、適応力の高い軫宿はアッという間に自分のものに。ここからさらにワンランク上へと駆け上がる、飛躍も可能な〝中距離〟の「成」の年です。必要なのは、自分がやりたいこと以上に、〝人に求められることに応える〟こと。うれしい依頼やリクエストだけでなく、理不尽な批判や厳しい指導などもありそうですが、それらをいかに〝栄養分〟として吸収できるかが、勝負の分かれ道です。一方で、上ばかり見て身近な人間関係を置き去りにして、不和や決裂を招く恐れもあり。軫宿本来の、高い人づき合いのポテンシャルが試される年にもなるでしょう。

★1年の運気の流れ　「七曜陵逼」の**1、2月**は、まずプライベートや自分の環境、家族など身近な人間関係を整えるべき時期。**3、4月**は、行動範囲や興味の幅が大きく広がり、多忙になる反面、珍しく人づき合いが雑になる恐れが。特に**4月**は予想外の衝突やトラブルが起こりやすく、こじれると切れてしまう縁もあるので、早めのフォローを。**5～8月**は、のびのびと自由に動けて、新境地を切り拓ける幸運期。大きな仕事が舞い込んだり、力のある人に引き立てられたり。新しいことも次々スタートして、望んだものを手に入れられる時です。「七曜陵逼」にもかかわらず、**9、10月**も好調を維持できますが、飛んできた批判やクレーム、アドバイスを軽く考えて放置してしまうと、**11、12月**に強いブレーキがかかることも。特に**12月**は嫌なこと、見たくない結果などを拒まず、打たれ強く向き合うことで、この先、行ける場所や飛べる距離が変わってくることになります。

★愛情運★

会えない時間が愛を育てる。絆はより強く

あなたの生活や気持ちの変化に伴ってパートナーや愛する人との関係も変わってくる年。**3、4月**に諸事情で別居や遠距離恋愛を選ぶこともありますが、互いに納得できれば、むしろ絆が強くなるはず。問題を抱えているカップルはここで別離も。新たな出会いには**1月**からずっと恵まれますが、アタックするのは、前の関係にケジメをつけて**6月5日～8月14日**に。年齢差のある相手や、仕事での信頼が愛に変わることも多いでしょう。「七曜陵逼」の**9、10月**は恋人やパートナーの気持ちに鈍感になりがち。**11、12月**は愛を修復できる時ですが、相手が望む結婚の形式や思い、記念日、季節のイベントを軽んじると、愛がさらに冷え込むので、気をつけて。

★仕事運★

ピンチはチャンス! 厳しめの指導にヒントが

ピンチがチャンスになり、不本意なことが発展をもたらす、一筋縄ではいかない成功運。特に**1、2月**は「七曜陵逼」なのに異動などで未知の環境に直面しそう。慌てずにゆっくり慣れていきましょう。厳しい指導やクレームに悩んでも、そこで重要なヒントを得ます。転職活動は**3月13日**から始めて吉。**6月**以降は目上の人から引き立てられ、実力を発揮し、リーダーにもなれる好調運。ただ何事もやりすぎる傾向があり、**9、10月**の「七曜陵逼」では誰もが自分と同じようにできると思って動くと、誰もついて来ず、孤立する恐れが。**12月**は人間関係や仕事のやり方を修正できるので、軫宿らしい細やかなフォローをすれば、仕事運の好調を維持できます。

★金運★

収入アップや臨時収入も期待できそう

仕事が忙しい分、経済面での恵みも期待できる年。**1月、4月、9月**には収入アップや臨時収入の暗示も。ただ、あなた自身は、お金よりも、自分自身の夢や理想、社会的なステイタスに意識が向きがちな年です。交通費の他、学びにお金がかかることが多くなりそう。**4月8～28日、12月9～28日**は節税、資金運用、貯蓄などをじっくり学び、経済状況を整える期間に。**5月、8月**は買い物運がよいのですが、普段より高価なものに手が出そう。別離やトラブルの清算にお金がかかる場合もあり、**10月**以降は出費を控えめにするのが吉。

★美容・健康運★

旅や習い事でリラックスできる場所を見つけて

行動範囲を広く保つことが、2024年の心と体の健康のために必要。特に**3～5月**には旅や習い事の開始などで、自分に合う発散法、リラックスできる場所を確保して。**6月**からは多忙ですが、早めの相談、カウンセリングなどで信頼できる医者やトレーナーに出会えそう。そんな自分へのケアを怠ると、パワーが低下する**11月5日、12月2日**からの「魔のウィーク」頃にアクシデントや体調が乱れる恐れ。お洒落はプロの助言を受けて**3月13～31日、6月5日～7月19日**にブラッシュアップ。見た目への自信を持つことでさらに運気UP！

★七曜陵逼の乗り切り方★

軫宿が各時期に気をつけるべき大事なことをアドバイス。忘れないで！

1 1/2～1/28

家族や自分の時間を大切に。思いやりを持って、愛あるひと時を。ただ、身近な相手でも「何を言っても大丈夫」的な接し方はダメ。

2 2/10～2/25

仕事や義務に追われて大忙し。ついてこない相手や周囲に苛立つ。責めても事態は悪化。人に期待せず、自分でできることを淡々と。

3 9/3～9/29

やりたいことができ、評価も冴える時だけに上から目線の発言、人を下げる話題、持ち物自慢は×。褒められたら、謙虚に人を立てて。

4 10/3～10/27

理想と現実とを混同して話を大きくすると、後が大変。人が語る不安、不満、疑問などはスルーしない。小さな規則も守り、品行方正に。

Energy Power パワー最大は6月と8月！「七曜陵逼」の9、10月もパワーは安定。

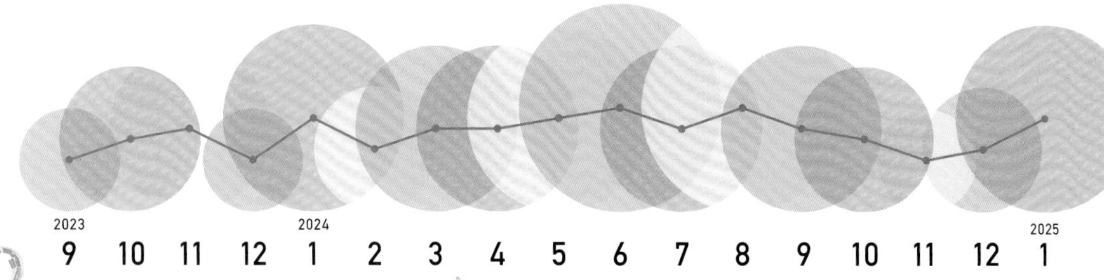

★軫宿の開運暦2024★

1月

運気は高め。でも遊びの恋は避けて

レジャーや趣味、恋を楽しめる月。４日「意宿」の日は、自分の予定よりなるべく家族や恋人を優先させて。その後も「六害宿」の日は簡単に何かを決めたり、勢いで暴走しないように。特に不倫などの危ない恋、過剰な自分語りは大事な人との関係を壊しそう。22日からは気を引き締め、仕事にも身を入れて。

日付	運	月齢	開運メッセージ
1（月）	命	◑	★神社で初詣。甘酒などを飲んで温まろう
2（火）	栄	◑	★★正月旅行を満喫。非日常を味わって
3（水）	衰	◑	趣味や大好きな推し活で心の栄養補給を
4（木）	意	◑	！！！！！最大警戒日。自分より人を優先
5（金）	危	◑	★疎遠になっていた人にも新年のメールを
6（土）	成	◑	★家族や恋人との時間をたっぷりとろう
7（日）	壊	◑	七草粥で胃腸を労りつつ、無病息災を祈願
8（月）	友	◑	♥♥出会った頃の気持ちで手つなぎデート
9（火）	親	◑	★★丁寧な言葉遣いと謙虚な振る舞いが◎
10（水）	事	●	！！！！身近な相手の話をちゃんと聞いて
11（木）	栄	●	！！能力を過信しすぎ。客観的に見よう
12（金）	衰	●	！！のどの不調に注意。ケアグッズは必須
13（土）	克	◐	！！！！勢いで決断したり、突っ走らない
14（日）	危	◐	！！欲を出して飛びつかない。慎重に検討
15（月）	成	◐	！！その場しのぎの嘘はかえって逆効果
16（火）	聚	◐	！！！！八方美人になると信頼を失いそう
17（水）	友	◐	クスノキのアロマで抗菌・抗ウイルス対策
18（木）	親	◐	簡単な作業から手をつければ早めに完了
19（金）	胎	◐	周りの環境や人間関係を整えることを優先
20（土）	同	◐	！！！！遊びの恋はNG。大事な人を失う
21（日）	衰	◐	乾燥からの体調不良も。加湿器で調整して
22（月）	安	○	◆早起きをして始動。仕事がぐんと捗る
23（火）	危	○	うっかりミスや落とし物、忘れ物に要注意
24（水）	成	○	★★仕事道具を新調すると、ヤル気が出る
25（木）	壊	○	！クレームや厳しい指導にへこたれないで
26（金）	友	○	★★★浮かんだアイデアはすぐ実行しよう
27（土）	親	○	★★趣味のスクールなどで楽しい時間を
28（日）	命	○	！！！！自分語りがしつこいと人が離れる
29（月）	栄	◑	♥♥♥新たな出会いを求めるとすぐ反応が
30（火）	衰	◑	今日は聞き役に回って、人を引き立てよう
31（水）	安	◑	＄フリマアプリで出品。お小遣いをGET

2月

「無理」と思ったら断る勇気を!

周囲から多くを求められ、「無理」と思っても断れないことも。でも結果的に迷惑をかけないよう、断る勇気が必要。特に「六害宿」の日は「なんとかなる」が通用せず、予想外のことも起こるので、慣れたことでも慎重に。後輩や年下の人とは、できることや考え方も違うため、コミュニケーションと距離感を適切に。

日付	運	月齢	開運メッセージ
1（木）	危	◑	感情の波をうまくコントロールできそう
2（金）	成	◑	★面倒なことも時間をかければクリア可能
3（土）	壊	◑	！自分を卑下しすぎ。素直に受け取って
4（日）	友	◑	♥♥♥じっくり話す時間が愛をより育てる
5（月）	親	◑	★★★プレッシャーの中でひらめくことが
6（火）	業	◑	！無理なら無理とはっきり伝える勇気を
7（水）	栄	◑	！正論でも言わないほうがいいこともある
8（木）	衰	◑	！後輩に厳しすぎる。違いを受け入れよう
9（金）	安	●	！気分転換にお気に入りの店に立ち寄って
10（土）	克	●	！！！！裏表のある言動はすぐ見抜かれる
11（日）	危	●	！！疲れているなら運転は控え、家で休養
12（月）	成	◐	！！日帰り温泉やサウナで温活&汗活して
13（火）	聚	◐	！！！！人が期待通りに動かなくても当然
14（水）	友	◐	あげるだけでなく、自分にも贅沢チョコを
15（木）	親	◐	何でも決めつけてかかるのはもったいない
16（金）	胎	◐	今、できることを粛々とこなしていこう
17（土）	同	◐	！！！！予想外のことが。何事も要注意
18（日）	衰	◐	キンカンを手元で育てて、運も育てよう
19（月）	安	◐	◆慣れない環境での奮闘が、後で糧となる
20（火）	危	◐	開運カラーの洋服や小物を身につけて外出
21（水）	成	◐	★★多様な意見も上手に取り入れていこう
22（木）	壊	○	！苦手な相手でも気まずくても挨拶は笑顔
23（金）	友	○	★★★自己肯定感が高まるような出来事が
24（土）	親	○	♥♥ロマンティックな場所や店で急進展も
25（日）	命	○	！！！！相手を責めると状況は悪化の一途
26（月）	栄	○	★★★持ち前の適応能力で乗り越えられる
27（火）	衰	○	こちらから歩み寄れば、仲直りもスムーズ
28（水）	安	◑	＄学びにお金を使うのは立派な自己投資
29（木）	危	◑	人の集まる場は楽しいが、口には注意して

3月

迷いや悩みもスッキリ、前進できる

５日からの「魔のウィーク」はやるべきことや義務が山積みだが、目の前の問題や課題としっかり向き合えば、多くのことを解決できそう。迷いや悩みも、何かを割り切ることでスッキリして次へ行ける時。年明けからあたためていた計画は、13日以降にスタートして吉。人の忠告や苦言は謙虚に耳を傾けること。

日付	運	月齢	開運メッセージ
1（金）	成	◑	★日々使うものこそ、こだわってセレクト
2（土）	壊	◑	！見た目に騙されがち。本質を見極めよう
3（日）	友	◑	★★★交友関係が広がり、お誘いも増える
4（月）	親	◑	★★★努力次第でまだ見ぬステージへ飛躍
5（火）	業	◑	！10分前行動で、気持ちに余裕を持とう
6（水）	栄	◑	！過度な期待はしない。ほどほどで満足を
7（木）	衰	◑	！大好きな食べ物を食べてパワーチャージ
8（金）	安	◑	！今ある課題に向き合うことが解決の糸口
9（土）	危	◑	！家族や愛する人との時間を大切にして
10（日）	成	●	！今日は寝たいだけ眠り、睡眠不足を解消
11（月）	壊	●	！割り切りが肝心。切り替えて前に進んで
12（火）	友	◐	難しい話は後にして、ワクワク感を大事に
13（水）	親	◐	＄新しい金融商品をチェック。検討しよう
14（木）	胎	◐	年始から計画していたことを始動させて
15（金）	栄	◐	★★少し視点を変えてみると別の選択肢が
16（土）	衰	◐	整体などでボディメンテナンスを心がけて
17（日）	安	◐	♥紹介で気の合う人と出会いそうな予感
18（月）	危	◐	！耳の痛い忠告も謙虚に聞く姿勢が大事
19（火）	成	◐	★興味のあった習い事を。いい気分転換に
20（水）	壊	◐	！ゲームや動画にハマりすぎ。少し控えて
21（木）	友	◐	★★★忙しくても充実感や達成感がある
22（金）	親	○	◆◆◆自分が輝く場や分野が今後の指標に
23（土）	命	○	★体重計をスマホと連動。毎日記録しよう
24（日）	栄	○	♥♥♥一緒に料理するのも距離が縮まる鍵
25（月）	衰	○	相手を励ますことで、自分も元気になれる
26（火）	安	○	★お世話になった人に焼き菓子とお手紙を
27（水）	危	○	歓送迎会などでは積極的に話しかけること
28（木）	成	○	★話題の本を読もう。気づきや教えがある
29（金）	壊	◑	！自分に足りないものを知り、補う努力を
30（土）	友	◑	★★★お洒落をアップデート。注目の的に
31（日）	親	◑	★★★好きなことだけして楽しく過ごそう

最大開運日 5/18、6/14　最大警戒日 1/4、2/17

軫

4月

転職、移住、別の環境を目指すのも◎

ケジメをつけたり、つけられたりする出来事が。今、耐えられないことがあるなら、別の環境を目指してOK。転職、学び直し、移住なども◎。大きな変化のためには細かい手続きや作業が必要だけど、案外ビジネスライクにサクサクと進むはず。お金の問題はキチンとすべき。経済面の学び、保険の見直しも吉。

日付	運	月齢	開運メッセージ
1(月)	業	◑	平常心でいれば大丈夫。ゆっくり深呼吸を
2(火)	栄	◑	！うまくいっていないなら別れもありかも
3(水)	衰	◑	！面倒なことほど、先に済ませてスッキリ
4(木)	安	◑	！思わぬ対立や衝突が。早めに関係修復を
5(金)	危	◑	！お金が絡む問題はなあなあにしないこと
6(土)	成	●	！用事を詰め込みすぎ。マストなことだけ
7(日)	壊	●	！モメごとには関わらない。口出ししない
8(月)	友	●	最近ハマっているものを友達にプレゼント
9(火)	友	●	バラエティ番組で大笑い。気分も晴れ晴れ
10(水)	親	●	話を聞いてもらうだけで心の整理ができる
11(木)	胎	●	腸もみマッサージで腸の動きを活性化して
12(金)	栄	◐	◆◆新天地を目指し、転職に動くのもあり
13(土)	衰	◐	シーツやカーテンなど大物を洗濯して爽快
14(日)	安	◐	♥物理的な距離など障害が絆を強くする
15(月)	危	◐	！やってもらって当たり前と思わないこと
16(火)	成	◐	★学び直しに挑戦。自分育ての栄養になる
17(水)	壊	◐	！言いにくいことも伝えなければ進まない
18(木)	友	◐	★★★移住など新環境を求めてリサーチも
19(金)	親	◐	★★★ビシッとケジメ。それで運気が好転
20(土)	命	◐	★リラックスできる場所へ。心を解放して
21(日)	栄	○	$$$長期的視野で保険や資産運用を検討
22(月)	衰	○	情報の出所を確認しよう。踊らされないで
23(火)	安	○	★煩雑そうな手続きもやれば案外スムーズ
24(水)	危	○	人と比べず、マイペースでいれば心穏やか
25(木)	成	○	♥新しい環境で気になる人が登場しそう
26(金)	壊	○	！上ばかり見ず、現実をしっかり見つめて
27(土)	友	○	★★★ゴルフなど自然の中で体を動かそう
28(日)	親	◑	★★★予想外の収入は笑顔になる使い方を
29(月)	業	◑	モッコウバラの咲く庭園でのんびり散歩
30(火)	栄	◑	！わからないことを聞くのは恥じゃない

5月

連休でこれまでの遅れを取り戻そう

ほぼ「魔のウィーク」のGWだが、問題解決や遅れた作業の挽回にはピッタリの運気。旅は可能ならばGW後に。海外にも縁あり。新しい計画は8日「胎」の日にスタート。無理ならウィッシュリストを書くと実現しやすい。人への相談で悩みや壁を突破する知恵を授かれる時。セカンドオピニオンも積極的に聞こう。

日付	運	月齢	開運メッセージ
1(水)	衰	◑	！夜更かしは×。規則正しい生活リズムで
2(木)	安	◑	！遅れを取り戻そう。焦りも解消できる
3(金)	危	◑	！話題の店やスポットを訪ねて気分転換
4(土)	成	◑	！不穏な空気を感じたら、そっと立ち去る
5(日)	壊	◑	！趣味に没頭しそう。早目に切り上げて
6(月)	友	●	これからやりたいことをリスト化しよう
7(火)	親	●	結論は急がない。納得するまでやっていい
8(水)	胎	●	新たに始めたいことは今日からスタート
9(木)	栄	●	◆◆ピンチがチャンスに。運気を活かして
10(金)	衰	◐	体を動かしながら考えると、いい案が出る
11(土)	安	◐	★憧れの場所へ旅するのもいい。海外も吉
12(日)	危	◐	ネットショッピングは購入前によく確認
13(月)	成	◐	★困ったら誰かに相談。打開策が見つかる
14(火)	壊	◐	！自分から言い出したなら最後まで責任を
15(水)	友	◐	♥♥♥何でも話し合える関係は大事な宝物
16(木)	親	◐	★★★プレッシャーも味方に変えて前へ
17(金)	命	◐	★ペットや植物など育てる喜びで充足感が
18(土)	栄	◐	★★★これまでの努力が報われる幸運日
19(日)	衰	○	感動映画を鑑賞。涙活で心のデトックス
20(月)	安	○	★迷った時は何人かの意見を参考にしよう
21(火)	危	○	図書館で気になるテーマの本を手にとって
22(水)	成	○	★ヒーリング音楽で程よく緊張が解ける
23(木)	壊	○	！構いすぎないこと。相手の成長の邪魔に
24(金)	友	○	$$$気に入ったら少し高くても買うべき
25(土)	親	○	♥♥♥いいと思ったらすぐに連絡先を交換
26(日)	業	○	！反抗的な気持ちは、ひとまず飲み込んで
27(月)	栄	○	！指示に従うだけでなく、臨機応変に対応
28(火)	衰	◑	！胸を張って大股で歩こう。心も前向きに
29(水)	安	◑	！無茶はしないで。一番の安全策を選ぼう
30(木)	危	◑	！いい意味の〝開き直り〟も、時には必要
31(金)	成	◑	！！暴飲暴食はNG。おいしいものを少し

6月

パワー大! 未知の体験が運気上昇に

新天地が開ける運気。未知の環境、人間関係に身を投じて、戸惑ったり、厳しい指導を受けたりしても、今月は初めての体験が多いほど運気UP。特に仕事では大きな挑戦ができる可能性。ライバルや反対意見も自分の力にできる時。ただ22日からの「魔のウィーク」は恋人やパートナーを放置しすぎないよう注意。

日付	運	月齢	開運メッセージ
1(土)	壊	◑	！誰かを羨ましがるより、自分磨きに集中
2(日)	友	◑	！窓を開けて掃除。部屋も気持ちも爽やか
3(月)	親	◑	優先順位を決めてから、1日をスタート
4(火)	胎	●	不思議な自信がわいてくる。自分を信じて
5(水)	栄	●	♥♥過去に見切りをつければ新たな恋が
6(木)	衰	●	注意力散漫かも。周囲の状況をよく見よう
7(金)	安	●	★目上の人に引き立てられてうまくいく
8(土)	危	●	ボランティアやチャリティ活動に参加して
9(日)	成	◐	★センスのいい友人の助言で夏服を購入
10(月)	壊	◐	！やる前からできない言い訳を考えない
11(火)	友	◐	◆◆◆ビッグチャンス到来。今が頑張り時
12(水)	親	◐	★★★新たな何かを学べる場で運気がUP
13(木)	命	◐	★ライバルや反対意見も大きな原動力に
14(金)	栄	◐	★★★思いのままに動き、新境地を開ける
15(土)	衰	◐	★キャリーバッグを新調。使い勝手を重視
16(日)	安	◐	$人を喜ばせるための出費は金運をあげる
17(月)	危	◐	少し距離のある先輩から意外なアシストが
18(火)	成	◐	★体の相談ができる治療者に出会えるかも
19(水)	壊	○	！不機嫌な顔は見せない。口角を上げよう
20(木)	友	○	★★★足りないスキルを磨くと大きく成長
21(金)	親	○	♥♥♥初対面の人が集まる場に出会いあり
22(土)	業	○	！ないものより今あるものに目を向けよう
23(日)	栄	○	！パートナーに寂しい思いをさせてはダメ
24(月)	衰	○	！言いっ放し、やりっ放しはトラブルの種
25(火)	安	○	！自信があることほど、謙虚に向き合おう
26(水)	危	○	！汚部屋は×。忙しくても最低限は整えて
27(木)	成	○	！心の中で自分と対話して、決めていこう
28(金)	壊	◑	！仕事は持ち帰りにしたほうが気が楽かも
29(土)	友	◑	パーソナルトレーナーについて体をメンテ
30(日)	親	◑	観葉植物や雑貨で涼感を出して、心地よく

★軫宿の開運暦2024★

7月

問題解決のアイデアが生まれそう!

自由に動いて、欲しかったものを取りに行ける時。様々な課題、問題を解決するための知恵や対策を繰り出せたり、苦手だった相手との間に理解が生まれて過ごしやすくなりそう。今まで誰かとやっていたことを、一人でやってみるような〝自立〟の心意気は吉。夏を楽しむイベントや、イメチェンは19日までに。

日付	運	月齢	開運メッセージ
1(月)	胎	◑	★経済力やスキル、知識を磨いて〝自立〟を
2(火)	栄	◑	★★問題クリアのための妙案が浮かびそう
3(水)	衰	◑	!枕の高さを変えて質のよい睡眠を目指す
4(木)	安	◑	♥♥尊敬や信頼が恋心に変化することが
5(金)	危	●	酢ドリンクで美容&健康パワーをチャージ
6(土)	危	●	まずは雑誌や書類から、部屋の整理整頓を
7(日)	成	●	♥七夕デートは夜景も楽しめる場所で食事
8(月)	壊	◐	!年長者や目上にはきちんと挨拶や対応を
9(火)	友	◐	★★★苦手意識があった人が一転、好印象
10(水)	親	◐	★★★心のままに欲しいものを追い求めて
11(木)	命	◐	★暑くてもレモンのアロマで爽快&開運
12(金)	栄	◐	$$$運用でお金を回すと金運が活性化
13(土)	衰	◐	★映画館などでソロ活の魅力にハマるかも
14(日)	安	◐	★海や山へ。夏のレジャーで自分を解放
15(月)	危	◐	日時と場所を再確認して。思い込みは危険
16(火)	成	◐	★やる気スイッチが入り、バキバキ動ける
17(水)	壊	○	!親しい人でも、踏み込みすぎないように
18(木)	友	○	★★★髪型や髪色を思い切って変えてみて
19(金)	親	○	◆◆◆実力を買われて、リーダーに抜擢も
20(土)	業	○	!衝動買いで後悔しそう。じっくり検討を
21(日)	栄	○	!粗探しよりも、長所探しのほうが建設的
22(月)	衰	○	!強引に推し進めると、後で厄介なことに
23(火)	安	○	!パスワードの管理方法を見直しておこう
24(水)	危	○	!時には、頭をからっぽにする時間も必要
25(木)	成	◑	!勝ち負けにこだわると大事なものを失う
26(金)	壊	◑	!抱え込みすぎない。仕事は上手に分担を
27(土)	友	◑	前向きな言葉をチョイス。場が明るくなる
28(日)	親	◑	気の合う友人との定番おしゃべりが癒しに
29(月)	胎	◑	★気持ちを切り替えて新しい目標に邁進
30(火)	栄	◑	★★肌に直接触れる下着は上質な素材を
31(水)	衰	◑	!頼みは無下に断らずなるべく協力しよう

8月

パワーMAX!! 高いハードルもクリア

仕事などでは高いハードルを越える必要が生じそう。これまでと違うやり方で戦えば、勝機は十分。過去の失敗、データなどが役立つはず。恋人やパートナーとの関係が微妙なら、本当の気持ちを伝えれば修復可能。15日からの「魔のウィーク」にはビジネスパートナーとも冷静に話し合って関係を整えるべき。

日付	運	月齢	開運メッセージ
1(木)	安	◑	♥♥あなたがイエスなら交際スタートかも
2(金)	危	◑	落語やお笑い動画で笑ってストレス発散
3(土)	成	●	開運石のアクセをつけて気分も運気も上昇
4(日)	友	●	$$$旅行やリスキリングには惜しまずに
5(月)	親	●	★★★望んでいたものや成功が手に入る
6(火)	命	◐	★自分はどうありたいのか内面を見つめて
7(水)	栄	◐	★★★過去の失敗が成功を導くデータに
8(木)	衰	◐	夏冷え注意。半身浴や足湯で体を温めよう
9(金)	安	◐	★ギブ&テイク。親切には親切でお返しを
10(土)	危	◐	冷蔵庫の中身をリスト化。無駄買いを防止
11(日)	成	◐	★〝推し〟を見つけ、ときめきが止まらない
12(月)	壊	◐	!「親しき中にも礼儀あり」と肝に銘じて
13(火)	友	◐	◆◆◆高いハードルでも、ひるまず前進を
14(水)	親	◐	★★★今までと違う戦法でいけば勝機あり
15(木)	業	◐	!どうでもいいことに、こだわりすぎかも
16(金)	栄	○	!ビジネスパートナーとの関係性を見直し
17(土)	衰	○	!帰省時はお墓参りを。気持ちが落ち着く
18(日)	安	○	!感情をぶつけると、相手も意固地になる
19(月)	危	○	!ゆっくりやればいい。大事なのは確実性
20(火)	成	○	!「わかってくれるはず」では通用しない
21(水)	壊	○	!話を盛りすぎないで。後で困るのは自分
22(木)	友	◑	面白い提案や要望を受け止め、柔軟に対応
23(金)	親	◑	エンタメ系サブスクで最新作品を楽しもう
24(土)	胎	◑	呼吸法で、全身に新鮮な酸素を巡らせて
25(日)	栄	◑	★★路地裏を歩いてみると楽しい発見あり
26(月)	衰	◑	体の不調対策やメンテナンスをプロに相談
27(火)	安	◑	★褒め言葉が、人間関係を円滑にする秘訣
28(水)	危	◑	押してもダメなら引いてみる作戦が有効
29(木)	成	◑	★固定観念を取り払えば新たな発想がわく
30(金)	壊	◑	!防災用具を点検。ハザードマップも確認
31(土)	友	◑	♥♥♥愛の修復が可能な日。素直になって

9月

自由自在に動ける快適な月

マイペースで動くあなたに周囲が合わせてくれる快適な月。でも「七曜陵逼」なので慢心、油断は禁物。「六害宿」では自己過信せず、忠告に耳を傾け、協力には感謝を。金運はよいが見栄で浪費も。11日からの「魔のウィーク」での争いや対立は、順調だった計画の一時停止やキャンセルにつながるので、ご用心。

日付	運	月齢	開運メッセージ
1(日)	親	◑	★★★行動範囲を広げて、交流を楽しもう
2(月)	命	●	★足ツボや耳ツボなどセルフ指圧が有効
3(火)	栄	●	★★長くくすぶっていた案件に光が見える
4(水)	衰	●	言えない本音は、日記に吐露してスッキリ
5(木)	意	◐	!!!!!周囲の優しさに甘えすぎないで
6(金)	危	◐	★厳しいお叱りも栄養に変えれば、発展も
7(土)	成	◐	★料理が気分転換に。新たなレシピに挑戦
8(日)	壊	◐	納得がいかなくても、人に当たってはダメ
9(月)	友	◐	♥♥今の自分を応援してくれる相手が正解
10(火)	親	◐	★★真面目が一番。必ず見ている人がいる
11(水)	事	◐	!!!!争いや対立は避けて。後の火種に
12(木)	栄	◐	!!平和的な落としどころを見つけて実行
13(金)	衰	◐	!!たかをくくっていると痛い目に遭う
14(土)	克	◐	!!!!大切な人とモメないよう、優しく
15(日)	危	○	!!褒められたら、誰のおかげかを考えて
16(月)	成	○	!!見栄で浪費も。身の丈に合わせるべき
17(火)	聚	○	!!!!上から目線の発言は人望を失う
18(水)	友	○	控えめでいたほうがかえって存在感が増す
19(木)	親	○	経験や器用さを活かして信頼を勝ち取れる
20(金)	胎	◑	嫉妬は憧れの裏返しかも。それに気づいて
21(土)	同	◑	!!!!面白がって人をディスらないこと
22(日)	衰	◑	ヨガやストレッチなどの軽い運動を習慣に
23(月)	安	◑	♥まずはお互いを知ることから始めてみて
24(火)	危	◑	ライバルの努力や姿勢に見習うべきことが
25(水)	成	◑	◆◆やりたい仕事ができて、評価も上がる
26(木)	壊	◑	!批判や忠告を聞き流さない。すぐに対応
27(金)	友	◑	★★★うれしいメッセージが舞い込みそう
28(土)	親	◑	★★高級中華で開運食・フカヒレに舌鼓
29(日)	命	◑	!!!!アドバイスされたら素直に感謝を
30(月)	栄	◑	$$$仕事が波に乗り、収入アップの予感

最大開運日 7/10、8/14　最大警戒日 9/17、10/3

10月

思わぬ出会いにワクワクだけど…

出会いは多く、意外な相手と意気投合したり、偶然の再会や憧れの人と遭遇などもありそう。でも「七曜陵逼」なので、すんなり長く続く関係になりにくい傾向。相手の状況や反応を見て、事実を受け入れ、丁寧につき合って。「六害宿」の日には、利害が絡む話、人を紹介し合うような集まりへの参加は回避。

日付	運	月齢	開運メッセージ
1(火)	衰	●	食事ノートをつけよう。食べ癖をチェック
2(水)	安	●	★シンプルに考えれば、もっと簡単に進む
3(木)	意	●	！！！！！強引すぎると孤立することも
4(金)	危	●	★反対意見にも一理あり。再検討してみて
5(土)	成	●	＄プロの節約テクニックをお手本に実行
6(日)	壊	●	大切な人と、テラス席で爽やかブランチを
7(月)	友	◐	★★可能性を感じるならトライするべき
8(火)	親	◐	◆◆打てば響くようなフィードバックあり
9(水)	事	◐	！！！！どんなによい話でも即断は危険
10(木)	栄	◐	！！恋人の気持ちに無頓着。もっとケアを
11(金)	衰	◐	！！余計な出費があるかも。緊縮財政で
12(土)	克	◐	！！！！理想を現実のように語ると誤解も
13(日)	危	◐	！！人を紹介し合う集まりは不穏な流れに
14(月)	成	○	！！現実から目を背けず、受け入れよう
15(火)	聚	○	！！！！身近な人の不満や不安を解消して
16(水)	友	○	任された仕事に集中。信用と実績になる
17(木)	親	○	家族にこそ「ありがとう」を言葉にしよう
18(金)	胎	○	短所の改善は、ロングスパンで考えていい
19(土)	同	○	！！！！ズルは×。些細なルールも守って
20(日)	衰	○	暖色系の照明に替えよう。落ち着く空間に
21(月)	安	◑	★今、果たすべき役割を、しっかりこなそう
22(火)	危	◑	妥協はいらないけど空気を読むことは大事
23(水)	成	◑	♥♥意外な人と盛り上がり、進展する予感
24(木)	壊	◑	！ルーティンワークこそ気を抜かず丁寧に
25(金)	友	◑	★★★自分のやり方に自信を持って進もう
26(土)	親	◑	★★美術展、写真展へ。感性が刺激される
27(日)	命	◑	！！！！利害の絡む話に関わらないように
28(月)	栄	◑	♥♥♥心ときめく相手との再会がありそう
29(火)	衰	●	相手の状況や反応を汲み取る気持ちが大切
30(水)	安	●	★愚痴を聞いてあげよう。最後は前向きに
31(木)	危	●	つま先立ちなど隙間時間にエクササイズを

11月

パワーダウン。意思表示は自分から

パワーは下降線だが、一歩引いた妥協や譲歩が妙案になることも。モテるが、真剣な交際以外は面倒なことが勃発。言われるままにつき合うのは×。好きな人には、13日以降に自分から思いを言葉や行動で示して、きちんとつき合うこと。極端に走りやすいので、トレーニングのしすぎ、サプリへの依存に注意。

日付	運	月齢	開運メッセージ
1(金)	成	●	♥不安な時は電話を。声を聞くと安心する
2(土)	壊	●	！未来が見えない関係なら終止符を打とう
3(日)	友	●	★★★旅先で非日常を堪能。羽を伸ばして
4(月)	親	◐	★★★集中エステへ。美しさと健康が蘇る
5(火)	業	◐	！アクシデントに注意。何事も慎重に行動
6(水)	栄	◐	！すぐに見切りをつけず別の方法を探ろう
7(木)	衰	◐	！夜は温感アイマスクで目の疲れを癒して
8(金)	安	◐	！根拠もなく楽観しているとトラブルに
9(土)	危	◐	！トレーニングもやりすぎると体に毒かも
10(日)	成	◐	！恋は自分で育てる気持ちがないと難しい
11(月)	壊	◐	！時間が解決することもある。焦らないで
12(火)	友	◐	コツコツ頑張れば、その分のリターンあり
13(水)	親	◐	♥うれしいお誘いが。モテの兆しを実感
14(木)	胎	○	ポジティブな言葉を意識して選び、運気UP
15(金)	栄	○	★★相手に譲る気持ちが成功を引き寄せる
16(土)	衰	○	一人カラオケで思い切り歌って気分爽快
17(日)	安	○	★選ばれるのでなく選ぶのは自分と思って
18(月)	危	◑	！軽く考えていたことが計画のブレーキに
19(火)	成	◑	★冷静かつ的確な状況判断で場が和みそう
20(水)	壊	◑	！自分が変われば周囲の人も変わってくる
21(木)	友	◑	★★★夢や目標を宣言。言霊を信じよう
22(金)	親	◑	★★★人とのご縁で世界が大きく広がる
23(土)	命	◑	★傷つくことを恐れていては何もできない
24(日)	栄	◑	♥♥♥「好き」を全面に出してアプローチ
25(月)	衰	◑	髪や肌は最新コスメで、しっかり保湿ケア
26(火)	安	◑	★手先を使う趣味がいいリフレッシュに
27(水)	危	◑	いつも通らない道でお気に入りの店を発見
28(木)	成	◑	◆妥協したつもりが、意外に妙案で高評価
29(金)	壊	●	！サプリに頼りすぎず、食事内容も改善を
30(土)	友	●	★★★人づき合いのよさで一気に人気者に

12月

徹底的に大掃除をして運を呼び込む

2日からの「魔のウィーク」では、公私共に見えなかった問題が表面化。まずはその対処を優先して。その際は「郷に入りては郷に従え」で慣習やルールを大切に。大掃除などで住環境を整えるのは吉。家族も含め、人間関係は相手の立場で考えることで好転。体力的に無理しがちなので29〜31日はしっかり休もう。

日付	運	月齢	開運メッセージ
1(日)	親	●	★★★お世話になった方々への感謝を形に
2(月)	業	●	メリハリのある時間の使い方を心がけて
3(火)	栄	●	！隠れた問題が表面化。丁寧な対処が必要
4(水)	衰	◐	！体調が不安定。早めの受診で手を打って
5(木)	安	◐	！ローカルルールに則って動くことが大事
6(金)	危	◐	！結果を受け入れ、向き合う覚悟を持とう
7(土)	成	◐	！大掃除を開始。よりよい住まいに改善
8(日)	壊	◐	！免疫ケアの商品を購入し、強い体作りを
9(月)	友	◐	アドレスデータを整理。途切れた縁は削除
10(火)	親	◐	周りに合わせたほうが、物事が円滑に進む
11(水)	胎	◐	タオルを新しいものに。運気も刷新される
12(木)	栄	○	♥♥あなたの行動次第で二人の関係は改善
13(金)	衰	○	あったか寝具で眠りに入りやすい環境作り
14(土)	安	○	★相手の立場で考えると人間関係は円滑に
15(日)	危	○	プチ断食で胃腸の中を一旦リセットしよう
16(月)	成	○	★力を出し切ればどんな結果も納得できる
17(火)	壊	○	！相手の将来への思いをちゃんと汲むこと
18(水)	友	◑	★★★周囲の手や知恵を借りて上手に解決
19(木)	親	◑	♥♥♥大切な人を思い、プレゼントを購入
20(金)	命	◑	★許せないと思うことも許せば心に平安が
21(土)	栄	◑	★★★柚子湯に入って、体も心もポカポカ
22(日)	衰	◑	うがい、手洗いを忘れず、早めにベッドへ
23(月)	安	◑	★今年の自分を自己採点。来年に活かそう
24(火)	危	◑	イブは少しお洒落をしてドキドキ感を演出
25(水)	成	◑	★教会が開運スポット。クリスマスミサへ
26(木)	壊	◑	！貸し借りは年内にキッチリ清算しておく
27(金)	友	●	◆◆◆本来の細やかさで仕事もスムーズに
28(土)	親	●	＄＄＄節税対策や貯蓄術の知識を蓄えよう
29(日)	業	●	！体力的にダウン。栄養と睡眠を最優先
30(月)	栄	●	！まとめ買いは落とし穴。かえって損かも
31(火)	栄	●	！話題選びに気遣いを。皆で楽しめる話で

14 角宿《かくしゅく》

★開運キーワード★

Color
ブラウン　ピンク

Spot
プラネタリウム　空港

Food
チーズ　カレー

Item
取り寄せ商品　長編小説

Stone
シトリン　ローズクォーツ

Aroma
シナモン　ヒノキ

Flower
キンセンカ　サボテン

角宿ってこんな人

「角」は動物の〝ツノ〟を表す。古来、動物のツノが装飾品にも武器にも使われたように、好印象な外見と尖った内面を併せ持つ〝ギャップ持ち〟の宿。第一印象は優等生だが、スリルを求め、趣味や遊びにのめり込む奔放さも。好きなことは誰が何と言おうと実行し、嫌いな人や物事は徹底して避ける。本質的には楽しむ人。恋愛ではギャップが魅力となりモテモテ。結婚運もよく、相性のいいパートナーに恵まれる。早めの結婚のほうがベター。遅くなるほど迷う傾向。あごを上げると魅力も運気もアップ！ フェイスラインのケアを入念に。

この宿の有名人

水野美紀　MEGUMI　広末涼子　SHELLY　松下奈緒　水卜麻美　山本美月　トリンドル玲奈　滝沢カレン　松岡茉優　浜辺美波　小坂菜緒　幾田りら　藤澤五月　武田鉄矢　小日向文世　貴乃花光司　オダギリジョー　要潤　鈴木亮平　河合郁人　桐山照史　岡山天音　澤部佑

2024年開運3か条

1 極端に走りやすいので注意。何事も〝中庸〟を意識すべし

2 長期的な計画を立てよう。ウィッシュリストを作成して

3 言葉、音楽、絵画、陶芸…、心を形にする方法を育てよう!

★2024年の全体運★

幸運につながる様々な変化が起こる年。未来のビジョンが、あなたのブレない軸に

★2024年の特徴　2024年は、〝遠く〟を見るべき年です。運気は〝中距離〟の「壊」で、あなた自身や周囲に変化があり、時には望まない方向に流され、限られた選択肢しか持てないことも。でも「壊」運での変化は、結果的には幸運につなげられるもの。挫折や喪失をきっかけに自由になれたり、新たな環境で新たな幸せの形や才能の開花を実現できたりしそう。ただ足元が揺れる不安定な時なので、視線を少し先の未来に向けて、目標を定めることが必要。それが日々の生活の軸や支えになります。また本当に辛い時は、その場から離れて休んでもよいけれど、そこで誰かを頼ったり、誰かとの関係に執着すると余計に辛くなるだけ。むしろ精神的な自立が、2024年のあなたを一番強くするでしょう。本当に一人になれた時、一緒に同じ未来を見てくれる人がきっと見つかります。

★1年の運気の流れ　**1、2月**は、周囲は大変でも、あなた自身はどこか夢見がちで現実的になれない傾向が。アイデアがひらめいたり、クリエイティブな才能を発揮したりもできますが、運気は「七曜陵逼」。自分ファーストになりすぎたり、遊びや趣味に夢中になると、反動で**3、4月**に仕事や人間関係に甘くない変化があるかも。前年から続いている問題などの流れで、環境や人との関係が変わりそうなのは**5、6月**。それが不本意な変化でも、パワー復活の**7、8月**には、新しい経験ができて心が軽くなりそう。〝負け〟でも〝逃げ〟でもいいから、ここで未来のビジョンを描いたほうが〝勝ち〟です。人に期待しすぎないことも運気アップのポイント。「七曜陵逼」の**9、10月**には自立をうながされるような出来事があります。ここで過去のことや特定の人間関係に執着したり、人と争うと、エスカレートしてこじれやすいので注意。何かあっても慌てずに、**11、12月**にケジメをつけるようにしましょう。

★愛情運★

出会いの方法を変えれば理想の相手が!

自分の心に嘘をつけない2024年は、恋に落ちればブレーキ不能。「七曜陵逼」中の**1、2月**にも運命的な出会いや再会のチャンスがありますが、愛に向かって踏み出すのは**3月13日**以降に。**3、4月**は問題のあるカップルは別離の暗示。そうでない二人も今の気持ち、今後の望みの確認は必要。**5月8日～8月15日**は強い出会い運が巡り、環境や出会いの方法を変えると理想の相手と会えそう。恋に熱くなりすぎて相手に依存すると、**9、10月**の「七曜陵逼」に心がすれ違い、トラブルになることも。**8月**から心の自立を目指し、**12月**に冷静に話し合えば問題はクリアできそう。子供の問題も愛に影響を与える1年。どんな時も子供への配慮は忘れないこと。

★仕事運★

個性を活かして大活躍できる年!!

2024年は個性を活かせる才能開花の年。クリエイティブな仕事なら自分の〝代名詞〟になる活躍ができそう。それ以外の仕事でも、SNSでの発信や販売が思わぬ副業につながったりも。**1、2月**には面白い発想がひらめきますが、**3、4月**は普段通りに働いていても事務処理や資金面、取引先との関係に問題が起こりやすいシビアな運気。新たなことを始めるなら準備を整えて**6月3日～8月30日**に。転職するならここで動いて。**9、10月**は順調な仕事運ですが、「七曜陵逼」なので、さらなる拡大戦略は**11月**以降に。どれだけ優れた企画や能力の持ち主でも、期限や予算を守れなかったり、急な方針転換で周囲を振り回すと、仕事運は伸びないので注意して。

★金運★

前半は安定。後半は夢のための出費に注意

自己実現に夢中になる2024年は、お金のことは二の次に。それでも年前半の金運は安定。特に**4、5月**は一時金や保険、いただき物などで潤い、資金調達も成功。大きな買い物、資産運用のための投資や、ポイ活などは**4月10日～5月26日**に実行すると◎。**6月**以降は夢や理想、好きなことのための出費一辺倒に。中でも**9、10月**は実物を見ない買い物、新しすぎる機器の購入など無謀な出費に注意。くじ運や勝負運がよいのは**5月7～26日、12月10～29日**。2024年はギャンブルにハマりやすいので、ビギナーズラックで深入りしない。

★美容・健康運★

本当にしたいファッションへの挑戦が開運に

自己表現がテーマの年です。立場や年齢に縛られず、本当にしたいお洒落への挑戦は心身にも運気にも吉。様々な創作活動やアートは、他で満たされない思いを救ってくれます。ただ「七曜陵逼」の**1、2月**の極端な変身や攻めたコーディネートは悪目立ちに。イメチェンやスポーツ、旅などは**5月7日～7月20日**に。**8月**はエステなどでリラックスできる時間を大切にして。**9、10月**の「七曜陵逼」は何事も極端にやりすぎる傾向ですが、**12月**に人の意見や感想を聞き、自己流な部分を修正すると、心と生活にバランスを取り戻せます。

★七曜陵逼の乗り切り方★

角宿が各時期に気をつけるべき大事なことをアドバイス。要チェック!

1 1/2～1/28

感情がコントロールできない。お正月の「六害宿」は家族との衝突も避けること。心の奥に潜んでいたものが噴出。衝動的な行動に注意。

2 2/10～2/25

ロマンティックな気持ちに支配されがち。恋愛や子供に過剰に思い入れると日常が壊れる恐れ。創作的な作業では大きなパワーを発揮。

3 9/3～9/29

思いついたことはすぐ実行に移さねば気が済まないけれど、人に期待しすぎると落胆。「六害宿」の日に新しいことを始めるのはNG。

4 10/3～10/27

極端な行動に走りやすい傾向が。強すぎる承認欲求はSNSなどのトラブルにつながる恐れ。自分勝手な振る舞いは多くの敵を作る。

Energy Power 4月にパワー急下降、その後は回復し、7月と12月はパワフルに!

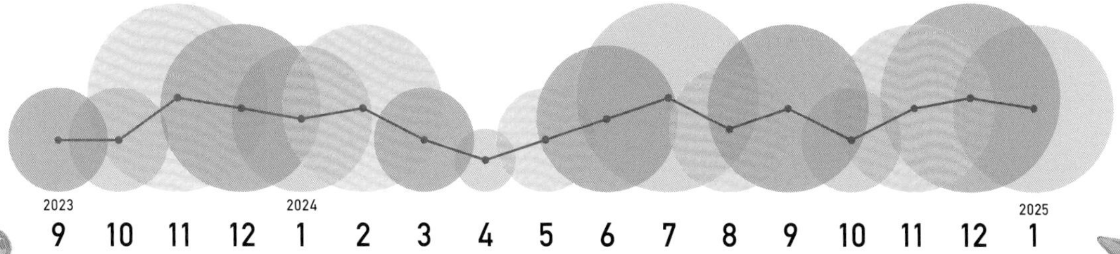

★角宿の開運暦2024★

1月

感情のコントロールが大事な月

のんびり過ごすべき星回りだけど、感情を制御しにくいこともあるので警戒を。特に2日「命宿」に家族とモメると、過去に遡って問題噴出の恐れ。お正月に面白い発想が浮かんでも、11日からの「魔のウィーク」に勢いで実行しないこと。21日「同宿」の日と26日「壊」の日は遊びでも恋愛でも一か八かの勝負はNG。

日付	運	月齢	開運メッセージ
1(月)	親	◑	★★★大切な人とのんびりお正月を満喫
2(火)	命	◑	！！！！家族とモメるとこじれる。冷静に
3(水)	栄	◑	★★今年叶えたい夢を手帳に書き出そう
4(木)	衰	◑	！一人の時間も大事。意識的に確保して
5(金)	意	◑	！！！！冒険は危険。堅実な方法を選択
6(土)	危	●	予定外のことが起きても楽しむのが正解
7(日)	成	●	$$欲しかったものをおトクに入手できる
8(月)	壊	●	！イライラしても表に出さない。深呼吸を
9(火)	友	●	★★同僚とのランチタイムでリラックス
10(水)	親	●	◆◆いいアイデアが浮かびそう。メモして
11(木)	事	●	！！！！考えず、勢いだけで動かないこと
12(金)	栄	●	！！大胆なイメチェンは失敗の暗示あり
13(土)	衰	●	！！暴飲暴食が続いていたら胃腸を休めて
14(日)	克	●	！！！！自分ファーストは×。周りを見る
15(月)	危	●	！！強い言葉遣いで悪目立ち。マイルドに
16(火)	成	●	！！夢見がちかも。現実をしっかり把握
17(水)	聚	◐	！！！！遊ぶ前にやるべきことを片づける
18(木)	友	◐	開運石のシトリンをお守り代わりに持とう
19(金)	親	◐	いつも通りでOK。そのままで十分魅力的
20(土)	胎	◐	本当に大切なものは何か、見つめ直して
21(日)	同	○	！！！！感情的にならず、穏やかに話そう
22(月)	衰	○	銭湯や日帰り温泉へ。温まって疲れを癒す
23(火)	安	○	♥思いがけない再会の予感。恋人候補に!?
24(水)	危	○	★相手の意見を聞くことが自分の成長に
25(木)	成	○	★あなたの実力に密かに注目している人が
26(金)	壊	○	大きな勝負に出るのはやめて。小さく前進
27(土)	友	○	★★お取り寄せにツキ。話題のグルメを
28(日)	親	○	★★★クリエイティブな才能を発揮できる
29(月)	命	○	★朝一番に窓を開けて空気を入れ替えよう
30(火)	栄	◑	♥♥♥気になる相手との接点ができるかも
31(水)	衰	◑	感動系のドラマや映画で思い切り涙活を

2月

恋愛には期待しない。真面目に仕事を

やるべきことは6日までに片づけて。7日からの「魔のウィーク」では、妙に詰め込んだレジャー計画を立てたり、危ない誘いに乗らないで。恋愛は期待すると空振り。バレンタインは思い通りにならなくても怒らず、失望せず。逆に急な接近や展開にも注意。15日以降は何かあっても仕事などで手を抜かないこと。

日付	運	月齢	開運メッセージ
1(木)	安	◑	★作業がサクサク捗る。前倒しで進めよう
2(金)	危	◑	メールは送信前に文章と宛先の再確認を
3(土)	成	◑	$手に入れたいものは今のうちに購入して
4(日)	壊	◑	！ダラダラ過ごすと1日がもったいない
5(月)	友	●	♥♥♥自立した一面を見せると好感度上昇
6(火)	親	●	★★★趣味や習い事の分野で成長を実感
7(水)	業	●	！レジャーでも無理なスケジュールはダメ
8(木)	栄	●	！気持ちがたかぶる時はヒノキの香りを
9(金)	衰	●	！集団行動よりソロ活動のほうが充実度大
10(土)	衰	●	！！愛情過多になりがち。いいバランスで
11(日)	克	●	！！！！相手に期待せず自分が行動しよう
12(月)	危	●	！！少しでも不安なら、誘いは断わること
13(火)	成	●	！！恋人や子どもへの過干渉は控えるべき
14(水)	聚	●	！！！！バレンタインに一喜一憂しないで
15(木)	友	●	友達との会話では聞き役に回ると実り豊か
16(金)	親	●	家の中の散らかっているコーナーを整理
17(土)	胎	◐	健康診断や人間ドックを忘れないよう予約
18(日)	同	◐	！！！！やるべきことの手を抜くと大波乱
19(月)	衰	◐	甘いムードになっても流されないように
20(火)	安	◐	★ブラウン系の落ち着いたコーデが好印象
21(水)	危	○	★人気インフルエンサーの発信にヒントが
22(木)	成	○	♥ピンとくる人に出会ったら連絡先を交換
23(金)	壊	○	！楽しい話が舞い込んでも仕事は真剣に
24(土)	友	○	★★創作作品を発表・投稿すると手応えが
25(日)	親	○	★★★大切な人と鍋を囲んで、幸せを実感
26(月)	命	○	★少し視点を変えると見えてくることあり
27(火)	栄	○	★★★肩の力が抜けてのびやかな気持ちに
28(水)	衰	○	結果を急がない。時間がかかっても大丈夫
29(木)	安	◑	◆会議やプレゼンでの発言が冴えわたる

3月

焦らず、自分にできることを13日から

プライベートにかまけて後回しにしていた仕事や雑用に追われそう。金銭面なども含めて現状を把握、整理して、混乱や遅れなどへの対処法を探るべき。あなたの力の及ばないところで物事が決まったり、動くことも多いけれど焦らず、今の自分ができることを13日以降に。健康によいことを始めるのはおすすめ。

日付	運	月齢	開運メッセージ
1(金)	危	◑	窮屈に感じても定められたルールに従って
2(土)	成	◑	♥愛する人と、理想の将来像を共有しよう
3(日)	壊	◑	！独善的になりがち。相手の意見も聞いて
4(月)	友	◑	★★★初めて会う人とも意気投合できそう
5(火)	親	◑	★★★楽しそうな誘いが舞い込みワクワク
6(水)	業	●	！サボっていた仕事が押し寄せてくる暗示
7(木)	栄	●	！その場しのぎの策では解決に至らない
8(金)	衰	●	！足りない栄養素があるならサプリで補給
9(土)	安	●	！未来のない関係には終止符を打つ時かも
10(日)	危	●	！見ないふりをしていた金銭問題に直面!?
11(月)	成	●	！望まない展開になっても焦らないこと
12(火)	壊	●	！人のせいにはしない。自分で責任を取る
13(水)	友	●	★やる気が戻りそう。今できることに着手
14(木)	親	●	魅力的な笑顔のために、隙間時間に顔トレ
15(金)	胎	●	現状を把握して。新年度の課題も挙げよう
16(土)	栄	●	★★憧れの世界に一歩足を踏み入れてみて
17(日)	衰	◐	早寝早起き。習慣にすると体内時計が整う
18(月)	安	◐	屋上やベランダで休憩してストレス発散を
19(火)	危	◐	信頼できる人からの助言は素直に聞いて
20(水)	成	◐	★いつもと違う行動が幸運を呼び込みそう
21(木)	壊	○	！事務処理などで行き違いが。誠実に対処
22(金)	友	○	♥♥♥恋人を家族に紹介して。絆が深まる
23(土)	親	○	★★★食材の宅配などで家事の時間を短縮
24(日)	命	○	★花に元気をもらえそう。キンセンカが◎
25(月)	栄	○	◆◆◆個性や才能を十分に発揮できる時
26(火)	衰	○	肌や髪にダメージがあればホームケアを
27(水)	安	○	★友人の言葉や口コミに新たなひらめきが
28(木)	危	○	取引先とのやりとりは丁寧に。誤解を回避
29(金)	成	○	$アプリを使って家計の収支を正確に把握
30(土)	壊	◑	！遊びに行くより、家でのんびりする日に
31(日)	友	◑	★★★通勤・通学に使うアイテムを新調

最大開運日 4/29、6/15

最大警戒日 1/2、1/11

4月

パワーダウン。目の前の課題に専念

あなた自身は先のことに気持ちが向くけれど、片づけるべきタスクが山盛り。２日からの「魔のウィーク」に、細部にも目配りして仕事や手続きを済ませないと後で大変。人任せにせず自分で汗をかいて。限界を感じたことは手放すべき。心の隙につけ込む人もいるので、甘い言葉や夢の話は鵜呑みにしないで。

日付	運	月齢	開運メッセージ
1(月)	親	◑	★★★★自分らしい服装で新生活を開始
2(火)	業	◑	！やるべき業務や手配を着実に済ませて
3(水)	栄	◑	！夢のような話は真に受けないのが賢明
4(木)	衰	◑	！疲れが蓄積。倒れる前にうまく休息を
5(金)	安	●	！横着するとさらに大変な目に遭うことに
6(土)	危	●	！身近な人から耳の痛い指摘をされるかも
7(日)	成	●	！真剣交際したいなら現実的な話もしよう
8(月)	壊	●	！手元にある案件からひとつずつ片づけて
9(火)	壊	●	！人任せにせず、自分で動くことが大切
10(水)	友	●	★ダイエットを開始。食生活は野菜中心に
11(木)	親	◐	自己紹介にあなたならではの言葉をプラス
12(金)	胎	◐	時間の使い方について改めて考えてみよう
13(土)	栄	◐	♥♥お互いの好きなものに触れるデートを
14(日)	衰	◐	散歩など近所でできる気分転換が効果的
15(月)	安	◐	開運色のピンクを身につけるとハッピー
16(火)	危	◐	なじみのない分野の情報に大きな気づきが
17(水)	成	◐	★忙しい中に、手応えとやりがいを感じる
18(木)	壊	◐	！簡単に信用しない。つけ込まれることも
19(金)	友	○	★★★価値観の合う仲間に出会える予感
20(土)	親	○	$$$投資や保険を見直しすると実り豊か
21(日)	命	○	★心地よい音楽をかけて気持ちを整えよう
22(月)	栄	○	◆◆◆独創的な意見や表現で注目の的に
23(火)	衰	○	夜はスマホもオフ。デジタルデトックスを
24(水)	安	○	★助けを求めれば手を貸してくれる味方が
25(木)	危	○	大切な案件はなるべく直接顔を見て進めて
26(金)	成	○	♥深い話をするほど愛情が確かなものに
27(土)	壊	◑	！限界を感じたら、何かを手放すのもあり
28(日)	友	◑	★★★集まりに積極的に参加。楽しもう
29(月)	親	◑	★★★★クリエイティブな才能が輝く日
30(火)	業	◑	！求められる役割をきちんと果たすこと

5月

連休は周囲の都合を優先して動こう

GWはすべて「魔のウィーク」なので、人の都合に合わせて過ごしたほうがいい。働くのも◎。旅行も何かを始めるのも７日以降に。一度動きだすと予想外のスピードで物事が決まり、変化する。希望が叶う反面、切れてしまう関係も。27日からの「魔のウィーク」は我を通しすぎると予測不能のことが起こるかも。

日付	運	月齢	開運メッセージ
1(水)	栄	◑	！休むより、動く・働くほうが有意義かも
2(木)	衰	◑	！テンション低下。外出しても早めに帰宅
3(金)	安	◑	！自分の都合より、周りの希望を優先して
4(土)	危	●	！お笑いライブ動画を見ると心が軽くなる
5(日)	成	●	！ため息は運を逃す。特に人前では避けて
6(月)	壊	●	！思わぬ変化でバタバタに。動じないこと
7(火)	友	●	おやつは開運食・チーズ。運気も栄養も◎
8(水)	親	●	メイクやヘアスタイルを少しアップデート
9(木)	胎	●	新緑の中をゆっくり歩くと心身がすっきり
10(金)	栄	◐	◆◆趣味の創作活動が副業につながるかも
11(土)	衰	◐	就寝前や起床後にストレッチで体をほぐす
12(日)	安	◐	★行きたかったお店に足を運んでみよう
13(月)	危	◐	大事にしたい縁なら自分から連絡するべき
14(火)	成	◐	★気になっていたスポーツにトライしよう
15(水)	壊	◐	！様々なことが急速に変化。状況を把握
16(木)	友	◐	♥♥♥いつもと違うファッションが好感触
17(金)	親	◐	★★★あなたが望んでいた環境が手に入る
18(土)	命	◐	★スマートウォッチを活用して体調を管理
19(日)	栄	○	$$$くじ運が上昇。運試ししてみても
20(月)	衰	○	雑音がストレスに。静かに過ごす時間を
21(火)	安	○	★下着など見えない部分のお洒落を意識
22(水)	危	○	些細なことで切れてしまうつながりもある
23(木)	成	○	★願っている方向へ物事がスムーズに進む
24(金)	壊	○	！データの破損や紛失に注意。二重に保存
25(土)	友	○	♥♥♥新しい方法で運命の人と出会えそう
26(日)	親	○	★★★旅行が充実。近場や日帰りでもOK
27(月)	業	◑	！我を通しすぎない。調和を大切にしよう
28(火)	栄	◑	！人のまねだけをしていても成長できない
29(水)	衰	◑	！体調に不安を感じたら早めに専門機関へ
30(木)	安	◑	！パートナーへの依存心が強くなるのは×
31(金)	危	◑	！！トラブルの暗示。信頼できる人に相談

6月

画期的なアイデアがひらめく予感！

夢や目標が叶ったり、思いつきが形になる星回り。６日前後には画期的なアイデアがひらめくことも。環境を変えたり、行動範囲を広げることが、仕事などのチャンスにつながりそう。海外にも縁あり。ただ、自由奔放に動きすぎて周囲を混乱させないように。特に愛情面では、無意識の支配欲が波乱を呼ぶ恐れ。

日付	運	月齢	開運メッセージ
1(土)	成	◑	！束縛しない。相手の心を遠ざける原因に
2(日)	壊	◑	！！自由に振る舞いすぎると周りが大混乱
3(月)	友	●	傘やレインブーツを新しいものにチェンジ
4(火)	親	●	キッチンや洗面所など水回りを清潔に保つ
5(水)	胎	●	全身写真を撮ってボディラインをチェック
6(木)	栄	●	★★画期的な案が浮かぶ。形にして残して
7(金)	衰	●	環境を変えると運気上昇。引っ越しも検討
8(土)	安	◐	★ピンときた勉強会へ。ひらめくことあり
9(日)	危	◐	ダブルブッキングの暗示。予定を確認して
10(月)	成	◐	★夏休みの計画を。海外旅行もおすすめ
11(火)	壊	◐	！面倒でも報告・連絡・相談は必ず実行
12(水)	友	◐	♥♥♥好意を伝えるチャンス。素直さが鍵
13(木)	親	◐	★★★小さな思いつきが大きな結果に発展
14(金)	命	◐	★上半期を振り返り、下半期の目標を設定
15(土)	栄	◐	★★★★願い続けていた夢が叶いそう！
16(日)	衰	◐	二度寝や昼寝で日頃の睡眠不足を補って
17(月)	安	◐	$スキルアップのための出費は惜しまずに
18(火)	危	◐	空気を読んで行動。周りの表情も意識して
19(水)	成	○	★人気トレーナーと動画でエクササイズを
20(木)	壊	○	！ブラックジョークは通じないので封印
21(金)	友	○	◆◆◆転職希望なら情報収集してみよう
22(土)	親	○	♥♥♥初参加の場所にトキメク相手が!?
23(日)	業	○	！理想とは違う状況においても前向きに
24(月)	栄	○	！「あなたのため」と無理強いするのはNG
25(火)	衰	○	！頭痛や悪寒は放置せず、すぐに対処を
26(水)	安	○	！ネットサーフィンするなら時間を決めて
27(木)	危	○	！恋に溺れないこと。日常生活はきちんと
28(金)	成	◑	！欲しくても予算オーバーなら今は我慢
29(土)	壊	◑	！異動や転勤など思いがけない変化が!?
30(日)	友	◑	アイロンのきいたシャツで気分もキリッと

★角宿の開運暦2024★

7月

パワー高め。主役になれる幸運月

華やかな出来事、イベントなどで主役になれる時。憧れの人に会えたり、憧れの場所に行けたり。仕事の挑戦からイメチェンまで、やりたいことは20日までに一歩を。でも、理想を追うあまり現実面の詰めが甘かったり、勢い余ってわがままや、気まぐれな言動が目立つと21日以降は周囲の目が厳しくなりそう。

日付	運	月齢	開運メッセージ
1(月)	親	●	★趣味仲間と有益な情報をシェアしよう
2(火)	胎	●	朝は１杯の白湯を。体を温め目覚めさせて
3(水)	栄	●	★逃げてもいい。別の道を考えると風穴が
4(木)	衰	●	★愚痴は口にしない。ポジティブな言葉を
5(金)	安	●	★異業種交流会に参加すると気づきあり
6(土)	安	●	$独立や起業など将来のためのお金を準備
7(日)	危	●	相手の反応を見ながら動き方を変えてみて
8(月)	成	●	★新たな〝未来のビジョン〞を描き直す時
9(火)	壊	●	！勝敗にこだわると大切なことを見失う
10(水)	友	●	★★★憧れの人がいるなら思い切って接近
11(木)	親	●	♥♥♥今までにないタイプが本命候補かも
12(金)	命	◐	★チャレンジしたいことを５個書き出して
13(土)	栄	◐	★★★★集まりの場で、注目を独り占め！
14(日)	衰	◐	ご近所散歩でも手抜きファッションはNG
15(月)	安	○	★開運スポット・空港へ。カフェでお茶を
16(火)	危	○	欲張らないで。やりたいことに優先順位を
17(水)	成	○	★関心のあるスクールなどの体験や見学へ
18(木)	壊	○	！UVケアは必須。帽子やアームカバーを
19(金)	友	○	◆◆◆目立つポジションに抜擢されるかも
20(土)	親	○	♥♥♥一流ホテルなどでリッチなデートを
21(日)	業	○	！調子に乗っていると手痛いしっぺ返しが
22(月)	栄	○	！身近な人からのサインを見逃さないで
23(火)	衰	○	！熱中症対策を。こまめに水分＆塩分補給
24(水)	安	○	！使途不明金が増える。収支を管理して
25(木)	危	○	！ずっと一緒より、程よい距離をキープ
26(金)	成	○	！気まぐれな言動は、周囲の信頼を損ねる
27(土)	壊	○	！落とし穴が。詰めが甘いのが原因かも
28(日)	友	◑	プールや海へ。気持ちよく泳いでスッキリ
29(月)	親	◑	★アプリで写真を共有。愛情が深まるはず
30(火)	胎	●	体内年齢や、血液年齢をチェックしてみて
31(水)	栄	●	★皆のお手本になるような行動をとろう

8月

再挑戦のチャンス、発想を転換して！

15日までは不発だったことに再チャレンジするチャンス。発想の転換や、場所や相手を替えることで成功の可能性UP。でも甘い考えでのズルや不正はダメージ大。「壊」運なのにパワー値がずっと高めな年だけど、16日からの「魔のウィーク」はペースを緩めて。ここでのリラックス＆デトックスは運気にも好影響。

日付	運	月齢	開運メッセージ
1(木)	衰	●	★冷房対策を万全に。羽織るものを持参
2(金)	安	●	★カレーなど辛い料理がパワーをくれそう
3(土)	危	●	！争いに巻き込まれたら、中立の立場で
4(日)	壊	●	！背伸びをしない。等身大のあなたでOK
5(月)	友	●	♥♥♥パートナーとの愛が燃え上がりそう
6(火)	親	●	★★★フットワーク軽く世界を広げられる
7(水)	命	●	★心静かに自分のルーツを振り返る日に
8(木)	栄	●	★★★一度挫折したことに再トライしよう
9(金)	衰	●	寄付や清掃活動など人のためになることを
10(土)	安	●	★地元の家族や友人と交流。お墓参りも
11(日)	危	◐	野外のフェスなど賑やかな場所にツキあり
12(月)	成	◐	★花火をしたり浴衣を着たりと夏を満喫
13(火)	壊	◐	！極端なダイエットで体を壊さないように
14(水)	友	○	♥♥♥服装などでプチ変身。出会い運上昇
15(木)	親	○	◆◆◆やりたい仕事や役割に立候補して
16(金)	業	○	！暴走すると失敗。スローペースがベター
17(土)	栄	○	！コンプレックスを刺激されても冷静に
18(日)	衰	○	！サウナや岩盤浴で汗をかいてデトックス
19(月)	安	○	！ズルはご法度。評価ダウンにつながる
20(火)	危	○	！人をあてにしない。自分の実力を底上げ
21(水)	成	○	！思い通りにならなくても、気にしないで
22(木)	壊	○	！食物繊維をたっぷりとって便秘を解消
23(金)	友	○	年齢や職業の違う人との会話がいい刺激に
24(土)	親	○	幸せになりたいならまず自分自身を愛そう
25(日)	胎	○	玄関を念入りに掃除。靴箱もキレイにして
26(月)	栄	◑	$$エステなど美容のために投資していい
27(火)	衰	◑	本音と建前を理解して振り回されないこと
28(水)	安	◑	★後輩との会話の中に、思わぬヒントが
29(木)	危	◑	車や自転車の運転時はスピードを出さない
30(金)	成	●	★第二案を試すと予想以上にうまくいく
31(土)	壊	●	！推し活など趣味にお金を使いすぎないで

9月

愛に夢中♡ 暴走しないよう注意

ドラマティックな出会いもあり、愛に熱くなる時。ただ「七曜陵逼」でもあり、思い込みで暴走し、愛が重くなりすぎることも。特に「六害宿」にパートナーと未来の話はしないで。自分が傷つけられたと思う時に、過剰防衛で人を傷つけがちなことにも注意。思いつきの突飛な行動で運気が暗転するのでご用心。

日付	運	月齢	開運メッセージ
1(日)	友	●	★★★お誘いやイベントに積極的に参加を
2(月)	親	●	★★★ペットや植物とのうれしい出会いが
3(火)	命	●	！！！！行動を起こす前にじっくりと検討
4(水)	栄	●	◆◆堅実な仕事ぶりで信頼を集められる時
5(木)	衰	●	！自己流ケアを見直して、うるツヤ美肌に
6(金)	意	●	！！！！何かが終われば何かが始まるはず
7(土)	危	●	近所の人との縁からもたらされるものあり
8(日)	成	●	★★仲間が仲間を呼び、輪が大きく広がる
9(月)	壊	●	！思い込みを捨て違う角度から見てみよう
10(火)	友	◐	★★今のあなたを支えてくれる人を大切に
11(水)	親	◐	♥♥ドラマティックな展開がありそうな日
12(木)	事	○	！！！！傷つけられた気がしても応戦は×
13(金)	栄	○	！！突飛な言動は控え、安全策を選ぶこと
14(土)	衰	○	！！大好きなものを食べて、パワーを補充
15(日)	克	○	！！！！新しいことを始めてはいけない日
16(月)	危	○	！！相手を責める前に、自分の態度を反省
17(火)	成	○	！！最先端の機器など、購入は時期尚早
18(水)	聚	○	！！！！愛が重すぎる。他にも目を向けて
19(木)	友	○	幸運石のローズクォーツをどこかにプラス
20(金)	親	○	サブスクで気になっていたドラマを一気見
21(土)	胎	○	お寺や神社にお参りを。氏神様に挨拶も◎
22(日)	同	○	！！！！結婚や同居の話を出すのは避けて
23(月)	衰	○	アイマスクなどで目元を温め眼精疲労解消
24(火)	安	◑	$楽しみながらできる節約方法を試して
25(水)	危	◑	★小さなお土産やギフトで関係が円滑に
26(木)	成	◑	♥少しクールに振る舞うほうがモテ度UP
27(金)	壊	●	時間をかけて説明すればわかり合えるはず
28(土)	友	●	★★先入観を捨てる。自分の殻を破る好機
29(日)	親	●	★★★絵や文章など得意な分野で自己表現
30(月)	命	●	★ヨガやピラティスなどで全身を伸ばそう

最大開運日 7/13、12/2　**最大警戒日** 9/3、9/18

10月

情熱は趣味や創作にぶつけよう

パワー高めで、自分の思いを誰かや何かにぶつけないと気が済まない時。人に向けるとパワハラ、モラハラになりがちなので、趣味や創作に没頭するのが無難。画期的な発想が浮かぶことも。「六害宿」の日に、これまで我慢し封印していたことを実行しないで。特にスリルを楽しむレジャーやスポーツには注意。

日付	運	月齢	開運メッセージ
1(火)	栄	●	★★★創作活動に没頭。自信作ができそう
2(水)	衰	●	のどの不調にご用心。うがいを欠かさずに
3(木)	衰	●	！去る者は追わない。消耗するだけだから
4(金)	意	●	！！！！利己主義はダメ。敵が増える暗示
5(土)	危	●	マウンティングしない。パワハラにも注意
6(日)	成	●	♥♥さりげない気遣いが相手の胸に響く
7(月)	壊	●	！イラッとしてもキツい言葉は飲み込もう
8(火)	友	◐	★★センスが光る日。独自のコーデでGO
9(水)	親	◐	◆◆活躍の場が与えられそう。堂々と対応
10(木)	事	◐	！！！！偉ぶるのも強い態度に出るのも×
11(金)	栄	◐	！！たまには連絡頻度を落とすのもあり
12(土)	衰	◐	！！買い物をするなら実物を確かめてから
13(日)	克	◐	！！！！浮気や不倫は修羅場に発展しそう
14(月)	危	○	！！スリルにはリスクが伴うとわきまえて
15(火)	成	○	！！考えが極端に走りすぎ。落ち着いて
16(水)	聚	○	！！！！ギャンブルは厳禁。抜け出せない
17(木)	友	○	気のおけない友人と絶品スイーツを堪能
18(金)	親	○	DIYに挑戦してみよう。達成感を味わえる
19(土)	胎	○	よくない生活習慣とはこの機会にサヨナラ
20(日)	同	○	！！！！SNSでの自慢はNG。炎上しそう
21(月)	衰	○	長編小説を読もう。物語の世界に没入して
22(火)	安	○	$フリマアプリで不要品を売ると収穫大
23(水)	危	◑	★相手に歩み寄ることで自分の器が広がる
24(木)	成	◑	★思わぬフィールドからスカウトの声が
25(金)	壊	◑	過去への執着は手放し、未来へ目を向けて
26(土)	友	◑	★★手芸やクラフトなど手を使う趣味を
27(日)	親	◑	★★★斬新なアイデアに周りもびっくり！
28(月)	命	◑	★食事に感謝を。フードロスも意識して
29(火)	栄	●	♥♥♥愛する喜びをじんわり実感できそう
30(水)	衰	●	整体や鍼灸などで体の不調にアプローチ
31(木)	安	●	★自分軸を見つけられ、心が安定する気配

11月

新しい知識と経験で困難もクリア

何かが決まったり、何かを選ぶべき時。2日と16日にはウィッシュリストを書くといい。インターネットを通して意外な人、世界に出会えそう。困った時は新たな知識や技能、経験を求めると乗り越えられる。教える立場だけでなく、教えられる立場になるのも幸運を呼ぶ。恋愛も対象や出会いの方法を広げて。

日付	運	月齢	開運メッセージ
1(金)	危	●	スポーツ観戦へ。仲間と共に盛り上がろう
2(土)	成	●	★これから叶えたい目標をリストアップ
3(日)	壊	●	！連絡ミスの暗示。リマインダーを活用
4(月)	友	◐	★★★オンラインサロンなどで人脈が拡大
5(火)	親	◐	◆◆◆あたためてきた企画を発表・実行
6(水)	業	◐	！覚悟を決めるべき時。どっしり構えて
7(木)	栄	◐	！裏表のある態度をとらない。誠実さが鍵
8(金)	衰	◐	！アクシデントに注意。歩きスマホは厳禁
9(土)	安	◐	！５分前行動を基本に。余裕が生まれる
10(日)	危	◐	！腐れ縁にはピリオドを打つのもひとつ
11(月)	成	◐	！今までのやり方だけでは通用しないかも
12(火)	壊	◐	！期限や締め切りは厳守。信頼に関わる
13(水)	友	○	★新しいノウハウを取り入れると問題解決
14(木)	親	○	サボテンなど育てやすい植物を暮らしに
15(金)	胎	○	古いものや壊れたものを丁寧に処分しよう
16(土)	栄	○	♥♥恋人と一緒にしたいことを考えてみて
17(日)	衰	○	料理の作り置きを。翌日からがラクになる
18(月)	安	○	語学やPCなどの講座を受けて、自分磨きを
19(火)	危	○	若い人のスキルや価値観に刺激をもらえる
20(水)	成	○	$ポイント投資など、まず地道に蓄財開始
21(木)	壊	◑	！いきなりの方向転換は周りを振り回す
22(金)	友	◑	★★★あなたが進むべき方向が見えてくる
23(土)	親	◑	★★★WEBで世界が広がり、大きな学びが
24(日)	命	◑	★紅葉など秋らしい景色を眺めて心を浄化
25(月)	栄	◑	★★★決断のタイミング。自分に正直に
26(火)	衰	◑	美術館や博物館へ。心に栄養を与える時間
27(水)	安	◑	★教育係や指導係を頼まれたら快く受けて
28(木)	危	●	人が集まる場へ。名刺やアドレスを交換
29(金)	成	●	♥これまでの理想の条件を一度リセット
30(土)	壊	●	！時代錯誤な考え方に縛られないように

12月

1年を振り返って、冷静に現状把握を

思いのまま突っ走ってきた人ほど、冷静に現状を整理すべき時。15日前後には、わからなかったことがわかり、考えが変わるかも。優れた発想力や技術を発揮できるが、10〜29日は、自分の思いと、仕事や生活に折り合いをつける努力を。話し合い、思いを伝えることは大事。年末は好きなことに没頭するのも◎。

日付	運	月齢	開運メッセージ
1(日)	友	●	♥♥♥愛する人と話し合い。前進できそう
2(月)	親	●	★★★★唯一無二の魅力がキラキラ輝く
3(火)	業	●	！曖昧にしていた問題や関係にけじめを
4(水)	栄	●	！予算や収益を確認しながら取り組むこと
5(木)	衰	◐	！首やおなかに暖かグッズを。冷えを撃退
6(金)	安	◐	！自分の機嫌は自分でとるものと心得て
7(土)	危	◐	！必要な縁ならまたいつか取り戻せるはず
8(日)	成	◐	！人の感想を反映させて軌道修正しよう
9(月)	壊	◐	！ルーズさは封印。きちんと進行・対応を
10(火)	友	◐	友人の作品展や発表会に心動かされそう
11(水)	親	◐	恋人や家族のクリスマスプレゼントを用意
12(木)	胎	○	期待しすぎると不満が募る。欲張らないで
13(金)	栄	○	$$懸賞やモニターに応募して。運試しを
14(土)	衰	○	シナモン入りの飲み物で心も体も温めよう
15(日)	安	○	★真実に気づき、考え方が大きく変わる
16(月)	危	○	長所も短所もあるのが当然、と受け入れて
17(火)	成	○	★大掃除でなく〝小掃除〟をスタートしよう
18(水)	壊	○	！自己流でやらない。プロの意見を聞いて
19(木)	友	○	★★★近くに同志、相棒のような存在が
20(金)	親	◑	◆◆◆熱意をアピールすれば必ず伝わる
21(土)	命	◑	★プラネタリウムで大宇宙に思いを馳せて
22(日)	栄	◑	♥♥♥相手への愛もあなたの希望も言葉に
23(月)	衰	◑	人混みは疲れそう。隠れ家的スポットへ
24(火)	安	◑	★イブは勝負服で。大勢の視線を集めそう
25(水)	危	◑	物やお金の貸し借りはクリアにすること
26(木)	成	◑	★自分の〝得意〟を見つけて、さらに磨こう
27(金)	壊	●	！夢と現実の間でうまく折り合いをつけて
28(土)	友	●	★★★好きなことに没頭して過ごしていい
29(日)	親	●	★★★家族や大切な人たちと濃密な時間を
30(月)	業	●	！逃げや甘えが出てきたら、自分を一喝
31(火)	業	●	！過去より未来を見て。来年の目標を設定

信念の強さNo.1 逆風にイキイキ♪

15 亢宿

こうしゅく

★開運キーワード★

Color
ブラック　アイリッシュグリーン

Spot
レッスン場　誘われて行く場所

Food
豆乳　酢の物

Item
動物の動画　寝具

Stone
パール　ラピスラズリ

Aroma
クロモジ　シソ

Flower
ジャスミン　ビオラ

亢宿ってこんな人

「亢」は〝抗《あらが》う〟の意。既成概念や権威に立ち向かう、古い壁を壊す人。全宿中、最も頑固で妥協しないが、信念を通す姿に人が集まる〝トップの器〟でもある。逆境に強く、ライバルがいるほうが、実はイキイキと自分を出せていることも。恋愛では相手に合わせることが少なく、進展はゆっくりだが、一度火がつくと一直線。相手からも同じ熱量を返してほしがる〝かまってちゃん〟なので、尽くしてくれる相手だと安定する。開運部位は胸で、胸元にお洒落のポイントを持ってくるとよい。堂々と胸を張った姿勢が運気上昇のもと。猫背はNG。

この宿の有名人

エマ・ストーン　浅野温子　椎名林檎　江口のりこ　橋本愛　大原優乃　なえなの　かなで　町田瑠唯　髙木美帆　渋野日向子　竹脇まりな　唐沢寿明　三浦知良　福山雅治　イチロー　長谷川博己　宮沢氷魚　山﨑賢人　堂本剛　中間淳太　川谷絵音　藤原丈一郎　藤井風　稲垣啓太

2024年開運3か条

1　なるべく朝型の生活にして、起きたら、朝陽を浴びよう

2　TO DOリストを作ろう。優先順位を考え、義務も楽しんで

3　視野を広げる発想力を育てれば、マイナスもプラスに変えられる

★2024年の全体運★

義務と立場を最優先にして信頼度UP! お互いに支え合う深い絆が生まれる年

★2024年の特徴　やるべき義務と今の立場を優先するのが2024年です。それでは何の面白味もない…、と思うかもしれませんが、日々の小さな積み重ねで実力が磨かれ、周囲から厚い信頼を得られる重要な年。〝中距離〟の「友」なので、あなたの頑張りが誰かを支え、そんなあなたを支えてくれる人にも出会えて、深い絆も生まれます。負けず嫌いの亢宿ですが、2024年は一人で頑張りすぎないで。誰かに助けを求めて共に取り組むことで、力が倍増し、新たな夢や目標も生まれるでしょう。ただ人の影響を強く受けすぎる傾向もあり、信頼できるからといって、依存したり、深入りしすぎると、振り回されて苦しくなるので注意。人と協力するからこそ、自分のやるべきことは進め、生活のペースを崩さないように。人に助けられても、本当に自分を救えるのは自分自身だと忘れずに。

★1年の運気の流れ　**1、2月**は「七曜陵逼」でもあり、ストイックに仕事や義務をこなして過ごすのが無難。**3、4月**には、忍耐に限界を感じる出来事があり、誰かや何かに助けを求めるべきタイミング。そこで周囲に相談などできると、**5月**には肩の荷が降りたように楽になり、同じ義務や役割でも、違う気持ちで取り組めるでしょう。**6、7月**は、少し環境が変わりそうな気配。あなたの中に芽生えた新しい希望や目的に向かってスタートするのによく、協力者やよき理解者に出会ったり、一緒に進み始めたりもできそう。ただ、再び「七曜陵逼」が巡る**9、10月**では、トップダウン的に降ってくる話や、これまで頼りにしていた人に振り回され、「やりたいこと」と「やらねばならないこと」のギャップに悩むことも。ハードな日々なので、健康に注意して。**12月**は話し合いなどで様々な調整ができる運気なので、最後まで諦めなければ、穏やかで希望に満ちた年末を迎えられそうです。

★愛情運★

パートナーと力を合わせ、乗り越える1年

恋人やパートナーと力を合わせて何かを乗り越えるために頑張る時です。ただ力関係はイーブンではなく、どちらかが頼る、尽くす状況になりがち。それが深い絆を生む場合もあれば、これまでのバランスが崩れ、**4、5月**に関係性の再構築が必要になることも。不倫や秘密の関係なら、ここで清算を。**6月**は、今までとは違った距離感で再出発でき、**6月6日～8月16日**には新しい出会いの予感も。ただ仕事や家事、子供への姿勢などをすり合わせないと、愛は安定せず、「七曜陵逼」の**9、10月**は日々の生活の中で相手を見失う恐れもあり。でも**11、12月**は話し合いによい運気が巡ります。しっかりコミュニケーションをとれば、蘇る愛もあるでしょう。

★仕事運★

活躍の場が広がり、着々と結果が出せそう

日々努力して実力を磨き、信用を得ることで確実に活動の場を広げられる年。特に**3～5月**はよき取引先やビジネスパートナーに恵まれ、着々と結果を出せます。大事な仕事や技術などを引き継ぐ、引き受けるようなこともあり、その責任が重いほど今後の〝財産〟に。**3月14日～4月30日**は副業のスタートによい時。**6～8月**は発展運で、予想外のオファーが来て新規開拓、販路拡大ができそう。ルーティンな仕事の安定感も評価されます。**9、10月**は大きな話なども舞い込み、大忙しですが、「七曜陵逼」なので何かあっても上司や先輩とぶつからないように。「無理」「限界」と思う部分は**11月14日～12月31日**に対策すれば、2025年の活躍の土台が整います。

★金運★

金運良好! 長期的な資産設計を始めて

金運はよく、特に**5月**までは収入の安定や、資金援助などで潤いそう。遺産や保険、退職金など、まとまったお金を得ることも。貯蓄、税金、保険などを学びながら長期的な資産設計を。**5月8～27日**は新たな投資の挑戦によい時。2024年はお金が安心をくれるので、使うよりは貯める方向で。でも**6月**以降は先行投資として出費が増大し、予想外の医療費、学費、交通費の出費もありそう。**9月20日～10月10日**は買い物運がよいが、「七曜陵逼」中なので大物買いは×。くじ運がいい**2月20日～3月6日**、**12月11～31日**は運試しもOK。

★美容・健康運★

規則正しい食事、睡眠、入浴で運気も整う

義務や仕事に追われる2024年は、地道に続ける健康習慣が幸運を招く。運動系の習慣を始めるなら、**3月25日**「命」の日の前後に、ハードすぎないヨガやストレッチなどを。不調は**4、5月**に検査、治療を始めるべき。**5月**中の腸活と、デンタルケアは、免疫力アップのためにも大事。2024年は食事、睡眠、入浴の時間を決めて生活すると、体も運気も整います。**6月**以降は人と会う機会も増えるので、ヘアスタイルやメイクをアップデートして。気になる部分は**5月**に美容医療を検討しても。ダイエットを始めるなら**4月25日**、**11月17日**から。

★七曜陵逼の乗り切り方★

亢宿が各時期に気をつけるべき大事なことをアドバイス。忘れずに！

1 1/2 ～ 1/28

束縛と閉塞感を感じやすい時。例年通りのお正月を過ごし、普段の生活を。3日「命宿」は余計な口出し、22日「同宿」は昔話をしない。

2 2/10 ～ 2/25

禁欲的に過ごしていた人ほど遊んだり、何もかも放り出したくなる。気分で継続中のことをやめないで。愛情も暴走させないように。

3 9/3 ～ 9/29

周囲から期待されるし、やりたいこともできるけど、無理しすぎ。断りにくくて引き受けたり、過剰に相手に合わせると後が苦しい。

4 10/3 ～ 10/27

なぜかパワハラ、モラハラ、カスハラなどの問題に巻き込まれがち。傷つくこともあるけれど、無意識に誰かを傷つけぬように注意。

Energy Power 1月、4月は無理しない。7月はパワー大で、物事のスタートに最適！

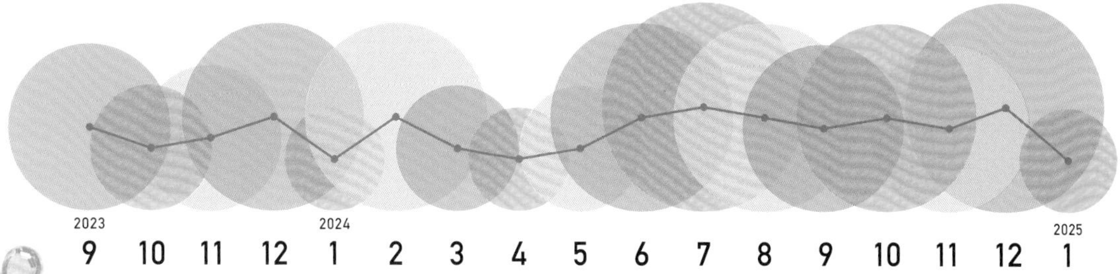

★亢宿の開運暦2024★

1月

年明けはスロースタートでOK

3日「命宿」の日に特別なことをしたり、言ったりしなければ、お正月は穏やか。ただ年明けはスロースタートで、「七曜陵逼」の間は周囲に合わせて、起きたことに無難に対応するのが正解。12日からの「魔のウィーク」には、昔の話、終わったはずのことが問題になる恐れ。26日「成」の日は、何か吹っ切れることが。

日付	運	月齢	開運メッセージ
1(月)	友	◑	★★★いつも通りのお正月で心が和みそう
2(火)	親	◑	★★ありがたいことを日記に書き留めて
3(水)	命	◑	！！！！余計な一言でその場の空気が一変
4(木)	栄	◑	★今年の目標はちょっと高めに設定しよう
5(金)	衰	◑	★ホットミルクを飲んで就寝。深い眠りに
6(土)	意	◑	！！！！頑固はダメ。相手の意見も聞いて
7(日)	危	◑	★正月太り解消のため、近所をジョギング
8(月)	成	●	♥さりげなくペアのものを身につけて外出
9(火)	壊	●	！体はまだ休日モード。飛ばしすぎないで
10(水)	友	●	★★ブラックコーデでクールな印象を演出
11(木)	親	●	◆◆困難な仕事にもストイックに挑もう
12(金)	事	●	！！！！過去の話が蒸し返されて問題に
13(土)	栄	●	！！勘違いしがち。話は最後まで聞いて
14(日)	衰	◐	！！愛情のバランスが崩れると関係も悪化
15(月)	克	◐	！！！！普段しないことには手を出さない
16(火)	危	◐	！！過干渉や束縛などで閉塞感を抱きがち
17(水)	成	◐	！！視野を広く。固定観念に縛られないで
18(木)	聚	◐	！！！！戦うべきでない相手と対立状態に
19(金)	友	◐	シビアな忠告も聞き入れることで状況改善
20(土)	親	◐	地方の名品をお取り寄せ。食卓が華やかに
21(日)	胎	◐	古びたスマホカバーは新しいものに替えて
22(月)	同	◐	！！！！思い出話はNG。マズい展開に
23(火)	衰	○	ゆっくり湯船につかってパワーチャージ
24(水)	安	○	★★心が躍るような、ちょっとした冒険を
25(木)	危	○	相手の立場を想像し、やるべきことをして
26(金)	成	○	♥♥気持ちが吹っ切れて、次の恋に一直線
27(土)	壊	○	！人に厳しすぎ。多少のミスは大目にみて
28(日)	友	○	★★★動画投稿サイトにためになるネタが
29(月)	親	○	$$$資産運用を考える。税金対策も勉強
30(火)	命	○	★軽めのファスティングで体をデトックス
31(水)	栄	◑	★★★勝算あり。一発勝負に出てみよう

2月

ドラマティックな展開で恋に突っ走る!?

レジャーやデートなど楽しい予定が入り、ドラマティックな展開も。10日に「七曜陵逼」が始まると、珍しく理性を忘れて突っ走る恐れあり。「六害宿」の日に加えて、24日「壊」の日は甘い恋の誘惑や、お金を動かす話、ギャンブルはパスを。面白がって人の秘密に深入りしたり、あなた自身も秘密を作るのは×。

日付	運	月齢	開運メッセージ
1(木)	衰	◑	オンオフのメリハリを。ダラダラしない
2(金)	安	◑	★最近の個人的ニュースをSNSでシェア
3(土)	危	◑	豆まきは鬼のコスプレなどで盛り上げよう
4(日)	成	◑	♥ドラマみたいな出会いや展開にときめく
5(月)	壊	◑	！愚痴ばかり聞かせては相手もかわいそう
6(火)	友	◑	★★★自分と違う価値観に触れ、気づきが
7(水)	親	◑	★★★義理堅く筋を通すと、良好な関係に
8(木)	業	●	！頭の中が煮詰まったら、身の回りを整頓
9(金)	栄	●	！正論で相手を追い詰めないで。柔軟性を
10(土)	栄	●	！！一人で勝手に判断せず家族と相談して
11(日)	衰	●	！！冷えから不調も。インナーで体温調整
12(月)	克	●	！！！！お金が動く話、ギャンブルはNG
13(火)	危	◐	！！我慢の反動が出そう。理性も忘れずに
14(水)	成	◐	！！継続中のことをノリで中断しないで
15(木)	聚	◐	！！！！恋愛での暴走は後で大変なことに
16(金)	友	◐	マイタンブラーにデカフェのお茶を入れて
17(土)	親	◐	ほったらかし調理家電で手軽に煮込み料理
18(日)	胎	◐	開運アロマをたいて、リラックスタイムを
19(月)	同	◐	！！！！秘密は持つのも立ち入るのも厳禁
20(火)	衰	○	マッサージや整体で全身の頑固なコリ撃退
21(水)	安	○	◆◆信頼される仕事で活躍の場が広がる
22(木)	危	○	やるべきことや自分の役割に専念しよう
23(金)	成	○	$$保険を見直し、今の自分に合うものに
24(土)	壊	○	！誘惑のワナにハマらない。正気になって
25(日)	友	○	★★★スノボやスキーなど冬のレジャーを
26(月)	親	○	♥♥♥寒くても身を寄せ合えば二人の世界
27(火)	命	○	★皆が喜ぶことを優先させると幸福度UP
28(水)	栄	◑	★★★信じた道や自分のポリシーを貫こう
29(木)	衰	◑	気になるなら本人に確認するのがベスト

3月

「誰かのため」と思うと頑張れる

7日からの「魔のウィーク」では、今までフワフワと浮ついていた心が引き締まるような出来事が。重い責任を感じたり、苦手なことに関わることもあるけれど、「誰かのため」と思うと力が出そう。日常生活の中で改めたいことは、満月の25日「命」の日のころにリセット＆スタートを。小さな喜びや快適さを大切に。

日付	運	月齢	開運メッセージ
1(金)	安	◑	★休憩タイムに豆乳ラテを。気持ちが和む
2(土)	危	◑	行きつけの店へ。何気ない会話で気分転換
3(日)	成	◑	♥尽くし尽くされることで愛情が深まる
4(月)	壊	◑	！下準備やリサーチはおろそかにしない
5(火)	友	◑	★★★納得感のある提案で交渉力を発揮
6(水)	親	◑	$$$懸賞やプレゼント企画に応募もいい
7(木)	業	◑	！緩んだ心に活を入れられるようなことが
8(金)	栄	●	！やる前から無理と決めつけずに試して
9(土)	衰	●	！偏食は×。食事時間も含め、改善に着手
10(日)	安	●	！ちょっとしたことで反抗的にならないで
11(月)	危	●	！口を滑らせるかも。無駄話は控えよう
12(火)	成	●	！誰かのためと思えばプレッシャーも軽減
13(水)	壊	●	苦手意識を持たず、自分をリニューアル
14(木)	友	◐	プレイリストに春らしい曲を入れて外出
15(金)	親	◐	動物の可愛い動画を見て、心を穏やかに
16(土)	胎	◐	筋トレや顔トレで気になる部分を引き締め
17(日)	栄	◐	★★着心地など何気ない快適さを大切に
18(月)	衰	◐	！ネガティブな感情に引きずられないこと
19(火)	安	◐	★自分を支えてくれる人との間に信頼感が
20(水)	危	◐	決着をつければ新たなスタートが切れる
21(木)	成	○	★困ったら過去の経験やデータを参考に
22(金)	壊	○	！余計なプライドは捨てて、助けを求めて
23(土)	友	○	★★★仲間とスポーツ。本気モードで対決
24(日)	親	○	♥♥♥お洒落をして少し気取ったデートを
25(月)	命	○	★生活習慣をリセット。運動も取り入れて
26(火)	栄	○	◆◆◆よきビジネスパートナーに恵まれる
27(水)	衰	○	大事なのは結果より頑張ろうとする気持ち
28(木)	安	○	★意外な人から助け船。ありがたく受けて
29(金)	危	○	フットワークの軽さが運気をつかむコツ
30(土)	成	◑	★近所の穴場的な桜の名所でお花見しよう
31(日)	壊	◑	！怒りをコントロールしてトラブルを回避

最大開運日 4/29、6/16　最大警戒日 1/18、2/12

4月

パワーは下降。心身の調整に努めて

切り替えと調整の月。3日からの「魔のウィーク」では体調を崩したり、アクシデントも起きやすいが、それで、今、抱えている問題、バランスを崩している部分などがハッキリするはず。話し合いで解決、改善できることも多い時。特に愛情面は素直に自分をさらけ出すことで、別離もあるけれど、進展、修復も。

日付	運	月齢	開運メッセージ
1(月)	友	◑	◆◆◆◆サイドビジネスで意外な可能性が
2(火)	親	◑	♥♥♥思い切ってあの人を誘ってみよう
3(水)	業	◑	！限界を感じたら相談を。助言で光明が
4(木)	栄	◑	！慌てない。ケガやアクシデントに注意
5(金)	衰	◑	！体調に不安があるなら専門医を受診して
6(土)	安	◑	！危ないことには近づかない。用心深く
7(日)	危	◑	！秘密の関係は、綺麗さっぱり清算すべき
8(月)	成	●	！今ある問題が浮き彫りに。解決策はある
9(火)	成	●	！無理をせず、できることをコツコツと
10(水)	壊	●	難問でも、真剣に話し合うことで突破口が
11(木)	友	◐	デスクワークの合間に軽い体操で血行促進
12(金)	親	◐	家族への小言はほどほどに。見守る姿勢で
13(土)	胎	◐	休日でも早起きをして、朝陽を浴びよう
14(日)	栄	◐	★★気持ちを切り替えることで道は開ける
15(月)	衰	◐	！得意なことほど一つ一つ丁寧に進めよう
16(火)	安	◐	★デスク周りを整理し、仕事が捗る環境に
17(水)	危	◐	コンビニごはんでも栄養バランスを意識
18(木)	成	○	★TO DOリストの重要タスクから処理を
19(金)	壊	○	！怠け心が見え隠れ。自分で自分を律して
20(土)	友	○	$$$資金援助などのうれしい申し入れが
21(日)	親	○	♥♥♥素直になれば、新たな展開が見える
22(月)	命	○	★幼少期の写真から自分の原点を見出そう
23(火)	栄	○	★★★経験は財産になる。挑戦を楽しんで
24(水)	衰	○	ジャスミンの花の香りが癒しに。お茶も◎
25(木)	安	○	★置き換えダイエットにトライしてみよう
26(金)	危	○	仕切り直しができ、再びスタートラインに
27(土)	成	○	★シューティング系ゲームで集中して発散
28(日)	壊	◑	！ドタキャンや遅刻はダメ。準備は早めに
29(月)	友	◑	★★★★アウトドアレジャーで童心に帰る
30(火)	親	◑	★★★知識や見聞を広げてくれる人に感謝

5月

力強い味方がフォローしてくれそう!

GWは休養するか、主導権を人に渡して過ごして。思いがけず手に入るお金や物もあるが、金運がよいのは27日までなので贅沢はNG。貯蓄や資産運用の長期計画を。力強い味方に会える時でもあり、自分の足りない部分を補ってくれたり、大事なことを託せる相手が出現。ただ今月の浮気は本気になりそう。

日付	運	月齢	開運メッセージ
1(水)	業	◑	！先延ばしにしても状況はよくならない
2(木)	栄	◑	！ぼんやりしないで。歩きスマホは危険
3(金)	衰	◑	！たっぷり眠り、日頃の睡眠負債を返済
4(土)	安	◑	！部屋を一気に掃除。あとはのんびりして
5(日)	危	◑	！どう過ごすかは相手に任せるのが正解
6(月)	成	◑	！マイナス面より、プラス面に目を向けて
7(火)	壊	●	！影響を受けすぎると振り回されることも
8(水)	友	●	ラブコメやお笑い番組でハッピーな気分に
9(木)	親	●	大好物を食べて、やる気を後押ししよう
10(金)	胎	◐	歯科クリニックで定期健診。歯周病対策も
11(土)	栄	◐	♥♥共通の目標を持つと関係性が良好に
12(日)	衰	◐	友人のアドバイスを素直に聞いてみよう
13(月)	安	◐	★肩の荷が降りて、新たな気持ちで再始動
14(火)	危	◐	自分の強みを分析。そこを磨き上げよう
15(水)	成	◐	★大事なことを任せられる存在が登場する
16(木)	壊	◐	！身の丈に合わない贅沢や無駄遣いは×
17(金)	友	◐	★★★日々実力を磨くことで着実に結果が
18(土)	親	○	♥♥♥こまめな連絡と即レスで急展開も
19(日)	命	○	★自分に自信を持つためすべきことを検討
20(月)	栄	○	★★★思いがけない贈り物が届いて大感激
21(火)	衰	○	忙しくても必要な治療や施術は受けること
22(水)	安	○	◆重要な業務や技術を引き継ぐチャンスが
23(木)	危	○	大きな変化があってもどんと構えていて
24(金)	成	○	★ぬか漬けを食べて腸活。免疫力も上がる
25(土)	壊	○	！見た目や肩書きだけで人を判断しないで
26(日)	友	○	$$$投資や貯蓄についての長期プランを
27(月)	親	○	★★★チームの仲間と団結して課題解決
28(火)	業	◑	！勢い任せに動かない。一呼吸おいてから
29(水)	栄	◑	！相手の話の腰を折らず、最後まで聞いて
30(木)	衰	◑	！手応えや張り合いがなく、やる気ダウン
31(金)	安	◑	！！浮気にハマると抜け出せなくなるかも

6月

環境が変化。新たな出会いに期待

6日「胎」の日は運気の切り替え時。あなたの気持ちや環境にも変化があり、こだわりや執着心を捨てると運気UP。公私で新たな出会いを求めて。相手や場所が変われば、うまくいくことも多い。24日からの「魔のウィーク」は身近なトラブルから上手に距離をとって。旅は気分転換や気づきにつながり、開運の鍵。

日付	運	月齢	開運メッセージ
1(土)	危	◑	！物の紛失や連絡ミスには十分気をつけて
2(日)	成	◑	！！不義理のツケが回るかも。真摯に対処
3(月)	壊	◑	！最終的な決断は人に委ねず、自分自身で
4(火)	友	◑	人がやりたがらないことを率先してやろう
5(水)	親	●	行政サービスを調べておくと、後で役立つ
6(木)	胎	●	強い執着心やこだわりを捨てれば自由に
7(金)	栄	●	♥♥新たな出会いの方法を。早速効果あり
8(土)	衰	◐	ざわめきから少し離れて自分の時間を持つ
9(日)	安	◐	★おろしたての服やアイテムで心がはずむ
10(月)	危	◐	ちょっと空回り。客観的な視点を忘れない
11(火)	成	◐	★夢のために努力すれば、技術も身につく
12(水)	壊	◐	！フェイクニュースに惑わされないこと
13(木)	友	◐	◆◆◆新規の取引先とのプロジェクト始動
14(金)	親	◐	★★★よき理解者に背中を押してもらえる
15(土)	命	◐	★★環境の変化を追い風に変えられる運気
16(日)	栄	◐	★★★旅でリフレッシュ。新たな気づきも
17(月)	衰	○	相手にリードを任せたほうがスムーズに
18(火)	安	○	$ふるさと納税で思い出の地の特産品を
19(水)	危	○	普段あまり話さない人に話しかけてみて
20(木)	成	○	★夏らしい爽やかメイクやコーデが大成功
21(金)	壊	○	！自分の判断ではなく、ルールに従うべき
22(土)	友	○	♥♥♥話し合えば新たな距離感で再出発も
23(日)	親	○	★★★ゴルフのレッスン場へ。気分も爽快
24(月)	業	○	！建前よりも本音で。相手に伝わる言葉を
25(火)	栄	○	！忙しくてもお洒落を楽しむ気持ちが大切
26(水)	衰	○	！嫌な予感がしたら、そっと距離をとろう
27(木)	安	◑	！過去の成功体験が逆に邪魔になるかも
28(金)	危	◑	！うんちくはほどほどにしたほうがいい
29(土)	成	◑	！食欲が増して、気づけば体重増の危機に
30(日)	壊	◑	！損得勘定にとらわれすぎると結局損する

★亢宿の開運暦2024★

7月

パワーMAX! 人間関係も広がる

出会いが多く、行動範囲も人間関係も広がる時。イベントなどで出会う相手や物は玉石混交と心得て。目新しさや、偶然に意味を与えすぎないで。お金に関する話や文書はよく確認を。中途半端に関わったり、曖昧なまま放置するとトラブルに。22日からの「魔のウィーク」では物の破損、浪費やセクハラに注意。

日付	運	月齢	開運メッセージ
1(月)	友	●	★褒め上手になろう。仲間意識が強まる
2(火)	親	●	慎重に進めていけば交渉・相談も収穫あり
3(水)	胎	●	！日傘やハンディファンで熱中症対策を
4(木)	栄	●	◆◆◆拡大路線で仕事の幅も広がりそう
5(金)	衰	●	褒め言葉は裏を読まず、素直に受け取って
6(土)	衰	●	花やリーフなどの柄の服がよい運気を呼ぶ
7(日)	安	●	★やりたかったレジャープランを行動に
8(月)	危	●	趣味の場に心から共感し合える人がいそう
9(火)	成	●	★変化はチャンス。新たな流れが生まれる
10(水)	壊	●	！お金の絡む話や契約書は細部まで確認を
11(木)	友	◐	★★★新たな目標や希望に向かって前進
12(金)	親	◐	★★★楽しい予定を入れて。やる気が出る
13(土)	命	◐	★★水辺など涼しげな場所で散策をしよう
14(日)	栄	◐	♥♥♥自分からきっかけを作り親しくなる
15(月)	衰	○	開運食・酢の物で、爽やかに食欲＆運気UP
16(火)	安	○	＄学びのための出費は自分への先行投資
17(水)	危	○	リマインダーを活用して連絡忘れを防止
18(木)	成	○	★買い物や食事は行きつけのお店がベスト
19(金)	壊	○	！偶然や新鮮さを運命と勘違いしないこと
20(土)	友	○	★★★浴衣を着て、お祭りや花火大会へ
21(日)	親	○	♥♥♥ピンときた人とは目を見て会話して
22(月)	業	○	！中途半端な口出し、曖昧な対応は問題に
23(火)	栄	○	！破損・故障の恐れ。落ち着いて対処して
24(水)	衰	○	！出会いは悪いものも。よく吟味するべき
25(木)	安	○	！敗因を分析。繰り返さないための努力を
26(金)	危	○	！セクハラに注意。加害者にもならないで
27(土)	成	◑	！「何でもいい」ではなく、希望は伝えよう
28(日)	壊	◑	！浪費傾向が。買う前に使い道まで考えて
29(月)	友	◑	★自分の中にある本当の願望に気づけそう
30(火)	親	●	うれしいことは周りの人と分かち合って
31(水)	胎	●	！少し引けば、全体のバランスがとれそう

8月

ワクワクする話が舞い込みそう!

憧れの場所に行けたり、遠方から興味を魅かれる話が舞い込んだり、ワクワクする出来事が多いけれど、自分の中の疑問や違和感には敏感に。よくわからないまま突っ走らず、立ち止まって細部を検証し、理由や原因を改めて考えてみるべき時。失ってから大事と気づいた人や物は、今月中に動けば取り戻せる。

日付	運	月齢	開運メッセージ
1(木)	栄	●	★★★★憧れの場所でラグジュアリー体験
2(金)	衰	●	手堅い選択を。チャレンジは別の機会に
3(土)	安	●	風鈴やガラス製の食器や雑貨で涼を感じて
4(日)	成	●	★コツコツ続けてきた健康習慣が力を発揮
5(月)	壊	●	！白黒つけることが最善の策とは限らない
6(火)	友	●	★★★自分が望む方向へと道が開けそう
7(水)	親	●	★★★安定感のある仕事ぶりが評価される
8(木)	命	●	★背筋を伸ばし、下を向かずに大股で歩く
9(金)	栄	●	★★★物怖じしない強気の姿勢で商談成立
10(土)	衰	◐	ハワイアンミュージックで南国気分で満喫
11(日)	安	◐	＄帰省するなら、皆へのお土産を奮発して
12(月)	危	◐	山や高原に出かけ、爽やかな風を感じよう
13(火)	成	◐	★焼肉定食などスタミナのつくメニューを
14(水)	壊	○	！スピードを落とす。皆がついていけない
15(木)	友	○	◆◆◆思わぬところからうれしいオファー
16(金)	親	○	♥♥♥才能のある人に恋心が芽生えそう
17(土)	業	○	！親しい間柄でも最低限のルールは守って
18(日)	栄	○	！どんぶり勘定は×。家計簿アプリで管理
19(月)	衰	○	！小さな疑問や違和感も見過ごさないこと
20(火)	安	○	！事前に準備できることはやっておこう
21(水)	危	○	！大人げない態度はNG。後で自己嫌悪に
22(木)	成	○	！一度立ち止まり、何が原因か突き止めて
23(金)	壊	○	！人に弱みを見せられないと自分が苦しむ
24(土)	友	◑	タイミングが大事。直感を信じて動こう
25(日)	親	◑	推し活仲間とマニアックに盛り上がって
26(月)	胎	◑	大切さに気づいたら即行動を。取り戻せる
27(火)	栄	◑	♥♥身内からの紹介やお見合い話にも期待
28(水)	衰	●	休憩中に耳ツボを刺激するとやる気が復活
29(木)	安	●	★パートナーや家族が喜ぶ計画を立てよう
30(金)	危	●	ダブルブッキングがないよう、手帳で確認
31(土)	成	●	★開運色・グリーンのアイテムが好印象

9月

仕事で飛躍の月。スケジュール管理を

仕事は大きく前進。重要な役割を任されたり目立つ機会も多いが、「七曜陵逼」の運気。プレッシャーは強く、見えないところで必死に頑張る日々に。見栄を張って余計なことを引き受けないで。「魔のウィーク」は予定通りにいかないことが多い暗示。人はあてにできないので、〝TO DOリスト〟を作って乗り切って。

日付	運	月齢	開運メッセージ
1(日)	壊	●	！行動するのは今じゃない。時機を待とう
2(月)	友	●	♥♥♥将来につながる恋の予感。積極的に
3(火)	親	●	★★期待に応えられる時。自信を持って
4(水)	命	●	！！！！あまり一人で思い詰めないように
5(木)	栄	●	★TO DOリストで、時間を無駄なく使って
6(金)	衰	●	★視点を変えれば短所も長所に転換可能
7(土)	意	●	！！！！執着しすぎはダメ。問題になる
8(日)	危	●	★ちょっと派手めなファッションで攻めて
9(月)	成	◐	★報告・連絡・相談は忘れず、しっかりと
10(火)	壊	◐	！燃え尽き症候群にならないように注意！
11(水)	友	◐	♥♥一緒に行きたい旅行先について相談
12(木)	親	○	★★現実的、かつ具体的な思考が道を開く
13(金)	事	○	！！！！断り切れずに引き受けると後悔も
14(土)	栄	○	！！自慢話は口にしない、反感を買うだけ
15(日)	衰	○	！！予定通りにいかなくても騒がず冷静に
16(月)	克	○	！！！！相手に合わせすぎ。後が続かない
17(火)	危	○	！！人をあてにせず、やるべきことに集中
18(水)	成	○	！！不服でも上司や先輩との衝突は避けて
19(木)	聚	○	！！！！信頼していた人に振り回されそう
20(金)	友	○	10分前行動が、1日の流れを整えてくれる
21(土)	親	○	使い古した日用雑貨は思い切って買い替え
22(日)	胎	◑	ラピスラズリを身につけて。お守りになる
23(月)	同	◑	！！！！見栄を張ると面倒な展開に発展
24(火)	衰	◑	デスクトップの不要なアイコンを整理して
25(水)	安	◑	＄＄コスパのいい買い物ができ、お得感が
26(木)	危	◑	手抜きをすると結果的に倍の労力が必要に
27(金)	成	●	★★ライバルの存在で自分の個性を再認識
28(土)	壊	●	！八つ当たりは厳禁。特に家族にしないで
29(日)	友	●	★★★誘われて行った場所で人脈が広がる
30(月)	親	●	◆◆◆努力が実り、昇進・昇格の好機到来

最大開運日 8/1、12/2　最大警戒日 9/19、10/17

亢

10月

結実の時。負けず嫌いは抑えて

頑張って多くの結果を出せる時。ただし「七曜陵逼」の運気なので、亢宿の負けず嫌いの一面が強く出すぎると、様々なことが裏目に出る恐れも。特に11日からの「魔のウィーク」では、つまらないことでマウントをとろうとしないように。雑なお金の使い方にも注意を。生活がルーズになると健康面にも悪影響。

日付	運	月齢	開運メッセージ
1(火)	命	●	★不要なものを3つ思い切って処分しよう
2(水)	栄	●	$$$予算内で即戦力な秋冬物をGET
3(木)	栄	●	★人に委ねるものは委ねて、静かに過ごす
4(金)	衰	●	★時には自分で自分を褒めて。心が元気に
5(土)	意	◐	！！！！無意識に誰かを傷つけているかも
6(日)	危	◐	♥会いたいなら素直に言葉にして伝えよう
7(月)	成	◐	★朝活で時間を捻出。読書や勉強タイムに
8(火)	壊	◐	！慌てずに、自分のペースを取り戻して
9(水)	友	◐	★★反骨精神が新しいものを生み出す力に
10(木)	親	◐	★★協力し合うことで、さらに夢が広がる
11(金)	事	◐	！！！！トップダウンの指示に不満爆発
12(土)	栄	◐	！！忘れ物や落とし物に注意。確認が大事
13(日)	衰	◐	！！家事の分担でモメないように相談を
14(月)	克	○	！！！！不規則な生活は健康を害す原因に
15(火)	危	○	！！負けず嫌いも度を越えるとトラブル化
16(水)	成	○	！！お金は必要なところに投入するべき
17(木)	聚	○	！！！！ハラスメント的問題に十分注意を
18(金)	友	○	データにして"見える"化すると解決策が
19(土)	親	○	オープンカフェで風を感じながら過ごして
20(日)	胎	○	ベランダでビオラを育てて、いい気を吸収
21(月)	同	◑	！！！！理想と現実のギャップにショック
22(火)	衰	◑	誰の肩も持たず、中立的な立場を保つこと
23(水)	安	◑	◆◆頑張ったぶんはしっかり結果を残せる
24(木)	危	◑	興味のない話でも、聞くと意外なヒントが
25(金)	成	◑	★★あなたの一声で、仲間の士気が急上昇
26(土)	壊	◑	！余計な気遣いやお世辞はかえって失礼に
27(日)	友	◑	★★★話題のスポットへ。映え写真を撮影
28(月)	親	●	♥♥♥モテ技を実践。予想以上の効果あり
29(火)	命	●	★しがみつくよりも手放すと心が軽くなる
30(水)	栄	●	★★★逆風も味方にできる時。力技で前へ
31(木)	衰	●	落ち着いて、心と頭の中を整理してみよう

11月

本音を打ち明ければ愛情面で新展開

1～6日は自分でも気づかなかった本音が何かの拍子に表面化しそう。ここは素直になるのが得策。その結果、愛情面で新展開も。「魔のウィーク」では、忙しくて今まで放置していたことに着手を。解決しない時は、14日以降、お金をかけてでも何とかする工夫を。困った時は外国も含め遠方に解決のヒントあり。

日付	運	月齢	開運メッセージ
1(金)	安	●	★あなたの頑張りが陰で誰かを支えている
2(土)	危	●	自分でも無自覚だった本心に気づけるかも
3(日)	成	●	★ヨガやピラティスで体幹を意識して運動
4(月)	壊	◐	！サービストークは控えて。軽薄な印象に
5(火)	友	◐	♥♥♥飾らない本音で本物の恋を引き寄せ
6(水)	親	◐	★★★妥協せず信念を通す姿が信用を生む
7(木)	業	◐	！ヘルプの声を上げることは負けではない
8(金)	栄	◐	！玄関は余計なものを置かず、すっきりと
9(土)	衰	◐	！忙しくて放置していたことを片づけて
10(日)	安	◐	！出かける前には後ろ姿も鏡でチェック
11(月)	危	◐	！必要なら、お金をかけてでも負担を軽減
12(火)	成	◐	！言わなくても伝わるはずという発想は×
13(水)	壊	○	一点集中で取りかかったほうが進みが早い
14(木)	友	○	自分に合った美容室やエステサロンを発見
15(金)	親	○	下手に張り切りすぎず、いつも通りでOK
16(土)	胎	○	年内にやるべきことを逆算して進めよう
17(日)	栄	○	$$理想体重を目指してジムに自己投資を
18(月)	衰	○	！思ったようにならなくても誰も悪くない
19(火)	安	○	♥密なコミュニケーションで信頼感が上昇
20(水)	危	○	疲れたら、お気に入りのスポットで一休み
21(木)	成	◑	◆一人では無理でも仲間の協力で解決策が
22(金)	壊	◑	！ナーバスになりすぎる。寛容さが大切
23(土)	友	◑	★★★友達との再会など目的のある旅が◎
24(日)	親	◑	★★★「ここぞ！」の場ではパールで勝負
25(月)	命	◑	★好きな歌を口ずさむと気持ちが晴れる
26(火)	栄	◑	★★★海外など遠方からの知恵に打開策が
27(水)	衰	◑	アロマキャンドルの炎を眺めてリラックス
28(木)	安	●	★憧れの人のエッセイの一文にハッとする
29(金)	危	●	大掃除は気になる部分から少しずつ開始
30(土)	成	●	★年末に向け、旧友と集う会を企画しよう

12月

再びパワー最高潮! 話し合いの好機

コミュニケーション運がよい月なので、改めて難しい話、こじれた問題を話し合って。そんな中、「誰かのため」にしていたことが自然と「自分のため」になっていることを実感。長期的に続けたいことは年内に着手を。多忙だけど、年末は季節や行事を楽しむ時間を持って。お世話になった方たちへの挨拶も丁寧に。

日付	運	月齢	開運メッセージ
1(日)	壊	●	！知ったかぶりや誇張は、相手にバレる
2(月)	友	●	★★★★難しい話も今日なら順調に進む
3(火)	親	●	◆◆◆やる気をアピール。プレゼンも成功
4(水)	業	◐	！よかれと思ったアドバイスが裏目に出る
5(木)	栄	◐	！既読スルーは×。スタンプだけでも送信
6(金)	衰	◐	！「でも」や「だって」は、口にしないこと
7(土)	安	◐	！深入りすると依存的に。自分の軸が大事
8(日)	危	◐	！いただき物にはお返しを忘れないように
9(月)	成	◐	！少数意見も無視しない。比較して検討を
10(火)	壊	◐	！胸を張って。肩甲骨を開くストレッチを
11(水)	友	◐	おしゃべりがいいストレス発散になりそう
12(木)	親	○	現実的な選択をすると、この後がスムーズ
13(金)	胎	○	人と比べないこと。自分のよさを見つけて
14(土)	栄	○	$$スクラッチくじや宝くじで運試しを
15(日)	衰	○	息抜きが必要。好きな音楽や映画に浸ろう
16(月)	安	○	★「誰かのため」が自分に還元されることが
17(火)	危	○	寄り道で面白いスポットを見つけられそう
18(水)	成	○	★諦めなければ、未来は見えてくるはず
19(木)	壊	○	！断る時はきっぱりと。曖昧にはしないで
20(金)	友	◑	♥♥♥こじれた関係も今なら挽回できそう
21(土)	親	◑	★★★大事な仲間や愛する人と過ごして
22(日)	命	◑	★冬の夜空を見上げ心のモヤモヤを流そう
23(月)	栄	◑	★★★来年の達成目標をノートに書き出す
24(火)	衰	◑	寝具やタオルなどを、来年用に新調しよう
25(水)	安	◑	★忙しくても家族ファーストで楽しい夜に
26(木)	危	◑	お世話になった人たちに年末のご挨拶を
27(金)	成	◑	★長く続けたいことは今から始めておこう
28(土)	壊	●	！やりたいことより求められることに注力
29(日)	友	●	♥♥♥人気のレストランでおめかしデート
30(月)	親	●	★★★昔集めていたものに意外な価値が
31(火)	親	●	★★★カウントダウンイベントで楽しもう

底力No.1 心も体もタフ!

16 氏宿

ていしゅく

★開運キーワード★

Color
パープル　桃色

Spot
並木道　書店

Food
味噌　ブロッコリー

Item
ブーケ　伝統芸能

Stone
ムーンストーン　インカローズ

Aroma
セージ　マンダリン

Flower
バーベナ　セントポーリア

氏宿ってこんな人

「氏」は〝根底〞の意で、物事の基本を支え発展させる底力を持つタフな宿。人当たりがよく、嫌いな人とも上手にやれるが、実は大事にしているのは人間関係より自分の目的達成。物欲や名誉欲など強い欲を秘めていることもあり、この欲望を抑えると周囲から人望が集まる。恋愛では尽くし型だが、目的意識の強さから、無意識のうちに自分にプラスになる相手を選ぶので、打算的な恋に見えがち。本当に好きな人と結婚しないと結婚後に他の人に心が動くこともあるので注意。開運部位は胸の奥＝心。健やかなメンタルをキープするのが大切。

この宿の有名人

浜崎あゆみ　柴咲コウ　石原さとみ　佐々木希　戸田恵梨香　吉高由里子　杉咲花　関水渚　渡辺直美　福田麻貴　CRAZY COCO　中山楓奈　太田光　市川團十郎　藤木直人　中村倫也　溝端淳平　吉沢亮　平野紫耀　髙橋海人　バカリズム　亜生　井岡一翔　久保建英　五十嵐カノア

2024年開運3か条

1 人の求めや、助言されたことに、最大限、応える努力をしよう

2 よき協力者を探そう。あなた自身もよき協力者になって

3 育てたいのは伝統への興味。古いものに何かヒントがある

★2024年の全体運★

自分の居場所を〝基礎工事〞する1年。皆が喜ぶことを心がけてパワーアップ!!

★2024年の特徴　2024年は〝連携〞や〝共有〞によって幸運を引き寄せる年です。氏宿は物事の土台や中心を支える底力の持ち主ですが、2024年は、まさに自分が支えるべきものや場所・組織などが改めて定まり、そこに根を張っていく時。ビジネスでの大きなプロジェクトから、身の回りの家庭という場所まで、自分の居場所を〝基礎工事〞するような日々になりそう。でも、それは一人でする作業ではなく、皆の協力が必要。まずは一緒に頑張るパートナーや相棒、チームや仲間との人間関係をしっかり作ることが重要です。運気は〝中距離〞の「親」なので、「一人より二人」、「二人よりたくさん」で、皆が喜ぶことを心がけるほどパワーアップ。ただし本当の信頼関係を築くには、心の交流だけでなく、互いの利害の絡むことについても、クリアにしていくことを忘れずに。

★1年の運気の流れ　**1、2月**は、〝原点〞に帰るような、振り出しに戻されるような出来事があるかも。少し焦っても、「七曜陵逼」の間はジタバタせず、まずは自分の生活環境を整えましょう。そして、**3月**からリスタート。すでにやり始めていたことも含めて、少しずつ心の中にあることを形にしていって。そんな中で、**3～5月**に改めて何かでタッグを組んだ人は、今後もよきパートナーになる人です。**6月**以降はあなたが中心となり、リーダー役としてに皆を引っ張っていくことも増えそう。でも**9、10月**は「七曜陵逼」が再び巡るので、新しい計画などの立ち上げや開始は、その前に。華やかな出来事も多い時ですが、自分だけでなく周囲のことも含め、お金やスケジュールなどの現実的な問題を考える責任も生まれます。**11、12月**には再び〝原点回帰〞するような出来事もありますが、そこが本当の意味での過去からの脱却の時です。次の夢へのスタート地点になるでしょう。

★愛情運★

結婚に向けて動いてOK。電撃婚の可能性も!

パートナー運がよい2024年は、恋愛より結婚に幸運あり。交際中なら**5月28日**までに結婚話を具体化させるとスムーズです。何の約束もしないとくされ縁になる恐れも。婚活は**3月15日～6月24日**がよく、電撃婚の可能性も。ただ**1、2月、9、10月**の「七曜陵逼」の期間に、大事な挨拶やイベントは入れないで。また2024年は、子育てや介護、子離れ、親離れなどで、家族関係に変化がありそう。その影響で、改めてパートナーと向き合うことが必要になります。ここで協力できれば強い絆が生まれますが、足並みがそろわないと関係は複雑化。**6～8月**は浮気や不倫の誘惑もあり、愛と家庭が再生できるか否かは、**12月12～31日**の過ごし方にかかってきそう。

★仕事運★

よきパートナーがいるほうに進むのが正解

ビジネスパートナーや取引先などに変化があり、それによって自分の今後の拠点や、根を張る場所が定まる時。会社や家族の都合で、転職や家業の継承などを考える必要も出てきますが、とりあえずは、よきパートナーがいるほうへ向かうのが正解。**1、2月**は昔の問題が再燃しがち。尾を引く問題は**4月12～27日**の交渉を。**5、6月**は新しいスキル習得を始めて。転職や仕掛けたい仕事は**6月9日**以降に。**7月4日～8月30日**は、皆の中心となり活躍できますが、本当に結果を出せるのは2025年以降。**7月、12月**は昔手がけた仕事が注目されたり、役に立つことがありそう。困った時は一人で背負いすぎず、突っ走らず、仲間と力を合わせて進みましょう。

★金運★

デジタルマネーなど新技術を取り入れよう

金運は尻上がりに好調に。**4月**以降は収入が増えたり、資金が調達できたり。保険や退職金、遺産などでまとまった入金の暗示も。不動産や大きな買い物は**4、5月**にするとよく、デジタルマネーをより活用したり、ロボアドバイザーによる投資などを調べてみるのも面白いかも。**7月**は浪費や物の破損で予定外の出費もあり、実家や家族のために使うこともありますが、それがやる気や喜び、目に見えない〝財産〟につながります。**9、10月**に金銭感覚に違和感を覚えた人や場所とは距離を。くじ運は**3月15日～4月3日、8月2～17日**が吉。

★美容・健康運★

トレーナーによる個人指導が効果的

微妙に体質が変わる年なので、**5月、11月**には健康診断をぜひ。運動や健康習慣のパーソナルトレーナーにつくのもよく、新たなことを始めるなら**3、4月**に。ペアでやるテニスや卓球、社交ダンスなどがおすすめです。**5、6月**は弱点が表面化しやすく、ホルモン、免疫系の病気に注意。緊張する日が続く**10～12月**は入浴や睡眠など、家でリラックスを。時には、旅やホテルステイで気分転換も◎。お洒落は、憧れの人の美容法などを追いかけ、美容医療へのトライも検討。**3月、6月**は何かイベントを目標に、美しさに磨きをかけて！

★七曜陵逼の乗り切り方★

氏宿が各時期に気をつけるべき大事なことをアドバイス。肝に銘じて！

1 1/2 ～ 1/28

「命宿」の4日は普段言わないことは何があっても口にしない。素直な思いや意見を言う必要はあるが、大事な話は「六害宿」を避ける。

2 2/10 ～ 2/25

過去と向き合うことがあるけれど、13日「克宿」は、昔のことを蒸し返してもいいことなし。終わることや去る者は追わないでいよう。

3 9/3 ～ 9/29

予想外のスピード、スケールで物事が進み、心の準備が追いつかずすべてが雑に。「六害宿」では相手の逆鱗に触れぬよう、控えめに。

4 10/3 ～ 10/27

上や遠くばかり見て、身近な人をないがしろにしがち。「六害宿」の日は相手の言葉や提案を簡単に否定しない。過去の失敗に学んで。

Energy Power 4月だけパワーダウンするも、全体的にパワー高め。MAXは8月！

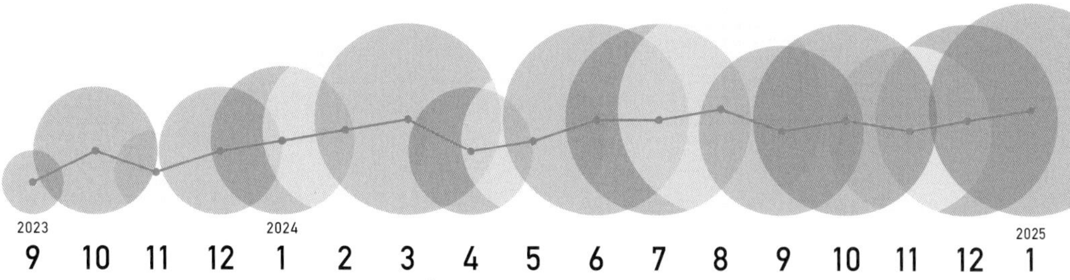

★氏宿の開運暦2024★

1月

放置していた問題と向き合うべき時

これまで放置していた問題に向き合うことになりそう。「六害宿」は言葉遣いに注意。家族でも、重要な話し合いをするなら別の日に。再会や、昔を思い出す出来事もあるけれど、人の事情に無遠慮に首を突っ込まないで。13日からの「魔のウィーク」は、周囲への配慮を欠くと順調なことがひっくり返る恐れあり。

日付	運	月齢	開運メッセージ
1(月)	壊	◑	!「一年の計は元旦にあり」。前向きな目標を
2(火)	友	◑	★★久しぶりに旧友と再会。交流が復活
3(水)	親	◑	★★親戚や近所の人に明るく新年の挨拶を
4(木)	命	◑	!!!!!衝動的にきつい言葉を発さない
5(金)	栄	◑	★★★皆が喜ぶことをするのが開運の鍵
6(土)	衰	◑	焦らなくていい。スロースタートで大丈夫
7(日)	意	◑	!!!!大事な話をするのはもう少し先に
8(月)	危	◑	仲間と一緒にウィンタースポーツに挑戦
9(火)	成	◑	★今年の大まかなスケジュールを立てよう
10(水)	壊	●	!職場で昔の問題が再燃してブレーキが
11(木)	友	●	♥♥パートナーに好きなところを伝えて
12(金)	親	●	★★インフルエンサーの美容法を試すと◎
13(土)	事	◐	!!!!人が傷つくような発言はしないで
14(日)	栄	◐	!!恋人を家族に紹介するのは時期尚早
15(月)	衰	◐	!!初めて起きた体の不調は軽視しないで
16(火)	克	◐	!!!!ため息をつかない。幸運が逃げる
17(水)	危	◐	!!人の事情を根掘り葉掘り聞かないこと
18(木)	成	◐	!!空気を読む。配慮が足りないと大モメ
19(金)	聚	◐	!!!!最終決定をするのは見送るべき
20(土)	友	◐	あなたをよく知る人からの助言が役立つ
21(日)	親	◐	納戸や押し入れを整理。意外なものを発掘
22(月)	胎	◐	早寝早起きを習慣にして生活を整えよう
23(火)	同	◐	!!!!失敗から学ばなければ成長はない
24(水)	衰	○	★開運食・味噌など、発酵食品をとり腸活を
25(木)	安	○	$楽しく続けられる節約法を見つけられる
26(金)	危	○	★気力が復活。エンジンをかけていこう
27(土)	成	○	◆同業者の集いや、セミナーへ。人脈が拡大
28(日)	壊	○	忘れかけていた過去の失敗が頭をよぎる
29(月)	友	◑	♥♥♥おしゃべりがはずみ、次会う約束も
30(火)	親	◑	★★★友人との協力によりうれしい成果が
31(水)	命	◑	★自分にとっての宝物は何か考えてみて

2月

掃除や整理、アート活動で心を整えて

ケジメをつけたり、つけられたりする星まわり。しなければならない決断や選択は「七曜陵逼」と「魔のウィーク」前の8日までに。10日「事宿」の日は、人のことに関心を持ちすぎると、〝やぶ蛇〟で自分の秘密がバレる恐れあり。心の整理ができない時は、人に会うよりも部屋の掃除や物の整理、アート活動などを。

日付	運	月齢	開運メッセージ
1(木)	栄	◑	★★★皆が敬遠する仕事を引き受けよう
2(金)	衰	◑	返事は先送りにしないで。心を決める時
3(土)	安	◑	$不要品を売ると意外な高値がつきそう
4(日)	危	◑	バレンタインフェアでチョコレートを吟味
5(月)	成	◑	◆信頼する仲間との共同作業がうまくいく
6(火)	壊	◑	!悪いと思ったら、まず「ごめんなさい」を
7(水)	友	◑	★★★相談することでヒントが見えてくる
8(木)	親	◑	★★★大きな決断や選択はこの日までに
9(金)	業	●	!やりたいことより求められることに注力
10(土)	事	●	!!!!詮索はNG。自分の秘密がバレる
11(日)	栄	●	!!アート活動をするのも見るのもいい
12(月)	衰	◐	!!ジタバタしない。ドンと構えていよう
13(火)	克	◐	!!!!去る者を追っても得るものはない
14(水)	危	◐	!!言いっぱなし、やりっぱなしは厳禁
15(木)	成	◐	!!滞納や未払いがあるならすぐに清算
16(金)	聚	◐	!!!!終わったはずの恋が心を騒がせる
17(土)	友	◐	部屋の掃除をすると不思議と心もスッキリ
18(日)	親	◐	家族サービス。皆の希望が叶うように調整
19(月)	胎	◐	マンダリンの香りでモヤモヤが吹き飛ぶ
20(火)	同	◐	!!!!順調だったことが振り出しに!?
21(水)	衰	◐	♥マメな連絡が二人の距離をさらに縮める
22(木)	安	○	★おかずの作り置きをして〝家事貯金〟を
23(金)	危	○	★初対面の人との会話や食事が盛り上がる
24(土)	成	○	★コツコツ続けてきたことの結果が出そう
25(日)	壊	○	自分の弱点と対峙。チャンスだととらえて
26(月)	友	○	♥♥♥特別な絆を結べる人と出会える予感
27(火)	親	◑	★★★開運スポット・書店に幸運の種あり
28(水)	命	◑	★子ども時代の夢や憧れを思い出してみて
29(木)	栄	◑	★★★面白そうな企画が舞い込んできそう

3月

「誰かのため」なら力がわいてくる

なんだかスッキリしなくても、2日以降は気持ちを切り替えて。誰かと一緒だったり、「誰かのため」になる方向へ舵を切れば、力がわくはず。婚活や恋愛に関することはここから集中的に。15日以降は趣味やお洒落を楽しむとよい。周囲からの誘いにも乗って。あなたが誘いたい人には、吉日に声をかけよう。

日付	運	月齢	開運メッセージ
1(金)	衰	◑	自信がないなら、素直に助けを求めてOK
2(土)	安	◑	★気持ち新たに誰かと一緒にできることを
3(日)	危	◑	お財布の中をチェック。現金も少しは必要
4(月)	成	◑	★服やメイクに開運カラーの桃色をプラス
5(火)	壊	◑	!ケアレスミスの暗示。メモを活用しよう
6(水)	友	◑	◆◆◆希望の仕事に近づくアクションを
7(木)	親	◑	★★★楽しそうな誘いにはノリよく応じて
8(金)	業	◑	!自分のことだけを考えていると暗雲が
9(土)	栄	◑	!面倒でも後回しにしない。余計に大変に
10(日)	衰	●	!よくない生活習慣はこの機にリセット
11(月)	安	●	!言葉や態度が雑に。丁寧さを心がけよう
12(火)	危	◐	!過ぎたことにクヨクヨせず、前を向いて
13(水)	成	◐	恋愛系のドラマや漫画でときめきを注入
14(木)	壊	◐	!何でもかんでも一人で背負い込まない
15(金)	友	◐	思い描いていたことを少しずつ形にして
16(土)	親	◐	子離れや親離れが現実的になってくるかも
17(日)	胎	◐	カラーや骨格の診断で似合うものを知ろう
18(月)	栄	◐	★ここでコンビを組んだ相手とは長い縁に
19(火)	衰	◐	パーソナルトレーナーとの体作りを考えて
20(水)	安	◐	♥お見合いや紹介の話は一度受けてみよう
21(木)	危	◐	自分にないものを持っている人に注目して
22(金)	成	◐	★テニスや卓球を。ダブルスがおすすめ
23(土)	壊	○	!暴飲暴食が続いているなら胃を休めよう
24(日)	友	○	$$$くじ運好調。懸賞に応募で運試しを
25(月)	親	○	★★★好きなことを思い切り楽しめそう!
26(火)	命	○	★現状を整理し、新年度の目標を設定して
27(水)	栄	○	♥♥♥パートナーと価値観のすり合わせを
28(木)	衰	◑	疲れ肌を徹底ケア。シートマスクが効果的
29(金)	安	◑	★親しくなりたい人には、あなたから声を
30(土)	危	◑	小さなことでも、毎日の積み重ねが大事
31(日)	成	◑	★名刺入れなどビジネスグッズを新調して

最大開運日	3/25、6/15	最大警戒日	1/4、2/10

氏

4月

パワー下降。忠告は素直に受け入れて

よきアドバイスに出会える月。4日からの「魔のウィーク」での交渉は、過去の問題に落としどころを見つけられそう。忠告を受け入れ、自分を客観視して苦手克服や健康増進に取り組めば、成果を得られる。21〜24日はお金を動かす暗示。投資もよいが、ここは自分でよく考えて。人の話に乗せられないこと。

日付	運	月齢	開運メッセージ
1(月)	壊	◑	新しい環境では協調性をアピールしよう
2(火)	友	◑	♥♥♥婚約や結婚に向けて動きだすといい
3(水)	親	◑	★★★ふとした会話から重要な助言を得る
4(木)	業	◑	！納得がいかないことは話し合いで解決を
5(金)	栄	◑	！甘い言葉には裏が。騙されないように
6(土)	衰	●	！パワー低下。話題の健康法を試してみて
7(日)	安	●	！自分を客観視。理想像と比べてみよう
8(月)	危	●	！マンネリ化が心配。少し離れてみては
9(火)	危	●	！欠点を指摘されるかも。謙虚に感謝を
10(水)	成	●	素敵な人の暮らしに触れて、センスを学ぶ
11(木)	壊	●	！根気よく協議。落としどころが見つかる
12(金)	友	◐	早めに人間ドックや定期健診を予約しよう
13(土)	親	◐	写真共有アプリなどを使って近況を報告
14(日)	胎	◐	ヘアやメイクはプロに相談。大成功の予感
15(月)	栄	◐	♥結婚の条件を見直して。身近に候補が
16(火)	衰	◐	ペットやゆるキャラが心を癒してくれそう
17(水)	安	◐	★再浮上したトラブルの対処を。光が差す
18(木)	危	◐	会話では聞き役に。上手に相槌を打つこと
19(金)	成	◐	★歓迎会や親睦会にはなるべく参加しよう
20(土)	壊	○	！育児や介護の難しさに直面したらSOS
21(日)	友	○	＄＄＄大きな買い物は自分の判断を信じて
22(月)	親	○	★★★今、必要な言葉をかけてもらえそう
23(火)	命	○	★全身鏡で自分の体と姿勢をチェックして
24(水)	栄	○	◆◆◆最高のチームに所属・参加できそう
25(木)	衰	○	部屋の乱れは心の乱れ。隙間時間に整理を
26(金)	安	○	★ダンスにツキ。ペアで踊るのがおすすめ
27(土)	危	◑	幸運石のインカローズをお守りにして外出
28(日)	成	◑	★デジタルマネーなど新技術をさらに活用
29(月)	壊	◑	古いものをリメイクして、蘇らせてみて
30(火)	友	◑	★★★仲間とBBQなどで、賑やかに食事を

5月

メリット大の何かを、受け継ぐ暗示

2日から「魔のウィーク」なので、GWは誰かの計画に合わせて過ごして。今月は仕事でもプライベートでも、意外なものを任されたり、受け継ぐことがあるかも。大変でも、得るものは大きそう。家族や実家、住居のためにお金を使う暗示もあり、修理や修復に使うのは吉。大事な約束や契約は12〜28日に。

日付	運	月齢	開運メッセージ
1(水)	親	◑	★★★チームワークが大充実。順調に進展
2(木)	業	◑	！作業が遅れているならここでリカバー
3(金)	栄	◑	！誰かの立てたプランに乗っかると楽しい
4(土)	衰	◑	！ホルモンバランスが乱れそう。休息を
5(日)	安	●	！家族が笑顔になることにお金を使って
6(月)	危	●	！煮え切らない相手には本音を伝えるべき
7(火)	成	●	！バタバタしがち。優先順位をつけて着手
8(水)	壊	●	！家や師から意外なものを受け継ぐかも
9(木)	友	●	友人とティータイム。おいしいスイーツを
10(金)	親	●	趣味の世界にもう一歩踏み込んでみよう
11(土)	胎	◐	新緑の並木道を散歩してパワーチャージ
12(日)	栄	◐	◆◆スキルアップにつながる勉強会に参加
13(月)	衰	◐	夜更かしはしない。やりたいことは翌朝に
14(火)	安	◐	★住居の修繕のための出費は惜しまずに
15(水)	危	◐	一気に距離を縮めるより丁寧なつき合いを
16(木)	成	◐	★体操を習慣に。少しずつでも毎日続けて
17(金)	壊	◐	！愚痴の多い人には近づかないのがベター
18(土)	友	○	★★★相棒・相方的な存在が見つかる予感
19(日)	親	○	★★★重要な契約や約束を結ぶのにいい日
20(月)	命	○	★開運アロマのセージの香りで心機一転
21(火)	栄	○	♥♥♥将来について話を。具体的に進展も
22(水)	衰	○	目に疲れが。ネットサーフィンは短時間に
23(木)	安	○	★過去の辛い経験も必要だったと思えそう
24(金)	危	○	自分からアドレスを交換。人脈が広がる
25(土)	成	○	♥一流レストランなどで優雅なディナーを
26(日)	壊	○	！開運花・バーベナを育てて運気もあげて
27(月)	友	◑	＄＄＄ロボアドバイザーによる投資を検討
28(火)	親	◑	★★★大変でもやりがいを感じられるはず
29(水)	業	◑	！こだわりを手放すことで新たな可能性が
30(木)	栄	◑	！キャッチする情報は自分で取捨選択を
31(金)	衰	◑	！！キャパオーバー。無理せずのんびりと

6月

過去のしがらみから解放されそう!

6日を過ぎると、過去のしがらみやこだわりから解放されていく星回りに。離れていく人や物があっても、それに代わるものに必ず出会うので、後ろを振り返らずに。15日「親」の日には長期的計画を。22日「壊」の日は、未知のものを信用しすぎない。25日からの「魔のウィーク」ではクレームや忠告に耳を傾けて。

日付	運	月齢	開運メッセージ
1(土)	安	◑	！メールの返信は早めに。既読スルーは×
2(日)	危	◑	！！未練は何も生み出さない。断ち切ろう
3(月)	成	●	！独断と偏見で進めると失敗。必ず相談を
4(火)	壊	●	！古いやり方からもいいものは取り入れて
5(水)	友	●	梅雨や夏が楽しくなる晴雨兼用の傘をGET
6(木)	親	●	悩み相談に乗ることで自分にも気づきが
7(金)	胎	●	失うものがあれば、きっと得るものもある
8(土)	栄	●	＄＄目標としていた資金が調達できそう
9(日)	衰	◐	開運フード・ブロッコリーのレシピを研究
10(月)	安	◐	★イベントに向けて、美容医療も検討して
11(火)	危	◐	縛られていたものから解放されてスッキリ
12(水)	成	◐	★ないものより今あるものに目を向けよう
13(木)	壊	◐	！データの破損に注意。バックアップして
14(金)	友	◐	♥♥♥好きな人との間に愛を実感できそう
15(土)	親	◐	★★★★幸せに向かって長期計画を始動
16(日)	命	○	★自分を信じれば、どんな変化も怖くない
17(月)	栄	○	◆◆◆独立や転職について、考えるなら今
18(火)	衰	○	家ではお気に入りの部屋着でリラックス
19(水)	安	○	★水回りをピカピカにして運を呼び込む
20(木)	危	○	曖昧な返事は避けて。誤解を生みかねない
21(金)	成	○	★あなたが企画した集まりが盛り上がる
22(土)	壊	○	！未知のものを信用しすぎない。慎重に
23(日)	友	○	♥♥♥恋の急展開が。電撃婚の可能性も!?
24(月)	親	○	★★★輪の中心に。リーダーシップを発揮
25(火)	業	○	！クレームが入るかも。誠実に受け止めて
26(水)	栄	◑	！やると決めたことは最後まで気持ちよく
27(木)	衰	◑	！お酒など嗜好品のとりすぎにはご用心
28(金)	安	◑	！作業に遅れが生じそう。集中力を高めて
29(土)	危	◑	！浮気はタブー。誘惑に負けないように
30(日)	成	◑	！直球で勝負するよりじわじわ駆け引きを

★氏宿の開運暦2024★

7月

新旧入れ替わり、大きく前進できる!!

物や人間関係の新旧が入れ替わる時。それが推進力となって大きく前進。古い意外なものが見つかったり、昔のことが蘇るような出来事があれば、思い出の〝上書き〞ができそう。復活愛もあるけれど、それが秘密の関係ならやがて負担に。23日からの「魔のウィーク」では家族内の力関係や役割の変化を実感する。

日付	運	月齢	開運メッセージ
1(月)	壊	◑	一人きりで頑張らず、メンバーを信頼して
2(火)	友	◑	開運石のムーンストーンを身につけて外出
3(水)	親	◑	!異動や転勤などで人間関係が変化しそう
4(木)	胎	◑	★昔の日記を読み返して。何か得るものが
5(金)	栄	●	★★夏休みの計画を皆から聞いてまとめて
6(土)	栄	●	$$模様替えなど家族の空間のために投資
7(日)	衰	●	スケジュールに余白を。詰め込まないこと
8(月)	安	◐	★人生の先輩からの言葉が強く心に響く
9(火)	危	◐	再チャレンジすると、今度は新しい発見が
10(水)	成	◐	★PCやスマホの機能をアップデートしよう
11(木)	壊	◐	!公にできない復活愛なら踏みとどまって
12(金)	友	◐	◆◆◆代表者や責任者としてチームを牽引
13(土)	親	◐	★★★★過去の努力が役立ち大活躍できる
14(日)	命	◐	★実家の片づけを手伝うと大きな収穫あり
15(月)	栄	◐	♥♥♥浴衣や水着で夏らしいひと時を満喫
16(火)	衰	◐	UV対策を万全に。顔や体、髪もケアが必要
17(水)	安	◐	★ゲームでストレス発散。対戦型が楽しい
18(木)	危	○	公共の場ではマナーやルールを守ること
19(金)	成	○	★夏物のセールへ。即戦力の服が見つかる
20(土)	壊	○	!熱中症対策は万全に。水分補給をしっかりと
21(日)	友	○	♥♥♥フェロモンUP。モテ度が高まりそう
22(月)	親	○	★★★仲間とのチャットやトークで笑顔に
23(火)	業	◑	!世代交代を意識するような出来事の暗示
24(水)	栄	◑	!口頭だけでなく文書でも確認をとること
25(木)	衰	◑	!暑くても体は冷えがち。常温の飲み物を
26(金)	安	◑	!ピンチヒッターに。落ち着いて対応して
27(土)	危	◑	!不倫は厳禁。引き返せなくなる恐れあり
28(日)	成	◑	!電化製品の不具合が。急な出費の予感
29(月)	壊	◑	あなたにできることは快く引き受けよう
30(火)	友	◑	元同僚やクラスメイトと、懐かしい話を
31(水)	親	◑	!地味な実務作業ほどおろそかにしないで

8月

パワー最高潮! 仕事で大きな成果も

仕事などで大きな成果をあげられる星回り。やり残していること、新たに挑戦したいことは17日までに踏み出して。逆に何かを締めくくったり、終わらせるのは30日までに。出張や旅で、外国も含め遠くへ行く可能性大。今月、知り合ったり、何かでタッグを組んだ相手とは、先々で一緒に何かを生み出せる予感。

日付	運	月齢	開運メッセージ
1(木)	胎	◑	動画や写真で海外の壮大な景色に触れて
2(金)	栄	◑	♥♥マッチングサービスで良縁を探そう!
3(土)	衰	●	!ボーッとしよう。何もしない時間も必要
4(日)	危	●	年下の友人からトレンドを教えてもらおう
5(月)	成	●	★リフォームしたい場所があるなら検討を
6(火)	壊	◐	!団体行動が求められる。自分勝手はダメ
7(水)	友	◐	◆◆◆大きな成果をあげられ、評価急上昇
8(木)	親	◐	★★★旅行や出張で遠方へ行く暗示あり
9(金)	命	◐	★スマートウォッチで健康状態を把握して
10(土)	栄	◐	♥♥♥お互いの友人も交えて、賑やかに
11(日)	衰	◐	夏風邪や感染症に注意。うがいと手洗いを
12(月)	安	◐	★昔馴染みの場所を再訪。ホッとできそう
13(火)	危	◐	会議や話し合いでは進行役に立候補して
14(水)	成	◐	★開運アイテムのブーケを頑張った自分に
15(木)	壊	◐	!大切な人と会話不足なら解消するべき
16(金)	友	◐	★★★思い切って新しいことにトライして
17(土)	親	○	$$$くじ運あり。懸賞や応募で運試しを
18(日)	業	○	!漠然と不安に。まずは足元を固めるべき
19(月)	栄	○	!ウォーキングなど無理なくできる運動を
20(火)	衰	○	!あなたが思うより味方は大勢いるはず
21(水)	安	○	!ダブルブッキングに注意。複数人で確認
22(木)	危	◑	!危険な誘惑が。ふわふわと流されないで
23(金)	成	◑	!予定がなくてもお洒落の手抜きはしない
24(土)	壊	◑	!固執しすぎると重要なことを見失うかも
25(日)	友	◑	いいことがあったら独り占めせず福分けを
26(月)	親	◑	古くからのものづくりについて調べてみて
27(火)	胎	◑	朝起きたらカーテンを開け光を取り入れる
28(水)	栄	◑	★★一緒に何かを生み出す人との出会いが
29(木)	衰	◑	スパイシーな料理で夏バテを吹き飛ばして
30(金)	安	◑	★終わらせるべきことは今日締めくくろう
31(土)	危	◑	考えすぎかも。着手すれば楽しく進行する

9月

手順や優先順位を間違えないように

ほとんど「七曜陵逼」の月なのに、人間関係や行動範囲がグングン広がり、気持ちがついていかないかも。手順や優先順位を間違わないように注意。特に実務的な手続きは丁寧に。「六害宿」の日の、頼りすぎ、甘えすぎはトラブルのもと。物の貸し借り、修理や修正は避けて。機械類も過信はせずに、確認や記録を。

日付	運	月齢	開運メッセージ
1(日)	成	◑	★TO DOリストを作ろう。余裕が生まれる
2(月)	壊	●	!修正をすると、余計にこじれる可能性が
3(火)	友	●	♥♥パートナーとの連携プレーが光る時
4(水)	親	●	★★ベストセラーの実用書がためになる
5(木)	命	◐	!!!!!何事も一つ一つきっちりやろう
6(金)	栄	◐	★★★有意義な出会いがあり視野が広がる
7(土)	衰	◐	フル回転で活動するには十分な休養も必要
8(日)	意	◐	!!!!相手の逆鱗に触れぬよう控えめに
9(月)	危	◐	人のペースに振り回されがち。動じないで
10(火)	成	◐	$クーポンやポイントをうまく活用できる
11(水)	壊	◐	!適当に進めない。手順をしっかり守って
12(木)	友	◐	★★仕事仲間と強い信頼関係が作れそう
13(金)	親	◐	★★手土産には話題のお取り寄せグルメを
14(土)	事	◐	!!!!頼りすぎずに、まずは自分の力で
15(日)	栄	◐	!!物の貸し借りは控えて。トラブルに
16(月)	衰	○	!!好きな音楽を聴いて、心身を休めよう
17(火)	克	○	!!!!雑な仕事は必ず破綻する。注意を
18(水)	危	○	!!金銭感覚が違いすぎる人とは距離を
19(木)	成	○	!!実務的手続きは漏れのないよう慎重に
20(金)	聚	○	!!!!結婚絡みのイベントは日を改めて
21(土)	友	◑	食事は簡単にテイクアウト。手抜きでOK
22(日)	親	◑	家族とスキンシップ。お互いに安心できる
23(月)	胎	◑	ガーデニングを。セントポーリアが癒しに
24(火)	同	◑	!!!!機械を過信しない。誤作動も考慮
25(水)	衰	◑	★背筋を伸ばし、胸を張って、堂々と美しく
26(木)	安	◑	◆困っている人の仕事を手伝い自分も成長
27(金)	危	◑	★多方面から声がかかり行動範囲が広がる
28(土)	成	◑	★準備をしておけば、慌てなくて済むはず
29(日)	壊	◑	傷つくことを恐れすぎ。素直な気持ちで
30(月)	友	◑	♥♥♥二人共通の楽しみが見つかりそう

最大開運日 7/13、8/16　最大警戒日 9/17、10/3

10月

板挟みになりがち。状況を見極めて!

仕事と家庭、目上の人と目下の人、新しいものと古いものなどの間で板挟みになりやすい時。「七曜陵逼」が続くので安易に動かず、状況を見極めて。「六害宿」の日に周囲に流されたり、軽い考えで進めたことは、後で火種や重荷になる恐れ。買い物も「六害宿」以外で。恋愛に限らず、周囲に秘密は持たないこと。

日付	運	月齢	開運メッセージ
1(火)	親		★★★友人や同期との絆を感じる出来事が
2(水)	命		★寝る時は明かりもスマホもスイッチオフ
3(木)	命		！！！！！軽い考えで決めると後で重荷に
4(金)	栄		★★★あなたの魅力が大勢の人に届きそう
5(土)	衰		好きな香りの入浴剤でバスタイムを充実
6(日)	意		！！！！楽しみすぎて羽目を外さないで
7(月)	危		人に言えないことはしない。秘密も持たない
8(火)	成		♥お家でのんびり。一緒に料理にトライ
9(水)	壊		！仕事と家庭のバランスを見直す必要が
10(木)	友		◆◆上司と部下をつないで。感謝されそう
11(金)	親		★★ペットや植物の成長に元気をもらえる
12(土)	事		！！！！流されがち。意志を固めること
13(日)	栄		！！お祝いやセレモニーはなるべく別日に
14(月)	衰		！！身の丈に合わない行動は疲れるだけ
15(火)	克		！！！！人からの提案を安易に否定しない
16(水)	危		！！身近な人ほどおろそかにしがち。注意
17(木)	成		！！同じ失敗は繰り返さず過去から学ぼう
18(金)	聚		！！！！思い切った買い物は今日は避けて
19(土)	友		味覚狩りなど秋を感じられるレジャーへ
20(日)	親		シーツや枕カバーなど寝具を洗濯して爽快
21(月)	胎		新しく買うなら、ひとつ何かを捨てよう
22(火)	同		！！！！噂話や陰口には参加せず、スルー
23(水)	衰		$予算や出費をうまく抑えるアイデアが
24(木)	安		★ボランティアや寄付で誰かを笑顔にして
25(金)	危		★歌舞伎など、伝統芸能に触れると刺激大
26(土)	成		★相手の話をじっくり聞くとわかり合える
27(日)	壊		すぐに見切りをつけず、別の方法を探ろう
28(月)	友		♥♥♥結婚や同居の話が持ち上がるかも
29(火)	親		★★★人に夢を打ち明けると有益情報が
30(水)	命		★休憩時間には空を見上げてリフレッシュ
31(木)	栄		★★★モチベーションUP。タフに動ける

11月

過去の経験を活かしてやり直せそう

何かのきっかけで、これまでとはガラリと流れが変わることがありそう。やり直し的なことでも、前の経験を活かして繰り返せるのはむしろ幸運。8日からの「魔のウィーク」は家の片づけなどをすると、気持ちも軽くなる。16日から、アプリを利用した健康管理や睡眠チェックなど、体によいことを始めるのは吉。

日付	運	月齢	開運メッセージ
1(金)	衰		信頼できる人になら弱音を吐くのもあり
2(土)	安		★ツアーや相手にお任せ旅行がいい休息に
3(日)	危		ライブやイベントなど、賑やかな場所が◎
4(月)	成		$支払い方法を見直すと余裕が生まれる
5(火)	壊		！昔から伝わる知恵を古いと切り捨てない
6(水)	友		◆◆◆ベストメンバーで仕事に取り組める
7(木)	親		★★★特別なメッセージや知らせが届く
8(金)	業		！ガラリと流れが変わるかも。慌てないで
9(土)	栄		！休日に仕事を持ち越さない。切り替えを
10(日)	衰		！外に出かけるより家で不要品を整理整頓
11(月)	安		！新しい道を選ばず前と同じ方法で再挑戦
12(火)	危		！強欲さを見せるとドン引きされる恐れが
13(水)	成		気持ちよく汗を流して、心身をデトックス
14(木)	壊		！振り出しに戻ることが。腐らず前進して
15(金)	友		ネガティブな感情はカラオケで歌って発散
16(土)	親		睡眠アプリで、自分の眠りのリズムを知る
17(日)	胎		5分間の瞑想タイムを。内面と向き合おう
18(月)	栄		★足りない栄養素はサプリで効率的に補給
19(火)	衰		ブルーになっている理由を深掘りしよう
20(水)	安		♥密かにあなたに夢中になっている人が
21(木)	危		盛り上がりすぎて時間を忘れないように
22(金)	成		★エステやサロンでゴッドハンドと遭遇
23(土)	壊		！SNSの発信や公開設定はよく吟味して
24(日)	友		★★★ホテルステイでリッチに気分転換
25(月)	親		★★★期待に応じることで使命がクリアに
26(火)	命		★大事なものは意外に身近なところにある
27(水)	栄		★★★新しい目標ができて胸がワクワク
28(木)	衰		医療機関で健康チェックやメンテナンスを
29(金)	安		♥思いやりのある労いの言葉が愛を深める
30(土)	危		しかめっ面は封印。口角を上げて笑って

12月

本当に守りたいものに気づく時

5日からの「魔のウィーク」では、自分が今、本当に守りたいもの、大事な人や場所に改めて気づく出来事が。手遅れかと思っても、年内は自分の気持ちに素直に行動して。お金を使う時は、自分のことよりも、誰かや皆を喜ばせる気持ちで。大晦日など年末のイベントでは、家族や愛する人との交流を大切に。

日付	運	月齢	開運メッセージ
1(日)	成		★迷った時は尊敬できる人がいるほうへ
2(月)	壊		丁寧に説明すれば誤解やすれ違いを防げる
3(火)	友		◆◆◆昔の仕事や作品が脚光を浴びるかも
4(水)	親		★★★相手の好きなことを自分も楽しもう
5(木)	業		！今あるものを当たり前だと思わないこと
6(金)	栄		！得することばかり考えると結局損をする
7(土)	衰		！多忙になる年末に備えてパワーを温存
8(日)	安		！誰かと比べず自分のことに集中しよう
9(月)	危		！あなたが守るべき人は誰かをよく考えて
10(火)	成		！特別な予定より日常の暮らしを大切に
11(水)	壊		！失いかけてドキッとしたら挽回するべき
12(木)	友		家事・育児のための時間を十分に確保して
13(金)	親		開運カラーのパープルをコーデに活かして
14(土)	胎		感動の名作を見て、思い切り泣いて涙活を
15(日)	栄		$$自分じゃない"誰か"のために出費して
16(月)	衰		長い目で見てプラスになるほうを選ぶべき
17(火)	安		★忘年会を仕切るといい。皆に感謝される
18(水)	危		ピリピリした空気は笑いで吹き飛ばして
19(木)	成		★趣味やお稽古事で、目標に辿り着けそう
20(金)	壊		！手足がむくみがち。マッサージで解消
21(土)	友		♥♥♥クリスマス気分を味わえるデートを
22(日)	親		★★★愛情を素直な言葉と態度で伝えよう
23(月)	命		★2025年に叶えたい目標を3つ書き出して
24(火)	栄		★★★ケーキを囲んで、お家でパーティを
25(水)	衰		心がざわつきがち。深呼吸して整えよう
26(木)	安		★チームメイトにおいしいものを差し入れ
27(金)	危		後輩や子供の言葉にじっくり耳を傾けよう
28(土)	成		★温泉で体の芯から温まる。湯治もおすすめ
29(日)	壊		！外食続きに。鍋などで野菜をたっぷりと
30(月)	友		★★★年末の帰省や旅行を楽しめる星回り
31(火)	友		♥♥♥愛する人と二人きりの時間を持とう

17 房宿

ぼうしゅく

★開運キーワード★

Color
ロイヤルブルー　ダークレッド

Spot
古民家カフェ　美容系サロン

Food
生姜　コンソメスープ

Item
大きな鏡　懐かしい音楽

Stone
琥珀　ブラッドストーン

Aroma
ブルーカモミール　スターチス

Flower
ネロリ　アジサイ

房宿ってこんな人

「房」は大事なものを収める蔵を表し、様々な才能や運を生まれながらに〝持ってる〟宿。特に金運は全宿中で最強。容姿にも恵まれ、頭もよくて勉強家。周囲と調和するため批判も受けにくい。ただし、恵まれすぎて向上心を維持しにくい傾向もあり、人の苦労に思い至らないことも。与えられた分だけ周囲に与える心を持つと開運につながる。恋愛でもモテモテだが、理想が高く、交際人数は少ない。外で隙なく振る舞うぶん、素の自分に戻れる相手が理想的。引き締まった二の腕が開運の鍵なので、マッサージや筋トレを取り入れてみて。

この宿の有名人

原田知世　紫吹淳　小雪　麻生久美子　黒木華　福原遥　指原莉乃　齊藤京子　ファーストサマーウイカ　中島セナ　ジャスティン・ビーバー　王貞治　明石家さんま　藤井フミヤ　町田啓太　赤楚衛二　横浜流星　神宮寺勇太　大橋和也　長尾謙杜　藤井聡太　阿部一二三　三笘薫

2024年開運3か条

1 「去る者は追わず、来るものは拒まず」の精神で

2 人の話は最後まで聞く。途中で話を遮らないよう注意!

3 育てたいのはお洒落心。〝見た目〟も大事、センスを磨こう

★2024年の全体運★

今後の運気の分岐点となる曲がり角の年。プライベートを優先し、心身を解放しよう

★2024年の特徴　今後の運気の分岐点となる、曲がり角の年です。あなた自身というより、身近な人に変化が起こり、その影響を受けたり、今後のキーパーソンになる相手と出会ったり。様々なことから、生活状況やあなた自身の気持ち、考え方が変わっていく1年となります。「業」という積み重ねた因縁(カルマ)が表面化する運気で、長く続いていることほど〝新陳代謝〟的な切り換えが必要に。そんな2024年はいつも以上に、家族との時間を大切にし、プライベートを優先して整えましょう。これまで一人でしていたことを誰かとシェアしたり、人に任せたりして、あなたの心と体を解放できるように心がけて。変化の中で、あなたの〝支え〟は必ず見つかります。そんな存在に助けられて、あなたの個性は輝き、新たな未来の夢も描ける年になるはずです。

★1年の運気の流れ　**1、2月**は、意外な情報や知識と出会って、考え方や物の見方がガラリと変わることがありそう。でも、この2か月は「七曜陵逼」なので、新たな考えややり方に基づいて実際に動くのは、**3月**以降に。**3、4月**は身近な人に変化が多くありそう。また、あなたにとって重要な出会い、再会の予感も。**5、6月**は自分のこと以上に、誰かのために頑張ったり尽くす運気ですが、その中で得るものも多いはず。**7、8月**は出会いと別離、終了と開始が交錯しますが、それを経た**9、10月**には、殻を破ったかのように世界が広がります。ただし、この2か月も「七曜陵逼」なので、慌てずに。新しいことは**11、12月**からゆっくりと、細かなことを吟味しながら始めて。2024年は恋愛や結婚の暗示があり、人間関係も微妙に変わりそう。人に振り回され気味な運気ではありますが、関係性を決めるのはあなたの意志。本当に大事な相手、行きたい方向は、自分の意志で選んでいきましょう。

★愛情運★

3月中頃～5月に最強の婚活運到来!

2024年は、よきパートナーとの出会いや、愛する人との距離感の変化があり、それらが転機になることも多い年。「七曜陵逼」の**1、2月**は結婚に向け動くのも、今の関係への不満や不安をぶつけるのも自粛して。前進、改善は**3、4月**から。**3月16日～5月29日**は最強の婚活運で、ゴールインも吉。**6月**以降は二人で同じ目標を目指す星回り。長年のカップルも共通の課題を持てば絆が深まりますが、それがないと浮気や二股に走る恐れも。特に「七曜陵逼」の**9、10月**に、満たされないものを埋めてくれる相手に入れ込むと、波乱の展開に。でも**11月16日～12月29日**には修復、元サヤの運が巡ります。経済面のほか、何より子供を優先した判断が幸運の鍵。

★仕事運★

褒められたことをヒントに技術の習得を

特技や昔の経験などが意外な形で役立ち、仕事や働き方が変わっていきそう。趣味でしていたことがSNSでお金になったり、副業とメインの仕事の比重が逆転するようなことも。誰か協力してくれる人がいれば、より頑張れます。ただ**1、2月、9、10月**の「七曜陵逼」には新しいことは始めないで。スタートするなら**3月16日～8月18日**に。転職や副業もこの期間に。会社では味方もでき、過ごしやすい時ですが、調子に乗って**9、10月**に大きな勝負はしないこと。「自分には得意なことがない」と思ったら、**4月16日～5月2日、8月1～18日、12月13～29日**に人に褒められたこと、求められたことをヒントに、何かしら技術の習得を目指しましょう。

★金運★

今までと違う貯蓄法に挑戦しよう

金運は右肩上がりで好調。結婚や同居、副業を行う余裕が生まれそう。保険金や退職金などが入ることも。それらをもとに**6月**以降は、今までと違う貯蓄法に挑戦してみても。ロボアドバイザーの活用やアートへの投資を学ぶのもよい時。**7、8月**は家族や人のために予定外の出費が。できるだけのことをすると信頼と人脈が〝財産〟に。経費や保険の見直しは**8月**までにして、「七曜陵逼」の**9、10月**は大金を動かさない。勝負運が強いのは**6月9～25日、11月19日～12月5日**ですが、ギャンブルで儲かると、仕事や投資の儲けは小さめに。

★美容・健康運★

ヨガやストレッチ、緩やかな運動が◎

4、5月に心身の点検やケアをすると、変化の年を乗り切る力に。特に**4月**は健康診断や運動の再開、**5月10日、22日、6月6日**は健康的な習慣のスタートを。運動はヨガやストレッチなど緩やかなものに。昔やっていたスポーツもハードにやりすぎないで。**12月**は食生活の改善を。グルテンフリー、アレルギー予防が体を整えます。お洒落のマンネリ化も運気停滞のもと。昔の自分のイメージやケア法を離れ、今の年齢に合うトレンドのものに。**6月8～25日、11月16日～12月5日**の変身は大成功。美容院やエステの新規開拓は大吉です。

★七曜陵逼の乗り切り方★

房宿が各時期に気をつけるべき大事なことをアドバイス。忘れないで！

1 1/2～1/28

年明けと共にいろいろな情報が入ってくるが、しっかり見極めて。「六害宿」の日には噂の確認、交渉や契約、またドタキャンも×。

2 2/10～2/25

過去を振り返る出来事があり、懐かしい反面、恨みや愚痴も出そう。でも「六害宿」の日は家族や身近な人を昔の話で傷つけないこと。

3 9/3～9/29

行動範囲や人間関係が拡大。信頼できる相手にも出会うが、頼りすぎると依存気味に。欲や甘えにつけ込んでくる人もいるので注意。

4 10/3～10/27

楽しい誘い、ワクワクする出会いもあるけれど、よい面ばかり見ないようにして。「六害宿」の日は人に促されても即断即決はしない。

Energy Power 5月にダウンするも6月から回復。9、10月はパワー高め、アクティブな月！

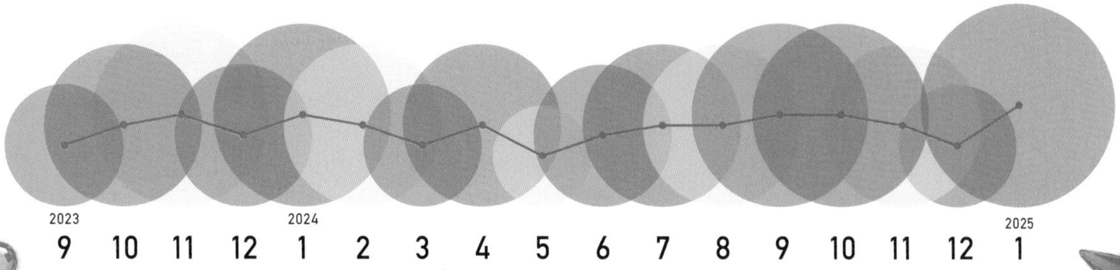

★房宿の開運暦2024★

1月

面白い話がたくさん来ても慌てない

元日はのんびり過ごすことができ、少し贅沢な気分も味わえそう。でも2日からは「七曜陵逼」。この期間に大きな買い物は控えて。人との交流も多く、面白い情報、興味深い話も入ってくるけれど、真に受けてすぐに動くと空振りに。特に24日「同宿」は、家の問題に気配りを。交渉やアポ入れは30、31日がよい。

日付	運	月齢	開運メッセージ
1(月)	成	◑	★ホテルステイや外食でゆったり気分を
2(火)	壊	◑	!新年の挨拶は、適当に済ませず丁寧に
3(水)	友	◑	$$思わぬ臨時収入の予感。ホクホクかも
4(木)	親	◑	★今年の目標に向けてできることから開始
5(金)	命	◑	!!!!大きな契約や決断は避けるべき
6(土)	栄	◑	★★親しい仲間と新年会。笑いが絶えない
7(日)	衰	◑	★足りない栄養素はサプリで効率よく補給
8(月)	意	◑	!!!!噂話に振り回されず、スルーして
9(火)	危	●	ひとつのことにこだわりすぎないように
10(水)	成	●	♥程よい距離感で、少しずつ仲良くなろう
11(木)	壊	●	!楽しい会合が続いたら、酒量に注意して
12(金)	友	●	★★面白い話や耳寄り情報が入ってきそう
13(土)	親	●	★★互いに頼り、頼られることで家庭円満
14(日)	事	◐	!!!!親切のつもりが余計なお節介に
15(月)	栄	◐	!!鵜呑みにして行動すると肩透かしも
16(火)	衰	◐	!!パートナーに不安をぶつけないように
17(水)	克	◐	!!!!交渉ごとは難航する。日を改めて
18(木)	危	◐	!!セールでも大きな買い物は避けるべき
19(金)	成	◐	!!目的意識を失うと、中途半端に終わる
20(土)	聚	◐	!!!!ドタキャンはNG。信用が失墜
21(日)	友	◐	興味がなくても相槌を打つことは忘れずに
22(月)	親	○	不満は優しく伝えたほうが改善が望める
23(火)	胎	○	過去の思い出に浸るよりも、未来志向で
24(水)	同	○	!!!!家族や家のことにもっと気を配る
25(木)	衰	○	ドライジンジャーを紅茶に。温活にもいい
26(金)	安	○	◆◆意外なところで経験や特技が生きる
27(土)	危	○	衝動買いする前に手持ちの服を思い出して
28(日)	成	○	★★新たな情報を得て、視点が大きく変化
29(月)	壊	○	!準備に時間がかかりそうなら早めに着手
30(火)	友	○	♥♥♥相手の好みに合ったデートに誘おう
31(水)	親	◑	★★★交渉によい日。アポ入れも積極的に

2月

〝当たり前〟の存在に変化の兆しが

仕事ややるべきこと、決めるべきことは9日までに集中して。10日からの「七曜陵逼」では、優先して、放置していたことや昔のことを片づけていくとよい。11日からの「魔のウィーク」では、あって当たり前と思っていたものや場所、人に変化があるかも。特に14日「克宿」の日は、思い通りにならなくても我慢。

日付	運	月齢	開運メッセージ
1(木)	命	◑	★ダラダラ続けていることは終わらすべき
2(金)	栄	◑	★★★気合を入れ直して、バッチリ決めて
3(土)	衰	◑	自慢話にイラつかない。適当に聞き流そう
4(日)	安	◑	$資金援助の予感。上手に使って恩返しを
5(月)	危	◑	苦手だと感じている人の長所を探してみる
6(火)	成	◑	◆やるべきことをきっちりこなして高評価
7(水)	壊	◑	!我慢しすぎ。爆発する前に言葉にしよう
8(木)	友	◑	♥♥♥意外な場面でモテていることを実感
9(金)	親	●	★★★ウィッシュリストに沿って行動して
10(土)	親	●	★★高級メゾンで一流のものに触れよう
11(日)	事	●	!!!!過去の話で大切な人を傷つけない
12(月)	栄	●	!!結婚を考える前に確認すべきことが
13(火)	衰	●	!!放置していたことにしっかり向き合う
14(水)	克	◐	!!!!思い通りにいかなくても腐らない
15(木)	危	◐	!!当たり前が崩れ、ショックを受けそう
16(金)	成	◐	!!いつもと違うやり方をするとミス連発
17(土)	聚	◐	!!!!愚痴っぽい。恨み節はほどほどに
18(日)	友	◐	窓が大きな解放感のある店でブランチを
19(月)	親	◐	本音と建前の使い分けで人間関係が円満に
20(火)	胎	◐	大きな鏡で体型から着こなしまでチェック
21(水)	同	○	!!!!ちゃんと清算しないと進まない
22(木)	衰	○	話は短く。脱線すると気持ちもこじれそう
23(金)	安	○	★★センスのいい友人とショッピングへ
24(土)	危	○	元気が出る曲をプレイリストに入れよう
25(日)	成	○	♥思いは秘めずに、はっきりとアピールを
26(月)	壊	○	!フライングはNG。皆と歩調を合わせて
27(火)	友	○	★★★新しい知識で価値観をアップデート
28(水)	親	◑	★★★意外な人からの褒め言葉に心はずむ
29(木)	命	◑	★ふーっと大きく息を吐くと体がほぐれる

3月

やりたいことを形にするのは16日以降

1～8日に家族のことや、住環境などを整えておくと、これ以降、動きやすくなる。9日からの「魔のウィーク」は基本、〝相手ファースト〟で過ごして。自分のやりたいことや胸の内を形にするのは、16日から。仕事面も愛情面も、思うだけではなく、行動や言葉にすることで、状況を変えることができます。

日付	運	月齢	開運メッセージ
1(金)	栄	◑	★★★持ち前の強運でチャンスをつかめる
2(土)	衰	◑	気乗りのしない誘いは顔を出さなくていい
3(日)	安	◑	$インテリアや収納に予算を。生活が整う
4(月)	危	◑	こだわりはほどほどに。視野を広く持って
5(火)	成	◑	★イベントを計画。楽しいことは皆で共有
6(水)	壊	◑	!いちいち指示せず、やり方は任せるべき
7(木)	友	◑	★★★相手をうまく乗せる交渉力が武器に
8(金)	親	◑	★★★家族LINEでコミュニケーションを
9(土)	業	●	!隠しごとは×。正直に伝えて潔く謝ろう
10(日)	栄	●	!人と比べて欠乏感や劣等感を持たないで
11(月)	衰	●	!風邪っぽいと感じたら、早めに病院へ
12(火)	安	●	!相手ファーストで動けば何事もスムーズ
13(水)	危	●	メールの返信には思いやりが伝わる一言を
14(木)	成	◐	!仲間内のマウンティングに関わると面倒
15(金)	壊	◐	!イライラを、人や物にぶつけてはダメ
16(土)	友	◐	やりたかったことを実現するための一歩を
17(日)	親	◐	離れて暮らす身内や友人に連絡し、話そう
18(月)	胎	◐	!外の空気を吸って頭の中を一度クリアに
19(火)	栄	◐	♥♥高望みでも見合った相手とのご縁が
20(水)	衰	◐	口角を上げてスマイル。気分も印象もUP
21(木)	安	◐	★就寝前にネロリの香りで深くリラックス
22(金)	危	◐	あまり悩まず、まずは形から入ってみよう
23(土)	成	○	★旅行を計画。宿は快適さ優先でセレクト
24(日)	壊	○	!危険な香りの人に魅かれがち。注意して
25(月)	友	○	◆◆◆希望の仕事に立候補。やる気を示す
26(火)	親	○	★★★キーパーソンとの出会いで運気上昇
27(水)	命	○	★人に左右されないで。自分を貫いていい
28(木)	栄	○	♥♥♥ストライクゾーンの人と出会えそう
29(金)	衰	◑	心のこもっていないお世辞は相手も気づく
30(土)	安	◑	★話題のアート展を鑑賞。感性にいい刺激
31(日)	危	◑	今まで接点のなかった人と友達になれそう

最大開運日 3/26、6/15　最大警戒日 1/20、2/14

房

4月

変化を求めたほうが運気も上向く

周囲の状況が変わり、調整に追われる月。でもそれをきっかけに、公私で新たなことに取り組み、変化を求めるといい運気に。特に恋愛は、結婚・同居など一歩前進させて。そうしないと二人の関係が微妙に変わってくる恐れ。16～29日は昔やっていた趣味の再開、子供の頃に憧れていた習い事への挑戦を。

日付	運	月齢	開運メッセージ
1(月)	成	◑	★★周囲に自然と溶け込み、存在感が増す
2(火)	壊	◑	！いろいろな意見に惑わされて優柔不断に
3(水)	友	◑	♥♥♥結婚や同居など一歩踏み込んでみて
4(木)	親	◑	★★★協力者のおかげで新たな夢ができる
5(金)	業	●	！周囲の変化に追いつくのに精一杯かも
6(土)	栄	●	！ボディケアは時間もお金もケチらない
7(日)	衰	●	！他人の目や常識にとらわれすぎ。自由に
8(月)	安	●	！健康診断へ。気になる不調も相談しよう
9(火)	安	●	！勢いに任せて動かないで。何事も慎重に
10(水)	危	●	自分の希望よりも相手の要望に応えるべき
11(木)	成	●	！「ありがとう」の一言を忘れてはいけない
12(金)	壊	●	！余計なものを持たない。バッグは小さく
13(土)	友	◐	ご無沙汰している先輩や友人とお茶しよう
14(日)	親	◐	恋愛映画を見て、恋する気持ちを取り戻す
15(月)	胎	◐	！パワーが低下。早めに帰宅して家で寛ぐ
16(火)	栄	◐	★★新たな挑戦をするなど変化を楽しもう
17(水)	衰	◐	スマホを触っている時間をいつもより短縮
18(木)	安	○	★昔の趣味を再開。夢中だった思いも蘇る
19(金)	危	○	場の空気を壊すネガティブ発言は避けよう
20(土)	成	○	$プロのアドバイスをもとに保険を見直し
21(日)	壊	○	！なんとなくつき合っていても時間の無駄
22(月)	友	○	★★★あなたの個性を認めてくれる人が
23(火)	親	○	★★★子供の頃に諦めた習い事にトライ
24(水)	命	○	★開運の花・スターチスの鉢植えを窓辺に
25(木)	栄	○	◆◆◆求められることが武器。一層磨いて
26(金)	衰	○	物が見つからないなら、まず片づけから
27(土)	安	◑	★プチギフトを贈ると自分も周りも幸せに
28(日)	危	◑	あまり行かない街へ。好きな店が見つかる
29(月)	成	◑	♥♥心ときめく再会が。近況を聞いてみて
30(火)	壊	◑	！先方の出方を待ってから、行動に移そう

5月

出会い運好調！ 積極的にコンタクトを

GWは仕事をしたり、大事な人の誘いや、周囲の都合に合わせて動くと「魔のウィーク」でも平和で充実。プライベートでもビジネスでもよきパートナーと出会える時なので、今月、何かでコンビを組んだ人とのご縁は大切に。本気なら婚活は29日まで全力で。困難や停滞は第三者の忠告や介入でうまくいきそう。

日付	運	月齢	開運メッセージ
1(水)	友	◑	★★★よく笑い、よく食べると幸せが増幅
2(木)	親	◑	♥♥♥今月は全力で婚活を。成果が出る時
3(金)	業	◑	！たまっていた仕事を処理するとスッキリ
4(土)	栄	●	！やりすぎ、はしゃぎすぎに気をつけよう
5(日)	衰	●	！自分をよく見せようと見栄を張らないで
6(月)	安	●	！人の誘いや都合に合わせて動くと楽しい
7(火)	危	●	！図に乗って、多くを求めすぎないように
8(水)	成	●	！ルーティンワークこそ丁寧さを忘れない
9(木)	壊	●	！急かさないで。相手には相手のペースが
10(金)	友	●	MCTオイルなど、体にいい油を取り込んで
11(土)	親	●	今日は自分のペースで過ごす休日にしよう
12(日)	胎	●	好きな人のエッセイを。共感できる言葉が
13(月)	栄	◐	★★「誰かのため」に動くことが幸運の鍵
14(火)	衰	◐	がっかりすることがあっても、やがて糧に
15(水)	安	◐	★気になることは直接聞くといい解決法が
16(木)	危	◐	メリハリのある時間の使い方で万事順調
17(金)	成	◐	★ライバルの存在が自分にとってプラスに
18(土)	壊	○	！疲労が顔に。フェイスパックで集中ケア
19(日)	友	○	♥♥♥相性のよさを実感できる相手が出現
20(月)	親	○	◆◆◆最高の仲間たちとタッグが組めそう
21(火)	命	○	★開運石のブレスやチャームがお守りに
22(水)	栄	○	★★★昔やっていた運動で気持ちも前向さ
23(木)	衰	○	うまくいっていても最後まで気を抜かない
24(金)	安	○	★人から聞いたアプリで生活の不便が解消
25(土)	危	○	疑ってばかりでは進まない。相手を信じて
26(日)	成	○	$無駄を抑え、お得なプランで経費削減を
27(月)	壊	○	！意地を張らずに協力をお願いしてみよう
28(火)	友	◑	★★★副業や転職に有益な情報が集まる
29(水)	親	◑	★★★第三者の協力で状況が一気に好転
30(木)	業	◑	！不安や迷いは失敗を呼ぶ。強い気持ちで
31(金)	栄	◑	！！注目度が増すほど、嫉妬ややっかみも

6月

新旧交代して、バージョンアップ!!

身の回りのものや組織、人間関係などで、新旧の入れ替えがありそう。「終わりよければすべてよし」で締めくくりを大切に。仕事や物の引き継ぎ、受け渡し、共有は、互いによい切り替え、バージョンアップに。行き詰まったら、誰かや何かの模倣から始めると、ゆっくりとあなたのオリジナリティが見つかる。

日付	運	月齢	開運メッセージ
1(土)	衰	◑	！当たり前と思わない。もっと感謝しよう
2(日)	安	◑	！！目立ちすぎないように地味めな服装で
3(月)	危	●	！文章を斜め読みすると早合点の危険も
4(火)	成	●	！生活の乱れを正して。まずは早起きから
5(水)	壊	●	！！様々な文化で気苦労が。淡々と過ごして
6(木)	友	●	ヨガやストレッチを習慣に。心も解放的に
7(金)	親	●	組織改変に伴う新旧交代は前向きに考えて
8(土)	胎	●	最低5分、心静かに瞑想する時間を持とう
9(日)	栄	●	♥♥アジサイの名所へ。二人の写真も撮影
10(月)	衰	●	失言に注意。考えをまとめてから発言して
11(火)	安	◐	★プチ模様替え。雑貨で夏らしい雰囲気に
12(水)	危	◐	すぐに否定しないで、前向きな改善策を
13(木)	成	◐	★SNSで情報発信。好感触が得られそう
14(金)	壊	◐	！面倒なことから対処を。後回しにしない
15(土)	友	◐	★★★★イメチェンが大成功。反応も上々
16(日)	親	○	$$$スクラッチくじや懸賞で運試しを
17(月)	命	○	★本当に大事にしたい人は誰かがわかる
18(火)	栄	○	★★★尊敬する人をまねることから始めて
19(水)	衰	○	スピード勝負ではなく丁寧さにこだわろう
20(木)	安	○	★今までと違う貯蓄法をリサーチしてみて
21(金)	危	○	ジェネレーションギャップに驚きと発見が
22(土)	成	○	♥相手を応援し、尽くすことで愛が深まる
23(日)	壊	○	！欲しくても、本当に必要かどうかを熟考
24(月)	友	○	★★★ゆっくりと、自分の独自性を出して
25(火)	親	○	◆◆◆引き継ぎは丁寧に。今後に生きる
26(水)	業	○	！強気の交渉は逆効果に。受け身で進めて
27(木)	栄	◑	！モメごとの原因は、ワガママな態度かも
28(金)	衰	◑	！安易に人を紹介しない。信用に関わる
29(土)	安	◑	！ゆったり入浴。銭湯や日帰り温泉もいい
30(日)	危	◑	！二人の未来が見えないと、愛情も揺らぐ

★房宿の開運暦2024★

7月

離れていく人や物は追わなくてOK!

予想外の出来事や変化がありそう。離れていく人や物もあるけれど、それに代わるものが必ず見つかる時なので、追いかけないこと。ダメな状況からは5、6日の「胎」の連続日を過ぎたら、あなたのほうから離脱してOK。趣味などに集中すると心の中を形にできそう。夏休みは旅に出て日常を離れるのもいい。

日付	運	月齢	開運メッセージ
1(月)	成		根気が続かないかも。細かい作業は避けて
2(火)	壊		!別れ話などがあっても「去る者追わず」で
3(水)	友		!白黒をはっきりさせず、時にはグレーも
4(木)	親		★相手とわかり合える日。飾らない本音を
5(金)	胎		愚痴をこぼせる相手を見つけて。心が和む
6(土)	胎		ロイヤルブルーのアイテムで気分も爽やか
7(日)	栄		♥♥七夕の短冊に、二人の夢をしたためて
8(月)	衰		室内では肌寒いかも。羽織り物を忘れずに
9(火)	安		★自分の時間を確保すると、気持ちも安定
10(水)	危		いつまでもしがみつかずに、未来を見よう
11(木)	成		★緻密で繊細な仕事が周りに認められる
12(金)	壊		!上から目線な発言が増えそう。自粛して
13(土)	友		★★★★絶景ビーチなどで非日常感を満喫
14(日)	親		$$$誰かが喜ぶことへの出費は惜しまず
15(月)	命		★神社仏閣を訪ねて。緑の中で深い呼吸を
16(火)	栄		◆◆◆新たなプロジェクトを立ち上げよう
17(水)	衰		手に余るようなら、誰かにSOSを出して
18(木)	安		★何かに集中すると、思いを形にできそう
19(金)	危		睡眠中のエアコンの設定温度を微調整して
20(土)	成		★打ち込める趣味が。没頭する時間が幸せ
21(日)	壊		!八方美人は×。一途な態度で接すること
22(月)	友		♥♥♥共通の目標を持つことで絆が深まる
23(火)	親		★★★深追いはNG。縁があれば戻るはず
24(水)	業		!外見は印象に大きく影響。気を抜かない
25(木)	栄		!トラブルが再燃。今度こそ丸く収めよう
26(金)	衰		!冷たいもののとりすぎや食べすぎに注意
27(土)	安		!人の話に割って入らず、最後まで聞いて
28(日)	危		!予定は詰め込むよりひとつに絞ること
29(月)	成		まずは与えられた仕事をしっかりやろう
30(火)	壊		!クールになりすぎ。もっと親身になって
31(水)	友		!しんどいと思ったら休憩を。健康が第一

8月

話し合いで、仕事も愛情も安定♡

気持ちや勢いだけで先行していたことの、現実的な調整をすべき時。特にお金やマンパワーに関しては丁寧に見直しを。大事な人とは改めて話し合って。そうすることで新しい計画は着実に進み、変化した環境や人間関係も落ち着き、仕事も愛情も安定します。金運では予想外の幸運が。欲張りや独り占めはNG。

日付	運	月齢	開運メッセージ
1(木)	親		★金銭面や人員面について見直すと盤石に
2(金)	胎		観葉植物や苔玉を飾ると部屋の気が浄化
3(土)	栄		★カラオケで懐メロソングで盛り上がろう
4(日)	安		★テレビでスポーツ観戦。感動をもらえる
5(月)	危		ランチはうな重で決まり。夏バテを予防
6(火)	成		★細かな話し合いで計画が着実に進みそう
7(水)	壊		!ノリや勢いで進んでいることを見直して
8(木)	友		◆◆◆褒められた分野でスキルの習得を
9(金)	親		★★★味方が増えて仕事がやりやすくなる
10(土)	命		★スパイシーなピリ辛料理で気合を入れて
11(日)	栄		♥♥♥初対面でも、共通の話題で意気投合
12(月)	衰		お洒落をして外出しよう。気持ちが上がる
13(火)	安		★周囲の期待をモチベーションに変えて
14(水)	危		のんびりしすぎるとせっかくの機会を逃す
15(木)	成		★職場の人間関係がなじんできてスムーズ
16(金)	壊		!すべてにおいて完璧を求めるのは無茶
17(土)	友		$$$思わぬ収入が。大切な人にもご馳走
18(日)	親		★★★ポジティブな人の影響で前向きに
19(月)	業		!説教臭くなりそう。アドバイスは簡潔に
20(火)	栄		!感謝の気持ちを忘れると、味方をなくす
21(水)	衰		!そろそろ潮時と思うことは潔く終わりに
22(木)	安		!腰が引けている。もっと欲を持っていい
23(金)	危		!あざとい計算はかえって事を荒立てそう
24(土)	成		!居心地の悪い場所からは早めに撤退を
25(日)	壊		!恋愛の理想と現実のギャップで悩むかも
26(月)	友		メンバーで情報共有できる仕組み作りを
27(火)	親		当たって砕けろぐらいのチャレンジ精神で
28(水)	胎		楽しいことをイメージ。〝幸せ脳〟を作ろう
29(木)	栄		♥♥会話を大事にすると交際がさらに安定
30(金)	衰		機嫌が悪いと思われないように笑顔多めで
31(土)	安		★エステやマッサージで緊張した体を解放

9月

パワー大! うれしい出来事の予感

会いたかった人に会えたり、仕事の拡大や発展など、うれしい出来事が多い時。でも3日から「七曜陵逼」なので、よい出来事ほど慎重に気を引き締めて。調子がよくても、度重なる出費は×。信頼できる人にも甘えすぎず、新たな出会いも急ぎすぎないで。「六害宿」の日にデートや買い物、お金の話はしないこと。

日付	運	月齢	開運メッセージ
1(日)	危		目先のことより、数年先を思い描いてみて
2(月)	成		◆仕事の幅が広がるチャンス。積極的に
3(火)	壊		!一歩引き、相手を思いやる余裕を持って
4(水)	友		★★問題を冷静に分析。解決へのヒントが
5(木)	親		★信頼できる人と出会える。会話も楽しい
6(金)	命		!!!!お金の話は避けて。話題転換を
7(土)	栄		★★行動範囲を広げてみて。人脈も広がる
8(日)	衰		★古民家カフェでお茶。懐かしさが癒しに
9(月)	意		!!!!進展を焦ると相手に引かれそう
10(火)	危		悪口や陰口っぽい話題には加わらないで
11(水)	成		$アートやブランド品などへの投資知識を
12(木)	壊		!満たされない気持ちを他の人で埋めない
13(金)	友		★★知人のつてで会いたかった人に会える
14(土)	親		♥♥変に強がるより素直に甘えるのが正解
15(日)	事		!!!!お得感に乗せられると後悔しそう
16(月)	栄		!!うまい話には裏がある。徹底的に確認
17(火)	衰		!!知識のない、新たな健康法は試さない
18(水)	克		!!!!欲や甘えが出るとつけ込まれそう
19(木)	危		!!友達との関係性をないがしろにしない
20(金)	成		!!調子に乗って新しいことを始めないで
21(土)	聚		!!!!モメそうな日。デートは別の日に
22(日)	友		秋冬の最新ファッションをチェックしよう
23(月)	親		辛い経験も語り合って。そこで絆が強まる
24(火)	胎		ブルーカモミールのアロマでイライラ緩和
25(水)	同		!!!!親しくなっても依存しすぎはダメ
26(木)	衰		力みすぎると力を発揮できない。平常心で
27(金)	安		★★仲間を大切に。皆の話をじっくり聞く
28(土)	危		朝食は、ヨーグルトとグラノーラで軽めに
29(日)	成		♥♥弱った心もパートナーが支えてくれる
30(月)	壊		!反応が薄いなと思ったら迷わず撤退して

最大開運日 7/13、11/1　最大警戒日 9/18、10/13

房

10月

引き続きパワー大!! エンジョイしよう

やりたくてもなかなかできなかったことを実行できたり、楽しく過ごせる時。でも「七曜陵逼」に起きたよいことは、半分は〝まぼろし〟なので、舞い上がりすぎないように。よいことがあっても、それまでの予定を変えないで。特に浮気、遊びの恋は厳禁。大事なこと、急ぐことは、29～31日に確認とダメ押しを。

日付	運	月齢	開運メッセージ
1(火)	友	●	★★★ずっとやってみたかったことが実現
2(水)	親	●	★★★人気のフレンチでリッチなコースを
3(木)	親	●	★理想のライフプランを具体的に考えよう
4(金)	命	●	！！！！！今日の勝負は回避!! 敗色濃厚
5(土)	栄	◐	♥♥才能ある人に魅かれる。アプローチを
6(日)	衰	◐	★バスタイムの集中ケアで美髪をキープ
7(月)	意	◐	！！！！期待先行で予定を変えるのは危険
8(火)	危	◐	人に振り回されストレスが。一人の時間を
9(水)	成	◐	$副業で新たな収入のチャンネルが増える
10(木)	壊	◐	！自己中になりがち。今日はおとなしく
11(金)	友	◐	★★人前に出ることを楽しんで。臆せずに
12(土)	親	◐	♥♥ロマンティックな出会いにときめく
13(日)	事	◐	！！！！即決は×。必ず一度持ち帰って
14(月)	栄	○	！！家の中でもケガやアクシデントに注意
15(火)	衰	○	！！「たられば」を言うよりやるべきことを
16(水)	克	○	！！！！大きなお金を動かすのはやめて
17(木)	危	○	！！その場の話かも。舞い上がりすぎない
18(金)	成	○	！！慌てて何かを始めようとすると裏目に
19(土)	聚	○	！！！！長所と短所の両方に目を向けて
20(日)	友	○	心がほっこり和むような出来事があるかも
21(月)	親	◑	運動不足解消のために一駅分、歩いて帰宅
22(火)	胎	◑	「なんとかなるさ」と気楽に考えるのが一番
23(水)	同	◑	！！！！浮気心や遊びの恋は追い払って
24(木)	衰	◑	野菜たっぷりのコンソメスープで栄養補給
25(金)	安	◑	★★大事な縁をつないでくれた人に感謝を
26(土)	危	◑	物の紛失に注意。使った後は所定の場所へ
27(日)	成	◑	★★ワクワクするような楽しいお誘いが
28(月)	壊	◑	！感情的にならないで。穏やかに対処を
29(火)	友	◑	◆◆◆SNSの活用で趣味が仕事に発展も
30(水)	親	●	★★★自分の殻を破れば、新たな扉が開く
31(木)	命	●	★重要な案件はよく確認。ダメ押しも有効

11月

夢の実現は、ゆっくり進めるのが吉

新月の１日は仕切り直してスタートするいいタイミング。９日からの「魔のウィーク」には最近、急に決まったこと、進みすぎたことに対して、揺り戻し的な変更やキャンセルがあるかも。でも、それが結果的には16日以降に個性的なインスピレーションや夢をもたらしてくれる。それらの実現はゆっくりと進めて。

日付	運	月齢	開運メッセージ
1(金)	栄	●	★★★リスタートで早速うれしい流れが
2(土)	衰	●	散歩がてら、自分だけのパワースポットへ
3(日)	安	●	★ダークレッドを差し色に。お洒落度UP
4(月)	危	◐	口コミ評価を確認してから購入を決めて
5(火)	成	◐	★また会いたいと思わせる人になれば勝ち
6(水)	壊	◐	！でしゃばり禁止。一歩引いたスタンスで
7(木)	友	◐	♥♥♥パートナーとの将来が具体化しそう
8(金)	親	◐	★★★欲しかったものを手に入れられそう
9(土)	業	◐	！口調にトゲが出そう。マイルドに変換を
10(日)	栄	◐	！家族にも相談を。対話の時間を増やして
11(月)	衰	◐	！人と比べて卑屈になるよりも自分を磨く
12(火)	安	◐	！急なキャンセルや変更には冷静に対応を
13(水)	危	○	友人がハマっている趣味に参加。楽しもう
14(木)	成	○	！疲れが出そう。仕事は早めに切り上げて
15(金)	壊	○	！チームの流れを乱さない。協調性が大事
16(土)	友	○	アフタヌーンティープランで優雅なひと時
17(日)	親	○	〝推し〟の存在がパワーに。思う存分、活動
18(月)	胎	○	！様々な可能性を想定して、準備を整える
19(火)	栄	◑	♥♥復活愛の運気。気持ちがあるならGO
20(水)	衰	◑	終わったことをしつこくグチグチ言わない
21(木)	安	◑	★調整を経たことで、新たな夢が見つかる
22(金)	危	◑	ユーモアを一言プラスすると、危機回避に
23(土)	成	◑	★新規開拓した美容系のサロンが大当たり
24(日)	壊	◑	！コンプレックスと向き合う勇気が必要
25(月)	友	◑	★★★理想の実現に向けて長期計画で邁進
26(火)	親	◑	$$$くじ運がいい時。挑戦する価値あり
27(水)	命	◑	★インスピレーションが冴える。メモして
28(木)	栄	◑	◆◆◆従来の働き方にこだわらなくていい
29(金)	衰	●	鍋や煮込み料理などで心も体もポカポカに
30(土)	安	●	★年齢に合ったトレンドを取り入れて輝く

12月

取り戻したいことは29日までに

2024年に起こった様々な変化の中で、「取り戻したい」「守りたい」と思えることに気づきそう。その時は29日までに行動を起こせば、何かを変えられるはず。誰かに思いを伝えたい時は贈り物に託すといい。また、今年は季節のイベントも大切に。30、31日は「壊」の連続日なので、人に期待しすぎないように。

日付	運	月齢	開運メッセージ
1(日)	危	●	ツリーやリースを飾ると、気持ちが華やぐ
2(月)	成	●	$$AI投資など、しっかり調べて賢く利用
3(火)	壊	●	！不誠実な対応をすると自分が不利になる
4(水)	友	◐	★★★貪欲に上を目指して。目標は高めに
5(木)	親	◐	◆◆◆協力者と共に具体的なアクションを
6(金)	業	◐	！不安要素を書き出すと頭が整理される
7(土)	栄	◐	！やるべきエリアごとに分けて大掃除開始
8(日)	衰	◐	！がっつり系ではなく、体に優しい食事を
9(月)	安	◐	！予想外の出来事で物事がストップしそう
10(火)	危	◐	！ギャンブルで儲けても、他の収入が縮小
11(水)	成	◐	！大切なものは、失ってから気づくもの
12(木)	壊	◐	！納得いかないルールでも逆らわないこと
13(金)	友	○	優先順位を決めておくとテンポよく動ける
14(土)	親	○	グルテンフリーを意識。胃腸の負担が軽減
15(日)	胎	○	新しい手帳に2025年の目標をリストアップ
16(月)	栄	○	♥♥経済面と子供を優先に考えて結論を
17(火)	衰	○	乾燥による肌荒れに注意。丁寧に保湿ケア
18(水)	安	○	★取り戻したいことがあるなら行動しよう
19(木)	危	◑	交通状況にも気を配りつつ、時間に余裕を
20(金)	成	◑	★諦めなければ挽回の余地はたくさんある
21(土)	壊	◑	！プライベートでは義務感を捨てて自由に
22(日)	友	◑	♥♥♥クリスマス一色の街を二人で歩こう
23(月)	親	◑	★★★自分のセールスポイントをプッシュ
24(火)	命	◑	★相手のことを考えたギフトが心をつなぐ
25(水)	栄	◑	★★★仲間とパーティを。コスプレもあり
26(木)	衰	◑	アレルギー予防のため、食事の偏りに注意
27(金)	安	◑	★正月飾りは明日までに。歳時記を大切に
28(土)	危	◑	つま先立ちなど隙間時間にエクササイズを
29(日)	成	◑	★ボランティアや寄付などは〝運の貯金〟に
30(月)	壊	●	！人に期待しすぎないほうが精神的に平和
31(火)	壊	●	！年越し準備は自分でマイペースに進めて

モテモテ体質No.1 心をつかむ達人

18 心宿

しんしゅく

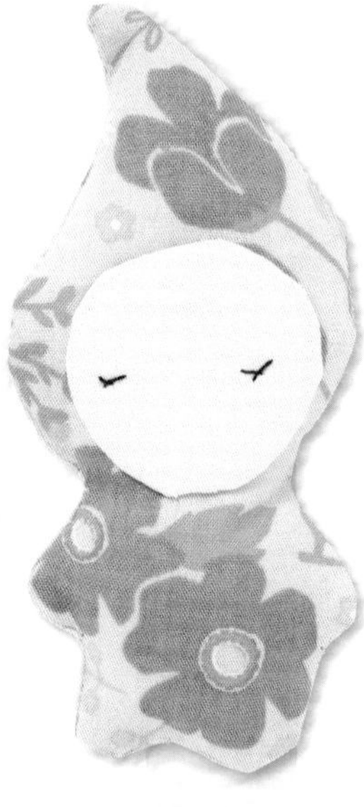

★開運キーワード★

◆ Color ◆
マンダリン　コーラルレッド

◆ Spot ◆
美術館　和室

◆ Food ◆
スムージー　米粉製品

◆ Item ◆
復刻デザイン　ペアグッズ

◆ Stone ◆
ダイヤモンド　ヘマタイト

◆ Aroma ◆
ローズ　甘夏

◆ Flower ◆
プルメリア　カリン

心宿ってこんな人

「心」は人の中心にある重要な部分を表す。内面の探究のため経験を積む宿で、成熟した知恵を持ち、頭の回転も速い。他人の心を察知して振る舞い、順調に運をつかむ。だが他人の裏が読めてしまうだけに、内面はナイーブで臆病。「これだ！」という目標や居場所が見つかれば安定する。恋愛では相手の理想に合わせて振る舞えるのでモテるが、本命には超臆病。フラれないと確信するまで近づけない。複雑なハートの持ち主なので、逆に裏表のないアプローチに弱い傾向も。左腕をストレッチで伸ばすと、滞った運気が流れて開運に。

この宿の有名人

レディー・ガガ　板谷由夏　菅野美穂　堀田茜　吉岡里帆　芳根京子　島﨑遥香　西野七瀬　小野花梨　影山優佳　アイナ・ジ・エンド　笑福亭鶴瓶　郷ひろみ　阿部寛　YOSHIKI　反町隆史　ムロツヨシ　星野源　永山瑛太　向井康二　岸優太　森本慎太郎　松島聡　松坂大輔

2024年開運3か条

1 他人のどんな言葉や態度も、ヒントや反面教師にしよう

2 よいと思ったアイテムは積極的に取り入れる。誰かのまねでもOK

3 育てたいのは、自己表現の方法。思いを込め、何かを作り出して

★2024年の全体運★

想定外なこともしっかり受け止めよう。よきパートナーを引き寄せる強運の年

★2024年の特徴　2024年は何かをつかみにいくよりも、今、できることを確実にこなし、現実と折り合いをつけることが必要になる、やや受け身な年です。運気は〝遠距離〟の「栄」で、〝遠距離〟なので、自分でコントロールしにくいことが起こりがちですが、それらをしっかり受け止めることで、結果的によい出会いや多くの気づきにつながる、意外に強運な年なのです。時には主導権を人に渡したり、誰かに尽くさねばならないこともありますが、人から影響を受け、自分とは違う考えに触れることで、新しい自分に出会えるはず。2024年は妥協や譲歩もある中で、趣味やスポーツ、お洒落など、何か個性を出せる〝自己表現〟の方法をぜひ探してください。それらが自分を客観視し、心身のバランスをとるだけでなく、今の生活を自分らしくアップデートしてくれるでしょう。

★1年の運気の流れ　**1、2月**は「七曜陵逼」なので、心機一転で動きだしたくなっても、家族やパートナー、仕事の状況に合わせて静かに過ごして。行動に移すのは**3月**以降に。**4月**は恋愛やプライベートで、**5月**は仕事関係で、よい話が舞い込んだり、うれしい出会いが期待できそう。これまでの生活を大きく変えるのに適したタイミングです。もしここで動かなくても、**6、7月**には周囲に変化があり、**8月**に思いがけない形で新たなスタートを切ることになりそう。また、昔やっていたことを復活させる兆しも。続く**9、10月**は勢いがつきやすい時ですが、「七曜陵逼」なので、盛り上がっても先行きは不安定。それらも**11、12月**の仕切り直し、やり直しで安定します。2024年は公私でよきパートナーを得て、強くなれる時。あなたが〝見つける〟より向こうが〝見つけてくれる〟ことが多そうなので、相手を引き寄せられるように自分の能力や魅力を磨いて。出会いの時は**4、5月、7、8月**です。

★愛情運★

4月にケジメをつけると、恋に新たな展開が

あなた自身の、愛に求めるものが変わってきそう。トキメキより安心、追いかける恋より受け入れる愛にシフトするほうが幸せになれる年です。**1～3月**は片思いや好きな相手の反応に一喜一憂して悩みがち。でも**4月**に苦しい恋や曖昧な関係にケジメをつければ、違う展開に。**3月26日～5月30日**の本気の婚活は実を結びやすく、**7月21日**までに新たな恋を探したり、求愛を受け入れたりすれば、安定した愛を手に入れられる可能性が。長年のカップルも、現実的な問題に二人で向き合えば関係が改善され、冷めかけた愛であっても蘇りそうです。逆に**7月**以降に浮気に走ったり、秘密の関係を続けたりすると、**11、12月**には家族関係が大揺れになる恐れ。

★仕事運★

イマイチな時は相手や環境を変えると好転

一緒に働く相棒や取引相手、働く場所からの影響を受ける時。一人でする仕事でも、同じ立場で話せたり、連携できる人がいると安心してうまくいく。不調な時は、仕事相手や場所を変えるのが改善の近道。でも**1、2月**は「七曜陵逼」なので、マイナーな変更でも実行は**3月17日～5月30日**に。**6、7月**は、仕事相手や働く場所に変化がある暗示。転職や新規開拓の営業をするなら**7、8月、11、12月**が◎。うれしい誘いがあったり、趣味や特技が意外な形で役に立ったりする。オーディションなどもよく、この時期に受けた褒め言葉や助言は今後の仕事の大きなヒントに。何があっても「七曜陵逼」の**9、10月**は焦って自分から大きな勝負を仕掛けないように。

★金運★

金運上昇は6月以降。臨時収入の可能性も

収入アップだけでなく、遺産や保険金の入金の可能性もある年。お金に関する公的制度を調べるのも吉。ただ**1、2月**の「七曜陵逼」での大きな買い物は×。**3、4月**は、趣味やレジャーで予算オーバーをしないように。金運が本格的に上向くのは**6月**以降ですが、華やかなつき合いが広がって交際費が増え、家族や住居のケアへの出費も。**8月**は預かり物の扱いに注意し、お金の公私混同をしないこと。**6月**は貯蓄、**11月2日～12月6日**は投資について学んで。**6月10～26日、8月1～19日**は勝負運が強い時。くじや懸賞にチャレンジを。

★美容・健康運★

信頼できるプロに出会え、効果が上がる年

3、4月が体のメンテナンスによい時。信頼できる治療者や施術者、アドバイザーに出会えます。個人指導を受けるのも効果的。ダイエットは**3月26日**、美容ケアは**4月21日**のスタートが最強。**6月**以降は何事にも依存度が高くなるので注意。特に**8月20日**からの「魔のウィーク」と「七曜陵逼」の**9、10月**は好きなこと、体によいこともやりすぎないで。**11月**は家の中でのアクシデント、**12月**は感染症などに警戒を。お洒落はTPOを重視し、ここぞという時はプロの力を借りて。**3月20日～4月5日、7月4～27日**はイメチェンが成功しそう。

★七曜陵逼の乗り切り方★

心宿が各時期に気をつけるべき大事なことをアドバイス。要チェック！

1 1/2 ～ 1/28

コミュニケーションは活発だけど、面白そうな話には飛びつかないで。懸案事項など話す必要があることは「六害宿」の日を避けて。

2 2/10 ～ 2/25

終わったはずの話、過去の問題が蒸し返されて困惑。自分も余計な昔話はせずに。「六害宿」の日に家族とモメると深い溝ができる恐れ。

3 9/3 ～ 9/29

意外に目立つ時。悪気はなくても、素っ気ない態度だと誤解されやすいので「六害宿」は意識して謙虚に、明るく。単独行動もしない。

4 10/3 ～ 10/27

行動範囲も人間関係も広がる時だが、先につながるかは不透明。お金が絡んだら慎重に。「六害宿」の日は、人にあおられて動かないで。

Energy Power 2月、4月は停滞するも夏に向かいパワー上昇。MAXは7月と9月！

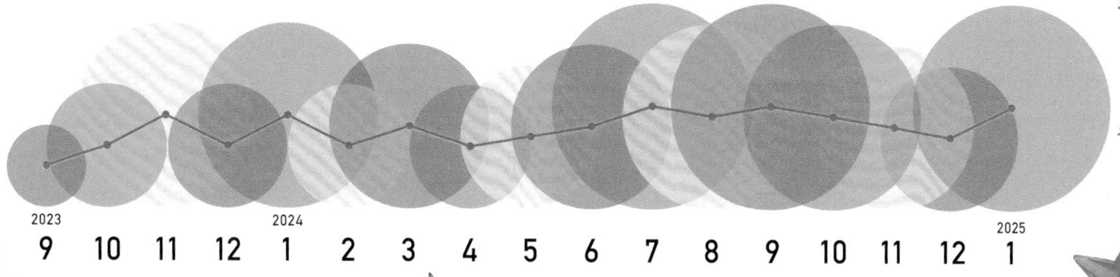

★心宿の開運暦2024★

1月

レスポンス、特に「NO」は早めが吉!

気持ちに行動がついていかず、すぐに口約束や、安請け合いをしてしまいがち。まずいと思ったら早めに、「六害宿」の日を避けて断ること。レスポンスも引っ張らず、早めが大事。25日「同宿」のドタキャンは特にダメージ大。今月は勉強や学びに集中すれば成果を出せる時。大事なことは29日、31日に確認を。

日付	運	月齢	開運メッセージ
1(月)	危	◑	着物を着るなど、お正月気分を盛り上げて
2(火)	成	◑	★家族やパートナーと日本酒で初春を祝う
3(水)	壊	◑	!周りに合わせたほうが物事が円滑に進む
4(木)	友	◑	★仕事始めの挨拶から距離が縮まることも
5(金)	親	◑	★★★同期や仲間と食事。話が盛り上がる
6(土)	命	◑	!!!!安請け合い、口約束はしないこと
7(日)	栄	◑	★★★気になることを相談。解決策がある
8(月)	衰	◑	体の弱点に気づいて、早めにメンテナンス
9(火)	意	●	!!!!面白そうな話に飛びつくのは危険
10(水)	危	●	下手に言い返すと険悪に。スルースキルを
11(木)	成	●	$税金や、貯金の金利について勉強しよう
12(金)	壊	●	!無理な予定や頼まれごとは即、断るべき
13(土)	友	◐	★★素早い対応が功を奏し、うまくいく
14(日)	親	◐	♥♥相手の何気ない言動にドキドキしそう
15(月)	事	◐	!!!!調子に乗らず、万事控えめにして
16(火)	栄	◐	!!自分があるのは、周りの助けのおかげ
17(水)	衰	◐	!!よくわからないなら手を出さないで
18(木)	克	◐	!!!!神経がすり減る。セルフケア重視
19(金)	危	◐	!!ケアレスミスがおおごとになりやすい
20(土)	成	◐	!!どんなに欲しくても高価な買い物は×
21(日)	聚	◐	!!!!感情に任せて行動しないように
22(月)	友	◐	ビビらずに体重計へ。現実を受け止めよう
23(火)	親	○	ストレッチボールで体中のコリをほぐして
24(水)	胎	○	★「なりたい自分」になるための策を思案
25(木)	同	○	!!!!ドタキャンをすると信用が急降下
26(金)	衰	○	★歯の定期健診は大事。予約を入れてみて
27(土)	安	○	★学びやお稽古に集中。充実感が得られる
28(日)	危	○	★駆け引きを楽しむ系のスポーツが楽しい
29(月)	成	◑	♥二人で将来のことを話し合うといい日
30(火)	壊	◑	!噂や口コミだけで判断するのは間違い
31(水)	友	◑	◆◆◆「報・連・相」を忘れずに動くこと

2月

パワー急降下。なりゆきに任せよう

伝えたいこと、話し合いたいこと、調べたいことは1～9日に集中して。特に恋愛や家族の問題、交渉ごとはこの期間に。10日から「七曜陵逼」なので、あとはなりゆきに任せて。無闇に深掘りすると、知りたくない話が出てきそう。特に「魔のウィーク」に、無遠慮に突っ込むと、人間関係が修復不能になる恐れ。

日付	運	月齢	開運メッセージ
1(木)	親	◑	★★★交渉を進める好機。よく話し合って
2(金)	命	◑	★調べ物などに集中できる日。波に乗れる
3(土)	栄	◑	★★★伝えたいことがあれば、口にしよう
4(日)	衰	◑	暖かい機能性肌着や便利グッズで冷え対策
5(月)	安	◑	$フリマアプリでこまめにお小遣い稼ぎを
6(火)	危	◑	出かける前に鏡で正面と後ろ姿をチェック
7(水)	成	◑	★開運石・ダイヤモンドをお守り代わりに
8(木)	壊	●	!期待に応えようと頑張りすぎないこと
9(金)	友	●	★★★会話を楽しめれば人間関係が深まる
10(土)	友	●	♥♥愛情を素直に受け止めて。幸せ感倍増
11(日)	親	●	★★いつも行かない美術館へ足を延ばそう
12(月)	事	◐	!!!!余計な昔話は避けておくのが得策
13(火)	栄	◐	!!思ったより経費がかさみ、金欠の危機
14(水)	衰	◐	!!タスクが山積み。優先順位を決めよう
15(木)	克	◐	!!!!身内とモメると、深い溝ができる
16(金)	危	◐	!!終わったはずの問題が、噴出するかも
17(土)	成	◐	!!誤解は簡単には解けない。時間が必要
18(日)	聚	◐	!!!!過干渉や他人に介入しすぎはNG
19(月)	友	◐	ピリ辛なキムチ鍋で体の内部からポカポカ
20(火)	親	◐	成功や称賛は独り占めせず、分かち合おう
21(水)	胎	◐	★朝食前に、白湯を飲むルーティンを開始
22(木)	同	○	!!!!努力の方向性が間違っているかも
23(金)	衰	○	★乳酸菌や麹を。自然の力で美しく健康に
24(土)	安	○	★伝統や匠の技に触れ、心に栄養を与えて
25(日)	危	○	★友人に話を聞いてもらうと頭の中が整う
26(月)	成	○	♥頭でっかちにならず、今の流れに任せて
27(火)	壊	○	!ローンや借金を抱えてまで買う必要なし
28(水)	友	◑	★★★もうひと粘りしてみると光が見える
29(木)	親	◑	◆◆◆身近な人のサポートが強い推進力に

3月

お洒落や美容に力を入れると開運に

趣味や好きなことを楽しめる時。気分転換になり、嫌な流れを変えるきっかけにも。特にお洒落やビューティ系のケアはおすすめ。男性もスキンケアなどに挑戦を。こじれた恋愛は19日以降に仕切り直して。結婚話も前進しそう。得意なこと、特にハンドメイドに力を入れると節約になるだけでなく思わぬ収入に。

日付	運	月齢	開運メッセージ
1(金)	命	◑	★米粉でグルテンフリー&開運な食生活を
2(土)	栄	◑	★★★趣味を楽しめば、新たな意欲がわく
3(日)	衰	◑	おうちで料理を作り、ひな祭りを楽しんで
4(月)	安	◑	★目標は高いほうが◎。やる気に火がつく
5(火)	危	◑	任せるところはちゃんと任せて干渉しない
6(水)	成	◑	★ちょっと寄り道を。いい発見がありそう
7(木)	壊	◑	!スケジュール管理を。こまめに確認して
8(金)	友	◑	★★★ピンときたケア方法が美容効果大
9(土)	親	●	♥♥♥感性が近いと思ったら交流を持って
10(日)	業	●	!バタバタして中途半端に。時間に余裕を
11(月)	栄	●	!疲れたら趣味に全集中。気分転換が大切
12(火)	衰	◐	!焦りは禁物。決断は来週に先送りしよう
13(水)	安	◐	関係を再構築して、過去は水に流すといい
14(木)	危	◐	!お金と時間のやりくりは現実的な目線で
15(金)	成	◐	!個人情報など重要データの管理は徹底を
16(土)	壊	◐	!興味がなくても聞いてるフリはしておく
17(日)	友	◐	美容&健康関連のプロとよいご縁ができる
18(月)	親	◐	!評判のドラマを鑑賞。視野が広がりそう
19(火)	胎	◐	一度、先入観を取り払うと見え方が変わる
20(水)	栄	◐	★★再始動、リスタートへと舵を切ること
21(木)	衰	◐	マイナス5歳肌を目指して肌を集中メンテ
22(金)	安	◐	$得意を活かせば、プチ稼ぎにつながる
23(土)	危	○	落語や漫才、コントを見て、笑って元気に
24(日)	成	○	★事業継承や、相続の知識をアップデート
25(月)	壊	○	!ダイエットは明日からスタートすると吉
26(火)	友	○	◆◆◆ちょっとした工夫で職場が快適に
27(水)	親	○	★★★恋人募集中の人は、公言しておこう
28(木)	命	○	★大事なものを守る術を、ちゃんと考えて
29(金)	栄	◑	♥♥♥こじれた仲がほぐれる。前進の気配
30(土)	衰	◑	誰かの役に立つことで運気の流れをキープ
31(日)	安	◑	★新しい服を買い、イメチェンをしてみて

最大開運日 5/21、6/19　最大警戒日 1/25、2/15

4月

細やかな調整でうまく乗り切れそう

細やかな調整をすることでうまくいく月。仕事などが思うようにならない時は、24日「親」の日までは、見直し、やり直しをいとわず、工夫を。マンネリ気味な健康＆美容習慣は新しい情報を取り入れてアップデート。愛情面は6日からの「魔のウィーク」が鬼門。問題のある関係、許されぬ恋は追いかけないこと。

日付	運	月齢	開運メッセージ
1(月)	危	◑	★普通った店へ。うれしい展開があるかも
2(火)	成	◑	★人脈がぐっと広がる時。名刺を整理して
3(水)	壊	◑	！水面下の動きで出し抜かれないよう注意
4(木)	友	●	♥♥♥婚活開始のタイミング。本気でGO
5(金)	親	●	★★★がむしゃらに邁進。得るものがある
6(土)	業	●	！「去る者は追わず」。脈ナシの恋は卒業
7(日)	栄	●	！見て見ぬフリをせず手を貸してあげよう
8(月)	衰	●	！ローズのアロマで、心地よい時間を過ごす
9(火)	衰	●	！夕食は旬の春野菜を使って。パワー充電
10(水)	安	●	小物をリニューアルし流行遅れから脱出！
11(木)	危	●	！スムーズにいかない理由を考えてみよう
12(金)	成	●	！お互い気を使わないように割り勘でOK
13(土)	壊	●	！惚れっぽくなりがち。でもその恋心は幻
14(日)	友	◐	〝捨て活〟をしよう。部屋も、心もスッキリ
15(月)	親	◐	！仕事のやり方をマイナーチェンジしよう
16(火)	胎	◐	必要なスキルを洗い出し、強化する意識を
17(水)	栄	◐	★★諦めないこと。リトライでうまくいく
18(木)	衰	○	作業時に好きな音楽を聴くとやる気が出る
19(金)	安	○	★本音で話し合おう。わかり合えるはず
20(土)	危	○	焦らず、騒がず。落ち着いて軌道修正して
21(日)	成	○	$最新の美顔器など美容家電への投資が◎
22(月)	壊	○	！人に見せない努力が大事。謙虚にいこう
23(火)	友	○	★★★連休を前に、仕事がサクサク進む
24(水)	親	○	◆◆◆個性や才能を発揮。高く評価される
25(木)	命	○	★起きたら家中の窓を開けて、風を通して
26(金)	栄	○	★★★二人きりの時間を大切に過ごそう
27(土)	衰	◑	GWの予定を。まずは皆の希望をリサーチ
28(日)	安	◑	★温泉やスパへ。マッサージも受けてみて
29(月)	危	◑	♥真摯に向き合うことで絆はより強くなる
30(火)	成	◑	★収支を確認。無駄な出費を抑えられそう

5月

結婚運強め。婚活するなら本気で!

GWはあえて働くのもよく、3日以降は休み明けの準備にあてると安心。仕事でも愛情面でも、なんとかしたい相手とは13日以降に覚悟を持って交渉や話し合いをすると、驚くような進展が見られそう。第三者に間に入ってもらうのも吉。結婚運がよいので婚活は本気で。求めれば出会いあり。プロポーズも好機。

日付	運	月齢	開運メッセージ
1(水)	壊	◑	！家のことなど、やるべきことが山盛りに
2(木)	友	◑	★★★パーティなど華やかな場を楽しもう
3(金)	親	◑	♥♥♥スマホをオフ。二人で森林浴デート
4(土)	業	●	！ときめいてもしっかりと相手を見極めて
5(日)	栄	●	！休み明けに備えてできることに着手する
6(月)	衰	●	！いつもしないことへの挑戦は、避けよう
7(火)	安	●	！メールは、再度読み直してから送信して
8(水)	危	●	！邪念に惑わされない。基本や基礎を貫く
9(木)	成	●	！寛容な対応を見せれば、相手も変化する
10(金)	壊	●	！思いつきで動かない。トラブルの原因に
11(土)	友	●	既読スルーにせず、何らかのレスをしよう
12(日)	親	●	趣味の違う友人との話が、意外な息抜きに
13(月)	胎	●	腕を思い切り上に伸ばして体をリラックス
14(火)	栄	◐	◆◆大役も受けて。実力を発揮できる好機
15(水)	衰	◐	「バレなければいい」という感覚は捨てて
16(木)	安	◐	★上司や先輩などに助けを求めると進展が
17(金)	危	◐	自分にないものより、あるものを意識して
18(土)	成	○	★いい話がありそう。浮かれず冷静に対応
19(日)	壊	○	！人に言えないようなことは×。信頼低下
20(月)	友	○	★★★人生のキーパーソンが出現しそう
21(火)	親	○	★★★覚悟を決めれば運気好転のチャンス
22(水)	命	○	★早起きして読書や勉強など豊かな時間を
23(木)	栄	○	♥♥♥告白にもプロポーズにも最適の日！
24(金)	衰	○	足りない栄養素は良質なサプリで補給を
25(土)	安	○	$まずは予算を考えて。無理ならば再検討
26(日)	危	○	タオルやリネンを洗濯。気分も晴れやかに
27(月)	成	○	★考えを言葉にして。よき助言をもらえる
28(火)	壊	○	！孤立は避けたい。人とのつながりを重視
29(水)	友	◑	★★★精力的に動くことで気分も活気づく
30(木)	親	◑	★★★周りの求めに応じるほど注目度UP
31(金)	業	◑	！！身近な人にこそ節度ある態度をとろう

6月

変化やアクシデントは幸運のきっかけ

予想外の出来事も多いけれど、それに合わせてあなたも変化できれば、むしろ幸運のきっかけに。誰かの厳しい一言や小さなアクシデントから、大きな気づきを得ることも。癒しを求めてゲームや推し活など〝沼〟にハマりやすいので浪費には注意。月初めの「魔のウィーク」での飲酒や食生活の乱れは直しにくい。

日付	運	月齢	開運メッセージ
1(土)	栄	◑	！固定観念が邪魔をしそう。柔軟に考えて
2(日)	衰	◑	！！偏食や乱れた生活習慣は後で体に響く
3(月)	安	●	！長所と短所を自己分析。武器を見つけて
4(火)	危	●	！思わぬ人からの、嫉妬心に悩まされそう
5(水)	成	●	！「少額だからいいか」がムダ遣いになる
6(木)	壊	●	！明日になればなんてことない出来事かも
7(金)	友	●	開運の植物・カリンを育てると心が豊かに
8(土)	親	●	話題の展覧会へ。知的好奇心が刺激される
9(日)	胎	●	朝食に野菜たっぷりの手作りスムージーを
10(月)	栄	●	$$外貨預金など、新しい形の蓄財に着手
11(火)	衰	●	夜は小さな優しい灯りでゆったりと過ごす
12(水)	安	◐	★気になる習い事の、体験レッスンを予約
13(木)	危	◐	今はがっかりしても、やがてうまく収まる
14(金)	成	◐	♥相手の状況や体調を思いやる言葉がけを
15(土)	壊	◐	自分の予想を超える展開を、楽しむといい
16(日)	友	◐	★★★愛ある厳しい助言には、耳を傾けて
17(月)	親	○	★★★相性のいい相手とタッグを組めそう
18(火)	命	○	★寝る前に5分間の瞑想。体と心を整えて
19(水)	栄	○	★★★変化に合わせ自分が変われれば開運
20(木)	衰	○	気持ちよく語りすぎると、逆に伝わらない
21(金)	安	○	★アクシデントにも成長の糸口があるはず
22(土)	危	○	開運色・マンダリンを装いの差し色にして
23(日)	成	○	♥うれしい時は表情に出そう。相手も喜ぶ
24(月)	壊	○	！ゲーム、推し活関係の出費を考え直そう
25(火)	友	○	★★★褒められることが。照れずに受けて
26(水)	親	○	◆◆◆望んだポジションに移れる機会かも
27(木)	業	○	！日焼け止めや日傘で、UV対策を万全に
28(金)	栄	◑	！急に距離を詰めない。ライトな会話から
29(土)	衰	◑	！テイクアウトなどで家事の手抜きを工夫
30(日)	安	◑	！下手な駆け引きはしない。ストレートに

★心宿の開運暦2024★

7月

パワー最大! 自分の殻をブレイク

人から何かを求められたり、すすめられたりする時。急な代理や引き継ぎなどの役割を担うことも。それが意外な内容でも、あなたにとっては、これまでの自分の殻をブレイクするチャンスです。転職や婚活は、エントリーするなら24日までに。思うようにならない恋や問題はここで一度手放してみるべきかも。

日付	運	月齢	開運メッセージ
1(月)	危	◑	一度立ち止まることで、見えてくるものが
2(火)	成	◑	！主張を押し通しすぎるのは嫌われるもと
3(水)	壊	◑	！！浮気や秘密の恋は続けても意味がない
4(木)	友	◑	★集中力UP。仕事がスムーズに進みそう
5(金)	親	●	人からの誘い、おすすめに乗っかってみて
6(土)	親	●	自然の中で仲間とキャンプ飯を味わおう
7(日)	胎	●	願い事を七夕の短冊へ。具体的に書いて
8(月)	栄	◐	★★急な代理役も今のあなたならこなせる
9(火)	衰	◐	運動不足解消のため、近場は歩いて移動を
10(水)	安	◐	★頼られたら喜んで手を貸そう。人望UP
11(木)	危	◐	正しいかどうかだけで判断をするのは危険
12(金)	成	◐	★お任せでヘアカット。イメチェン大成功
13(土)	壊	◐	和室で伝統文化を堪能。気分も引き締まる
14(日)	友	◐	★★★殻を破ってワンランク上の自分に!
15(月)	親	◐	♥♥♥あなたの人柄に魅かれる相手が出現
16(火)	命	◐	★心理学や哲学の世界に触れ思索を深める
17(水)	栄	○	$ $ $公的制度をリサーチ。上手に活かす
18(木)	衰	○	調子に乗って偉そうにしない。丁寧に対応
19(金)	安	○	★ダメ元でオファー。案外うまくいきそう
20(土)	危	○	口角を上げて。不思議と元気がわいてくる
21(日)	成	○	♥夏らしい場所でデート。寛いで過ごそう
22(月)	壊	○	！自信があっても今は心の中に秘めておく
23(火)	友	◑	◆◆◆新規開拓の時。活躍の場が広がる
24(水)	親	◑	★★★転職や婚活のエントリーは今日まで
25(木)	業	◑	！かき氷の日。話題の店で人気メニューを
26(金)	栄	◑	！ペースを乱されがち。でもここは堪えて
27(土)	衰	◑	！多忙と夏バテで体が消耗。休息はマスト
28(日)	安	◑	！思い切って手放すのも次の幸せへの一歩
29(月)	危	◑	成功のための試行錯誤は労を惜しまずに
30(火)	成	◑	！理想は大事だけど、時には妥協案も必要
31(水)	壊	◑	！！面倒でもデータのバックアップをとる

8月

クリエイティブな才能が輝く時

急速に進みすぎたこと、決まったけれど違和感があることは見直しと考え直しを。特に金銭面は見栄を張らないで。創造的な才能が発揮される時なので「ないものは作る」「人が喜ぶものを作る」をモットーに。20日からの「魔のウィーク」は気安く人の問題に首を突っ込まない。過去に手放したものが戻る暗示あり。

日付	運	月齢	開運メッセージ
1(木)	友	◑	♥献身的にサポートをすると、愛が深まる
2(金)	親	◑	家族に会いに行ったり、連絡を取り合おう
3(土)	胎	◑	！朝からヨガやラジオ体操でいいスタート
4(日)	衰	●	DIYにトライ。納得できるものが作れそう
5(月)	安	●	★ふわっと誰かに包み込んでもらえる予感
6(火)	危	◐	見た目を飾ることを面倒がらず、楽しんで
7(水)	成	◐	★手放したものと、再び巡り合える機会が
8(木)	壊	◐	！愚痴につき合わせないで。楽しい話題を
9(金)	友	◐	◆◆◆才能発揮。オーディションに挑戦も
10(土)	親	◐	★★★笑顔で過ごすほど、幸運を呼び込む
11(日)	命	◐	★開運花・プルメリアを窓辺で育ててみて
12(月)	栄	◐	★★★大切な人たちのために何かを作ろう！
13(火)	衰	◐	熱中症予防のために冷却グッズを活用して
14(水)	安	◐	★契約ごとは、十分な精査を重ねて慎重に
15(木)	危	◐	あえて、日頃はやらない方法を試してみる
16(金)	成	◐	★簡単には諦めない。続けることに意味が
17(土)	壊	○	！家や車関連に余計な出費をしているかも
18(日)	友	○	♥♥♥誠実さ、真摯さが相手の心を動かす
19(月)	親	○	$ $ $勝負運が最強。運試しをしてもいい
20(火)	業	○	！思い込みによる勘違いが。何度も確認を
21(水)	栄	○	！お礼もお詫びも迅速に。印象がよくなる
22(木)	衰	◑	！預かり物の取り扱いには特に気をつけて
23(金)	安	◑	！ペースを落としたほうが、効率が上がる
24(土)	危	◑	！趣味を楽しむのもいいけど、ほどほどに
25(日)	成	◑	！人の問題に深入りするのはやめておこう
26(月)	壊	◑	！しんどいと思ったら早めに退散すること
27(火)	友	◑	オンラインサロンで今後に活かせる学びが
28(水)	親	◑	デスクトップのアイコンはフォルダで整理
29(木)	胎	◑	収納の名人を参考に、部屋も心もスッキリ
30(金)	栄	◑	★★人の集まる、華やかな場所に出かけて
31(土)	衰	◑	ゴルフやテニスなど運動でモヤモヤを発散

9月

皆の注目の的。パワーは再びMAX!

会いたい人に会えたり、楽しい予定も次々と。注目を集める機会もあり、視線を意識することで頑張れ、能力や魅力が開花しそう。ただし「七曜陵逼」なので、表裏のある態度は厳禁。19日「克宿」は強がらないこと。昔の趣味を復活するのもよいけれど、アクシデントの暗示もあり、危険が伴う遊びはしないで。

日付	運	月齢	開運メッセージ
1(日)	安	◑	★親切にしてくれる人には、親切で返そう
2(月)	危	●	おやつはナッツなど糖質の低いものを選ぶ
3(火)	成	●	★尊敬していた人と、話ができるチャンス
4(水)	壊	●	！損な役回りもきっちりこなせば運気上昇
5(木)	友	◐	★注目を集めそう。前へ進む力へと変えて
6(金)	親	◐	★★★パワーが全開。自己肯定感も高まる
7(土)	命	◐	！！！！波長が合わない人と遭遇するかも
8(日)	栄	◐	★★★ワクワクするお誘いがありそうな日
9(月)	衰	◐	ゆっくりお湯につかる。自律神経を整えて
10(火)	意	◐	！！！！謙虚かつ明るい態度を心がけよう
11(水)	危	◐	柔軟な発想で方向転換。打開策が見つかる
12(木)	成	◐	★素直な気持ちを受け止めてもらえそう
13(金)	壊	◐	！セール価格だからといって爆買いは禁物
14(土)	友	◐	★★開運石・ヘマタイトがあなたの味方に
15(日)	親	◐	♥♥デートコースはパートナーにお任せを
16(月)	事	○	！！！！クールで冷たい人と誤解されそう
17(火)	栄	○	！！自分ファーストになるとたちまち迷走
18(水)	衰	○	！！名月を見上げて、静かに決意を固めて
19(木)	克	○	！！！！弱みを隠して虚勢を張らないこと
20(金)	危	◑	！！丸投げはNG。結局、二度手間になる
21(土)	成	◑	！！人に言えないような関係は作らない
22(日)	聚	◑	！！！！裏表のある態度は×。混乱を招く
23(月)	友	◑	お彼岸は先祖の墓参り。お花も忘れないで
24(火)	親	◑	親しい人や家族と交流。やる気がみなぎる
25(水)	胎	◑	$予算内でコスパのいい買い物ができそう
26(木)	同	◑	！！！！焦らずに。今は様子を見極める時
27(金)	衰	◑	★昼休みは緑のある場所へ行き、深呼吸を
28(土)	安	◑	◆種まき的な努力は決して無駄にならない
29(日)	危	◑	★無理して出かけずに、インドアな休日を
30(月)	成	◑	♥大好きな人とおしゃべり。ハッピーに

最大開運日 7/14、8/12　最大警戒日 9/7、10/17

心

10月

発展運の月。恋も仕事も盛り上がる!

人との集まり、イベントなども多い賑やかな月。仕事関係や愛情面、人間関係も盛り上がりそうですが、3日からは「七曜陵逼」。その場限りになる恐れも。あてにすると空振りに。「克宿」の17日の、楽観的な見通しは禁物。「同宿」の24日は小さなほころびが大きくなりやすいので、人も物も雑に扱わないこと。

日付	運	月齢	開運メッセージ
1(火)	壊	●	!真偽が確かでない情報は鵜呑みにしない
2(水)	友	●	★★★仲間に恵まれて、いい関係が築ける
3(木)	友	●	★復刻デザインのアイテムが運気を後押し
4(金)	親	●	★★★何気ない雑談から斬新なひらめきが
5(土)	命	◐	!!!!!お金が関わる話は慎重になって
6(日)	栄	◐	★★★気になるイベントや集まりに参加を
7(月)	衰	◐	明日に回せるタスクは、そうしてしまおう
8(火)	意	◐	!!!!あおられても動かないほうが得策
9(水)	危	◐	旅したい国の情報をネットで調べておこう
10(木)	成	◐	★具だくさん味噌汁で栄養バランスをとる
11(金)	壊	◐	!頼りにしすぎると空振りに終わる気配が
12(土)	友	◐	★★部屋も掃除して、友人を招いてみよう
13(日)	親	◐	♥♥二人の目標を設定。ひとつずつ着実に
14(月)	事	○	!!!!無理なダイエットは、体調を崩す
15(火)	栄	○	!!意見が割れたら、一旦持ち帰って熟考
16(水)	衰	○	!!嫌な気持ちは、その場で忘れるように
17(木)	克	○	!!!!お気楽すぎると足をすくわれる
18(金)	危	○	!!使ったら定位置に戻す。探し物が激減
19(土)	成	○	!!勧誘、しつこい話はきっぱり断ること
20(日)	聚	○	!!!!下手な駆け引きはお互いが傷つく
21(月)	友	◑	お取り寄せグルメでいつもの食卓に変化を
22(火)	親	◑	場に馴染めなければ、無理をしないでいい
23(水)	胎	◑	♥聞き役に回り相手の気持ちに寄り添おう
24(木)	同	◑	!!!!大切な人や物。より丁寧に扱って
25(金)	衰	◑	◆水回りを掃除する。蛇口も心もピカピカ
26(土)	安	◑	★高級なものを身につけることで、自信に
27(日)	危	◑	$ポイントの期限を再確認。使い時かも
28(月)	成	◑	★語学や資格試験のための勉強を始めよう
29(火)	壊	◑	!人は人、自分は自分のスタンスを大切に
30(水)	友	●	★★★知人の紹介で出会った人はいいご縁
31(木)	親	●	★★★人と外食を。喜ぶ顔がパワーの源に

11月

仕切り直しや、再挑戦のチャンス

新月の1日「命」の日は再挑戦の好機。前にダメだったことだけでなく、今、「何かが違う」と感じていることも仕切り直して。家計の面でも新たな工夫を。10日からの「魔のウィーク」では相手が子供でも、上から目線や、白黒つけようとする態度は禁物。あなたが妥協や譲歩をしたほうが、むしろ得るものがありそう。

日付	運	月齢	開運メッセージ
1(金)	命	●	★やり直すことで、もう一段階よいものに
2(土)	栄	●	$$$新しい投資で老後の資産形成を計画
3(日)	衰	◐	甘夏のアロマで芳香浴。気持ちも爽やかに
4(月)	安	◐	★眺めが美しいランドマーク的な場所へ
5(火)	危	◐	よき理解者でいてくれることに感謝しよう
6(水)	成	◐	★長いつき合いの人から聞いた情報が有益
7(木)	壊	◐	!先延ばしで放置していたことに着手して
8(金)	友	◐	◆◆◆アイデアを実現する方法を再考する
9(土)	親	◐	★★★今日は自分の心に、素直になること
10(日)	業	◐	!家の中でのケガ・アクシデントに要注意
11(月)	栄	◐	!「人のため」を行動の指針に据えてみて
12(火)	衰	◐	!疲れがたまっていたら半休や早めに帰宅を
13(水)	安	◐	何事にも寛容に。上から目線の発言はダメ
14(木)	危	○	!妥協案を見つけよう。バランスが大事
15(金)	成	○	!部下や後輩の頑張りを認めて、褒める
16(土)	壊	○	!家族や大事な人へのフォローを忘れない
17(日)	友	○	共通の趣味のコミュニティで盛り上がれる
18(月)	親	○	!自分を過信しない。謙虚な姿勢でいよう
19(火)	胎	◑	前に行った、思い出の場所の写真を見返す
20(水)	栄	◑	♥♥熱烈アタックを受け入れ交際スタート
21(木)	衰	◑	気疲れしそう。一足先に帰って休息時間に
22(金)	安	◑	★ためていた紙袋は3枚残してあとは処分
23(土)	危	◑	寝る前にストレッチ。可動域を広げよう
24(日)	成	◑	♥目立たないペアグッズが気持ちを高める
25(月)	壊	◑	!気持ちが浮き足立ち気味。仕事に集中を
26(火)	友	◑	★★★地道に進めてきた業務が大きく前進
27(水)	親	◑	★★★思いが伝わる自己表現方法を探って
28(木)	命	◑	★ささやかでも役に立てる場所が見つかる
29(金)	栄	●	★★★コミュ力が上昇。人の輪を広げよう
30(土)	衰	●	慣れないことは人にお願いしたほうがいい

12月

一人時間が充実の月。恋は受け身で

少しのサービス精神が、仕事によい結果をもたらす時。人には親切に。金銭面は細かくチェックし、今後のマネー計画を練って。大掃除で物を処分するのは吉。再利用もよい。恋愛では相手から誘われるのを待つのが正解。一人で過ごしたとしても、いろいろできて意外に充実。あなたらしく、年末を楽しもう!

日付	運	月齢	開運メッセージ
1(日)	安	●	★コーラルレッドを取り入れて開運コーデ
2(月)	危	●	♥押すより引く時。お誘いを待ってみよう
3(火)	成	◐	★タブレットやスマホの関連グッズを新調
4(水)	壊	◐	!ちょっとした気遣いで話の流れも変わる
5(木)	友	◐	★★★自分を表現できる最適ツールを発見
6(金)	親	◐	$$$一定額を貯蓄に回して、安定財政に
7(土)	業	◐	!トラブルの処理には、まず状況把握から
8(日)	栄	◐	!会えなくてもマメな連絡で心を通わせて
9(月)	衰	◐	!煮詰まった時は深呼吸でクールダウンを
10(火)	安	◐	!無理に年内にねじ込まず、来年に回して
11(水)	危	◐	!イラッとしても、優しい態度は崩さない
12(木)	成	◐	!隠していた関係は、バレて大惨事の予感
13(金)	壊	◐	!大掃除に着手。早めに少しずつ片づける
14(土)	友	○	会食続きなら、ビーガンメニューで調整を
15(日)	親	○	喜ばれるプレゼントやお年賀を探し出せる
16(月)	胎	○	免疫力を上げる生活を。感染症予防も徹底
17(火)	栄	◑	◆◆縁の下の力持ち的な立ち位置がベスト
18(水)	衰	◑	表面的なことに惑わされず、本心を把握
19(木)	安	◑	★不要品の中にリユース可能な品物を発見
20(金)	危	◑	使途不明金がないか家計の収支をチェック
21(土)	成	◑	★冬季限定のイベントへ。素敵なデートを
22(日)	壊	◑	!意見してくれる人の言葉は冷静に聞いて
23(月)	友	◑	★★★物事の進展や、自分の進歩がわかる
24(火)	親	◑	★★★会いたい人たちに集合をかけよう
25(水)	命	◑	★予定がなくても充実の時間を過ごせる日
26(木)	栄	◑	♥♥♥二人で新年のお出かけ計画を立てて
27(金)	衰	◑	今年の思い出を振り返りつつ反省点も出す
28(土)	安	◑	★素敵だと思う人にまねっこから近づこう
29(日)	危	◑	近所を散歩。必要なものの買い出しもして
30(月)	成	●	★お世話になった人に挨拶。メールでも◎
31(火)	成	●	★年末は、大好きな人と一緒にのんびりと

粘り強さNo.1 決めたことはやり抜く

19 尾宿

びしゅく

★開運キーワード★

Color
ダークレッド　ロイヤルブルー

Spot
老舗店　ドラッグストア

Food
長芋　ハーブティー

Item
楽器　エプロン

Stone
ペリドット　ラリマー

Aroma
ゼラニウム　クラリセージ

Flower
カーネーション　ベゴニア

尾宿ってこんな人

「尾」は最後尾を指し、最後まで戦う強さを表す。どんな状況でも決めたことはやり抜く集中力を持つ宿で、追い詰められてからが強い。目標達成度は全宿中トップ。実直に努力し、信頼を積み重ねて勝ち残る。世の中の仕組みや上下関係に従い、尊敬できる師やライバルに囲まれて成長していく。人間関係はやや受け身で、特に恋愛では堅い印象を与える上に、見る目が厳しく、甘え下手なので進展は遅め。共通点が多く温厚な相手だと落ち着きやすい。開運部位である体幹を鍛えると運気もあがるので、トレーニングを生活に取り入れて！

この宿の有名人

マライア・キャリー　小林幸子　大地真央　木村多江　冨永愛　有村架純　黒川芽以　髙橋ひかる　大島美幸　高島彩　神田愛花　バービー　小田和正　松重豊　阿部サダヲ　ディーン・フジオカ　田中圭　山下智久　山田涼介　濱家隆一　とにかく明るい安村　松山英樹　西田有志

2024年開運3か条

1 相手や反対側からの視点を持って。自分の世界もグンと広がるから

2 継続は力。ピンとこないことも、続けていると、突然わかることがある

3 育てたいのは、自分を守る心。辛ければ、一時的に退くのもOK

★2024年の全体運★

上手な節制でヘルシーな生活にシフト。次の飛躍へのパスポートを手に入れて!

★2024年の特徴　すべてのことに節制と調整、バランス感覚が必要な年。運気は〝遠距離〟の「衰」なので、無理がきかず、弱点が表面化しやすい時です。2024年は何かで束縛を感じたり、思い詰めて自分の世界を狭くしてしまう傾向も。元々、尾宿は一本気でひたむきな性格なので、この星回りの中で、必死になりやすく、少しのきっかけで過剰に反応し、極端な言動に走りやすいのが心配です。どんなに必要なことも、自分の体力や現実に合わせて調整して。完璧を目指さず、80%の出来で満足して、無難にしのぐことが重要。そうすれば、よきパートナーやサポーターを得て、次の飛躍への足がかりを作れるでしょう。自分の弱さを自覚することで強くもなれます。何より上手な節制をすることで、健康的な生活を獲得できるチャンス。「健全なる精神は健全なる肉体に宿る」をモットーにして過ごすと、運気をあげられる年です。

★1年の運気の流れ　**1、2月**は自分のペースで過ごせますが、「七曜陵逼」の運気。余計なことに手を出さず、健康的に無理なく暮らすと、その後の生活の軸ができます。**3、4月**は難しい問題、先延ばしにしていた課題に取り組むことになりますが、コツコツとやれば成果をあげられます。でも**5月**以降は、一人で頑張りすぎないように。行き詰まっていることだけでなく、順調なことも、周囲の知恵や力を借りて進めて。自分の心と体、生活を守ることを一番に考えましょう。**9月**以降は何かひとつの仕事や作業に入れ込んだり、特定の問題に執着して思い詰めやすくなるので、時には休養を。そうすれば、**11、12月**にはバランス感覚を取り戻し、視野も広がります。よきパートナー運が**6月**以降巡ってくる年なので、助言や協力を求めれば、困難を乗り越え、心の重荷から解放され、次の飛躍へのパスポートを手に入れられるでしょう。

★愛情運★

6月以降、吹っ切って次の愛を探すのもあり

アンバランスな愛にハマりがちな**1、2月**。ダメな相手に入れ込んだり、望み薄の恋を追いかけたり。恋人やパートナーの困難を支えたり、家庭に問題がある場合も含め、**5月**には、互いに負担のない関係性と距離感を模索しないと苦しくなります。**6月**以降は強いパートナー運が巡るので、吹っ切って次の愛を探すのもよさそう。ただ別れ話や込み入った話は、**9、10月**の「七曜陵逼」にするとこじれるので、**8月**までに。2024年は家族や過去の影響が強く、愛が試されますが、乗り越えれば、強い絆が生まれる時でもあります。新しい出会いを求めるなら**6月11日～7月25日**が最強。**8月4～20日、12月15～29日**の話し合いで取り戻せる愛もあるでしょう。

★仕事運★

やるべきことを地道に続けて実力UP

2024年は忙しいわりには報われない運気。使命感や人間関係に縛られて動けず、悶々とすることも。でも地道に、やるべきことを継続していけば、しっかり実力がつく時でもあります。今の職場でスキルアップが望めなければ、**2月27日**から、望む技能や知識の習得を始めて。**6月**以降はよき理解者や味方にも出会えるし、**7、8月**はよい仕事の話も舞い込みます。**9、10月**は「七曜陵逼」運なので、慌てて結果を出そうとしないほうが無難。転職も含め、尾宿の本当の勝負は2025年以降だからです。副業を始めて力を試すなら**5月、11月**に。**11月21日～12月7日**に、今後の自分に合う働き方や環境を考えておくと、新たなチャンスをつかみやすくなります。

★金運★

出費は多いが、なぜだか、なんとかなる年

住まいや家族、健康や美容などにお金がかかりますが、必要なことは、なぜだか、なんとかなる年です。余裕がある**1、2月**は贅沢にならないように注意。**3～5月**は引っ越し、住居や家族関連で、**6月**は健康＆美容、ペット関連で出費が続きそう。でも**5月24日～8月20日**は金運が好調なので、ローンや保険、貯蓄や投資を検討してよい時。**9、10月**は予定外の出費が心配ですが、**12月**に将来設計とお金について考え、話し合うと金運は上向きます。必要経費が多い年だけど、**4月18～29日、11月21日～12月7日**はささやかに楽しんでOK。

★美容・健康運★

生活リズムを整えると運気上昇!

「衰」の年は無理できませんが、**1～5月**は不調への対処、治療に期待を持てそう。特に不安はなくても**3月21日～5月30日**には健診を受け、生活リズムを規則正しくすれば、健康運は大幅にUP。休養するなら**4、5月**に。健康によいことも過剰になると、**9、10月**の「七曜陵逼」にトラブル発生の恐れ。自己流のケアとサプリへの依存は×。**9月**以降はホルモンバランスや自律神経の乱れに注意。美のキープには、トレンドへの関心とエイジングケアが鍵。**3月20日～4月6日、7月6～25日**の髪と肌のお手入れで潤いと輝きを取り戻せます。

★七曜陵逼の乗り切り方★

尾宿が各時期に気をつけるべき大事なことをアドバイス。手帳にメモ！

1 1/2～1/28

穏やかな年明けだけれど、家族や大事なものを守る気持ちからお金を使いすぎる傾向が。契約などは慎重に。自分の体力も過信しない。

2 2/10～2/25

連絡や言葉の行き違いで誤解やトラブルが起こりがち。「六害宿」はSNSも含め言葉の使い方に注意。必要な説明や話し合いは別の日に。

3 9/3～9/29

誘いや勧誘には即断即決せず、人に相談してから。他人の問題やトラブルには、中途半端に関わらないように。冷静さを保って対応を。

4 10/3～10/27

心の隙間に危ういものが入り込みやすい。癒される、儲かるなどの理由で、未知のものへ手を出さない。ネット情報に振り回されない。

Energy Power 6月はパリー大幅ダウン、無理はしない。9月、12月は楽しもう！

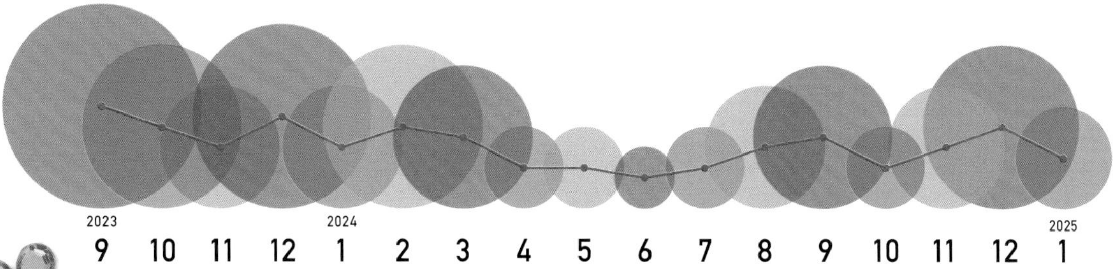

★尾宿の開運暦2024★

1月

穏やかで楽しい正月。家族サービスを

お正月は穏やか。親孝行や家族サービスを忘れずに。財布の紐が緩みがちだけど、４日「壊」の日と７日「命宿」は見栄を張らない。10日「意宿」は思いつきで何かを始めたり、変えるのは×。16日からの「魔のウィーク」は何事もやりすぎるので、決めた限度や計画は守って。「同宿」の26日はできない約束はしない。

日付	運	月齢	開運メッセージ
1(月)	安	◑	★おせちと、家族の好物で、穏やかな元日
2(火)	危	◑	怠惰にならない程度に、のんびり過ごして
3(水)	成	◑	♥じっくり話す時間が、二人の絆を深める
4(木)	壊	◑	！！カッコつけず、身の丈に合ったものを
5(金)	友	◑	★★★自分の理想、目指す道に気づけそう
6(土)	親	◑	★★ケジメをつければ、一歩を踏み出せる
7(日)	命	◑	！！！！見栄を張って大金をはたくと後悔
8(月)	栄	◑	★★推し活でときめき充電。心を満たして
9(火)	衰	◑	ゆっくり湯船につかり、疲れとこりを解消
10(水)	意	●	！！！！その場の思いつきで動かないこと
11(木)	危	●	不安感はクラリセージのアロマで解消して
12(金)	成	●	★違うと思ったら引き返すのも賢明な選択
13(土)	壊	◐	！よくわからない健康法には手を出さない
14(日)	友	◐	$ $ピンチでも思わぬ臨時収入の予感あり
15(月)	親	◐	★★人前で褒められるかも。新たな励みに
16(火)	事	◐	！！！！無理は禁物。体力を過信しないで
17(水)	栄	◐	！！ギャンブル的なトライは厳禁。手堅く
18(木)	衰	◐	！！やりすぎないよう先に限度を設定して
19(金)	克	◐	！！！！努力のベクトルを間違えていそう
20(土)	危	◐	！！家族や大切なもののために散財の気配
21(日)	成	◐	！！ダメな相手にハマりそう。友人に相談
22(月)	聚	◐	！！！！安易に契約せず、慎重に検討して
23(火)	友	○	悩みの聞き役になる。意見するより共感を
24(水)	親	○	◆地道に自分の役割に集中すれば光が差す
25(木)	胎	○	夜空を見上げると、波立つ感情も穏やかに
26(金)	同	○	！！！！できない約束はしない。即、断って
27(土)	衰	○	予定を詰め込まない。ぐったりと疲れそう
28(日)	安	◑	★★家族や大事な人と大切なことを話して
29(月)	危	◑	普段見ないジャンルの本や漫画をセレクト
30(火)	成	◑	♥相手の気持ちを丁寧に汲んであげよう
31(水)	壊	◑	！達成感がなく消化不良。次に向け努力を

2月

金運好調。欲しいものをGET!

１～８日は金運がよく、よい買い物ができるので、必要なものはここで入手して。何か健康にいい習慣を始めるのも吉。「壊」の連続日の９、10日は楽観的になると失敗。最悪の場合を想定して準備を。「七曜陵逼」が終わる25日までは、「親しき中にも礼儀あり」をモットーに。27～29日は過去の失敗から学ぶことが。

日付	運	月齢	開運メッセージ
1(木)	友	◑	♥♥♥たまにはパートナーに甘えてみよう
2(金)	親	◑	★★★チャンスが来たら思い切りジャンプ
3(土)	命	◑	★自然と変化していく流れ。前向きでいて
4(日)	栄	◑	$ $ $買い物運絶好調。欲しいものを購入
5(月)	衰	◑	よかれと思ってしたことが大きなお世話に
6(火)	安	◑	★ピラティスなど新たな健康習慣を始めて
7(水)	危	◑	仕事と家との往復の間に何か変化をプラス
8(木)	成	◑	★会議や打ち合わせにもユーモアを交えて
9(金)	壊	●	！不測の事態まで想定して準備を徹底する
10(土)	壊	●	！「なんとかなる」では何もうまくいかない
11(日)	友	●	★★温泉と名物料理を味わう。一人旅も◎
12(月)	親	◐	★★友達に助けられる日。照れずにお礼を
13(火)	事	◐	！！！！連絡の行き違いから、誤解が発生
14(水)	栄	◐	！！望みが薄い恋なら深追いはしないこと
15(木)	衰	◐	！！自分とは違う価値観も受け入れるべき
16(金)	克	◐	！！！！話し合いや事情説明などは別日に
17(土)	危	◐	！！親しい相手でも立てるところは立てて
18(日)	成	◐	！！変なところで贅沢志向にならないこと
19(月)	聚	◐	！！！！挑戦には不向きの日。安全策を！
20(火)	友	◐	その道に詳しい人から情報を集めておこう
21(水)	親	◐	★皆に共通の話題を振って。盛り上がれる
22(木)	胎	◐	無理をせず、自分に合った健康的な生活を
23(金)	同	○	！！！！SNSでも言葉の使い方に気を配って
24(土)	衰	○	食後には、ハーブティーを。心が落ち着く
25(日)	安	○	♥♥家庭料理を振る舞い、穏やかな時間を
26(月)	危	○	すすめられた便利なアプリを入れてみよう
27(火)	成	○	◆スキルアップに必要な技能などの習得へ
28(水)	壊	◑	！経費の見積もりが甘いと、調整が大変に
29(木)	友	◑	★★★過去の失敗が、経験値として生きる

3月

パワー回復! やるべきことに集中して

人からの助言、有益な情報との出会いでパワー回復。11日からの「魔のウィーク」で起きる少しショックな出来事は、アンバランスになっていることへの〝覚醒〟を促す。19日以降は目の前のやるべきことに集中すれば、確かな成果が。25日「成」の日から気の重い作業や、毎日続ける訓練、勉強などに着手すると続く。

日付	運	月齢	開運メッセージ
1(金)	親	◑	★★★願いを３つ書き出そう。月に託して
2(土)	命	◑	★お気に入りの散歩コースを少し早歩きで
3(日)	栄	◑	★★★老舗店で手土産を。相手に喜ばれる
4(月)	衰	◑	プレッシャーを感じたら大きく深呼吸して
5(火)	安	◑	$転居や住居にまつわるお金は多めに用意
6(水)	危	◑	環境の変化にも徐々に対応していけるはず
7(木)	成	◑	★交流会に参加してみよう。役立つ情報が
8(金)	壊	◑	！実際に行動する前に、無理がないか確認
9(土)	友	◑	★★★ダークレッドの差し色でお洒落に
10(日)	親	●	♥♥♥共通点を糸口に二人の世界が広がる
11(月)	業	●	！ショックな出来事があっても気づきあり
12(火)	栄	◐	！不調は即対処。早いほど効果も大きい
13(水)	衰	◐	まだ使えても放置せずに、メンテナンスを
14(木)	安	◐	！自分を守るためには一時的な撤退も必要
15(金)	危	◐	！大事なメールを見逃していないか確認を
16(土)	成	◐	！意見が分かれたら感情よりも理性で判断
17(日)	壊	◐	！トイレやお風呂などの水回りは清潔に
18(月)	友	◐	！中途半端になるくらいなら手を出さない
19(火)	親	◐	順調さを実感。この調子で徐々に上り調子
20(水)	胎	◐	マッサージへ。身も心も軽くなるのを実感
21(木)	栄	◐	◆◆自分の職務に集中。着実に成果が出る
22(金)	衰	○	資金面やスケジュールには十分な余裕を
23(土)	安	○	★昔からの仲間に相談すると、よい助言が
24(日)	危	○	自分をよく見せるための背伸びはやめよう
25(月)	成	○	★勉強や気の重い作業も今日なら長続き
26(火)	壊	○	！雰囲気に流されないこと。自分を持って
27(水)	友	◑	♥♥♥お互いの絆の強さを実感することが
28(木)	親	◑	★★★次なるステージに行くため、勝負を
29(金)	命	◑	★入浴後は全身に丁寧にクリームを塗って
30(土)	栄	◑	★★★仲間と持ち寄りで、お花見パーティ
31(日)	衰	◑	いつものパン屋へ。香りと味に癒される

最大開運日 4/27、5/24　最大警戒日 1/26、2/19

尾

4月

苦手なことに挑戦すると大きく前進!

今月はあえて苦手なこと、やりたくないこと、先延ばしにしていることに手をつけて。それによってコンプレックスの解消や、大きな前進ができる時。７日からの「魔のウィーク」では、当たり前で動かないと思っていたことに変化の暗示。今月のあなたは、何があっても冷静に対処できるので、自信を持って。

日付	運	月齢	開運メッセージ
1(月)	安	◑	★★慣れない役割も笑顔で引き受けてみて
2(火)	危	◑	ライバルを蹴落とそうとせず自分を磨こう
3(水)	成	◑	★苦手分野や先延ばしにしてることに着手
4(木)	壊	◑	！今までのやり方では通用しないことが
5(金)	友	◑	♥♥♥仕事仲間など身近な人が恋の相手に
6(土)	親	◑	★★★休暇に向けて旅行を計画。海外も◎
7(日)	業	◑	！地位や肩書きにとらわれず人柄を見よう
8(月)	栄	●	！後進を育てることも大事な仕事と心得て
9(火)	栄	●	！まさかの変化が。冷静になればいい流れ
10(水)	衰	●	寝つきがよくなるように枕の高さを工夫
11(木)	安	◐	！真面目すぎて、０か100かになりがちに
12(金)	危	◐	！無理がきかない時。早めの帰宅で休養を
13(土)	成	◐	！いつまでも失敗を引きずっていてはダメ
14(日)	壊	◐	！好みを押しつけない。相手の意思を優先
15(月)	友	◐	！やりたいことより望まれることに応えて
16(火)	親	◐	主役は人に譲って、フォロー役に徹しよう
17(水)	胎	◐	朝活にヨガやストレッチなどを取り入れる
18(木)	栄	◐	★★コツコツ努力を重ねれば必ず実を結ぶ
19(金)	衰	◐	不安がなくても健康診断はしっかり受けて
20(土)	安	○	$家族サービスでプチ贅沢な宿泊プランを
21(日)	危	○	ベランダで彩り豊かなベゴニアを育てよう
22(月)	成	○	◆自分の武器を見つけたら、それを磨いて
23(火)	壊	○	！口約束でもきちんと果たすことに意味が
24(水)	友	○	★★★季節を満喫できる、テラス席で一息
25(木)	親	○	★★★あなたのトーク力で場が賑やかに
26(金)	命	○	★大きく飛び上がるなら、助走期間が大切
27(土)	栄	○	★★★コンプレックスから解放、前進の時
28(日)	衰	◑	お節介と思われても親切心で接してあげて
29(月)	安	◑	♥♥映画デートの後は感想で盛り上がろう
30(火)	危	◑	人との対話から多様性を学んで。糧になる

5月

パワーはダウン。規則正しい生活を

GWは休養のほか、昔やった趣味やスポーツの再開が吉。５日からの「魔のウィーク」はデジタル依存、生活の乱れに注意。GWで生活のペースが変わっても、毎日のルーティンは続けよう。愛情面では31日までに、精一杯の献身やアプローチが通じなかったり、心が通い合う手応えがなければ、関係を見直すべき。

日付	運	月齢	開運メッセージ
1(水)	成	◑	★大きなプロジェクトほど足固めを確実に
2(木)	壊	◑	！すぐに投げ出さないで。もう少し継続を
3(金)	友	◑	♥♥♥好印象なら自分からアプローチを
4(土)	親	◑	★★★昔ハマったスポーツを。気分も爽快
5(日)	業	◑	！続けている習慣はGW中も変えずに続行
6(月)	栄	◑	！自然の中へ。スマホもオフでデトックス
7(火)	衰	◑	！完璧な理想形を目指すより８割で満足を
8(水)	安	●	！上下関係に厳しすぎると人望もダウン
9(木)	危	●	！媚びる必要はないけれど、笑顔は大切に
10(金)	成	◐	！生活が不規則に。時間を区切って行動を
11(土)	壊	◐	！家族やパートナーとの距離感を見直そう
12(日)	友	◐	カーネーションを贈り、家にも飾って開運
13(月)	親	◐	集まりにはなるべく参加を。人脈を広げて
14(火)	胎	◐	今はわからなくても続けるうちに気づきが
15(水)	栄	◐	♥♥相手を思うなら、献身的に愛を注ごう
16(木)	衰	◐	デスクワークの合間に肩を回して血流改善
17(金)	安	◐	★サングラスでお洒落と紫外線対策を両立
18(土)	危	◐	許せない心を手放せば、気持ちも軽くなる
19(日)	成	◐	★登山や川下りでマイナスイオンを浴びる
20(月)	壊	○	！思わぬクレームに落ち込んでしまいそう
21(火)	友	○	★★★じっくり進もう。成功につながる
22(水)	親	○	★★★仲間を信じて任せればうまくいく
23(木)	命	○	★食生活や生活リズムを整えて免疫力UP
24(金)	栄	○	★★★実力を試す時。勝負強い運気が味方
25(土)	衰	○	体重が気になるなら野菜中心のメニューで
26(日)	安	○	$外貨預金など、好条件の貯蓄法を探そう
27(月)	危	◑	後悔ではなく、反省ができる建設的な時期
28(火)	成	◑	★センスを褒められそう。自信につながる
29(水)	壊	◑	！最短距離を狙わず地道に準備や根回しを
30(木)	友	◑	◆◆◆ダブルワークへの足がかりをつけて
31(金)	親	◑	★★ジムなど体を動かせる習い事を探そう

6月

8日からは周囲の対応も変わりそう

１日からの「魔のウィーク」では、あなたの今の課題や、やるべきことを示すような出来事が。８日からは風向きが変わり、周囲の対応、印象が変わったり、できなかったことができるようになったり。今月、何かで〝相棒〟になった相手とは今後もよいコンビになれそう。お金は大事な人や物を守るために使って。

日付	運	月齢	開運メッセージ
1(土)	業	◑	！健康・美容やペット関連で支出過多に
2(日)	栄	◑	！！思い込みで動くと思わぬトラブル発生
3(月)	衰	◑	！立場や世間体を気にしすぎ。柔軟な頭で
4(火)	安	◑	！自分への課題を突きつけられる出来事が
5(水)	危	◑	！万一に備え、モバイルバッテリーを携帯
6(木)	成	●	！何でも一人で抱え込まず、人にも頼って
7(金)	壊	●	！自意識過剰かも。相手は気にしていない
8(土)	友	◐	レインシューズを新調。雨の日も楽しんで
9(日)	親	◐	プロっぽいエプロンで料理のやる気がUP
10(月)	胎	◐	現状でいいのか、自分自身と向き合うこと
11(火)	栄	◐	◆◆仕事で組んだ相手と今後もよい展開が
12(水)	衰	◐	すべては健康がベース。もっと自分を労る
13(木)	安	◐	★写真加工アプリを活用して納得の１枚
14(金)	危	◐	煮詰まったら外の空気に触れて切り替えを
15(土)	成	◐	♥♥あなたの魅力が光る時、モテ度急上昇
16(日)	壊	◐	！ジェンダーなどの意識をアップデート
17(月)	友	◐	♥♥♥過去を振り切れば、恋の運気が味方
18(火)	親	○	★★★風向きが変わり、積年の思いが実現
19(水)	命	○	★基本を大事に。シンプルライフを目指す
20(木)	栄	○	★★★趣味や特技を意外な場面で活かせる
21(金)	衰	○	興味のない作業でもベストを尽くすように
22(土)	安	○	★やりたいことや行きたい場所をリスト化
23(日)	危	○	今の肌の状態に合わせてスキンケアを変更
24(月)	成	○	★よき理解者や味方の登場で頼もしい気分
25(火)	壊	○	！傷つくことを恐れていては何もできない
26(水)	友	○	★★★お誘いは迷わずOKを。ノリが大事
27(木)	親	○	$$$大切な人を笑顔にする出費ならOK
28(金)	業	◑	！頑固すぎる。もっと自由に方向転換を
29(土)	栄	◑	！物の扱いが雑に。故障や破損につながる
30(日)	衰	◑	！誤解が生じそう。きちんと言葉で伝えて

★尾宿の開運暦2024★

7月

パワー高め。ハプニングも好転!

旅や日常を離れる時間を持つと出会い運が上昇。やりたいことができ、仕事にも新展開。ハプニングも多い星回りなので、「魔のウィーク」以外も「壊」や「危」の日はアクシデントに注意。でも予想外の出来事があなたの視野を広げ、こだわりを和らげ、楽にする傾向も。6日と21日はお金のことをよく考える好機。

日付	運	月齢	開運メッセージ
1(月)	安		何か新しいことを始めるにはパワー不足
2(火)	危		！自分だけ目立とうとせず人を引き立てて
3(水)	成		！！交通機関の遅延など、情報をチェック
4(木)	壊		噂話を鵜呑みにしない。聞き流しておこう
5(金)	友		冷やし中華や冷製パスタなど、季節の麺を
6(土)	友		金融を学ぼう。オンラインセミナーもいい
7(日)	親		短冊に、嘘や偽りのない願いをしたためて
8(月)	胎		非日常の時間で意識がリセットされ、前へ
9(火)	栄		$$将来を見据えて、ローンや保険を検討
10(水)	衰		水分補給やエアコンの活用で熱中症対策
11(木)	安		★楽しい計画やうれしいお誘いに心が躍る
12(金)	危		似合うかどうかより、好きか嫌いかが大事
13(土)	成		★★ロイヤルブルーの装いで爽やかに開運
14(日)	壊		！危機察知能力が必要。ケガなどに警戒を
15(月)	友		♥♥♥旅先での出会いが恋を運んでくれる
16(火)	親		★★★人脈を広げれば欲しい情報もGET
17(水)	命		★紫外線による髪ダメージには集中ケアを
18(木)	栄		◆◆◆やりたい仕事はアピールしてつかむ
19(金)	衰		いい信頼関係を築きたいなら飾らず正直に
20(土)	安		★気分が上がる最新の曲をヘビロテで再生
21(日)	危		ぶつかる、転ぶなど家の中でも事故に注意
22(月)	成		★予想外の事態が、あなたの視野を広げる
23(火)	壊		！気づかぬ間にクーラーで体の冷えが進行
24(水)	友		♥♥♥見た目とのギャップに、興味深々に
25(木)	親		★★★助っ人的な立場から得られるものが
26(金)	業		！体の弱点が出る。放置せずに一度病院へ
27(土)	栄		！いい人を気取ると恥をかく。自然体で
28(日)	衰		！相手の領域に踏み込みすぎると関係悪化
29(月)	安		言葉よりも態度で示すほうが誠意が伝わる
30(火)	危		！一方向だけでなく多角的な視点を持とう
31(水)	成		！！ナーバスにならないで。周りも心配に

8月

様々なことによい落としどころが

話し合いや交渉ごと、様々な調整に最適な時。婚活や就活など、未来を開く活動はもちろん、こじれた問題、お金の絡む話なども、20日までに向き合えば、よい妥協点が見つかる。21日からの「魔のウィーク」では不利な立場になったり、交渉や関係性が決裂する恐れが。期待しすぎたり、多くを望みすぎないで。

日付	運	月齢	開運メッセージ
1(木)	壊		自分の弱さと向き合うことで強くなれる
2(金)	友		日常使いの食器も心ときめくものにして
3(土)	親		！下着など見えない部分までこだわること
4(日)	栄		♥♥話の展開次第では復活愛が期待できる
5(月)	衰		スタミナ不足は、うなぎでパワーチャージ
6(火)	安		★こじれた話や、お金絡みの話も突破口が
7(水)	危		暑くても湯船につかろう。睡眠の質が改善
8(木)	成		★就活を考えているなら、まずアクション
9(金)	壊		！人からの打ち明け話は迂闊に漏らさない
10(土)	友		♥♥♥婚活パーティなどで出会いに貪欲に
11(日)	親		★★★不要なものを処分。気分も一新して
12(月)	命		★たまには自分を甘やかして。ご褒美も◎
13(火)	栄		◆◆◆望んでいたような仕事の話が来そう
14(水)	衰		人の力を借りることで自分の力量もわかる
15(木)	安		★「いける」と思ったら一気にたたみかけて
16(金)	危		開運石を身につけて、緊張感を和らげよう
17(土)	成		★家族と話し合っておけばトラブルも回避
18(日)	壊		！今日の直感はあてにしないほうがいい
19(月)	友		$$$知識をしっかり入れて投資にトライ
20(火)	親		★★★大きな決断も臆さず、自信を持って
21(水)	業		！期待しすぎない。自分のベストを尽くす
22(木)	栄		！可能性を狭めているのはあなた自身かも
23(金)	衰		！苦境に立たされそう。でも腐らないで
24(土)	安		！別れ話や複雑な話は今月中に片づけよう
25(日)	危		！何もしない時間をぼんやり過ごしていい
26(月)	成		！ケチケチすると金運が大きくダウンする
27(火)	壊		！上から目線の発言は周囲に大ひんしゅく
28(水)	友		ながらエクササイズや楽しくできる運動を
29(木)	親		ちょっとした心の持ちようでポジティブに
30(金)	胎		現状でいいのか、自問自答する時間を持つ
31(土)	栄		★★見晴らしのいい高台へ。心に解放感が

9月

迷ったら、根本に立ち返ってみて

断れない感じで難しい仕事や依頼が降ってきそうな暗示。でも安請け合いはしないこと。断るなら「六害宿」の日を避けて早めに。「七曜陵逼」の期間は大きな決断や契約は、できるだけパスして。迷ったら人の意見や感想を聞き、原点に戻ってみよう。恋愛も、強引な相手やムードに流されないよう、ご用心。

日付	運	月齢	開運メッセージ
1(日)	衰		防災セットの中身をチェック。入れ替えて
2(月)	安		★手柄にこだわらずにチームのために動く
3(火)	危		本音と建前を上手に使い分けることが肝心
4(水)	成		♥愛が試される。乗り越えれば絆が深まる
5(木)	壊		！！健康によいことも過剰になれば逆効果
6(金)	友		★★★いいアイデアがひらめく。メモして
7(土)	親		★★昔やっていた楽器の体験レッスンへ
8(日)	命		！！！！大きな決断や契約は絶対に避けて
9(月)	栄		★★やりがいや達成感がモチベーションに
10(火)	衰		事前に日時や場所を確認。思い込みは危険
11(水)	意		！！！！人のトラブルに巻き込まれないで
12(木)	危		好きなアーティストの曲に合わせ踊ろう
13(金)	成		★原点回帰で頭の中のモヤモヤがクリアに
14(土)	壊		！根を詰めすぎると心も消耗。休養は必須
15(日)	友		♥♥恋愛マスターの友人の助言を参考に！
16(月)	親		★★オンライン対戦ゲームで盛り上がろう
17(火)	事		！！！！問題勃発。冷静さを保って対応を
18(水)	栄		！！断りにくい案件でも安請け合いはダメ
19(木)	衰		！！気になる不調があるなら検査を受けて
20(金)	克		！！！！お金の話は、今日は絶対に回避を
21(土)	危		！！相手の強引さやムードに惑わされない
22(日)	成		！！予定外の出費で頭の中の計画に乱れが
23(月)	聚		！！！！誘われても即決せず、人に相談を
24(火)	友		細やかなフォローを忘れなければ大丈夫
25(水)	親		$決済方法を工夫してポイントを貯めよう
26(木)	胎		自分から手放すことで気持ちもリセット
27(金)	同		！！！！わずかな可能性にしがみつかない
28(土)	衰		カーテンなど大物の洗濯がいい気分転換に
29(日)	安		◆◆迷った時は信頼できる先輩に相談を
30(月)	危		視点を変えれば、新たな価値に気づける

尾

最大開運日 8/20、12/7　最大警戒日 9/17、10/15

10月

適度な距離感で人間関係を楽しんで

人間関係が賑やかな月。でも2、3日の「壊」の連続日は、特定の人と深い関わりを持つとこじれる恐れ。「七曜陵逼」では安易に人を信じたり、距離感を縮めないほうがいい。難しい話や交渉の日は、第三者の立ち会い、人のつき添いがマスト。「六害宿」の日はよいことでもやりすぎは×。しつこくならないように。

日付	運	月齢	開運メッセージ
1(火)	成	●	★どう見られたいか、セルフプロデュース
2(水)	壊	●	!ガッツリと組むうちに関係がこじれそう
3(木)	壊	●	!!コミュ力を発揮。偏らない人間関係を
4(金)	友	●	★★★あなたの言葉や行動で人をハッピーに
5(土)	親	●	★★仲間とキャンプやバーベキューで交流
6(日)	命	●	!!!!!就寝前に5分瞑想。心を整えて
7(月)	栄	●	★★スマート家電の利用で生活の質を向上
8(火)	衰	●	眠れない夜はゼラニウムのアロマをたこう
9(水)	意	◐	!!!!心の隙間を突かれないように注意
10(木)	危	◐	ダイエットが停滞期に入っても焦りは禁物
11(金)	成	◐	◆やる気を見せればチャンスは巡ってくる
12(土)	壊	◐	!よくわからないのにあおられて信じそう
13(日)	友	○	★★仲良しと、笑ってしゃべって気分上々
14(月)	親	○	♥♥困難を克服した二人は次のステップへ
15(火)	事	○	!!!!やりすぎや固執は悪い運を呼ぶ
16(水)	栄	○	!!使命感や人との関係性を負担に感じる
17(木)	衰	○	!!うっかりミスの恐れ。時間には余裕を
18(金)	克	○	!!!!お金の話はモメそうなので別日に
19(土)	危	○	!!全方位外交だと相手に誤解を与えそう
20(日)	成	○	!!予算を大幅超過かも。うまく調整して
21(月)	聚	○	!!!!ネット情報は真偽を確かめてから
22(火)	友	◑	早起きして朝ヨガ。1日を軽快に過ごそう
23(水)	親	◑	$コツコツ貯蓄に回せば、将来、役に立つ
24(木)	胎	◑	開き直ってしまったほうが人間関係は良好
25(金)	同	◑	!!!!簡単に人を信用しないで。冷静に
26(土)	衰	◑	苦手な家事ほど早めに終わらせてしまおう
27(日)	安	●	★★大股でウォーキングして頭もスッキリ
28(月)	危	●	どうすべきだったかを改めてチームで検証
29(火)	成	●	★第三者の立ち会いで交渉がスムーズに
30(水)	壊	●	!自己流美容やサプリ依存には落とし穴が
31(木)	友	●	♥♥♥同窓会など大勢が集まる場に出会い

11月

再びパワー上昇! デトックスが開運に

1～10日は意外な事実が発覚したり、誰かの一言が耳に入ったり。でもあなた自身は周囲に流されず、自分で調べ、確認して自分の考えを持つように。11日からの「魔のウィーク」は食べ物とデジタル系に触る時間を節制してデトックスを。金運はよいが欲張ると失敗。お土産、差し入れなどは心を込めて渡そう。

日付	運	月齢	開運メッセージ
1(金)	親	●	★★★ウェブの知識を強化。今後に生きる
2(土)	命	●	★家族と過ごす時間の中で心を通わせよう
3(日)	栄	●	★★★神社や名所旧跡の旅で歴史ロマンを
4(月)	衰	●	長芋の簡単レシピに挑戦。おつまみにも
5(火)	安	◐	◆趣味や特技を、仕事に活かすことを模索
6(水)	危	◐	思わぬ事実や、誰かの言葉で状況が変わる
7(木)	成	◐	★几帳面かつ丁寧な仕事ぶりが周囲に好評
8(金)	壊	◐	!噂レベルの話に惑わされず、自分で確認
9(土)	友	◐	♥♥♥信頼できる人の紹介でよい出会いが
10(日)	親	◐	★★★トレンドを押さえたメイクで外出
11(月)	業	○	!不摂生は体重に影響。食べる量を調整
12(火)	栄	○	!世間体を気にしすぎると生き方が窮屈に
13(水)	衰	○	不満や小言はポジティブ変換して伝えよう
14(木)	安	○	!金銭面で欲を出すとかえって損失を生む
15(金)	危	○	!頑固かも。もう少し柔軟性を持って対応
16(土)	成	○	!ちょっとした手土産も心を込めて選んで
17(日)	壊	○	!スマホと距離を。特に寝る前は電源オフ
18(月)	友	○	!アドバイスもしつこいと説教臭くなる
19(火)	親	○	ノンフィクション作品に心揺さぶられそう
20(水)	胎	◑	アートや観葉植物を飾って、癒しの空間を
21(木)	栄	◑	♥♥いつもと違う一面を見せると恋が進展
22(金)	衰	◑	仲間を励ますことで、自分も元気になれる
23(土)	安	◑	$バッグや靴などは高くても上質なものを
24(日)	危	◑	自分の強さだけでなく弱さにも向き合って
25(月)	成	◑	★次のステージにつながる大事な出来事が
26(火)	壊	◑	!仕事に私情を挟まないこと。フラットに
27(水)	友	●	★★★視野が広がり、バランス感覚も整う
28(木)	親	●	★★★尊敬する人のおかげで意識が変わる
29(金)	命	●	★和食で旬の味覚を味わおう。体も喜ぶ
30(土)	栄	●	★★★人と人をつなごう。うれしい展開が

12月

くすぶっている思いを整理する時

仕事で必要なことから、心にくすぶっている思いまで、改めてキチンと整理し、クリアにすべき時です。再会したい人には1～7日に連絡してみて。「魔のウィーク」は停滞する物事も多いけれど、15日以降は順調に答えが出て、ホッとできる年末に。ただし30、31日「危」の連続日は時間に余裕を持って行動を。

日付	運	月齢	開運メッセージ
1(日)	衰	●	温泉やサウナへ。汗を流してストレス発散
2(月)	安	●	◆◆将来のビジョンを描き働き方を明確に
3(火)	危	●	ビビっていないで、時にはハッタリも必要
4(水)	成	●	★最近ご無沙汰の人に連絡を。友情が戻る
5(木)	壊	◐	!忙しくても、服装や髪型には気を使って
6(金)	友	◐	$$$公私共に周りと相談すれば金運上昇
7(土)	親	◐	★★★経験を糧にして、素敵な人に成長
8(日)	業	◐	!車や自転車の運転は、いつも以上に用心
9(月)	栄	◐	!閉塞感から思い詰めがち。もっと柔軟に
10(火)	衰	◐	!食べすぎ飲みすぎに注意。胃腸を労ろう
11(水)	安	○	!無愛想だと思われないよう口角を上げて
12(木)	危	○	!進行中の案件にストップが。原因を調査
13(金)	成	○	!調子に乗って危ないことに手を出さない
14(土)	壊	○	!思い通りにならなくて人に当たるのは×
15(日)	友	○	大掃除に着手。手つかずの場所こそ丁寧に
16(月)	親	○	家族と年末年始の予定を確認しておこう
17(火)	胎	○	自分でできるリンパマッサージで血行促進
18(水)	栄	○	★★ずっと気になっていたことが一件落着
19(木)	衰	○	お笑い番組で爆笑すれば、リフレッシュに
20(金)	安	◑	♥話し合いで誤解が解けて、愛が蘇るかも
21(土)	危	◑	年齢の離れた人の意見から学べるところが
22(日)	成	◑	★趣味友と情報共有しよう。テンションUP
23(月)	壊	◑	!引き落とし前に残高の確認を忘れずに
24(火)	友	◑	♥♥♥一緒にいて安らげる相手が運命の人
25(水)	親	◑	★★★高い目標や目的を持つほど強くなる
26(木)	命	◑	★昔の写真を見てノスタルジックな気分に
27(金)	栄	●	★★★心の中のわだかまりに結論が出そう
28(土)	衰	●	ドラッグストアで消耗品を安くまとめ買い
29(日)	安	●	★料理をすることが、ほどよい気分転換に
30(月)	危	●	時間に余裕を持って。心の余裕につながる
31(火)	危	●	家族や心を許せる人と、のんびりと年越し

度胸のよさNo.1 天性の仕切り屋

20 箕宿

きしゅく

★開運キーワード★

Color
ベビーピンク　パープル

Spot
地元の店　定期的に通う場所

Food
サンドイッチ　抹茶

Item
観葉植物　肌触りのよいタオル

Stone
アゲート（めのう）　ターコイズ

Aroma
マグノリア　ブラックペッパー

Flower
ラナンキュラス　サクラソウ

箕宿ってこんな人

「箕」は風の神を表し、〝支配されざる者〟の意味も。一見おとなしそうでも、行動は情熱的で過激。行くところに風を巻き起こす威勢のよさがある。率先して動き、細やかに人の面倒も見る天性の仕切り屋で、サポーターとして周囲を盛り上げていく。お世辞や社交辞令が苦手で誤解されることもあるが、悪意なくさっぱりとした気性なので、好感度は高い。恋愛の相手選びは慎重でシビア。自分が尽くしたいタイプで、どこか放っておけない人と長続きする。リンパの流れをよくすると運気も上昇。バスタイムは右脇を中心にマッサージを！

この宿の有名人

ビヨンセ　優香　上野樹里　青山テルマ　榮倉奈々　国仲涼子　生見愛瑠　宮脇咲良　村方乃々佳　浅田真央　阿部詩　ドナルド・トランプ　林修　中居正広　中村獅童　玉木宏　濱田岳　染谷将太　峯田和伸　川崎鷹也　木戸大聖　玉森裕太　川尻蓮　井上尚弥　ラーズ・ヌートバー

2024年開運3か条

1 すぐに結果を求めない。基礎や原点を大切に進んで

2 疲れたら休む。辛い時は人と話したり、場所を変えよう

3 育てたいのは自然への興味。土や植物、自然に触れる時間を！

★2024年の全体運★

小さな試行錯誤がパワーに変わる年！ HAPPYの〝種まき〟に時間をかけて

★2024年の特徴　生活の基盤、これからやろうとすることの土台を築く年です。運気は〝遠距離〟の「安」で、穏やかな日々の中で楽しい出来事もありますが、それを維持したり、ここから次の望みを叶えるために、見えないところで地道な努力や準備の積み重ねが必要となります。〝遠距離〟の運気の時期は自分の手の届かないところで物事が動くため、停滞感があります。大胆さを秘め、思い切った決断ができる箕宿は、もどかしさを感じそうですが、2024年は〝種まき〟の年として、小さな試行錯誤を力に変えていきましょう。迷ったら、根を張るべき場所、一緒に頑張れるパートナーを探すこと。そして目標を持ち、基本を大事にし、時間をかけることが幸運の鍵。スピードは出ませんが、ゆっくり進むことでしか見つけられないものや、〝景色〟に出会える年になるはずです。

★1年の運気の流れ　**1、2月**は例年通りの年明けのようで、あなたの立場や役割が微妙に前年までとは違っています。ただ、「七曜陵逼」の期間なので、なるべく平常心で過ごして。**3、4月**はスタート地点に戻されるような出来事があったり、家族や親との関係やベースとなる環境に変化も。あなた自身は、これまで続けていることや、自分のやるべきことを淡々と続けましょう。それが一番、運気をあげる方法です。**6月**以降は、身近なところに理解者や味方、一緒に闘ってくれる人が増えてくるはず。ただ、プレッシャーがあり、何かに縛られている状況は変わらず。**9、10月**の「七曜陵逼」期間には、それに反発したり、よき相棒に甘えて頼りすぎたり、二人で秘密を抱えたりする恐れも。**12月**には、そんな〝暴走〟を反省、整理しながら、今後、腰を据えるべき環境や、継続してやるべきことを定めて。2025年以降の長期的な計画を立てると、運気もあなたの味方になってくれるでしょう。

★愛情運★

5月までの出来事で結婚観に変化が!?

2024年は、安定した愛や信頼できるパートナーに恵まれる年。**1～5月**の恋は、家族や仕事に理解がある相手でないと成立せず、むしろ問題を抱えた時の配慮や親切心、献身が結婚の決め手に。**3月22日～5月29日**は復活愛や、パートナーとの関係改善の運気。また**5月**までの出来事で結婚観が変わった人ほど、**6月12日～8月21日**の婚活でよい出会いが。相手のために環境や生活を変える覚悟が、愛を深め、関係を安定させます。ただ相手に多くを望みすぎると、**9、10月**の「七曜陵逼」で心がブレやすくなり、そこで浮気に走れば、二人の関係は一気に崩壊。**11月22日～12月8日**の話し合いと歩み寄りは、本当のパートナーが誰かを教えてくれるでしょう。

★仕事運★

キャリアアップより生活環境の整備を

地道に努力と経験を重ねて実力を養うべき、目立たないけれど重要な年です。特に**1、2月**に自分に足りないことを痛感したら、**2月26日**か**3月10日**から学びや訓練を。**3、4月**は昔の体験や過去の人脈が役に立ち、**5月**は苦手が得意になったり、与えられた仕事にやりがいを感じそう。2024年はキャリアアップを狙うよりプライベートや生活環境の整備を優先すべき時でもあり、転職などもそれに合わせる形が◎。副業を始めたり、何か新たな挑戦や勝負をするなら**7月10日～8月21日**に。「七曜陵逼」の**9、10月**にずれ込むと、不発で終わる恐れが。**12月**は、今後の仕事や働き方について、家族やアドバイザー的な人とじっくり相談をするとよい星回り。

★金運★

お礼や贈り物などで思いを伝えよう

家族や大事な人、住居のためなどにお金を使う年。意外に出費過多になりやすいのでしっかり予算を決めて対応を。特に**3～5月**は引っ越しやリフォーム、冠婚葬祭などで支出が増えそう。**6、7月**は収入アップがあるかも。**8月5～21日**は貯蓄や保険、ポイ活など経済面の見直しを。「七曜陵逼」の**9、10月**は予定外の出費の暗示。ローン、投資はパス。お金を使うなら**11月19日～12月8日**に。2024年はお礼やお土産、贈り物など、気持ちをお金や物で表すことが大事な運気です。2024年につないだ人間関係が、2025年以降の金運を運びます。

★美容・健康運★

日々の睡眠、休暇の過ごし方を工夫して

1～5月は、生活に健康的なルーティンを取り入れるのにピッタリの星回り。特に**3月10日、26日**から始めた習慣は長く続いて効果大。おすすめはヨガやウォーキング。グルテンフリーなどの食事法に挑戦も。2024年は上手に休むこともテーマ。日々の睡眠、休暇の過ごし方にも工夫を。**6月**以降はよき治療者、施術者と出会えるので、不調は治療し、整体やエステなどでケアして。パワー低めの**4月**と「七曜陵逼」の**9、10月**は長めのオフを。**4月16日～5月5日、11月1日～12月8日**にプロの手によるイメチェンを。美のカンフル剤に。

★七曜陵逼の乗り切り方★

箕宿が各時期に気をつけるべき大事なことをアドバイス。要チェック！

1 1/2 ～ 1/28
穏やかな年明けだけど、つまらないことで家族とモメないで。明るい振る舞いがお気楽にとられて誤解を招く恐れあり。散財にも注意。

2 2/10 ～ 2/25
言葉が人を傷つける時。SNSも含め人の言葉、噂を気にしすぎない。データや記録は精査すること。「六害宿」の日に面倒な話は×。

3 9/3 ～ 9/29
出会いはあるが期待すると失望。動かない、決まらない停滞感に負けて暴発しないように。誰かと共謀して、ごまかしや隠蔽はしない。

4 10/3 ～ 10/27
自分のペースで動けず、苛立って相手を急かしたり、人を利用するのはNG。人にあおられても、普段しないことには手を出さないで。

Energy Power パワーMAXは8月。7月も高めなのでアクティブな夏を過ごして！

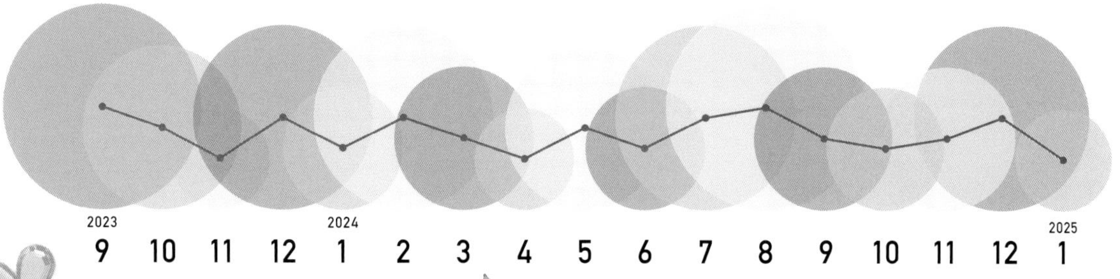

★箕宿の開運暦2024★

1月

お正月も規則正しい生活リズムで

年明けは穏やかな運気だけど、気が緩みがち。正月に生活がルーズになるとなかなか立て直せないので気をつけること。「命宿」の8日はケアレスミス、11日「意宿」は大事なものをなくす恐れ。思いつきで新製品を試したくなるが、「七曜陵逼」中は自粛して。小さな贅沢や体によくない習慣が癖になりやすいので注意。

日付	運	月齢	開運メッセージ
1(月)	衰	◑	「一年の計は元旦にあり」。前向きな目標を
2(火)	安	◑	★大切な人と初詣。2024年の平安を祈ろう
3(水)	危	◑	笑顔で挨拶をしよう。場の雰囲気を明るく
4(木)	成	◑	つまらないことで家族とモメそう。用心を
5(金)	壊	◑	たまった作業を粛々と丁寧に片づけるべし
6(土)	友	●	★★周囲から望まれることに応えて開運
7(日)	親	●	★★★友人たちと新年会。昔話に花が咲く
8(月)	命	●	！！！！火の始末、戸締まりを忘れずに外出
9(火)	栄	●	＄＄臨時収入がありそう。使わず、貯金に
10(水)	衰	●	納豆やキムチなど、発酵食品で腸活しよう
11(木)	意	●	！！！！なくしてから気づくのでは遅い！
12(金)	危	●	YESかNOか。意思表示ははっきりしよう
13(土)	成	●	♥自分が恋人に求めることを再認識して
14(日)	壊	●	！ダラダラ生活NG。掃除してシャキッと
15(月)	友	◐	◆◆少し視点を変えれば、いいアイデアが
16(火)	親	◐	★★やり直すことでもう一段階よいものに
17(水)	事	◐	！！！！はしゃぎすぎない。ウザがられる
18(木)	栄	◐	！！ピンときても、新製品のお試しは危険
19(金)	衰	◐	！！作業に没頭。集中すれば雑念を払える
20(土)	克	◐	！！！！「ちょっと贅沢」は今日はしないで
21(日)	危	◐	！！仕事に理解がないと、愛が冷めそうに
22(月)	成	○	！！違和感を感じても、平常心を保つこと
23(火)	聚	○	！！！！落ち込みそうなら早く帰って寝て
24(水)	友	○	★ネットのリアルタイムの声が参考になる
25(木)	親	○	まずは、自分の欠点を見つめ直すことから
26(金)	胎	○	★何歳になっても挑戦することを忘れない
27(土)	同	○	！！！！嗜好品にハマりすぎて、癖になる
28(日)	衰	○	★心を込めたギフトが、人間関係を円滑に
29(月)	安	◑	♥自然体でいればそのままで愛されるはず
30(火)	危	◑	疲労感が残るなら睡眠時間をしっかり確保
31(水)	成	◑	★「継続は力なり」。もう少し頑張れば光が

2月

大事なことは9日までに着手、決断を

大事な連絡や、大きな買い物、何かの決断をするなら9日までに。遅れていることも、ここまでに手をつけて挽回を。10日以降の「七曜陵逼」中に、言い訳や辻褄合わせをしないで済むように頑張って。また、誤解されないよう言葉遣いは丁寧に。「同宿」の24日のドタキャンや急な予定の変更は裏目に出やすい。

日付	運	月齢	開運メッセージ
1(木)	壊	◑	！尊敬する人に言われた言葉を思い出して
2(金)	友	◑	★★★今、始めれば間に合う。巻き返しを
3(土)	親	◑	＄＄＄大きな買い物もよく吟味すればOK
4(日)	命	◑	★〝定期的に通う場所〟こそが開運スポット
5(月)	栄	◑	★★★決断が必要なことは、今日決めよう
6(火)	衰	●	丁寧なリサーチでその後の流れがスムーズ
7(水)	安	●	★気になっている人に連絡。いい知らせが
8(木)	危	●	妥協はいらないけど空気を読むことは大事
9(金)	成	●	♥二人の問題もよく話し合えば突破口が
10(土)	成	●	★開運色のベビーピンクを装いのどこかに
11(日)	壊	●	！丁寧な言い方を心がけて誤解を避けよう
12(月)	友	●	★★パートナーとの温泉デートで癒されて
13(火)	親	●	♥♥本命チョコは今日のうちに渡すといい
14(水)	事	◐	！！！！鵜呑みは×。データの精査が必要
15(木)	栄	◐	！！言い訳するより、まず、率直に謝ろう
16(金)	衰	◐	！！辻褄を合わせようとしてもボロが出る
17(土)	克	◐	！！！！混み入った話は、別日に対応を
18(日)	危	◐	！！トイレや水回りの掃除で気分も爽やか
19(月)	成	◐	！！SNSもリアルも、噂話は気にしない
20(火)	聚	◐	！！！！言葉で誰かを傷つけないように
21(水)	友	○	★サクラソウを窓辺で育てて春に咲かせて
22(木)	親	○	違うと思ったら、他の方法に切り替えよう
23(金)	胎	○	★許し許されることで流れがプラスに動く
24(土)	同	○	！！！！急な予定変更＆ドタキャンは厳禁
25(日)	衰	○	★目のケアを。アイマスクで温めるのも◎
26(月)	安	○	◆仕事に必要なスキルを学び始める好機
27(火)	危	○	押しの強い人とも交流。結構気が合うかも
28(水)	成	◑	★素直に頼れば、協力者がたくさん現れる
29(木)	壊	◑	！その場に合った服装と振る舞いをしよう

3月

プライベート優先で過ごす月

面白い話が舞い込んできたりもするけれど、今月は家庭や家族、プライベートに目を向けて。大事な人や場所を守る気持ちを持つと強くなれる。10日、26日は、勉強や仕事の原点に戻り、リスタートするのによい時。再会などから始まる新たな人間関係も。落ち込むことがあった日は、部屋の掃除や整理整頓を。

日付	運	月齢	開運メッセージ
1(金)	友	◑	★★★興味を刺激される情報が入りそう
2(土)	親	◑	★★★親しみのわく本音トークで人気者に
3(日)	命	◑	★本当に大切なものは何？ それを守って
4(月)	栄	◑	★★★何気ない会話の中に役立つヒントが
5(火)	衰	◑	「やればできる！」と自分に暗示をかけよう
6(水)	安	◑	＄無駄遣いを洗い出し、家計を健全化する
7(木)	危	●	忙しくても家族からの相談には耳を傾けて
8(金)	成	●	♥感謝をしっかり伝えることで愛が深まる
9(土)	壊	●	！家でのんびりデーにして、英気を養おう
10(日)	友	●	★★★再会からワクワクする関係が始まる
11(月)	親	●	◆◆◆今までの経験が新しい仕事の助けに
12(火)	業	●	！思い込みや偏見は、視野を狭めてしまう
13(水)	栄	●	開運フードの抹茶味の飲み物で一休み
14(木)	衰	◐	！進行中の案件が振り出しに。別案を検討
15(金)	安	◐	！手柄の独り占めやいいとこ取りはNG
16(土)	危	◐	！余計な買い物をしそう。実用性を考えて
17(日)	成	◐	！沈んだ気持ちは部屋の整理整頓で回復
18(月)	壊	◐	！！親切を当たり前のように受け取らない
19(火)	友	◐	辛くても、簡単に投げ出さずにやり抜こう
20(水)	親	◐	一人で遊ぶより仲間と楽しさをシェアして
21(木)	胎	○	会いたい人がいるなら自分から会いに行く
22(金)	栄	○	♥♥相手の悩みを真摯に聞いて親密度UP
23(土)	衰	○	軽くストレッチをしてこった体をほぐそう
24(日)	安	○	★好きな趣味や、推し活に没頭していい日
25(月)	危	○	華やかな場に縁が。でもはしゃぎすぎは×
26(火)	成	○	★健康のためにヨガやウォーキングを開始
27(水)	壊	○	！手抜きはしない。後で苦労するのは自分
28(木)	友	○	★★★将来の明確なビジョンが見えてくる
29(金)	親	○	★★★意見の対立に、いい折衷案が浮かぶ
30(土)	命	◑	★過去の苦労が糧になっていることを実感
31(日)	栄	◑	★★★遠慮せずに、しっかり自己アピール

最大開運日 3/10、5/25　最大警戒日 1/11、2/24

4月

エナジーパワーは下降。焦らないで

新年度はスロースタート。昔の問題が蒸し返されたり、何かが終了したりしても焦らずに。8日からの「魔のウィーク」はパワーチャージの運気。好きなことをして、一人の時間を有意義に。家族とケンカはしないこと。物の修理や再利用は吉。行き詰まったらイメチェンを。復活愛を狙うなら23日までに連絡して。

日付	運	月齢	開運メッセージ
1(月)	衰	◑	★想定外の事態でも周囲と協力して対応を
2(火)	安	◑	＄地元のお店へ。掘り出し物がありそう
3(水)	危	◑	やるべきことを粛々と。焦らなくて大丈夫
4(木)	成	◑	★大事な品はリメイクして思い出もキープ
5(金)	壊	◑	！かつての失敗談が今頃蒸し返されるかも
6(土)	友	●	★★★裏表のなさが、あなたの最大の魅力
7(日)	親	●	★★★楽しいと思う気持ちが原動力になる
8(月)	業	●	！何か終わることがあっても受け入れて
9(火)	業	●	！記入ミスに注意。特に数字はよく確認を
10(水)	栄	●	自分を卑下せず、長所を探すほうが建設的
11(木)	衰	◐	！好きな香りの入浴剤でゆっくり温まって
12(金)	安	◐	！模様替えやリフォームについ散財しそう
13(土)	危	◐	！いいかげんな相槌は×。家族とケンカに
14(日)	成	◐	！一人時間を有意義に。読書がおすすめ
15(月)	壊	◐	！！大好物を食べて、元気をチャージする
16(火)	友	◐	イメチェンが思ったよりいい気分転換に
17(水)	親	◐	丸まった背中を伸ばして、5分ストレッチ
18(木)	胎	◐	幸運の花・ラナンキュラスが心を和ませる
19(金)	栄	◐	◆◆かつての仲間から、いいアシストあり
20(土)	衰	○	まず自分をご機嫌にしてから人をご機嫌に
21(日)	安	○	♥復活愛を望むなら、早く素直になるべき
22(月)	危	○	SNSで海外とつながればひらめくことが
23(火)	成	○	★ちょっとした親切から好展開がありそう
24(水)	壊	○	！小さなミスがおおごとになりがち。用心
25(木)	友	○	★★★食わず嫌いの趣味の面白さに気づく
26(金)	親	○	★★★自分なりの理想を掲げ、前進しよう
27(土)	命	○	★時には、頭をからっぽにする時間も大切
28(日)	栄	◑	♥♥♥寄り添う気持ちが愛と幸せを2倍に
29(月)	衰	◑	★緑の中、ゆったりした時の流れを感じて
30(火)	安	◑	★試行錯誤の繰り返しで〝実力〟が磨かれる

5月

連休はアクティブに過ごしてOK!

GWはアクティブに動けるので、好きなことをしに一人でも外出を。対戦型のスポーツや、近所でできる運動を始めると人間関係にもプラス。体のケアによい星回りなので、気になる健康法、食事療法などは29日までにトライして。意外なきっかけで、心と体のコンプレックスが解消される出来事がありそう。

日付	運	月齢	開運メッセージ
1(水)	危	◑	見返りを期待しなければ、失望もしない
2(木)	成	◑	★旅が最高のストレス解消に。一人旅も◎
3(金)	壊	◑	！慌てないで。ケガや忘れ物に注意しよう
4(土)	友	◑	★★★外出に幸運あり。お気に入りの服で
5(日)	親	●	♥♥♥周囲の理解を得て、結婚へ前進かも
6(月)	業	●	！人の多い場所では、発言には十分注意を
7(火)	栄	●	！もどかしくても、人のペースに合わせて
8(水)	衰	●	！任せられることは人に任せたほうがいい
9(木)	安	●	！うまい話には裏がある。警戒を強めて
10(金)	危	●	！気持ちがナーバスに。肩の力を抜こう
11(土)	成	◐	！お気に入りの番組で気楽に笑って発散
12(日)	壊	◐	！自分に制限をかけない。もっと自由に
13(月)	友	◐	目立つ行動は控えよう。思わぬ反感のもと
14(火)	親	◐	グルテンフリーの食生活を検討してみては
15(水)	胎	◐	アイロンのきいたシャツで身も心もピシッ
16(木)	栄	◐	★★最新コスメや美容家電を取り入れよう
17(金)	衰	◐	口約束だけでは心配。リマインドメールを
18(土)	安	○	♥二人の間のわだかまりが消えてハッピー
19(日)	危	○	冠婚葬祭などの出費がかさんでピンチかも
20(月)	成	○	★昼食はサンドイッチでおいしく運気UP
21(火)	壊	○	！言い出したことには最後まで責任を持つ
22(水)	友	○	◆◆◆苦手を克服。むしろ武器にできる！
23(木)	親	○	＄＄＄信頼できる金融のプロに出会えそう
24(金)	命	○	★理想の結婚観、人生観をじっくり考えて
25(土)	栄	○	★★★ここで仕切り直せば万事うまくいく
26(日)	衰	○	対戦型のスポーツで、気分転換＆健康増進
27(月)	安	○	★他業種の人の話を聞いて、向上心に刺激
28(火)	危	○	人と比べるより自分との闘いを乗り越えて
29(水)	成	◑	★体の悩みから解放されることがあるかも
30(木)	壊	◑	！派手にお金を使うと、後からしわ寄せが
31(金)	友	◑	★★近所のジムに入会も◎。友達ができる

6月

頼もしい味方も登場! 努力が実る時

コツコツ継続した努力が実を結び、望む方向に流れが変わり、頼もしい味方も現れる時。少しこじれていた愛も修復される可能性大。失いたくない相手には正直にぶつかって。18日以降、金運がよくなるので蓄財法も再考を。人からの贈り物、引き継いだものは大切に。保管方法や活用法をじっくり検討しよう。

日付	運	月齢	開運メッセージ
1(土)	親	◑	★★★前向きな気持ちが自然にわいてくる
2(日)	業	◑	！！感情的になったら、負けだと思って
3(月)	栄	◑	！意外なクレームにも誠実に対応しよう
4(火)	衰	◑	！体力を過信しないで、早めにベッドへ
5(水)	安	●	！カードの利用明細は、細部までチェック
6(木)	危	●	！束縛されているような息苦しさを感じる
7(金)	成	●	！話を盛りすぎないで。後で恥をかきそう
8(土)	壊	●	！小さな隠しごともNG。ケンカの火種に
9(日)	友	◐	時短がテーマ。効率的に動く計画を立てる
10(月)	親	◐	勝負に出るにはまだ早い。安全策をとろう
11(火)	胎	◐	ちょっとした心の持ちようでポジティブに
12(水)	栄	◐	◆◆今までの努力が満足できる結果を生む
13(木)	衰	◐	心地よいタオルを常備。使うことで開運！
14(金)	安	◐	★望んでいたポジションをゲットできそう
15(土)	危	◐	♥大切な人と過ごす時間がエネルギー源に
16(日)	成	◐	★エコ家事を実践して家計と地球に優しく
17(月)	壊	◐	！一人で抱え込まずに、SOSのサインを
18(火)	友	○	★★★味方に恵まれる。協力態勢を築いて
19(水)	親	○	★★★人から何かを受け継ぎそう。大切に
20(木)	命	○	★今日の頑張りが、未来の成功につながる
21(金)	栄	○	＄＄＄収入アップの暗示。蓄財方法を工夫
22(土)	衰	○	友達とカラオケ大会など賑やかに過ごして
23(日)	安	○	★本や動画三昧で、脳内を別世界に飛ばす
24(月)	危	○	やったことのない作業も慎重にやればOK
25(火)	成	○	★二人が出会った頃の思い出話をしよう
26(水)	壊	○	！先輩風を吹かせない。黙って見守るべき
27(木)	友	○	★★★ライバルと組むことが好結果を生む
28(金)	親	◑	♥♥♥軽いスキンシップで愛情を表現して
29(土)	業	◑	！なりゆきに任せたほうが、うまくいく
30(日)	栄	◑	！神社で〝夏越の祓〟をしよう。息災を祈願

★箕宿の開運暦2024★

7月

雑な態度はNG。細やかな配慮が大切

月初めの「魔のウィーク」は、普段以上の細やかさが必要。雑な態度では運気アップのきっかけを逃す恐れあり。９～26日はスキルアップに集中して吉。頭でシミュレーションしたことを実践するのにもよいタイミング。「壊」の15日と24日はハプニング的な出来事が起こりやすいが、そこから多くの気づきもありそう。

日付	運	月齢	開運メッセージ
1(月)	衰		正しい礼儀作法を学んで周りに差をつけて
2(火)	安		！金銭面でルーズになると、信用ガタ落ち
3(水)	危		！！単独行動は事を荒立てる。皆と協調を
4(木)	成		慣れた作業ほど雑になりがち。注意しよう
5(金)	壊		！小さなミスから運気が暗転することも
6(土)	壊		！義理のあるおつき合いをサボるのは×
7(日)	友		大切な人との何気ない会話に心がほっこり
8(月)	親		〝自分のやり方〟に固執しないほうがいい
9(火)	胎		基本を大事に。シンプルライフを目指そう
10(水)	栄		◆◆成功をイメージして新しいことに挑戦
11(木)	衰		上手に休憩を取ろう。無理はしないように
12(金)	安		★耳に痛い忠告もありがたく受け止めて
13(土)	危		★大勢でするレジャーが楽しく盛り上がる
14(日)	成		★海や山へ。自然と触れ合うことで運気UP
15(月)	壊		！相手のためと言いながら、自己満足かも
16(火)	友		★★★デキる人のビジネススタイルに学ぶ
17(水)	親		★★★発想を少し変えれば光が見えてくる
18(木)	命		★「継続は力なり」。諦めずに続ける選択を
19(金)	栄		♥♥♥婚活サイトに登録など積極性に行動
20(土)	衰		エステや整体でゴッドハンドに出会えそう
21(日)	安		＄周りのためにお金を使うと好循環を生む
22(月)	危		強引に進めないこと。相手の気持ちも尊重
23(火)	成		★元気が出る曲をプレイリストに入れよう
24(水)	壊		！思いがけない出来事から気づくことが
25(木)	友		★★★ターコイズのアクセで開運と癒しを
26(金)	親		♥♥♥細かな気遣いとフォローで好印象に
27(土)	業		！あれもこれもやろうとするのは無理な話
28(日)	栄		！詮索好きな人の質問はうまく受け流して
29(月)	衰		過度な期待はしないで。ほどほどで満足を
30(火)	安		！正面からぶつからずにサラリと受け流す
31(水)	危		！！思うようにペースが上がらず焦りそう

8月

パワーはMAX!! 望みが叶う幸運月

望むような出会いや発展がある幸運月。一方で最近、一気に進んだ案件や状況は、客観的に精査して調整も必要な時。特に相手の勢いや都合で押され気味なことや、お金や予算については、しっかり見直しを。疑問や不安を感じたら21日までにストップ、リスケも。それでダメになるなら惜しくないと思ってOK。

日付	運	月齢	開運メッセージ
1(木)	成		誰かと比較しない。あなたの個性を大切に
2(金)	壊		！明日になればなんてことない出来事かも
3(土)	友		！簡単に進みすぎたら、立ち止まって精査
4(日)	胎		サウナで発汗。心と体を整えリフレッシュ
5(月)	栄		♥♥紹介で、素敵な人に出会える可能性大
6(火)	衰		悩みは信頼できる人に相談。心が軽くなる
7(水)	安		★趣味を活かして副業に。運気が後押し
8(木)	危		無駄話は、意外にコミュニケーションの鍵
9(金)	成		★緊張やプレッシャーに勝つコツを発見
10(土)	壊		！家族とお墓参りへ。ご先祖様に感謝を
11(日)	友		＄＄＄貯蓄の仕方や生命保険など研究して
12(月)	親		★★★花火やフェスで、夏を満喫しよう
13(火)	命		★朝１杯の白湯で体を目覚めさせる習慣を
14(水)	栄		♥♥♥環境を変える覚悟ができたら結婚も
15(木)	衰		スタミナ重視の肉料理でパワーチャージ
16(金)	安		★軌道修正したいことは、ここで手を打つ
17(土)	危		妥協というのも意外にいい選択肢のひとつ
18(日)	成		★プールで全身運動を。疲労感が心地いい
19(月)	壊		！レジャー費用、生活費。予算をしっかり
20(火)	友		★★★幸運をつかめる日。今日は攻めて！
21(水)	親		◆◆◆やりたい仕事は自分から立候補する
22(木)	業		！頑張ったのにダメになるなら諦めがつく
23(金)	栄		！許せないことを許すことで、心が平安に
24(土)	衰		！おでかけよりも、家でボディケアが正解
25(日)	安		！軽い気持ちで誘いに乗ると相手は超本気
26(月)	危		！言葉がきつくなる。オブラートに包んで
27(火)	成		！自信があることほど、謙虚に進めよう
28(水)	壊		！執着を手放して。心をやわらかに保とう
29(木)	友		大事なことは、しつこいぐらい確認すべし
30(金)	親		感情的と思われないよう論理立てて説明を
31(土)	胎		ゆっくり進むことで見える〝景色〟がある

9月

パワーダウン。心と体を最優先に

人間関係のパワーバランス、仕事とプライベートの時間配分や、体力の配分などに悩む月。「七曜陵逼」な上に、パワーは低下している時なので、何より自分の心と体を最優先に守って過ごして。「六害宿」の日の無茶は厳禁。特に18日「事宿」の日は、家族や大事な人への乱暴な言動は関係を壊すので注意を。

日付	運	月齢	開運メッセージ
1(日)	栄		♥♥かけひきなしの愛情表現が絆を深める
2(月)	衰		帰宅も就寝も早めに。体内リズムの調整を
3(火)	安		★周囲と歩調を合わせて手堅く進むといい
4(水)	危		いざという時の対応で相手の本質がわかる
5(木)	成		優先順位を決めてから１日を始める習慣を
6(金)	壊		ワクワクする出会いがあっても、期待外れ
7(土)	友		★★少し長めに休む計画を立てて、実行に
8(日)	親		★★★近場の観光スポットを調べてGO！
9(月)	命		！！！！よき相棒でも、頼りすぎはモメる
10(火)	栄		★★ディベート力を発揮して話をまとめて
11(水)	衰		〝ばっかり食べ〟は×。バランスを考えよう
12(木)	意		！！！！無茶しない。体の声をよく聞いて
13(金)	危		後輩や目下の人でもいい意見は尊重すべき
14(土)	成		★メンタルリセットに大声を出して歌おう
15(日)	壊		！観葉植物を部屋に。清らかな気が満ちる
16(月)	友		♥♥二人で過ごす穏やかなひと時を大切に
17(火)	親		★★発想の転換で、うまく切り抜けられる
18(水)	事		！！！！身近な人への暴言で関係に亀裂!?
19(木)	栄		！！メリハリのある時間の使い方をして
20(金)	衰		！！不満を言う前に、改善のための行動を
21(土)	克		！！！！話がまとまらず、イライラしそう
22(日)	危		！！靴下や下着を新しくして、気分も一新
23(月)	成		！！〝自分たちだけの秘密〟は、モロいもの
24(火)	聚		！！！！挑戦は回避を。不発に終わる模様
25(水)	友		◆資格や特技が評価されて。自信が持てる
26(木)	親		ヒーリング音楽を聴こう。心が落ち着く
27(金)	胎		＄誰かのために使うお金は、運気を底上げ
28(土)	同		！！！！うまくいかなくてもキレないこと
29(日)	衰		★マグノリアのアロマ油を湯船に２、３滴
30(月)	安		★思い切りダンスで発汗するのも心身に◎

最大開運日	8/20、12/7	最大警戒日	9/18、10/22

箕

10月

よくない出来事は運気のデトックス

デトックス運が強い時。物の紛失や破損なども含め、嫌なことがあったら〝デトックス〟と思って割り切るのが一番。ジタバタと執着して動き回ったり、誰かとつるむのはよくない。特に「六害宿」の日に人と一緒になって悪口、批判を言うのは×。休憩、入浴、睡眠を大切に。散歩などで自然と触れ合うのもいい。

日付	運	月齢	開運メッセージ
1(火)	危	●	親孝行をしよう。不思議と心が満たされる
2(水)	成	●	◆担当外のことも率先してやると学びあり
3(木)	成	●	失敗を引きずったままでは前に進めない
4(金)	壊	●	自分の欠点を見つめ直し、少しずつ直そう
5(土)	友	●	♥♥共通の趣味を楽しもう。理解も深まる
6(日)	親	●	★★★心安らげる居場所を見つけられそう
7(月)	命	●	！！！！！物が壊れたら〝厄払い〟と思って
8(火)	栄	●	★★あなたが変われば、人も状況も変わる
9(水)	衰	◐	まずは足場を固めて。地道に進めればいい
10(木)	意	◐	！！！！口車に乗って、つい思わぬ悪口を
11(金)	危	◐	のんびりとバスタイム。緊張感をほぐそう
12(土)	成	○	★あえて〝変化〟を選んで進む方法もある
13(日)	壊	○	！ローンや投資は調べるだけ。契約は来月
14(月)	友	○	♥♥愛する人に、思いをきちんと伝えよう
15(火)	親	○	★★気分転換には、ちょっとした散歩が◎
16(水)	事	○	！！！！ジタバタしない。人とつるまない
17(木)	栄	○	！！限界まで頑張れば、突破口が見つかる
18(金)	衰	○	！！自分の中の強いこだわりをひとつ消去
19(土)	克	○	！！！！トライするより、今は現状維持で
20(日)	危	○	！！相手の立場に立って考えることが大事
21(月)	成	○	！！就寝前1時間はデジタルデトックスを
22(火)	聚	○	！！！！人にあおられても、普段どおりに
23(水)	友	○	★正攻法でいくことが、信頼感につながる
24(木)	親	◑	移動は大股歩きで消費カロリーを上げよう
25(金)	胎	◑	★自分のよいところを5個リストアップ
26(土)	同	◑	！！！！不満をぶつけすぎると修復が困難
27(日)	衰	●	★紅葉狩りへ行こう。美しい風景が癒しに
28(月)	安	●	＄家計の見直しを。余剰金を貯金に回して
29(火)	危	●	スマホケースを開運色・パープルに変える
30(水)	成	●	★どんな人にも長所あり。長所とつき合う
31(木)	壊	●	！アンラッキーなことは、運気の〝毒出し〟

11月

想定外のリセットも。好転の予感

1〜11日は思いがけない形でリセット、変更になることがありそう。残念でも、それが最終的にはよい結果につながるはず。今月はお金を使う暗示もあるが、未来への投資になるやり方を。寄付も吉。健康や美容面では驚くほど効果的なアイテムに出会えるかも。別れても修復可能な相手なら今月中に何か動きが。

日付	運	月齢	開運メッセージ
1(金)	友	●	★★★寄付やボランティア、できることを
2(土)	親	●	★★★人生のプラスになる相手を見つけて
3(日)	命	●	★無駄なものを削ぎ落とせば覚悟が決まる
4(月)	栄	●	★★★画期的な美容・健康グッズを発見
5(火)	衰	●	事前のリスク管理がトラブルを最小にする
6(水)	安	●	★お気に入りの色のアゲートをお守りに
7(木)	危	◐	別の視点から見ればラッキーかもしれない
8(金)	成	◐	★夜更かしや生活習慣の乱れは早めに調整
9(土)	壊	◐	！期待していたことが急に変更になりそう
10(日)	友	◐	♥♥♥気持ちがあるなら、お誘いを受けて
11(月)	親	◐	★★★振り出しに戻っても再出発で好結果
12(火)	業	○	！余談が長くなりすぎて本題がおろそかに
13(水)	栄	○	人づき合いの難しさを実感。でも気づきも
14(木)	衰	○	！どうしても譲れないなら、半歩だけ引く
15(金)	安	○	！相手のコンプレックスを刺激しないで
16(土)	危	○	！気持ちが落ち込んだ時は家族が救いに
17(日)	成	○	！口約束でも、一度決めたことは守ること
18(月)	壊	○	！！不安要素があるなら手を出さないで
19(火)	友	○	カーテンやシーツなど大物を洗濯して爽快
20(水)	親	○	紅葉が眺められるカフェで一息。気分上々
21(木)	胎	○	初心を思い出そう。前向きな気持ちになる
22(金)	栄	◑	◆◆全力で挑めば、どんな結果でも自信に
23(土)	衰	◑	開運のブラックペッパーのアロマで温活を
24(日)	安	◑	★皆で集まってワイワイ賑やかに過ごそう
25(月)	危	◑	でしゃばりは危険。一歩引いたスタンスで
26(火)	成	◑	♥二人の将来についてじっくり話し合って
27(水)	壊	●	！すすめられても納得できないものは拒否
28(木)	友	●	★★★人のための行動が幸せを連れてくる
29(金)	親	●	＄＄＄勉強、美容。自己投資がハイリターン
30(土)	命	●	★プロに〝お任せカット〟で、変身が大好評

12月

大切な人、こじれている人とも対話を

コミュニケーションが大切な月。いつも一緒にいる相手とも、こじれている相手とも、必要なら話し合いを。9日からの「魔のウィーク」での強気な振る舞い、態度はマイナス。昔の出来事の意外な真相や、その時の人の気持ちがわかってスッキリするかも。16〜31日は、親孝行や家庭サービスをして喜ばせて。

日付	運	月齢	開運メッセージ
1(日)	栄	●	＄＄＄吟味したのなら大物の購入もよい時
2(月)	衰	●	★全体を俯瞰して成すべき役割を果たそう
3(火)	安	●	★「これが好き！」を実感できる出来事あり
4(水)	危	●	苦手な人にほど笑顔で挨拶を。いい反応が
5(木)	成	●	★さりげない気配りが信頼感につながる
6(金)	壊	◐	！多忙な年末に備えて今のうちから掃除を
7(土)	友	◐	★★★今日の小さな挑戦がでっかく育つ
8(日)	親	◐	♥♥♥本当のパートナーは誰か確信できる
9(月)	業	◐	！いつも一緒でも、わかり合うのは難しい
10(火)	栄	◐	！人とは、程よい距離感を保つようにして
11(水)	衰	○	！先に謝ろう。問題を大きくしない配慮を
12(木)	安	○	！強気な態度はマイナスにしかならない
13(金)	危	○	！つまらないなら自分から変化を起こそう
14(土)	成	○	！「人のふり見て我がふり直せ」の精神で
15(日)	壊	○	！自転車や、車の運転に注意。慣れが怖い
16(月)	友	○	趣味を増やしてみよう。人との縁も増える
17(火)	親	○	使わないものは処分を。頭の中もクリアに
18(水)	胎	○	信じる道を進んで。ブレない強さを持とう
19(木)	栄	○	◆◆働き方についてよいアドバイスを得る
20(金)	衰	○	相手が誰でも、できない約束はしないこと
21(土)	安	◑	★昔話から当時の意外な真相がわかりそう
22(日)	危	◑	入浴剤とボディケアは香りにもこだわって
23(月)	成	◑	★家族を喜ばせることが運を呼び込む鍵に
24(火)	壊	◑	！忙しくても、鏡で身なりをチェックして
25(水)	友	●	★★★2024年を総括。課題をあぶり出そう
26(木)	親	●	★★★幸せな将来に向かって計画を立案
27(金)	命	●	★こじれた話も、よく話し合えば円満解決
28(土)	栄	●	♥♥♥相手の大切なものを大切にしてみる
29(日)	衰	●	寝つきがよくなるように、枕の高さを工夫
30(月)	安	●	★2025年に使い始めるものを、ひとつ購入
31(火)	安	●	★愛する人たちと一緒に穏やかな年越しを

カリスマ性No.1 向上心に満ちた

21 斗宿《としゅく》

★開運キーワード★

✦ Color ✦
アイリッシュグリーン　ブラック

✦ Spot ✦
庭　オフィス街

✦ Food ✦
ピクルス　豆腐

✦ Item ✦
地域限定品　書道

✦ Stone ✦
ローズクォーツ　オニキス

✦ Aroma ✦
ジンジャー　ヒバ

✦ Flower ✦
フリージア　エルダーフラワー

斗宿ってこんな人

「斗」は杓(ひしゃく)の意。杓ですくうように世界から知恵を集める好奇心と賢さを表す。物静かに見えて強烈な闘争心の持ち主。完璧な勝利を求める野心家であり、勤勉な努力家。信念に従う求道的な生き方は、周囲の憧れの対象にもなる。対人運もよく、指導者に恵まれ才能を開花させる。難点は向上心のない人に厳しすぎることで、それを抑えないと人が離れる危険も。目標や仕事への思いが強く、恋愛の優先度は低めだが、刺激し合って成長できる相手ならうまくいく。開運部位の左脇を中心にマッサージをすると運気の流れもUP！

この宿の有名人

エマ・ワトソン　中山美穂　安室奈美恵　大久保佳代子　よしこ　貫地谷しほり　森星　井桁弘恵　藤田ニコル　山下美月　上白石萌歌　ジョニー・デップ　遠藤憲一　浜田雅功　内村光良　今田耕司　森田剛　中村勘九郎　米津玄師　京本大我　北村匠海　高橋恭平　ダルビッシュ有

2024年開運3か条

1　何かひとつ、新しいことに挑戦！
未知の体験をしてみよう

2　発想や技術をバージョンアップ。
守備力と可能性がぐんと広がる

3　細やかな記録の習慣を育てよう。
思い出の記録は心の救いに

★ 2024年の全体運 ★

いろいろな〝未知との遭遇〟で活性化。知識や刺激が〝新たな日常〟を作る年!

★2024年の特徴　いくつかの〝未知との遭遇〟を経験しながら、〝新たな日常〟を作る年です。あなた自身が興味を持って未知の分野に関わることもありますが、家族や働き方の変化から影響を受ける形で、様々な世界を知る機会がもたらされることも多そうです。運気は〝遠距離〟の「危」の年で、エナジーパワーも大きいので、未知のことや初めての体験には案外、楽しく適応できそう。むしろ何の変化もない日々が続くと、新しいものや体験を求めて、毎日を活性化させたくなるかも。驚いたり、ときめいたり、ギリギリでこなした経験を、それで終わりにするのではなく、得た知識や情報、刺激を少しずつ日常に取り入れ、自分のものにしていくことが、2024年の流れであり目的です。多くのスキルアップが必要ですが、小さな積み重ねで日常を一新できる年になるでしょう。

★1年の運気の流れ　**1～5月**の〝未知との遭遇〟は、プライベートが中心で、趣味や遊び、恋愛や子供に関わることで起こりそう。自分から飛び込んでいくことも多く、コミュニケーションのとり方を工夫したり、年齢や立場に関係なく〝初心者〟になって、教わる立場になることが多いでしょう。**1、2月**は「七曜陵逼」なので、慌てて取り組んでも挫折しそう。**3、4月**に落ち着いて進めれば、スムーズにいくはずです。**6月**以降は、仕事や働き方、健康や美容面で新たな経験をする傾向が。会社や家族に生じた微妙な変化から、必要に迫られてそれまでとは違ったジャンルに足を踏み入れることも多く、新しい知識やスキルの〝装着〟を求められます。パワーは高いので乗り切れそう。**9、10月**の「七曜陵逼」では、トラブルが起こっても、それがあなたの弱みを強みに変えてくれるかもしれません。**11、12月**はそれまでに出会った〝未知〟のものを、確実に日常に根づかせていく時期になるでしょう。

★愛情運★

告白、復活愛の成就、授かり婚の予感も!

心トキメク出来事が多いのは**1～4月**。告白や復活愛が成功したり、授かり婚や子供関連での喜びもあるかも。ただ**1、2月**は「七曜陵逼」なので強引に話を進めないこと。恋のアタックは**3月23日～5月6日**が最強。その後は恋から愛へ、ロマンスから日常へのシフトチェンジが課題に。家庭内での立場、役割の変化や、家事分担やお金についてなど、日常の些細なことが愛を左右しそう。「七曜陵逼」の**9月**は対応を間違うとあっけなく終わる愛も。それでも生活を変える覚悟を持てば、愛は**11、12月**に成就、好転の予感。シングルなら、まず自分なりの快適な生活スタイルの追求を。それが未来のパートナーとの縁を手繰り寄せるきっかけになります。

★仕事運★

戦略的に足りないスキルを伸ばしていこう

〝新ルーティン〟を作るための挑戦の1年。新たな手法、機器、人脈などを取り入れ、今の自分に合った働き方を模索して。**1、2月**に自分に足りないことが気になったら、**3、4月**からスキルアップのために具体的な行動を。2024年は今までとは違うノウハウや役割を求められやすく、忙しさは倍増しそう。新たな職場を探すなら**5月17日～7月27日**が強運ですが、志を持ってする転職より、偶然見つけたパートや隙間ワークで興味を持つ分野に出会う暗示。副業を始めるなら、この時期に。新しい機会や意外なオファーが、きっかけになるかも。**11月**はお金、**12月**は体力とのバランスに注意が必要ですが、今年の経験はきっと今後の仕事に役立ちます。

★金運★

思いがけず大金を動かす年になりそう

思い切った買い物や、大事なものの処分、買い替えで意外に大きくお金が動く年。家の購入、引っ越し、実家やお墓の整理、子育てや介護、仕送り、相続など、身内でお金の話をすることも多い時。ただ**1、2月**と**9、10月**は、お金について即断即決はせず、契約や決断は「六害宿」の日を避けて。ここでお金でモメると、人間関係にもダメージが。仕事でも金銭に関する交渉は「六害宿」以外の日に。儲かりそうな予測はほぼ外れる年ですが、**3月23日～4月9日**と**11月23日～12月9日**は意外なものが高く売れたり、予想外の入金もあるかも。

★美容・健康運★

過激&自己流はダメ。体質改善はゆっくりと

イベント多めな**1～4月**はお洒落に力を入れて。ショップ、美容院などでプロの助言をもらい、**4月17日～5月6日**にイメチェンをすれば好感度UP。**6月**以降は、治療や生活習慣の見直しで体調を改善できる星回り。**5月17日～6月29日**は健康診断をぜひ。健康系アプリで食事や睡眠、身体データの管理もおすすめ。2024年は体を急に変えようとする傾向がありますが、**6、7月、10月**は過激な運動、ダイエット、自己流の治療は避けて。サプリもほどほどに。適度な運動、時々の半身浴、休肝日などを取り入れ、ゆっくり体質改善を。

★七曜陵逼の乗り切り方★

斗宿が各時期に気をつけるべき大事なことをアドバイス。要チェック!

1 1/2～1/28

楽しい出来事も多く、いつになくアクティブ。でも夢中になると周りが見えず自己中心的に。「六害宿」の日は何事もやりすぎに注意。

2 2/10～2/25

予想外のアクシデントがありそう。物やお金のやりとり、貸借、処分、破棄などは万全の準備をして。可能ならこの期間は避けて。

3 9/3～9/29

我慢や譲歩が必要になりそう。でも、できるなら波風は立てないようにして、じっくり対策を考えながら静かに様子を見るのが正解。

4 10/3～10/27

周囲の都合で慣れないこと、苦手なことに取り組まねばならない展開に。人をあてにすると失望。完璧でなくても、できるだけ努力を。

Energy Power 全体的にパワー高めの年。最大値になるのは1月、3月、8月!

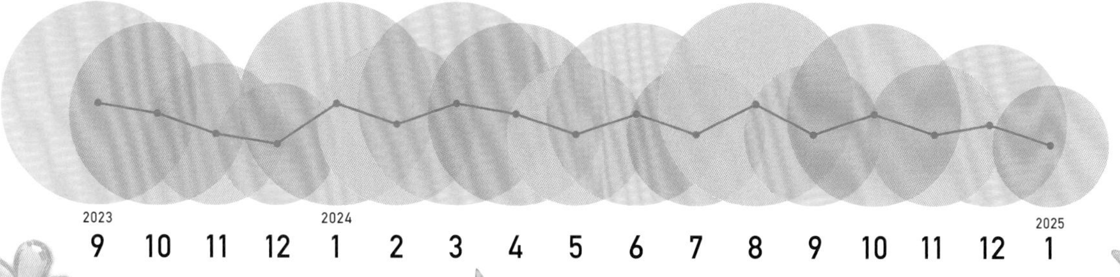

斗宿の開運暦2024

1月

年明けからエナジーパワー最大!

「七曜陵逼」だけど、年始から仕事だけでなくレジャー、推し活などで忙しく飛び回りそう。楽しいけれど、散財気味に。特に18日からの「魔のウィーク」では勢いがつきすぎて予定が狂い、予算オーバーの恐れ。「六害宿」の日は大事なものの紛失、忘れ物に注意。愛情面は、29～31日を有効活用して交流しよう。

日付	運	月齢	開運メッセージ
1(月)	栄	◑	★★家族や親しい人とおせちを囲んで団欒
2(火)	衰	◑	お正月休みでも夜更かしせず、規則正しく
3(水)	安	◑	★今年の決意表明を紙に筆で大きく書こう
4(木)	危	◑	!フェイクニュースかもと疑って情報確認
5(金)	成	◑	★★コンビニジムで隙間トレーニング開始
6(土)	壊	◑	!運転に注意。スピードを出しすぎないで
7(日)	友	◑	★★★仲間と推し活へ。グッズでご機嫌に
8(月)	親	●	★★新たな発想をくれる人との交流が◎
9(火)	命	●	!!!!過剰な闘争心は人間関係を壊す種
10(水)	栄	●	◆◆焦らず冷静な視点を持つことが成果に
11(木)	衰	●	うまくいかないのは、何か理由があるはず
12(金)	意	●	!!!!いい人そうに見えても警戒は必要
13(土)	危	●	音楽をかけながら半身浴。体の芯から温活
14(日)	成	●	★美容院で、美髪のためのケアを教わって
15(月)	壊	◐	!後輩を都合よく利用しない。信頼を失う
16(火)	友	◐	♥♥心トキメク出会いが。話しかけてみて
17(水)	親	◐	★★間に誰かに入ってもらうことで解決も
18(木)	事	◐	!!!!大事なものは手元から離さないで
19(金)	栄	◐	!!焦って取り組んでも、失敗につながる
20(土)	衰	◐	!!勢いで予算オーバーも。即決はしない
21(日)	克	◐	!!!!身近な人に高圧的なダメ出しは×
22(月)	危	○	!!やりたいことに夢中になると独善的に
23(火)	成	○	!!軽く考えすぎかも。真摯に向き合って
24(水)	聚	○	!!!!何事もやりすぎは逆効果と心得て
25(木)	友	○	開運色・アイリッシュグリーンのグッズを
26(金)	親	○	$通信費や光熱費の契約プランを見直し
27(土)	胎	○	起きたら1杯の白湯を。体を目覚めさせて
28(日)	同	○	!!!!耳当たりがいい話ほど裏があり
29(月)	衰	○	誘われたら面倒がらずに出かけると楽しい
30(火)	安	○	♥メッセージにちゃんと愛情表現を入れて
31(水)	危	◑	よかれと思っても相手の同意なく進めない

2月

やるべきことは9日までに済ませて

仕事や課題など、やるべきこと、決めることは1～9日で済ませる。10日からの「七曜陵逼」では時間やお金についてシビアに考えて。少しの遅れや狂いがおおごとに。物の処分や破棄、お金の契約は先送りが無難。15日からの「魔のウィーク」はアクシデント運が強め。車の運転は慎重に。寝不足で無理はしない。

日付	運	月齢	開運メッセージ
1(木)	成	◑	★仕事は前倒しで進めよう。心にも余裕が
2(金)	壊	◑	!損得勘定や欲で動くと後悔することに
3(土)	友	◑	★★★節分には豆まきを。福を呼び込んで
4(日)	親	◑	★★★旅先でその土地の歴史ごと楽しもう
5(月)	命	◑	★何歳からでも挑戦することに意味がある
6(火)	栄	◑	◆◆◆やるべき課題や決断がいい方向に
7(水)	衰	●	納得できないことも、ひとまず受け入れて
8(木)	安	●	$仕送りの額を家族と相談。お互いに納得
9(金)	危	●	興味のない分野も改めて話を聞くと面白い
10(土)	危	●	メンタルリセットが大事。まず、深呼吸を
11(日)	成	●	♥母性本能をくすぐられて恋心が動きそう
12(月)	壊	●	!健康についての助言は素直に参考にして
13(火)	友	●	★★仲間や家族と過ごす時間がパワーの源に
14(水)	親	●	★★一歩引いた立場のほうが、うまくいく
15(木)	事	◐	!!!!物やお金の授受は火種になりそう
16(金)	栄	◐	!!寝不足は禁物。アクシデントのもと
17(土)	衰	◐	!!恋は焦らず。強引に押すと引かれそう
18(日)	克	◐	!!!!自転車や車の運転に注意。慎重に
19(月)	危	◐	!!フォローはさりげなく。恩に着せない
20(火)	成	○	!!大金が動く契約はしばらく避けるべき
21(水)	聚	○	!!!!時間管理が甘いとトラブルに発展
22(木)	友	○	相手の立場になって考える想像力を持って
23(金)	親	○	★日頃のストレスはカラオケの熱唱で発散
24(土)	胎	○	相性のいいサロンや施術者に出会えそう
25(日)	同	○	!!!!廃棄など物の処分は先送りにして
26(月)	衰	○	頭の中のネガティブ思考は一旦オフしよう
27(火)	安	○	♥よき理解者や支えになる人が理想の相手
28(水)	危	◑	どんな展開になろうとも、楽しんだ者勝ち
29(木)	成	◑	★フットワーク軽く動けば楽しい出来事が

3月

再びパワーはMAX。何事にも挑戦!!

先送りしていたことや気になっていることにチャレンジを。興味深い話や情報はどんどんキャッチして。特に11日と25日は、仕事のスキルアップに役立つ知識の習得によい日。愛情面も悔いのないよう、気持ちに素直に行動を。ただ13日からの「魔のウィーク」では相手のリアクションに期待しすぎないこと。

日付	運	月齢	開運メッセージ
1(金)	壊	◑	!気の緩みが。しっかりと仕事に集中して
2(土)	友	◑	★★★面白そうな情報は貪欲に取り込もう
3(日)	親	◑	★★★家族や子供と一緒に楽しめる場所へ
4(月)	命	◑	★開運石・オニキスが勇気と行動を後押し
5(火)	栄	◑	★★★先送りしていたことに今こそ挑戦
6(水)	衰	◑	自分のやり方で黙々とやれば間に合うはず
7(木)	安	●	♥相手の何気ない優しさに思わずキュン
8(金)	危	●	お笑い番組を見よう。笑えばスッキリする
9(土)	成	●	★行きつけのショップで着こなしも相談
10(日)	壊	●	!人によって態度を変えず、フラットに
11(月)	友	●	◆◆◆スキルアップのための勉強を始めて
12(火)	親	●	★★★自分の制限を外せば可能性は無限大
13(水)	業	●	辛い時は居場所を変えてみるのもよい方法
14(木)	栄	●	!想定されるリスクは事前に対策を立てて
15(金)	衰	◐	!生活リズムの乱れは体の不調を招くもと
16(土)	安	◐	!思うような反応じゃなくても落胆しない
17(日)	危	◐	!過去のことを掘り返してもこじれるだけ
18(月)	成	◐	!!不安や嫉妬など負の感情に負けないで
19(火)	壊	◐	!データのバックアップはいつも忘れずに
20(水)	友	○	面白そうなイベントに友人を誘ってみよう
21(木)	親	○	後輩や年下の意見にしっかりと耳を傾けて
22(金)	胎	○	自分のよいところを5個リストアップする
23(土)	栄	○	♥♥悔いを残さないように思いを伝えよう
24(日)	衰	○	第一印象で決めつけると、人の輪が狭まる
25(月)	安	○	★仕事に役立つ研修やセミナーに参加して
26(火)	危	○	開運花・フリージアを飾って部屋を明るく
27(水)	成	○	★失敗も糧にできれば、失敗ではなくなる
28(木)	壊	○	!一人で抱え込まずに、チームで共有して
29(金)	友	○	★★★今までと違う役割も十分な成果が
30(土)	親	◑	$$$不要品が予想以上に高く売れそう
31(日)	命	◑	★夜桜散歩を。ベンチでゆっくり眺めても

最大開運日 4/29、6/22　最大警戒日 1/21、2/15

4月

再トライによい月。健康習慣も始めて

前月に続き、チャレンジングな運気。プライベートでやりたいことには積極的に飛び込んで。前に少しやったこと、再開したいことにも挑戦を。17～30日には、健康や美容によい習慣をひとつ始めてみて。１日は買い物もいいけれど、くじにもツキあり。復活愛、前にダメだった相手への再トライは、24日までに。

日付	運	月齢	開運メッセージ
1(月)	栄	◑	$$$$買い物運が絶好調。くじ運も味方
2(火)	衰	◑	小さな親切を実践しよう。心が豊かになる
3(水)	安	◑	★受け身の姿勢で、起こる変化を楽しもう
4(木)	危	◑	見切り発車は×。中途半端な結果に終わる
5(金)	成	●	★未知の分野にトライ。新たな自分を発見
6(土)	壊	●	！話を盛りすぎないで。誤解されることも
7(日)	友	●	★★★挑戦したかったことに飛び込もう
8(月)	親	●	★★★得てきた知識や技能をモノにできる
9(火)	親	●	♥♥♥復活愛を望むなら、自分から連絡を
10(水)	業	●	公私の区別やオンオフの切り替えを大切に
11(木)	栄	●	！目の前のことに対応することが第一優先
12(金)	衰	●	！寝つきがよくなるように枕の高さを調整
13(土)	安	●	！目標を見失うと、怠惰に。ピシッとして
14(日)	危	●	！人の事情に首を突っ込むと話がこじれる
15(月)	成	●	！！誰かを裏切ることになるならやめよう
16(火)	壊	◐	！うまくいかない人間関係にナーバスに
17(水)	友	◐	今の会社でどんな貢献ができるか考えよう
18(木)	親	◐	幸運を呼ぶエルダーフラワーを育ててみて
19(金)	胎	◐	ペットと戯れたり、動物の動画で癒される
20(土)	栄	○	★★家具や家電の買い替えで生活の質向上
21(日)	衰	○	料理に使うオイルは健康を考えてチョイス
22(月)	安	○	★肌にも髪にも、紫外線対策を欠かさない
23(火)	危	○	同じ失敗は繰り返さないという意識が大事
24(水)	成	○	◆得意分野以外でも力を発揮。殻を破って
25(木)	壊	○	！下手なお世辞なら無理に言わなくていい
26(金)	友	○	★★★挫折した健康法を再開すると長続き
27(土)	親	○	♥♥♥愛情運が盛り上がる。授かり婚も!?
28(日)	命	◑	★好奇心のアンテナに引っかかったら行動
29(月)	栄	◑	★★★★イメチェン大成功。自信が持てる
30(火)	衰	◑	デスクワークの合間に首や肩を軽く回そう

5月

連休は親孝行や、家族との時間を

GWはレジャー運好調。親孝行、家族サービスも忘れず。７日からの「魔のウィーク」では非日常が日常に変わる出来事の予感。でも案外、穏やかで幸せ。家事や仕事のやり方に最新の機器などを投入すると、効率がアップし苦手が得意に。17～29日に金銭管理アプリなどで日々のお金の動きを見直すと金運UP。

日付	運	月齢	開運メッセージ
1(水)	安	◑	★初体験するレジャーが、面白くてハマる
2(木)	危	◑	相手の立場やメンツも気遣いながら行動を
3(金)	成	◑	♥ライトな感じで告白を。意外とOKかも
4(土)	壊	●	！自分のコンプレックスと向き合う勇気を
5(日)	友	●	★★★旅行や外食で親孝行や家族サービス
6(月)	親	●	★★★自然満喫して。BBQを皆で楽しもう
7(火)	業	●	！考えなしで動くと、知らぬ間に敵を作る
8(水)	栄	●	！思いがけない変化が。でもそれが日常に
9(木)	衰	●	！忙しすぎて余裕がなくなり思わぬミスが
10(金)	安	●	！文字のやりとりだけでは感情にすれ違い
11(土)	危	●	！小さな喜びを大切にできれば、案外幸せ
12(日)	成	●	！人を羨まないで。自分のペースを大事に
13(月)	壊	●	！「なんとかなるさ」という楽観視は危険
14(火)	友	●	オフィス街でお得な大満足ランチを発見
15(水)	親	◐	些細なことでも「ありがとう」を添えよう
16(木)	胎	◐	自分を客観視すれば、役割に気づけるはず
17(金)	栄	◐	◆◆たまたま担当した業務で可能性が拡大
18(土)	衰	◐	親しい人に少しだけ愚痴を聞いてもらおう
19(日)	安	○	★苦手な家事は便利家電の力を存分に拝借
20(月)	危	○	別の視点から見ればラッキーかもしれない
21(火)	成	○	★年齢や立場に関係なく、教わる姿勢が◎
22(水)	壊	○	！公私混同しないで。情に流されず公平に
23(木)	友	○	♥♥♥夏休みの予定を合わせて旅行を計画
24(金)	親	○	★★★初めてでも持ち前の対応力でクリア
25(土)	命	○	★コミュニケーションの工夫で関係も改善
26(日)	栄	○	$$$家計簿アプリで収支管理。金運もUP
27(月)	衰	○	反省は大事。でも自分を責めすぎてはダメ
28(火)	安	◑	★要求に応えることで、新しい能力が開花
29(水)	危	◑	無駄だと思っていたことに意味を見出せる
30(木)	成	◑	★自分からカンフル剤となる刺激をプラス
31(金)	壊	◑	！！結論を急がないほうがいい。様子見を

6月

無理そうな仕事も案外うまくいく

３日からの「魔のウィーク」で起こる不調やトラブルの対応や処理に、いろいろなヒントあり。10～22日は小さな親切が幸運の鍵。思いがけない仕事、意外な役割を任されたりもする時だが、無理そうでも思い切ってやってみると、案外、うまくやれるはず。好きなことを副業にするためのアイデアも浮かびそう。

日付	運	月齢	開運メッセージ
1(土)	友	◑	★★★新緑が美しい庭園へ。庭いじりも◎
2(日)	親	◑	★★最新美容を体験。知識もアップデート
3(月)	業	●	！無理難題や苦言の中に意外なヒントあり
4(火)	栄	●	！不調から体の弱点や対処法に気づける
5(水)	衰	●	！チームで動いていることを忘れないで
6(木)	安	●	！これまでとは違う創意工夫が必要な時
7(金)	危	●	！トラブルの対応に追われるが、気づきも
8(土)	成	●	！過度なダイエットはリバウンドの危険が
9(日)	壊	●	！急に予定が変わっても柔軟に対応しよう
10(月)	友	●	全く異なる業種の人の話が、大きな刺激に
11(火)	親	●	人のために動いたほうが自分も楽しめる
12(水)	胎	●	健康診断を。体の状態をくまなくチェック
13(木)	栄	●	♥♥公私にわたり相談できる相手がベスト
14(金)	衰	◐	地味な作業でも手を抜かず、丁寧に進めて
15(土)	安	◐	$$子育てや介護にまつわる補助金を活用
16(日)	危	◐	優しい人に甘えすぎ。節度と気遣いが大事
17(月)	成	◐	★趣味を副業にするアイデアが浮かびそう
18(火)	壊	○	！些細なミスで一気に劣勢になることも
19(水)	友	○	★★★知り合いから輪が広がり、ワクワク
20(木)	親	○	◆◆◆重要な仕事のオファーにやる気倍増
21(金)	命	○	★早寝早起きでコンディションを整えて
22(土)	栄	○	★★★苦手意識を克服。成長を実感できる
23(日)	衰	○	安眠のために、肌触りのよい寝具を用意
24(月)	安	○	★ささやかな親切が大きな幸運を呼び込む
25(火)	危	○	VRゲームなど、最先端のエンタメにトライ
26(水)	成	○	★新たな仕事用機材の導入で作業が快適に
27(木)	壊	◑	！多忙でもパートナーへの連絡は忘れない
28(金)	友	◑	★★★「この人のようになりたい」を大切に
29(土)	親	◑	♥♥♥恋から愛へ。二人の生活をイメージ
30(日)	業	◑	！済んだことは忘れよう。もっと先を見て

斗宿の開運暦2024

7月

仕事や課題をサクサク片づけられる

たまった仕事や課題を、集中してサクサク片づけられる時。たまたま振られた仕事などが意外に面白くてのめり込むことも。ただ目の前のことに夢中になりすぎる傾向が。「壊」の16日と25日は人の助力や厚意を当たり前と思わず、感謝を。28日からの「魔のウィーク」では、健康によいことも過剰にやりすぎない。

日付	運	月齢	開運メッセージ
1(月)	栄	◐	ダラダラは余計に疲れる。集中し終わらす
2(火)	衰	◐	！無理に周りに合わせるより一人の時間を
3(水)	安	◐	！！目の前のことで手一杯に。視野を広く
4(木)	危	●	理不尽なことを言う人はスルーしてOK
5(金)	成	●	！予定通りにはいかない。代案も準備して
6(土)	成	●	！気持ちが落ち込んだ時は家族が救いに
7(日)	壊	●	！秘密は漏らさないこと。陰口や悪口も×
8(月)	友	●	BGMはラジオや音声アプリで。仕事が捗る
9(火)	親	●	時代に合った知識やスキルの習得はマスト
10(水)	胎	●	体質改善のために朝食のとり方から見直し
11(木)	栄	◑	♥♥普段着でリラックスしたデートが幸せ
12(金)	衰	◑	電車の中ではスマホを見るより本を読もう
13(土)	安	◑	★★夏の宵は浴衣で散歩。星空を見上げて
14(日)	危	◑	いらない服を３着処分。心の中もスッキリ
15(月)	成	◑	★旬のフルーツがのったかき氷で夏を満喫
16(火)	壊	◑	！人の助けがあってこその成功。忘れずに
17(水)	友	○	＄＄＄これだ！と思えば大きな買い物も◎
18(木)	親	○	★★★仕事が面白くなり、集中力もMAX
19(金)	命	○	★朝はラジオ体操で、体を目覚めさせよう
20(土)	栄	○	★★★歌舞伎などの伝統芸能がいい刺激に
21(日)	衰	○	夏野菜をピクルスに。すっきりと疲労回復
22(月)	安	○	★新たな働き方、仕事への姿勢が定まる
23(火)	危	○	窮屈に感じても決められたルールに従って
24(水)	成	◐	★たまったタスクも次々こなしていけそう
25(木)	壊	◐	！親切にされて当たり前と思わず、感謝を
26(金)	友	◐	◆◆◆興味のある分野に挑戦して手応えが
27(土)	親	◐	♥♥♥相手の意外な一面に惚れ直すかも
28(日)	業	◐	！健康にいいことでも、やりすぎは逆効果
29(月)	栄	◐	押してダメなら引く。作戦の練り直しを
30(火)	衰	◐	！夏バテでパワーダウン気味。早めに就寝
31(水)	安	◐	！！慣れたこと、得意なことでも注意深く

8月

パワーMAX! 必要なことは22日までに

話し合いと調整が必要な時。以前からの懸案事項も、最近起きた問題も、必要なことは22日までに話をまとめておくのがベスト。チームや家族の中で自分ができることを考えて動くといい方向へ。「壊」の20日は、正論で相手を追い詰めすぎない。タイミングを逃がしていたお礼や謝罪で消えるわだかまりもある。

日付	運	月齢	開運メッセージ
1(木)	危	●	あなたにとって簡単でも相手は違うことも
2(金)	成	●	！ため息は飲み込んで、もうひと踏ん張り
3(土)	壊	●	！！家族や周りの人に干渉しすぎないこと
4(日)	親	●	夏歌を集めたプレイリストで盛り上がろう
5(月)	胎	●	歩数や睡眠などを、管理するアプリを活用
6(火)	栄	●	◆◆ハードルをひとつ越えて、スキル向上
7(水)	衰	●	就寝１時間前から、スマホをオフにしよう
8(木)	安	●	♥愛も家事もシェア。二人でやれば楽しい
9(金)	危	●	環境の変化から自分も変わる必要を実感
10(土)	成	◑	＄リサイクルポイントを上手に貯めて活用
11(日)	壊	◑	！好き嫌いを表情や態度に出しすぎないで
12(月)	友	◑	♥♥♥お洒落してデート。惚れ直させよう
13(火)	親	◑	★★★いいなと思ったら先手必勝で動いて
14(水)	命	◑	★ご先祖様のお墓参りへ。心が晴れやかに
15(木)	栄	◑	★★★自分を引き上げてくれる人が現れる
16(金)	衰	◑	郵便物や資料など紙書類を整理しつつ処分
17(土)	安	◑	★お礼や謝罪は大事。わだかまりも解ける
18(日)	危	○	地域限定の人気商品はお土産と自分用にも
19(月)	成	○	★話し合いで意見を調整しておくと安心
20(火)	壊	○	！正論を振りかざして、相手を責めないで
21(水)	友	○	★★★懸案事項が解決。視界がクリアに
22(木)	親	○	★★★チーム内で最良の立ち回りができる
23(金)	業	◐	！ライバルの登場に燃えるが消耗も大きい
24(土)	栄	◐	！身内のお金の問題は、ひとまず聞き役で
25(日)	衰	◐	！エステや整体。体と心が喜ぶことをして
26(月)	安	◐	！口角を上げ、話しかけやすい笑顔を作る
27(火)	危	◐	！曖昧な状態のまま進めない。確認しよう
28(水)	成	◐	！イライラしたら大股で早足ウォーキング
29(木)	壊	◐	！人を注意する時、言葉がキツくなりがち
30(金)	友	◐	話題のエクササイズ動画を実践。代謝UP
31(土)	親	◐	家庭での自分の役割を考えて動くのが正解

9月

冷静な対応でトラブルを回避しよう

仕事でチャレンジしたくなる星回り。でも、あなたがやる気になると、なぜかストップがかかったり、思うように動けない問題が起こる暗示。「七曜陵逼」の期間は、普通の交渉、話し合いのつもりがこじれたり、ケンカが別離に発展する恐れも。「六害宿」の日は感情的になったら負け。冷静にトラブルを回避して。

日付	運	月齢	開運メッセージ
1(日)	胎	●	５年後、10年後の自分の未来をイメージ
2(月)	栄	●	★★負けん気の強さが志を貫く原動力に
3(火)	衰	●	連携が乱れがち。報告・連絡・相談を徹底
4(水)	安	●	★チャンスの波が来たら乗れるように準備
5(木)	危	◑	！今は様子見で。どうすればよいか考える
6(金)	成	◑	◆◆挑戦欲がわく。まずは下調べを入念に
7(土)	壊	◑	！メールは、送信前に再度読み直してから
8(日)	友	◑	♥♥♥精神的な結びつきを実感できる１日
9(月)	親	◑	★★慎重に判断を。油断しなければ大丈夫
10(火)	命	◑	！！！！波風を立てないよう、我慢も必要
11(水)	栄	◑	★★タイトルに魅かれた本を買って読書を
12(木)	衰	◑	トラブルも、自分次第で弱点克服の機会に
13(金)	意	◑	！！！！感情的にならず、冷静さをキープ
14(土)	危	◑	人気レシピを検索。レパートリーに加えて
15(日)	成	○	＄自分がウキウキすることにお金を使おう
16(月)	壊	○	！見た目に騙されそう。本質に目を向けて
17(火)	友	○	★★強い信念と、人一倍の努力で道が開く
18(水)	親	○	★★開運色・黒でシックな秋のコーデを
19(木)	事	○	！！！！相手に譲る気持ちを。丸く収めて
20(金)	栄	◐	！！やる気を削がれるような事態に落胆も
21(土)	衰	◐	！！「君子危うきに近寄らず」と肝に銘じる
22(日)	克	◐	！！！！お金にまつわる即断即決は避けて
23(月)	危	◐	！！無駄に時間を使うゲームアプリは削除
24(火)	成	◐	！！通常の交渉のはずが思わぬ難航の気配
25(水)	聚	◐	！！！！ケンカがこじれると別れに発展も
26(木)	友	◐	笑いのツボが合う仲間と、お気楽トークを
27(金)	親	◐	♥素直になれば相手の正直な思いが聞ける
28(土)	胎	◐	午前中は片づけと掃除を。午後はのんびり
29(日)	同	◐	！！！！思うように動けず、イライラ増大
30(月)	衰	◐	サプリをとり入れ、不足しがちな栄養補給

最大開運日 8/15、12/2　最大警戒日 9/13、10/17

10月

流れに逆らわず、なりゆきに任せて

自分の気持ちよりも、周囲の事情や誰かの都合を優先させなければならない時。何かを手放し、終わらせるような話もあるけれど、「七曜陵逼」の期間中は、流れに逆らわず、なりゆきに任せるのが一番。17日からの「魔のウィーク」はアクシデント運も強いので、ギリギリのスケジュールや急な予定変更はNG。

日付	運	月齢	開運メッセージ
1(火)	安	●	$保険や借り入れについて見直してみよう
2(水)	危	●	面倒な相手とも会話を。意外にいい人かも
3(木)	危	●	！自分の思いより周囲の状況や都合優先で
4(金)	成	●	★★うまく仕切って場をまとめられそう
5(土)	壊	●	！自己流の健康法や治療法より正しい知識
6(日)	友	●	★★★友達と会って気兼ねなくおしゃべり
7(月)	親	◐	★★慎重に判断。油断しなければ問題なし
8(火)	命	◐	！！！！大型契約の交渉は今は避けるべき
9(水)	栄	◐	◆◆しんどくても、この経験は後で生きる
10(木)	衰	◐	薬に頼りすぎず、運動や生活習慣で整えて
11(金)	意	◐	！！！！慣れない不得手なことに四苦八苦
12(土)	危	◐	ヒバの精油を使って日頃の緊張をほぐして
13(日)	成	○	★果物狩りで旬のエネルギーをチャージ
14(月)	壊	○	！ネットショッピングは細部までチェック
15(火)	友	○	★★程よい距離感でのつき合いが心地いい
16(水)	親	○	♥♥尊敬や憧れの気持ちが恋愛感情に発展
17(木)	事	○	！！！！人に期待するとがっかりな展開に
18(金)	栄	○	！！ギリギリで予定を組まず、常に余裕を
19(土)	衰	○	！！対応を誤ると相手の心が離れてしまう
20(日)	克	◑	！！！！急な予定変更は周りの混乱も招く
21(月)	危	◑	！！勘だけを頼りに動いても儲けは出ない
22(火)	成	◑	！！100点じゃなくてもできる限り努力を
23(水)	聚	◑	！！！！謝れば済むと簡単に考えないこと
24(木)	友	◑	保湿重視の秋冬用スキンケアにシフトして
25(金)	親	◑	★流れに抗うより、身を任せるのが正解
26(土)	胎	◑	自分から手放して終わらせることで区切り
27(日)	同	◑	！！！！お金でモメると人間関係に大打撃
28(月)	衰	●	固定観念は開運の邪魔に。頭をやわらかく
29(火)	安	●	♥思いやりあるメッセージで相手を癒そう
30(水)	危	●	マウントをとろうとしない。周りは白い目
31(木)	成	●	★ハロウィン仕様のスイーツに心がはずむ

11月

積み重ねた努力にうれしい結果が！

大きな買い物をしたり、何かを売ってお金にしたり、物々交換的なことがあったり。思い切らねばならないこともあるが、執着を捨てて形を変えたほうが賢明。13日からの「魔のウィーク」ではデジタル機器などの不具合で予定が狂う恐れ。でも20日以降は、努力して積み重ねたことにうれしい結果が出そう。

日付	運	月齢	開運メッセージ
1(金)	壊	●	！厳しすぎる。相手のやる気が低下しそう
2(土)	友	●	★★★気に入ったら大きな買い物もあり
3(日)	親	●	★★★神社仏閣へ。よい気を吸収しよう
4(月)	命	●	★執着心を捨てれば、新たな世界が開ける
5(火)	栄	◐	★★★尊敬する人からの言葉にヒントあり
6(水)	衰	◐	外食も野菜不足にならないメニュー選びを
7(木)	安	◐	★意識改革が鍵。嫌いなものや人も好きに
8(金)	危	◐	休肝日を作り、内臓もしっかり休ませよう
9(土)	成	◐	★紅葉の名所を訪ねて秋をたっぷり満喫
10(日)	壊	◐	！使っていないカードは財布から出そう
11(月)	友	◐	◆◆◆得意分野で思い切り存在感を発揮
12(火)	親	◐	♥♥♥生活や環境を変える覚悟が愛を深化
13(水)	業	○	メリットとデメリットで総合的に判断して
14(木)	栄	○	！仕事の経費は、コスパを考えバランスを
15(金)	衰	○	！頑張りすぎないで。疲れたら休んでいい
16(土)	安	○	！友人の厳しい一言にショックを受けそう
17(日)	危	○	！過去の出来事やジンクスに縛られないで
18(月)	成	◑	！パソコンなどの不具合で予定が乱れそう
19(火)	壊	◑	！！束縛や独占欲を出すと、相手は窮屈に
20(水)	友	◑	「やればできる！」と自分に暗示をかけて
21(木)	親	◑	口約束だけでは心配。リマインドメールを
22(金)	胎	◑	願いは秘めず、言葉にして人に伝えること
23(土)	栄	◑	$$昔から集めてきたものに思わぬ価値が
24(日)	衰	◑	ジンジャーのアロマで活力とぽかぽか感を
25(月)	安	◑	♥来年、二人でやりたいことを相談しよう
26(火)	危	●	用事のない場所には寄らず、まっすぐ帰宅
27(水)	成	●	★思い切って動けば、味方や仲間が増える
28(木)	壊	●	！やり残していることは大急ぎで片づけて
29(金)	友	●	★★★地道に頑張ってきたことが実を結ぶ
30(土)	親	●	★★★幹事を引き受けて。楽しい会を企画

12月

弱みや苦手が個性や強みに変わる時

1～9日は、一度、手放したり、諦めたものが戻ったり、やり直せる幸運も。10日からの「魔のウィーク」は反省や仕切り直しも多いけれど、気がつけば弱みや苦手を克服していたり、個性や強みに変わっていたりするはず。年末の大掃除は心の整理にもなるが、30、31日は「衰」の連続日。のんびり年越しを。

日付	運	月齢	開運メッセージ
1(日)	命	●	★アレンジ薬味も楽しめる湯豆腐は開運食
2(月)	栄	●	★★★★諦めていたことに再挑戦で逆転劇
3(火)	衰	●	アロマディフューザーで部屋に香りと潤い
4(水)	安	●	★人からの見え方を意識。まず姿勢を正す
5(木)	危	◐	リビングにクリスマスの雑貨を飾りつけて
6(金)	成	◐	◆今の経験は、必ず将来の仕事の〝武器〟に
7(土)	壊	◐	！遊びの予定も詰めすぎると疲れがたまる
8(日)	友	◐	$$$臨時収入の予感。家族とご馳走を
9(月)	親	◐	★★★頼りにされている以上に能力を発揮
10(火)	業	◐	！年末に向け仕事が集中。体も気遣って
11(水)	栄	◐	！勝ち負けにこだわると、逆に負けを招く
12(木)	衰	○	！開運部位・左脇を優しくマッサージして
13(金)	安	○	！自分の思うように動かない人を責めない
14(土)	危	○	！耳の痛い話も煙たがらずに、感謝すべき
15(日)	成	○	！口コミを信じすぎると、買い物で失敗も
16(月)	壊	○	！仕切り直すことで、弱点克服につながる
17(火)	友	○	話を聞いてあげるだけでも力になれるかも
18(水)	親	◑	贈り物は事前に相手の好みをリサーチして
19(木)	胎	◑	自分に合ったサロンやジムで体のメンテを
20(金)	栄	◑	♥♥マンネリだった関係も新鮮に蘇りそう
21(土)	衰	◑	懐かしの名作を見返そう。昔と違う感想が
22(日)	安	◑	★岩盤浴やサウナで汗をかいてデトックス
23(月)	危	◑	タオルや下着など、日用品を来年用に新調
24(火)	成	◑	★イブの夕食はカジュアルなビストロで
25(水)	壊	◑	！どうせやるなら、文句を言わずにやろう
26(木)	友	●	★★★いつもよりくだけた空気で楽しんで
27(金)	親	●	★★★愛情のお返しに、家族が喜ぶことを
28(土)	命	●	★大掃除で部屋が綺麗になれば、心も整う
29(日)	栄	●	♥♥♥手をつなぎながら冬空の下でデート
30(月)	衰	●	お世話になった人にご挨拶。メールでも◎
31(火)	衰	●	家でテレビを見ながら、心穏やかに年越し

上昇志向No.1 自分の城を築き守る

22 女宿

じょしゅく

★開運キーワード★

Color
ピンク　ブラウン

Spot
テーマパーク　学校

Food
のど飴　きのこ類

Item
お笑い番組　日記

Stone
ラピスラズリ　タイガーアイ

Aroma
ピンクペッパー　キンモクセイ

Flower
ゼラニウム　フェイジョア

女宿ってこんな人

女

「女」は陰の力の象徴。人知れず地道に努力し、一歩引いた場所から現実を動かす力を持つ。強い上昇志向で自己研鑽を重ね、自分の城を築き守る、安定志向の持ち主。気配り上手で面倒見もよく、ユーモアもあるが、見限るとバッサリ切るシビアな一面も。恋愛の理想は高めで、本気になるほどに相手の言葉を深読みして悩みがち。不安はその都度、素直に聞いてクリアにしていくといい。恋愛に親の影響が出やすく、親によく似た人か、正反対の人を選びやすい。整ったウエストラインが幸運を呼ぶので、腹筋運動などを習慣にして鍛えて。

この宿の有名人

和田アキ子　今井美樹　中森明菜　梨花　水川あさみ　大島優子　夏菜　中条あやみ　八木莉可子　やす子　ディビッド・ベッカム　ビートたけし　本木雅弘　松岡修造　井ノ原快彦　設楽統　秋山竜次　久保田かずのぶ　三浦翔平　松坂桃李　桜田通　長友佑都　鈴木誠也　村上宗隆

2024年開運3か条

1 ゼロからの気持ちで本を読み、学び直して。ぐんぐん吸収できる

2 苦手で避けていたことにトライ。「やっぱりダメ」でも何か発見が

3 育てたいのは、幸せを感じる心。何でもない1日に「ありがとう」を

★2024年の全体運★

次の夢やスタイルの確立を目指す年。明るく笑顔で歩むのが幸運への近道

★2024年の特徴　「壊」の年だった2023年の不本意な出来事からの挽回と再生、変化やリセットで生まれた〝空白〟を埋めるために、これまでとは少し違う考え方や目標を持って立ち上がる〝立志〟の年です。現状がどんなに〝荒れ地〟のような状態でも、まず、あなた自身の心の持ち方が変われば、運気の流れも変わっていくはず。真面目な努力家ゆえに、自分をひとつの型にはめがちな女宿ですが、2024年は執着心を捨て、柔軟に新たなやり方で次の夢やスタイルの確立を目指しましょう。大事なのは明るさと学びです。何かあっても思い詰めず、少しのことなら笑い飛ばすおおらかさと、謙虚にゼロから学ぶ気持ちを。年運は〝遠距離〟の「成」なので、心に抱いた志が形になるには時間もかかりますが、少し回り道に思える方向、方法こそ2024年は幸運と出会う近道なのです。

★1年の運気の流れ　**1、2月**は「七曜陵逼」ですが、楽しい出来事も多い時。2023年の「壊」の運気の反動もあって、好きなことには、やや暴走気味にのめり込みそうだけど、リスタートのタイミングは**3月**。ここまでに好奇心が刺激され、「やってみたい」と思い、心に残っていることは、今後〝志〟として育つ〝種〟。大切にして。ただ**4、5月**は、プライベートな問題、家族や恋愛・愛情に関わることを前に進めるために、必死になりがち。本格的に生活を変えて、新たな夢や目標に向かって行動を起こすならパワーが大きい**6～8月に**。何かを学び始めたり、環境を変えたり、SNSで発信を始めたりすることで、意外な縁もつながりやすい時です。でも、**9、10月**の「七曜陵逼」は、せっかくの縁が切れてしまったり、始めたことが立ち消えになりやすい運気。そこをしのいで、**11、12月**に細かな問題点をクリアすることで、あなたの中に生まれた小さな思いは、本物の〝志〟として大きく育つことでしょう。

★愛情運★

変化に揺れるあなたを支えてくれた人と進展

「七曜陵逼」の**1、2月**を無難に過ごせば、**3月24日～5月29日**は恋愛成就の運気。「壊」運の2023年に支えてくれた人との縁が定まりそう。また子供に関することや、家族関係にも新たな変化が。この時期はよい出会いもありそうです。**6月**以降は、ドラマティックなことは起きないけれど、日常に小さな幸せを感じることが多いでしょう。「七曜陵逼」の**9、10月**の小さなケンカは、大きな溝や別離につながる恐れも。カップルは「六害宿」に意地を張らないで。何かあっても、**11月1～13日**に愛を改めて伝える努力をすれば修復は可能。**12月**に入ったら言葉ではなく行動で愛を示すべき。**12月21～31日**は誠意を見せて、そこで相手の本音も見定めましょう。

★仕事運★

ルーティンワークに陥らない。視点を変えて

同じ仕事でも、これまでと少し視点を変えた取り組みやスキルアップの必要がある時。それをせずにルーティンワークに陥ると、評価が下がりそう。仕事で役に立つ勉強や技術の習得を始めるなら、**3月26日～4月30日**。**5～7月**は趣味が役立ったり、アイデアがひらめく時なので、在宅での副業開始も吉。**6月**以降は、不慣れな仕事内容や、苦手分野に取り組む星回りですが、**7月12日～8月23日**に集中して数をこなせば、慣れて力もつくはず。「七曜陵逼」の**9、10月**のクレーム、叱責には反発せずに、ヒントと受け止めれば、**12月**の試行錯誤から道が開けます。仕事での序列や評価を気にしすぎず、好奇心や達成感をモチベーションに進むべき1年です。

★金運★

予測不能の金運! 堅実な管理が必要に

2024年の金運は予測不能。想定外の収入もあれば、大損をする暗示もあり、堅実な管理がおすすめ。買い物より、学費、旅費、推し活など無形のものにお金をかけたほうが満足度が高い一方で、マネーゲーム的に投資や利殖にのめり込む傾向も。金運は**5月18日～6月3日、7月12～28日、12月24日～31日**がよいけれど、投資を始めるなら、初心者は少額から。ただし勧誘で始める利殖はすべてパス。不要品をネットで売ると意外にお金が手元に残りそう。実はくじ運はよい年ですが、ハマると結局、損をするので、遊ぶ時は限度額を決めて。

★美容・健康運★

隙間時間にコンビニジムへ。体幹を鍛えよう

体を動かすことで健康増進できる年。まずは**3月10日**以降に、散歩や体感型スポーツゲームなどから始めてみよう。昔、やっていたスポーツの再開や、オンラインレッスンも吉。試合や発表会などの緊張感はプラスに。**6月**以降、隙間時間にコンビニジムなどで筋肉、体幹を鍛えるのもよい。**9、10月**の「七曜陵逼」では、続けていた運動をやめないで。美容面はコスメカウンターで肌診断やメイク指導を受けるとマンネリ脱出。話題の美顔器の利用も効果あり。イメチェンや新しいケアは**4月25日～5月29日、11月24日～12月10日**に。

★七曜陵逼の乗り切り方★

女宿が各時期に気をつけるべき大事なことをアドバイス。忘れずに！

1 1/2 ～ 1/28

お正月のリラックス気分が抜けず緊張感のない日々が続く。約束はちゃんと守って。「六害宿」の日は大事なものをなくさないように。

2 2/10 ～ 2/25

好きなことや自分のこだわりに執着しすぎ。推し活などもお金や時間の限度は守ること。愛や思いの伝え方も独りよがりにならないで。

3 9/3 ～ 9/29

順調な時だけど「好事魔多し」。何気ない一言が誰かを傷つけたり、問題に。「六害宿」の日は忠告、SNSの発信、プレゼンはパス。

4 10/3 ～ 10/27

仕事などは、慎重に進めば無難にこなせそう。「六害宿」の日に、苦手な人や難しい問題にうっかり近づかない。巻き込まれると大変。

Energy Power 3月以降は比較的パワー大の月が続く1年。MAXは5月と7月！

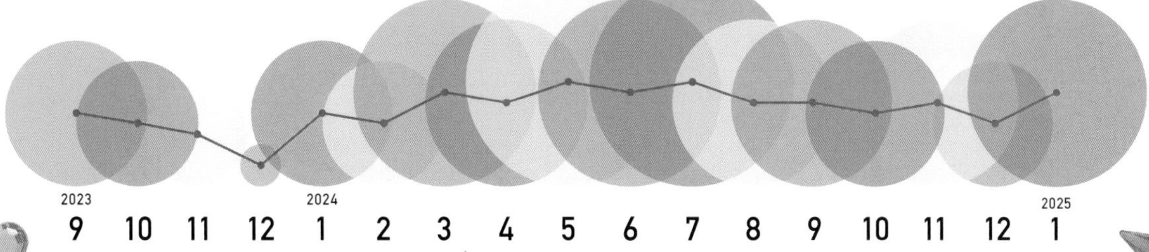

★女宿の開運暦2024★

1月

趣味や推し活など、楽しいこと満載!

「七曜陵逼」でもプライベートでは楽しいことが多く、レジャーや趣味、推し活などではじけることも。ただ「六害宿」の日は何事もやりすぎは×。なりゆきでの予定変更やドタキャンも信用を失うだけ。また、心ここにあらずの仕事ぶりでヒンシュクを買わないように。「魔のウィーク」ではお金や物の扱いに注意。

日付	運	月齢	開運メッセージ
1(月)	胎	◑	新たな視点で今年の目標を立ててみよう
2(火)	同	◑	！！！！いい加減な態度は禁物。誠実に
3(水)	衰	◑	胃腸を休めて。今日は軽めの食事がベター
4(木)	安	◑	年始初めて会う人に、きちんと挨拶をして
5(金)	危	◑	★同級生や同僚との新年会が盛り上がる
6(土)	成	◑	★学び直したいことがあるなら再挑戦が吉
7(日)	壊	◑	ピンクペッパーの香りで気分の切り替えを
8(月)	友	●	♥♥お互いの趣味を楽しむデートをしよう
9(火)	親	●	★★家族との何気ない時間が癒しになる
10(水)	命	●	！！！！やりすぎ注意。ブレーキをかけて
11(木)	栄	●	◆◆新しいやり方を取り入れると効率UP
12(金)	衰	●	デスクワークの合間にストレッチタイムを
13(土)	意	●	！！！！ドタキャンは厳禁。信用をなくす
14(日)	危	●	年齢や職業の違う人たちとの交流が刺激に
15(月)	成	●	$不要品を売ると、意外な高値がつくかも
16(火)	壊	◐	！自分の世界に閉じこもらず、周りを見る
17(水)	友	◐	★★期待されていることに応える努力を
18(木)	親	◐	★★メモに相手を気遣う一言をプラスして
19(金)	事	◐	！！！！約束したことは忘れず、守ろう
20(土)	栄	◐	！！使途不明金が増えそう。購入品はメモ
21(日)	衰	◐	！！物を雑に扱うと、故障や破損の恐れが
22(月)	克	○	！！！！仕事中はやるべきことだけに集中
23(火)	危	○	！！軽い気持ちで、できない約束をしない
24(水)	成	○	！楽しいことが多くてもはじけすぎないで
25(木)	聚	○	！！！！大事なものをなくさぬよう管理を
26(金)	友	○	♥パートナーとの絆を実感できる出来事が
27(土)	親	○	家の中の、気になっていたコーナーを整頓
28(日)	胎	○	★雑誌や写真を見て、なりたい自分を想像
29(月)	栄	○	★★「好き」と思えるものや事に出会える
30(火)	衰	○	名湯入浴剤を入れておうち風呂で温泉気分
31(水)	安	◑	★お笑い番組を見ると元気をもらえそう

2月

パワー下降。やるべきことは9日までに

やりたいことも、やるべきことも、1～9日のうちに片づけるつもりで。愛を伝えるならバレンタインを待たず、早めに。「意宿」の10日はよかれと思ったことが裏目に出る暗示。自分の好みや、やり方を人に押しつけている印象を持たれがちなので、特に「六害宿」は自分語りと持ち物の話はしないほうがよさそう。

日付	運	月齢	開運メッセージ
1(木)	危	◑	近所の人やコミュニティから学ぶことが
2(金)	成	◑	★懸案事項も協力者のおかげで無事解決
3(土)	壊	◑	！ゴロゴロ過ごさず、家事を進めておこう
4(日)	友	◑	♥♥♥愛情を素直に伝えるには最適の日
5(月)	親	◑	★★★気のおけない仲間と食事を楽しんで
6(火)	命	●	★一人時間を堪能。どっぷりと趣味に浸る
7(水)	栄	●	◆◆◆抜群のチームワークで業務が進展
8(木)	衰	●	声枯れや咳の暗示。のど飴を持ち歩こう
9(金)	安	●	★やるべきことは、この日までに片づけて
10(土)	意	●	！！！！好意からしたことが裏目に出そう
11(日)	危	●	お洒落をして、初めての場所や集まりへ
12(月)	成	●	★体にいい習慣は継続しよう。後々効果が
13(火)	壊	●	！自分とは違う価値観も一度は受け入れて
14(水)	友	●	★★お世話になっている人にお礼チョコを
15(木)	親	●	★★あなたの魅力が伝わる。自信を持って
16(金)	事	◐	！！！！自分語りは×。ドン引きされがち
17(土)	栄	◐	！！推し活を楽しむなら常識の範囲内で
18(日)	衰	◐	！！倒れるまで頑張らない。休息を挟もう
19(月)	克	◐	！！！！執着しすぎ。こだわりを手放して
20(火)	危	○	！！パワハラにならないよう言い方に注意
21(水)	成	○	！一旦、頭をクリアにして策を練り直そう
22(木)	聚	○	！！！！持ち物の自慢や披露は控えること
23(金)	友	○	★書店や図書館でピンときた本にヒントが
24(土)	親	○	慎重に判断を。油断しなければうまくいく
25(日)	胎	○	★見晴らしのいい場所から景色を眺めよう
26(月)	栄	○	$ $自宅でできる副業やポイ活をリサーチ
27(火)	衰	○	お灸やツボ押しで弱っているところをケア
28(水)	安	○	♥アプリなど、新しい形の恋活にトライを
29(木)	危	◑	イライラしても顔や態度には出さないこと

3月

自分を客観視。トラブルも力に変えて

少し冷静になって状況を客観視でき、自分に足りないものを意識する時。「成」の10日は仕切り直しによいタイミングだけど、月の前半はややパワー不足。14日からの「魔のウィーク」で起きるトラブルは、厄払いと考えて気持ちを切り替えて。24日からは、仕事でもプライベートでも新しいことに取りかかれそう。

日付	運	月齢	開運メッセージ
1(金)	成	◑	$無理なく続けられる節約法が見つかる
2(土)	壊	◑	！約束の時間や場所は入念に確認すること
3(日)	友	◑	♥♥♥行きたかった場所へ。二人とも満足
4(月)	親	◑	★★★大切な仲間と会ってリフレッシュ
5(火)	命	◑	★全身鏡の前でボディラインをチェック
6(水)	栄	●	★★★弱点を意識するのは成長への第一歩
7(木)	衰	●	いつもより早くベッドへ。たっぷり睡眠を
8(金)	安	●	★花や緑を植えつけて。フェイジョアが◎
9(土)	危	●	大衆的な食堂や居酒屋で、賑やかに食事を
10(日)	成	●	★次なる目標が定まる。心に秘めておこう
11(月)	壊	●	！パワー不足。無理に動こうとしないこと
12(火)	友	●	★★★友人から有益情報をキャッチできる
13(水)	親	●	★★★★今年度の成果と反省を振り返って
14(木)	業	●	！失敗は厄払い。教訓として受け止めよう
15(金)	栄	●	！怒りや不安など負の感情は意識してポイ
16(土)	衰	◐	！腸内環境を整えて、体の中からスッキリ
17(日)	安	◐	！去る者は追わない。悪縁が切れたのかも
18(月)	危	◐	！！気持ちが空回り。少し様子を見よう
19(火)	成	◐	！誤解やすれ違いの暗示。話し合いで解消
20(水)	壊	○	！耳に痛い忠告こそ、感謝して聞くべき
21(木)	友	○	自分にないものを持っている相手を観察
22(金)	親	○	ボランティアなど、人のための行動にツキ
23(土)	胎	○	窓を開けて深呼吸を。春の風や光を感じて
24(日)	栄	○	★★公私共に新しいことに着手できそう
25(月)	衰	○	メンタルキープが大事。静かな時間を確保
26(火)	安	○	◆スキルアップの勉強に取り組むと収穫大
27(水)	危	○	人の集まる場所では、積極的に名刺を交換
28(木)	成	○	★体を動かすことを習慣に。まずは散歩を
29(金)	壊	○	！家族相手でもわがままを言いすぎないで
30(土)	友	○	♥♥♥感謝の気持ちが恋愛感情に発展かも
31(日)	親	◑	★★★やってみたいという好奇心を大切に

最大開運日 4/10、5/24　最大警戒日 1/25、2/10

女

4月

大切な人と向き合い、絆を強化

前に進むために、放置していたことを片づけたり、身の回りを整理したりすべき時。その過程で、意外なことがわかったり、意外なものが見つかることも。元に戻したい、守りたいことがあれば手を打って。一度失った愛の復活もありそう。家族とも向き合って、普段は言えない思いを伝えれば、関係性も改善。

日付	運	月齢	開運メッセージ
1(月)	命	◑	★★モヤモヤを書き出すことで解決策が
2(火)	栄	◑	★★★明朗快活に自己紹介すると好印象
3(水)	衰	◑	残業はほどほどに。オンオフの切り替えを
4(木)	安	◑	★開運色・ピンクをコーデの差し色にして
5(金)	危	●	人を羨まない。自分のやるべきことに集中
6(土)	成	●	★納戸や物置きを整理。意外なお宝を発見
7(日)	壊	●	！予定を入れるなら１日ひとつにしよう
8(月)	友	●	★★★家族に手紙やメールで思いを伝えて
9(火)	友	●	♥♥♥忘れられない人に連絡。愛が復活!?
10(水)	親	●	★★★★一度立ち止まるといい案が浮かぶ
11(木)	業	●	！遠くばかり見ていないで今できることを
12(金)	栄	●	！公私混同はダメ。評価を下げる原因に
13(土)	衰	●	！人混みの中に出かけるならマスクを持参
14(日)	安	●	！ハプニングから気づきが。冷静に対応を
15(月)	危	●	！！先送りにしていたことに着手するべき
16(火)	成	◐	！現状維持でよしとせずアップデートを
17(水)	壊	◐	！細かいことにこだわらない。おおらかに
18(木)	友	◐	友人と人気カフェへ。春らしいスイーツを
19(金)	親	◐	あなたから歩み寄れば、関係を修復できる
20(土)	胎	◐	素敵だと思う人の共通点を探してみよう
21(日)	栄	○	＄＄くじ運良好。福引きなどに挑戦しては
22(月)	衰	○	人間ドックや健康診断は早めに予約しよう
23(火)	安	○	★コスメカウンターで最新のコスメを入手
24(水)	危	○	誰かと話すことで自分の本心に気づけそう
25(木)	成	○	★昔やっていたスポーツを再開。体力UP
26(金)	壊	○	！怒っていると誤解が。表情をやわらかく
27(土)	友	○	★★★相手ファーストで過ごすと楽しめる
28(日)	親	◑	♥♥♥真剣交際なら家族や友人に紹介を
29(月)	命	◑	★★取り戻したいなら、その思いに正直に
30(火)	栄	◑	◆◆◆仕事に役立つ知識や技術を習得して

5月

エナジーパワーMAX! 夢が叶う時

GWはいつか実現したかった夢が叶う星回り。親孝行や家族サービスも忘れずに。８日からの「魔のウィーク」は疲れも出るけれど、その後も、恋愛でドラマティックなことがあったり、今後の喜びの種になるようなものや人との出会いが。「壊」の23日は、お金も、お金以外のことも「もっと」と欲張らないこと。

日付	運	月齢	開運メッセージ
1(水)	衰	◑	エネルギーを温存。意識して休憩を取ろう
2(木)	安	◑	♥理想にぴったりの相手と巡り合える予感
3(金)	危	◑	家族皆でおいしいものを食べに出かけよう
4(土)	成	●	★ずっとやりたかったことを実現できる時
5(日)	壊	●	！ケンカ勃発!? キツい言葉は使わないで
6(月)	友	●	★★★行きたかった場所へ。大満足できる
7(火)	親	●	★★★連休中のお土産や写真をシェアして
8(水)	業	●	！頭が固くなりがち。柔軟性を意識しよう
9(木)	栄	●	！忙しくても部下や後輩にソフトに接する
10(金)	衰	●	！GWの疲れが出そう。早めの帰宅が正解
11(土)	安	●	！羽目を外さない。遊ぶ時は予算を決めて
12(日)	危	●	！一足飛びに親しくなろうとしないこと
13(月)	成	●	！下手だからと避けていては成長できない
14(火)	壊	●	！その気はなくても偉そうに見えてしまう
15(水)	友	◐	開運ストーンのタイガーアイを身につけて
16(木)	親	◐	口角を上げてスマイル。周りもハッピーに
17(金)	胎	◐	時間をかけて料理をすると気分転換できる
18(土)	栄	◐	◆◆趣味や特技がサイドビジネスに発展！
19(日)	衰	◐	ケガやヤケドに注意。落ち着いて行動を
20(月)	安	○	★髪型やメイクを替えてイメチェンしよう
21(火)	危	○	ビジネスマナーの基本をおさらいしておく
22(水)	成	○	★体感型スポーツゲームで楽しく運動を
23(木)	壊	○	！欲張らない。もう十分手にしているはず
24(金)	友	○	♥♥♥ドラマティックな恋の展開にドキドキ
25(土)	親	○	＄＄＄投資の勉強を。始めるなら少額から
26(日)	命	○	★玄関をキレイに片づけて幸運を呼び込む
27(月)	栄	○	★★★今日の出来事がいつか大きく花開く
28(火)	衰	◑	寝る時は音も灯りも消して。安眠できる
29(水)	安	◑	★リメイクやリユースで新たに蘇るものが
30(木)	危	◑	同業他社の人の話に課題解決のヒントあり
31(金)	成	◑	勧誘には安易に乗らない。慎重に検討を

6月

ルーティンに一工夫で意外な発見が

非日常が日常に、特別だったことが当たり前に変わる時。毎日の小さな繰り返しの中に、充実感や喜びを感じられそう。14日以降、苦手なことにあえて挑戦したり、退屈なルーティン作業に工夫を加えたりすると、意外な発見もあり、可能性を広げられます。美容＆健康面での悩み克服を目指すのもよいこと。

日付	運	月齢	開運メッセージ
1(土)	壊	◑	！急な天気や気温の変化にも備えておいて
2(日)	友	◑	★★友人の指摘に目からウロコが落ちそう
3(月)	親	●	＄＄＄想定外の収入に恵まれる可能性あり
4(火)	業	●	！周りを変えようとしない。自分が変わる
5(水)	栄	●	！退屈に思える１日の中にも素敵なことが
6(木)	衰	●	！夜更かしなど、よくない習慣は改めよう
7(金)	安	●	！衝動買いでストレスを発散しないこと
8(土)	危	●	！相手への思いやりを忘れると関係が悪化
9(日)	成	●	！自分に合わないと思うことはやめるべき
10(月)	壊	●	！怠けていると、貴重な時間が無駄になる
11(火)	友	●	丁寧にアイロンがけをすれば心もシャキッ
12(水)	親	●	好きなことを深掘り。どんどん面白くなる
13(木)	胎	●	スムージーや野菜ジュースでビタミン補給
14(金)	栄	◐	★★苦手なことに挑戦すると意外な発見が
15(土)	衰	◐	★見方ひとつ変えればポジティブになれる
16(日)	安	◐	★リビングなど皆で過ごす空間を掃除して
17(月)	危	◐	できないことは得意な人に教えてもらおう
18(火)	成	◐	★隙間時間のジム通いでボディを絞って
19(水)	壊	○	！ネット予約は、入力内容をしっかり確認
20(木)	友	○	★★★SNS投稿が注目の的に。新しい縁も
21(金)	親	○	♥♥♥おうちデートでほっこり幸せを実感
22(土)	命	○	★肯定的な言葉を多く使おう。運が上向く
23(日)	栄	○	★★★ルーティンも、工夫次第で楽しめる
24(月)	衰	○	開運花・ゼラニウムの花で心も晴れやかに
25(火)	安	○	◆異動や転職を望むなら情報収集を開始
26(水)	危	○	一緒にいてしんどい相手とは距離をおいて
27(木)	成	○	★自分の魅力を引き出すメイク法を研究
28(金)	壊	◑	！なんとなく感じる不調を軽視しないこと
29(土)	友	◑	★★★新しいコミュニティへ。人脈が拡大
30(日)	親	◑	♥♥♥相手を知れば知るほど愛が深まる

★女宿の開運暦2024★

7月

パワー最大! ダメ元でも勝負して

今月の偶然の出来事には何か意味がある。ビジネスのヒントが隠れていたり、意図せぬ再会や、誘われて行った場所から広がる縁がありそう。ダメ元の勝負から開ける道もあり、特に恋愛は12〜28日に、自分を変える覚悟でぶつかれば思いが叶うかも。金運はよいが、利殖の勧誘にはご用心。深入りはしないで。

日付	運	月齢	開運メッセージ
1(月)	業	●	幸運のサインを見逃さないようアンテナを
2(火)	栄	●	！お金に関する話をされても深入りはNG
3(水)	衰	●	！！腰が重くなりがち。もう少し軽快に
4(木)	安	●	いつまでも逃げ続けず、そろそろ対峙して
5(金)	危	●	！簡単に人を信じすぎない。痛い目に遭う
6(土)	危	●	！夏休みの計画は早めに立てるのがベター
7(日)	成	●	！休日も手抜きせず、清潔感のある装いを
8(月)	壊	●	！熱中症対策は万全に。クール小物も活用
9(火)	友	●	明るく伝えればきっとわかってもらえる
10(水)	親	●	見落としていた大切なことに気づけそう
11(木)	胎	●	心に残った言葉などを日記に。長く続けて
12(金)	栄	●	♥♥思い切ってぶつかれば関係が進展!?
13(土)	衰	◐	★食欲が減退気味ならつるりと冷たい麺を
14(日)	安	◐	★試合や発表会での緊張がプラスに働く
15(月)	危	◐	テーマパークなど賑やかなスポットにツキ
16(火)	成	○	★オンラインで体操やヨガのレッスンを
17(水)	壊	○	！ただのまぐれかも。調子に乗らないこと
18(木)	友	○	★★★集中して数をこなすことで弱点克服
19(金)	親	○	◆◆◆ふとした思いつきがビジネスの種に
20(土)	命	○	★本当に必要なものとは何か、考えてみて
21(日)	栄	○	＄＄＄頑張った成果に見合う報酬や賞与が
22(月)	衰	○	冷房対策はマスト。長袖を１枚持ち歩いて
23(火)	安	○	★ダメ元で勝負することで道が開けるかも
24(水)	危	○	いつもとは違うルートに、素敵な発見あり
25(木)	成	○	★空き時間に近所のサロンで髪や爪をケア
26(金)	壊	○	！機械や家電に不具合が。メンテナンスを
27(土)	友	◑	★★★誘われて行った場所で広がる縁あり
28(日)	親	◑	♥♥♥偶然の再会から特別な関係が始まる
29(月)	業	◑	執着心を捨てるほど、可能性が広がるはず
30(火)	栄	●	！「親しき中にも礼儀あり」。丁寧に接して
31(水)	衰	●	！！不機嫌をまき散らさないようご用心

8月

漠然とした〝夢〟が形になっていく時

夏休みを取り、楽しく過ごすのもいいけれど目の前のやるべきことに集中するのも有意義。そんな中で、漠然とした夢が具体的な目標となっていきそう。「成」の20日は少し遅れて欲しかった知らせが届いたり、事実がわかるかも。心に秘めた計画の実行や、気になっている人や場所へのアクセスは、23日までに。

日付	運	月齢	開運メッセージ
1(木)	安	●	自分を型にはめず、もっと自由になろう
2(金)	危	●	！真意が伝わらない。わかりやすい表現で
3(土)	成	●	！！眉間のシワに注意。敬遠されてしまう
4(日)	友	●	ホラーなどマニアックな映画で憂さ晴らし
5(月)	親	●	回り道に思える方法に、意外な幸運あり
6(火)	胎	●	朝はコップ１杯の水で体を目覚めさせよう
7(水)	栄	●	＄＄お金は学費や旅費にあてると満足度大
8(木)	衰	●	開運フード・きのこを使った料理で元気に
9(金)	安	●	♥浴衣やリゾートウェアで花火やBBQへ
10(土)	危	●	同じ志を持つ人たちとネット上で交流して
11(日)	成	◐	★やるべきことに懸命に取り組むと有意義
12(月)	壊	◐	！自然豊かな場所では安全対策を万全に
13(火)	友	◐	★★★懐かしい人との時間に満たされそう
14(水)	親	○	★★★夢を叶えるための道筋が見えてくる
15(木)	命	○	★トイレやお風呂など水回りをピカピカに
16(金)	栄	○	◆◆◆苦手だった仕事もクリア。実力UP
17(土)	衰	○	気疲れは人に合わせすぎが原因なのかも
18(日)	安	○	★プチ贅沢で自分にご褒美。予算は決めて
19(月)	危	○	ライバルの存在がやる気を高めてくれる
20(火)	成	○	★待っていたうれしい知らせが届きそう！
21(水)	壊	○	！夏風邪に注意。手洗い・うがいを徹底
22(木)	友	○	★★★心に秘めた計画を実行するなら今
23(金)	親	○	♥♥♥気になる人にはこの日までに連絡を
24(土)	業	○	！頑固すぎると見限られてしまう恐れが
25(日)	栄	◑	！ギャンブルはNG。ハマってしまいそう
26(月)	衰	◑	！紫外線をカット。帽子や日傘を忘れずに
27(火)	安	◑	！お礼やお詫びはきちんと相手の目を見て
28(水)	危	●	！甘い話には裏があると思ったほうがいい
29(木)	成	●	！無理な計画は頓挫する。ハードルを低く
30(金)	壊	●	！新人や年下の相手の意見も無碍にしない
31(土)	友	●	庭やテラスなど開放的な場所でひと時を

9月

ワクワクするチャンスが! でも慎重に

心躍るよい話や、仕事などのチャンスが舞い込む時。でも「七曜陵逼」中なので、一つ一つ確認をとりながら慎重に前進を。「同宿」の３日はネットだけでつながる相手や、よく知らない人との深い話は×。「魔のウィーク」では頓挫する案件も。ケンカ、対立は激化するので、メールの送受信も「六害宿」を避けて。

日付	運	月齢	開運メッセージ
1(日)	親	●	海外など遠い世界の情報にもアクセスして
2(月)	胎	●	過去に使っていた教科書やテキストを再読
3(火)	同	●	！！！！よく知らない人に深い話はしない
4(水)	衰	●	PC作業でガチガチ。合間に首や肩を回して
5(木)	安	●	キンモクセイの香りが心を和らげてくれる
6(金)	危	●	★引っ越し願望があるなら物件情報を検索
7(土)	成	●	★これまでやってきた運動を今後も継続
8(日)	壊	●	相手の表情を見て、かける言葉を選ぼう
9(月)	友	●	★★師と呼べるような存在に出会える予感
10(火)	親	◐	♥♥秋の味覚を楽しむデートがハッピー
11(水)	命	◐	！！！！メールの送受信はなるべく別日に
12(木)	栄	◐	◆◆チャンス到来。大役に抜擢されるかも
13(金)	衰	○	休憩中はヒーリングミュージックを流して
14(土)	意	○	！！！！初対面の人が多い場は避けるべき
15(日)	危	○	新しいショップへ。掘り出し物が見つかる
16(月)	成	○	★誘われたら参加して。趣味が広がりそう
17(火)	壊	○	！何気ない言葉が問題に。よく考えて発言
18(水)	友	○	★★ワクワクするような話が舞い込む気配
19(木)	親	○	♥♥相手の好きなところを素直に伝えよう
20(金)	事	○	！！！！SNSで炎上!? 発信は控えるべき
21(土)	栄	○	！！対立すると大惨事に。穏やかに対応
22(日)	衰	○	！！ご先祖のお墓参り。心が落ち着く
23(月)	克	○	！！！！忠告のつもりが傷つける結果に
24(火)	危	◑	！！クレームは冷静に受け止め次に活かす
25(水)	成	◑	！一つ一つ確認しながらゆっくり前進を
26(木)	聚	◑	！！！！ケンカ別れも。意地を張らないで
27(金)	友	●	★あなたをよく知る人との会話にヒントが
28(土)	親	●	ラグなど大きなものの洗濯をしてすっきり
29(日)	胎	●	★眠る前に今日感じた幸せを思い出して
30(月)	栄	●	＄＄ポイントがたまり、欲しいものをGET

最大開運日 8/14、11/13　最大警戒日 9/23、10/12

10月

理不尽なことが起こりやすい警戒月

いつも通りにやっていることが問題になったり、理不尽なことが起こりやすい警戒月。パワハラ、モラハラだと思っても、抗議するのは「七曜陵逼」の後に。ちょっとした隙が面倒なトラブルになるので油断禁物。特に「意宿」の12日の安易な同調は×。「魔のウィーク」では人の話を突っ込んで深く聞かないこと。

日付	運	月齢	開運メッセージ
1(火)	衰	●	お風呂上がりにウエスト周りをマッサージ
2(水)	安	●	★開運色・ブラウンの上質な小物を持とう
3(木)	安	●	面倒でもいつまでも後回しにはしないこと
4(金)	危	●	★地元の名店巡りをしてみると楽しめそう
5(土)	成	●	★目に見えなくても確実に成長している
6(日)	壊	●	懐が潤ってもゲーム感覚でお金を使わない
7(月)	友	●	★★あなたの真面目さが人の心を打ちそう
8(火)	親	●	★★託せることは信頼できる人にお任せ
9(水)	命	◐	！！！！「なんとかなる」と軽く考えない
10(木)	栄	◐	◆◆確認しながら進めることでうまくいく
11(金)	衰	◐	パワースポットへ。自分に元気を注入して
12(土)	意	◐	！！！！安易に同調しない。相槌も慎重に
13(日)	危	○	人気の行楽地へ。思い出を写真に残そう
14(月)	成	○	★お稽古事で昇級するなどうれしい成果が
15(火)	壊	○	！小さなすれ違いが、大きな溝になるかも
16(水)	友	○	★★相談に乗ると自分も気づきを得られる
17(木)	親	○	♥♥モテ度上昇。あなたに心を寄せる人が
18(金)	事	○	！！！！人の話に深入りしすぎないように
19(土)	栄	○	！！計画通りにいかない。思い詰めないで
20(日)	衰	○	！！理不尽と思っても抗議するのは待とう
21(月)	克	◑	！！！！苦手な人とは距離をとるのが賢明
22(火)	危	◑	！！いつもの方法に落とし穴が。油断禁物
23(水)	成	◑	！少しずつでも体を動かすことがポイント
24(木)	聚	◑	！！！！難しい問題に近づくと負担が倍増
25(金)	友	◑	★あなたの夢を応援してくれる人が現れる
26(土)	親	◑	子供やペットにたっぷり愛情表現をして
27(日)	胎	◑	★自分の長所と短所を５つずつ書き出そう
28(月)	栄	●	♥♥気になる人にちょっとした差し入れを
29(火)	衰	●	俳句や短歌、詩の世界に触れ、心を潤わす
30(水)	安	●	＄懸賞やモニターに応募。当選確率高め
31(木)	危	●	約束するなら口頭ではなく記録に残して

11月

ストレスの原因になる関係は手放そう

１～13日はいろいろな問題にケジメと整理をつける時。修復、改善できることも多いけれど、もし離れるものや人があっても、あなたとの縁が変容したと思って執着しないで。逆に、あなたのストレス源になるものは、恋も含めて手放してOK。14日からの「魔のウィーク」はデジタルデトックスがおすすめ。

日付	運	月齢	開運メッセージ
1(金)	成	●	★体幹を鍛えて。日常の動作の中でも意識
2(土)	壊	●	！使い勝手が悪いなら新しいものと交換を
3(日)	友	●	★★★開運スポットの学校へ。学園祭も◎
4(月)	親	●	♥♥♥まっすぐに思いを伝えれば愛が再燃
5(火)	命	●	★クローゼットの整理を。頭の中も整う
6(水)	栄	◐	◆◆◆諦めずに再挑戦して。結果を出せる
7(木)	衰	◐	肌の乾燥対策を。パックや美容液で保湿
8(金)	安	◐	★細かいトラブルも着実に対応していこう
9(土)	危	◐	気乗りしない集まりはスルーするのもあり
10(日)	成	◐	★初めての料理を。レパートリーが増える
11(月)	壊	◐	！未来のない関係にはそろそろピリオドを
12(火)	友	○	★★★友人への感謝の気持ちを言葉にして
13(水)	親	○	★★★★気がかりな問題が解決に向かう
14(木)	業	○	！後ろを振り返らない。前を向いて進んで
15(金)	栄	○	！オーバーワーク気味。無理なら断ろう
16(土)	衰	○	！PCやスマホは極力見ずに過ごしてみて
17(日)	安	○	！午前中に家事を済ませて午後はのんびり
18(月)	危	○	！！一人で抱え込まずに周りに相談しよう
19(火)	成	◑	！継続は力なり。ダメでも投げ出さないで
20(水)	壊	◑	！重要な画像やデータはバックアップを
21(木)	友	◑	メールやチャットで会話がテンポよく進む
22(金)	親	◑	年齢を問わず、素敵な人の話に耳を傾けて
23(土)	胎	◑	財布の中身を全部出して、キレイに整理
24(日)	栄	◑	＄＄特典やタイムセールでお得に買い物を
25(月)	衰	◑	たまには何もせずぼんやり過ごしてもOK
26(火)	安	◑	★ブーツやソックスなど、足元をお洒落に
27(水)	危	●	第一印象がイマイチでも仲良くなれるかも
28(木)	成	●	★セルフエステで人気の美顔器にトライ
29(金)	壊	●	！ダメ出しより具体的な改善策の提案を
30(土)	友	●	♥♥♥温泉やスパなどへ。心も愛も温めて

12月

パワーダウン。年内はゆっくり過ごして

年内にあれこれやろうとしても、意外な問題が起きたりして思うようにはいかないかも。ただ、訂正や謝罪、やり直しは先送りにしないほうがよい。そうすれば１～10日に大事なものを取り戻せる可能性も。吉日が続く20～31日は、今、あなたが一番大事に思っている人や物のために時間を使うと満足できそう。

日付	運	月齢	開運メッセージ
1(日)	親	●	★★★クリスマスの過ごし方を計画しよう
2(月)	命	●	★★今年やり残したことはないか自問自答
3(火)	栄	●	◆◆◆ハードルの高い仕事でも目標を達成
4(水)	衰	●	栄養豊富なスープやシチューでポカポカに
5(木)	安	●	★変更や仕切り直しがチャンスを呼び込む
6(金)	危	◐	自分が悪かったと思ったら、すぐに謝罪を
7(土)	成	◐	★攻めたヘアメイクや下着でマンネリ防止
8(日)	壊	◐	！面倒だからと先送りすると解決が遅れる
9(月)	友	◐	♥♥♥言葉ではなく行動で愛を示すように
10(火)	親	◐	★★★推し活をきっかけに愉快な仲間が
11(水)	業	○	！意外な問題が発生。行く手を阻まれそう
12(木)	栄	○	！投資や利殖にのめり込みすぎないこと
13(金)	衰	○	！お酒など嗜好品の過剰摂取は控えるべき
14(土)	安	○	！床掃除を念入りに。ゴミやホコリを除去
15(日)	危	○	！パーソナルトレーニングで汗をかこう
16(月)	成	○	！「まあいいか」と思わず向上心を持って
17(火)	壊	○	！あれこれ欲張らず、優先順位をつけよう
18(水)	友	○	開運石のラピスラズリを身につけて外出
19(木)	親	◑	自分の居場所が見つかり、ほっとできそう
20(金)	胎	◑	イルミネーションを眺めて心にきらめきを
21(土)	栄	◑	♥♥大切な人と過ごす時間が絆を強くする
22(日)	衰	◑	温熱アイテムを持ち歩いて冷えを撃退して
23(月)	安	◑	★結果を急がず試行錯誤することが大事
24(火)	危	◑	イブは人気のレストランでちょっと贅沢を
25(水)	成	◑	★いつもとは違う魅力をアピールしてみる
26(木)	壊	◑	！体組成計を使い自己管理。目標を明確に
27(金)	友	●	★★★一番夢中になれることに没頭して
28(土)	親	●	★★★家族サービスを。旅行や帰省も吉
29(日)	命	●	★オイルマッサージでリンパの流れを促進
30(月)	栄	●	＄＄＄来年からの貯蓄方法を検討しよう
31(火)	栄	●	★★★１年間頑張った自分を褒めてあげて

感受性No.1 夢を追いかける

23 虚宿《きょしゅく》

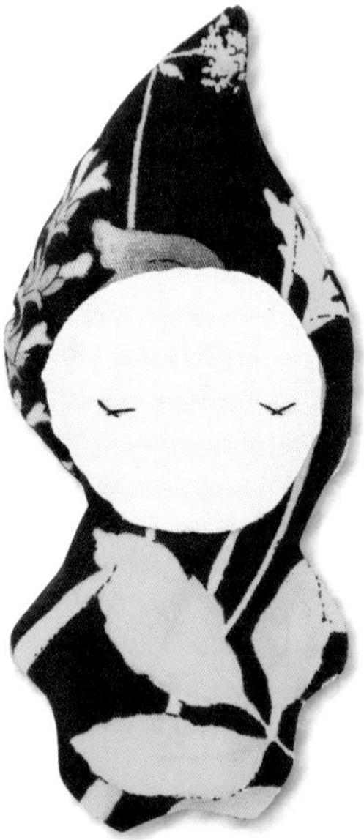

★開運キーワード★

◆Color◆
オリーブグリーン　グレー

◆Spot◆
テラス席　アニメの聖地

◆Food◆
手巻き寿司　ホールケーキ

◆Item◆
図鑑　料理番組

◆Stone◆
インカローズ　スモーキークォーツ

◆Aroma◆
パチュリ　クチナシ

◆Flower◆
ラベンダー　オリーブ

虚宿ってこんな人

「虚」は〝空〟を表し、〝形のない宝〟を求める精神性の高さと複雑さを併せ持つ。理想と現実のギャップを埋める努力をし続け、スケールの大きな活躍を成し遂げる宿。おおらかで誰からも好かれるが、協調性はイマイチ。一人を好む傾向があり、つかみどころがない印象も。恋愛ではロマンティストで、若いころは「運命の出会い」や、映画のような恋を夢見がち。憧れを乗り越えた後の恋愛のほうが安定した関係を築けるが、それでも夢を共有できる相手であることが大事。腸内環境を整えると運気も整う宿なので、食事や運動の習慣を大切に！

この宿の有名人

樋口可南子　倉科カナ　高橋みなみ　弘中綾香　新木優子　小松菜奈　松本穂香　今田美桜　森七菜　中田青渚　まひる　ジョージ・クルーニー　ブラッド・ピット　宮藤官九郎　高橋一生　りんたろー。又吉直樹　新田真剣佑　野田洋次郎　田中樹　西畑大吾　道枝駿佑　石川遼

2024年開運3か条

1 執着心は捨てよう。何かを手放せば、別のものが手に入る

2 「好き」という気持ちを大切に。好きな人や物がパワーの源

3 育てたいのはアートに親しむ心。鑑賞も、自分でやるのも心の栄養

★2024年の全体運★

大きな変化の波が到来!! これまでの自分に縛られず、ゼロから生まれ直す年

★2024年の特徴　終わることと始まることが錯綜する変革の年です。運気は〝遠距離〟の「壊」なので、変化は、あなた自身が手を出せない、抗えない形でやってきそう。たとえ足元が揺れて、何かが失われるような不安を感じても、これまでの経験が通用しない悩みが生まれても、「壊」の年は変化したほうが次の幸運のきっかけになります。不本意な変化は、結果的にあなたを落ち着いて根を張れる場所や分野に導き、降りかかる難問は、あなたの潜在能力や意外な個性を開花させるチャンスに。本来、常識に縛られない大きな夢を描ける虚宿。固定観念や先入観を取っ払って、過去に縛られず、住む場所、身をおく環境、仕事も愛も人間関係も、ゼロから見直し、生まれ直すような気持ちで向き合えば、2024年は新たな自分〝元年〟になるでしょう。

★1年の運気の流れ　変化運やアクシデント運の本番は**1、2月**の「七曜陵逼」の期間。それも**1月20日**からの「魔のウィーク」以降にやってきそうです。**3、4月**はその対処と後始末に追われて過ぎそうですが、なんとか乗り越えようとする前向きな行動、挑戦、転身が、あなたの殻をブレイク。**5～7月**には様々なチャンスを引き寄せ、新たな道への扉を開くことに。**8月**以降は、その挑戦や変化を成功させるための努力と闘いの日々になりそうです。特に「七曜陵逼」の**9月**は体力的に、**10月**は人間関係でキツいことがある暗示ですが、ここで急いで決着をつけようとすると、あなたが損をする形になるので、慌てずに。「七曜陵逼」を抜けた**11月**も緊張する日々が続きますが、問題解決もあなた自身の進化も、じっくり取り組む覚悟でいましょう。**12月**は様々な修正がうまくいく星回りです。それまでに変化や手放したものが多い人ほど、それに代わるものを必ず見つけられるでしょう。

★愛情運★

大切な存在だと気づいたら、家族になる選択も

ドラマティックな出会いや展開で生活が大きく変わったり、変化に翻弄された時に、愛に救われる年。特に**1～4月**は家族や待っていてくれる人に癒され、支えられそう。**4月**にその存在の大切さに気づいた人とは、家族になる選択も。**5月18日～7月28日**は恋が盛り上がる星回り。小さな偶然から生まれたご縁があったり、授かり婚も。ただ「七曜陵逼」の**9、10月**は気持ちが上滑りしがちなので、急に進みすぎる場合にはブレーキを。**11月**には無理をしていた関係はもちろん、安定していたカップルにも問題浮上の暗示。**11月22日～12月11日**は二人の今後を左右する重要な時間。愛を再確認できるか、ダメになるか。大事な人とは過去と未来も共有して向き合うべき時です。

★仕事運★

転職より、まずは副業で力を試して

もっと個性やオリジナリティを出したい、自由に動きたい気持ちが強くなり、ルーティンな仕事に物足りなさを感じがち。ただ**1、2月**に勝手に動くのはトラブルのもと。2024年は転職より副業で力を試すほうがおすすめなので、まずは**3月23日**以降にスキルアップの学びを始め、**6月12日**以降に挑戦を。得意なジャンルで対価を得る〝スキルシェア〟も吉。そうすると、**7、8月**は本業の能率も評価もUP。チームの穴を補う、創意工夫もうまくいきます。でも**9、10月**の「七曜陵逼」はトラブル多発の予感。辛くなってもすぐに辞めるより、休暇制度の活用や、リモートワークへのシフトで様子見を。**12月**はじっくり今後の展望を考える時間にしましょう。

★金運★

勝負運はよいが、欲張りすぎるのはNG

お金より、やりがい優先な年ですが、「お金がないと何もできない！」と痛感することがあり、意外に節約傾向。**3、4月、8月**は物の売却や再利用でお金が入ることも。本業も副業も堅調ですが、大幅な収入増は難しそう。そんな中で、なぜか勝負運はよいので、臨時収入の可能性も。**5月16～30日、7月10～29日、8月5～24日**に資産運用を始めると好調の波に。ただ調子に乗って、「もっともっと」と投資などにのめり込むとマイナスに。「七曜陵逼」の**9月**と**11月15日、12月12日**からの「魔のウィーク」でのハイリスクな取引は避けるべき。

★美容・健康運★

気分が上がる趣味やストレス解消法を

1、2月はアクシデント運強め。特に**2月**は無茶をしやすく、体調を崩すと長引きそう。**3、4月**はパワーが小さいので行動範囲を狭め、休息を。2024年は、気分が上がる趣味やストレス解消法が健康と幸運の味方。おすすめは音楽やダンス、eスポーツ。料理も心と体の栄養に。GW以降、夢中になる趣味や仕事に出会って心身が活性化しますが、**9、10月**はハマりすぎでの生活の乱れにご用心。落ち込んだ時はお洒落をすると回復。イメチェンは**5月16日～6月4日**に。動画を見てメイクの練習を。**7、8月**は美容医療の検討も。

★七曜陵逼の乗り切り方★

虚宿が各時期に気をつけるべき大事なことをアドバイス。肝に銘じて！

1 1/2～1/28

年明けからしばらくは穏やかで、気も緩みがち。ここでズルやごまかしをすると20日からの「魔のウィーク」の波乱の波が荒くなる。

2 2/10～2/25

感情的になって自分でも驚く行動に出ることも。「六害宿」の日は衝動的に何かを決めない。アクシデントの気配もあり無理な計画は×。

3 9/3～9/29

不慣れなこと、初めての経験、思い切った勝負の暗示。動きだすと止まれない時なので「六害宿」の日は自分の判断と体力を過信しない。

4 10/3～10/27

一生懸命すぎて独りよがり、強引、説明不足になり、衝突も。「六害宿」の日に動くとドツボにハマるので、なんとかするなら別口に。

Energy Power パワー最大なのは9月。4月はパワーダウンが激しいので要注意！

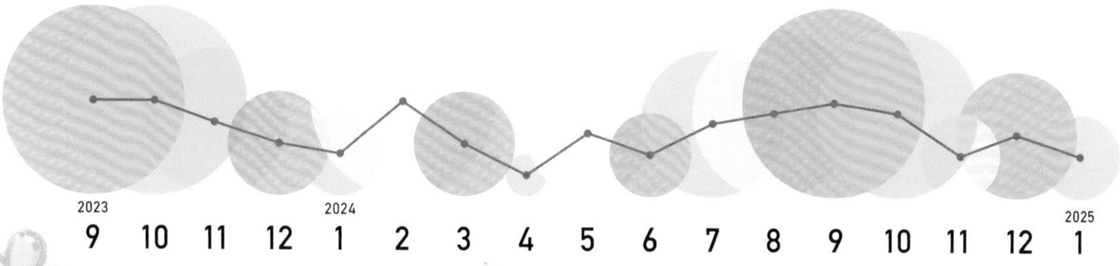

★虚宿の開運暦2024★

1月

楽しいけれど、慌ただしいお正月

お正月は人との集まり、レジャーも楽しいが、ゆっくり休めないかも。11日「命宿」の日はノリで慣れない、危ないことはしない。20日からの「魔のウィーク」では集中力を欠き、何事も雑になるので準備などは怠らずに。「聚宿」の26日は自分流を押し通す勝手な振る舞いは信頼をなくすので、甘えないよう注意。

日付	運	月齢	開運メッセージ
1(月)	親	◑	おせちを食べた後は初詣へ。絵馬に願いを
2(火)	胎	◑	決意表明として今年の目標を手帳に書いて
3(水)	同	◑	！！！！アクシデントの暗示あり。慎重に
4(木)	衰	◑	！気が緩んだ状態で始動すると思わぬミス
5(金)	安	◑	★★ダンスエクササイズで運動不足を解消
6(土)	危	◑	休み中にできるだけ進めておけば、後が楽
7(日)	成	◑	★★温泉でのんびりと。名物料理も食べて
8(月)	壊	◑	！交通機関の遅延など、緊急事態も念頭に
9(火)	友	●	♥♥時には照れずに素直に愛情表現をして
10(水)	親	●	★★難題も隠れた能力を掘り起こす糧に
11(木)	命	●	！！！！慣れないことや危険なことはNG
12(金)	栄	●	◆◆これまでの努力や技能で弱点を克服
13(土)	衰	●	静かな喫茶店でコーヒーを楽しみつつ読書
14(日)	意	◐	！！！！理想と現実のギャップで悩みが
15(月)	危	◐	今日の直感は、あまりあてにならないかも
16(火)	成	◐	＄好きなことや物のために、家計を見直し
17(水)	壊	◐	！ズルや隠蔽工作はしないで。公明正大に
18(木)	友	◐	★★何気ない世間話が心を軽くしてくれる
19(金)	親	◐	★★やりたいことができ、充実感が広がる
20(土)	事	◐	！！！！うまく隠したつもりが、大問題に
21(日)	栄	◐	！！周りの変化に対応できず、心に負荷が
22(月)	衰	○	！！集中力低下。そんな時こそ準備万端に
23(火)	克	○	！！！！トラブルに巻き込まれやすい運気
24(水)	危	○	！すぐに結果を求めない。ロングスパンで
25(木)	成	○	！！カップの置き方、ドアの閉め方、丁寧に
26(金)	聚	○	！！！！無理に我を通すと孤立することに
27(土)	友	○	なじみの店より新しい店がよい気分転換に
28(日)	親	○	★一人カラオケで、お気に入りの歌を熱唱
29(月)	胎	◑	自分の欠点を素直に認めれば、成長できる
30(火)	栄	◑	♥♥家族のように包んでくれる人こそ良縁
31(水)	衰	◑	たまった作業を粛々と丁寧に片づけよう

2月

やりたいことは9日までに済ませよう

やりたいことも、やるべきことも「七曜陵逼」前の1～9日に済ませておくと安心。10日以降は、なぜか感情的になりがち。11日「意宿」は有形無形の大事なものを失いやすいので油断しないこと。17日からの「魔のウィーク」では余計なことに手を出さず、自分と大事な人を守って。お金やデータの管理もしっかり。

日付	運	月齢	開運メッセージ
1(木)	安	◑	★開運色・グレーのストールでシックに
2(金)	危	◑	やるべきことは後回しにせず、すぐに実行
3(土)	成	◑	★節分には豆まきを。家に福を呼び込もう
4(日)	壊	◑	！寒くても窓を開ける。部屋の換気をして
5(月)	友	◑	♥♥♥交際範囲を広げよう。いい出会いが
6(火)	親	◑	★★★やりたいことは思い切って挑戦を
7(水)	命	◑	★自分にとって大切なものを再確認できる
8(木)	栄	●	◆◆◆個性を活かそう。目標達成が近づく
9(金)	衰	●	手抜きでOK。デリバリーでおうちごはん
10(土)	衰	●	マスクでも油断禁物。顔トレでたるみケア
11(日)	意	●	！！！！衝動的になると大事なものを失う
12(月)	危	●	１日ファスティングで、内臓も休息日に
13(火)	成	◐	★先方のやり方に従ったほうがうまくいく
14(水)	壊	◐	！冷静さが大事。伝え方次第ではモメそう
15(木)	友	◐	★★自分に正直に動いたほうが運気が上昇
16(金)	親	◐	♥♥帰宅を待っていてくれる存在が癒しに
17(土)	事	◐	！！！！勢いで物事を簡単に決めてはダメ
18(日)	栄	◐	！！好奇心で危険な場所や人に近づかない
19(月)	衰	◐	！！体調を崩すと長引きそう。のどもケア
20(火)	克	◐	！！！！無茶なプランで強行せず、要検討
21(水)	危	○	！お金やデータなどの管理は適当にしない
22(木)	成	○	！！余計なことより自分と大事な人を優先
23(金)	聚	○	！！！！感情的になると歯止めがきかない
24(土)	友	○	パチュリをブレンドした精油でマッサージ
25(日)	親	○	★最新家電やガジェットで生活の質を向上
26(月)	胎	○	何を求めていたのか、自分の原点に戻って
27(火)	栄	○	＄＄自分に投資を。リスキリングも検討
28(水)	衰	○	いざという時の対応で相手の本質が見える
29(木)	安	○	★良好な関係のために自分から歩み寄ろう

3月

魅力的な人や情報との出会いの予感

エナジーパワーはダウン気味だけど、前向きにいろいろ整理できる時。そうして振り返ってみてわかることや、思い出や過去の出来事に救われることもあるはず。１～14日は魅力的な人や情報との出会いあり。15日からの「魔のウィーク」では、まず検索や調査をして、22日以降に新しいことにチャレンジを。

日付	運	月齢	開運メッセージ
1(金)	危	◑	ひとつのことにこだわりすぎず、柔軟に
2(土)	成	◑	♥パートナーの優しさや真心に包まれそう
3(日)	壊	◑	！未読も既読もスルーはNG。何か返信を
4(月)	友	◑	★★★前向きでいればいろいろ順調に運ぶ
5(火)	親	◑	★★★耳寄り情報を入手。早速、役に立つ
6(水)	命	◑	★待受画面をパワースポットの画像に変更
7(木)	栄	◑	★★★常識に縛られず、大きな夢を描こう
8(金)	衰	●	体質の変化に合わせて、健康法もチェンジ
9(土)	安	●	＄断捨離を進めよう。不要品が臨時収入に
10(日)	危	●	世代の違う人たちの価値観が刺激をくれる
11(月)	成	●	★過去の経験の意味に気づいて救われそう
12(火)	壊	●	！苦手意識は捨てて、自分をリニューアル
13(水)	友	◐	★★★★魅力ある人との出会いが道を開く
14(木)	親	◐	♥♥♥ドラマティックな展開で恋が進展
15(金)	業	◐	！まずは下調べ。実行は十分な準備の後で
16(土)	栄	◐	！遠出をするより、近所でのんびりしよう
17(日)	衰	◐	！イラッとしたら、紙に書いて丸めてポイ
18(月)	安	◐	！！後始末や事後処理に追われて、多忙に
19(火)	危	◐	！迷うならやめて。決断は別の日にしよう
20(水)	成	◐	！完璧を求めると消耗。ほどほどで納得を
21(木)	壊	○	！見切りが早すぎる。もう少し様子を見て
22(金)	友	○	フットワークの軽さが大事。運が味方する
23(土)	親	○	クッションカバーなどを春らしい色や柄に
24(日)	胎	○	近所の氏神様へ。おみくじの文章にヒント
25(月)	栄	○	★★新しいことに挑戦。可能性が広がる
26(火)	衰	○	煮詰まったら、全く関係ないことをしよう
27(水)	安	○	★相手へのリスペクトが成功を呼び込む
28(木)	危	○	表情筋エクササイズで、笑顔も魅力的に
29(金)	成	◑	◆スキルアップのため、勉強会などに参加
30(土)	壊	◑	！深読みして考えすぎるとドツボにハマる
31(日)	友	◑	★★★手巻き寿司でお花見ホームパーティ

4月

パワー最小。家族との時間が癒しに

「好き」と思ったことにどんどんトライすると、毎日が楽しくなる。引っ越しも学び直しも吉。過去の問題も、ここで向き合えばうまくクリア。パワーは今年最小。GWの予定は「魔のウィーク」前から決めたほうがよさそう。家族との交流は幸せな時間に。復活愛を望むなら、再アタックは24日「安」の日までに。

日付	運	月齢	開運メッセージ
1(月)	親	◑	★★★★あたためていた計画を実行しよう
2(火)	命	◑	★過去と向き合おう。問題もすんなり解消
3(水)	栄	◑	★★★前向きに挑むことでブレイクスルー
4(木)	衰	◑	勘に頼らずに、データや資料で判断しよう
5(金)	安	◑	★GWの旅行を計画。まず希望をリスト化
6(土)	危	◑	インフルエンサーのおすすめアイテムを入手
7(日)	成	◑	★引っ越しを考えているなら物件探しを
8(月)	壊	●	！お金の貸し借りやりとりは慎重に対応
9(火)	壊	●	！理解されたいなら、まず相手を理解して
10(水)	友	●	★★★★「好き」を原動力に積極的に行動を
11(木)	親	●	♥♥♥二人の関係を進めて。結婚話もよい
12(金)	業	◐	！言われたことだけでなく能動的に動いて
13(土)	栄	◐	！壊れたまま放置せず、処分と買い替えを
14(日)	衰	◐	！プライベートも遅刻厳禁。5分前行動で
15(月)	安	◐	！！パワー小さめ。無理せず早めに帰宅を
16(火)	危	◐	！視野が狭くなりがち。少し寛容さが必要
17(水)	成	◐	！イレギュラーなことはパスするのが正解
18(木)	壊	◐	！「たられば」を言うよりやるべきことを
19(金)	友	○	早めにアポ取り。その後の進行がスムーズ
20(土)	親	○	同じ趣味を持つ友人と、〝推し活〟を満喫
21(日)	胎	○	開運花・ラベンダーで部屋の空気を明るく
22(月)	栄	○	♥♥復活愛を望むなら今。再アタックを！
23(火)	衰	○	バランスを考えた食事で、健康をキープ
24(水)	安	○	◆一度は諦めた資格も学び直しで身につく
25(木)	危	○	すぐに飛びつかない。まずは準備を進めて
26(金)	成	○	$リサイクルや再利用で余計な出費を削減
27(土)	壊	◑	！ネガティブ思考の人に引っ張られない
28(日)	友	◑	★★★ユニークな宿へ。旅が盛り上がる
29(月)	親	◑	★★★★家族と幸せな時間を過ごせそう
30(火)	命	◑	★自分の長所を10個挙げて。自己肯定感UP

5月

「好き」と思ったらためらわないで

GWに興味を魅かれたり、「好き」と思ったことには、年齢や立場など関係なくアクセスを。今までにない解放感や喜びを味わえそう。今月の偶然には何か意味があるかも。恋愛はフリーの期間が長い人ほど驚きの展開の予感。９日からの「魔のウィーク」は私生活が充実する時。仕事をおざなりにしないこと。

日付	運	月齢	開運メッセージ
1(水)	栄	◑	★★★初めて会った人に話しかけて交流を
2(木)	衰	◑	見方を変えれば、可能性は無限大に広がる
3(金)	安	◑	★解放感を得られるアクティビティが◎
4(土)	危	◑	せっかくの厚意はありがたく受け取ろう
5(日)	成	◑	★興味を魅かれたらすぐ調べて始めてみて
6(月)	壊	◑	！行動する時は基本的に相手ファーストで
7(火)	友	●	★★★チャンスが来たら思い切りジャンプ
8(水)	親	●	★★★趣味や仕事に没頭するほどパワーが
9(木)	業	●	！プライベートに気を取られ仕事が適当に
10(金)	栄	◐	！デパ地下で人気のスイーツや弁当をGET
11(土)	衰	◐	！財布など、貴重品の管理に気をつける
12(日)	安	◐	！いろいろ誘いがあってもひとつに絞って
13(月)	危	◐	！何かにハマりすぎると生活リズムに乱れ
14(火)	成	◐	！自分の世界に閉じこもらず周囲と協調を
15(水)	壊	◐	！目先の損得にとらわれず、将来性をみて
16(木)	友	◐	古くからの友人とのおしゃべりで心が和む
17(金)	親	◐	きちんとしたテーブルマナーで上品さUP
18(土)	胎	○	開運花・オリーブの鉢植えを窓辺に置いて
19(日)	栄	○	♥♥この出会いは偶然じゃない。運命かも
20(月)	衰	○	反応がよくないなら、一旦、引いて別案を
21(火)	安	○	★マニアックな知識が意外な場で役に立つ
22(水)	危	○	人の目を気にするより自分の気持ちが大事
23(木)	成	○	◆個性や能力を活かせる働き方をリサーチ
24(金)	壊	○	！情に流されず、落ち着いて正しい判断を
25(土)	友	○	$$$少額から、投資信託などにトライも
26(日)	親	○	♥♥♥久しぶりの恋にトキメキも絶好調
27(月)	命	○	★直感が鋭い日。自分を信じて選択しよう
28(火)	栄	◑	★★★思い切ったヘアチェンジで魅力全開
29(水)	衰	◑	寝る１時間前にスマホをオフ。照明も暗く
30(木)	安	◑	★テンションが上がるプレイリストを再生
31(金)	危	◑	！カードの利用明細は、しっかりチェック

6月

最新技術や機器の導入によい時

来る人と去る者、始めることとケジメをつけることが交錯する月。何かに夢中になっているうちに生活が変わっていることも多いけれど、５日からの「魔のウィーク」は順序や手続きをキチンと守って過ごして。12日以降は副業を始めたり、仕事のやり方に創意工夫を加えるとよい。最新技術、機器は取り入れて吉。

日付	運	月齢	開運メッセージ
1(土)	成	◑	★プロのメイク動画を見てテクを磨こう
2(日)	壊	◑	！！断るなら早めに。ドタキャンは避けて
3(月)	友	◑	♥♥♥愛情運が上昇。授かり婚の可能性も
4(火)	親	◑	★★★人に何と言われても夢は諦めないで
5(水)	業	●	！コンプレックスを刺激されても冷静に
6(木)	栄	●	！急な変更でも落ち着いて柔軟に対応して
7(金)	衰	●	！わからないことは放置せず、すぐに聞く
8(土)	安	◐	！懐にも優しいリーズナブルな店で気楽に
9(日)	危	◐	！悪い癖が出そう。セルフコントロールを
10(月)	成	◐	！流れに身を任せて。おのずと答えは出る
11(火)	壊	◐	！勝手に手順や手続きを端折らず、丁寧に
12(水)	友	◐	仕事で組んだ相手との縁は大事にしよう
13(木)	親	◐	大きな鏡で引き締めたいパーツを確認して
14(金)	胎	◐	人間関係のケジメをつけることで前に進む
15(土)	栄	◐	★★★モヤモヤしたらスニーカーで散歩を
16(日)	衰	◐	カーテンなど、大物を洗濯して気分爽快
17(月)	安	◐	★近くの書店で大人も楽しめる図鑑を発見
18(火)	危	◐	何かに集中しすぎて周りの変化に無頓着に
19(水)	成	○	★いつものやり方に一工夫加えてみよう
20(木)	壊	○	！チームで動いていることを忘れてはダメ
21(金)	友	○	★★★パワフルな友人と食事。活力になる
22(土)	親	○	♥♥♥勇気を出して好きな人を誘い出そう
23(日)	命	○	★旬の食材で自炊を。心も体も満たされる
24(月)	栄	○	◆◆◆副業を始めてみよう。思わぬ発見も
25(火)	衰	○	ふわふわしたものを触って、心を和ませて
26(水)	安	○	$通信費や光熱費のプラン変更で節約成功
27(木)	危	○	ライバルの努力や姿勢に見習うべきことが
28(金)	成	◑	★新しい機器や技術で仕事がスムーズに
29(土)	壊	◑	！衝動買いに注意。予定外のものはNG
30(日)	友	◑	★★★アート鑑賞で心に栄養が行き渡る

★虚宿の開運暦2024★

7月

夢中になれるものに出会える時

リアルな恋にも、〝恋する〞ように夢中になることにも出会える時。トキメクままに驚くほどアクティブに動き、勢いで様々なことを自分から変えていきそう。ただ、ちょっと入れ込みすぎの傾向が。大切な人のためと思うと、つい過激になるので注意して。満月の21日「命」の日は一か八かの勝負で願いが叶うかも。

8月

日常を離れて心の栄養補給を

月初めの「魔のウィーク」が終わると、ハマりすぎていたことも、勢いが少し落ち着き、バランスを取り戻せそう。そこで改めて気づくこともあり、年の前半のトラブルや損失の埋め合わせもできそう。内に秘めた計画、やりたいことは24日までに一歩踏み出して。旅などで少し日常を離れるのも心の栄養になる。

9月

パワー大! できることを積み重ねよう

パワーは大きいが、ほぼ「七曜陵逼」なので、何かを始める、変えるのはNG。今、できることを積み重ねれば、少しずつ成果があがる。一方で趣味や遊びでも面白いことが多く、かなり多忙。体力的にも、心や生活のキャパ的にも限界を超えると大混乱。21日からの「魔のウィーク」では、何かを自粛すべき。

7月

日付	運	月齢	開運メッセージ
1(月)	親	◑	♥♥♥♥思わずキュンとする人に遭遇しそう
2(火)	業	◑	！仕事とプライベートはきっちり分けよう
3(水)	栄	◑	！！興味本位で余計なことに手を出さない
4(木)	衰	◑	心が波立つ時は開運石を身につけると安心
5(金)	安	●	！根拠や裏づけのないことはスルーが正解
6(土)	安	●	！ガス抜きが必要。お一人様でわがままに
7(日)	危	●	！車や自転車の運転の際は、十分に注意を
8(月)	成	◐	！入れ込みすぎると極端な考えになり危険
9(火)	壊	◐	！過ぎたことは水に流して、前を向くべき
10(水)	友	◐	熱中症対策で新しい冷却グッズをリサーチ
11(木)	親	◐	「ダメなら次へ」の思考が成功につながる
12(金)	胎	◐	学びたいことを学べる場を自分から探そう
13(土)	栄	◐	♥♥♥ビーチで優雅に二人きりのバカンス
14(日)	衰	◐	スパイシーなアジア料理で食欲を刺激して
15(月)	安	◐	★気になる部分は美容医療でメンテを検討
16(火)	危	◐	自分の手持ちにない色の服をネットで購入
17(水)	成	◐	◆自分の技能を売りにスキルシェアに挑戦
18(木)	壊	◐	！一人で抱え込まず、もっと人を頼るべき
19(金)	友	○	★★★夢中になれるものと出会い、活力が
20(土)	親	○	＄＄＄くじ運が好調。応募や抽選にトライ
21(日)	命	○	★勇気を出して勝負して。願いが叶うかも
22(月)	栄	○	★★★思いのままに進もう。流れも変化
23(火)	衰	○	体が冷え気味。暑くても湯船で免疫力UP
24(水)	安	◑	★仕事術の工夫で、抜けた人の穴もカバー
25(木)	危	◑	自分の意見は、感情を入れず冷静に伝えて
26(金)	成	◑	★マンツーマンレッスンでやる気が急上昇
27(土)	壊	◑	！フライング気味。皆と歩調を合わせて
28(日)	友	◑	★★★スポーツ観戦で勇気と感動をもらう
29(月)	親	◑	★★★★ご褒美的な出来事に感激。祝杯を
30(火)	業	◑	！やるべきことが山積みで、精神的負担も
31(水)	栄	◑	！！今までのやり方では無理。変化が必要

8月

日付	運	月齢	開運メッセージ
1(木)	衰	◑	マルチタスクより、シングルタスクで集中
2(金)	安	◑	！個人情報の取り扱いには気をつけるべき
3(土)	危	●	！！あてが外れそう。状況をよく見極めて
4(日)	壊	●	！イライラしたらクチナシのアロマで鎮静
5(月)	友	●	外出前に眉を整えて、やる気スイッチオン
6(火)	親	◐	最新曲より懐メロを聴いて気持ちを上げて
7(水)	胎	◐	気持ちが落ち着き、バランスを取り戻せる
8(木)	栄	◐	◆◆作業効率が上がり職場の皆から高評価
9(金)	衰	◐	専門家のアドバイスを聞き、体調を整えて
10(土)	安	◐	★自然を満喫できる旅へ。非日常感がいい
11(日)	危	◐	別の角度から考えてみると、よい解決策が
12(月)	成	◐	★副収入は新しい趣味や自己投資に使おう
13(火)	壊	◐	！家族への配慮がないと、モメごとが勃発
14(水)	友	◐	★★★上半期の問題や損失もリカバー可能
15(木)	親	◐	＄＄＄資産運用を検討。始めるのによい時
16(金)	命	◐	★ヨガやストレッチで、美と健康をキープ
17(土)	栄	◐	♥♥♥思わぬ場所で恋が。連絡先を交換
18(日)	衰	○	お墓参りでご先祖様に日頃の感謝を伝えて
19(月)	安	○	★成功をつかむためには前向きな努力を
20(火)	危	○	奇抜なアイデアも提案次第で採用候補に
21(水)	成	○	★シミやシワ、たるみは美容のプロに相談
22(木)	壊	◑	！胃腸が疲れ気味。消化にいいメニューを
23(金)	友	◑	★★★やりたいことは布石を打っておこう
24(土)	親	◑	♥♥♥心を許せる相手なら将来を見据えて
25(日)	業	◑	！首、肩、腰に疲労が。マッサージで解消
26(月)	栄	◑	！その場のノリで余計なことを口走りそう
27(火)	衰	◑	！どんなに忙しくても睡眠時間は確保して
28(水)	安	◑	！高いハードルでも気圧されずに堂々と
29(木)	危	◑	！心の中に迷いが。ブレない軸を持とう
30(金)	成	◑	！今日中に全部は無理。優先順位を決める
31(土)	壊	◑	！防災グッズを点検。適宜、入れ替えをして

9月

日付	運	月齢	開運メッセージ
1(日)	友	◑	些細なことでも「ありがとう」と伝えよう
2(月)	親	●	デスク周りを掃除。スペースができて快適
3(火)	胎	●	起床後は瞑想の時間をとり、心身を整えて
4(水)	同	●	！！！！新しいことを始めるのは先送りに
5(木)	衰	◐	！表面的なことに惑わされず、本心を把握
6(金)	安	◐	★★ピンときたものには積極的にアクセス
7(土)	危	◐	期待しすぎると不満が募る。欲張らないで
8(日)	成	◐	★★仲間とレジャー。子供心が刺激される
9(月)	壊	◐	！人に任せると決めたなら口出しをしない
10(火)	友	◐	＄＄金銭も含め、うれしいギフトの予感
11(水)	親	◐	★★趣味に費やす時間が心の栄養になる
12(木)	命	◐	！！！！暴走しないよう、心にブレーキを
13(金)	栄	◐	★★初めての経験が起爆剤となり、気合が
14(土)	衰	◐	野菜たっぷりのごはんで腸内もデトックス
15(日)	意	◐	！！！！キャパオーバーで頭の中も大混乱
16(月)	危	◐	夏のダメージヘアを、集中トリートメント
17(火)	成	○	◆コツコツとキャリアを積めば結果は出る
18(水)	壊	○	！コスパをちゃんと考えないと、痛い目に
19(木)	友	○	★★思い切って攻めの姿勢で！ 勝算あり
20(金)	親	○	♥♥恋人募集中なら宣言。紹介が増えそう
21(土)	事	◑	！！！！体力を過信しない。休養第一で
22(日)	栄	◑	！！何事も欲を出すとつまずくことに
23(月)	衰	◑	！！恋は空回り気味。少し俯瞰してみよう
24(火)	克	◑	！！！！仕事でトラブル多発。落ち着いて
25(水)	危	◑	！張り合いや手応えがなく、気分がダウン
26(木)	成	◑	！！感情は抑え気味で。協調性を大切に
27(金)	聚	◑	！！！！今日の直感や判断は的外れかも
28(土)	友	◑	キッチンをピカピカに磨こう。気分爽快に
29(日)	親	◑	♥テラス席のある夜カフェでムードを演出
30(月)	胎	◑	心の声に耳を傾ければ、進む道が見える

最大開運日 7/29、12/2　最大警戒日 9/21、10/22

虚

10月

やってきたことに何らかの成果が

ここまで新たに始めたこと、楽しくて飛び込んだことなどで、何か結果が出せる時。でも「七曜陵逼」なので、安心が慢心にならないよう注意を。自己流や自分のペースを人に押しつけていないかも意識して。「六害宿」の日は、ケンカはもちろん強い自己主張、人を否定するような発言、ギャンブル的な勝負は×。

日付	運	月齢	開運メッセージ
1(火)	栄	●	◆◆アイデアが冴えている。積極的に提案
2(水)	衰	●	深呼吸をして姿勢を正せば、心も上向きに
3(木)	衰	●	！しんどいようなら、少し長めのお休みを
4(金)	安	●	★★素敵な人のお洒落テクを上手に盗もう
5(土)	危	●	漢方や薬膳を勉強。東洋の知恵で不調対策
6(日)	成	●	★★絵を描いたり、陶芸などの創作活動を
7(月)	壊	◐	！人間関係が乱調。些細なことでモメない
8(火)	友	◐	★★新しく始めたことで期待以上の成果が
9(水)	親	◐	★★「楽しい」と感じる心が幸せへの原動力
10(木)	命	◐	！！！！言葉が足りず、人とぶつかりそう
11(金)	栄	◐	★★オリーブグリーンで秋を感じる装いを
12(土)	衰	◐	「バレなければいい」という感覚は捨てて
13(日)	意	◐	！！！！相手を否定するような発言はNG
14(月)	危	○	ホームセンターで便利なアイテムを発見
15(火)	成	○	$大きな儲けはなくても、堅調な収益あり
16(水)	壊	○	！焦ると不利に。今は状況を見守るべき
17(木)	友	○	♥♥夢やロマンを語り合える相手がベスト
18(金)	親	○	★★頼まれたら〝喜んで〟の精神で動こう
19(土)	事	○	！！！！自分の好みを強引に押しつけない
20(日)	栄	○	！！トントン拍子で進む恋は警戒すべき
21(月)	衰	◑	！！安心が油断に。気を引き締めていこう
22(火)	克	◑	！！！！下手に動くと、かえって状況悪化
23(水)	危	◑	！夜更かしはNG。体内時計を乱さないで
24(木)	成	◑	！！一生懸命が裏目。独善的だと思われる
25(金)	聚	◑	！！！！リスキーな賭けに出るのは愚か
26(土)	友	◑	きのこ鍋など秋の味覚を満喫できる料理を
27(日)	親	◑	★家族の意見も聞いてみよう。参考になる
28(月)	胎	●	健康診断で自分の体の現状を把握すること
29(火)	栄	●	★★続けるうちにやりがいが。継続が力に
30(水)	衰	●	食事でとりにくい栄養素はサプリで補給を
31(木)	安	●	♥相手が大事にしているものを理解しよう

11月

〝殻〟を破って、個性と能力が開花!

「七曜陵逼」を抜け、ホッとできる月。1～14日は周囲に様々な変化があるが、それがあなたの〝殻〟を破らせ、結果的に、個性や能力の開花につながりそう。でも15日からの「魔のウィーク」は、プレッシャーやストレスがピークに。〝生みの苦しみ〟的な葛藤、闘いがある時だけれど、自分を信じて踏ん張って。

日付	運	月齢	開運メッセージ
1(金)	危	●	寄り道した話題のスポットでいい店を発見
2(土)	成	●	♥落ち葉が舞い散る並木道を二人で散歩
3(日)	壊	●	！自分の感情の揺れで周りを振り回さない
4(月)	友	●	$$$惚れ込んだものならケチらず買おう
5(火)	親	◐	★★★好きなアニメの聖地巡礼で再び感動
6(水)	命	◐	★心の葛藤から生まれるものがありそう
7(木)	栄	◐	★★★殻を破れる時。自分再生のチャンス
8(金)	衰	◐	午後は集中力が低下。早めに切り上げよう
9(土)	安	◐	★バトル系のeスポーツでストレス発散を
10(日)	危	◐	着古した服や、サイズの合わない服を整理
11(月)	成	◐	★変化を前向きにとらえれば流れに乗れる
12(火)	壊	◐	！プレッシャーはあるが、じっくり進もう
13(水)	友	○	★★★★何にも縛られない発想力を大事に
14(木)	親	○	◆◆◆新たに取り組んだ仕事で能力が開花
15(金)	業	○	！勝ち目のない勝負ごとに出るのは間違い
16(土)	栄	○	！二人の間の問題が露呈。話し合いが必要
17(日)	衰	○	！好きなものに使いすぎ。限度額を決めて
18(月)	安	◑	！！重圧でストレス過多。一人の時間を
19(火)	危	◑	！ポロリと失言。言いすぎないようご用心
20(水)	成	◑	！生みの苦しみを乗り越えるまで少し辛抱
21(木)	壊	◑	！尊敬する人の名言からパワーを吸収して
22(金)	友	◑	やりたいことがあるなら事前に根回しを
23(土)	親	◑	家族からの頼まれごとは、快く引き受けて
24(日)	胎	◑	募金やクラウドファンディングで社会貢献
25(月)	栄	◑	♥♥過去や未来も共有し、向き合う時間を
26(火)	衰	◑	自分にないものより、あるものを意識して
27(水)	安	●	★上司や先輩などに助けを求めると進展が
28(木)	危	●	相手のいい面も悪い面も受け入れる覚悟を
29(金)	成	●	★控えめなほうが、逆に引き立てられる
30(土)	壊	●	！いじけたり、ひねくれた考えはやめよう

12月

取り戻したいのなら11日までに動く

変化して、初めて気づくことが多い時。取り戻したい、元に戻したいことは、1～11日に動けば間に合うはず。愛情問題は、よくも悪くも大逆転がある星回り。年末のイベントは、これまでと少し違う過ごし方が吉。「命」の連続日の30、31日は自分らしく、無理なく。未来を示唆するような出来事も起こりそう。

日付	運	月齢	開運メッセージ
1(日)	友	●	♥♥♥うれしい大逆転劇が。思いは素直に
2(月)	親	●	★★★★マイペースでGO。周りも味方に
3(火)	命	●	★何かがあって初めて気づく思いこそ重要
4(水)	栄	●	★★★調整や修正がうまくいき、一安心
5(木)	衰	◐	「負けるが勝ち」を実感するような出来事が
6(金)	安	◐	★取り戻したいものがあるなら、意思表示
7(土)	危	◐	料理番組を見ておせちの簡単レシピを入手
8(日)	成	◐	$寄付や贈り物にお金を使うと運気も上昇
9(月)	壊	◐	！あれもこれもと手を広げると収拾不能に
10(火)	友	◐	★★★人は人。自分を信じて歩き続けよう
11(水)	親	◐	★★★手放すことで、得られるものがある
12(木)	業	○	！その場のノリで安請け合いしないように
13(金)	栄	○	！いつもと違うルートで帰宅。気分転換を
14(土)	衰	○	！大掃除は1か所ずつ、丁寧に進めよう
15(日)	安	○	！離れることになったとしても後腐れなく
16(月)	危	○	！とっつきにくい印象が。自分から会話を
17(火)	成	○	！調子に乗りそう。羽目の外しすぎに用心
18(水)	壊	◑	！夜のお菓子やお酒など、とりすぎないで
19(木)	友	◑	聞き役に徹して。面白い話を引き出せる
20(金)	親	◑	入浴で体がほぐれたところで、ストレッチ
21(土)	胎	◑	クリスマスソングを聴きつつ部屋を整えて
22(日)	栄	◑	♥♥イルミネーションを眺めながらデート
23(月)	衰	◑	概算ではなく、正確な数字を把握するべき
24(火)	安	◑	★開運食・ホールケーキを皆でシェアして
25(水)	危	◑	苦手な相手や、嫌いな相手が向上心の刺激に
26(木)	成	◑	◆今後の仕事の展望をじっくり考えよう
27(金)	壊	●	！スマホから離れて、デジタルデトックス
28(土)	友	●	★★★ライブや観劇で、ひと味違う年末を
29(日)	親	●	★★★ポジティブ思考が運気を後押しする
30(月)	命	●	★気を張らず、自分らしく過ごすのが一番
31(火)	命	●	★来年を占うような出来事に遭遇するかも

24 危宿《きしゅく》

★開運キーワード★

Color
薄緑　レモン色

Spot
映画館　スタジアム

Food
郷土料理　すき焼き

Item
日本製のもの　サブスクサービス

Stone
ブラッドストーン　サファイア

Aroma
ユーカリ　リンデン

Flower
ポピー　シロツメクサ

危宿ってこんな人

「危」は大胆さを表し、純粋さと意外性のある行動力を持つ。普段は周囲を和ませるタイプだが、一度スイッチが入るとブレーキがきかず、危険ゾーンにも軽やかに踏み込む。これは自分の感情に素直だから。全宿中、最も楽しいこと好きで、出世や名誉、お金には無頓着。でも持続力は低め。恋愛はピュアな超ロマンティスト。情が深く、自分を強く求める相手にほだされがち。せっかちでもあり結婚を意識するのも早い。好奇心から危ない恋に走りかねないので要注意。下腹部の冷えが運気を下げるので、おなか周りは意識して温めて！

この宿の有名人

ビリー・アイリッシュ　デヴィ・スカルノ　萬田久子　大塚寧々　森高千里　高橋尚子　三浦透子　桜井日奈子　藤井サチ　上白石萌音　沢田研二　平井堅　津田健次郎　長瀬智也　岡田将生　白洲迅　白濱亜嵐　髙地優吾　高杉真宙　角野隼斗　武豊　錦織圭　渡邊雄太　山田哲人

2024年開運3か条

1 自分にとって大事なものは何かを考え、優先順位を間違えないように

2 お金や物は有意義に使おう。使わないものも活かし方を考えて

3 育てたいのは〝汗活〟の習慣。汗と一緒に心身のデトックスを!

2024年の全体運

あらゆる〝環境〟を整えることで運気上昇!! 喜びが心を満たす、クリエイティブな1年

★2024年の特徴　2024年は、本当に落ち着ける環境、揺るぎない人間関係を模索すべき年。そこから、あなたの心と人生を満たしてくれる喜びや生きがいが生み出される、クリエイティブな年でもあります。運気は〝遠距離〟の「友」なので、自分でコントロールしきれないことに巻き込まれることも多く、転勤や家族の都合などでの引っ越しや移住、家族との同居や別居などの変化があるかも。そんな変化がなくても、2024年は〝環境〟が大事。自分が快適に過ごせる住まい、職場、人間関係を求めれば、運気は年の後半から、大きく上向くはず。また、お金の扱いと物の使い方も考えるべき時。収入の変動や環境整備、家族にお金がかかる中、あなたの金銭感覚が変わりそう。変化した自分なりの価値観で、欲望や執着心を制御することで、2024年はさらに開運するでしょう。

★1年の運気の流れ　**1、2月**は休息の運気。仕事などで焦る気持ちがあっても、自分の時間、家族との時間を作り、住環境を整えましょう。ただ「七曜陵逼」の運気が巡っているので、不動産を動かしたり、大きなことを決めるのは**3、4月**まで待って。**5月**までに、今後の自分の〝居場所〟を快適にする方向性が決まれば、**6月**以降は運気も大きく上向き、アクティブに活動できて、楽しい出来事も増えていくはず。**7、8月**に、仕事でもプライベートでも、計画していたこと、やってみたいことに一歩踏み出せれば、順調に進み始め、それが今後のあなたの生活の〝支柱〟になるでしょう。恋愛なども大きく前進、うれしい出会いもありそう。「七曜陵逼」の**9、10月**は仕事や義務に追われて、なかなかシビアな運気なので、その前の**8月**中に生活のスタイルや働き方のペースなどを作っておくと、**11、12月**は、あなたらしいやり方でいろいろな問題、課題をクリアしていけるはずです。

★愛情運★

6～8月、最強の〝推し〞が登場するかも

愛情運は大きく動き、現在進行中の恋愛は、**1、2月**の「七曜陵逼」で関係がこじれなければ、**2月28日～5月29日**にはよい方向へ。特に**4月**中の話し合いは大事。それがあれば家庭内の愛情も好転します。**6月**からは強いモテ運が来ますが、授かり婚など、あなたが大きく生活、環境を変える決意がないと、結婚には結びつきにくい傾向。それでも**6月15日～8月25日**には心トキメク出来事が。最強の〝推し〞との出会いもあるかも。**9、10月**の「七曜陵逼」では相手に入れ込みすぎたり、浮気や二股が表面化して大荒れになりそう。**12月**の誠意の見せ方次第では、愛が蘇り、急進展もあり。言葉より行動、お金の使い方で愛を表す年と心得ましょう。

★仕事運★

最新機器の導入でコスパも効率もUP

危宿特有のユニークな才能を発揮できる年ですが、一方でコストパフォーマンスの問題も。その対策のポイントは働く場所と道具。ワークスペースをレンタルしたり、最新の機器やシステムを導入することが仕事運をあげます。**1、2月**の「七曜陵逼」は休暇制度やリモートワークなどを利用。**3～5月**に環境や機器を整えれば、**6月**以降、画期的な発想で活躍でき、効率もUP。**6月15日～8月25日**に副業や隙間バイトを始めると快調です。**9、10月**は超多忙。本業をやめて副業に専念したくなっても、判断は来年に持ち越したほうがよさそう。**11、12月**は仕事上での課題が見つかりますが、ここでの一工夫がさらに実力を磨き、〝コスパ〞をよくするはずです。

★金運★

大胆な出費の暗示！ 抑止力を発動させて

2024年は大胆にお金を使いがちなので、心の抑止力が必要。**1～5月**は家族や住環境に出費の暗示が。不動産や大きな買い物、引っ越しは**4月**に比較検討して、**4月23日～6月5日**の契約、移動がベスト。**6月**以降は趣味や推し活、子供に惜しみなく散財しそう。でも収入は**8月**で頭打ちになりやすいので、**8月6～25日**は綿密に家計の見直しを。勝負運が強いのは**5月20日～7月2日、8月6～25日**。ギャンブルはハマると泥沼なので近づかないこと。リサイクル、リユースは節約、利益だけでなく、ビジネスチャンスにもつながりそう。

★美容・健康運★

スポーツやダンス、サウナでたっぷり汗をかく！

1～5月は休息とデトックスの時。睡眠と食事を見直し、快眠グッズや宅食サービスの利用も◎。可能なら**1月、4月**は長めのオフを。**3月25日、4月9日**からのダイエット開始は吉。6月以降はアクティブに動けるので、新しいスポーツやダンスに挑戦して汗をかいて。サウナやスパでの〝汗活〞もおすすめ。**6月15日～7月2日、12月2～31日**は美容とお洒落で絶大なアンチエイジング効果が期待できる星回りなので、いろいろ試してみて。ただ**9、10月**の「七曜陵逼」は多忙で、それまでの努力が台なしになる恐れがあるので注意。

★七曜陵逼の乗り切り方★

危宿が各時期に気をつけるべき大事なことをアドバイス。肝に銘じて！

1 1/2～1/28

パワー値が低く、あまり踏ん張れないので、楽しい予定でもタイトなスケジュールはついていけない。心身のデトックスを心がけて。

2 2/10～2/25

熟考しているつもりで雑なことをしがち。勢いで何かを止めたり、捨てると後悔。大きな買い物、キャッシングやローンの契約は慎重に。

3 9/3～9/29

自分のペースややり方をトコトン押し通して、周囲を振り回し気味。生活が乱れると信頼と大事なものを失う恐れ。約束は厳守して。

4 10/3～10/27

興味あることや刺激的なことを優先、古いものや人間関係をおざなりにすると失うものが。健康にも注意。問題がこじれると長引く。

Energy Power　1月と4月はパワーダウンするが、それ以外は比較的パワー高めの年

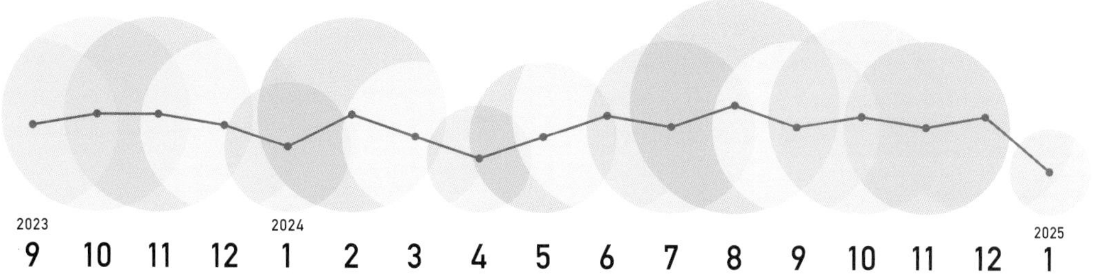

危宿の開運暦2024

1月

パワー弱め。一人時間で充電しよう

お正月は賑やかに始まるけれど、パワーは枯渇気味。仕事などはスロースタートでOK。一人時間を持ち、家族と時間を作って昨年からやり残していることを、自分のペースで片づけて。「六害宿」の日は気の重い予定は入れない。過去の話はしない。21日からの「魔のウィーク」は早寝早起き、健康的な食生活を。

日付	運	月齢	開運メッセージ
1(月)	友	◑	古い友人や家族と一緒に近所の神社へ初詣
2(火)	親	◑	今年中に達成したい目標を紙に書き出そう
3(水)	胎	◑	起床後は、カーテンを開けて朝陽を浴びる
4(木)	同	◑	！！！！！仕事始めは無理のないペースで
5(金)	衰	◑	★正月太り対策。野菜中心の主菜を作ろう
6(土)	安	◑	★今日は自分のやり方で過ごす休日にする
7(日)	危	◑	★大事な人とはつかず離れずの距離が良好
8(月)	成	◑	★パートナーの声を聞くとほっとできそう
9(火)	壊	◑	！張り切りすぎない。言動も丁寧さを意識
10(水)	友	●	★★不得意なジャンルに意識を向けると◎
11(木)	親	●	★★楽しい話題を出して場を盛り上げて
12(金)	命	●	！！！！気が乗らないことはしなくていい
13(土)	栄	◐	♥♥心のこもったお礼で相手をハッピーに
14(日)	衰	◐	銭湯やスパで、ゆったりデトックスしよう
15(月)	意	◐	！！！！終わったことをグチグチ言わない
16(火)	危	◐	いつもと違う髪型や服装で好感度が上がる
17(水)	成	◐	$年間の支出計画を立ててやりくりを検討
18(木)	壊	◐	！妬みやひがみなど、顔に出さないように
19(金)	友	◐	♥♥相手の欠点も、まるごと受け入れよう
20(土)	親	◐	★★家族と一緒に片づけ。少しずつでOK
21(日)	事	◐	！！！！ケンカは回避して。こじれる気配
22(月)	栄	◐	！！予定は詰め込みすぎず、余裕を持って
23(火)	衰	○	！！油や調味料にこだわり体にいい食事を
24(水)	克	○	！！！！生活を正す。早起きからスタート
25(木)	危	○	！！強引に進めずに、ゆっくりと動くこと
26(金)	成	○	！マスクの下で舌回し。硬い表情が優しく
27(土)	聚	○	！！！！即決は×。好機はまた巡ってくる
28(日)	友	○	★自分が「幸せ」と思える感覚を信じよう
29(月)	親	○	印象がよくなかった人を、見直す出来事が
30(火)	胎	◑	リビングや自室を模様替え。気分も変わる
31(水)	栄	◑	◆◆友達とのおしゃべりに役立つ情報あり

2月

まだ休息が必要。慎重に過ごすように

仕事などでやるべきこと、面倒な用事は1～9日までに丁寧に済ませて。その後は少し大胆になりすぎる傾向が。これまで実行をためらっていたことを「六害宿」の日に勢いでやってしまうと失敗。「意宿」の12日は衝動的、感情的にならないで。「聚宿」の24日は「もういいや」で、大事なものを放り出さないこと。

日付	運	月齢	開運メッセージ
1(木)	衰	◑	懐かしい曲を聴き返して穏やかな気持ちに
2(金)	安	◑	$お金のプロの本やセミナーで金融を勉強
3(土)	危	◑	ちょっとした遊び心で周りを楽しませよう
4(日)	成	◑	♥変に強がるよりも素直に甘えるのが正解
5(月)	壊	◑	！面倒なタスクから先に済ませてしまおう
6(火)	友	◑	★★★ピンチをチャンスにできるのは自分
7(水)	親	◑	★★★友人の友人が、人生のプラスになる
8(木)	命	◑	★自分がされて嫌なことは人にもしないで
9(金)	栄	●	◆◆◆やるべきことは今日までに済ませて
10(土)	栄	●	★★開運スポットの映画館で話題作を堪能
11(日)	衰	●	暖かい機能性肌着や便利グッズで冷え対策
12(月)	意	◐	！！！！感情的になりそう。自制心を持つ
13(火)	危	◐	重要なものや書類を捨てないように要注意
14(水)	成	◐	★自分だけのお気に入りスポットで深呼吸
15(木)	壊	◐	！言い訳や嘘はNG。誠実に寄り添うこと
16(金)	友	◐	★★人に尽くす、役に立つ気持ちで行動を
17(土)	親	◐	★★尊敬する先輩の一言で悩みが晴れそう
18(日)	事	◐	！！！！焦らないように。今は休息も大事
19(月)	栄	◐	！！キャッシングやローンの利用は熟考を
20(火)	衰	◐	！！人間ドックや健康診断などを予約して
21(水)	克	◐	！！！！迷っていたことをノリでやらない
22(木)	危	◐	！！可能なら在宅勤務にして、体力を温存
23(金)	成	○	！家族からの相談ごとを軽く流さないで
24(土)	聚	○	！！！！自暴自棄はダメ。慎重に考えたい
25(日)	友	○	♥思い込みを捨て、違う角度でアプローチ
26(月)	親	○	目の前のことに集中。ひとつずつこなして
27(火)	胎	◑	文句があっても我慢。それが後で報われる
28(水)	栄	◑	★★自分なりの方法で、存在感をアピール
29(木)	衰	◑	開運石・ブラッドストーンをお守りにして

3月

自分の居心地のいい場所を探す月

居場所を快適にする努力をするとよい時。移住や引っ越し、ワークスペースの確保から、自分の机や椅子をよいものに替えるレベルでも吉。それも含めてお金のことを冷静に考えるべきタイミング。10日頃は融資、契約の話、資金作りのための貯蓄を開始して。25日頃は〝物〟がきっかけで重要な記憶が蘇るかも。

日付	運	月齢	開運メッセージ
1(金)	安	◑	★開運色・薄緑やレモン色の雑貨を使って
2(土)	危	◑	浮き足立たない。予算などの現実も見据える
3(日)	成	◑	♥笑いのツボが同じ人が、理想の相手かも
4(月)	壊	◑	！アンテナが鈍る。勘に頼るのはやめよう
5(火)	友	◑	◆◆◆仕事の効率が上がる居場所を確保
6(水)	親	◑	★★★親切にしてくれた人には、恩返しを
7(木)	命	◑	★〝本当に大事なもの〟は何か考えてみよう
8(金)	栄	◑	★★★移住を視野に入れるのも、アリかも
9(土)	衰	●	リンパマッサージをして体のコリをほぐす
10(日)	安	●	$先々のことを考えて積立貯金をスタート
11(月)	危	●	公園などへ散歩。春の気配に心がときめく
12(火)	成	◐	★住環境の改善が、あなたの成長を後押し
13(水)	壊	◐	モメても、恐れずに意見を言うほうがいい
14(木)	友	◐	★★★少しの心の持ちようで気分が急上昇
15(金)	親	◐	♥♥♥パートナーと未来について語り合う
16(土)	業	◐	！意固地になりそう。柔軟な態度でいたい
17(日)	栄	◐	！一人で抱え込まずに、チームで共有して
18(月)	衰	◐	！！人気のセレクトショップで春服を試着
19(火)	安	◐	！ユーカリのアロマを活用。花粉症対策に
20(水)	危	◐	！資格試験を検討。必要な準備を始めよう
21(木)	成	◐	！地味で目立たない作業にこそ意味がある
22(金)	壊	◐	！衝突は回避。朗らかに過ごす工夫が大事
23(土)	友	○	人の集まる場所では言葉選びに気をつけて
24(日)	親	○	憧れの人のライフスタイルをまねてみよう
25(月)	胎	○	偶然目にしたものから大切な思い出が蘇る
26(火)	栄	○	★★仕事用のアイテムを、最新のものに変更
27(水)	衰	◑	調整できるなら、来月は長期休暇で休息を
28(木)	安	◑	★習い事を開始。ステップアップできそう
29(金)	危	◑	気にしないことも大事。鈍感力を磨くべき
30(土)	成	◑	★問題は二人で率直に話し合えば突破口が
31(日)	壊	◑	！個人情報をガード。パスワードを再設定

最大開運日 4/1、6/22　**最大警戒日** 1/27、2/24

危

4月

お金関連は検索や相談で最適解へ

基本、プライベート優先の月。不動産、何かの購入や整理、資金調達など、お金に関することは24日までにいろいろ調べたり、相談したりすると最適解に辿り着けそう。家族とも改めて必要な話し合いをすれば関係が好転。カップルはお金や家族について秘密を持たないで。復活愛を狙うならGWがチャンス。

日付	運	月齢	開運メッセージ
1(月)	友	◑	★★★★運気が味方の日。何事も積極的に
2(火)	親	◑	★★★今の自分に合った保険に見直すべき
3(水)	命	◑	★身なりを綺麗に整えると、信頼感が増す
4(木)	栄	◑	★★★お誘いやイベントは積極的に参加を
5(金)	衰	●	寝る前の10分をヨガタイムに。快眠効果も
6(土)	安	●	♥話し合うことで、二人の絆がより深まる
7(日)	危	●	知り合いのツテで面白い情報が入りそう
8(月)	成	●	★ダイエットは明日から開始が運気的に◎
9(火)	成	●	$引っ越し先など不動産物件に掘り出し物
10(水)	壊	●	あえて裏方に回ったほうがよい結果になる
11(木)	友	●	★★★困りごとはプロに相談するのも一案
12(金)	親	●	★★★今後の人生プランを家族の間で共有
13(土)	業	●	！お金についての秘密を作らないように
14(日)	栄	●	！深読みしすぎ。もっとシンプルに考えて
15(月)	衰	●	！！プレッシャーに負けそうな時は瞑想を
16(火)	安	◐	！関係のないことには首を突っ込まないで
17(水)	危	◐	！話し方を変えるだけで伝わり方が違う
18(木)	成	○	！速さよりも丁寧さを重視してミスを予防
19(金)	壊	○	！自分のことばかりになりがち。心を広く
20(土)	友	○	開運の花・シロツメクサを探しに散歩へ
21(日)	親	○	迷ったら、より安定性のある方法を選んで
22(月)	胎	○	モーニングルーティンを作れば1日が充実
23(火)	栄	○	◆◆異業種の人と交流を。考え方が刺激に
24(水)	衰	○	正しいビジネスマナーを改めて学び直そう
25(木)	安	○	★気の合う人と、SNSでの情報発信を企画
26(金)	危	○	小説の中に、心に響く言葉が見つかりそう
27(土)	成	○	★資金繰りなど、誠実に話せば助けの手が
28(日)	壊	○	！カチンときても言葉や態度には出さない
29(月)	友	◑	♥♥♥♥復活愛に好機。再アタックすべし
30(火)	親	◑	★★★仕切ってもらって、のんびり旅へ

5月

プチ稼ぎに縁あり。愛には追い風が！

GWは、親孝行や家族サービスもいいけれど、自分自身のリラックスも大事。断捨離をして不要品をネットで売ると意外な利益。修理やリサイクルもやってみるとハマるかも。8日はリスタートにいいタイミング。同居や結婚など一歩前進するカップルも。思い出の品や植物など身近なものからパワーをもらって。

日付	運	月齢	開運メッセージ
1(水)	命	◑	★いい人じゃなくていい。自然体でいよう
2(木)	栄	◑	♥♥♥関係が次のステージに。結婚話も!?
3(金)	衰	◑	経験のあるスポーツや運動でも慎重にやる
4(土)	安	●	★開運花・ポピーを見に、家族とドライブ
5(日)	危	●	一人で漫画やゲームに没頭する休日もいい
6(月)	成	●	$不要品が思ったよりも高値で売れそう
7(火)	壊	●	！いつもより早めに出勤し、余裕を持って
8(水)	友	●	★★★再挑戦したいことは今日から始める
9(木)	親	●	★★★先入観は捨てて。自分の殻を破ろう
10(金)	業	●	！親切を、当たり前だとは思わないように
11(土)	栄	●	！思い通りにならなくても、気にしないで
12(日)	衰	●	！姿勢を正そう。颯爽と歩く姿が好印象に
13(月)	安	●	！モヤモヤしてきたらデスク周りを整える
14(火)	危	●	！馴染みの場でも、馴れ合いになるのは×
15(水)	成	◐	！モチベが低下中。友人との会話で充電を
16(木)	壊	◐	！極端すぎることはしないで。孤立する
17(金)	友	○	口頭だけでなくリマインドメールも送ろう
18(土)	親	○	スタジアムへ。ライブや試合観戦で運気UP
19(日)	胎	○	マットレスや枕を替えて、睡眠環境を改善
20(月)	栄	○	★★焦らず騒がずの態度が関係を強化する
21(火)	衰	○	会話にユーモアをプラス。絆を深める秘訣
22(水)	安	○	★決断は、人の意見を聞き、調整した上で
23(木)	危	○	並木道を歩こう。新緑からパワーチャージ
24(金)	成	○	★いい思い出のある品物は、幸運のお守り
25(土)	壊	○	！美術館などで、一人で思索を深めてみる
26(日)	友	○	♥♥♥会いたいなら正直に伝えるのが正解
27(月)	親	○	◆◆◆趣味が認められ、副業の足がかりに
28(火)	命	○	★メイクを明るく。色みを増やしてみよう
29(水)	栄	◑	★★★楽しいと思う気持ちが原動力になる
30(木)	衰	◑	お気に入りのお茶を飲んで一息入れよう
31(金)	安	◑	簡単なハンドメイドや、リメイクに挑戦！

6月

モテ期が到来♡ 推しとの巡り合いも

パワーチャージができていると、好奇心が動いて新しい〝推し〟ができたり、ご近所のスポーツ施設やスタジオなどで、楽しいことを始めてみたくなる。ダメな恋は6日からの「魔のウィーク」中に手放せば、モテ運が高まり、新たな恋も飛び込んでくる予感。22日頃にひらめいたアイデアは毎日を楽しくしそう。

日付	運	月齢	開運メッセージ
1(土)	危	◑	本音と建前を理解。振り回されないように
2(日)	成	◑	一緒に過ごす、何気ない時間を大切にする
3(月)	壊	●	！気持ちが大胆になりすぎかも。自省して
4(火)	友	●	♥♥♥生活や環境を変える覚悟が愛を安定
5(水)	親	●	◆◆◆画期的な発想がひらめいて大活躍
6(木)	業	●	！問題がある恋には、執着せずにお別れを
7(金)	栄	●	！イベントで大出費かも。限度額を決めて
8(土)	衰	●	！大好きなものを食べて、パワーを補充
9(日)	安	●	！身の回りにある小さな幸せを見逃さない
10(月)	危	●	！儲け話にはご用心。ローンを組むのも×
11(火)	成	●	！「察して」は通じない。ちゃんと伝えよう
12(水)	壊	●	！気の抜けた格好でいると態度もだらける
13(木)	友	◐	開運アロマ・リンデンの香りをつけて外出
14(金)	親	◐	些細な点にも必ず「ありがとう」を言おう
15(土)	胎	○	★ダンス、ジムなど体験レッスンに参加を
16(日)	栄	○	★★夢中になれる〝推し〟と出会えるかも！
17(月)	衰	○	ソフトやアプリのバージョンアップをして
18(火)	安	○	★家族からの何気ないメールに癒されそう
19(水)	危	○	ハプニングだって面白がってしまえばいい
20(木)	成	○	$勝負運強め。予算内で宝くじを買っても
21(金)	壊	○	！シーツやカーテン、大物を洗濯して爽快
22(土)	友	○	★★★今日のひらめきは毎日を楽しくする
23(日)	親	○	♥♥♥強力なモテ運が到来中。恋の勝者に
24(月)	命	○	★何歳になっても挑戦することを忘れない
25(火)	栄	○	★★★大事な人の一番の理解者を目指そう
26(水)	衰	○	考えごとはご近所を散策しながらが効果的
27(木)	安	○	★貯めたくなるような貯金箱を選んで購入
28(金)	危	◑	噂話に乗らない。明るい話題に切り替えて
29(土)	成	◑	★お洒落な友人と買い物へ。センスを学ぶ
30(日)	壊	◑	！怒るようなことじゃないのにイライラが

危宿の開運暦2024

7月

得意を活かし、副業や隙間バイトを

3日からの「魔のウィーク」では、放置したり隠していたことが問題になり、強制的に片づけられることに。アイデアや得意を活かしたサイドビジネスや、隙間バイトに挑戦するなら、13日、21日からがおすすめ。恋愛は家事分担や金銭面などリアルなことを共有して一歩前進。子供のことでうれしい出来事の予感。

日付	運	月齢	開運メッセージ
1(月)	友	◑	$$$$よく研究したなら投資に挑戦も◎
2(火)	親	●	★★★いつもより明るい自分を演出しよう
3(水)	業	●	!!隠していたことが、バレてしまうかも
4(木)	栄	●	第一印象で決めつけて勝手に幻滅しないで
5(金)	衰	●	!写真データを整理。不要な過去は削除を
6(土)	衰	●	!親切のつもりがお節介に。静かに見守る
7(日)	安	●	!己のコンプレックスと向き合う素直さを
8(月)	危	●	!自慢話はほどほどに。敵を作ってしまう
9(火)	成	●	!状況は複雑。下手に動かないほうがいい
10(水)	壊	●	!凡ミスが多発かも。気を引き締めよう
11(木)	友	●	口角を上げて笑って。不思議と元気がわく
12(金)	親	●	ひとつの案に固執しない。代替案も準備を
13(土)	胎	◐	★個性を存分に発揮すれば新たな道が開く
14(日)	栄	◐	♥♥節約や貯金などお金の話題で意気投合
15(月)	衰	◐	ふわふわしたものをなでて、心を和ませて
16(火)	安	○	★同僚の頼みごとには、できるだけ協力を
17(水)	危	○	夏のデザートや、果物で爽やかに気分転換
18(木)	成	○	★意見のゴリ押し×。人の話をよく聞いて
19(金)	壊	○	!違和感を覚えたら関係を見つめ直す好機
20(土)	友	○	♥♥♥家事の協力態勢が整えば、愛も安泰
21(日)	親	○	◆◆◆隙間バイトやサイドビジネスを開始
22(月)	命	○	★無理は禁物。スローペースで過ごして
23(火)	栄	○	★★★子供の秘めた才能に感動できるかも
24(水)	衰	○	暑さ対策に、最新の冷却グッズを活用して
25(木)	安	○	★家族のレジャー代はコスパを重視したい
26(金)	危	○	1日だけのプチ断食で、体の中をリセット
27(土)	成	○	★まとまらない話は、改めて時間をとろう
28(日)	壊	◑	!物の貸し借りは今月のうちにクリアに
29(月)	友	◑	★★★★自分の中にブレない何かが固まる
30(火)	親	●	★★★可能性を感じたら、即、行動に移して
31(水)	業	●	!!思いがけないクレームにも誠実に対応

8月

パワーMAX!〝汗活〞で運気も上昇

夏休みは、いつかやってみたかったレジャーや計画を実現できそう。友人に誘われた遊びなどにハマって、新しい趣味になることも。今月は体を動かし、〝汗活〞をすると面白い出会いもあり、運気UP。反対に、動かないとゲーム課金などで散財の恐れが。恋愛運は強く、一度立ち消えた恋が復活する可能性も。

日付	運	月齢	開運メッセージ
1(木)	栄	●	恋人やパートナーに集中を。よそ見しない
2(金)	衰	●	!サプリなどに頼らず生活習慣の改善から
3(土)	安	●	!!強引すぎると裏目に。謙虚なのが一番
4(日)	成	●	!家事は午前中に済ませて、午後は一休み
5(月)	壊	●	!努力するポイントを間違えているのかも
6(火)	友	●	話が通じない人とは、うまく距離をとって
7(水)	親	●	忙しさで水分をとり忘れないように注意を
8(木)	胎	●	信じる方向に進んで。ブレない情熱が大事
9(金)	栄	●	★★気になる集まりには遠慮せずに参加を
10(土)	衰	●	浴衣など和服や、和柄のコーデでお出かけ
11(日)	安	●	♥思い残した感情があれば臆せずアピール
12(月)	危	◐	ランニングなど〝汗活〞で心身をデトックス
13(火)	成	◐	★人の誘いに乗ると新たな趣味ができそう
14(水)	壊	◐	!時間が解決することもある。様子を見て
15(木)	友	○	$$$セカンドライフに備えて蓄財しよう
16(金)	親	○	◆◆◆ユニークな才能が開花。成功を呼ぶ
17(土)	命	○	★自分らしい働き方のスタイルを考えて
18(日)	栄	○	★★★ずっと行きたかった場所に行くと◎
19(月)	衰	○	肩こりに注意。休憩時間に肩甲骨を動かす
20(火)	安	○	★喜びの心をしっかり伝えるとより円満に
21(水)	危	○	戦力外と思っていた人が味方になることも
22(木)	成	○	★英知の石というサファイアを身につけて
23(金)	壊	○	!綿密に家計を見直して、無駄を洗い出す
24(土)	友	○	♥♥♥思わぬところで一目惚れされるかも
25(日)	親	○	★★★話題のイベントに参加して幸せ気分
26(月)	業	◑	!言いにくくても報告を。うやむやはダメ
27(火)	栄	◑	!口出ししすぎは、相手からの感謝も半減
28(水)	衰	●	!新作のヘアマスクで髪の毛や頭皮をケア
29(木)	安	●	!うまくいかなくても、人のせいにしない
30(金)	危	●	!試行錯誤を重ねて見えてくることがある
31(土)	成	●	!ゲームに熱くなりそう。課金で散財かも

9月

遊びや趣味に夢中になりすぎないで

仕事や義務的なことが忙しくなるのに、遊びや趣味、恋愛などプライベートなことに気がいってグダグタに。「七曜陵逼」中なので、お気楽にマイペースを貫けば、信用も経済面にもダメージが。「六害宿」の日はやるべきことの優先順位を間違えないで。「魔のウィーク」はあなただけでなく、ペットの健康にも注意。

日付	運	月齢	開運メッセージ
1(日)	壊	●	!納得できないならば、ひとまず保留して
2(月)	友	●	遊びの予定を入れすぎて、仕事が手薄に
3(火)	親	●	集中できないとつまらないミスを連発する
4(水)	胎	●	大切にすべき人や、守るべきものを明確に
5(木)	同	●	!!!!!思いが強すぎると相手には重い
6(金)	衰	●	★夜更かしせず早めに寝て睡眠負債を返済
7(土)	安	●	★お気に入りのコーデで出かけて気分上々
8(日)	危	●	★先人の言葉に気づきが。知恵を吸収して
9(月)	成	●	★できるところまでは自分でやってみよう
10(火)	壊	◐	!約束や時間は厳守。信用に関わってくる
11(水)	友	◐	★★責任や、義務ある仕事を任される予感
12(木)	親	◐	★★自分は自分。周りと比較する必要なし
13(金)	命	○	!!!!約束を守らないと信頼関係が崩壊
14(土)	栄	○	♥♥郷土料理を食べに行くと話がはずむ
15(日)	衰	○	誘惑に負けそうになったら、早く帰ること
16(月)	意	○	!!!!秘密の恋は、表面化して大荒れに
17(火)	危	○	自己流を押し通しすぎると周りが困惑する
18(水)	成	○	$長期・分散・積立で資産を増やす計画を
19(木)	壊	○	!ほったらかしはNG。きちんと対処して
20(金)	友	○	◆◆忙しさが、やりがいと結果を作り出す
21(土)	親	○	★★今日は周りの意見の調整役を務めよう
22(日)	事	○	!!!!やるべきことの優先順位が大事
23(月)	栄	○	!!これまでとは違う工夫を考えるべき時
24(火)	衰	◑	!!ペットをケア。定期健診など予約して
25(水)	克	◑	!!!!オンとオフの切り替えをしっかり
26(木)	危	◑	!!「継続は力」。やめたくなっても我慢を
27(金)	成	●	!学びやセルフメンテのお金をキープする
28(土)	聚	●	!!!!転身を考えるのは時期尚早。我慢
29(日)	友	●	♥景色や食べ物、好きなものを共有しよう
30(月)	親	●	仲間の言葉から勇気をもらい、行動できる

最大開運日 7/29、12/2　最大警戒日 9/22、10/3

10月

よいことも後で逆転しそうな暗示

やりたかったことができる機会や、うれしい出会いなどが到来。無理してでも突っ走ってしまうけれど、「七曜陵逼」の期間なので、よいことが続かなかったり、後で逆転して重荷になることも。「六害宿」の日に一か八かの勝負はしないで。弱点が露呈する出来事も多く、長く解決できない問題を抱えないように。

日付	運	月齢	開運メッセージ
1(火)	胎		朝のスクワット、夜の腹筋を習慣化させて
2(水)	栄		★★プレゼンや選考会などで、能力を発揮
3(木)	同		！！！！！一発逆転の勝負は避けておく
4(金)	衰		★ブランケットなど暖かい小物を準備する
5(土)	安		♥話し合うことで、修復・復縁もまだ可能
6(日)	危		★珍しいメンバーからの誘いも乗ってみて
7(月)	成		★人気店のランチで、午後の活力をGET
8(火)	壊		！素直に。傲慢さを捨てると得るものあり
9(水)	友		◆◆覚悟を決めて懸命に働く。運気も上昇
10(木)	親		★★やりたいことは、自分から取りに行く
11(金)	命		！！！！弱点が露呈しがち。控えめでいる
12(土)	栄		★★頼まれたことは最後まで誠意を持って
13(日)	衰		お風呂でしっかり温まろう。心身が安らぐ
14(月)	意		！！！！喜びは一瞬で終わってしまう予感
15(火)	危		煮詰まったら小休止。突っ走りすぎている
16(水)	成		★講習会などで、ビジネスのスキルを磨く
17(木)	壊		！趣味友と時間を共有。リモートでもいい
18(金)	友		＄＄今あるものを上手に使うことが節約に
19(土)	親		★★長く仲良くできそうな素敵な出会いが
20(日)	事		！！！！よいと思ったことが、後で重荷に
21(月)	栄		！！自分には簡単でも相手にとっては違う
22(火)	衰		！！帰ったら、何も考えず無になる時間を
23(水)	克		！！！！体に無理をしてまで頑張らないで
24(木)	危		！！まずは謝っておく。こじれると長引く
25(金)	成		！理解されないのは丁寧に説明しないから
26(土)	聚		！！！！古い交友を放置すると失うものが
27(日)	友		♥恋愛も、改善・改良していく姿勢が大事
28(月)	親		日本製のものが開運グッズ。確認して購入
29(火)	胎		ささやかでも寄付をするなど、社会貢献を
30(水)	栄		★★規則や時間を守って、素早く行動する
31(木)	衰		自然の環境音をBGMにする。癒し効果抜群

11月

集中力でGO! マイナスをプラスに

1～15日は、集中力を発揮できる時。それによって、ここまでのマイナスをプラスに変えることもできそう。でも消耗するので、16日からの「魔のウィーク」は不調やアクシデントが心配。ただ、それで何かを断ち切り、バランスを取り戻せることも。困った時は周囲の人や友人が力になってくれるので頼ってOK。

日付	運	月齢	開運メッセージ
1(金)	安		★近所の公園を散歩して深呼吸。秋を満喫
2(土)	危		会いたいと思う人をリストアップしてみる
3(日)	成		♥ピンときたら素早い反応で関係をつなぐ
4(月)	壊		！うっかりと口が滑りそう。今日は寡黙に
5(火)	友		◆◆◆課題の解決のための工夫で、実力UP
6(水)	親		★★★リベンジは可能。もうひと頑張り！
7(木)	命		★パワーを温存。寄り道せずに帰宅しよう
8(金)	栄		♥♥♥こまめな連絡や心配りから仲が進展
9(土)	衰		足裏をマッサージ。むくみが取れて快調に
10(日)	安		★家事が簡単＆楽になるサブスクに加入を
11(月)	危		共通目標を定めてチームの結束を強めよう
12(火)	成		★ダメ元でオファー。案外うまくいくかも
13(水)	壊		気分が凹んだら〝推し〟の写真を見て復活
14(木)	友		★★★将来に向け具体的な提案があるかも
15(金)	親		★★★集中して物事を進めるなら今日まで
16(土)	業		！ストレスをため込むと表情が険しくなる
17(日)	栄		！注意力が散漫に。予想外のケガにご用心
18(月)	衰		！！アプリで睡眠や運動量など健康管理を
19(火)	安		！執着心を捨てるとバランスが取り戻せる
20(水)	危		！悩みは人に相談することで解決の方向へ
21(木)	成		！黙っていると関係は悪化。誤解を解いて
22(金)	壊		！世間体よりも自分がどうしたいかが大事
23(土)	友		押してもダメなら引いてみる。臨機応変に
24(日)	親		話題の名作映画で大泣きして気分スッキリ
25(月)	胎		フィットネスゲームで楽しくダイエットを
26(火)	栄		＄＄クーポンを利用すればお得に買えそう
27(水)	衰		自慢話は引かれる。相手の話をよく聞いて
28(木)	安		★チャンスの波に乗れるように準備を開始
29(金)	危		自分とは違う意見も、面白がることで成長
30(土)	成		★家じゅうの窓を磨いて心もピカピカに！

12月

やり直しや上書き可能、すぐ動いて

久々の友人に会えたり、人と集まれたりする楽しい月に。できなかったことや、できても残念な結果に終わったことのやり直しや上書きが可能なので、早めに行動。贈り物は実用的な品を。13日からの「魔のウィーク」は人に注意されたことはすぐに対応して名誉挽回。29～31日は思い切った年越し計画もよさそう。

日付	運	月齢	開運メッセージ
1(日)	壊		！欲望に走ると一番大事なものを失う恐れ
2(月)	友		◆◆◆◆再挑戦のチャンス。成功に近づく
3(火)	親		★★★うれしい出会いや知らせが舞い込む
4(水)	命		★１年間、頑張った自分に何かご褒美を！
5(木)	栄		★★★心許せる仲間と、すき焼きで忘年会
6(金)	衰		後悔しているならば、今すぐ素直に謝ろう
7(土)	安		＄愛する人のためになるなら気前よく出費
8(日)	危		丁寧な言葉遣いや対応が、好感度を上げる
9(月)	成		♥大切な人への贈り物は毎日使えるものを
10(火)	壊		！結果を急がないように。本質を見極めて
11(水)	友		★★★今年手にしたものの大きさに気づく
12(木)	親		★★★美容院やエステで美に磨きをかけて
13(金)	業		！損得勘定だけで動くと、後悔することに
14(土)	栄		！一度の失敗で、無理だと決めつけないで
15(日)	衰		！生姜を使った料理を食べて、体を温める
16(月)	安		！注意されたことはムッとせずすぐに直そう
17(火)	危		！周りに威圧的かも。冷静さを保って行動
18(水)	成		！自分の物差しで、人を判断しないこと
19(木)	壊		！大掃除をスタート。不要品を処分しよう
20(金)	友		クリスマスの限定メニューで気分を上げて
21(土)	親		信頼する人のサポートが必要な時。頼って
22(日)	胎		来年チャレンジしたいことを、書き出そう
23(月)	栄		★★普段は行かない珍しいスポットにツキ
24(火)	衰		寝る前のスマホ禁止。雑多な情報はオフに
25(水)	安		★苦手なことも自分流にアレンジできる時
26(木)	危		お世話になった人に今年の感謝を伝えよう
27(金)	成		★お年玉も含めて、手元に現金を用意して
28(土)	壊		！加湿器を点検。乾燥対策を怠らないこと
29(日)	友		♥♥♥大好きな人との未来予想図を描こう
30(月)	親		★★★幼馴染みに連絡。地元で楽しい時間を
31(火)	親		★★★ライブや旅など例年と違う年越し

成功運No.1 ビッグな存在感

25 室宿

しつしゅく

★開運キーワード★

Color	イエロー　アクアブルー
Spot	田園　リビング
Food	定食　グラノーラ
Item	快眠グッズ　和服・和柄
Stone	ヘマタイト　アクアマリン
Aroma	ミモザ　イランイラン
Flower	ヒマワリ　パンジー

室宿ってこんな人

「室」は家の一番奥の部屋を指し、大きな仕事を成すための豊かな力が宿る場所を意味する。生まれながらにエネルギーを与えられ、信じる道を切り拓き大成する宿。自信家で荒っぽく見えるが、細かい気配りで周囲と協調できる。成功運は全宿中トップ！ 恋愛面は、仕事に熱中するとお休みモードになりがち。ただ、その人の才能への憧れが恋に変わることも。本質的には尽くし型で相手にも癒しを求めるタイプ。年齢差のあるほうが長続きしやすい。足を鍛えると運気が上昇するので、ウォーキングやランニングを生活に取り入れて！

この宿の有名人

黒柳徹子　中島みゆき　竹内まりや　吉岡聖恵　篠原涼子　仲間由紀恵　伊藤沙莉　清野菜名　森川葵　イモトアヤコ　タモリ　木村拓哉　草彅剛　森山直太朗　堂本光一　櫻井翔　大西流星　藤原竜也　間宮祥太朗　中川大志　眞栄田郷敦　出川哲朗　山里亮太　羽生結弦　橋本大輝

2024年開運3か条

1 大事なことは遠くではなく身近に。まず足元をしっかり固めていこう

2 量より質を優先。質のよいものを選んで大切に長く使って

3 育てたいのは「もったいない」の心。少しの工夫で、〝石〟も〝宝石〟に！

★2024年の全体運★

〝広げる〟より〝削ぎ落とす〟方向性でGO! 快適な〝ベースキャンプ〟が幸運を呼ぶ

★2024年の特徴　攻撃より〝防御〟の年です。運気は〝遠距離〟の「親」で、自分にとって本当に大事なもの、人、場所を探し、それを守っていく年。責任を負うべきものが増え、身が引き締まるような出来事も多い時ですが、そこから大きな安らぎや幸福感を得られるはず。運気は弱くはありませんが、基本的には、〝広げる〟よりは〝削ぎ落とす〟方向性で。新しいものばかりでなく〝再発見〟や〝復活〟に縁があります。2023年の「胎」という変わり目を経て、あなたの価値観は微妙に変化。2024年はそれにフィットする、本当に守りたい人や物を探し、寄り添うべき時です。スケールの大きな行動力を持つ室宿は、それを活動への制限や束縛だと感じそうですが、お金と時間を有効利用しながら、自分の〝ベースキャンプ〟になる場所を快適に整えていくことが、今後の開運につながります。

★1年の運気の流れ　**1～3月**のあなたは結構、守るより〝攻める〟感じの日々になりそう。**1、2月**は「七曜陵逼」にもかかわらず、人間関係も広がり、好奇心の赴くまま、好きなことを追い求める積極的な毎日になりそうです。風向きが変わるのは**4、5月**。経済的なことなどもあり、自分にとって大切なものを選択する、価値観が変わるようなことがありそうです。住環境や家族関係に動きがあり、その大切さに気づくことも。**6月**以降は、守りを固めるために、改めていろいろ動きたくなり、新しいこともしたくなりますが、先は急がずに。特に「七曜陵逼」の**9、10月**に何かを始めたり、変えたりすると、**11、12月**は、仕事や義務が体力的、時間的にキャパオーバーに。ここで生活をスリム化する必要が生まれそうです。守りの年である2024年は、自立の年でもあり、自分らしいやり方とペースで、大切な人や物を守れる力と環境をゆっくりと築いていきましょう。

★愛情運★

覚悟次第で、愛は〝シェルター〞になる

守りの年である2024年は、華やかな恋愛とは縁がなさそう。それでも出会いはあり、**2月29日～5月10日**と**6月15日～7月31日**に集中的にアタックをすれば、交際成立から電撃的に結婚へと進む可能性大。**4～7月**は愛情の復活の暗示が強く、元の恋人だけでなく、うまくいっていない家族との関係修復も可能な時。お金と住居、周囲の人との問題をキチンとするのがポイント。長年のカップルにも、同様のリアルな話し合いは必要。詰めが甘いと、**9、10月**の「七曜陵逼」で決裂したり、こじれる愛も。多忙でハプニングも多そうな**11、12月**に、愛があなたの〝シェルター〞になるか、重荷になるかは、そこまでの話し合いとあなたの覚悟が決めるといえます。

★仕事運★

仕事のやる気が上がる環境作りを

2024年は仕事以上に、家族や家事などに注力しなければならない時期もある星回り。職場環境や家庭の変化がありそうなのは**4、5月**。でも離職はしないほうがよく、休暇制度を利用したり、公的支援を受けることも検討して。在宅ワークを増やすのも対策のひとつ。転職や就活、起業や副業開始によいのは、**6月15日～8月26日**。昔の体験や家業、故郷やご近所に意外なチャンスが。「七曜陵逼」の**9、10月**は面白いアイデアが浮かびますが、スタートは**11月**以降に。2024年はキャリアを伸ばすより、新たな体制作りの時です。ワーケーションなど働く環境を工夫すると、やる気も出て、**11月6日～12月13日**には新たなやりがいや目標も見つかりそうです。

★金運★

価値観が変化し、違う豊かさに気づく

金銭面で引き締めが必要な年ですが、価値観が変化し、今までと違う豊かさを知ることもできそう。買い替えで古いものや良質なものの価値に気づいたり、引っ越しなどで処分してミニマリストになる傾向も。不動産購入などの借り入れは**1、2月**、**9、10月**の「七曜陵逼」の時期を避け、余裕ある返済計画を。貯蓄は**3月25日～4月13日**、**5月21日～6月6日**に始めて吉。500円玉貯金でも心の引き締め効果あり。月々の出費の見直しは**8月7～26日**に。買い物運は**4月**、**7月**、**11月24日～12月13日**がよく、高価でも〝財産〞になるものの購入を。

★美容・健康運★

隙間時間を有効活用し、運動不足を解消

運動不足が心配な年なので、**3、4月**にヨガやストレッチを始めたり、コンビニジム、セルフエステでの隙間時間のケアを習慣にするとよい。自宅で、電気で筋肉を刺激するEMS機器の利用や、体感型ゲームもおすすめ。ただ「七曜陵逼」の**9、10月**はいきなりハードに動きすぎないこと。さらに大切なのは睡眠。寝室や寝具を整え、睡眠アプリも使って良質な眠りを求めて。毎月の「魔のウィーク」には、半身浴やプチ断食でデトックスを。**6月16日～7月3日**、**10月31日～12月13日**にお洒落をして出かける予定を入れると、日々に彩りが。

★七曜陵逼の乗り切り方★

室宿が各時期に気をつけるべき大事なことをアドバイス。手帳にメモを！

1 1/2～1/28
楽しい出来事も多く、人間関係も広がるが、出会う相手は玉石混交なので、適切な距離をキープして。挨拶や、お礼、報告は丁寧に。

2 2/10～2/25
思い込みが強くなったり、集中力不足で、ミスやアクシデントを起こしがち。新しいことよりも、慣れていることほど慎重に行動を。

3 9/3～9/29
あれこれやりたい気持ちになるけれど、お金のことをしっかり考えないと後で大変。ローンやキャッシングなどの借金はしないこと。

4 10/3～10/27
何かに必死すぎて、人を傷つけたり、反感を買う恐れが。「六害宿」の日の小さな衝突は〝致命傷〞になる。まずいと思ったらすぐに謝罪。

Energy Power　パワ　の上下が激しい1年。3月、6月、9月、11月はパワー大きめ！

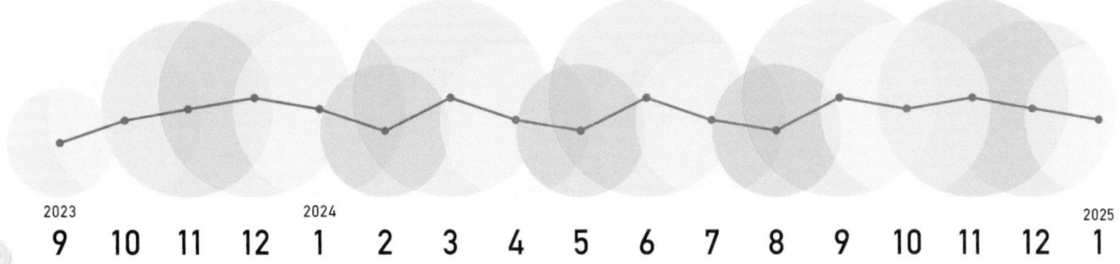

★室宿の開運暦2024★

1月

正月明けもアクティブに過ごせそう

お正月はイベントも多く、賑やかなスタートに。その後も、アクティブに過ごせる月。人と会う機会が多く、そのぶん、気を使うことも多くなりそう。「七曜陵逼」中にもたらされるうまい話には裏があるかも。大事な決定はパスして。22日からの「魔のウィーク」は、秘密が表面化するような出来事の暗示あり。

日付	運	月齢	開運メッセージ
1(月)	壊	◑	！家族や親戚と、賑やかにおせちを囲んで
2(火)	友	◑	開運アイテムの和服や和小物で新春の装い
3(水)	親	◑	氏神様にお参りした後は、家でのんびりと
4(木)	胎	◑	！久しぶりに会う友人への発言には注意を
5(金)	同	◑	！！！！甘い話にご用心。裏があるかも
6(土)	衰	◑	メンテナンスデー。髪や爪のケアをしよう
7(日)	安	◑	★★アクティブに過ごせる日。遠出もOK
8(月)	危	◑	新年会や集まりに誘われたらノリよく参加
9(火)	成	◑	＄今年の貯蓄の目標を決めて予算を組んで
10(水)	壊	●	！カチンとくる人は反面教師にすればいい
11(木)	友	●	◆◆仕事仲間との心の距離が縮まりそう
12(金)	親	●	♥♥身内からの紹介やお見合いに良縁が
13(土)	命	●	！！！！不動産など大物の購入は避けて
14(日)	栄	●	★★好きなことに出会える。思い切り没頭
15(月)	衰	●	疲れているのは気の使いすぎが原因かも
16(火)	意	●	！！！！暴走しがち。受け身の姿勢が賢明
17(水)	危	◐	ライブやコンサートなどで推し活に熱中
18(木)	成	◐	★ウォーキングなど無理なくできる運動を
19(金)	壊	◐	！ダブルブッキングに注意。予定を再確認
20(土)	友	◐	★★友人とカラオケで熱唱。スカッとする
21(日)	親	◐	♥♥スパや日帰り銭湯で体も愛も温めて
22(月)	事	○	！！！！大きな決断は見送るほうがベター
23(火)	栄	○	！！目上の人への挨拶や言葉遣いは丁寧に
24(水)	衰	○	！食べすぎが続いているなら今夜は軽めで
25(木)	克	○	！！！！秘密が思わぬ形で露呈するかも
26(金)	危	○	！冒険心が高まる。でも羽目は外さないで
27(土)	成	○	！！衝動買いの暗示。必要なものだけに
28(日)	聚	○	！！！！いい人でも適度な距離はキープ
29(月)	友	○	お洒落な人の着こなしを見て、センスUP
30(火)	親	◑	裁縫や編み物など手を動かす作業にツキ
31(水)	胎	◑	静かに深呼吸と瞑想を。心身を整えよう

2月

仕事、恋愛、雑用、すべて8日までに

１～８日までに仕事や恋愛のこと、雑用なども、進められることは進めておこう。９日「命」と10日「命宿」の連続日は仕切り直しのタイミングだけれど、自分では変えられない予定以外は、いつも通りに過ごすよう心がけて。19日からの「魔のウィーク」では、人の言動に過剰反応しないこと。平常心を持って。

日付	運	月齢	開運メッセージ
1(木)	栄	◑	◆◆効率が上がり、仕事がスムーズに進む
2(金)	衰	◑	放置しているメールがあるならすぐに返信
3(土)	安	◑	★のどかな田園風景を眺めて、リラックス
4(日)	危	◑	気を持たせている相手にはちゃんと結論を
5(月)	成	◑	★悩みを相談できる心強い存在が現れそう
6(火)	壊	◑	！怠け癖が。雑用もきちんと片づけておく
7(水)	友	◑	★★★友人のつながりから人の輪が広がる
8(木)	親	◑	★★★好奇心が旺盛に。面白いものを追求
9(金)	命	●	★仕切り直しの好機。気持ちが切り替わる
10(土)	命	●	！！！！特別な予定はなるべく日を改めて
11(日)	栄	●	＄＄ライフスタイルに合った保険を探そう
12(月)	衰	●	疲れが出がち。夜は早めにベッドに入って
13(火)	意	●	！！！！思い込みが強すぎる。フラットに
14(水)	危	●	小さくても老舗ブランドのチョコレートを
15(木)	成	●	★財布の中を整理。不要なレシートは処分
16(金)	壊	●	！ドタキャン×。断るなら前もって丁寧に
17(土)	友	◐	♥♥魅力上昇。モテモテ気分を味わえる
18(日)	親	◐	★★家族とのコミュニケーションが円滑に
19(月)	事	◐	！！！！人の言葉や態度に過剰反応しない
20(火)	栄	◐	！！集中力が低下。適度に休息を挟んで
21(水)	衰	◐	！けじめのない関係は解消するのもあり
22(木)	克	○	！！！！気分が浮つきがち。平常心が鍵
23(金)	危	○	！セールストークかも。真に受けないこと
24(土)	成	○	！！まさかのミスの暗示。念入りに確認を
25(日)	聚	○	！！！！慣れていることほど慎重に対応
26(月)	友	○	友人おすすめのドラマをチェックしてみて
27(火)	親	○	時間をかけて手料理を。自分も満たされる
28(水)	胎	○	急がなくても大丈夫。あなたのペースで
29(木)	栄	◑	♥♥ビビッときたら自分から連絡先を交換

3月

パワフルに動いてOK。愛も伝えよう

パワフルに動いて新しいことに挑戦したり、スタートを切れる月。仕事でもプライベートでもつながりたい人には連絡を。愛は相手にわかるように言葉と行動で伝えて。ふとしたことで身近なものや古いものの価値を再発見することがありそう。17日からの「魔のウィーク」での出費は慎重に。無駄遣いをしないで。

日付	運	月齢	開運メッセージ
1(金)	衰	◑	体調に違和感があれば、すぐに医療機関へ
2(土)	安	◑	★予定がいっぱい。パワフルに楽しめそう
3(日)	危	◑	知らない世界を学べる本が、知識欲を刺激
4(月)	成	◑	★寝る前のヨガやストレッチを習慣にして
5(火)	壊	◑	！心を込めてペットや植物の世話をしよう
6(水)	友	◑	★★★興味のあることには積極的に挑戦を
7(木)	親	◑	★★★自分が持っている宝物に気づける日
8(金)	命	●	★ミモザの優しい香りで穏やかな気持ちに
9(土)	栄	●	♥♥♥気になる人をデートに誘ってみては
10(日)	衰	●	噂話を鵜呑みにしない。聞き流しておこう
11(月)	安	●	★昔やっていた趣味が意外な場面で役立つ
12(火)	危	●	相手の立場を思いやると見えてくることが
13(水)	成	●	◆◆仕事でつながりたい相手にアプローチ
14(木)	壊	●	！PCや携帯は寝室に持ち込まないように
15(金)	友	●	★★★気持ちよく新しいスタートを切ろう
16(土)	親	●	♥♥♥愛は言葉と行動でわかりやすく表現
17(日)	業	◐	！攻めより守りの姿勢が運気をあげる秘訣
18(月)	栄	◐	！！考えずにお金を使うと後悔することに
19(火)	衰	◐	！無理をして周りに合わせすぎないこと
20(水)	安	◐	！公園で散歩や花見を。心が和らぐはず
21(木)	危	◐	！自分の大切な人のために時間を使って
22(金)	成	○	！決断する前に、もう一度誰かに相談を
23(土)	壊	○	！人生の先輩からのお話は心して聞くこと
24(日)	友	○	断捨離することで、物の価値に気づけそう
25(月)	親	○	幸運石のアクアマリンを。癒しの効果あり
26(火)	胎	○	窓や床をふき掃除しよう。心もピカピカに
27(水)	栄	○	＄＄貯蓄開始。500円玉貯金から始めよう
28(木)	衰	○	自分の弱点を知ることは、成長への第一歩
29(金)	安	○	★通勤に使うアイテムを綺麗にして準備を
30(土)	危	◑	好きを追求するべき。自分の時間を持とう
31(日)	成	◑	★新年度叶えたい目標をリストアップして

最大開運日	4/3、6/26	最大警戒日	1/22、2/10

室

4月

再会や〝出戻り〟的移動が幸運の鍵!

職場や家族など、身近な人間関係や環境に変化があり、昔、縁のあった人や場所と久々につながる機会も。そんな中、改めて気づくことも多く、自分の大事な人や物を確認できそう。綿密な確認、再会、〝出戻り〟的移動は幸運の鍵。14日からの「魔のウィーク」は思うように捗らないので、仕事や勉強の遅れに注意。

日付	運	月齢	開運メッセージ
1(月)	壊	◑	自分や家族の環境に大きな変化があるかも
2(火)	友	◑	★★★旧友や恩師と久しぶりに話をしよう
3(水)	親	◑	★★★自分にとって大切なものを再確認
4(木)	命	◑	★世界の絶景の写真や動画で心を潤そう
5(金)	栄	◑	♥♥♥ここで出会った人とは長く深い仲に
6(土)	衰	◑	一人の時間を大事に。好きな音楽に浸ろう
7(日)	安	◑	★住まいの再点検。リフォームも検討して
8(月)	危	●	相手の好みをリサーチして手土産を準備
9(火)	危	●	歓迎会などの集まりでは背伸びをしないで
10(水)	成	●	★★気軽にできるジム通いを習慣化しよう
11(木)	壊	◐	!緊張する場面が増えそう。深く息をして
12(金)	友	◐	$$$買うなら高価でも財産になるものを
13(土)	親	◐	♥♥♥恋人と本音で語れる。仲直りも可能
14(日)	業	◐	!思うようには進まない。焦らないこと
15(月)	栄	◐	!!一時の感情で離職を決めないように
16(火)	衰	◐	!体力を過信しないで。余裕のある計画を
17(水)	安	◐	!納期は必ず守ろう。信頼を失いかねない
18(木)	危	◐	!つき合い続けたいなら、話し合いが必要
19(金)	成	○	!口約束でも、一度決めたことは守ること
20(土)	壊	○	!遅刻は厳禁。5分前行動を徹底すべし
21(日)	友	○	イエローのアイテムをコーデに取り入れて
22(月)	親	○	違う世代の話に耳を傾けると解決の糸口が
23(火)	胎	○	大鏡に全身を映して。理想の体をイメージ
24(水)	栄	○	◆◆アンテナを張って。多方面から情報が
25(木)	衰	○	忙しくてもトイレやお風呂は清潔にキープ
26(金)	安	◑	★隙間時間を有効活用してセルフエステを
27(土)	危	◑	美術館や博物館へ。いい刺激をもらえそう
28(日)	成	◑	★何度も綿密に確認すればうまくいくはず
29(月)	壊	◑	経済状況が変化。そこから気づけることが
30(火)	友	◑	★★★思いがけない再会は幸福の予兆かも

5月

再燃した問題もうまく解決できる月

GWは故郷や実家に帰るのがおすすめ。レジャーは家族と共に。引っ越しや住居探しも吉。家族や住居の問題、昔の出来事や終わったはずの問題が再燃しても、うまく解決できる時なので、むしろ今月、向き合って。11日からの「魔のウィーク」は何かと多忙だけど、植物や自然に触れてパワーチャージを！

日付	運	月齢	開運メッセージ
1(水)	親	◑	★★★GWの予定は、家族の希望を聞いて
2(木)	命	◑	★引っ越しにもいい時。物件探しから開始
3(金)	栄	◑	♥♥♥結婚を考えているなら周りに紹介を
4(土)	衰	◑	遊びすぎて疲れそう。余力を残しておいて
5(日)	安	◑	★帰省に最適の日。田舎での時間にツキが
6(月)	危	◑	身近な人からの悩み相談には親身になって
7(火)	成	◑	★モチベーション上々。テキパキ動ける
8(水)	壊	●	!ただの昔話のつもりが口論に発展しそう
9(木)	友	●	★★★持ち前のバイタリティで物事が好転
10(金)	親	●	★★★映画館で話題作を鑑賞。感性を養う
11(土)	業	◐	!終わったはずの問題が再燃。向き合って
12(日)	栄	◐	!緑豊かな場所へ。自然に元気をもらえる
13(月)	衰	◐	!仕事に追われ多忙に。ひとつずつ淡々と
14(火)	安	◐	!家の故障や不具合はそのままにせず修理
15(水)	危	◐	!既読スルーはダメ。スタンプでも返信を
16(木)	成	◐	!空き時間には、屋上やベランダで一息
17(金)	壊	◐	!可能なら在宅ワークに。体の負担を軽減
18(土)	友	○	ふらりと立ち寄った店で掘り出し物に遭遇
19(日)	親	○	不要品を整理。適切な持ち物の量を考えて
20(月)	胎	○	体重や体脂肪率を測ってアプリなどに記録
21(火)	栄	○	◆◆会社の制度を活用。職場環境が快適に
22(水)	衰	○	朝のスタートは開運フード・グラノーラで
23(木)	安	○	♥パートナーからうれしい言葉をもらえる
24(金)	危	○	人に借りたものを返す時はお礼を添えよう
25(土)	成	◑	$楽しく実践できる節約方法を試してみて
26(日)	壊	◑	!過去にとらわれそう。ここが乗り越え時
27(月)	友	◑	★★★友人同士を紹介。より楽しい関係に
28(火)	親	◑	★★★家族の大切さを実感する出来事が
29(水)	命	◑	★卒業文集に書いた夢をもう一度思い出す
30(木)	栄	◑	★★★「雨降って地固まる」で、万事解決！
31(金)	衰	◑	!運動不足に。EMS機器を試すのもひとつ

6月

新たな可能性を求め、発想の転換を

大事なものや人を守り続けるための挑戦の時。仕事でもプライベートでも発想を変え、新たな可能性のある話を求めて。ただ「壊」の22日は強引になりすぎないこと。お金や物を動かす時は、そこに込められた思いを感じるべき。恋愛は復活愛もあり。新たな出会いは同郷、同窓、ご近所など共通点の多い人が吉。

日付	運	月齢	開運メッセージ
1(土)	安	◑	★チャレンジすることに幸運が。積極的に
2(日)	危	◑	!雑な言動はNG。正しい礼儀作法を実践
3(月)	成	◑	★お気に入りのレイングッズを準備して
4(火)	壊	●	!書類を送る時は誤字脱字を確認してから
5(水)	友	●	★★★友人がポンと背中を押してくれそう
6(木)	親	●	$$$新しい運用方法を試してみるのも◎
7(金)	業	●	!無計画に動きだすとやり直しになる恐れ
8(土)	栄	●	!お金に込められた人の思いを忘れずに
9(日)	衰	●	!半日は家で過ごして。体を休める時間を
10(月)	安	◐	!行き詰まったら別のことをして気分転換
11(火)	危	◐	!人に借りているものがあればすぐに返却
12(水)	成	◐	!先を急がない。ゆっくりでも進めばOK
13(木)	壊	◐	!物を手放す時は捨てる以外の方法も検討
14(金)	友	◐	普段はあまり話さない人との会話を楽しむ
15(土)	親	◐	★大事な人を守る責任があなたを強くする
16(日)	胎	◐	感動系の作品で〝涙活〟。心を浄化しよう
17(月)	栄	○	♥♥復活愛の気配。忘れられない人に連絡
18(火)	衰	○	湿気対策が必要。カビやダニも退治しよう
19(水)	安	○	★何事も第二案を用意しておくとスムーズ
20(木)	危	○	ライバルの努力や姿勢に見習うべきことが
21(金)	成	○	★細々とでも継続することに意味がある
22(土)	壊	○	!強引になりすぎないこと。柔軟な対応を
23(日)	友	○	♥♥♥出身地や出身校が同じ人に注目して
24(月)	親	○	◆◆◆転職・就活運が良好。情報収集を
25(火)	命	◑	★上半期に達成できたことを整理してみる
26(水)	栄	◑	★★★発想を変えれば新たな扉が開きそう
27(木)	衰	◑	お灸やツボ押しを取り入れ、不調をカバー
28(金)	安	◑	★プロのメイクやヘアセットで素敵に変身
29(土)	危	◑	夏休みの計画を立てて。誘いも舞い込む
30(日)	成	◑	★リビングをすっきり整えて、憩いの場に

室宿の開運暦2024

7月

やるべきことがサクサク進む月

４日からの「魔のウィーク」はアクシデント運が強いので注意。でも仕事や、やるべき義務は、苦手なことでも、水面下で進めるべきことでも、サクサクと順調に進む。周囲の変化や、感情が揺れる出来事があっても、日々の習慣や義務を続けることが支えに。物の整理や処分、何かの締めくくりは21日を目途に。

8月

皆とのコミュニケーションを第一に

周囲とのコミュニケーションが大事な月。必要なことは、遡ってでも説明責任を果たすべき。解ける誤解もあり、相手の話もよく聞いて、疑問や違和感は26日までに処置を。仕事も含め、やりたいことは26日までに始めて。お金や物で気持ちにケリをつけることになっても、トラブルは９月に持ち越さないほうが。

9月

魅力的な誘いが続々、舞い込む

「七曜陵逼」に入ったとたん、なぜか公私で、活動範囲が広がる話やお誘いが舞い込みそう。やりたい気持ちになっても「六害宿」の日に〝初体験〟のことはパス。昔やっていたことの再開、長時間の運転も避けて。いきなり進みすぎる恋愛は不穏な暗示。相手からお金の話が出たらレッドカード。上手に別れて。

日付	運	月齢	開運メッセージ
1(月)	壊		あなたらしくない行動や態度はとらないで
2(火)	友		★★★思い切りお洒落を。心も体も活性化
3(水)	親		★★周りの意見の調整役的な存在になろう
4(木)	業		アクシデントの暗示。冷静に乗り越えたい
5(金)	栄		！ラクしようとせずコツコツと進めること
6(土)	栄		！自分からアピールするより待ちの姿勢で
7(日)	衰		！転倒に注意。慌てず履き慣れた靴で外出
8(月)	安		！習慣にしていることを、急にやめないで
9(火)	危		！不機嫌な顔はしない。周りが不快になる
10(水)	成		！爆買いに注意。ストックも必要な分だけ
11(木)	壊		！心がざわつく日も、努めて平常心でいて
12(金)	友		昔やっていた趣味や活動をまた楽しめる
13(土)	親		★家庭内の問題をきちんとクリアできそう
14(日)	胎		自分を客観視して果たすべき役割に気づく
15(月)	栄		★★プレッシャーがプラスの力に変わる
16(火)	衰		冷たいものはとりすぎない。夏バテのもと
17(水)	安		★開運花・ヒマワリを飾って部屋を明るく
18(木)	危		秘密は守るべき。余計なことは話さないで
19(金)	成		＄憧れていた高級品を手に入れられるかも
20(土)	壊		！思わぬ発表や報告に驚かされることが
21(日)	友		★★★やるべきことは今日中に締めくくる
22(月)	親		◆◆◆地元や近所にビジネスチャンスあり
23(火)	命		★何のためにやっているのか改めて考えて
24(水)	栄		♥♥♥自分からアタックすれば関係が進展
25(木)	衰		帽子や日傘を携帯し、紫外線対策を万全に
26(金)	安		★苦手なことも、サクサク片づけられそう
27(土)	危		サプライズを計画。喜ぶ顔を思い浮かべて
28(日)	成		★日々の習慣をこなすことで心が安定する
29(月)	壊		バッグの中は、小分けポーチでスッキリと
30(火)	友		♥♥♥電撃交際・結婚へと進む可能性あり
31(水)	親		★★幹事役を頼まれたら引き受けるといい

日付	運	月齢	開運メッセージ
1(木)	業		きちんと説明すれば、誤解も解けるはず
2(金)	栄		！手柄は独り占めせず、仲間とシェアして
3(土)	衰		！！健康診断や人間ドックは早めに予約
4(日)	危		！価値観が違うなら無理してつき合わない
5(月)	成		！意見を押し通さない。相手の話を聞こう
6(火)	壊		！玄関の靴の出しっぱなしは運気を下げる
7(水)	友		友人のSNSを訪問して、コメントを残そう
8(木)	親		スクラブ入りのアイテムで古い角質を除去
9(金)	胎		家族や、家業が与えてくれたものに感謝を
10(土)	栄		★★BBQなどで、仲間たちと賑やかに食事
11(日)	衰		PCとスマホから離れ、デジタルデトックス
12(月)	安		♥同窓会や、同期会で再びつながる縁あり
13(火)	危		終わった話だと思っても、必要なら説明を
14(水)	成		★大切なものを受け継ぐことになる予感
15(木)	壊		！「言わなくてもわかるはず」は大間違い
16(金)	友		★★★皆のために動こう。感謝されるはず
17(土)	親		♥♥♥水着や浴衣で相手をドキッとさせて
18(日)	命		★今の自分に合わせて生活リズムを見直し
19(月)	栄		◆◆◆起業や副業を考えているなら行動を
20(火)	衰		ダイエットを開始。甘いものは控えるべし
21(水)	安		★爽やかなアクアブルーを差し色にしよう
22(木)	危		疑問が残っているなら素直にぶつけてみて
23(金)	成		★いつも通る道に、お気に入りの店を発見
24(土)	壊		！子供やペットの体調の変化にも敏感に
25(日)	友		＄＄＄家計簿をつけて出費を把握し直そう
26(月)	親		★★★公私共にやりたいことに今すぐ着手
27(火)	業		！コミュニケーション不足からトラブルに
28(水)	栄		！問題から逃げない。さらにこじれるかも
29(木)	衰		！水分と塩分をとって、熱中症を防ぐこと
30(金)	安		！お金で解決できるならよかったと思おう
31(土)	危		！些細なことでケンカに。今日中に修復を

日付	運	月齢	開運メッセージ
1(日)	成		！なかなか進まずイライラ。焦らないで
2(月)	壊		！相手の心にはトゲが刺さったままかも
3(火)	友		新しいコミュニティから声がかかりそう
4(水)	親		カルチャースクールの体験講座に申し込み
5(木)	胎		！枕や照明を工夫して睡眠環境の向上を
6(金)	同		！！！！やる気が出ても、暴走しないこと
7(土)	衰		パックや美容液を追加して夏枯れ肌をケア
8(日)	安		♥♥おうちデートでほっこり。ゲームも◎
9(月)	危		リードするより寄り添うほうが喜ばれそう
10(火)	成		＄節約効果が上がり、余裕が生まれてくる
11(水)	壊		！猫背はNG。姿勢を正すだけで好印象に
12(木)	友		◆◆面白いアイデアが。一旦、あたためて
13(金)	親		★★焼き魚など、健康的な定食で運気もUP
14(土)	命		！！！！急展開する恋には、危険な香りが
15(日)	栄		★★大事な人と動物園や植物園でのんびり
16(月)	衰		ヘッドスパや頭皮マッサージで癒されて
17(火)	意		！！！！〝初体験〟のことに手を出さない
18(水)	危		耳の痛い指摘ほどありがたく受け止めよう
19(木)	成		★得意分野を活かして成果をあげられる
20(金)	壊		！借金やキャッシングは厳禁。後で苦しむ
21(土)	友		★★家の中のワンコーナーを模様替えして
22(日)	親		♥♥相手の中であなたが大きな存在になる
23(月)	事		！！！！何かを始めたり変えたりしないで
24(火)	栄		！！予算オーバーしそう。諦めるのが賢明
25(水)	衰		！いきなりハードに動かない。ケガのもと
26(木)	克		！！！！長時間の運転は控え、途中休憩を
27(金)	危		！お金の話を打診されたら冷静に対応して
28(土)	成		！！煮詰まったらお茶を飲んで考えを整理
29(日)	聚		！！！！昔はできても今はムリ。自覚して
30(月)	友		迷惑をかけた人に、お詫びの品物と言葉を

最大開運日 7/2、11/16　最大警戒日 9/17、10/24

10月

油断、失言、舞い上がりすぎに注意!

なんとなく避けてきたことをスルッとやってしまったり、言わないでいたことをつい口にしてしまったりで失敗しそう。頭がモヤって注意力散漫な月なので、褒められたり、意外な人に会えるなどうれしいことがあっても、何かを決めたり、実行したりするのは来月以降に。愛情面で自信を持ちすぎるのも危険。

日付	運	月齢	開運メッセージ
1(火)	親	●	梨や柿など秋の果物を使ったスイーツを
2(水)	胎	●	生活を快適にする小さな工夫を取り入れて
3(木)	胎	●	！自分のことに必死で、誰かを傷つけそう
4(金)	同	●	！！！！マズイと思ったらすぐに謝るべき
5(土)	衰	●	その気はなくても自慢に聞こえることが
6(日)	安	●	★★意外な人と会えそうなハッピーの予感
7(月)	危	◐	お誘いが急増。うれしいけれど忙しいかも
8(火)	成	◐	★特技を披露する場面あり。自信を持って
9(水)	壊	◐	！出かける前に、忘れ物がないかよく確認
10(木)	友	◐	＄＄買うより作れば愛着がわき支出も減る
11(金)	親	◐	♥♥お互いの好きなところを３つ伝え合う
12(土)	命	◐	！！！！気が緩みがち。引き締める必要が
13(日)	栄	○	★★開運花・パンジーの寄せ植えを作ろう
14(月)	衰	○	自分の弱点を知ることが成長につながる
15(火)	意	○	！！！！うっかりした言動が大問題になる
16(水)	危	○	シャツやブラウスにはピシッとアイロンを
17(木)	成	○	◆来月、実行するために今は準備を周到に
18(金)	壊	○	！関係がこじれるかも。原因をひも解いて
19(土)	友	○	★★あなたの味方はすぐ近くにいるはず
20(日)	親	○	♥♥初デートの場所など思い出のコースを
21(月)	事	◑	！！！！避けてきたことを勢いでやりそう
22(火)	栄	◑	！！スピードより正確さを重視するべき
23(水)	衰	◑	！愛情に自信を持ちすぎていると痛い目に
24(木)	克	◑	！！！！小さな対立が致命傷に。要注意!!
25(金)	危	◑	！ただのお世辞かも。調子に乗らないで
26(土)	成	◑	！！未払いや滞納があるならすぐに対処を
27(日)	聚	◑	！！！！気が回らずに反感を買うことが
28(月)	友	●	大好物を食べて、たっぷり眠れば元気回復
29(火)	親	●	ふわもこ素材の暖かアイテムを一点投入
30(水)	胎	●	現状でいいのか、自問自答する時間を持つ
31(木)	栄	●	★★古いもの、伝統のものの魅力に目覚める

11月

仕事で意外な潜在能力が目覚めそう

１～16日は予想外の出来事もあるが、ここまでに整えた生活、働き方、体調を活かせば、うまく対処できるはず。特に16日は、今まで頑張ってよかったと思える瞬間が。仕事ではいろいろな挑戦ができ、意外な潜在能力が目覚めるかも。17日からの「魔のウィーク」では少し落ち込んでも、それで吹っ切れることも。

日付	運	月齢	開運メッセージ
1(金)	衰	●	開運アイテム・快眠グッズでより深く熟睡
2(土)	安	●	★家の中をどこよりもお気に入りの空間に
3(日)	危	●	落ち着いて発言すれば、衝突は回避できる
4(月)	成	●	★ハプニングも今のあなたなら対処が可能
5(火)	壊	◐	！風邪や感染症予防にマスクをつけよう
6(水)	友	◐	◆◆◆ワーケーションなど、働き方を工夫
7(木)	親	◐	♥♥♥恋人や家族の存在が心のオアシスに
8(金)	命	◐	★目覚めたら窓を開けて空気の入れ替えを
9(土)	栄	◐	★★★歌舞伎やバレエの鑑賞で感性を刺激
10(日)	衰	◐	「やればできる！」と自分に言い聞かせる
11(月)	安	○	★一歩踏み出すべき時。即、行動を起こして
12(火)	危	○	チームワークが大切。話し合いを重ねよう
13(水)	成	○	★★挑戦することで、潜在能力が目覚める
14(木)	壊	○	！ソックスや室内履きで足元の冷えを撃退
15(金)	友	○	♥♥♥問題を乗り越え、唯一無二の関係に
16(土)	親	○	★★★努力が実り、達成感に満たされそう
17(日)	業	○	！どんなに落ち込んでも、後は上がるだけ
18(月)	栄	◑	！！〝広く浅く〞より〝狭く深く〞を意識して
19(火)	衰	◑	！サプリに頼りすぎない。食事から栄養を
20(水)	安	◑	！100点を目指さず、80点でよしとしよう
21(木)	危	◑	！学びのない関係にはピリオドを打つべき
22(金)	成	◑	！時間的にキャパオーバー。断るのも大事
23(土)	壊	◑	！いつまでもくよくよせず、前進あるのみ
24(日)	友	◑	人気の音声メディアを聴いて〝耳活〞をして
25(月)	親	◑	イランイランの香りで心と体をリラックス
26(火)	胎	●	本当に必要なものか確認。生活をスリムに
27(水)	栄	●	＄＄ポイントの倍率アップ方法を研究する
28(木)	衰	●	乾燥から体と肌に不調が。加湿器を活用
29(金)	安	●	★残り物の食材を使って、おいしい一品を
30(土)	危	●	世間の評価より身内の愛情がパワーの源に

12月

仕事運好調! ストレス発散も忘れずに

仕事運はよく、多忙。１～13日は、久々に人と会ったり、イベントに参加して、ストレスの発散を。ただ、あまり動きすぎると14日からの「魔のウィーク」で体調を崩すので、ご用心。年末はギリギリまで家に仕事を持ち込んだりして頑張ることになりそう。30、31日は家族や恋人と年末の行事を楽しむ時間を。

日付	運	月齢	開運メッセージ
1(日)	成	●	★身近な人と年末年始の過ごし方を考えて
2(月)	壊	●	オンライン会議の開始時刻を間違えないで
3(火)	友	●	＄＄＄自分にクリスマスプレゼントを購入
4(水)	親	◐	◆◆◆新たなやりがいが。仕事熱が高まる
5(木)	命	◐	★具だくさんのスープや味噌汁で温まろう
6(金)	栄	◐	♥♥♥婚活イベントでときめく人に遭遇
7(土)	衰	◐	家事の先取りを。平日に余裕が生まれる
8(日)	安	◐	★クタクタになれるスポーツで、気分爽快
9(月)	危	◐	「言葉より行動」と思っても言わなきゃダメ
10(火)	成	◐	★多方面から声がかかってうれしい悲鳴が
11(水)	壊	○	！ケアレスミスの暗示。複数回チェックを
12(木)	友	○	★★★久しぶりの友人と会って爆笑トーク
13(金)	親	○	★★★パーティなどへ。勝負服で決めよう
14(土)	業	○	！バタバタしがち。予定は詰め込まないで
15(日)	栄	○	！重荷に感じるのは愛されている証拠かも
16(月)	衰	○	！多忙すぎて疲れが。省エネ方式で行動を
17(火)	安	○	！心の広さが試される時。ドンと構えて
18(水)	危	◑	！アドレスを整理。不要な連絡先は削除
19(木)	成	◑	！手を広げるより専門分野を極めたほうが
20(金)	壊	◑	！過度なストイックさは、自分を苦しめる
21(土)	友	◑	夜景やイルミネーションを眺めてウキウキ
22(日)	親	◑	何気ない瞬間に心の安らぎを感じられそう
23(月)	胎	◑	来年実現したいことをノートに書き出して
24(火)	栄	◑	★★イブには、とっておきのケーキを準備
25(水)	衰	◑	目の周りをツボ押しして疲れた目を労ろう
26(木)	安	●	★少しずつ大掃除を開始。まずは自室から
27(金)	危	●	お世話になった人の顔を見て年末の挨拶を
28(土)	成	●	★残った仕事もすっきり終えてホッと一安心
29(日)	壊	●	！災いを避ける宝石ヘマタイトをお守りに
30(月)	友	●	♥♥♥年の瀬の街をデート。お泊まりも◎
31(火)	友	●	★★★大切な人と、穏やかに年越しそばを

芯の強さNo.1 静かに支える

26 壁宿

へきしゅく

★開運キーワード★

Color
ゴールド　バイオレット

Spot
フラワーショップ　駅ビル

Food
パスタ　貝類

Item
座禅・写経　ラジオ・音声メディア

Stone
ラリマー　モルガナイト

Aroma
フランキンセンス　メリッサ

Flower
スイレン　ブルースター

壁宿ってこんな人

「壁」は何物にも動じない強い信念を表す。見返りを求めず、本気で支える〝縁の下の力持ち〟。控えめで常に相手に譲る傾向にあるのは、そのほうが信念を通せると知っているから。本質を見抜く目と分析力を持ち、裏から物事を動かして目的を達成する。やわらかさの中にしたたかさのある宿。恋愛は受け身で押しに弱く、「役に立てる」と感じる相手に魅かれがち。結果的に手のかかる人を選ぶ傾向にあり、周囲はハラハラすることも。下半身の柔軟性と脚力をつけると開運につながるので、ヨガやストレッチ、ウォーキングなどを習慣に。

この宿の有名人

ヴィクトリア・ベッカム　吉永小百合　蛯原友里　里田まい　池田美優　齋藤飛鳥　向井地美音　鈴木梨央　伊東蒼　薄幸　三浦友和　草刈正雄　松本幸四郎　滝藤賢一　綾野剛　成田凌　神尾楓珠　村上信五　岩田剛典　松村北斗　狩野英孝　青木源太　神田伯山　坂本勇人　ネイマール

2024年開運3か条

1 最初から〝100%〟を求めない。行動と経験から多くを学ぶ時

2 やるべきことは時間を決めて集中！〝ながら〟行動はできるだけ避けて

3 「聞くは一時の恥」。わからない時は質問して。〝聞く力〟を育てよう！

★2024年の全体運★

生きる世界が〝新次元〟に変わる移行期。好奇心と友人を味方に乗り越えよう！

★2024年の特徴　2024年の年運は「胎」で、文字通り、生まれ変わるように、生きている世界の〝次元〟が変わり、次のステージへと移行する変貌の年です。少しずつ切り替わるものや、いきなり大きく変わるものがある中で、生まれて初めての体験もいくつかありそう。今までにないプレッシャーや責任を背負い、試行錯誤し、知らないこと、できないこと、足りないことを感じて、しばしば落ち込んだりもするかも。そんな平坦ではない2024年の味方は、好奇心と友人。困ったり、悩んだ時ほど興味のあることに触れましょう。スキルアップの学びだけでなく、日々の小さな体験、言葉に教えられることも多いはず。頑張るあなたに新旧の友人・知人が必ず力になってくれます。小さな挑戦と思いがけない人との出会いが〝種まき〟となって、次の展開とホームグラウンドが育っていく年です。

★1年の運気の流れ　**1、2月**は「七曜陵逼」ではあるけれど、賑やかな出来事が多い時。ただ楽しいばかりでなく、責任を背負って頑張らねばならないことも多い星回り。でも大事なことの決断や選択は、できるだけ**3～5月**に。ここは、自主的、能動的に自分が望む方向へと舵を切れる時です。好奇心も広がるので、新しいことも始めましょう。**6～8月**は、家族や身近な人間関係、職場環境などに変化があり、ゼロからの出発、振り出しに戻されるような感覚を経験するかも。でも結果的には、今後、あなたが根を張るべき環境、伸ばしたい分野に出会える時。変化が大きかった人ほど、「七曜陵逼」の**9、10月**はアクティブになりますが、焦りは禁物。人や物事を大きく支え、サポートする能力に優れる壁宿がその本領を発揮するのは**11、12月**。ここであなたらしく自分の役割を果たすことで新たなステージの幕は開き、心穏やかに過ごせる場所や人間関係も定まっていくでしょう。

★愛情運★

容姿や地位より信頼感! 友人が恋人に!?

いつの間にか好きなタイプ、恋愛の対象が変わる年。容姿やステイタスより、何でも話せる信頼感第一に。3月28日～5月26日頃には友人が恋人に変わることが。恋か愛か曖昧な関係や、片思いも、ここで相手の気持ちを確かめて。新たな出会いを求めるのも5月までが勝負。6月以降は、ますますトキメキより安心感を求めるので、同棲・結婚に進む二人も。6月15日～8月27日は新しい恋より復活愛に望みあり。婚活は住む場所、地域限定で探すと吉。「七曜陵逼」の9、10月は誘惑が多いけれど、浮気は×。むしろ妊活や子供中心の過ごし方を。カップルは日々の会話を大事に〝愛の巣〟を整えれば、多忙な11、12月のあなたのエネルギー源になるでしょう。

★仕事運★

6月以降、古いものや〝古巣〟に縁が

1、2月は「七曜陵逼」なのに大きな仕事を任されますが、本当の発展運は3月28日～5月26日に。人脈や情報網が広がり、結果の出せる時です。4月には難しい決断もありますが、実力は磨かれ、多くの気づきがあります。6月以降は、古いものを蘇らせたり、一からの立ち上げ仕事、〝古巣〟などに縁がありそう。職場環境や仕事への意識、モチベーションが変わるようなことも。ただ6～7月に面白い発想が浮かんでも、「七曜陵逼」の9、10月で焦って実行しないで。また思いつきで長く続くことをやめたり、変えないこと。2024年後半はすべて長期計画で。転職活動も春先からスキルを磨き、方向性を絞って11月1日以降に動くほうがよい結果を出せます。

★金運★

出費過多の傾向。長期計画の練り直しを

2024年は必要経費が多く、蓄えを使いがちで、やや出費過多の傾向に。金運がよいのは4月。まとまった収入がありますが、同時に道具の買い替え、次の仕事の初期投資、スキルアップの研修費などに使いそう。5月22日～6月7日は貯蓄、資産運用などを検討すると◎。6月以降は家族や住まい、何かの保全や補修に出費の暗示。9、10月の「七曜陵逼」は、家族やペット、推し活などでの使いすぎに注意。契約、話し合い、買い物にいいのは11月1～17日。今年の収支を踏まえ、11月28日～12月14日には長期的なマネー計画の練り直しを!

★美容・健康運★

美のレベル維持のためにメンテは必須!

美容・健康運は曲がり角。2024年は、今後の健康年齢、美のレベル維持のためにもメンテナンスが必要。骨や歯のケアも重要です。4月には健康診断を。パワー値が落ちる5月の無理は、6、7月にアクシデントを呼び込みそう。8月はオフを取って充電を。ここでよい生活習慣を作れると、「七曜陵逼」の9、10月の体力ダウンを防げます。2024年は体を冷やさず、温かい飲食、入浴を心がけて。お洒落はマンネリ化が老け見えを助長するので、新しいコスメや美容サロンを探して。イメチェンは6月15日～7月4日、11月28日～12月14日に。

★七曜陵逼の乗り切り方★

壁宿が各時期に気をつけるべき大事なことをアドバイス。忘れないで!

1 1/2 ～ 1/28

仕事でも活躍、人と会う機会が多いけれど、安易な約束、安請け合いはしないで。人の紹介でも初対面の人には無防備になりすぎない。

2 2/10 ～ 2/25

油断していると隙を突かれる。期待は裏切られる。アクシデント運も強いので用心深く過ごす。「六害宿」の日に特別なことは避ける。

3 9/3 ～ 9/29

恋愛や遊びで、おいしい出来事があっても、羽目を外すと大変。友人にも引きずられないこと。「六害宿」の日に大事な話はしないで。

4 10/3 ～ 10/27

目立ちやすい時なので、何かあっても謙虚に。ふざけた言動で目立つと信用を落とすこともあるので要注意。SNSでの発信も慎重に。

Energy Power 1月はパワー大だが2月以降は乱高下。特に3月、5月、8月は注意!

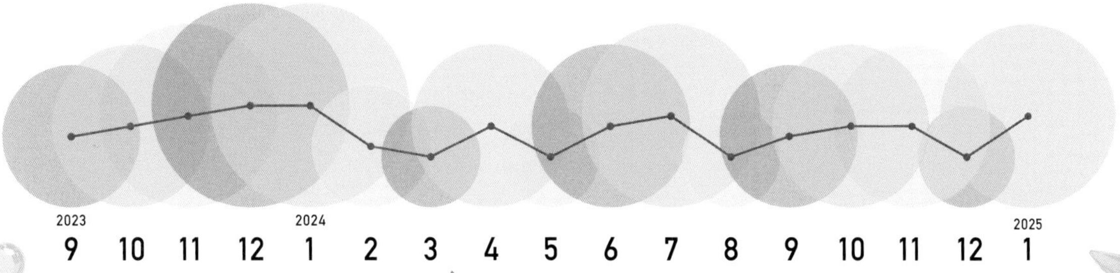

★壁宿の開運暦2024★

1月

パワーMAX! 人の輪の中心に

お正月は、仕事や果たすべき役割があってリラックスできないかも。その後も人の中心になる運が続き、会合や会食が多め。様々な情報も集まる。「壊」の11日は人をまとめようとすると失敗。「七曜陵逼」中は礼儀正しさが重要に。挨拶、言葉遣いには十分注意を。「克宿」の26日は大変なことを押しつけられそう。

日付	運	月齢	開運メッセージ
1(月)	成	◑	!やるべきことが多く、バタバタのお正月
2(火)	聚	◑	!!!!適当な返事で安易に約束しないで
3(水)	友	◑	配信ドラマを一気見。物語の世界観に没入
4(木)	親	◑	!きちんとした装いで、丁寧な挨拶をして
5(金)	胎	◑	★軽く汗ばむぐらいの運動を習慣にしよう
6(土)	同	●	!!!!悪目立ちしそう。控えめな姿勢で
7(日)	衰	●	★ミネラル豊富なバスソルトで体ポカポカ
8(月)	安	●	★仲間内で新年会。耳寄り情報も聞けそう
9(火)	危	●	発展が望めないなら切り捨てる勇気も必要
10(水)	成	●	♥恋人選びは、外見などよりも人柄第一で
11(木)	壊	●	!人をまとめようとせず自由な空気作りを
12(金)	友	●	★★本質を見抜き、最善の戦略が見つかる
13(土)	親	●	★★人の集まる場へ。面白い出会いに期待
14(日)	命	●	!!!!話し方には、細心の注意を払おう
15(月)	栄	●	◆◆大きな仕事を任されても、気負わずに
16(火)	衰	●	保湿力の高いフェイスマスクで潤いを補充
17(水)	意	●	!!!!紹介でも初対面の相手には慎重に
18(木)	危	◐	不満は褒め言葉と共に伝え、改善を促そう
19(金)	成	◐	$自分の消費行動に合ったカードに替える
20(土)	壊	◐	!開運石・ラリマーで、疲れた心を癒して
21(日)	友	◐	♥♥身近な人が、大切な人だと気づくかも
22(月)	親	◐	★★技術や能力を活かして活躍できそう
23(火)	事	○	!!!!安請け合いしない。可能かを熟考
24(水)	栄	○	!プレッシャーに負けず、職務を全うして
25(木)	衰	○	!!近しい相手でも、礼儀を欠いてはダメ
26(金)	克	○	!!!!押しつけられる前に上手にかわす
27(土)	危	○	!!家族やペットのことで予定外の出費が
28(日)	成	○	!自分で自分を追い込むような思考は排除
29(月)	壊	○	!興味がない話でもきちんと耳を傾けよう
30(火)	友	◑	フェアトレードの商品を買って社会貢献を
31(水)	親	◑	ここからもうひと頑張り。粘り強さが重要

2月

恋はバレンタインデー前に勝負

できることは先に延ばさず、1〜9日に。恋愛の勝負もバレンタインを待たずに先手必勝で。10日から「七曜陵逼」に入ると、それまでと流れが変わったり、意外な事実が発覚することも。重い仕事を任されたりもするけれど、人を頼ると、かえってストレスが増えそう。言いにくい話は「六害宿」の日にしないで。

日付	運	月齢	開運メッセージ
1(木)	胎	◑	自分でできるリンパマッサージで血行促進
2(金)	栄	◑	★★「誰かのため」という思いが原動力に
3(土)	衰	◑	面倒でも豆まきを。家の中の邪気を祓って
4(日)	安	◑	♥相手を支えてあげたい思いが愛を育てる
5(月)	危	●	海外の観光地の動画で次の旅行先を探そう
6(火)	成	●	◆「縁の下の力持ち」としてチームに貢献
7(水)	壊	●	!仕事では本音と建前を上手に使い分けて
8(木)	友	●	★★★今のうちにやっておけば、後は楽勝
9(金)	親	●	♥♥♥バレンタインの前に恋をつかまえて
10(土)	親	●	★★うれしい出会いや出来事に遭遇しそう
11(日)	命	●	!!!!アクシデント運強め。慎重に行動
12(月)	栄	●	★★初めての体験を。悩みや不安も消える
13(火)	衰	●	ホットミルクでリラックスしてよい眠りを
14(水)	意	●	!!!!いつもと違う特別なことはしない
15(木)	危	●	なぜか長続きしないのは向いていない証拠
16(金)	成	●	$税金や給付金についての知識を蓄えよう
17(土)	壊	◐	!今までと違う流れに、対応を迷うことが
18(日)	友	◐	★★何もしない日も大事。家でのんびりと
19(月)	親	◐	★★重要な仕事を任されそう。信頼を実感
20(火)	事	◐	!!!!期待しすぎると裏切られるかも
21(水)	栄	◐	!人に頼むほうが負担に。自分で頑張ろう
22(木)	衰	◐	!!隙だらけ。油断せず、気を引き締めて
23(金)	克	○	!!!!言いにくい話は別の日を選ぶべき
24(土)	危	○	!!思わぬ事実の発覚に動揺。まず冷静に
25(日)	成	○	!怒りや不安など負の感情は意識してポイ
26(月)	壊	○	!予算的に無理があるなら別の選択肢を
27(火)	友	○	フラワーショップで家に飾る花をセレクト
28(水)	親	◑	自分の納得のいく働き方や職場を考えよう
29(木)	胎	◑	望んでいることを公言すれば実現が近づく

3月

パワー低め。焦らず、丁寧に進めて

面白い出会いもあり、1、2月から取り組んでいることを進めたくて意気込むけれど、パワーは低めなので、スロースタートでOK。大事な計画ほど丁寧に。でも18日からの「魔のウィーク」では恋愛も含め、曖昧にしていたことをハッキリさせる必要が。自分の言葉や行動に責任を持つ姿勢が物事を好転させる。

日付	運	月齢	開運メッセージ
1(金)	栄	◑	★★お手本となる人に出会えそう。学んで
2(土)	衰	◑	気持ちに体が追いつかない。スローでいい
3(日)	安	◑	★ひな祭りを祝って人形と桃の花を飾ろう
4(月)	危	◑	行きつけのお店で他愛ない世間話を楽しむ
5(火)	成	◑	★重要な計画は丁寧に進める。焦らないで
6(水)	壊	●	!YESマンにならず、自分の信念を貫こう
7(木)	友	●	♥♥♥世話しがいのある人に魅力を感じる
8(金)	親	●	★★★主体的に動けば、新たな自分を発見
9(土)	命	●	★クラシック音楽に浸ろう。気持ちが安定
10(日)	栄	●	★★★懐かしい友人と思い出話に花が咲く
11(月)	衰	●	自分なりの落としどころが見つかりそう
12(火)	安	●	★人の役に立ちたい気持ちが、幸運の鍵に
13(水)	危	●	★ハードな日々でも持久力で乗り切れそう
14(木)	成	●	★メイクや、スキンケアもアップデートを
15(金)	壊	●	!強気の交渉は裏目に出がち。譲り合って
16(土)	友	●	♥♥♥何でも話せる信頼感が愛の決め手に
17(日)	親	◐	$$$親しい人にご馳走を。金運にはずみ
18(月)	業	◐	!!貯金を切り崩すかどうかは真剣に検討
19(火)	栄	◐	!自分の想像を超える展開に混乱するかも
20(水)	衰	◐	!人の都合に合わせすぎると振り回される
21(木)	安	◐	!ジャンクフードは避け、なるべく自炊で
22(金)	危	◐	!言動に責任を持つこと。その覚悟が力に
23(土)	成	○	!望みのない恋、曖昧な関係には見切りを
24(日)	壊	○	!早合点しないよう、話は最後まで聞いて
25(月)	友	○	人と比べない。自分の長所に目を向けよう
26(火)	親	○	早めにGWの計画を立て、仲間に声かけを
27(水)	胎	○	開運のフランキンセンスの香りで落ち着く
28(木)	栄	○	◆◆難問をクリアし、実力に磨きがかかる
29(金)	衰	◑	テイクアウトやデリバリーで楽チンごはん
30(土)	安	◑	★座禅や写経体験で、心が整い運気も上昇
31(日)	危	◑	家事は午前中に一掃して午後はお花見散歩

壁

最大開運日 5/4、6/27　最大警戒日 1/26、2/14

4月

初めてのことが多いほど運気上昇!

パワー復活。スピーディに大胆な行動も選択もできる時。初めての経験、慣れない仕事や作業も多いほど幸運。周囲は好意的なので、わからないことは聞き、確認しながら進めば順調。また、細かなチェックが災いを未然に防ぐ運気。特に金銭面や道具類は見直しとメンテナンスを。体調の検査も今月中にぜひ。

日付	運	月齢	開運メッセージ
1(月)	成	◑	★★多くの気づきがあなたを育ててくれる
2(火)	壊	◑	!劣等感と向き合って。まずは認めること
3(水)	友	◑	$$$臨時収入の暗示。仕事や学びに投資
4(木)	親	◑	◆◆◆実現したい仕事に向けてスキル磨き
5(金)	命	◑	★保険を見直し。新規加入も含めて検討を
6(土)	栄	●	★★★即断即決で、チャンスをつかんで
7(日)	衰	●	無理するよりも、年齢相応の装いが魅力的
8(月)	安	●	★入念にチェックすれば、トラブルを回避
9(火)	安	●	★慣れない業務も受けて。可能性が広がる
10(水)	危	●	★普段使うパソコンなどの機器もメンテを
11(木)	成	◐	★周りは味方。素直に頼れば円滑に進む
12(金)	壊	◐	!忙しくても無理せず、マイペースも大事
13(土)	友	◐	★★★好奇心に従って、新しいことに挑戦
14(日)	親	◐	♥♥♥居心地のよい友人から恋人に発展も
15(月)	業	◐	!!支えているようで相手に依存しがちに
16(火)	栄	◐	!二度手間にならないよう、ミスには注意
17(水)	衰	◐	!ストレスで胃に負担。消化のいいものを
18(木)	安	◐	!今日は動くべきじゃない。受け身でいて
19(金)	危	◐	!一方の意見に偏らず、バランスをとろう
20(土)	成	○	!考えすぎて煮詰まったら、サウナで汗を
21(日)	壊	○	!必要経費を見直して、やりくりを考える
22(月)	友	○	聞く力が重要。わからないことは質問して
23(火)	親	○	やり残していたことに着手。丁寧に進めて
24(水)	胎	○	健康診断を受けて、しっかり体調を管理
25(木)	栄	○	♥♥出会い募集中なら友人に紹介をお願い
26(金)	衰	○	1時間おきに遠くを見て、目の疲れを軽減
27(土)	安	◑	★押されるままに、乗ってみてもいいかも
28(日)	危	◑	ランニングやウォーキングで足腰を鍛えて
29(月)	成	◑	★★動物園や水族館などで生き物が癒しに
30(火)	壊	◑	!打算的に動くと、結果的に損をするかも

5月

恋人を皆に紹介するよい機会♡

GWは、いつか経験したかったことに積極的にトライ。人との交流、デートも楽しく、恋人を皆に紹介するのも今月がいいかも。連絡を取りたい、伝えたいことは、どんな形でも31日までに。仕事などでは、最新機器やメソッドを取り入れ、そのための学びもやるべき。お金は必要なものにはドンと使っていい。

日付	運	月齢	開運メッセージ
1(水)	友	◑	★★★先方のオーダーに応えて信頼度UP
2(木)	親	◑	★★★ポジティブな言葉で、流れも追い風
3(金)	命	◑	★やってみたかったことに挑戦。いい経験
4(土)	栄	◑	♥♥♥仲間の集いに恋人同伴で。皆に紹介
5(日)	衰	◑	遊びすぎると疲れが。予定を詰め込まない
6(月)	安	●	★早起きをして、1日を有意義に過ごそう
7(火)	危	●	人につき合う部分と、断る部分のケジメを
8(水)	成	●	★学びながら、最新の知識を貪欲に吸収
9(木)	壊	●	!ペンディング事項はなるべく早めに着手
10(金)	友	◐	◆◆◆人脈も情報網も拡大。仕事に好影響
11(土)	親	◐	★★★必要なら、最新機器を奮発していい
12(日)	業	◐	!ランチは開運食のパスタを選び気分上々
13(月)	栄	◐	!あまりに合理的に処理すると波風が立つ
14(火)	衰	◐	!落ち込んでいる暇はない。すぐに対処
15(水)	安	◐	!急いで結果を出そうとせず、長い目で
16(木)	危	◐	!しつこい誘いは、相手を立てつつ断って
17(金)	成	◐	!ここで無理をすると、後々まで引きずる
18(土)	壊	○	!スマホと距離をとろう。精神的にも解放
19(日)	友	○	楽しみながら、ボランティア活動に参加を
20(月)	親	○	聞き役に回ろう。絶妙な相槌と共感力が鍵
21(火)	胎	○	朝か夜のルーティンに軽いストレッチを
22(水)	栄	○	$$慎重な計画のもと、投資を試すのも◎
23(木)	衰	○	感動する映画で涙を流し、心のデトックス
24(金)	安	○	♥相手の気持ちを確かめよう。次に進む時
25(土)	危	○	世界の珍しい料理や食材を食べてみよう
26(日)	成	◑	★音楽に乗って宅トレ。楽しく続けられる
27(月)	壊	◑	!私利私欲のない気持ちで人と接すること
28(火)	友	◑	★★★大事な選択ができる。自信を持って
29(水)	親	◑	★★★〝なりたい自分〟に脱皮するなら今!
30(木)	命	◑	★開運色・ゴールドをコーデのポイントに
31(金)	栄	◑	★★伝えたい思いは、必ず今日までに連絡

6月

偶然の再会は復活愛のフラグ!?

最近の経験を踏まえ、あなたの気持ちが少し変わることで定まることがありそう。また、古いもののよさを再発見することで、元に戻ることも。6日の新月はリスタートによい日。今月は家庭やプライベートでうれしい出来事の予感あり。住む場所、家のことを考える必要も。偶然の再会は復活愛のフラグかも。

日付	運	月齢	開運メッセージ
1(土)	衰	◑	歯の定期健診を忘れずに。早速、予約をして
2(日)	安	◑	レインシューズを新調。雨の日もお洒落に
3(月)	危	◑	ライバルのすごいところを上手に盗もう
4(火)	成	●	★これまでの経験から、自分の軸ができる
5(水)	壊	●	!完璧を求めすぎないで。ほどほどでOK
6(木)	友	●	$$$将来を見据えて貯蓄計画を組み直し
7(金)	親	●	★★★古いもののよさを認めて原点回帰も
8(土)	業	◐	!ご近所散歩でも手抜きファッションは×
9(日)	栄	◐	!開運花・ブルースターを寄せ植えにして
10(月)	衰	◐	!思わぬ体調不良。日頃から体を労るべき
11(火)	安	◐	!いつもの手が通用しない相手で苦戦かも
12(水)	危	◐	!「こうでなければ」と決めつけないこと
13(木)	成	◐	!万一に備え、モバイルバッテリーを持参
14(金)	壊	◐	!アクシデント運あり。何事にも用心深く
15(土)	友	◐	★うれしい出来事が。皆で集まり食事会を
16(日)	親	◐	美術館や博物館へ。心に栄養補給をしよう
17(月)	胎	◐	人間関係や職場環境に何か変化があるかも
18(火)	栄	○	◆◆新規事業の立ち上げなどで力を発揮
19(水)	衰	○	室内でも窓辺では日焼け止めでUVケアを
20(木)	安	○	★リスタートしたことに確かな手応えあり
21(金)	危	○	タイプが違う人と交流。意外な共通点が
22(土)	成	○	★場所も含め、住まいについて考えてみて
23(日)	壊	○	!パートナーや親しい人へのケアも忘れず
24(月)	友	○	♥♥♥偶然の再会にトキメク。復活愛も!?
25(火)	親	○	★★★本格的な夏を前にヘアスタイル一新
26(水)	命	○	★いいアイデアが。イメージを膨らませて
27(木)	栄	◑	★★★運気が味方。公私共に迷いが消える
28(金)	衰	◑	基本に立ち返ると見えてくるものがある
29(土)	安	◑	♥安らぎを感じられるなら、結婚も視野に
30(日)	危	◑	自慢話は聞き流そう。自然に話題を変えて

★壁宿の開運暦2024★

7月

公私共にタスクを片づけられる時

テキパキと動くことができ、仕事もプライベートも多くの課題を片づけられる時。特に、何かを新たに始めたり、基本や土台を固める作業はバッチリ。ただ、5日からの「七曜陵逼」と21日「壊」の日は、連絡ミス、機器の故障、乗り物に注意。復活愛だけでなく、何か元に戻したいことは20日までにアクションを。

日付	運	月齢	開運メッセージ
1(月)	成	●	★★過去の成功体験が背中を押してくれる
2(火)	壊	●	！無理だと思うことは早めに撤退するべき
3(水)	友	●	♥♥自然な流れで、同居や結婚に進みそう
4(木)	親	●	◆◆◆◆土台固めをして新たなスタートを
5(金)	業	●	！熱中症に注意。涼感グッズを活用しよう
6(土)	業	●	！機器の故障、通信障害に備えておくこと
7(日)	栄	●	！生真面目に見られるのは損。フランクに
8(月)	衰	●	！夏バテ気味。冷たいもののとりすぎは×
9(火)	安	●	！今あるタスクをテキパキこなしていこう
10(水)	危	●	！思ってもいない社交辞令はすぐにバレる
11(木)	成	●	！情に流されず、全体の状況を見て判断を
12(金)	壊	●	！連絡ミスに注意。確認を怠らないように
13(土)	友	◐	★考えるより、動くことで気づける事実が
14(日)	親	◐	地元の友人と交流。あなたから声をかけて
15(月)	胎	○	玄関の周りを水ぶきして爽やかな気持ちに
16(火)	栄	○	♥♥素直になって、パートナーと仲直りを
17(水)	衰	○	暑さで睡眠不足気味。涼感寝具を活用して
18(木)	安	○	★同僚と情報交換。横のつながりが強みに
19(金)	危	○	不器用な言い方でも、心を込めれば大丈夫
20(土)	成	○	★やり直す、取り戻したいことは今日まで
21(日)	壊	○	！交通ルールを守って。安全運転を徹底
22(月)	友	○	★★★縁を大切に。人の輪を広げていこう
23(火)	親	○	★★★振り出しに戻れば問題点が明らかに
24(水)	命	○	＄家の補修、建て直し等の見積もりを検討
25(木)	栄	○	★★★異動、転居などの話が出てくるかも
26(金)	衰	○	ネバネバ食材を使ったヘルシー副菜を追加
27(土)	安	○	★ないものより今あるものに目を向けよう
28(日)	危	◑	フローズンフルーツで、ひんやりヘルシー
29(月)	成	◑	★★結果的にはよい経験や成長の糧になる
30(火)	壊	●	！文句を言う前に、まずは義務をこなして
31(水)	友	●	★★あなたの人柄で、いい仕事が舞い込む

8月

パワー急降下。メンテと癒しの時間を

小さな違和感をスルーせず、順調なことも見直すべき月。人の言葉に耳を傾け、もし意見がぶつかったら、あなたが引くのが無難。仕事なども相手ファーストで。2日と28日からの「魔のウィーク」は体のメンテナンスと癒しの時間を確保してデトックスを。家族サービスと家の片づけも心身を整える助けになる。

日付	運	月齢	開運メッセージ
1(木)	親	●	★★★★動くのは少し先。まずは様子見を
2(金)	業	●	！人からの忠告、アドバイスを聞き入れて
3(土)	栄	●	！！順調な時ほど、謙虚な姿勢を忘れずに
4(日)	安	●	！エステや整体。体が喜ぶことをしよう
5(月)	危	●	！強気はダメ。今は引き下がっておくべき
6(火)	成	●	！アレルギー検査を予約。体質をチェック
7(水)	壊	●	！相手の立場になって改めるべき点は直す
8(木)	友	●	お掃除ロボットなどを使って部屋を綺麗に
9(金)	親	●	愚痴ばかり言っていると、運は逃げていく
10(土)	胎	●	自分だけでのパワースポットで元気を補充
11(日)	栄	●	♥♥地元や住んでいる地域での、婚活が吉
12(月)	衰	◐	開運花・スイレンの咲く公園を散歩しよう
13(火)	安	◐	★クライアントや交渉先が喜ぶ言動を意識
14(水)	危	◐	物をきちんと片づければ頭も心もスッキリ
15(木)	成	○	★開運アロマ・メリッサで、心身を癒して
16(金)	壊	○	！時間に追われての決断は後悔することも
17(土)	友	○	★★★家族の希望を最優先して、お出かけ
18(日)	親	○	♥♥♥大切な人との仲はしっかり守り抜く
19(月)	命	○	★モルガナイトのアクセで気分が前向きに
20(火)	栄	○	◆◆◆先を見据えて資格の勉強を始めよう
21(水)	衰	○	1杯の白湯を習慣に。深部の体温を上げて
22(木)	安	○	＄感謝すべき人たちにささやかでもお礼を
23(金)	危	○	〝見た目〟を磨くのがストレス発散になる
24(土)	成	○	★なすべきことを果たそう。気持ちが充実
25(日)	壊	○	！早寝・早起き。規則正しい生活リズムを
26(月)	友	◑	★★★隠れた才能が開花して存在感が増す
27(火)	親	◑	★★★出会いの波到来。アンテナを立てて
28(水)	業	●	！違和感を放置しないで。トラブルを招く
29(木)	栄	●	！周りのイメージと真の自分にギャップが
30(金)	衰	●	！ツボ押しや柔軟体操などセルフメンテを
31(土)	安	●	！人に頼るより自分が頑張ったほうがいい

9月

何かを変えたくなっても今月は我慢

パワー復活。解放感もあり、気楽に何かを変えたり、試したくなるが、「七曜陵逼」中は結局、中途半端になりそう。失敗の暗示があるので脳内シミュレーションに留めておいて。恋人やパートナーとは楽しく過ごせるけれど、遊びの関係は深まると大火傷。くじ運はよいが好きなものへ歯止めのない浪費が心配。

日付	運	月齢	開運メッセージ
1(日)	危	●	！ふわふわしたものを触って心を和ませて
2(月)	成	●	！立場や年齢を言い訳に行動を制限しない
3(火)	聚	●	！！！！安請け合いや中途半端な態度は×
4(水)	友	●	運動不足解消のため10分間長く歩いてみる
5(木)	親	●	！同僚や後輩との雑談で笑って憂さ晴らし
6(金)	胎	●	★解放感から、いろんなことに興味がわく
7(土)	同	●	！！！！何かを変えたくなっても時期尚早
8(日)	衰	●	★スマホ首や猫背改善のストレッチを開始
9(月)	安	◐	★シェアサービスを活用。暮らしを快適に
10(火)	危	◐	野望は一度脳内シミュレーションしておく
11(水)	成	◐	★恋も遊びも快調で、プライベートが充実
12(木)	壊	○	！友達に引きずられない。どこかで線引き
13(金)	友	○	＄＄懸賞付きの預金などを始めるのもいい
14(土)	親	○	♥♥二人でのんびりと温泉旅行を楽しんで
15(日)	命	○	！！！！推しや恋人に、際限なく貢ぎそう
16(月)	栄	○	★★バイオレット色の小物が開運のお守り
17(火)	衰	○	体にいい習慣は疲れていても面倒でも継続
18(水)	意	○	！！！！契約など大事な話は今日はしない
19(木)	危	○	珍しいメンバーでの飲み会にも顔を出して
20(金)	成	○	◆プランは長期計画で。下準備をしっかり
21(土)	壊	○	！完璧じゃなくてもいい。自分にも寛容に
22(日)	友	○	★★立ち振る舞いの美しさで、評価がUP！
23(月)	親	○	♥♥パートナーとの、日々の会話を大切に
24(火)	事	◑	！！！！浮気心から、得られるものはない
25(水)	栄	◑	！楽しいと思えることを3つ想像してみる
26(木)	衰	◑	！！忙しくても休憩時間はしっかり休もう
27(金)	克	●	！！！！強気すぎると、孤立無縁の状態に
28(土)	危	●	！！納得がいかなくても、人に当たらない
29(日)	成	●	！趣味三昧の1日を過ごすのもたまには◎
30(月)	壊	●	！くされ縁や悪縁はきっぱりと切り捨てて

最大開運日 7/4、11/16　最大警戒日 9/18、10/16

壁

10月

羽目を外さず、誠実、謙虚、慎重に!

順調な月だが「七曜陵逼」なので、前のめりにならず、うれしいことがあっても羽目を外さないで。「同宿」の5日は愛情面で誠実に。「意宿」の16日は余計な一言に注意。22日からの「魔のウィーク」は謙虚に。ここで振る舞いを間違うと、積み重ねたことがゼロになる恐れもあるので慎重に。冗談は通用しない。

日付	運	月齢	開運メッセージ
1(火)	友	●	裏方に回ったほうが、思い通りに動けそう
2(水)	親	●	郵便物はため込まず、捨てるものは捨てる
3(木)	親	●	!「親しき中にも礼儀あり」。軽口は慎んで
4(金)	胎	●	★自分に合ったプチ断食で、体をリセット
5(土)	同	◐	!!!!大切な人を悲しませる行動は厳禁
6(日)	衰	◐	★ラジオや音声メディアで"耳活"が開運に
7(月)	安	◐	★心から好きと思える人や物を見極めたい
8(火)	危	◐	書店巡りへ。タイトル買いで、感性を刺激
9(水)	成	◐	◆最新時事ニュースをチェックしておいて
10(木)	壊	◐	!浮かれていないで。足をすくわれるかも
11(金)	友	◐	♥♥何気ない会話の中で愛や感謝を伝えて
12(土)	親	◐	★★いつもは行かない街へ。新しい発見が
13(日)	命	◐	!!!!悪目立ちしやすい時。謙虚になる
14(月)	栄	◐	★★肌と髪に保湿ケアをして。運気も潤う
15(火)	衰	○	口頭の話し合いは後でリマインドメールを
16(水)	意	○	!!!!いらない一言で人間関係に亀裂が
17(木)	危	○	人とお茶をするより一人カフェが落ち着く
18(金)	成	○	$手堅い利益を見込める副業のアイデアが
19(土)	壊	○	!事前にできることがある。探して実行を
20(日)	友	○	♥♥子供やペットを可愛がると愛が増幅
21(月)	親	○	★★コンペやオーディションで底力を発揮
22(火)	事	◑	!!!!傲慢な態度がすべてを台なしに!
23(水)	栄	◑	!自分の黒歴史から学べることがありそう
24(木)	衰	◑	!!外ヅラだけでは×。家族にも気遣いを
25(金)	克	◑	!!!!冗談は控えて。信用を落とすだけ
26(土)	危	◑	!!自己主張は抑えめに。聞き役に徹して
27(日)	成	●	!SNSの投稿は、皆が楽しめる内容を厳選
28(月)	壊	●	!少し肩の力を抜こう。目立たずに過ごす
29(火)	友	●	バランサーとなれば、チームが一致団結へ
30(水)	親	●	眺めのよい場所で一呼吸。心がほぐれる
31(木)	胎	●	自分が守るべきもののために、強い覚悟を

11月

これまでの努力が報われる月!!

月初めには変化もあるが、ここまでのあなたの努力や献身、試行錯誤がよい形で報われそう。計画の実行や方向転換にも好機。「友」の16日はうれしい知らせが届いたり、思いが通じる予感。18日からの「魔のウィーク」で、責任やプレッシャーを感じる出来事があるのは運気があがっている証拠。自信を持ってOK。

日付	運	月齢	開運メッセージ
1(金)	栄	●	$$今年の収支を把握し、買い物の計画を
2(土)	衰	●	器用貧乏と卑下しない。自分次第で長所に
3(日)	安	●	★気が乗らない用事もやってみると楽しい
4(月)	危	◐	よくも悪くも人の影響を受けやすい傾向が
5(火)	成	◐	★望んでいることを公言&行動にも表わす
6(水)	壊	◐	!トラブル防止のためには現実と向き合う
7(木)	友	◐	◆◆◆頑張ってきたことが報われる予感!
8(金)	親	◐	★★★あたためてきたプランを実行の好機
9(土)	命	◐	★最終的決定権は自分にある。ブレないで
10(日)	栄	◐	♥♥♥愛する人の存在があなたのパワーに
11(月)	衰	◐	イライラしたら大股で歩くと気持ちも爽快
12(火)	安	◐	★問題に真摯に向き合えば、救いの神あり
13(水)	危	◐	★「わからなければ聞く」のが成長への一歩
14(木)	成	◐	★開運フード・貝類を使った料理を作ろう
15(金)	壊	○	!嫉妬深くなりそう。もっと相手を信じて
16(土)	友	○	★★★よい知らせや、実る思いがありそう
17(日)	親	○	★★★高くてもいいと思うのなら購入OK
18(月)	業	◑	!!プレッシャーや緊張は成長している証
19(火)	栄	◑	!どちらかに肩入れせず、中立的な立場で
20(水)	衰	◑	!やる気があるなら、先延ばしにしないで
21(木)	安	◑	!責任ある立場をあえて引き受けてみよう
22(金)	危	◑	!手抜きやいい加減な作業は後々の火種に
23(土)	成	◑	!その気がないなら期待を持たせてはダメ
24(日)	壊	◑	!人といると、つい気を使ってクタクタに
25(月)	友	◑	言葉にすることで、さらに気持ちが伝わる
26(火)	親	◑	人の紹介で、仕事に役立つ縁が広がりそう
27(水)	胎	●	小腹が空いたらナッツやドライフルーツを
28(木)	栄	●	★★メイクやファッションをリニューアル
29(金)	衰	●	大好物を食べてたっぷり眠れば元気が蘇る
30(土)	安	●	♥相手の心の機微に寄り添い、力になって

12月

大掃除でお宝発見!? 静かな年越しを

誰かの一言で流れが変わったり、意外な出来事で物事が停滞しそう。おかげで15日からの「魔のウィーク」は超多忙だが、年内の仕事はそこで締めて、あとは来年に。プライベートでも、駆け込みでアレコレしようとしないで。大掃除ではお宝が見つかるかも。年末年始の準備は29日までにして、年越しは静かに。

日付	運	月齢	開運メッセージ
1(日)	危	●	行動へと移す前に少しだけ冷静になるべき
2(月)	成	●	$$来年以降のお金の流れをプランニング
3(火)	壊	◐	!衝突は避けたい。歩み寄る気持ちが大事
4(水)	友	◐	◆◆◆転職を考えるならじっくりリサーチ
5(木)	親	◐	★★★契約や大事な話を検討してもいい日
6(金)	命	◐	★駅ビル内で穴場的なお店が見つかりそう
7(土)	栄	◐	♥♥♥愛情と工夫いっぱいの贈り物を準備
8(日)	衰	◐	長い目で見てプラスになるほうを選ぶべき
9(月)	安	◐	★この先のための努力は、惜しまず続ける
10(火)	危	◐	思わぬ横入りや介入で計画は一時中断かも
11(水)	成	◐	★サポート役など今の自分にできることを
12(木)	壊	◐	!ジンクスにとらわれて、身動きが窮屈に
13(金)	友	○	★★★皆にとって、頼れる存在を目指そう
14(土)	親	○	★★★大掃除の途中でお宝を発見するかも
15(日)	業	○	!帰宅後にはうがいと手洗いを忘れずに
16(月)	栄	○	!借りたものやお金は、年内に必ず返して
17(火)	衰	◑	!任せるところは任せないと、お互いに損
18(水)	安	◑	!緊張する場面では、深呼吸を繰り返そう
19(木)	危	◑	!価値観や理想を、相手に押しつけないで
20(金)	成	◑	!やり残した部分は来年へ持ち越していい
21(土)	壊	◑	!サプライズは作り込まないと中途半端に
22(日)	友	◑	クリスマスの気分を味わいに街を歩こう
23(月)	親	◑	今年お世話になった人たちに感謝を伝えて
24(火)	胎	◑	来年のスケジュール帳に目標を書き込もう
25(水)	栄	◑	♥♥身近なところに相性ぴったりの相手が
26(木)	衰	◑	あったか腹巻や靴下を新調。体調を整えて
27(金)	安	●	★信頼できる人と寛げる場所を得られそう
28(土)	危	●	プライベートの用事や予定は翌年へ回して
29(日)	成	●	★冬の澄んだ空気を感じながら買い出しへ
30(月)	壊	●	!上から目線の強気な物言いはしないこと
31(火)	壊	●	!大切な人と年越しそばで穏やかな年の瀬

結婚運No.1 上品で清潔感漂う

27 奎宿

けいしゅく

★開運キーワード★

Color
ネイビー　ラベンダー

Spot
駅・ターミナル　図書館

Food
牡蠣　焼き芋

Item
高性能イヤフォン　文具

Stone
ターコイズ　アメジスト

Aroma
ヒヤシンス　ローズウッド

Flower
シャクヤク　セージ

奎宿ってこんな人

「奎」は〝股〞を意味し、秘めた性質や世界、別次元と行き来できる力を表す。〝文章の神様〞の意味もあり、文才のある人や勉強家が多い、知的好奇心の旺盛な宿。上品で素直、規則や礼儀を大切にしながらピュアな感性も失わない。秘密の趣味や交友関係を持ち、それが副業につながることも。恋愛では声をかけにくい雰囲気があり、遊びの交際もしないので、なかなか相手を見つけにくい傾向。結婚運は27宿中トップで結婚で運気が底上げされる。お見合いも◎。膝関節のケアが開運につながるので、日頃の筋トレや体重管理に気を配って。

この宿の有名人

林真理子　大竹しのぶ　小林聡美　松本伊代　遼河はるひ　松たか子　高橋真麻　北川景子　板野友美　山本舞香　久間田琳加　詩羽　當真あみ　奥田瑛二　所ジョージ　宮本浩次　桜井和寿　羽鳥慎一　陣内智則　妻夫木聡　菅田将暉　岩本照　金子大地　鈴鹿央士　大迫勇也　堂安律

2024年開運3か条

1 失敗したことも含めて、過去の経験から学び、活かそう

2 やり直しや、一時的に退くことも長い目で見ると、有意義な時に

3 一人時間を活用する力を育てて! 一人だからできることがある

★2024年の全体運★

不安をポジティブに変換! 過去の試みが意味あるものに変わる〝自分再生〞の年

★2024年の特徴　2024年は〝再起動〞の年です。「衰」の年だった2023年に起きた理不尽な出来事、感じた不安、迷いや停滞感など、ネガティブな思いを整理し、ポジティブな情熱や行動力へと変換していくべき時。その過程で、これまでの試行錯誤や無駄に思えた時間が意味あるものになっていくはず。運気は〝中距離〞の「栄」で、出会いも多く、守り支えたい人、仕事や活動の中心になる分野や物を、改めて見つけられます。「温故知新」で古きを知って新しい発想を得たり、逆に新しい知識や技術で古いものを知るような縁もあり、親も含めて年配の人との交流は有意義。そんな中、元に戻る、あるいは新天地を求めることもありますが、今後、根を張る場所が定まり、未来を見据えた〝自分再生〞が始まります。「やり直し」や「繰り返し」が思いがけない幸運を導くでしょう。

★1年の運気の流れ　**1、2月**は、大きな仕事を任されたり、プライベートでもイベントがあったり。でも「七曜陵逼」なので、人の力を引き出すことがうまいプロデューサー気質の奎宿は、ちゃっかり人を利用する形にならないよう気をつけて。本格的な始動は**3月**から。**4月**は見直し、やり直しの多い運気ですが、それが**5月**の新たな出会いと画期的なアイデアのひらめきを引き寄せます。**6、7月**には、新しい計画がスタートしますが、入れ替わりに終わることもあって、身の回りの景色が変わりそう。そこで職場環境、住環境、家族との関係などを居心地よく整える必要が。でも、再び「七曜陵逼」運が巡る**9、10月**に、大胆な決心をしたり、はじけて動きすぎると、中途半端になる恐れ。その後の**11、12月**も多忙で落ち着かないので、2024年後半は慌てず、焦らず。今後の方向性や、再構築の場所や環境などは、2025年までかかってもゆっくり定めるほうが納得のいく選択ができそうです。

★愛情運★

愛と守るべきものへの責任を考える年

愛には責任が伴うことを改めて考える年。**3月29日～5月31日**はモテて、トキメクような出会いもありますが、自分や相手の立場を守る必要があれば、危ない関係は自制を。**6～8月**は、結論が出る運気。結婚に進み、家族になる関係もあれば、離れていく愛もあるでしょう。でも、「去る者は追わず」が正解。ただ**8月28日**までに覚悟や責任を見せれば、蘇る愛もありそうです。**9、10月**は、はずみがついて話が一気に進みがちですが、「七曜陵逼」なので、先を急ぐと後で「こんなはずでは…」と思うかも。**11、12月**は愛する人に献身的に尽くすことに。思いが届くのは先ですが、「親」の**12月15日**には、あなたの愛の落ち着く〝場所〟がわかる出来事がありそう！

★仕事運★

勝負や挑戦、転職などは3～5月に

地道な下積み的な仕事も多い〝修行〟のような年ですが、その中で有益な情報や人脈をつかみ、実力を磨き、今後の土台を築く重要な時。勝負や挑戦したいこと、転職のエントリーの実行は**3月2日～5月30日**に。ここで舞い込む案件は、長くあなたの〝テーマ〟になるかも。**6月**以降は異動などで職場に変化の可能性も。ゼロからの立ち上げ、古いものの改革や再利用、また家族や家業、故郷などにも縁が。**8月9～28日**は根本的な部分の見直しが必要。チェックが甘いと、**9、10月**の「七曜陵逼」にトラブル発生の恐れが。副業なども含め新たな計画のスタートは**11月2日～12月15日**に。なぜか仕事とプライベートがボーダーレスになる傾向は今後の課題に。

★金運★

スキルシェアサービスなどから収入も!

金運が動くのは**4、5月**。家電やPC、車などの故障や買い替えで、予定外の出費の暗示もありますが、**4月5日～5月12日**は買い物運が◎。貯蓄は**4月2、10日**、投資などは**5月8、22日**から始めるとよく、ポイ活やスキルシェアでも稼げそう。**6月**以降は、家族や住居への出費の暗示が。でも**9、10月**の「七曜陵逼」中の不動産購入は避けて。子供やレジャー、推し活などへの出費も増えそうですが、**11、12月**は冷静にコスパを考えられるように。不要品がネットで売れたり、家の中から〝お宝〟が見つかるような幸運も期待できそうです。

★美容・健康運★

目の疲れなどはデジタルデトックスで対策を

1～5月は、スマホの使いすぎなどでの目の疲れ、頭痛、自律神経の乱れの気配。**4月16日**と**5月13日**からの「魔のウィーク」ではデジタルデトックスを。**6月**以降は代謝が悪くなりやすいので、**6、7月**はエクササイズを始めたり、生活習慣を見直すこと。**9、10月**はハードに動きすぎず、**11、12月**からコンビニジムに通うなどして、隙間時間で無理なく運動を。椅子や照明、寝具や靴を、体にフィットするものに買い替えるとぐっと快適になりそう。放置すると老け見えが心配な年なので**7月14日～8月2日**はファッションへの投資を。

★七曜陵逼の乗り切り方★

奎宿が各時期に気をつけるべき大事なことをアドバイス。忘れずに！

1 1/2 ～ 1/28

仕事で活躍、楽しい集まりも多く、華やかな年明け。どんなにオイシイことがあっても自分の立場、役割を逸脱すれば、運気暗転。

2 2/10 ～ 2/25

水面下で物事が動くことが多い時。「わからなければ大丈夫」的な甘えはのちの火種に。人を出し抜いたりせず、誠実に。浮気もNG。

3 9/3 ～ 9/29

今までためらっていたことをあっさり実行して、危ない状況を作り出す。一見、好調なことほど警戒。「六害宿」の日の深い話は×。

4 10/3 ～ 10/27

面白そうな出会い、心トキメク出来事も多いが、表面しか見ていないと後で「よい」が「悪い」に逆転する。打算的になりすぎないこと。

Energy Power 全体にパワー大きめの年だが、2月、8月は無理をしないように！

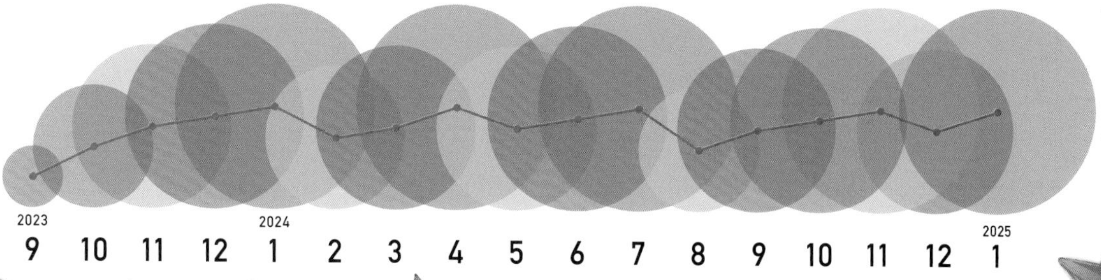

★奎宿の開運暦2024★

1月

噂や秘密の話はスルーするのが正解

「魔のウィーク」で始まるお正月は仕事や外の社交優先になりそう。「六害宿」の日は家族や親しい相手への言葉遣いに気をつけて。噂話や秘密の話、つまらない伝聞はスルーが正解。24日からの「魔のウィーク」中のオイシイ話は〝話半分〟に聞く。自転車やキックボードなど手軽な移動手段のアクシデントに注意。

日付	運	月齢	開運メッセージ
1(月)	危	◑	！お正月だからといって食べすぎには注意
2(火)	成	◑	！！皆で初詣へ。願いや目標を口に出そう
3(水)	聚	◑	！！！！家族や友人に思いやりある言動を
4(木)	友	◑	！仕事始めの挨拶は大きな声で礼儀正しく
5(金)	親	◑	★楽しい計画やうれしいお誘いに心が躍る
6(土)	胎	◑	サウナなどで汗をかき、自律神経を整えて
7(日)	同	●	！！！！噂話は言うのも聞くのも控えたい
8(月)	衰	●	オイルを使った頭皮マッサージで気分転換
9(火)	安	●	$家計簿アプリを活用して無駄を洗い出す
10(水)	危	●	データや記録は精査して。泣きを見るかも
11(木)	成	●	◆話題のツールや機器を使うと作業が楽に
12(金)	壊	●	！急な予定変更でも、慌てなければ大丈夫
13(土)	友	◐	★★自分にとって、プラスになる出来事が
14(日)	親	◐	★★親や子供と過ごす時間を大切にしよう
15(月)	命	◐	！！！！調子に乗らない。一歩引いてみて
16(火)	栄	◐	★★部屋に観葉植物を。心を癒してくれる
17(水)	衰	◐	ローズウッドのアロマをたいて、疲労回復
18(木)	意	◐	！！！！真偽を丁寧に見極めることが大事
19(金)	危	◐	羽目の外しすぎに注意。人間関係にひびが
20(土)	成	◐	♥マメな連絡が二人の距離をさらに縮める
21(日)	壊	◐	！相手にムッとしても、冷静な対処が必要
22(月)	友	○	★★地道な根回しや情報収集に精を出して
23(火)	親	○	♥♥スキンシップは多めに。親密度がUP
24(水)	事	○	！！！！儲け話を、真に受けすぎないこと
25(木)	栄	○	！！プライベートを優先。気持ちのままに
26(金)	衰	○	！休憩時間はアイマスクをして目を休める
27(土)	克	○	！！！！争い事を急に解決しようとしない
28(日)	危	○	！心がザワつく時は、大好物を食べよう
29(月)	成	○	！粗探しはしないで。寛容な心を持ちたい
30(火)	壊	◑	！自転車などの運転には注意。周囲を確認
31(水)	友	◑	人の集まる場所には、積極的に顔を出そう

2月

大事な人に誤解されることはしない

仕事も私生活も、大事な予定は１～９日に設定を。「七曜陵逼」に入ったら、秘密の話、交渉は持ちかけられても、パスか保留に。モテても浮気はもちろんダメ。大事な人に誤解されないように。21日からの「魔のウィーク」には予想外の出来事が。「克宿」の24日は何かに入れ込みすぎると、周囲が見えなくなる恐れ。

日付	運	月齢	開運メッセージ
1(木)	親	◑	同僚と過ごす時間を長めにとることも大事
2(金)	胎	◑	新しいことを始めるなら、徹底リサーチを
3(土)	栄	◑	♥♥待つのではなく、積極的に動いてみて
4(日)	衰	◑	部屋の空気を入れ替えて掃除。運気も上昇
5(月)	安	●	◆ランチミーティングでいい意見が出そう
6(火)	危	●	自分の感情を押しつけないで。個性を尊重
7(水)	成	●	★仕事に活かせる面白いアイデアが浮かぶ
8(木)	壊	●	！曖昧な返事は誤解を招く。毅然としよう
9(金)	友	●	★★★会合、交渉ごとは今日までに設定を
10(土)	友	●	★★人の長所を見つけて、褒めてみよう！
11(日)	親	●	★★自然体でいられる相手の存在を大事に
12(月)	命	◐	！！！！ゆっくりと一人の時間を過ごそう
13(火)	栄	◐	♥♥強がるよりも甘えたほうがうまくいく
14(水)	衰	◐	支えてくれる人に、お礼のチョコを送って
15(木)	意	◐	！！！！浮かれずに謙虚な気持ちで１日を
16(金)	危	◐	油断や気の緩みが、のちの火種になりそう
17(土)	成	◐	$あなたができる範囲で寄付をするといい
18(日)	壊	◐	！内緒の話は、サラリと聞き流すのが正解
19(月)	友	◐	★★日帰り温泉へGO。心身共に温まって
20(火)	親	◐	★★仲間との会話で興味を魅かれる言葉が
21(水)	事	○	！！！！想定外のアクシデントがあるかも
22(木)	栄	○	！！誰かを悲しませる行為は、慎むように
23(金)	衰	○	！消化によいものを食べて胃腸を休めよう
24(土)	克	○	！！！！入れ込みすぎかも。周りに迷惑が
25(日)	危	○	！ちゃっかりとした態度は、不信感を買う
26(月)	成	○	！ターコイズのアクセを、お守り代わりに
27(火)	壊	○	！「沈黙は金」。黙るのが大事な時もある
28(水)	友	◑	お洒落のポイントにラベンダー色ニットを
29(木)	親	◑	仕事を早めに切り上げてお気に入りの店へ

3月

やりたいことは今月から本格始動!!

何かを始めるなら今月から。特に新月の10日「命」の日はスタートに最適。責任やプレッシャーを感じることから先に着手を。８～10日に出会った人、聞いたこと、舞い込んだ話には重要な意味が。でも慌てて飛びつくと「魔のウィーク」中に混乱。データなどの不備に注意。お金に関することには26日から着手。

日付	運	月齢	開運メッセージ
1(金)	胎	◑	朝の光を浴びながら、５分間の瞑想しよう
2(土)	栄	◑	★★親しい人からのアドバイスが役に立つ
3(日)	衰	◑	シーツやカーテンなどを替えると運気上昇
4(月)	安	◑	★皆を集めて手料理を囲む楽しいひと時を
5(火)	危	◑	気にしすぎると前進しない。もっと気楽に
6(水)	成	●	★ずっと抱えてきた問題に、解決の兆しが
7(木)	壊	●	！引き受けたことは最後まで責任を持とう
8(金)	友	●	★★★何気ないしぐさや雑談の中に真実が
9(土)	親	●	♥♥♥運命と思えるような、出会いの予感
10(日)	命	●	★重要な計画は今日始動。成功の波に乗る
11(月)	栄	●	◆◆◆転職、新たな環境に挑む好機が到来
12(火)	衰	◐	世界の絶景の写真を見るとストレス解消に
13(水)	安	◐	$$節約テクを学んで、まずひとつ実践
14(木)	危	◐	土や植物に触れると、考えがまとまるかも
15(金)	成	◐	★自分が幸せになれるように考えて行動を
16(土)	壊	◐	！諦めるのは時期尚早。まだなんとかなる
17(日)	友	◐	★★★パートナーと二人の未来を語り合う
18(月)	親	◐	★★新しい美容院へ。イメチェンが大成功
19(火)	業	◐	！混乱するかも。データの保存も念入りに
20(水)	栄	◐	！不安要素があるならば、手を出さないで
21(木)	衰	◐	！好きな入浴剤を入れてゆっくり温まろう
22(金)	安	○	！肩の力を抜く。鏡の前で笑顔を作ること
23(土)	危	○	！懐かしい音楽を聴いて気分を盛り上げて
24(日)	成	○	！普段は読まない分野の本を読んでみよう
25(月)	壊	○	！大切なものは、失ってから気づくもの
26(火)	友	○	必要経費を精査。毎月貯金できる額を算出
27(水)	親	○	気になっていたことを片づけると前向きに
28(木)	胎	○	自分の短所がわかる。長期スパンで改善を
29(金)	栄	○	♥♥尊敬や憧れの気持ちが恋愛感情に発展
30(土)	衰	◑	SNSや動画を見てファッションの見直し
31(日)	安	◑	★小さな親切を心がけて、よい運をためる

最大開運日 5/12、6/25　最大警戒日 1/27、2/24

奎

4月

パワーMAX! 整理、見直しに最適

パワフルに動いて、やりたいことに取り組める月だが、前に進むだけでなく、様々な整理もここですると吉。無駄を省くと今後にプラス。買い物運もいいけれど、それ以上にお金の話、予算や物品の管理の見直し、貯蓄や投資に関する情報収集、学びも◎。物のやりとりが出会いを運んだり、絆を結ぶこともあり。

日付	運	月齢	開運メッセージ
1(月)	危	◑	★いつもと違う香りをまとい明るい気分に
2(火)	成	◑	★無駄遣いをカットし、貯金をスタート！
3(水)	壊	◑	！意見したいときは、一呼吸をおいてから
4(木)	友	◑	♥♥♥複数での食事会に出会いがありそう
5(金)	親	●	★★★希望を聞き、GWの過ごし方を思案
6(土)	命	●	★肯定的な言葉を多く使おう。心が上向く
7(日)	栄	●	★★★誘いには顔を出す。人脈を広げよう
8(月)	衰	●	口コミで評判のエステサロンで極上体験を
9(火)	衰	●	お鍋をピカピカに磨く。手軽な気分転換法
10(水)	安	●	◆◆違う世代の意見を聞き価値観を広げる
11(木)	危	●	小さな習慣でも、日々の積み重ねは大きい
12(金)	成	●	★今の生活にマッチする保険に加入を検討
13(土)	壊	●	！不具合のある家電はこの機会に買い替え
14(日)	友	◐	$ $ $口座残高を確認。貯蓄目標を明確に
15(月)	親	◐	★★失敗も含め過去の経験を活かしていく
16(火)	業	◐	！口調にトゲが出そう。マイルドに変換を
17(水)	栄	◐	！LINEグループの返信は、全員に失礼なく
18(木)	衰	◐	！クヨクヨ思考はジョギングでスッキリ
19(金)	安	○	！早めに就寝。睡眠不足をしっかり解消
20(土)	危	○	！気づいたことがあるなら、迅速に動いて
21(日)	成	○	！情報に踊らされぬよう、事実関係を確認
22(月)	壊	○	！問題に直面したら、まずは先輩に相談を
23(火)	友	○	プチギフトを贈ろう。思いがより深く届く
24(水)	親	○	パッと見の印象よりも、中身のほうが大事
25(木)	胎	○	長く続けられる趣味を探して日々を豊かに
26(金)	栄	○	★★ハードル高めの仕事をクリアし高評価
27(土)	衰	◑	ネイビーのアイテムがあなたを幸運へ導く
28(日)	安	◑	★クレジットカードの特典を有効活用して
29(月)	危	◑	♥自分を魅力的に演出することができそう
30(火)	成	◑	★真面目に働く。出遅れを挽回できるはず

5月

希望が叶う、ワクワクの展開に!?

GWは会いたい人に会えたり、行きたい場所に行けたり、ワクワクな出来事が。11、12日には、気持ちや状況を変える運命的な出会いも。ただパワーは不足気味なので、13日からの「魔のウィーク」は無理がきかず失速。散財の暗示も。新たに挑戦したいことや伝えたいことがあるなら、31日までにアクションを。

日付	運	月齢	開運メッセージ
1(水)	壊	◑	！急な予定変更にも、おおらかに対応を
2(木)	友	◑	★★★新緑の中で深呼吸してリフレッシュ
3(金)	親	◑	♥♥♥大事な人と会って大事な話をしよう
4(土)	命	●	★整理したいと思っていたことに着手して
5(日)	栄	●	$ $ $ちょっと大物の買い物をするのも吉
6(月)	衰	●	休み明けの準備をして少し早めにベッドへ
7(火)	安	●	★朝一番で連絡をしていけばよい結果に
8(水)	危	●	様々なリスクに備えて資産運用を学んで
9(木)	成	●	★思い切った行動や決断がツキを呼びそう
10(金)	壊	●	！自分の悪口が聞こえてきてもスルーして
11(土)	友	●	♥♥♥愛も感謝も、何度でも言葉で伝える
12(日)	親	●	★★★自信を持って発言すれば信頼される
13(月)	業	◐	！PCやスマホの故障、特に熱暴走に注意
14(火)	栄	◐	！焦ってミスする恐れ。時間に余裕を持つ
15(水)	衰	◐	！相手を急かしても、イライラが募るだけ
16(木)	安	◐	！服を買う前にクローゼットを整理しよう
17(金)	危	◐	！我を張るとケンカに。敬う気持ちを持つ
18(土)	成	○	！目を労ろう。デジタルデトックスもして
19(日)	壊	○	！細やかな気配りや配慮を忘れないこと
20(月)	友	○	目上の人から、ためになる話が聞けるかも
21(火)	親	○	優先順位をつけると、作業の効率が上がる
22(水)	胎	○	思い切ってエントリー。トライしていい時
23(木)	栄	○	◆◆新しい人間関係の広がりに期待して
24(金)	衰	○	ぬるめの風呂に長めにつかって疲労を回復
25(土)	安	○	★うれしいリアクションがあって安心する
26(日)	危	○	シャクヤクの一輪挿しが、部屋を華やかに
27(月)	成	○	★サステナブルな暮らしを意識してみて
28(火)	壊	◑	！ジョークは滑りやすいので、自粛しよう
29(水)	友	◑	★★★オンライン勉強会でスキルアップを
30(木)	親	◑	★★★友達だと思っていた人が恋愛対象に
31(金)	命	◑	足りない栄養素はサプリで補う方法もあり

6月

恋が愛に変わり、守るべき存在が

新月の6日「壊」の日は、これまでの流れ、周囲の状況が微妙に変わってくるタイミング。戸惑うことがあっても、環境の変化、ゼロからのスタートは結果的には悪くない展開に。恋が愛に変わり、守らねばならない存在が増える時。19〜30日は帰省や親孝行、引っ越しなどでプライベートも充実。偶然の再会も。

日付	運	月齢	開運メッセージ
1(土)	栄	◑	★★★家族や友人とおいしい会食を楽しむ
2(日)	衰	◑	！食事や運動などの生活習慣を整えよう
3(月)	安	●	$なくしたものが戻ったり見つかることが
4(火)	危	●	過度な期待はしないで。平常心を保つこと
5(水)	成	●	★自分を信じれば、どんな変化も怖くない
6(木)	壊	●	！流れが変わり、予測通りに進まないかも
7(金)	友	●	★★★昔の経験、故郷の話などが役に立つ
8(土)	親	●	★★★遊びや学びに全集中できる週末に
9(日)	業	●	！嫌なことは、紙に書き出して破り捨てる
10(月)	栄	●	！時間や期限を守るのは当たり前のこと
11(火)	衰	●	！仕事の合間に肩甲骨周りのストレッチを
12(水)	安	◐	！うっかりと大事なものを捨てないように
13(木)	危	◐	！興味津々な話でもすぐに飛びつかない
14(金)	成	◐	！「親しき中にも礼儀あり」。言葉に注意を
15(土)	壊	◐	お得だからと不要なものまで買い込まない
16(日)	友	◐	挑戦してみたいことの情報を集めてみる
17(月)	親	◐	意外な人からお誘いを受ける可能性あり
18(火)	胎	○	自分の得意を磨いて効果的にレベルアップ
19(水)	栄	○	♥♥気になる人とは一言でも多く会話して
20(木)	衰	○	一人の時間には一人でしかできないことを
21(金)	安	○	★段取りよく行動して、有意義な1日に
22(土)	危	○	自分にないものより、あるものを意識して
23(日)	成	○	★住みたい町を訪ねたら不動産屋を覗く
24(月)	壊	○	！あれこれ手を出さず得意ジャンルで勝負
25(火)	友	○	★★★コミュ力抜群の日。人の輪が広がる
26(水)	親	○	♥♥♥心トキメク再会。近況を聞いてみて
27(木)	命	◑	★呼吸法をマスター。酸素を体に巡らせる
28(金)	栄	◑	◆◆◆やりたいことに向かって舵を切ろう
29(土)	衰	◑	お金は家族が必要とするもの、喜ぶものに
30(日)	安	◑	★副業など、収入源を増やすことを考えて

★奎宿の開運暦2024★

7月

人のサポートにやりがいを感じそう

１～６日は、個性や魅力がうまく発揮される時。アピールしたいことや、連絡やアポ取りはここで。探し物や検索でも成果が。７日からの「魔のウィーク」以降は、多忙になるけれど、地道な作業、人のサポートも集中でき、やりがいが感じられそう。14日以降は気になる健康グッズやお洒落アイテムを試してみて。

日付	運	月齢	開運メッセージ
1(月)	危	◑	★少しずつ自分の考えや意見をアピール
2(火)	成	●	♥趣味や好きなことが同じ人を誘ってみる
3(水)	壊	●	！！迷ったら、やめることも悪くない選択
4(木)	友	●	★★★★出会いたかった人や物に会えそう
5(金)	親	●	★★★検索機能を駆使すれば大きな成果が
6(土)	親	●	♥♥♥相手を守る気持ちになると愛は進展
7(日)	業	●	！欲張ると痛い目に。いつも通りがベター
8(月)	栄	●	！仕事で新しい局面を迎えそう。焦らずに
9(火)	衰	●	！熱中症に注意。就寝中も適温をキープ
10(水)	安	◐	！早めに帰宅。好きなことをして元気回復
11(木)	危	◐	！あれもこれもと手をつけると収拾不能に
12(金)	成	◐	！性急に物事を進めて自分勝手と思われる
13(土)	壊	◐	フルーツを食べて旬のエネルギーを充電
14(日)	友	◐	新品の服やアクセを身につけて外出しよう
15(月)	親	◐	この日にひらめいたアイデアは何かに記録
16(火)	胎	○	ウォーキングやダンスなど脚を使う運動を
17(水)	栄	○	★★ピンときたコスメや美容用品の購入吉
18(木)	衰	○	熱中しすぎるゲームアプリは削除の決意を
19(金)	安	○	★仕事用の道具を新調。やる気になれる
20(土)	危	○	忘れ物やうっかりミスも。再チェックして
21(日)	成	○	＄二人の目標に向けて計画的に蓄財を開始
22(月)	壊	○	！短気は損気。周りと口論にならないこと
23(火)	友	○	◆◆◆地道な頑張りが実を結び前進できる
24(水)	親	○	★★★マンネリ化したコーデにトレンドを
25(木)	命	○	★興味がある習い事の体験レッスンへGO
26(金)	栄	○	★★★幹事役を引き受けると信頼感が増す
27(土)	衰	◑	お笑い番組を見て、おなかの底から笑おう
28(日)	安	◑	★当たって砕けろ。勇気を持ってトライを
29(月)	危	◑	★気になっていた健康グッズが当たりかも
30(火)	成	◑	★昔の知識が役立ちリーダーシップを発揮
31(水)	壊	●	！！些細なミスが重なりそう。原因を分析

8月

何かを手放すと、それ以上のものが!

終了すること、離れていくもの、不本意な出来事もあるかも。でも今月、ケジメをつけると、改めて、それ以上のものに出会えたり、手に入る可能性が。満月の20日「命」の日は、自分の現状を客観的に見るタイミング。それで、もし取り戻したり、やり直したいと思うことがあれば、28日までに動くとよい。

日付	運	月齢	開運メッセージ
1(木)	友	●	★★★★欲しかった言葉を言ってもらえる
2(金)	親	●	♥♥♥二人で浴衣でお出かけ。特別感が◎
3(土)	業	●	！！自分のことを棚に上げない。客観視を
4(日)	衰	●	！無理は禁物。睡眠時間は削らないこと
5(月)	安	●	！相手の立場になって考えればうまくいく
6(火)	危	●	！口角を上げれば、自然と気持ちも上がる
7(水)	成	●	！「去る者は追わず」。縁がなかっただけ
8(木)	壊	●	！愚痴に見せかけた自慢話をしないように
9(金)	友	◐	訂正や謝罪は先延ばしにせず、すぐにする
10(土)	親	◐	相手のよい部分を見つける気持ちで接して
11(日)	胎	◐	終わったことでクヨクヨしない。次がある
12(月)	栄	◐	＄＄諦めたものが戻ったり、手に入ったり
13(火)	衰	◐	食物繊維や発酵食品をとっておいしく腸活
14(水)	安	◐	★知らなかった知識を得る。学ぶ気持ちを
15(木)	危	○	今、話題のひんやりスイーツで気分上昇
16(金)	成	○	★BBQやグランピングで、自然を満喫して
17(土)	壊	○	！〝絶対〟と決めつけるのは煙たがられそう
18(日)	友	○	★★★本心を誠実に伝えれば理解し合える
19(月)	親	○	★★★愛のためには環境を変える覚悟も
20(火)	命	○	★できないことより、できることを数えて
21(水)	栄	○	◆◆◆再チャレンジで成功することあり
22(木)	衰	○	階段の利用など、歩く距離を増やす工夫を
23(金)	安	○	★ボタニカル柄の小物で部屋を居心地よく
24(土)	危	◑	基本に立ち返り技術や知識の見直しをする
25(日)	成	◑	★頑張っている姿を見ていてくれる人が
26(月)	壊	◑	！今日は注意力が散漫。決断はまた今度に
27(火)	友	◑	♥♥♥やり直したい、再会したい人に連絡
28(水)	親	◑	★★★望むことがあるなら今日までに行動
29(木)	業	●	！ノリや勢いだけではダメ。足元を固めて
30(金)	栄	●	！５分前行動を徹底。余裕のある行動を
31(土)	衰	●	！サウナや岩盤浴でたっぷりと汗をかこう

9月

パワー回復! 飛ばしすぎに注意

「七曜陵逼」に突入と同時にパワー値が上昇。これまでためらっていたことをスルッと実行して混乱を招きそう。恋愛やレジャーでは羽目を外さないで。「六害宿」では、普通の会話がなぜかケンカにエスカレートしやすいので冷静に。特に19日の対立は修復不能に陥る恐れ。思い切った買い物や契約もしないこと。

日付	運	月齢	開運メッセージ
1(日)	安	●	！興味があっても、手を広げすぎないで
2(月)	危	●	！マイナスな情報に振り回されないように
3(火)	成	●	！！叱責やアドバイスには、よいヒントが
4(水)	聚	●	！！！！意地を張ると損をする。素直に
5(木)	友	●	！開運花・セージの花を愛で、葉は料理にも
6(金)	親	●	◆仕事相手や仲間と信頼が深まることが
7(土)	胎	●	壁は高いほうが、越えた時の喜びは大きい
8(日)	同	●	！！！！普段やらないことを急にしないで
9(月)	衰	◐	猫背では魅力が半減。胸を張って姿勢よく
10(火)	安	◐	★目上の人の一言で、気づかされることが
11(水)	危	◐	チームと連携して。プレゼンも成功しそう
12(木)	成	◐	★講習会や飲み会に参加を。仕事に役立つ
13(金)	壊	◐	！勢いに任せず、時間をかけて状況判断を
14(土)	友	○	♥♥ロマンティックな映画が距離を縮める
15(日)	親	○	＄＄くじ運あり。少額で遊ぶなら楽しい
16(月)	命	○	！！！！人の話に乗せられて動かないこと
17(火)	栄	○	★★月や星を見上げて、パワーをチャージ
18(水)	衰	○	不要なレシートを捨てて、財布の整理を
19(木)	意	○	！！！！今日、対立すると切れる関係も
20(金)	危	○	人と会うと盛り上がる。でも早めに帰宅を
21(土)	成	○	★居間にアメジストの置物を。気を整えて
22(日)	壊	○	！水回りの掃除で、運気も気持ちも上向く
23(月)	友	◑	★★お墓参りへ。穏やかな家族との時間を
24(火)	親	◑	♥♥芸術や自然に触れると、よい出会いが
25(水)	事	◑	！！！！深い話はしない。大きな契約も×
26(木)	栄	◑	！！気持ちが前のめりで、一人空回り状態
27(金)	衰	◑	！急展開する恋には用心が必要。冷静に
28(土)	克	●	！！！！発言を誤解されやすい。注意して
29(日)	危	●	！結果はすぐに出ない。まずは勉強が大事
30(月)	成	●	！うっかり見逃したことがトラブルに発展

奎

最大開運日 7/4、11/17　**最大警戒日** 9/19、10/17

10月

ワガママで大切な人を傷つけないで

いつもと違うこと、普段はできないことが、なぜかできてしまう機会が巡る時。でも「七曜陵逼」なので、成功しても刹那的なもの。「六害宿」の日の突然の予定変更、強すぎる自己顕示欲は、余計なトラブルを呼び込む。恋愛は自分勝手な振る舞いで相手を傷つけないで。17日「意宿」の日にお金を動かすのは危険。

日付	運	月齢	開運メッセージ
1(火)	壊		!嘘やごまかしはしない。誠実なのが一番
2(水)	友		時短がテーマ。効率的に動けるように工夫
3(木)	友		!人の悩みやモメごとに首を突っ込まない
4(金)	親		$ポイントのW取りなど、お得な技を習得
5(土)	胎		目立つ場面あり。謙虚な態度で好感度UP
6(日)	同		!!!!損得を考えてのドタキャンは最悪
7(月)	衰		周囲の温かいフォローに救われることが
8(火)	安		♥恥ずかしがらず、気持ちに正直な行動を
9(水)	危		オーバーワークに。オンオフを切り替えて
10(木)	成		★専門分野や得意分野を絞り込んで学ぼう
11(金)	壊		!表面しか見ていないと騙されることに
12(土)	友		★★図書館が開運スポット。行ってみよう
13(日)	親		♥♥意外な共通点が見つかった人と急接近
14(月)	命		!!!!なかなかない機会でも挑戦はNG
15(火)	栄		★★自分が話すより、人の話を多く聞こう
16(水)	衰		まずは様子見を。相手の出方を待ってみて
17(木)	意		!!!!もう少しと欲張るとすべて台なし
18(金)	危		人は人、自分は自分。比べないことも大事
19(土)	成		★一緒においしいものを食べれば仲直り
20(日)	壊		!愛されていることに傲慢にならないで
21(月)	友		★★人の優しさに触れて心が温まりそう
22(火)	親		◆◆丁寧な準備で、提案や発表が成功する
23(水)	事		!!!!断れずにいい顔をすると後で大変
24(木)	栄		!!部屋はきちんと片づけてから出かける
25(金)	衰		!気になるポッコリお腹対策にプチ断食
26(土)	克		!!!!明日でよいことは、明日にしよう
27(日)	危		!浮かれて、推しや家族に散財するかも
28(月)	成		!頑張りがきかない自分にイライラしそう
29(火)	壊		!モテても浮気や二股はトラブルのもとに
30(水)	友		駅中のワーキングスペースを利用してみる
31(木)	親		周りの人の支えに感謝して。一人じゃない

11月

2025年に向けての〝種まき〟を開始

1～16日には予想外の変化、状況が逆転する出来事もある星回り。でもそれがアンバランスな部分、無理しているところの改善につながりそう。17、18日は、今の自分にとって一番自然で楽な〝居場所〟はどこかを模索。19日「魔のウィーク」からは公私で多忙になるが、ここで来年に向けての〝種まき〟ができる。

日付	運	月齢	開運メッセージ
1(金)	胎		歩数や体重を記録するアプリで健康キープ
2(土)	栄		$$ふるさと納税を。応援する町を決めて
3(日)	衰		話題のベストセラーに、思わぬヒントあり
4(月)	安		★じっくり話してみると印象が変わりそう
5(火)	危		普段見ないジャンルの番組から学びを得る
6(水)	成		★ちょっとした親切から好展開がありそう
7(木)	壊		!想定外の変更でも、落ち着いて対処を
8(金)	友		★★★パートナーとの関係性を見直す好機
9(土)	親		★★★迷走から脱出。新しい風が吹きそう
10(日)	命		★ヒヤシンスのアロマで疲れた心を元気に
11(月)	栄		◆◆◆転職活動や副業のチャンスが到来
12(火)	衰		肌や髪の乾燥対策をしよう。運気も潤う
13(水)	安		♥♥あと一歩、踏み込んで話を聞くのが愛
14(木)	危		親しい仲間たちと、楽しいイベントを企画
15(金)	成		★高性能イヤフォンで音楽を聴けば集中
16(土)	壊		!カッコつけずに。等身大の自分でいい
17(日)	友		★★★一番安らげる場所がどこか、わかる
18(月)	親		★★無理なく自然にできることから始めて
19(火)	業		!相手を思いやる気持ちが一番重要なこと
20(水)	栄		!喜ばせるつもりが、裏目に出ることも
21(木)	衰		!皆に納得してもらえるように説明しよう
22(金)	安		!身の回りの無駄なものを処分しスッキリ
23(土)	危		!キャパオーバーにならないように計画を
24(日)	成		!好きな映画や音楽でのんびり過ごす日に
25(月)	壊		!家の中でのちょっとしたケガに注意を
26(火)	友		しっかり者な面を認めてもらえる出来事が
27(水)	親		後輩と協力すれば、仕事が順調に進むはず
28(木)	胎		本当に叶えたい夢や希望を自覚できそう
29(金)	栄		♥♥好きな相手が喜ぶことをしてあげて
30(土)	衰		牡蠣のチャウダーで心身を温めて、開運も

12月

根本的見直しが開運につながる!!

大変なのに目立たない仕事や役割を振られがち。でも1～15日には確認作業で大きな成果が。長く続いていることの根本的な見直しは重要。仕事では昔の知人との再会、つながりの復活あり。16日からの「魔のウィーク」以降はプライベート優先。「成」の連続日の30、31日は、年内でできることをきっちり済ませて。

日付	運	月齢	開運メッセージ
1(日)	安		★収支を細かくチェック。改善点がわかる
2(月)	危		★前向きな人との会話で、やる気が倍増
3(火)	成		★すれ違っていた相手との交流復活もあり
4(水)	壊		!小さな約束も必ず守って信頼される人に
5(木)	友		◆◆◆上司と話し合えば課題を解決できる
6(金)	親		★★★家族にクリスマスプレゼントを用意
7(土)	命		★生活の軸になるような新習慣をスタート
8(日)	栄		$$$くじや貯蓄はこっそり楽しむのが吉
9(月)	衰		朝のルーティンを見直して、心身を整える
10(火)	安		★細かな確認作業で重大な危機の回避が
11(水)	危		妥協はいらないけど空気を読むことは大事
12(木)	成		★大掃除を始めよう。まず、玄関から開始
13(金)	壊		!私利私欲のない気持ちで人と接すること
14(土)	友		★★★自分の体に合った靴や寝具で快適に
15(日)	親		♥♥♥普段着でのリラックスデートが幸せ
16(月)	業		!メールは送る際に宛先と誤字を確認して
17(火)	栄		!諦めたら終わり。もう少し粘ってみよう
18(水)	衰		!首、手首、足首を温めて冷えを予防する
19(木)	安		!3年間着ていない洋服は、潔く手放そう
20(金)	危		!目立たない作業も手を抜かずにやり通す
21(土)	成		!イルミネーションでテンションを上げて
22(日)	壊		!傷が浅いうちに断ち切る勇気が必要かも
23(月)	友		仕事仲間との忘年会。頑張りを称え合おう
24(火)	親		手土産や差し入れで、周囲に感謝を伝えて
25(水)	胎		同僚にも家族にも、おおらかな心で接する
26(木)	栄		★★普段は会えない友人や知人に連絡して
27(金)	衰		開運食・焼き芋をアレンジしてパーティ
28(土)	安		♥復活愛を望むなら、今、勇気を出すべき
29(日)	危		2025年の目標と優先順位を紙に書き出す
30(月)	成		★年内にできることは来年に持ち越さない
31(火)	成		★1年を振り返りながら家で年越しそばを

Part 4

27宿×27宿

恋愛、仕事…人間関係のお悩み解決!!
よりよい関係を育てる秘訣がココに!!

幸せを呼ぶ運命の相性辞典

あなたと大切な人や、家族、気になる誰かは、ある〝絆〟で結びついています。その絆がオリエンタル占星術でいう〝相性〟。相性は運気の影響を受けて、毎年バランスが変わります。2024年の相性得点とアドバイスを一挙公開!! 上手に活かして恋愛、結婚、子育て、仕事で、ハッピーな人間関係を育てましょう。

相性表の読み解き方

1 相手の「本命宿」を、188ページからの【本命宿早見表】で、あるいは、２次元コードを読み取り、特設サイトで生年月日を入力して調べます。そして、179ページからの相性表で、自分の「本命宿」と相手の「本命宿」がクロスする部分を読んで相性をチェックしてください。

2 まず、相性アドバイス欄の最初にある漢字が何かをチェックしましょう。「安」「壊」「栄」「親」「友」「衰」「危」「成」「命」「業」「胎」という11の漢字のうち、ひとつが書いてあります。それがあなたと気になる人との相性です。その漢字の地の色の濃淡は、あなたと相手の宿との〝距離感〟を表し、濃いネイビーは〝近距離〟、中間は〝中距離〟、薄いグレーは〝遠距離〟の関係です。「命」「業」「胎」の関係には距離はありません。

相性マーク
地の色の濃淡の例

安	安	安
近距離	中距離	遠距離

3 オリエンタル占星術の相性は、コインの裏と表のように、「安と壊」「栄と親」「友と衰」「危と成」「業と胎」という５つの組み合わせで表されます。あなたからみて「安」になる人から、あなたをみると「壊」に。同様に、あなたにとって「業」の相手からみると、あなたは「胎」というように。また同じ宿同士は「命」の相性です。

4 それぞれの相性に単純な吉凶はありません。縁の強さや深さ、関わり方の質に違いがあります。アンバランスなのに、なぜかハマるように関わり合う「安と壊」は、かなり縁の強い相性で、車輪の両輪のように力を合わせる「業と胎」はそれに次ぐ…というように。それぞれの相性の特徴と、自分からみた相手との関わり方のアドバイスは、177～178ページの解説を読んでください。

5 二人の本命宿同士の相性は生涯変わりませんが、それぞれのその年の運気によって、相性のよい面が出る時と出ない時、縁が深まる時とそうでない時があります。その宿からみた「2024年の相性得点」を、それぞれの相性表の右端の欄に点数で表しました。得点ベスト５は♥でマークしています。得点が高いほど、2024年はその宿の人との縁が強くなる時、よい関係になれる時になります。また、お互いからみた得点は同じではありません。その得点の差が大きい場合は、高いほうの要素が強く出る傾向があります。相手の宿もしっかり読んで、バランスをとるのがよい関係作りの鍵になります。

相性の傾向と対策を解説

安壊の関係

出会った瞬間から魅かれ合う運命的な関係。困難も乗り越え、結びつく

お互いに魔力的な魅力を感じ、強く魅かれ合う濃密な関係。どんな困難も乗り越えて結びつこうとするので、恋愛の場合は結婚へと突き進みやすく、逆に不倫で出会うと家庭を壊してしまうことも。相手からみて「安」の人が「壊」の人に喜んで尽くすというアンバランスな関係なので、濃く関わるぶん、愛憎も生まれがち。〝近距離〟の関係では早めにキツさに気づき、結論を出しますが、〝遠距離〟の場合はそれに気づくのに時間がかかり、くされ縁に。〝中距離〟はその中間のイメージ。恋愛以外でも絆は強く、不思議なほどの連帯感が生まれ、パワーが出ます。

自分にとって相手が安の時

無条件に受け入れてくれる、とても居心地のいい相手。二人の関係の主導権はあなたが握ります。でも、甘えすぎや、わがままは亀裂のもと。思いやりを持って接して。

自分にとって相手が壊の時

理屈抜きで強く心魅かれる相手。相手のためなら無理も、損もいとわず、それまでの生活を捨てることも。尽くしすぎると心が疲れるので、上手にバランスをとるように。

＼有名人カップルでは…／ 星野源(心宿)♥新垣結衣(昴宿)　松坂桃李(女宿)♥戸田恵梨香(氐宿)　稲葉友(亢宿)♥藤田ニコル(斗宿)　林遣都(星宿)♥大島優子(女宿)　生田斗真(婁宿)♥清野菜名(室宿)　木村拓哉(室宿)♥工藤静香(星宿)　賀来賢人(鬼宿)♥榮倉奈々(箕宿)　大倉士門(虚宿)♥池田美優(壁宿)

栄親の関係

進展はスローだけれどよい影響を与え合う関係。仕事や結婚にはベスト!

よい影響を与え合う、発展的で調和のとれた相性です。穏やかな縁だけに、出会いのインパクトはありませんが、一緒にいるうちに信頼が芽生え、「理解者」として認め合えるように。互いにプラスを与え合うので、ビジネスシーンの相性としては理想的。恋愛シーンでも理性的なので、必要以上に相手の生活や心の中に踏み込まず、進展はスロー。だけど長続きしやすく、互いの生活や仕事を理解しながら支え合うので結婚向き。〝近距離〟の関係は密着度が高く、〝遠距離〟は、わかり合うのにやや時間がかかる傾向。〝中距離〟は問題の少ないよい関係です。

自分にとって相手が栄の時

出会いのドキドキはないけれど、話し、人柄を知るほどに親しみを感じます。人との向き合い方が似ていて、安心感のある関係。愛と信頼が自然に育ち、よきパートナーに。

自分にとって相手が親の時

何度か話をするうちに、次第に心地よさを感じ、好感が芽生える穏やかな相性。協力し合えることが多いほど絆は確かなものに。相手がリードする形がうまくいきます。

＼有名人カップルでは…／ 綾野剛(壁宿)♥佐久間由衣(柳宿)　三浦翔平(女宿)♥桐谷美玲(翼宿)　瀬戸康史(参宿)♥山本美月(角宿)　東山紀之(胃宿)♥木村佳乃(翼宿)　江口洋介(虚宿)♥森高千里(危宿)　玉木宏(箕宿)♥木南晴夏(昴宿)　福山雅治(亢宿)♥吹石一恵(室宿)　ベン・アフレック(房宿)♥ジェニファー・ロペス(心宿)

友衰の関係

癒し癒される優しい関係。ピュアな気持ちすぎてリアルな問題に弱い!?

心と心で結ばれる優しい関係。一緒にいると安らげ、癒し癒されながら、ゆっくり絆を強めていきます。ただ、お金や立場などの現実問題に直面すると、とたんにギクシャク。ピュアな愛で結婚へと至る相性ですが、結婚生活は恋人感覚では成り立たないと肝に銘じましょう。不倫や秘密の恋などにも多い相性ですが、生活力のある大人同士の恋や、再婚カップルなどにも多い組み合わせです。〝近距離〟は親友になれますが、恋は食い違いが生じがち。〝中距離〟は何か問題を乗り越えて安定する関係。〝遠距離〟は環境や現状の違いを埋める努力が必要です。

自分にとって相手が友の時

自然に優しい気持ちになり、味方してあげたい親友みたいな相手。何でも話し合える素敵な関係。利害関係が絡むとモメがち。仕事のチームは他の相性の人を加えると◎。

自分にとって相手が衰の時

ケアしたり面倒を見たり、何かとかばいたくなる相手。かといって面倒ではなく、そうすることで自分も癒される不思議な関係。甘くなるので仕事や家庭では脆い面も。

＼有名人カップルでは…／ 中村倫也(氐宿)♥水卜麻美(角宿)　高橋奎二(張宿)♥板野友美(奎宿)　りんたろー。(虚宿)♥本郷杏奈(室宿)　有吉弘行(軫宿)♥夏目三久(箕宿)　田中将大(星宿)♥里田まい(壁宿)　てつや(畢宿)♥峯岸みなみ(張宿)　堺雅人(井宿)♥菅野美穂(心宿)　田中裕二(昴宿)♥山口もえ(婁宿)

気になる人との2024年の相性をチェックしよう!!

危成の関係

**お互いに刺激し合い
世界を広げてくれる関係。
共通の夢や目標が絆に**

基本的に性質の違う者同士の結びつき。強い縁とはいえず「顔見知り」程度で終わっても不思議ではない関係。しかし、共通する仕事や目標など、一緒に頑張れるものがあれば、それが絆になります。お互いに刺激し合い、可能性を広げてくれるいいパートナーに。恋愛でも、利害が一致すれば、交際、結婚へと進みそう。持ちつ持たれつの関係でいることが安定するための秘訣。〝近距離〟は、刺激的でつき合いやすい相手。〝中距離〟は冷静につき合える感覚が心地よく、他の濃い相性で疲れた時には特に新鮮。〝遠距離〟は互いに憧れや尊敬の念が生まれます。

自分にとって相手が危の時

物の見方や感じ方、行動パターンなどが違い、予想外の言動で驚かされることも多い相手。つき合えば刺激的で世界が広がります。長続きのためには干渉しすぎないこと。

自分にとって相手が成の時

自分とは違う考え方や、言動が刺激を受ける相手。足りないものを教えてくれたり、補ってくれたりするので魅力的に感じます。恋愛は適度な距離を保つと長く続きそう。

＼有名人カップルでは…／　菅田将暉(奎宿)♥小松菜奈(虚宿)　片寄涼太(参宿)♥土屋太鳳(婁宿)
山里亮太(室宿)♥蒼井優(翼宿)　浜田雅功(斗宿)♥小川菜摘(壁宿)　高橋茂雄(虚宿)♥清水みさと(婁宿)
片岡愛之助(氐宿)♥藤原紀香(張宿)　杉浦太陽(畢宿)♥辻希美(壁宿)　青木崇高(室宿)♥優香(箕宿)

業胎の関係

**一緒に何かを成し遂げる
ミッションを持つ。
ソウルメイト的な関係**

車の両輪のように一緒に何かを成し遂げる運命を背負っている二人。仲間や友人なら、同じことを目指す同志のような存在。恋愛対象なら、お互いになくてはならないパートナー。ソウルメイト的な名コンビになれる相性です。〝運命共同体〟的に互いを必要とする、かなり強い結びつきですが、共に果たすべき役割や使命がなくなったり、互いの役割に大きな差ができたりすると、一緒にいる意味をなくして離れることも。特にこの関係から結婚へと進む場合は、ただ好きという以上に、もっと深いところで互いを必要とし合えるような、共通の何かが必要に。

自分にとって相手が業の時

まるで母親が子供に尽くすような無償の献身をしてくれる相手。尽くし方は自然で犠牲的な感じがないのが特徴。二人でひとつのことに関わると、より強い結びつきに。

自分にとって相手が胎の時

まるで来世への貸しを作るかのように、不思議なほど尽くしてしまう、それが苦にならない相手です。二人で一緒にやるべきことを宿命的に秘めている、縁の深い関係。

＼有名人カップルでは…／　窪田正孝(畢宿)♥水川あさみ(女宿)　ヒロミ(柳宿)♥松本伊代(奎宿)
桑田佳祐(翼宿)♥原由子(昴宿)　向井理(張宿)♥国仲涼子(箕宿)　速水もこみち(危宿)♥平山あや(参宿)
山下達郎(氐宿)♥竹内まりや(室宿)　ゆってぃ(胃宿)♥石川あんな(張宿)　林家ぺー(婁宿)♥林家パー子(尾宿)

命の関係

**相手を分身のように感じて
強く魅かれ合う関係。
第三者が安定の鍵**

同じようなものに興味があり、考え方も似ていて、それが縁で出会うことも多い相手。最初から親近感を持ってつき合えますが、同性の場合、年代や環境が重なりすぎると、近親憎悪を抱いたり、地位や恋人を争ったりする恐れも。年齢や立場に違いがあれば、自分を相手に投影して、まねたり、憧れたり、頼みごとをするにも安心な相手です。恋愛だと、自分と似ているのでわかりやすく、気楽でつき合いやすい。結婚の場合は、やはり環境や年齢が違う組み合わせのほうがよく、二人きりより、子供や第三者がいるほうが、関係も生活も落ち着きます。「命」のつながりは、時に「安懐」より強く激しいものです。

自分にとって相手が命の時

相手を分身のように感じ、なぜか意識してしまう存在。恋愛関係では強く魅かれ合うけれど、近くにいすぎると消耗も。結婚するとベッタリになりすぎるので、程よい距離感を見つけることが大事。

＼有名人カップルでは…／
TAKAHIRO(参宿)♥武井咲(参宿)　松田翔太(柳宿)♥秋元梢(柳宿)　柳楽優弥(胃宿)♥豊田エリー(胃宿)
田中哲司(室宿)♥仲間由紀恵(室宿)　布袋寅泰(女宿)♥今井美樹(女宿)　永山瑛太(心宿)♥木村カエラ(心宿)

1 婁《ろう》宿《しゅく》

誰かのために尽くすことで
運気上昇。パワーをためて

相手の宿		相性アドバイス	点数
婁	命	長所も短所も理解し合える。'24年はお互いを尊重でき心地いい関係に！	98
胃	栄	刺激を与え合える、よきライバル。一緒にいれば胃宿が落ち着きやすい	70
昴	衰	知識を増やしてくれる相手。あなたも自分にできる形で昴宿にお返しを	78
畢	安	親しくなりやすい相性だが、'24年はマイペースな畢宿に振り回されそう	9
觜	危	似ているようで気になる人。あなたが一歩譲るとスムーズにつき合える	55
参	成	パワフルな参宿。一緒に歩むとついていけないので、後方支援に回って	22
井	壊	細かく説明しなくてもわかり合える。'24年はペースも同じでラクな関係に	93
鬼	友	ケンカをしても即仲直り。ただし婁宿が鬼宿のサポートに疲れることが	40
柳	親	婁宿が魅かれる相手。関係はスムーズだが、なぜか自然と離れる場合も	58
星	業	本来は気が合う。でも'24年はお互いにパワー不足でギクシャクしがち	17
張	栄	細かいことも安心して任せられる人。張宿を立て、ついていくほうが賢明	72
翼	衰	話も合い、自然体で向き合える相手。会えば楽しい時間を過ごせるはず	80
軫	安	一緒にいるとホッとできる。仲間の一人としてつき合うのが無難かも	39
角	危	自分にない部分を持っているため気になる存在。角宿のリードに任せて	75
亢	成	接点ができにくい相手。亢宿にイニシアチブを渡せば安定した関係に	27
氐	壊	管理能力の高い婁宿と太っ腹な氐宿。'24年は補い合って飛躍できる！	95
房	友	お気楽な房宿にイライラすることが。短期間で判断せず、長い目で見よう	35
心	親	一緒にいると明るい気持ちに。相手の心に寄り添えるので問題は少ない	52
尾	胎	理解し合える間柄。でも無理がきかない'24年は、尾宿のケアが負担に	15
箕	栄	力を貸してくれる頼もしい存在。'24年は、目立つ場面は箕宿にお任せ！	88
斗	衰	精神的に支えてくれる人。現実面ではあなたがしっかりサポートしよう	74
女	安	共に几帳面で感覚は合う。ただ'24年に一緒にいると婁宿の欠点が目立つ	17
虚	危	自分とは違うタイプなので新鮮。足りない部分をフォローし合うと良好	69
危	成	婁宿を振り回しがちな人。不調気味な時には向き合わないほうが無難	23
室	壊	室宿の豪快さは刺激的。'24年、一緒にいると自分に足りない点を学べる	90
壁	友	自分の世界を持つ壁宿は謎めいた存在。'24年は親しくなる機会が少ない	27
奎	親	普通に接する分には楽しい。手を組み何かをするならあなたが譲歩して	48

2 胃《い》宿《しゅく》

貪欲な胃宿。欲張りすぎず、
好調な時ほど周囲に配慮を

相手の宿		相性アドバイス	点数
婁	親	'24年、精神安定剤になってくれる人。婁宿がそばにいると素直になれそう	93
胃	命	自我を通そうとする者同士、敬遠し合う。'24年は距離が縮まらないまま	9
昴	栄	貪欲な胃宿と優等生的な昴宿。積極的には近づかないけれど助け合える	40
畢	衰	ポジティブになれるが、行動パターンが違うため、共同作業には不向き	37
觜	安	利害関係が一致すれば、よき相棒に。觜宿を出し抜こうとしないように	78
参	危	共に怖いもの知らず。相手を尊重し合えば、強力な味方になれるはず	85
井	成	どちらも知恵があり、分析能力も高い。弱点を補い合えるといい関係に	68
鬼	壊	アグレッシブな二人。気は合うが、'24年の鬼宿の関心は別の人や物に	15
柳	友	テンポが合うため心地いい。あなたがつい世話を焼いてしまう傾向が	60
星	親	一本気な者同士、理解し合える。'24年は相手の新しい魅力も再発見!?	95
張	業	張宿の人間関係は胃宿にとってプラスに。謙虚に接して大切にするべき	50
翼	栄	共にゴールを目指せる仲だが、トラブルがあると翼宿から離れることも	48
軫	衰	軫宿に頼られる胃宿。アドバイスはOKだが、言いすぎて傷つけないで	35
角	安	一緒にいると人間関係に広がりが。角宿の対人スキルを吸収できそう	83
亢	危	'24年、力を合わせれば怖いものなし。あなたが丁寧に接するのがポイント	90
氐	成	手強いライバル。強引さを抑えて衝突を避けるのが、長くつき合う秘訣	70
房	壊	あなたが惚れ込みやすい相手。でも'24年の房宿の目には入らないかも	28
心	友	どちらも秘密主義。信頼関係を築くにはこちらから殻を打ち破る必要が	63
尾	親	'24年のベストパートナー。タッグを組み、胃宿がリードすれば大成功！	98
箕	胎	どちらも気が強いのでライバル関係に。珍しくあなたが折れることも	72
斗	栄	自分のスタイルを持つ二人。長くつき合うためには斗宿を尊重すること	45
女	衰	何かあった時には救いの手を差し伸べてくれるが、'24年は距離を感じる	32
虚	安	あなたは虚宿の臆病さをお見通し。そこを温かく支えられれば深い仲に	80
危	危	いつもすれ違う危宿と縁ができそうな'24年。相手の発想力もいい勉強に	88
室	成	どちらもタフなので認め合える。執念深さを見せると引かれることが	62
壁	壊	気になる相手だが、'24年の壁宿はますますつかめない。執着しないこと	18
奎	友	信頼でき、仲良くなれそう。深い仲になると、奎宿の秘密に驚くかも!?	59

3 昴《ぼう》宿《しゅく》

大きなチャレンジをする
年。愛の形にも変化が!?

相手の宿		相性アドバイス	点数
婁	友	昴宿を認めてくれる婁宿だが、'24年はあなたが物足りなさを感じがち	39
胃	親	手を組むまでにはハードルも。でも一緒に進み始めるとアイデアがわく	48
昴	命	共に優柔不断なので、物事が進みにくい。なんとなく時間が過ぎそう	45
畢	栄	いざという時に支えてくれる人。昴宿に夢を叶える力を与えてくれる	85
觜	衰	'24年、勝負する場面の多い昴宿の心をほぐしてくれる。優しい関係に	93
参	安	友人関係なら◎。それ以上になると昴宿が参宿の心をもてあそぶことに	50
井	危	共に理論派なので話は合う。深くつき合うなら、あなたが主張を譲って	74
鬼	成	気楽につき合えるため、つい軽く見てしまいがち。'24年は思わぬ反撃が!?	18
柳	壊	あなたが尽くすことになる相手。それればかりが続くと理不尽に感じがち	40
星	友	困った時に助けてくれる人。'24年の星宿は余裕がないため頼りすぎは×	37
張	親	お互いの役に立てる関係。ギブ＆テイクのバランスをキープすると安定	58
翼	業	いつも支えてくれる翼宿。近づきやすく、離れたくなってもそれは困難	65
軫	栄	労り合える二人。'24年、新しい挑戦が増える昴宿にとって心強い存在	90
角	衰	遊び心を引き出してくれる人。'24年、背中を押してくれるキーパーソン！	98
亢	安	近づきすぎないほうがいい関係。別の分野で頑張る姿を応援し合って	60
氐	危	精神性が強い昴宿と現実的な氐宿。違いを認めればあなたの学びは多い	83
房	成	憧れ合うものの接点は少なめ。'24年は相手次第で急進展のチャンスも	62
心	壊	昴宿は心宿のトリコ。'24年は暴走しがちなので相手のペースも考慮して	8
尾	友	好感度の高い尾宿。助けてもらうばかりでなく積極的にサポートしよう	51
箕	親	いつもは支え合える二人だが、'24年はペースが違う。刺激しすぎないで	23
斗	胎	決断力がある斗宿は頼れる存在。あなたも可能な範囲で相手を支えて	64
女	栄	穏やかな関係を築ける相手。'24年は女宿の趣味の世界に近づくと収穫大	88
虚	衰	心の深い部分でわかり合える。'24年は落ち込んだ時も元気をくれそう	95
危	安	遊び仲間の一人としては最適。それ以上になると昴宿が幻滅するかも	54
室	危	自分にないものを持つ人。リスペクトを忘れなければ共に上を目指せる	80
壁	成	接点は少なめ。接近したい場合はこちらからどんどん本音でぶつかろう	39
奎	壊	似た雰囲気を持つ二人だが、奎宿に壁を作られるため、打ち解けにくい	26

4 畢《ひっ》宿《しゅく》

持続力No.1。'24年は大切な人に惜しまず力を注ごう

相手の宿		相性アドバイス	点数
婁	壊	畢宿にとって魅力的な相手。関係を保つには、あなたが合わせる必要が	57
胃	友	馬は合うものの、やり方は正反対。同じゴールを目指さなければ安泰	73
昴	親	気を使わずに済む相手。畢宿のバイタリティで繊細な昴宿を牽引して	68
畢	命	目指すものが一緒なら協力し合えるが、基本的にはあっさりした関係に	63
觜	栄	共同作業をすれば深い仲に。でも'24年は二人の興味の対象が重ならない	25
参	衰	ペースは合うけれど、'24年の参宿には他にも親しい人が。執着しないで	9
井	安	粘り強く向き合うべき相手。'24年はそれができ、井宿の存在が刺激に	93
鬼	危	近づくほどに相違点が浮かび上がる。あなたの気遣いでそれをカバーして	60
柳	成	親密な関係になりやすい相性。利害関係を持ち込まなければ縁が続く	83
星	壊	マイペース同士。無理に合わせようとせず、別々に歩んだほうがベター	48
張	友	自分なりの誠意を貫こうとする二人。衝突も少ないが距離も縮まりにくい	40
翼	親	いつでもあなたを遠くから見守ってくれる翼宿。感謝を忘れないように	66
軫	業	あなたをケアしてくれる人。'24年はそのありがたみに気づく出来事が!?	88
角	栄	長くつき合うほどいい関係に。期待通りの反応がなくても遮断しないで	35
亢	衰	敵わない相手。勝とうとすると消耗するので、'24年は争わないようにして	44
氐	安	パワフルな二人が手を組むチャンス。'24年は同じ目標へと力強く進めそう	98
房	危	あなたがコントロール可能な相手。でも甘くみすぎるとキレられるかも	50
心	成	自分にない魅力を持つ心宿。適度な距離を保ちつつ眺める関係がベスト	85
尾	壊	頑張り屋同士、意気投合しやすい。時には尾宿に主導権を譲るようにして	69
箕	友	どちらも働き者。別々の立場から協力し合って物事を進めるとスムーズ	52
斗	親	会わなくても意識する相手。張り合ってしまうが、それが成長の糧に	70
女	胎	あなたが心酔し、尽くしてしまう人。'24年は女宿からもうれしい反応が!	90
虚	栄	興味深い相手だが、'24年はお互いの違いを実感。進展の可能性は低め	18
危	衰	楽しくつき合える人。でも'24年の畢宿にとっては物足りなさが募りがち	33
室	安	パワフルな室宿に助けられる'24年。アドバイスを素直に聞くほど実りが	95
壁	危	根気強い二人。よい時もあれば悪い時もあるが、乗り越えて長い縁に	45
奎	成	違いが興味深い相手。あなたが刺激しすぎなければ関係が落ち着くはず	80

5 觜《し》宿《しゅく》

“脱皮”の年を迎える觜宿。重要な存在に気づけるはず

相手の宿		相性アドバイス	点数
婁	成	張り合いやすい仲だが、'24年は婁宿が觜宿を立ててくれるため関係良好	93
胃	壊	一緒なら成功に近づけそう。ただし、おいしいところは胃宿のものに!?	70
昴	友	知的なテーマを共有できる。觜宿が昴宿を立てるほどうまくいくはず	85
畢	親	頼りになる相手だが、'24年は方向性が違う。一時的に疎遠になることも	17
觜	命	お互いの個性を強調。いい状態の時に密に接するほうが二人とも輝ける	68
参	栄	参宿のアイデアを具現化するサポーターがあなた。ハマればよき相棒に	50
井	衰	素直に話し合える関係だけに、言葉選びが肝心。理屈っぽくならないで	35
鬼	安	心和む相手だが、利害が絡むと觜宿が夢見がちな鬼宿に疑問を感じがち	28
柳	危	本質的に異なる点が多い。'24年はプライベートな関係の柳宿には失望!?	8
星	成	尊敬できる人。'24年のあなたにとって大切なことを教えてもらえそう!	95
張	壊	人気者の張宿が頼りにするのが觜宿。おおらかに受け止めればスムーズ	78
翼	友	よきアドバイザー。'24年、大変な時ほど翼宿の助言に心が救われるはず	88
軫	親	觜宿をリフレッシュさせてくれる人。でも'24年は知り合う機会が少ない	17
角	業	あなたの心を明るくしてくれる相手。ただし主導権を握るのは常に角宿	22
亢	栄	どちらもストイック。一緒に戦うには好相性だが、緊張感はつきまとう	60
氐	衰	現実的な判断力のある者同士。觜宿から歩み寄り衝突を避けるのがコツ	44
房	安	利害関係が一致すればつき合うけれど、精神的なつながりは薄いまま	30
心	危	あなたにとって羨ましい存在。'24年は心を乱され、距離をおきたくなる	16
尾	成	'24年は遠い存在だった尾宿とも近づける好機。共通点を糸口にして	98
箕	壊	頼もしい存在。主導権は常に箕宿のものだが、それでよしとすれば円満	80
斗	友	思いやりながら競い合える。'24年はお互いが刺激になりステップアップ	90
女	親	わかり合え、落ち着いた関係を築ける相手だが、発展性は期待できない	17
虚	胎	精神的につながっている存在。でも一時的に離れたり疎遠になることが	22
危	栄	気軽に話せて明るい関係を築ける。あなたからも楽しい話題を提供して	53
室	衰	ゆったりとした室宿は一緒にいてラク。相手からの提案は素直に受けて	40
壁	安	本音を隠す者同士なので心が休まらない。親しくなるにはオープンに	27
奎	危	觜宿が警戒してしまう相手。'24年はお互いに接近の意欲がわかない暗示	9

6 参《しん》宿《しゅく》

大胆な改革者。'24年は人とのつながりに恵まれる

相手の宿		相性アドバイス	点数
婁	危	参宿がリードするとスムーズ。でも'24年はその関係が崩れ距離があく	19
胃	成	似た部分があるため気になる存在。接近しすぎると損をするのは参宿	48
昴	壊	ほどよい距離があれば円満。近づくと昴宿のお気楽さにモヤモヤしそう	63
畢	友	気の強い二人。少し離れた場所から認め合うのが、穏やかに過ごす秘訣	65
觜	親	頼もしい相手だが、あなたの発想をクールな視点で止めてくることが	45
参	命	共に気の強い性格。でもカラリとしているのでお互いを楽しめて仲良し	74
井	栄	学びはあるが、口では勝てない。一緒にいると水を差されトーンダウン	39
鬼	衰	鬼宿の個性を受け入れる参宿。あなたがサポートすることで絆が深まる	68
柳	安	つかみ上手な柳宿は魅力的。'24年に知り合うとスムーズに親しくなれる	88
星	危	よきライバルだが、'24年は共に競うムードではなく存在感が薄まるかも	25
張	成	細やかな気配りで参宿を助けてくれる張宿。主導権を握るのはあなた	77
翼	壊	物怖じしない二人。信念の強さは翼宿が上なので、交流には妥協も必要	64
軫	友	どちらも新しいもの好きなので、一緒にいると楽しい。相談相手にも◎	78
角	親	角宿といると出会いがいっぱい。ただし二人きりでいるとはじけすぎる	50
亢	業	いつも気にかけてくれる人。'24年は亢宿のサポートが大きな力や癒しに	95
氐	栄	お互いをさらけ出し合えてラク。それだけに一緒にいるとすべてが雑に	41
房	衰	房宿の魅力に弱いあなた。強引な態度をとると、遠ざけられるので注意	35
心	安	心宿はあなたに好意的。良好な関係を築ける'24年は、一緒にパワーUP	93
尾	危	ゴールは一緒でも道のりは全く違う。'24年は活動範囲が重ならない模様	25
箕	成	共に気は強いが裏表がないタイプ。衝突をうまく回避するのがポイント	62
斗	壊	斗宿の知性を尊敬するあなた。相手の隠れた闘争心を刺激しないこと	68
女	友	向上心を持つ者同士、盛り立て合える。時には相手にリードを任せよう	83
虚	親	リラックスできる相手。友達ならいいが生活を共にするのは難しいかも	50
危	胎	あなたがケアしたくなる人。'24年は一緒にいると物事が急速に好転!	98
室	栄	バイタリティ豊かな名コンビ。でも'24年の室宿には他に気になる人が	39
壁	衰	受け止めてくれる相手だが、'24年に調子に乗りすぎると縁が切れるかも	8
奎	安	身近な人を大切にする者同士、価値観が合う。'24年は愛が生まれる予感	90

7 井《せい》宿《しゅく》

本物の味方と出会える時。誰かのフォローも全力で！

相手の宿		相性アドバイス	点数
婁	安	どちらも議論好き。井宿が批判精神を抑えればうまくつき合えるはず	68
胃	危	熱い胃宿と冷静な井宿。親しくなるにはあなたが心のガードをゆるめて	73
昴	成	知的な二人。’24年は衝突して、昴宿に我慢を強いる場面が増える暗示	39
畢	壊	一筋縄ではいかない人。緊張感はあるが何かを乗り越えれば必ず学びが	70
觜	友	議論が盛り上がる間柄。ただし共にパワー強めの’24年は言葉が過剰に	9
参	親	参宿の情熱的な姿勢があなたを突き動かす。冷静すぎる態度は封印して	78
井	命	弁が立ち、対等な立場の場合は火花が散る。言いすぎに注意すること	46
鬼	栄	井宿のクールさを鬼宿の温かさが溶かしてくれる。素直に優しく接して	73
柳	衰	話がはずむ楽しい相手。柳宿が絶好調の’24年はますます盛り上がりそう！	85
星	安	星宿が夢を語り、井宿が諭す関係。相手の希望に寄り添う言葉選びが◎	68
張	危	近づくほどお互いを牽制し合うことに。浅い交流にとどめるのが賢明	45
翼	成	話し合って解決できる相性だが、’24年の翼宿は多忙で時間がとれない	39
軫	壊	社交的な軫宿は楽しい相手。ついていくには井宿のペースアップが必要	66
角	友	遊び仲間として好相性。でも’24年の角宿はパワー不足で物足りないかも	19
亢	親	リーダーとしてついていく相手には最適。あなたは知性を発揮しよう	70
氐	業	井宿に気づきを与えてくれる氐宿。頼れるが、重く感じてしまうことも	58
房	栄	井宿の不器用さを房宿がフォロー。’24年、一緒に過ごすと大きく成長！	98
心	衰	’24年、あなたが変わるきっかけを与えてくれる心宿。予測不能で刺激的	90
尾	安	尾宿のブレない思いに心を打たれる。一途で裏表もなくつき合いやすい人	73
箕	危	協力し合って大きなことができる。箕宿を参謀役として立てるのがコツ	70
斗	成	うまくつき合うには役割分担が必須。ぶつかりそうならあなたが引くこと	43
女	壊	誠実で前向きな女宿とは理解し合える関係に。あなたがフォロー役を	72
虚	友	個性を認め合える相性だが、’24年は行動範囲が違い接近の機会が少ない	27
危	親	危宿を含む複数でつき合うと盛り上がる。井宿の交友関係が楽しく拡大	69
室	胎	なぜか手助けしたくなる。でも室宿のわがままに振り回されることも	56
壁	栄	’24年、新たな魅力を引き出してくれる人。トラブルからも守ってくれる	95
奎	衰	スッキリしたつき合いができる相手。’24年は仕事の相棒となる可能性大	88

8 鬼《き》宿《しゅく》

個性派の鬼宿に転機が。新たな絆が生まれそうな予感

相手の宿		相性アドバイス	点数
婁	衰	あなたを支えてくれる人。奔放な一面を見せすぎて逃げられないように	64
胃	安	’24年は一緒にいても話がまとまらない。あなたから見切りをつけがち	27
昴	危	少し距離をとるべき’24年。近づきすぎると不満が爆発してしまうかも	18
畢	成	性格がまるで違う二人。’24年は畢宿の言葉や行動から大きな気づきが	85
觜	壊	穏やかな関係を築ける。全てを見せてわかってもらおうとしなくてOK	67
参	友	あなたのよき理解者。’24年は参宿の存在を心強く感じる場面が増えそう	93
井	親	感覚的な鬼宿と理論派の井宿は対照的。でもよく知れば助け合えるはず	37
鬼	命	共に素直でデリケート。大きな問題が起こらない限り共感し合えるはず	83
柳	栄	価値観やペースが似ているため気楽。心優しい関係なので大切にしよう	45
星	衰	深く理解し、欠点も補ってくれる人。相手が弱っていたらあなたも支えて	60
張	安	性格が正反対。違いを面白がれればいいが、’24年は鬼宿に余裕がない	25
翼	危	こだわりが違うため、話がかみ合わない。’24年は近づかないほうが無難	9
軫	成	いつもはついていくのが難しい相手だが、’24年は一緒に過ごすと発見が	88
角	壊	一方的に尽くしがちな相手。不満を感じるなら関係を見直すチャンス	65
亢	友	強い亢宿は頼りになる存在。助けてもらったら、できる形でお礼をして	60
氐	親	弱点をカバーして物事を進めてくれる人。氐宿の存在が鬼宿の力になる	68
房	業	何かと気にかけてくれる存在。重く感じることもあるが感謝を忘れずに	57
心	栄	どちらも個性派。お互いを尊重し合い、落ち着いた関係をキープできる	55
尾	衰	信頼関係を結べる。多くを求めず、あなたが尾宿に合わせるとスムーズ	70
箕	安	鬼宿への当たりがきつい箕宿。耐えればあなたの得になるが、しんどい	34
斗	危	争いが嫌いな鬼宿は競争心の強い斗宿が苦手。’24年は接近しないまま	12
女	成	いつもは敬遠しがちな女宿だが、’24年に話をすると気づきをもらえそう	90
虚	壊	どちらもロマンティスト。虚宿の期待に応えて相手を理解しサポートを	76
危	友	鬼宿を決して傷つけない味方。’24年は大事な場面で応援してくれそう！	98
室	親	明るい気持ちになれる人。欠かせない存在になるまでには時間がかかる	37
壁	胎	壁宿の望みを叶えたくなる鬼宿。一緒だとお人よしになりすぎるかも	60
奎	栄	聡明な奎宿と手を組むと効率よく動ける。一方で面白味には欠ける気配	49

9 柳《りゅう》宿《しゅく》

強運の年が到来。望む出会いがもたらされそう！

相手の宿		相性アドバイス	点数
婁	栄	柳宿をフォローしてくれる、頼れる存在。きちんと感謝を伝えれば円満	85
胃	衰	あなたを甘やかしてくれる胃宿。度胸もあるため、一緒に行動しやすい	78
昴	安	’24年は甘えすぎに注意。あなたばかりが得をしていると遠ざけられそう	30
畢	危	親しくなれる相手。畢宿を利用すると修復は難しいので誠実に接して	66
觜	成	仕事関係なら順調。それ以外ならあなたのアバウトさに辟易されがち	58
参	壊	参宿は柳宿に好意的。’24年はあなたがきちんと向き合うほど関係良好に	93
井	友	柳宿がカッとした時のブレーキ役。こちらは楽しい話題を用意しよう	60
鬼	親	鬼宿が明るさを、柳宿が勇気を与え合う。お互いにとって大事な存在	68
柳	命	’24年は共に絶好調。お互いに甘えたり励ましたりしながら結果を出せる	90
星	栄	柳宿のいいところを伸ばしてくれる人。あなたも星宿に花を持たせよう	83
張	衰	神経質な張宿ともリラックスしてつき合えるのが柳宿。気持ちがラクに	75
翼	安	柳宿に憧れている翼宿。でも’24年、相手を見下したりすると大きく衝突!?	27
軫	危	どちらもすぐに新しい人間関係を築くタイプ。サッパリしていて気楽	60
角	成	親しくしている間は楽しいが自然消滅することも。適度に連絡をとって	53
亢	壊	いつもはあなたに興味を示さない亢宿が’24年は友好的。縁ができそう！	95
氐	友	熱い二人は、いい時も悪い時も大騒ぎ。激しさを抑えて穏やかに接して	57
房	親	柳宿がリードし、房宿が癒す関係。細やかに支えてくれる相手に感謝を	70
心	業	深く結びつく二人だが、’24年はお互いに別の世界が広がり距離ができる	19
尾	栄	手を組めば力が倍増。’24年、尾宿からの言葉は、厳しいものでも大切に	88
箕	衰	どちらも強情なところがあるが、柳宿が目をつぶればうまくつき合える	80
斗	安	’24年はお互いのテリトリーを脅かすことに。離れて過ごすほうが平和	35
女	危	秘密にしておきたい欠点が女宿にはバレてしまう。関わるなら慎重に	66
虚	成	普段は穏やかな虚宿だが、ぶつかると折れない。あなたが譲ってあげて	47
危	壊	柳宿が危宿に魅かれる形で親密に。’24年、誠実に向き合えば関係が進展	98
室	友	表面的には柳宿が強そうでも、面倒を見ているのは室宿。大切にしよう	60
壁	親	手のかかる柳宿を嫌がらずに支えてくれる壁宿。じっくり向き合うべき	73
奎	胎	世話を焼いてくれる奎宿。’24年、寄りかかりすぎると大ゲンカが勃発する!?	9

10 星《せい》宿《しゅく》

独自の夢を追う星宿。周囲への配慮が信頼に結びつく

相手の宿		相性アドバイス	点数
婁	胎	協力し合える相性だが、'24年は共にエネルギー不足。歯車が狂いやすい	20
胃	栄	胃宿はあなたに協力的。長くつき合うほどいい関係になれるので気長に	68
昴	衰	モチベーションを上げてくれる存在。お互いに配慮を忘れなければ安泰	72
畢	安	共に頑固なので衝突すると持久戦に。少し離れて相手をリスペクトして	17
觜	危	思慮深く大人のつき合いができる二人。星宿が觜宿に知恵を授ける関係	73
参	成	頑張り屋同士。アクティブな時は刺激的だが、そうでなければ離れがち	25
井	壊	夢見る星宿に現実を教えてくれる人。'24年は精神的な結びつきが深まる	90
鬼	友	傷つきやすい鬼宿も星宿には心を開く。常にあなたがサポートする側に	37
柳	親	短期間ならとても好相性。長くなるとおいしいところを持っていかれる	50
星	命	目的意識が強い二人。'24年は共通のゴールを目指すベストパートナーに	98
張	栄	似た者同士、尊重し合ってやっていける。あなたが先導役を引き受けて	71
翼	衰	こだわり派同士なので、少し離れているほうが好印象をキープできそう	65
軫	安	あなたの目には軫宿は調子よく映る。'24年はイライラしてしまう場面が	22
角	危	方向性の違いから衝突もするが、内向的なあなたの幅を広げてくれる人	68
亢	成	共に自分の世界から出てこないため交わる機会が少ない。対立は長引く	27
氐	壊	氐宿の欲望のために力を貸すのが星宿。'24年は相手からもリターンあり	93
房	友	おっとり派の房宿に星宿のペースはハード。無理やり引っ張らないこと	40
心	親	お互いから学び合える発展的な相性。共に好調な時ほど一緒に過ごすと◎	64
尾	業	尽くしてくれる尾宿だが、共に不調気味な'24年は、期待すると問題発生	9
箕	栄	違う道を目指せば尊重し合える。同じ世界にいると星宿があおられがち	48
斗	衰	'24年、仲良くなれるチャンスあり。踏み込みすぎずに交流を楽しもう	85
女	安	共に自分の領域を守るので相容れない。星宿が上の立場のほうが平穏	19
虚	危	あなたにとっては謎多き虚宿だが、よく知れば思いもよらない発見が	73
危	成	個性的な発想は面白い。でも受け入れるのは難しく、距離をとりがち	30
室	壊	性格は真逆だが、スケールの大きさは共通。'24年はいい関係を結べそう	95
壁	友	頑張るあなたのサポーター。年を重ねてからのほうが縁ができやすい	46
奎	親	フォローし合える二人。細かい点ですれ違わないよう、すり合わせを	68

11 張《ちょう》宿《しゅく》

'24年はたくさんの出会いから優しい絆が生まれそう

相手の宿		相性アドバイス	点数
婁	親	あなたのお気に入りの相手。'24年は張宿がリードする形で深い関係に！	98
胃	胎	細やかな気配りで胃宿を支える張宿。役に立つことで幸せを感じられそう	75
昴	栄	昴宿の穏やかさが張宿の安らぎに。相手が落ち着いている時ほど好相性	50
畢	衰	味方になってくれれば心強い人だが、そこにたどり着くには時間がかかる	35
觜	安	地道な努力家同士、よき協力者に。甘えすぎないよう気をつければ安泰	78
参	危	'24年は大胆な参宿にも勇気を出して近づける。考えすぎず飛び込もう	88
井	成	パッと熱い話で盛り上がるにはいいが、議論になると耳の痛い指摘が	63
鬼	壊	几帳面な張宿と感覚派の鬼宿は対照的。'24年は詰め寄ると逃げられがち	15
柳	友	柳宿のおおらかさに安心し元気になれる。張宿も気遣いを忘れないこと	58
星	親	一緒にコツコツ頑張ると大きな結果を出せる'24年。粘り強さを発揮して	93
張	命	繊細なタイプ同士なので近づかない。'24年は張宿との時間は増えない暗示	9
翼	栄	よき理解者。信頼できる相手なので、細かい点ではあなたがサポートを	46
軫	衰	気を使わずにつき合える人だが、'24年は軫宿の意外な行動にがっかり!?	30
角	安	会話をきっかけに仲良しに。深くつき合うには張宿がおおらかに構えて	78
亢	危	一度手を組めば大きく発展。亢宿の気持ちを読み、謙虚に向き合おう	85
氐	成	あなたが一目置く相手。勉強になる点が多いので、丁寧に接すること	68
房	壊	恵まれた房宿といると妬みの感情が。'24年は、相手と比べないようにして	24
心	友	居心地のいい存在。張宿の心を読みつつ接してくれるのでホッとできる	60
尾	親	'24年、同じ目標に向かって歩めば固い絆が。最高の相棒になれるはず！	95
箕	業	あなたのためなら何でもしてくれる箕宿。拒絶せず気持ちを受け入れて	73
斗	栄	スタイリッシュな者同士、魅かれ合う。斗宿の競争心はうまくかわそう	55
女	衰	知恵のある女宿には助けられることが多いが、遊びでは盛り上がらない	42
虚	安	虚宿を含む複数でつき合うほうがうまくいく。踏み込まず節度を守って	83
危	危	'24年のあなたには、明るい危宿に近いメンタルが。楽しくつき合えそう	90
室	成	力のある室宿が味方なら心強い。粘り強さと細やかさを武器に接近して	70
壁	壊	'24年の張宿には、壁宿が地味に思える。軽んじていると溝ができるかも	25
奎	友	きちんとしていて清潔感のある奎宿。知れば知るほど安心できる間柄に	63

12 翼《よく》宿《しゅく》

上を目指して戦うべき時。思わぬライバルが登場!?

相手の宿		相性アドバイス	点数
婁	友	気を使わずに済んでラク。ただし'24年は意識しないと接点が減ることが	45
胃	親	飾らずにいられるが問題が起きると破綻。こちらの柔軟性が問われそう	48
昴	胎	あなたが高く評価する相手。深くつき合える反面、くされ縁になることも	64
畢	栄	畢宿を受け止める翼宿。'24年、タッグを組めば大きな成果が得られそう	88
觜	衰	ホッとできる人。'24年はハードな場面で、お互いの存在に癒される予感	95
参	安	情が厚い参宿。何かと世話を焼いてくれるので甘えすぎる点にご用心	66
井	危	井宿の理屈は頭ではわかるはず。あなたが時間をかけて共感できれば◎	77
鬼	成	つかみどころのない鬼宿。'24年はその傾向が強まり接近するのが難しい	9
柳	壊	あなたが柳宿を持ち上げる関係。利用されても気づかないことが多い	35
星	友	隣にいなくてもつながっている相手。'24年は距離ができても気にせずに	27
張	親	緻密な作業に取り組むには最高の相性。張宿の助けはあなたを伸ばす	58
翼	命	善良で思いやりがあるため助け合う。でも二人きりで動く機会は少ない	50
軫	栄	共にフットワークが軽い。一緒に行動すると、どちらにも大きな収穫が	84
角	衰	自分にない世界観や価値観を持つ人。'24年は刺激をたくさんもらえる	93
亢	安	どちらも信念を曲げないので、衝突しがち。しかしそこから学ぶことも	57
氐	危	理想論者の翼宿と現実主義の氐宿。自分と違う面に目を向ければ発見が	70
房	成	表面上はうまくやれるが、房宿の身勝手さがすぎると翼宿がイライラ	36
心	壊	心宿にとって純真な翼宿は、思い通りに動かせる人。不満が募ることも	41
尾	友	こだわりの強い二人。一度信頼し合えば続くが、'24年はかみ合わない	36
箕	親	助けてくれる人だが、'24年は翼宿のほうが力が上。バランスが崩れがち	30
斗	業	斗宿の闘争心が翼宿を後押し。でもずっと一緒だとしんどくなるかも	64
女	栄	'24年、女宿の知恵が翼宿を豊かにしてくれる。あなたも情報を共有して	90
虚	衰	一緒にいると夢が大きく膨らみそう。'24年、一番ワクワクできる相手！	98
危	安	魅かれ合って近づくが、違いにも気づいてしまう。好意的に受け入れて	57
室	危	室宿の実力は認めつつ、別世界の人と割り切れる。穏やかな関係が続く	73
壁	成	感情を表に出さない壁宿は、わかりにくい人。理解するには時間が必要	39
奎	壊	落ち着いた関係を築けるが、一緒だと翼宿の活動スケールが縮小しがち	45

13 軫《しん》宿《しゅく》

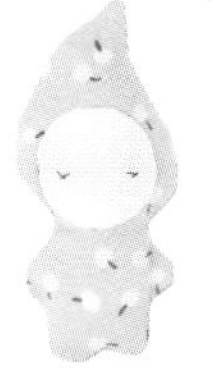

社交の名人。’24年は人からの要望に応えることが鍵

相手の宿	相性アドバイス		点数
婁	壊	程よい距離を保てる関係。婁宿の緻密さからも大きな学びを得られる	70
胃	友	あなたにとって憧れの存在。でも胃宿だけに執着しないほうがよさそう	52
昴	親	スマートな昴宿。深く関わるほど、あなたにとっていい刺激や学びになる	68
畢	胎	いつもは軫宿が世話を焼く役割だが、’24年はうまくバランスがとれそう	90
觜	栄	軫宿を落ち着かせてくれる貴重な存在。でも’24年は接点ができにくい	25
参	衰	新しい情報や話題を教えてくれる。ただし楽しいだけで終わることも	40
井	安	議論好きな二人。’24年はあなたがリズムを合わせればいい関係を築ける	95
鬼	危	勘が鋭い鬼宿は、軫宿の考えをお見通し。誠実につき合うことで安定	59
柳	成	話すと心が落ち着く。柳宿からの頼まれごとには無理のない範囲で対応	80
星	壊	働き者の星宿は一目置く相手。あなたも、ちゃっかり思考は封印しよう	64
張	友	自然体で気持ちよい関係に。ただし共に困難に立ち向かうことは少ない	45
翼	親	あなたの個性を伸ばしてくれる相手。ただし主導権を握るのは翼宿ばかり	52
軫	命	お互いの友人を交えて賑やかに過ごせそう。二人きりにはなりにくい	63
角	栄	人気者同士で楽しい関係だが、’24年は角宿がパワー低下。距離ができる	19
亢	衰	亢宿がリードするのがベター。でも’24年は軫宿が仕切りたくなりそう	9
氐	安	氐宿に親切なあなた。’24年は相手からも感謝され周りからの評価もUP	93
房	危	いい関係を築けるが、房宿の中で軫宿の優先順位は低め。期待しないで	35
心	成	楽しくつき合える人。意外な反応に驚かされることもあるが、刺激的	83
尾	壊	あなたのやり方が通じにくい相手。でも自分が満足できるなら問題なし	52
箕	友	箕宿のリードに従う形ならうまくいく。自己主張は控えたほうがベター	40
斗	親	斗宿に魅かれ、気遣う軫宿。あなたが主体性を持ち続けるといい関係に	65
女	業	向上心や方向性を与えてくれる人。’24年、一緒だと気持ちよく進めそう	88
虚	栄	優しい関係をキープできる。ただし共に何かに取り組むのには向かない	27
危	衰	話ははずむが、いざという時に頼れない。’24年はあなたが幻滅するかも	39
室	安	’24年、一気に距離を縮められそう！共通の話題を見つけて盛り上がって	98
壁	危	ユニークで気になる相手だが、壁宿が本音を見せないため近づきにくい	47
奎	成	きちんとしている奎宿は、信頼できる相手。堅実な関係を築けるはず	85

14 角《かく》宿《しゅく》

人間関係にも変化が。依存心や執着心は手放すのが◎

相手の宿	相性アドバイス		点数
婁	成	’24年、あなたを精神的に支えてくれる婁宿。大変な時も癒してくれそう	98
胃	壊	角宿の適当さにブレーキをかけてくれる人。ピンチを救ってくれるかも	80
昴	友	あなたの存在が昴宿の刺激に。’24年は親しくなるチャンスが多いはず！	90
畢	親	しっかり者の畢宿は気を引き締めてくれる人。それだけに疲れることも	17
觜	胎	あなたが世話を焼きたくなる相手。尽くしがいがなくなると関係が終了	22
参	栄	一緒にいるとダイナミックに。面白いアイデアやプランも浮かびそう	55
井	衰	くだらない話でも盛り上がれる人。ただし脱力しすぎるとダメ出しが	40
鬼	安	一見不器用な鬼宿を下に見がち。調子に乗りすぎると縁を切られるかも	35
柳	危	人気者同士で楽しい相性だが、’24年は柳宿に親しい人ができて孤独に	15
星	成	近づきすぎると難しい相性。でも’24年はちょうどいい距離を保てて良好	93
張	壊	かっこいい張宿に夢中になる角宿。遊びより仕事の仲間として好相性	83
翼	友	信念を持つ翼宿はリスペクトする存在。お互いに認め合い成長できそう	85
軫	親	いつもはあなたのリードで交友関係が拡大。でも’24年は引っ張れない	12
角	命	お互いのいい加減さがわかるので、遊び仲間以上にはならないのが無難	64
亢	栄	タッグを組むとうまく動ける。ただし亢宿に厳しく突っ込まれることも	48
氐	衰	角宿は精神的な面で、氐宿は現実的な面で自由奔放。話がかみ合わない	33
房	安	あなたを受け入れてくれる房宿だが、自分本位になりすぎると疎まれる	25
心	危	当たりはソフトでも油断できない。’24年は心宿に行く手を阻まれそう	9
尾	成	いつもは手強い尾宿が、’24年は近寄りやすい雰囲気に。仲良くなる好機	95
箕	壊	面倒見のいい箕宿。あなたが感謝の気持ちを忘れないことが継続の鍵	71
斗	友	’24年は斗宿の勤勉さがいい刺激に。あなたの課題を教えてくれるはず	88
女	親	意外な分野で気が合う二人。’24年はその共通の世界を見つけるのが困難	15
虚	業	虚宿は角宿に心を開くが、あなたは深い部分を相手に見せたくないかも	20
危	栄	遊び好き同士、一緒にいると楽しいが面倒ごとからは逃げてしまいがち	56
室	衰	どちらもアバウト。それぞれ自由に行動するため一時的に離れることが	45
壁	安	二人が結びつくと、共に隠し持つ遊び心が浮上。楽しいがリスクもある	30
奎	危	筋を通す奎宿には、あなたは無責任に見える。’24年は壁を感じることに	13

15 亢《こう》宿《しゅく》

負けず嫌いな亢宿も、人と支え合えるタイミング

相手の宿	相性アドバイス		点数
婁	危	亢宿に合わせてくれる婁宿。あなたからも時々相手の意見を確認して	60
胃	成	物事へのアプローチ法が真逆。話し合いながら一緒に行動すると効果的	78
昴	壊	いい影響をもらえる相手。感謝を忘れると昴宿から距離をおかれるかも	66
畢	友	味方にすると生涯の友に。意見が違っても共存できる道を探すのが得策	84
觜	親	亢宿の偏りの調整役。心強い味方だが、絆を深めるには時間がかかる	45
参	胎	参宿の役に立ち、あなた自身の世界も拡大。’24年は感謝され幸せ気分に	98
井	栄	井宿の知恵を亢宿が実践。好相性だが、’24年に衝突するとあなたの負け	35
鬼	衰	いつもは鬼宿を支えるのがうれしいあなた。しかし’24年は少し負担に	27
柳	安	柔軟な柳宿。亢宿とはタイプが異なるが、’24年は相手から学ぶと収穫大	90
星	危	地味ながら一歩ずつ目標に近づく星宿は、手強いライバル。争わないで	48
張	成	現実的な共同作業に向いている相性。感情的にならないほうがスムーズ	55
翼	壊	正義感が強く誠実な二人。ぶつかることで相手の心に気づき、強い絆が	63
軫	友	あなたの世界を広げてくれる人。軫宿の人脈や情報は素直に頼りにして	57
角	親	コンビを組むと亢宿の幅が広がる。でも関係は短期集中で終わるかも	26
亢	命	リーダータイプ同士。一定の距離を保ちながらも、お互いの立場は理解	70
氐	栄	しっかり向き合えばわかり合えるが、’24年は共に忙しく、すれ違いがち	9
房	衰	亢宿の心を和らげてくれる房宿。’24年は余裕がないのであなたが癒して	19
心	安	頑固な亢宿と空気を読む心宿。性格は真逆だが、’24年はそこに学びあり	88
尾	危	共にマイワールドを生きるタイプ。無関心か大バトルのどちらかに!?	50
箕	成	意地っぱりな二人。プライドがぶつかりがちなので、うまく衝突回避を	48
斗	壊	あなたの向上心を刺激する相手。斗宿を師とすれば、大きく成長できる	65
女	友	どちらも自分を磨き目標を達成するタイプ。認め合うため仲良くなれる	80
虚	親	お互いの不安定な面を支える、優しい関係。あなたがリーダーシップを	42
危	業	亢宿を受け止めてくれる人。’24年、危宿といると安心感に満たされそう	95
室	栄	我の強い二人。時間をかければ好影響を与え合えるが’24年は違和感が	37
壁	衰	亢宿が引っ張る関係。あなたにとっては壁宿のマニアックさは理解不能かも	28
奎	安	あなたのすべてを肯定してくれる人。’24年、一緒なら人間関係も円滑に！	93

16 氏《てい》宿《しゅく》

パートナー運がよい年。よき相棒との連携が幸運の鍵

相手の宿	相性アドバイス		点数
婁	安	あなたの足りない点をカバーしてくれる人。リスペクト精神を忘れずに	74
胃	危	お互いを気にせずにはいられない相性。争いを避ければ切磋琢磨できる	70
昴	成	真逆の価値観を持つ二人。言葉通りのことを期待すると残念な結果に？	43
畢	壊	利害が一致すれば最強のコンビに。ただし衝突したらあなたが折れて	70
觜	友	精神的に支え合える。’24年は觜宿に合わせてもらっている自覚を持って	18
参	親	何でも話せる、気がおけない人。手を組めば、大胆に突き進んでいける	83
井	胎	井宿の考えを実現するために手を貸すのがあなた。押しつけは控えよう	58
鬼	栄	鬼宿に頼られるとやる気が倍増。’24年はあなたの理想の関係に近づける	95
柳	衰	’24年はお互いのよさを引き出し合える。まずは相手を認めるのが重要	88
星	安	あなたに尽くしてくれる人。大切にしたいなら主張を控え感謝を伝えて	67
張	危	失敗の少ない張宿といると、ためになる。関わりすぎると疲れることも	60
翼	成	翼宿が氏宿の強さに反発すると厄介。’24年はあなたが不満を抱えることに	38
軫	壊	いつもサポートしてくれる人。あなたもできることで力を貸すと安泰	66
角	友	好き嫌いが激しい二人。’24年は可愛さ余って憎さ百倍、となることが!?	9
亢	親	困った時に一番頼れる相手。会う機会は少なくても連絡するなど大切に	58
氐	命	似た者同士だがうまくやっていける。一時的に交流の頻度は減ることも	35
房	栄	金運や物質運に恵まれた二人。’24年一緒にいると成功や収穫が手に入る	93
心	衰	心宿はあなたの器の大きさを認めてくれる。気持ちよくつき合えるはず	75
尾	安	共に頑張り屋。尾宿のプライドを傷つけないようにして接すると良好	64
箕	危	うまくいくかどうかはあなた次第。箕宿への理解を深め、受け止めて	58
斗	成	感覚的な斗宿と現実的な氏宿は相容れない。’24年は刺激しないのが一番	37
女	壊	どちらも管理し仕切りたいタイプ。勝とうとせず尊重し合うことで安定	65
虚	友	虚宿が例年以上に繊細になる’24年。無意識のうちに傷つけてしまうかも	13
危	親	公私共に親しくできる。危宿の軽やかさには驚かされるが刺激にもなる	60
室	業	氏宿を気にかけてくれる室宿。ただし、あなたの望む形ではないことが	55
壁	栄	’24年はあなたの包容力が高まって関係が深まる。支え合える存在に！	98
奎	衰	奎宿の奥深い魅力に触れられる’24年。手応えのある交流を楽しめそう	90

17 房《ぼう》宿《しゅく》

運気の分岐点。家族関係などプライベートを整えよう

相手の宿	相性アドバイス		点数
婁	衰	表向きは仲良くできるが、好き放題していると距離をおかれる可能性大	35
胃	安	あなたに甘い胃宿。感謝や好意はわかりやすくはっきり伝えてあげよう	56
昴	危	お互いに好感度大。’24年はあなたからアプローチすれば急接近も可能！	98
畢	成	畢宿の能力に憧れる房宿。ただし近くにいると気疲れしてしまう傾向が	50
觜	壊	’24年は觜宿に勝とうとせず、学ぶこと。金銭トラブルを起こすと大荒れ	15
参	友	参宿は房宿にメロメロ。相手が突飛な行動に出るとあなたが敬遠しがち	64
井	親	理性的な関係。’24年は不安定な時も井宿の真面目さに安心できるはず	90
鬼	胎	構いたくなる相手。’24年は少し離れたところから支え合うのがベスト	83
柳	栄	他の人にはない安心感を持てる相手。うまくいかない時も継続の努力を	27
星	衰	目標を追い頑張る星宿に、エールを送るのが房宿。ただし並走は難しい	30
張	安	共に苦労知らずなので一緒だと短所が目立つ。張宿を刺激しすぎないで	38
翼	危	あなたにとっては感じのいい相手。親しくなってもわがままは控えよう	71
軫	成	うまくつき合うことはできるものの、実は房宿は軫宿のノリの軽さが苦手	35
角	壊	初めは好印象。でも’24年はあなたが角宿にがっかりさせられる傾向が	10
亢	友	房宿が亢宿に合わせる形に。表向きは問題ないが頑固さに疲れることも	46
氐	親	仕事仲間として最高の組み合わせ。’24年は大きな利益を生み出せそう	88
房	命	似ているからこそ手強い相手。共に転機を迎える’24年は、関わると消耗	17
心	栄	話さなくてもわかり合える。’24年は房宿が甘えすぎないように注意して	39
尾	衰	実直な尾宿と気楽な房宿。適当な一面を出すと攻撃の標的にされるかも	31
箕	安	本音をはっきり言う箕宿は魅力的。相手から学ぶことで房宿の運もUP	70
斗	危	深入りしすぎなければ円満。斗宿のライバル心を刺激しないようにして	62
女	成	女宿を立ててつき合えば問題なし。気を使う必要はあるが、得るものも	45
虚	壊	根本的な部分が違う二人。’24年、虚宿を頼りにするとガッカリすることに!?	8
危	友	友人としてならいい関係を築ける。利害が絡むとかみ合わなくなりがち	57
室	親	’24年、二人の絆は安定。あなたが室宿を立て、実権を握る形が落ち着く	85
壁	業	現実的にも精神的にも房宿を支えてくれる人。特別な関係になりやすい	80
奎	栄	節度のあるつき合いができるが、離れると秘密を持ち合ってしまいがち	38

18 心《しん》宿《しゅく》

攻めより受け身にシフトを。新しい出会いや展開を呼ぶ

相手の宿	相性アドバイス		点数
婁	栄	衝突の少ない二人。’24年は一定の距離を保つことで穏やかな関係を継続	88
胃	衰	行動力のある胃宿は頼れる人。相手も心宿の二面性に魅かれている様子	80
昴	安	昴宿の影響はよくも悪くも大きい。’24年は振り回され、望まない結果に	25
畢	危	違いすぎて気になる存在。深入りせずに相手の価値観に触れる程度が◎	67
觜	成	共に慎重なので探り合い、接近には時間がかかる。觜宿を刺激しないで	42
参	壊	安心して本音を明かせる相手。’24年は一緒にいるだけで心が満たされる	98
井	友	心休まる存在。ただし井宿に新鮮さを求められるとプレッシャーにも	63
鬼	親	考えすぎなあなたも鬼宿の前では素直に。相手のおおらかさに癒される	70
柳	胎	心宿を引き立ててくれる柳宿だが、’24年はあなたが別の人を求めがち	9
星	栄	お互いの長所を引き出し合える仲。持っているものは惜しまずシェアを	85
張	衰	一緒に細かい作業をするのにぴったり。深くつき合うなら本音を出して	78
翼	安	あなたがコントロールしがちな関係。でも’24年は立場を逆転されるかも	23
軫	危	人のいい二人はスムーズにつき合える。軫宿を利用しないようにご用心	62
角	成	アバウトな角宿は甘くみがちな相手。でも敵対すると損をするのはあなた	49
亢	壊	心宿の本質を見抜く、手厳しい人。’24年は考え方の違いが勉強になる	93
氐	友	氐宿の勇気と判断力が心宿のプラスに。でも現実面で手を組むと衝突も	38
房	親	息の合う二人。一緒にいると引き立て合って、どちらの好感度も上がる	73
心	命	お互いの心の中を読み合える。’24年はそれがプラスに作用して親密に	90
尾	栄	一途な尾宿は信頼できる人。あなたも、相手の心の深い部分を理解する	84
箕	衰	大胆な箕宿と慎重な心宿は対照的。敬遠せずに、近づいて補い合おう	78
斗	安	あなたに執着しやすい斗宿。’24年はペースが合わず、お互いに消耗する	17
女	危	充実している時の女宿は優しいが、不満をためていると近づいてこない	60
虚	成	ミステリアスな部分に魅かれ合う。ただしわからないまま終わることも	42
危	壊	楽しい時間を共有できる相手。’24年、一緒にいると人間関係が大充実！	95
室	友	おおらかな室宿には気を使わずに済む。相手に期待しすぎないのがコツ	59
壁	親	人に見せない部分も見せられる相手。無理なくフラットな自分でいられる	68
奎	業	奎宿はあなたのために無茶をしがち。’24年はこちらも相手のフォローを	9

19 尾《び》宿《しゅく》

心身に負担のない関係性と
距離感が長続きのポイント

相手の宿	相性アドバイス		点数
婁	業	頼りになる婁宿だが、'24年は省エネモード。甘えすぎると続かないかも	15
胃	栄	パワーを与えてくれる存在。胃宿についていけば、大きな夢が現実に!?	72
昴	衰	相談相手に最適。あなたがパワーダウンしている時に充電してくれそう	88
畢	安	努力家同士認め合えるが、'24年はテンポが合わず尾宿がイライラしがち	37
觜	危	觜宿はあなたとの接点を探しているよう。礼儀正しく向き合えば順調に	70
参	成	物事への取り組み方が違うため、共同作業には不向き。距離を保つこと	25
井	壊	あなたが惚れ込む相手。'24年は井宿の知性にピンチを救われる場面が	95
鬼	友	尾宿を見守り助けてくれる人。でもこちらが鬼宿を理解するのは難しい	38
柳	親	あなたの日常を明るくしてくれる人。柳宿も尾宿に気づかされることが	59
星	胎	尾宿を頼っている星宿。役に立ちたい気持ちはあるが、'24年は力不足	15
張	栄	目的が合えば急接近し、信頼関係を結べる。そうでなければ時間が必要	67
翼	衰	自分と似た部分のある相手。一緒にいるとあなたのほうが学びが多い	76
軫	安	違う価値観を持つ、気になる人。'24年は金銭感覚の違いがトラブルに!?	18
角	危	ノリがよくつき合いやすい相手。一緒にいると人の輪も広がることに	70
亢	成	わが道を行く二人はソリが合わない。主導権争いになると、激しく衝突	24
氐	壊	実直な努力家同士。'24年はあなたが相手に合わせることでうまくいく	90
房	友	あなたのシビアさもしなやかに受け止めてくれる人。柔軟性を見習おう	27
心	親	心宿は尾宿といると落ち着けるよう。闘争心を出すと逃げられるので注意	55
尾	命	気が強い二人だが、'24年は共にソフトに。お互いのよき理解者になれる	98
箕	栄	裏表のない箕宿は信頼できる相手。争うと負けるので、味方につけよう	70
斗	衰	志が高い斗宿といると学ぶことがたくさん。未知の世界を見せてくれる	81
女	安	'24年は、女宿の支配欲をかわすのがストレスに。一緒だと暗くなりがち	9
虚	危	複雑な心を持つ虚宿。理解するのは難しくてもリスペクトは忘れずに	68
危	成	軽快な危宿と我を通す尾宿。強引な態度は相手をイライラさせるもと	23
室	壊	いつもは見えにくい室宿の長所が目立つ'24年。話すほど理解が深まる	93
壁	友	ステイタスが好きな尾宿と名より実をとる壁宿。理解には時間がかかる	30
奎	親	奎宿は穏やかに見えて尾宿よりこだわり派。主導権は譲るほうがベター	54

20 箕《き》宿《しゅく》

味方が増えそう。生活を変
える覚悟が愛を安定させる

相手の宿	相性アドバイス		点数
婁	親	あなたの長所を引き出してくれる人。'24年は婁宿が華を持たせてくれそう	98
胃	業	自信を与えてくれる相手。実は得をしているのは胃宿、ということも	63
昴	栄	高め合える関係。ただし'24年は同じテンポで進めないので一定の距離を	35
畢	衰	考え方は似ているが、手を組むのは不向き。'24年、ケンカすると長引く	27
觜	安	補い合える関係。あなたが觜宿のペースを崩さないようにするのがコツ	68
参	危	ハッキリした者同士、大モメさえしなければ仲良しに。じっくり理解を	80
井	成	井宿に説得されると納得。'24年は無理をしないようセーブしてくれそう	88
鬼	壊	つい構ってしまう人。箕宿は親しみを感じていても鬼宿にはストレス!?	60
柳	友	情熱的で魅力的な柳宿。一方で、鬱陶しくなり逃げ出したくなることも	58
星	親	あなたのトラブルを防いでくれる、頼れる存在。ただし接点は少なめ	72
張	胎	箕宿が面倒を見ずにはいられない人。'24年は張宿から感謝される場面が	93
翼	栄	名コンビとなれる相性だが、'24年は翼宿の気が変わり、溝ができる暗示	8
軫	衰	箕宿が指示を出し、軫宿が動く。'24年は淡々とした関係で終わりがち	30
角	安	角宿の隠れた欠点を引き出してしまうのが箕宿。一定の距離を保つべき	46
亢	危	共に頂点を目指すタイプなので争うこともあるが、距離をおけば収穫大	78
氐	成	箕宿の元気と度胸を引き出してくれる人。氐宿の立場が上のほうが安定	84
房	壊	魅かれ合い、支え合う。特別な関係になりやすいが振り回されることも	65
心	友	度胸のある箕宿と用心深い心宿は名コンビ。だが傷つけると恨みは深い	50
尾	親	お互いの強さを倍増させる存在。ただし、イニシアチブは尾宿の手に	47
箕	命	気は強いが度量も大きい二人。共に順調な'24年は好影響を与え合える	95
斗	栄	ブレーンとして味方につけておきたい人。あなたが率先してサポートを	72
女	衰	知恵であなたをサポートしてくれる女宿。それを当然と思わないこと	40
虚	安	箕宿が引っ張る関係に。虚宿が心地いいと感じていれば、うまくいく	83
危	危	想像を超えてくるユニークな相手。'24年は一緒だと面白いことに遭遇!?	90
室	成	ぶつかってもお互いサッパリしているので仲良しに。得るものも大きい	70
壁	壊	何も言わずに支えてくれる人だが、'24年は手を組むと運気が乱れがち	18
奎	友	ラフな箕宿と細やかな奎宿。味方だとカバーし合えるが、敵だと手強い	56

21 斗《と》宿《しゅく》

〝未知との遭遇〟が運気を活
性化。積極的に受け入れて

相手の宿	相性アドバイス		点数
婁	友	斗宿に安心感を抱く婁宿。'24年は相手の世話ばかりになると疲れるかも	37
胃	親	気の強い二人だが、認め合うことはできる。恋愛関係なら進展は遅め	65
昴	業	あなたが昴宿をリード。でも上に立たず、相手からも学ぶ意識を持って	52
畢	栄	よきライバル。'24年は畢宿の言葉や姿勢が斗宿を奮い立たせてくれそう	90
觜	衰	認め憧れる人。接点が生まれやすい'24年は活性化し合えるよき相棒に	98
参	安	参宿は斗宿をリスペクト。あなたばかりが上に立たず、時には譲ること	45
井	危	お互いに自分の得意分野を担えばスムーズ。論理的な面は井宿に一任を	76
鬼	成	自分にない感性を持つ鬼宿は気になる人。でも'24年はわかり合えない	9
柳	壊	'24年は同じ分野にいると人脈を奪い合う。年下の柳宿を甘くみないで	25
星	友	努力家の星宿は親しみを感じる相手。近づくとライバル関係になることも	53
張	親	お互いの感性を活かして補い合える。目的は同じでないほうがうまくいく	70
翼	胎	翼宿の夢を叶えるために盾になる斗宿。報われない思いを抱くことも	56
軫	栄	軫宿の気配りが斗宿の闘争心を和らげる。'24年は双方に利益が生まれる	88
角	衰	'24年、お互いを高め合える関係に。好感度の高い角宿からは学びが多い	95
亢	安	永遠のライバルになりやすい間柄。あなたが目上の立場だと長く続く	44
氐	危	よき競争相手。衝突を避け、切磋琢磨する関係でいるのが長続きの秘訣	76
房	成	対立はしないが本音の見えにくい人。妄想を膨らませると失望することに	42
心	壊	結ばれても穏やかな時間は少ない。なのに離れられない、因縁深い関係	17
尾	友	尾宿の魅力である強さが、少し弱まる'24年。あなたのフォローが必要	45
箕	親	斗宿が頼ると箕宿は張り切り、どちらも発展。相手をしっかり立てよう	60
斗	命	闘争心が強い者同士。敵対すると激しい展開になるので、争いは避けて	38
女	栄	信頼関係を築き、公私にわたって仲良しに。センスを引き出し合える	85
虚	衰	好きなものが似ている二人。'24年は共通の趣味を通して盛り上がりそう	93
危	安	一緒にいると大胆なことに挑戦できる。ただし危宿が目上だと不安定	37
室	危	まっすぐで度胸のある室宿。刺激せず良好な関係をキープするのが得策	65
壁	成	本音が見えにくい相手。そう感じるほど壁宿からも身構えられることに	40
奎	壊	二人で落ち着きたい奎宿と外に興味が向く斗宿。'24年は歩調が合わない	22

22 女《じょ》宿《しゅく》

支えてくれた人との縁が成就する年。新たな出会いも

相手の宿	相性アドバイス		点数
婁	壊	緻密なタイプ同士、認め合える。あなたが一歩引けば、関係は落ち着く	65
胃	友	つかず離れずの間柄がちょうどいい。近くなっても胃宿を束縛しないこと	32
昴	親	あなたの憧れの相手。刺激をもらうばかりでなく知識や経験のシェアを	57
畢	業	畢宿はあなたを高く評価。'24年、こちらから歩み寄れば特別な仲に進展!!	88
觜	栄	賢い二人。対等の立場で長く続くが、一定以上には距離が縮まりにくい	25
参	衰	一緒にいると楽しいが、主導権は相手のもの。'24年はモヤモヤするかも	47
井	安	理論派の井宿と実務派の女宿は名コンビ。誠実につき合うことで進展！	98
鬼	危	束縛が苦手な鬼宿。重くならないよう、ゆるい雰囲気で接するのがコツ	62
柳	成	あなたが乗り越えたり振り向かせたりしたくなる人。苦い良薬もくれる	85
星	壊	共に自分の世界を生きる二人。主導権を星宿に渡すのがうまくいくコツ	59
張	友	用心深い張宿となら、安心して行動できる。ただし冒険心は生まれない	42
翼	親	あなたが夢を追う翼宿に力を貸す形に。女宿も相手の明るさに救われる	68
軫	胎	軫宿にとってあなたは影響力の大きな存在。'24年は背中を押してあげて	90
角	栄	あなたを楽しませてくれる角宿だが、'24年は期待に応えてくれないかも	15
亢	衰	亢宿をコントロールするのは無理。少し離れてお互いの努力をたたえて	36
氐	安	求める世界は違うが、'24年は尊重し合える。心地いい関係を築けそう！	95
房	危	あなたの仕切りに従ってくれるのでラク。でも本心には踏み込めない	24
心	成	心宿はおだて上手。優しい言葉で、あなたをやる気にさせる。感謝を伝えて	80
尾	壊	節度のある二人なので、ぶつかってもある程度は我慢。だが争うと陰湿	49
箕	友	強気の箕宿を補佐するのがあなた。優しくすると接しやすくなるはず	50
斗	親	背中を押し合い、上を目指せる関係。斗宿がリードし、女宿が支える形に	58
女	命	自尊心が強いので同じ女宿のことを大事にする。発展性はあまりない	55
虚	栄	虚宿の個性を引き出す女宿だが、'24年は相手がパワー不足ですれ違う	20
危	衰	人生における優先順位が違う。'24年は価値観の差が決定的になることが	9
室	安	緻密な女宿と大雑把な室宿。真逆だが、'24年はそれゆえに魅かれ合う	93
壁	危	困った時には手を貸してくれる。でも、それ以外では淡々とした関係に	27
奎	成	どちらも身内意識が強くて好感度大。距離を保つほうが心地いい相性	83

23 虚《きょ》宿《しゅく》

思わぬ展開で生活が激変!? 愛に救われることも多い年

相手の宿	相性アドバイス		点数
婁	成	'24年のよきアドバイザー。いつもよりマイルドな婁宿にホッとできそう	95
胃	壊	堂々としている胃宿は憧れ。一緒にいるうちに自分の課題も発見できる	75
昴	友	よき理解者。'24年は深い話をする機会が多く、励まし慰め合える関係に	88
畢	親	強い畢宿は憧れの存在。でも'24年はあなたの思うようには近づけない	17
觜	業	心を軽くしてくれる相手だが、タイミング次第では距離ができてしまう	22
参	栄	一緒なら大活躍できるチャンスが。そのためには参宿のペースに乗って	60
井	衰	よく話せばお互いによき理解者に。でもきっかけがなければ遠いまま	39
鬼	安	鬼宿のピュアさは安心感抜群。でも多くを求めすぎると相手の負担に	48
柳	危	虚宿が柳宿に憧れて関係がスタート。でも'24年はすぐに気持ちが冷める	14
星	成	'24年は、いつもは近づきにくい星宿と親密に！ 好意は素直に伝えよう	98
張	壊	似た点があり接近しやすい。長続きさせる秘訣は一定の距離を保つこと	80
翼	友	憧れの翼宿と近づけそうな'24年。珍しく二人きりの時間も過ごせる予感	90
軫	親	精神的には安らげる相手だが、現実的に動くと虚宿に無理が生じやすい	17
角	胎	虚宿が尽くしたくなる人。でも角宿のガードが堅く寂しい思いをしがち	20
亢	栄	虚宿の精神面を支えてくれる存在。あなたは知性やアイデアを与えて	55
氐	衰	虚宿から見ると氐宿は自己中心的。及び腰になるが、関わると学びも多い	40
房	安	虚宿に魅かれ、追いかける房宿。でも理解は生まれず、関係はちぐはぐ	27
心	危	表面的には穏やかだが、根本的に違う。'24年は無理に関わらないこと	9
尾	成	自分の世界を生きる二人。'24年はお互いを尊重し合えて心地いい関係に	93
箕	壊	無意識のうちに頼ってしまう相手。自分の意志をうまく伝えるのがコツ	62
斗	友	言葉にしなくても通じるものがあって楽しい。先導役は斗宿にお任せ	85
女	親	あなたを理解してくれる人。'24年、関係を保つには虚宿の努力がマスト	12
虚	命	自分を愛するのに時間がかかる虚宿。同じ宿とも年を重ねてからが好相性	68
危	栄	お互いの個性を伸ばし合える。曖昧な仲となり、マンネリ化する傾向も	50
室	衰	室宿の適当さが気になる虚宿。仕事や結婚のパートナーにはなりにくい	34
壁	安	頼りになる相手。無意識のうちに壁宿にすべてを捧げさせることに!?	25
奎	危	世間の常識を尊重する奎宿。'24年は自分軸で生きる虚宿とは疎遠になる	8

24 危《き》宿《しゅく》

'24年は言葉より行動、お金の使い方で愛を表して

相手の宿	相性アドバイス		点数
婁	危	問題は起きにくいが、実は婁宿はあなたの軽さに気づき引いているかも	45
胃	成	枠にはまらない胃宿といると刺激的。こまめに接点を持つように意識して	67
昴	壊	危宿がかなわないと感じる相手。楽しいが一緒にいるには背伸びが必須	54
畢	友	畢宿に鍛えられる危宿。あなたも相手に刺激を与えられるように意識を	61
觜	親	危宿の心を落ち着かせてくれる觜宿だが、ワクワク感は期待できない	36
参	業	頼りになり面白い相手。'24年は手を組むことでいい影響を与え合える	95
井	栄	ホッとする存在。でも特別な関係にはなりにくく、'24年は仲間の一人に	43
鬼	衰	助けてあげたくなる人。与えるばかりでも'24年の鬼宿をフォローして	60
柳	安	気遣い屋の危宿にとって鷹揚な柳宿はオアシス。'24年、心安らげる存在に	93
星	危	オリジナリティのある星宿は刺激的。ただし歩む道が重なることは少ない	55
張	成	華のある張宿は憧れの人。ただしずっと一緒にいると気疲れすることも	68
翼	壊	我が道を行く翼宿。長く続けたいなら、危宿がついていくのがポイント	57
軫	友	あなたが軫宿を受け止めることで、関係が継続。気分のムラは抑えよう	76
角	親	遊び仲間としては最適。でも二人が一緒だと現実的なことが停滞しがち	42
亢	胎	遠慮せずに危宿を頼る亢宿。あなたも全力で助け、'24年は最強コンビに	98
氐	栄	危宿の個性を輝かせてくれる人。'24年は暴走すると引かれるので注意	29
房	衰	癒しの存在。でも'24年の房宿とは、危宿の理想の関係にはなりにくい	28
心	安	表面的になりやすいが、'24年はハッピー。素直に一緒の時間を楽しんで	90
尾	危	お互いの個性を長所と見れば、関係が上向く。短所と見ればストレスに	47
箕	成	本質的な違いはあるが、仲良くできる。ライトにつき合うほうがベター	75
斗	壊	力を合わせれば共に発展。斗宿への尊敬の気持ちを忘れないことが大切	60
女	友	慎重な女宿は興味深い存在。刹那的でけじめがない行動はしないように	58
虚	親	優しいけれどぬるま湯的な関係に。物事を現実に動かす力は生まれない	37
危	命	遊び仲間として最高の相性。気軽な関係でいるのが、お互いにベスト	70
室	栄	パワフルで頼れる人だが'24年は振り回され、何かと我慢させられそう	9
壁	衰	あなたを支えてくれる壁宿。'24年は奔放すぎるとイラつかせる恐れが	19
奎	安	細やかな奎宿とは丁寧につき合うのがコツ。'24年はいい関係を保てそう	88

25 室《しつ》宿《しゅく》

大切な人に寄り添い、守るべき年。電撃婚の可能性もあり

相手の宿		相性アドバイス	点数
婁	安	頭の上がらない相手。室宿も婁宿の助けとなるよう背中を押してあげて	70
胃	危	実力者同士。なるべく利害関係が対立しないように持っていくのが得策	62
昴	成	助け合える相性だが、'24年にタッグを組むなら室宿が合わせる必要が	25
畢	壊	あなた同様、スケールの大きい畢宿。一目置いて、じっくり向き合おう	68
觜	友	丁寧に接するべき相手。'24年のあなたにとっては、負担になる場面が!?	13
参	親	発展的な相性。新しく出会う参宿だけでなく旧知の参宿も大切にしよう	77
井	業	キレ者の井宿はそばにいてほしい相手。室宿が甘えすぎると離れていく	50
鬼	栄	長所も短所も受け入れられる優しい関係。長くつき合うほどいい縁になる	73
柳	衰	柳宿を受け止める室宿。'24年は、バランスがとれて心地よく過ごせそう	90
星	安	協力し合えば強大なパワーを発揮できる。トップ争いは避けるのが賢明	68
張	危	室宿は大局、張宿は細部を見る。真逆なのであなたからは深入りしない	52
翼	成	その気はなくても翼宿を圧倒しがち。衝突はしないが、一線を引かれそう	37
軫	壊	あなたを助けてくれる人。軫宿の社交性は室宿の世界を広げるのに必要	69
角	友	'24年の角宿は変化が多そう。互いにペースを尊重して、距離ができるかも	18
亢	親	最後まで味方でいてくれる人。長くつき合うほど絆が深まるので気長に	73
氐	胎	あなたが惚れ込み、引き立てる相手。つき合いは短期集中型で終わりがち	54
房	栄	心地よく過ごせる仲。'24年は室宿が存在感を、房宿が実力を発揮できる	95
心	衰	おおらかな室宿と細やかな心宿は補い合える。'24年は大きな気づきが	88
尾	安	室宿が大胆不敵な行動を控えれば円満。尾宿の劣等感を刺激しないこと	65
箕	危	度胸のある者同士、息が合う。活躍の場や立場を分けるほうがスムーズ	72
斗	成	目立つあなたは、斗宿にとって煙たい存在。挑発も無視もしないこと	38
女	壊	カバーし合える。ただし気づけば実権は女宿の手に握られていることが	67
虚	友	'24年、悩みを抱えやすい虚宿。あなたがそれに気づかないと、すれ違う	9
危	親	危宿は頼り、室宿は面白がる。時々相手のペースを確認しながら進んで	61
室	命	自信家同士、負けまいと競い続ける。影響を与え合うが、気は抜けない仲	30
壁	栄	室宿を支えてくれる壁宿。'24年は趣味など予想外の楽しみも共有できる	93
奎	衰	奎宿の緻密さは室宿の雑さを補う。'24年は意見を受け入れると有意義	85

26 壁《へき》宿《しゅく》

頑張るあなたを周囲が応援。"愛の巣"がエネルギーの源に

相手の宿		相性アドバイス	点数
婁	衰	どちらも無駄を嫌うタイプ。パッと意気投合しても、そのうち窮屈に	27
胃	安	胃宿はあなたに近づきたい様子。同じ気持ちなら自分から本心を見せて	35
昴	危	一緒に過ごす機会は少ないが、意外な共通点が見つかれば親しい仲に	74
畢	成	長くつき合うことになる可能性高め。でもあなたの思う関係とは限らない	45
觜	壊	慎重派同士だが觜宿が一枚上手。'24年は壁宿が近づく気にならないかも	16
参	友	参宿の名アシスト役があなた。でも相手の毒舌ぶりに嫌気が差すことが	30
井	親	井宿は壁宿の洞察力を頼りに。'24年、ディープな趣味が二人を近づける!?	88
鬼	業	壁宿に魅かれついてくる鬼宿。'24年は大変な時も力を貸してくれるはず	83
柳	栄	柳宿は表で活躍し、壁宿は裏で支える役。一方的な関係に疲れることも	37
星	衰	個性的な者同士で気が合う。親しくなるには時間がかかるが、焦らずに	35
張	安	表面的には良好。しかし華やかな張宿が控えめな壁宿を下に見ると崩壊	32
翼	危	あなたの出方次第で親しくなれる。心を開いて相手との共通点を探そう	70
軫	成	軫宿といると学びが多い。親しくなりたいなら、あなたからオープンに	47
角	壊	角宿のわがままを壁宿が聞く関係。'24年は悪ノリすると止められない	15
亢	友	あなたを前向きにしてくれる人。特定の分野での限定的なつき合いに	58
氐	親	'24年、壁宿を大切にしてくれる氐宿。協力し合えるパートナーになれそう	95
房	胎	繊細な房宿は守ってあげたい人。'24年は二人の絆を確かめられる気配	89
心	栄	長くつき合える人。ただし、あなたに心宿の複雑さを受け止める必要が	42
尾	衰	一本気で不器用な尾宿を支えたい壁宿。でもあなたが望む関係には遠い	30
箕	安	よきライバルだが、近づきすぎると関係が悪化。意識的に少し離れよう	35
斗	危	普段は接することの少ない相手だが、自分にない戦い方は勉強になるはず	70
女	成	女宿に頼られると支えになるあなた。しかし根本的な価値観は合いにくい	43
虚	壊	魅かれるが、近づくと虚宿の運命に巻き込まれる。'24年は波乱の暗示	8
危	友	気になる存在。振り回されるけれど見捨てられず、つい助けてしまう	50
室	親	世話を焼きたくなる相手。'24年、一緒なら意外な活動が盛り上がるかも	90
壁	命	'24年は、マニアックな二人でいても世界が広がらない。他の人も交えて	17
奎	栄	お互いに本音はあまり明かさない。'24年は壁宿を物足りなく感じそう	39

27 奎《けい》宿《しゅく》

家庭など居場所を整える年。親や年上との交流は有意義

相手の宿		相性アドバイス	点数
婁	栄	大人の対応ができる二人で安泰。婁宿が合わせてくれているケースも	83
胃	衰	共感し合える相性。すべてを見せ合わないことで心地いい関係をキープ	75
昴	安	律儀で上品な二人。警戒心を持ちすぎると、昴宿にストレスを与えそう	26
畢	危	あなたがかなわない相手。張り合わず、違いを面白がるほうが実り豊か	61
觜	成	深入りせずクールな関係のまま終わりがち。でもそのほうが無難のよう	39
参	壊	愛情深く魅かれ合う二人。運が味方する'24年は深い絆を結ぶチャンス	95
井	友	たくさんのことを学べる存在。ただし、奎宿の情熱は冷まされることが	62
鬼	親	鬼宿がイメージを膨らませ、奎宿が実行。同じ歩幅で進んでいける関係	76
柳	業	放っておけない相手。'24年は負担に感じるが、距離をとるのも難しそう	15
星	栄	大きな夢を持つ星宿からはいい影響あり。'24年はあなたを助けてくれる	88
張	衰	あなたが張宿をサポートする関係。絆を深めるには時間がかかりそう	48
翼	安	支え合う相性だが、'24年の翼宿はパワフルで奎宿がついていけないかも	28
軫	危	いつも人に助けられている軫宿。あなたと同じ律義さは求めないように	66
角	成	几帳面な奎宿には角宿の雑さは理解しにくい。つい厳しくジャッジしそう	43
亢	壊	熱い亢宿と冷静な奎宿。'24年はお互いを補い合いベストパートナーに！	98
氐	友	あなたの苦手な社会性の手ほどきをしてくれる人。大切にして長い縁に	62
房	親	房宿はあなたの品のよさに弱い。現実的な物事も処理してくれるはず	65
心	胎	心宿が絡むと理性より本能で動いてしまう。'24年は無理をしすぎないで	9
尾	栄	尾宿と組めば持久力が大幅にUP。かなりの困難も乗り越えられるはず	85
箕	衰	一緒だと物事が大きく進む。自分にない実行力を羨んでしまうことも	56
斗	安	あなたが強く魅かれる人。でも'24年の斗宿とは望む関係にはなりにくい	22
女	危	礼儀や常識を重んじる二人。穏やかだが、形式的で盛り上がりに欠ける	61
虚	成	きちんと派の奎宿と曖昧な虚宿。つき合いたいなら相手を立てる努力を	47
危	壊	社交的で明るい危宿は気を許せる人。'24年は秘めた自分も見せたくなる!?	93
室	友	実行力のある室宿は魅力的。細かいことを言いすぎると敬遠されるかも	52
壁	親	いい時も悪い時もそばにいてくれる人。あなたも心を許してオープンに	70
奎	命	気持ちが伝わりやすく、目的も一致。'24年は同じ方向へと進める予感！	90

赤ちゃんから100歳まで調べられる!!
あなたの「本命宿」は27タイプのどれ?

本命宿早見表

1923～2024年生まれ

オリエンタル占星術のタイプ「本命宿」は漢字一文字で表します。【本命宿早見表】(1923～2024年生まれ)で、自分の生まれ年の表を探し、その表の、生年月日が交わる欄にある漢字をチェックしてください。それがあなたのタイプ「本命宿」です。早見表の左側にあるインデックスタグで自分の「本命宿」のページをたどり、2024年の全運勢&開運暦を読んでください。

例 1985年3月24日生まれの場合

❶本命宿早見表で1985年の表を見ます。
❷ 3月と24日が交わる欄をチェック。ここに「昴」と書いてあります。
❸早見表の左ページ端のインデックスタグで「昴」のページをたどり、26ページからの「昴宿」の2024年の全運勢&開運暦を読んでください。

右の2次元コードを読み取ると、公式占いサイト「水晶玉子のオリエンタル占星術」内の、開運暦2024特設ページへ。サイトでは1910～2024年生まれまで、無料で調べられます➡

※2次元コードがうまく読み取れない場合はこちらから。
https://oriental.cocoloni.jp/t.cgi?t=c/elle/top

※本書および特設サイトで「本命宿」を割り出す[本命宿早見表]は、2016年5月更新の改訂最新版です。「本命宿」が変わる場合もありますので、以前、雑誌や本などで調べた方も、いま一度、この早見表や公式占いサイトの特設ページでチェックしてください。

婁 胃 昴 畢 觜 参 井 鬼 柳 星 張 翼 軫 角 亢 氏 房 心 尾 箕 斗 女 虚 危 室 壁 奎

1923年～1936年生まれのあなた

1923年　大正12年

日\月	1月	2月	3月	4月	5月	6月	7月	8月	9月	10月	11月	12月
1	鬼	張	張	亢	房	箕	虚	壁	畢	井	張	軫
2	柳	翼	翼	氏	心	斗	危	奎	觜	鬼	翼	角
3	星	軫	軫	房	尾	女	室	婁	参	柳	軫	亢
4	張	角	角	心	箕	虚	壁	胃	井	星	角	氏
5	翼	亢	亢	尾	斗	危	奎	昴	鬼	張	亢	房
6	軫	氏	氏	箕	女	室	婁	畢	柳	翼	氏	心
7	角	房	房	斗	虚	壁	胃	觜	星	軫	房	尾
8	亢	心	心	女	危	奎	昴	参	張	角	心	斗
9	氏	尾	尾	虚	室	婁	畢	井	翼	亢	心	女
10	房	箕	箕	危	壁	胃	觜	鬼	軫	氏	尾	虚
11	心	斗	斗	室	奎	昴	参	柳	角	房	箕	危
12	尾	女	女	壁	婁	畢	井	張	亢	心	斗	室
13	箕	虚	虚	奎	胃	觜	鬼	翼	氏	尾	女	壁
14	斗	危	危	婁	昴	参	鬼	軫	房	箕	虚	奎
15	女	室	室	胃	畢	井	柳	角	心	斗	危	婁
16	虚	室	壁	胃	畢	鬼	星	亢	尾	女	室	胃
17	虚	壁	奎	昴	觜	柳	張	氏	箕	虚	壁	昴
18	危	奎	婁	畢	参	星	翼	房	斗	危	奎	畢
19	室	婁	胃	觜	井	張	軫	心	女	室	婁	觜
20	壁	胃	昴	参	鬼	翼	角	尾	虚	壁	胃	参
21	奎	昴	畢	井	柳	軫	亢	箕	危	奎	昴	井
22	婁	畢	觜	鬼	星	角	氏	斗	室	婁	畢	鬼
23	胃	觜	参	柳	張	亢	房	女	壁	胃	觜	柳
24	昴	参	井	星	翼	氏	心	虚	奎	昴	参	星
25	畢	井	鬼	張	軫	房	尾	危	婁	畢	井	張
26	觜	鬼	柳	翼	角	心	箕	室	胃	觜	鬼	翼
27	参	柳	星	軫	亢	尾	斗	壁	昴	参	柳	軫
28	井	星	張	角	氏	箕	女	奎	畢	井	星	角
29	鬼	-	翼	亢	房	斗	虚	婁	觜	鬼	張	亢
30	柳	-	軫	氏	心	女	危	胃	参	柳	翼	氏
31	星	-	角	-	尾	-	室	昴	-	星	-	房

1924年　大正13年

日\月	1月	2月	3月	4月	5月	6月	7月	8月	9月	10月	11月	12月
1	心	女	虚	壁	胃	觜	鬼	張	氏	心	女	室
2	尾	虚	危	奎	昴	参	鬼	翼	房	尾	虚	壁
3	箕	危	室	婁	畢	井	柳	軫	心	箕	危	奎
4	斗	室	壁	胃	畢	鬼	星	角	尾	斗	室	婁
5	女	室	奎	昴	觜	柳	張	亢	箕	女	壁	胃
6	虚	壁	奎	畢	参	星	翼	氏	斗	虚	奎	昴
7	危	奎	婁	觜	井	張	軫	房	女	危	婁	畢
8	室	婁	胃	参	鬼	翼	角	心	虚	室	胃	觜
9	壁	胃	昴	井	柳	軫	亢	尾	危	壁	昴	参
10	奎	昴	畢	鬼	星	角	氏	箕	室	奎	畢	井
11	婁	畢	觜	柳	張	亢	房	斗	壁	婁	觜	鬼
12	胃	觜	参	星	翼	氏	心	女	奎	胃	参	柳
13	昴	参	井	張	軫	房	尾	虚	婁	昴	井	星
14	畢	井	鬼	翼	角	心	箕	危	胃	畢	鬼	張
15	觜	鬼	柳	軫	亢	尾	斗	室	昴	觜	柳	翼
16	参	柳	星	角	氏	箕	女	壁	畢	参	星	軫
17	井	星	張	亢	房	斗	虚	奎	觜	井	張	角
18	鬼	張	翼	氏	心	女	危	婁	参	鬼	翼	亢
19	柳	翼	軫	房	尾	虚	室	胃	井	柳	軫	氏
20	星	軫	角	心	箕	危	壁	昴	鬼	星	角	房
21	張	角	亢	尾	斗	室	奎	畢	柳	張	亢	心
22	翼	亢	氏	箕	女	壁	婁	觜	星	翼	氏	尾
23	軫	氏	房	斗	虚	奎	胃	参	張	軫	房	箕
24	角	房	心	女	危	婁	昴	井	翼	角	心	斗
25	亢	心	尾	虚	室	胃	畢	鬼	軫	亢	尾	女
26	氏	尾	箕	危	壁	昴	觜	柳	角	氏	箕	虚
27	房	箕	斗	室	奎	畢	参	星	亢	房	斗	危
28	心	斗	女	壁	婁	觜	井	張	氏	心	女	室
29	尾	女	虚	奎	胃	参	鬼	翼	氏	尾	虚	壁
30	箕	-	危	婁	昴	井	柳	角	房	箕	危	奎
31	斗	-	室	-	畢	-	星	亢	-	斗	-	婁

1929年　昭和4年

日\月	1月	2月	3月	4月	5月	6月	7月	8月	9月	10月	11月	12月
1	角	房	房	斗	虚	奎	昴	参	張	亢	心	斗
2	亢	心	心	女	危	婁	畢	井	翼	氏	尾	女
3	氏	尾	尾	虚	室	胃	觜	鬼	角	氏	箕	虚
4	房	箕	箕	危	壁	昴	参	柳	亢	房	斗	危
5	心	斗	斗	室	奎	畢	井	張	氏	心	女	室
6	尾	女	女	壁	婁	觜	鬼	翼	房	尾	虚	壁
7	箕	虚	虚	奎	胃	参	鬼	軫	心	箕	危	奎
8	斗	危	危	婁	昴	井	柳	角	尾	斗	室	婁
9	女	室	室	胃	畢	鬼	星	亢	箕	女	壁	胃
10	虚	室	壁	胃	觜	柳	張	氏	斗	虚	奎	昴
11	虚	壁	奎	昴	参	星	翼	房	女	危	婁	畢
12	危	奎	婁	畢	井	張	軫	心	虚	室	胃	觜
13	室	婁	胃	觜	鬼	翼	角	尾	危	壁	昴	参
14	壁	胃	昴	参	柳	軫	亢	箕	室	奎	畢	井
15	奎	昴	畢	井	星	角	氏	斗	壁	婁	觜	鬼
16	婁	畢	觜	鬼	張	亢	房	女	奎	胃	参	柳
17	胃	觜	参	柳	翼	氏	心	虚	婁	昴	井	星
18	昴	参	井	星	軫	房	尾	危	胃	畢	鬼	張
19	畢	井	鬼	張	角	心	箕	室	昴	觜	柳	翼
20	觜	鬼	柳	翼	亢	尾	斗	壁	畢	参	星	軫
21	参	柳	星	軫	氏	箕	女	奎	觜	井	張	角
22	井	星	張	角	房	斗	虚	婁	参	鬼	翼	亢
23	鬼	張	翼	亢	心	女	危	胃	井	柳	軫	氏
24	柳	翼	軫	氏	尾	虚	室	昴	鬼	星	角	房
25	星	軫	角	房	箕	危	壁	畢	柳	張	亢	心
26	張	角	亢	心	斗	室	奎	觜	星	翼	氏	尾
27	翼	亢	氏	尾	女	壁	婁	参	張	軫	房	箕
28	軫	氏	房	箕	虚	奎	胃	井	翼	角	心	斗
29	角	-	心	斗	危	婁	昴	鬼	軫	亢	尾	女
30	亢	-	尾	女	室	胃	畢	柳	角	氏	箕	虚
31	氏	-	箕	-	壁	-	觜	星	-	房	-	虚

1930年　昭和5年

日\月	1月	2月	3月	4月	5月	6月	7月	8月	9月	10月	11月	12月
1	危	奎	婁	畢	参	星	軫	角	尾	虚	壁	胃
2	室	婁	胃	觜	井	張	角	亢	箕	危	奎	昴
3	壁	胃	昴	参	鬼	翼	亢	氏	斗	室	婁	畢
4	奎	昴	畢	井	柳	軫	氏	房	女	壁	胃	觜
5	婁	畢	觜	鬼	星	角	房	心	虚	奎	昴	参
6	胃	觜	参	柳	張	亢	心	尾	危	婁	畢	井
7	昴	参	井	星	翼	氏	尾	箕	室	胃	觜	鬼
8	畢	井	鬼	張	軫	房	箕	斗	壁	昴	参	柳
9	觜	鬼	柳	翼	角	心	斗	女	奎	畢	井	星
10	参	柳	星	軫	亢	尾	女	虚	婁	觜	鬼	張
11	井	星	張	角	氏	箕	虚	危	胃	参	柳	翼
12	鬼	張	翼	亢	房	斗	危	室	昴	井	星	軫
13	柳	翼	軫	氏	心	女	室	壁	畢	鬼	張	角
14	星	軫	角	房	尾	虚	壁	奎	觜	柳	翼	亢
15	張	角	亢	心	箕	危	奎	婁	参	星	軫	氏
16	翼	亢	氏	尾	斗	室	婁	胃	井	張	角	房
17	軫	氏	房	箕	女	壁	胃	昴	鬼	翼	亢	心
18	角	房	心	斗	虚	奎	昴	畢	柳	軫	氏	尾
19	亢	心	尾	女	危	婁	畢	觜	星	角	房	箕
20	氏	尾	箕	虚	室	胃	觜	参	張	亢	心	斗
21	房	箕	斗	危	壁	昴	参	井	翼	氏	尾	女
22	心	斗	女	室	奎	畢	井	鬼	角	氏	箕	虚
23	尾	女	虚	壁	婁	觜	鬼	柳	亢	房	斗	危
24	箕	虚	危	奎	胃	参	柳	張	氏	心	女	室
25	斗	危	室	婁	昴	井	星	翼	房	尾	虚	壁
26	女	室	壁	胃	畢	鬼	鬼	軫	心	箕	危	奎
27	虚	壁	奎	昴	觜	柳	柳	角	尾	斗	室	婁
28	危	奎	婁	畢	参	星	星	亢	箕	女	壁	胃
29	室	-	胃	畢	井	張	張	氏	斗	虚	奎	昴
30	室	-	胃	觜	鬼	翼	翼	房	女	危	婁	畢
31	壁	-	昴	-	柳	-	軫	心	-	室	-	觜

1931年　昭和6年

日\月	1月	2月	3月	4月	5月	6月	7月	8月	9月	10月	11月	12月
1	参	柳	星	軫	亢	心	斗	室	胃	参	星	翼
2	井	星	張	角	氏	尾	女	壁	昴	井	張	軫
3	鬼	張	翼	亢	房	箕	虚	奎	畢	鬼	翼	角
4	柳	翼	軫	氏	心	斗	危	婁	觜	柳	軫	亢
5	星	軫	角	房	尾	女	室	胃	参	星	角	氏
6	張	角	亢	心	箕	虚	壁	昴	井	張	亢	房
7	翼	亢	氏	尾	斗	危	奎	畢	鬼	翼	氏	心
8	軫	氏	房	箕	女	室	婁	觜	柳	軫	房	尾
9	角	房	心	斗	虚	壁	胃	参	星	角	心	斗
10	亢	心	尾	女	危	奎	昴	井	張	亢	心	女
11	氏	尾	箕	虚	室	婁	畢	鬼	翼	氏	尾	虚
12	房	箕	斗	危	壁	胃	觜	柳	角	房	箕	危
13	心	斗	女	室	奎	昴	参	星	亢	心	斗	室
14	尾	女	虚	壁	婁	畢	井	張	氏	尾	女	壁
15	箕	虚	危	奎	胃	觜	鬼	翼	房	箕	虚	奎
16	斗	危	室	婁	昴	参	柳	軫	心	斗	危	婁
17	女	室	壁	胃	畢	井	星	角	尾	女	室	胃
18	虚	壁	奎	胃	畢	鬼	張	亢	箕	虚	壁	昴
19	虚	奎	奎	昴	觜	柳	翼	氏	斗	危	奎	畢
20	危	婁	婁	畢	参	星	軫	房	女	室	婁	觜
21	室	胃	胃	觜	井	張	角	心	虚	壁	胃	参
22	壁	昴	昴	参	鬼	翼	亢	尾	危	奎	昴	井
23	奎	畢	畢	井	柳	軫	氏	箕	室	婁	畢	鬼
24	婁	觜	觜	鬼	星	角	房	斗	壁	胃	觜	柳
25	胃	参	参	柳	張	亢	心	女	奎	昴	参	星
26	昴	井	井	星	翼	氏	尾	虚	婁	畢	井	張
27	畢	鬼	鬼	張	軫	房	箕	危	胃	觜	鬼	翼
28	觜	柳	柳	翼	角	心	斗	室	昴	参	柳	軫
29	参	-	星	軫	亢	尾	女	壁	畢	井	星	角
30	井	-	張	角	氏	箕	虚	奎	觜	鬼	張	亢
31	鬼	-	翼	-	房	-	危	婁	-	柳	-	氏

1932年　昭和7年

日\月	1月	2月	3月	4月	5月	6月	7月	8月	9月	10月	11月	12月
1	房	箕	女	室	奎	昴	参	柳	角	房	斗	危
2	心	斗	虚	壁	婁	畢	井	張	亢	心	女	室
3	尾	女	危	奎	胃	觜	鬼	翼	氏	尾	虚	壁
4	箕	虚	室	婁	昴	参	鬼	軫	房	箕	危	奎
5	斗	危	壁	胃	畢	井	柳	角	心	斗	室	婁
6	女	室	奎	胃	畢	鬼	星	亢	尾	女	壁	胃
7	虚	壁	奎	昴	觜	柳	張	氏	箕	虚	奎	昴
8	虚	奎	婁	畢	参	星	翼	房	斗	危	婁	畢
9	危	婁	胃	觜	井	張	軫	心	女	室	胃	觜
10	室	胃	昴	参	鬼	翼	角	尾	虚	壁	昴	参
11	壁	昴	畢	井	柳	軫	亢	箕	危	奎	畢	井
12	奎	畢	觜	鬼	星	角	氏	斗	室	婁	觜	鬼
13	婁	觜	参	柳	張	亢	房	女	壁	胃	参	柳
14	胃	参	井	星	翼	氏	心	虚	奎	昴	井	星
15	昴	井	鬼	張	軫	房	尾	危	婁	畢	鬼	張
16	畢	鬼	柳	翼	角	心	箕	室	胃	觜	柳	翼
17	觜	柳	星	軫	亢	尾	斗	壁	昴	参	星	軫
18	参	星	張	角	氏	箕	女	奎	畢	井	張	角
19	井	張	翼	亢	房	斗	虚	婁	觜	鬼	翼	亢
20	鬼	翼	軫	氏	心	女	危	胃	参	柳	軫	氏
21	柳	軫	角	房	尾	虚	室	昴	井	星	角	房
22	星	角	亢	心	箕	危	壁	畢	鬼	張	亢	心
23	張	亢	氏	尾	斗	室	奎	觜	柳	翼	氏	尾
24	翼	氏	房	箕	女	壁	婁	参	星	軫	房	箕
25	軫	房	心	斗	虚	奎	胃	井	張	角	心	斗
26	角	心	尾	女	危	婁	昴	鬼	翼	亢	尾	女
27	亢	尾	箕	虚	室	胃	畢	柳	軫	氏	箕	虚
28	氏	箕	斗	危	壁	昴	觜	星	角	房	斗	危
29	房	斗	女	室	奎	畢	参	張	亢	心	女	室
30	心	-	虚	壁	婁	觜	井	翼	氏	尾	虚	壁
31	尾	-	危	-	胃	-	鬼	軫	-	箕	-	奎

1925年　大正14年

月＼日	1月	2月	3月	4月	5月	6月	7月	8月	9月	10月	11月	12月
1	胃	参	参	星	翼	軫	氐	尾	危	奎	昴	参
2	昴	井	井	張	軫	角	房	箕	室	婁	畢	井
3	畢	鬼	鬼	翼	角	亢	心	斗	壁	胃	觜	鬼
4	觜	柳	柳	軫	亢	氐	尾	女	奎	昴	参	柳
5	参	星	星	角	氐	房	箕	虚	婁	畢	井	星
6	井	張	張	亢	房	心	斗	危	胃	觜	鬼	張
7	鬼	翼	翼	氐	心	尾	女	室	昴	参	柳	翼
8	柳	軫	軫	房	尾	箕	虚	壁	畢	井	星	軫
9	星	角	角	心	箕	斗	危	奎	觜	鬼	張	角
10	張	亢	亢	尾	斗	女	室	婁	参	柳	翼	亢
11	翼	氐	氐	箕	女	虚	壁	胃	井	星	軫	氐
12	軫	房	房	斗	虚	危	奎	昴	鬼	張	角	房
13	角	心	心	女	危	室	婁	畢	柳	翼	亢	心
14	亢	尾	尾	虚	室	壁	胃	觜	星	軫	氐	尾
15	氐	箕	箕	危	壁	奎	昴	参	張	角	房	箕
16	房	斗	斗	室	奎	婁	畢	井	翼	亢	心	斗
17	心	女	女	壁	婁	胃	觜	鬼	軫	氐	尾	女
18	尾	虚	虚	奎	胃	昴	参	柳	角	氐	箕	虚
19	箕	危	危	婁	昴	畢	井	張	亢	房	斗	危
20	斗	室	室	胃	畢	觜	鬼	翼	氐	心	女	室
21	女	壁	壁	昴	觜	参	鬼	軫	房	尾	虚	壁
22	虚	奎	奎	畢	参	井	柳	角	心	箕	危	奎
23	危	奎	婁	畢	畢	鬼	星	亢	尾	斗	室	婁
24	室	婁	胃	觜	觜	柳	張	氐	箕	女	壁	胃
25	壁	胃	昴	参	参	星	翼	房	斗	虚	奎	昴
26	奎	昴	畢	井	井	張	軫	心	女	危	婁	畢
27	婁	畢	觜	鬼	鬼	翼	角	尾	虚	室	胃	觜
28	胃	觜	参	柳	柳	軫	亢	箕	危	壁	昴	参
29	昴	-	井	星	星	角	氐	斗	室	奎	畢	井
30	畢	-	鬼	張	張	亢	房	女	壁	婁	觜	鬼
31	觜	-	柳	-	翼	-	心	虚	-	胃	-	柳

1926年　大正15年／昭和元年

月＼日	1月	2月	3月	4月	5月	6月	7月	8月	9月	10月	11月	12月
1	星	角	角	心	斗	危	奎	昴	鬼	張	角	房
2	張	亢	亢	尾	女	室	婁	畢	柳	翼	亢	心
3	翼	氐	氐	箕	虚	壁	胃	觜	星	軫	氐	尾
4	軫	房	房	斗	危	奎	昴	参	張	角	房	箕
5	角	心	心	女	室	婁	畢	井	翼	亢	心	斗
6	亢	尾	尾	虚	壁	胃	觜	鬼	軫	氐	尾	女
7	氐	箕	箕	危	奎	昴	参	柳	角	氐	箕	虚
8	房	斗	斗	室	婁	畢	井	張	亢	房	斗	危
9	心	女	女	壁	胃	觜	鬼	翼	氐	心	女	室
10	尾	虚	虚	奎	昴	参	鬼	軫	房	尾	虚	壁
11	箕	危	危	婁	畢	井	柳	角	心	箕	危	奎
12	斗	室	室	胃	畢	鬼	星	亢	尾	斗	室	婁
13	女	室	壁	昴	觜	柳	張	氐	箕	女	壁	胃
14	虚	壁	奎	畢	参	星	翼	房	斗	虚	奎	昴
15	危	奎	婁	觜	井	張	軫	心	女	危	婁	畢
16	室	婁	胃	参	鬼	翼	角	尾	虚	室	胃	觜
17	壁	胃	昴	井	柳	軫	亢	箕	危	壁	昴	参
18	奎	昴	畢	鬼	星	角	氐	斗	室	奎	畢	井
19	婁	畢	觜	柳	張	亢	房	女	壁	婁	觜	鬼
20	胃	觜	参	星	翼	氐	心	虚	奎	胃	参	柳
21	昴	参	井	張	軫	房	尾	危	婁	昴	井	星
22	畢	井	鬼	翼	角	心	箕	室	胃	畢	鬼	張
23	觜	鬼	柳	軫	亢	尾	斗	壁	昴	觜	柳	翼
24	参	柳	星	角	氐	箕	女	奎	畢	参	星	軫
25	井	星	張	亢	房	斗	虚	婁	觜	井	張	角
26	鬼	張	翼	氐	心	女	危	胃	参	鬼	翼	亢
27	柳	翼	軫	房	尾	虚	室	昴	井	柳	軫	氐
28	星	軫	角	心	箕	危	壁	畢	鬼	星	角	房
29	張	-	亢	尾	斗	室	奎	觜	柳	張	亢	心
30	翼	-	氐	箕	女	壁	婁	参	星	翼	氐	尾
31	軫	-	房	-	虚	-	胃	井	-	軫	-	箕

1927年　昭和2年

月＼日	1月	2月	3月	4月	5月	6月	7月	8月	9月	10月	11月	12月
1	斗	危	室	婁	畢	井	星	角	尾	斗	危	婁
2	女	室	壁	胃	觜	鬼	張	亢	箕	女	室	胃
3	虚	壁	奎	昴	参	柳	翼	氐	斗	虚	壁	昴
4	虚	奎	奎	畢	井	星	軫	房	女	危	奎	畢
5	危	婁	婁	觜	鬼	張	角	心	虚	室	婁	觜
6	室	胃	胃	参	柳	翼	亢	尾	危	壁	胃	参
7	壁	昴	昴	井	星	軫	氐	箕	室	奎	昴	井
8	奎	畢	畢	鬼	張	角	房	斗	壁	婁	畢	鬼
9	婁	觜	觜	柳	翼	亢	心	女	奎	胃	觜	柳
10	胃	参	参	星	軫	氐	尾	虚	婁	昴	参	星
11	昴	井	井	張	角	房	箕	危	胃	畢	井	張
12	畢	鬼	鬼	翼	亢	心	斗	室	昴	觜	鬼	翼
13	觜	柳	柳	軫	氐	尾	女	壁	畢	参	柳	軫
14	参	星	星	角	房	箕	虚	奎	觜	井	星	角
15	井	張	張	亢	心	斗	危	婁	参	鬼	張	亢
16	鬼	翼	翼	氐	尾	女	室	胃	井	柳	翼	氐
17	柳	軫	軫	房	箕	虚	壁	昴	鬼	星	軫	房
18	星	角	角	心	斗	危	奎	畢	柳	張	角	心
19	張	亢	亢	尾	女	室	婁	觜	星	翼	亢	尾
20	翼	氐	氐	箕	虚	壁	胃	参	張	軫	氐	箕
21	軫	房	房	斗	危	奎	昴	井	翼	角	房	斗
22	角	心	心	女	室	婁	畢	鬼	軫	亢	心	女
23	亢	尾	尾	虚	壁	胃	觜	柳	角	氐	尾	虚
24	氐	箕	箕	危	奎	昴	参	星	亢	房	斗	虚
25	房	斗	斗	室	婁	畢	井	張	氐	心	女	危
26	心	女	女	壁	胃	觜	鬼	翼	氐	心	虚	室
27	尾	虚	虚	奎	昴	参	柳	角	房	尾	危	壁
28	箕	危	危	婁	畢	井	星	亢	心	箕	室	奎
29	斗	-	室	胃	觜	鬼	張	氐	尾	斗	壁	婁
30	女	-	壁	昴	参	柳	翼	房	箕	女	奎	胃
31	虚	-	奎	-	参	-	軫	心	-	虚	-	昴

1928年　昭和3年

月＼日	1月	2月	3月	4月	5月	6月	7月	8月	9月	10月	11月	12月
1	畢	井	柳	星	軫	房	尾	虚	婁	畢	井	星
2	觜	鬼	星	張	角	心	箕	危	胃	觜	鬼	張
3	参	柳	張	翼	亢	尾	斗	室	昴	参	柳	翼
4	井	星	翼	軫	氐	箕	女	壁	畢	井	星	軫
5	鬼	張	軫	角	房	斗	虚	奎	觜	鬼	張	角
6	柳	翼	角	亢	心	女	危	婁	参	柳	翼	亢
7	星	軫	亢	氐	尾	虚	室	胃	井	星	軫	氐
8	張	角	氐	房	箕	危	壁	昴	鬼	張	角	房
9	翼	亢	房	心	斗	室	奎	畢	柳	翼	亢	心
10	軫	氐	心	尾	女	壁	婁	觜	星	軫	氐	尾
11	角	房	尾	箕	虚	奎	胃	参	張	角	房	箕
12	亢	心	箕	斗	危	婁	昴	井	翼	亢	心	斗
13	氐	尾	斗	女	室	胃	畢	鬼	軫	氐	尾	女
14	房	箕	女	虚	壁	昴	觜	柳	角	氐	箕	虚
15	心	斗	虚	危	奎	畢	参	張	亢	房	斗	危
16	尾	女	危	室	婁	觜	井	翼	氐	心	女	室
17	箕	虚	室	壁	胃	参	鬼	軫	房	尾	虚	壁
18	斗	危	壁	奎	昴	参	柳	角	心	箕	危	奎
19	女	室	奎	婁	畢	井	星	亢	尾	斗	室	婁
20	虚	壁	婁	胃	觜	鬼	張	氐	箕	女	壁	胃
21	危	奎	胃	昴	参	柳	翼	房	斗	虚	奎	昴
22	室	婁	奎	畢	井	星	軫	心	女	危	婁	畢
23	室	胃	婁	觜	鬼	張	角	尾	虚	室	胃	觜
24	壁	昴	胃	参	柳	翼	亢	箕	危	壁	昴	参
25	奎	畢	昴	井	星	軫	氐	斗	室	奎	畢	井
26	婁	觜	畢	鬼	張	角	房	女	壁	婁	觜	鬼
27	胃	参	觜	柳	翼	亢	心	虚	奎	胃	参	柳
28	昴	井	参	星	軫	氐	尾	危	婁	昴	井	星
29	畢	鬼	井	張	角	房	箕	室	胃	畢	鬼	張
30	觜	-	鬼	翼	亢	心	斗	壁	昴	觜	柳	翼
31	参	-	柳	-	氐	-	女	奎	-	参	-	軫

1933年　昭和8年

月＼日	1月	2月	3月	4月	5月	6月	7月	8月	9月	10月	11月	12月
1	婁	畢	觜	鬼	星	角	角	房	女	室	胃	畢
2	胃	觜	参	柳	張	亢	亢	心	虚	壁	昴	觜
3	昴	参	井	星	翼	氐	氐	尾	危	奎	畢	参
4	畢	井	鬼	張	軫	房	房	箕	室	婁	觜	井
5	觜	鬼	柳	翼	角	心	心	斗	壁	胃	参	鬼
6	参	柳	星	軫	亢	尾	尾	女	奎	昴	井	柳
7	井	星	張	角	氐	箕	箕	虚	婁	畢	鬼	星
8	鬼	張	翼	亢	房	斗	斗	危	胃	觜	柳	張
9	柳	翼	軫	氐	心	女	女	室	昴	参	星	翼
10	星	軫	角	房	尾	虚	虚	壁	畢	井	張	軫
11	張	角	亢	心	箕	危	危	奎	觜	鬼	翼	角
12	翼	亢	氐	尾	斗	室	室	婁	参	柳	軫	亢
13	軫	氐	房	箕	女	壁	壁	胃	井	星	角	氐
14	角	房	心	斗	虚	奎	奎	昴	鬼	張	亢	房
15	亢	心	尾	女	危	婁	婁	畢	柳	翼	氐	心
16	氐	尾	箕	虚	室	胃	胃	觜	星	軫	房	尾
17	房	箕	斗	危	壁	昴	昴	参	張	角	心	斗
18	心	斗	女	室	奎	畢	畢	井	翼	亢	心	女
19	尾	女	虚	壁	婁	觜	觜	鬼	軫	氐	尾	虚
20	箕	虚	危	奎	胃	参	参	柳	角	房	箕	危
21	斗	危	室	婁	昴	井	井	張	亢	心	斗	室
22	女	室	壁	胃	畢	鬼	鬼	翼	氐	尾	女	壁
23	虚	壁	奎	昴	觜	参	鬼	軫	房	箕	虚	奎
24	危	奎	婁	畢	参	井	柳	角	心	斗	危	婁
25	室	婁	胃	畢	井	鬼	星	亢	尾	女	室	胃
26	室	胃	胃	觜	鬼	柳	張	氐	箕	虚	壁	昴
27	壁	昴	昴	参	柳	星	翼	房	斗	危	奎	畢
28	奎	畢	畢	井	星	張	軫	心	女	室	婁	觜
29	婁	-	觜	鬼	張	翼	角	尾	虚	壁	胃	参
30	胃	-	参	柳	翼	軫	亢	箕	危	奎	昴	井
31	昴	-	井	-	軫	-	氐	斗	-	婁	-	鬼

1934年　昭和9年

月＼日	1月	2月	3月	4月	5月	6月	7月	8月	9月	10月	11月	12月
1	柳	軫	軫	房	尾	虚	室	婁	参	柳	翼	亢
2	星	角	角	心	箕	危	壁	胃	井	星	軫	氐
3	張	亢	亢	尾	斗	室	奎	昴	鬼	張	角	房
4	翼	氐	氐	箕	女	壁	婁	畢	柳	翼	亢	心
5	軫	房	房	斗	虚	奎	胃	觜	星	軫	氐	尾
6	角	心	心	女	危	婁	昴	参	張	角	房	箕
7	亢	尾	尾	虚	室	胃	畢	井	翼	亢	心	斗
8	氐	箕	箕	危	壁	昴	觜	鬼	軫	氐	尾	女
9	房	斗	斗	室	奎	畢	参	柳	角	氐	箕	虚
10	心	女	女	壁	婁	觜	井	張	亢	房	斗	危
11	尾	虚	虚	奎	胃	参	鬼	翼	氐	心	女	室
12	箕	危	危	婁	昴	参	鬼	軫	房	尾	虚	壁
13	斗	室	室	胃	畢	井	柳	角	心	箕	危	奎
14	女	室	壁	胃	觜	鬼	星	亢	尾	斗	室	婁
15	虚	壁	奎	昴	参	柳	張	氐	箕	女	壁	胃
16	危	奎	婁	畢	井	星	翼	房	斗	虚	奎	昴
17	室	婁	胃	觜	鬼	張	軫	心	女	危	婁	畢
18	壁	胃	昴	参	柳	翼	角	尾	虚	室	胃	觜
19	奎	昴	畢	井	星	軫	亢	箕	危	壁	昴	参
20	婁	畢	觜	鬼	張	角	氐	斗	室	奎	畢	井
21	胃	觜	参	柳	翼	亢	房	女	壁	婁	觜	鬼
22	昴	参	井	星	軫	氐	心	虚	奎	胃	参	柳
23	畢	井	鬼	張	角	房	尾	危	婁	昴	井	星
24	觜	鬼	柳	翼	亢	心	箕	室	胃	畢	鬼	張
25	参	柳	星	軫	氐	尾	斗	壁	昴	觜	柳	翼
26	井	星	張	角	房	箕	女	奎	畢	参	星	軫
27	鬼	張	翼	亢	心	斗	虚	婁	觜	井	張	角
28	柳	翼	軫	氐	尾	女	危	胃	参	鬼	翼	亢
29	星	-	角	房	箕	虚	室	昴	井	柳	軫	氐
30	張	-	亢	心	斗	危	壁	畢	鬼	星	角	房
31	翼	-	氐		女	-	奎	觜	-	張	-	心

1935年　昭和10年

月＼日	1月	2月	3月	4月	5月	6月	7月	8月	9月	10月	11月	12月
1	尾	虚	虚	奎	昴	参	鬼	軫	房	尾	虚	壁
2	箕	危	危	婁	畢	井	柳	角	心	箕	危	奎
3	斗	室	室	胃	畢	鬼	星	亢	尾	斗	室	婁
4	女	室	壁	昴	觜	柳	張	氐	箕	女	壁	胃
5	虚	壁	奎	畢	参	星	翼	房	斗	虚	奎	昴
6	危	奎	婁	觜	井	張	軫	心	女	危	婁	畢
7	室	婁	胃	参	鬼	翼	角	尾	虚	室	胃	觜
8	壁	胃	昴	井	柳	軫	亢	箕	危	壁	昴	参
9	奎	昴	畢	鬼	星	角	氐	斗	室	奎	畢	井
10	婁	畢	觜	柳	張	亢	房	女	壁	婁	觜	鬼
11	胃	觜	参	星	翼	氐	心	虚	奎	胃	参	柳
12	昴	参	井	張	軫	房	尾	危	婁	昴	井	星
13	畢	井	鬼	翼	角	心	箕	室	胃	畢	鬼	張
14	觜	鬼	柳	軫	亢	尾	斗	壁	昴	觜	柳	翼
15	参	柳	星	角	氐	箕	女	奎	畢	参	星	軫
16	井	星	張	亢	房	斗	虚	婁	觜	井	張	角
17	鬼	張	翼	氐	心	女	危	胃	参	鬼	翼	亢
18	柳	翼	軫	房	尾	虚	室	昴	井	柳	軫	氐
19	星	軫	角	心	箕	危	壁	畢	鬼	星	角	房
20	張	角	亢	尾	斗	室	奎	觜	柳	張	亢	心
21	翼	亢	氐	箕	女	壁	婁	参	星	翼	氐	尾
22	軫	氐	房	斗	虚	奎	胃	井	張	軫	房	箕
23	角	房	心	女	危	婁	昴	鬼	翼	角	心	斗
24	亢	心	尾	虚	室	胃	畢	柳	軫	亢	尾	女
25	氐	尾	箕	危	壁	昴	觜	星	角	氐	箕	虚
26	房	箕	斗	室	奎	畢	参	張	亢	房	斗	虚
27	心	斗	女	壁	婁	觜	井	翼	氐	心	女	危
28	尾	女	虚	奎	胃	参	鬼	軫	氐	尾	虚	室
29	箕	-	危	婁	昴	井	柳	角	房	箕	危	壁
30	斗	-	室	胃	畢	鬼	張	亢	心	斗	室	奎
31	女	-	壁	-	觜	-	翼	氐	-	女	-	婁

1936年　昭和11年

月＼日	1月	2月	3月	4月	5月	6月	7月	8月	9月	10月	11月	12月
1	胃	参	井	張	翼	亢	心	斗	壁	胃	参	鬼
2	昴	井	鬼	翼	軫	氐	尾	女	奎	昴	井	柳
3	畢	鬼	柳	軫	角	房	箕	虚	婁	畢	鬼	星
4	觜	柳	星	角	亢	心	斗	危	胃	觜	柳	張
5	参	星	張	亢	氐	尾	女	室	昴	参	星	翼
6	井	張	翼	氐	房	箕	虚	壁	畢	井	張	軫
7	鬼	翼	軫	房	心	斗	危	奎	觜	鬼	翼	角
8	柳	軫	角	心	尾	女	室	婁	参	柳	軫	亢
9	星	角	亢	尾	箕	虚	壁	胃	井	星	角	氐
10	張	亢	氐	箕	斗	危	奎	昴	鬼	張	亢	房
11	翼	氐	房	斗	女	室	婁	畢	柳	翼	氐	心
12	軫	房	心	女	虚	壁	胃	觜	星	軫	房	尾
13	角	心	尾	虚	危	奎	昴	参	張	角	心	箕
14	亢	尾	箕	危	室	婁	畢	井	翼	亢	心	斗
15	氐	箕	斗	室	壁	胃	觜	鬼	軫	氐	尾	女
16	房	斗	女	壁	奎	昴	参	柳	角	房	箕	虚
17	心	女	虚	奎	婁	畢	井	張	亢	心	斗	危
18	尾	虚	危	婁	胃	觜	鬼	翼	氐	尾	女	室
19	箕	危	室	胃	昴	参	鬼	軫	房	箕	虚	壁
20	斗	室	壁	昴	畢	井	柳	角	心	斗	危	奎
21	女	壁	奎	胃	畢	鬼	星	亢	尾	女	室	婁
22	虚	奎	婁	昴	觜	柳	張	氐	箕	虚	壁	胃
23	危	奎	胃	畢	参	星	翼	房	斗	危	奎	昴
24	室	婁	昴	觜	井	張	軫	心	女	室	婁	畢
25	壁	胃	畢	参	鬼	翼	角	尾	虚	壁	胃	觜
26	奎	昴	觜	井	柳	軫	亢	箕	危	奎	昴	参
27	婁	畢	参	鬼	星	角	氐	斗	室	婁	畢	井
28	胃	觜	井	柳	張	亢	房	女	壁	胃	觜	鬼
29	昴	参	鬼	星	翼	氐	心	虚	奎	昴	参	柳
30	畢	-	柳	張	軫	房	尾	危	婁	畢	井	星
31	觜	-	星	-	角	-	箕	室	-	觜	-	張

1937年　昭和12年

日＼月	1月	2月	3月	4月	5月	6月	7月	8月	9月	10月	11月	12月
1	翼	亢	氐	尾	女	壁	婁	觜	星	軫	房	尾
2	軫	氐	房	箕	虚	奎	胃	参	張	角	心	箕
3	角	房	心	斗	危	婁	昴	井	翼	亢	心	斗
4	亢	心	尾	女	室	胃	畢	鬼	軫	氐	尾	女
5	氐	尾	箕	虚	壁	昴	觜	柳	角	房	箕	虚
6	房	箕	斗	危	奎	畢	参	張	亢	心	斗	危
7	心	斗	女	室	婁	觜	井	翼	氐	尾	女	室
8	尾	女	虚	壁	胃	参	鬼	軫	房	箕	虚	壁
9	箕	虚	危	奎	昴	参	柳	角	心	斗	危	奎
10	斗	危	室	婁	畢	井	星	亢	尾	女	室	婁
11	女	室	壁	胃	觜	鬼	張	氐	箕	虚	壁	胃
12	虚	壁	奎	昴	参	柳	翼	房	斗	危	奎	昴
13	虚	奎	奎	畢	井	星	軫	心	女	室	婁	畢
14	危	婁	婁	觜	鬼	張	角	尾	虚	壁	胃	觜
15	室	胃	胃	参	柳	翼	亢	箕	危	奎	昴	参
16	壁	昴	昴	井	星	軫	氐	斗	室	婁	畢	井
17	奎	畢	畢	鬼	張	角	房	女	壁	胃	觜	鬼
18	婁	觜	觜	柳	翼	亢	心	虚	奎	昴	参	柳
19	胃	参	参	星	軫	氐	尾	危	婁	畢	井	星
20	昴	井	井	張	角	房	箕	室	胃	觜	鬼	張
21	畢	鬼	鬼	翼	亢	心	斗	壁	昴	参	柳	翼
22	觜	柳	柳	軫	氐	尾	女	奎	畢	井	星	軫
23	参	星	星	角	房	箕	虚	婁	觜	鬼	張	角
24	井	張	張	亢	心	斗	危	胃	参	柳	翼	亢
25	鬼	翼	翼	氐	尾	女	室	昴	井	星	軫	氐
26	柳	軫	軫	房	箕	虚	壁	畢	鬼	張	角	房
27	星	角	角	心	斗	危	奎	觜	柳	翼	亢	心
28	張	亢	亢	尾	女	室	婁	参	星	軫	氐	尾
29	翼	-	氐	箕	虚	壁	胃	井	張	角	房	箕
30	軫	-	房	斗	危	奎	昴	鬼	翼	亢	心	斗
31	角	-	心	-	室	-	畢	柳	-	氐	-	女

1938年　昭和13年

日＼月	1月	2月	3月	4月	5月	6月	7月	8月	9月	10月	11月	12月
1	虚	壁	奎	胃	觜	柳	張	氐	心	斗	室	奎
2	虚	奎	奎	昴	参	星	翼	房	尾	女	壁	婁
3	危	婁	婁	畢	井	張	軫	心	箕	虚	奎	胃
4	室	胃	胃	觜	鬼	翼	角	尾	斗	危	婁	昴
5	壁	昴	昴	参	柳	軫	亢	箕	女	室	胃	畢
6	奎	畢	畢	井	星	角	氐	斗	虚	壁	昴	觜
7	婁	觜	觜	鬼	張	亢	房	女	危	奎	畢	参
8	胃	参	参	柳	翼	氐	心	虚	室	婁	觜	井
9	昴	井	井	星	軫	房	尾	危	壁	胃	参	鬼
10	畢	鬼	鬼	張	角	心	箕	室	奎	昴	井	柳
11	觜	柳	柳	翼	亢	尾	斗	壁	婁	畢	鬼	星
12	参	星	星	軫	氐	箕	女	奎	胃	觜	柳	張
13	井	張	張	角	房	斗	虚	婁	昴	参	星	翼
14	鬼	翼	翼	亢	心	女	危	胃	畢	井	張	軫
15	柳	軫	軫	氐	尾	虚	室	昴	觜	鬼	翼	角
16	星	角	角	房	箕	危	壁	畢	参	柳	軫	亢
17	張	亢	亢	心	斗	室	奎	觜	井	星	角	氐
18	翼	氐	氐	尾	女	壁	婁	参	鬼	張	亢	房
19	軫	房	房	箕	虚	奎	胃	井	柳	翼	氐	心
20	角	心	心	斗	危	婁	昴	鬼	星	軫	房	尾
21	亢	尾	尾	女	室	胃	畢	柳	張	角	心	箕
22	氐	箕	箕	虚	壁	昴	觜	星	翼	亢	心	斗
23	房	斗	斗	危	奎	畢	参	張	軫	氐	尾	女
24	心	女	女	室	婁	觜	井	翼	角	房	箕	虚
25	尾	虚	虚	壁	胃	参	鬼	張	亢	心	斗	危
26	箕	危	危	奎	昴	井	柳	翼	氐	尾	女	室
27	斗	室	室	婁	畢	鬼	張	軫	房	箕	虚	壁
28	女	壁	壁	胃	觜	鬼	翼	角	心	斗	危	奎
29	虚	-	奎	昴	参	柳	軫	亢	尾	女	室	婁
30	危	-	婁	畢	井	星	角	氐	箕	虚	壁	胃
31	室	-	胃	-	鬼	-	亢	房	-	危	-	昴

1939年　昭和14年

日＼月	1月	2月	3月	4月	5月	6月	7月	8月	9月	10月	11月	12月
1	畢	鬼	鬼	張	軫	房	箕	虚	婁	觜	鬼	張
2	觜	柳	柳	翼	角	心	斗	危	胃	参	柳	翼
3	参	星	星	軫	亢	尾	女	室	昴	井	星	軫
4	井	張	張	角	氐	箕	虚	壁	畢	鬼	張	角
5	鬼	翼	翼	亢	房	斗	危	奎	觜	柳	翼	亢
6	柳	軫	軫	氐	心	女	室	婁	参	星	軫	氐
7	星	角	角	房	尾	虚	壁	胃	井	張	角	房
8	張	亢	亢	心	箕	危	奎	昴	鬼	翼	亢	心
9	翼	氐	氐	尾	斗	室	婁	畢	柳	軫	氐	尾
10	軫	房	房	箕	女	壁	胃	觜	星	角	房	箕
11	角	心	心	斗	虚	奎	昴	参	張	亢	心	斗
12	亢	尾	尾	女	危	婁	畢	井	翼	氐	尾	女
13	氐	箕	箕	虚	室	胃	觜	鬼	角	氐	箕	虚
14	房	斗	斗	危	壁	昴	参	柳	亢	房	斗	危
15	心	女	女	室	奎	畢	井	張	氐	心	女	室
16	尾	虚	虚	壁	婁	觜	鬼	翼	房	尾	虚	壁
17	箕	危	危	奎	胃	参	鬼	軫	心	箕	危	奎
18	斗	室	室	婁	昴	井	柳	角	尾	斗	室	婁
19	女	室	壁	胃	畢	鬼	星	亢	箕	女	壁	胃
20	虚	壁	奎	胃	觜	柳	張	氐	斗	虚	奎	昴
21	危	奎	奎	昴	参	星	翼	房	女	危	婁	畢
22	室	婁	婁	畢	井	張	軫	心	虚	室	胃	觜
23	壁	胃	胃	觜	鬼	翼	角	尾	危	壁	昴	参
24	奎	昴	昴	参	柳	軫	亢	箕	室	奎	畢	井
25	婁	畢	畢	井	星	角	氐	斗	壁	婁	觜	鬼
26	胃	觜	觜	鬼	張	亢	房	女	奎	胃	参	柳
27	昴	参	参	柳	翼	氐	心	虚	婁	昴	井	星
28	畢	井	井	星	軫	房	尾	危	胃	畢	鬼	張
29	觜	-	鬼	張	角	心	箕	室	昴	觜	柳	翼
30	参	-	柳	翼	亢	尾	斗	壁	畢	参	星	軫
31	井	-	星	-	氐	-	女	奎	-	井	-	角

1940年　昭和15年

日＼月	1月	2月	3月	4月	5月	6月	7月	8月	9月	10月	11月	12月
1	亢	尾	箕	虚	室	胃	畢	鬼	翼	氐	尾	虚
2	氐	箕	斗	危	壁	昴	觜	柳	角	房	箕	危
3	房	斗	女	室	奎	畢	参	星	亢	心	斗	室
4	心	女	虚	壁	婁	觜	井	張	氐	尾	女	壁
5	尾	虚	危	奎	胃	参	鬼	翼	房	箕	虚	奎
6	箕	危	室	婁	昴	参	柳	軫	心	斗	危	婁
7	斗	室	壁	胃	畢	井	星	角	尾	女	室	胃
8	女	室	奎	胃	觜	鬼	張	亢	箕	虚	壁	昴
9	虚	壁	奎	昴	参	柳	翼	氐	斗	危	奎	畢
10	危	奎	婁	畢	井	星	軫	房	女	室	婁	觜
11	室	婁	胃	觜	鬼	張	角	心	虚	壁	胃	参
12	壁	胃	昴	参	柳	翼	亢	尾	危	奎	昴	井
13	奎	昴	畢	井	星	軫	氐	箕	室	婁	畢	鬼
14	婁	畢	觜	鬼	張	角	房	斗	壁	胃	觜	柳
15	胃	觜	参	柳	翼	亢	心	女	奎	昴	参	星
16	昴	参	井	星	軫	氐	尾	虚	婁	畢	井	張
17	畢	井	鬼	張	角	房	箕	危	胃	觜	鬼	翼
18	觜	鬼	柳	翼	亢	心	斗	室	昴	参	柳	軫
19	参	柳	星	軫	氐	尾	女	壁	畢	井	星	角
20	井	星	張	角	房	箕	虚	奎	觜	鬼	張	亢
21	鬼	張	翼	亢	心	斗	危	婁	参	柳	翼	氐
22	柳	翼	軫	氐	尾	女	室	胃	井	星	軫	房
23	星	軫	角	房	箕	虚	壁	昴	鬼	張	角	心
24	張	角	亢	心	斗	危	奎	畢	柳	翼	亢	尾
25	翼	亢	氐	尾	女	室	婁	觜	星	軫	氐	箕
26	軫	氐	房	箕	虚	壁	胃	参	張	角	房	斗
27	角	房	心	斗	危	奎	昴	井	翼	亢	心	女
28	亢	心	尾	女	室	婁	畢	鬼	軫	氐	尾	虚
29	氐	尾	箕	虚	壁	胃	觜	柳	角	房	斗	虚
30	房	-	斗	危	奎	昴	参	星	亢	心	女	危
31	心	-	女	-	婁	-	井	張	-	心	-	室

1945年　昭和20年

日＼月	1月	2月	3月	4月	5月	6月	7月	8月	9月	10月	11月	12月
1	張	角	角	心	斗	危	奎	畢	鬼	翼	亢	房
2	翼	亢	亢	尾	女	室	婁	觜	柳	軫	氐	心
3	軫	氐	氐	箕	虚	壁	胃	参	星	角	房	尾
4	角	房	房	斗	危	奎	昴	井	張	亢	心	箕
5	亢	心	心	女	室	婁	畢	鬼	翼	氐	心	斗
6	氐	尾	尾	虚	壁	胃	觜	柳	角	氐	尾	女
7	房	箕	箕	危	奎	昴	参	星	亢	房	箕	虚
8	心	斗	斗	室	婁	畢	井	張	氐	心	斗	危
9	尾	女	女	壁	胃	觜	鬼	翼	房	尾	女	室
10	箕	虚	虚	奎	昴	参	柳	軫	心	箕	虚	壁
11	斗	危	危	婁	畢	井	星	角	尾	斗	危	奎
12	女	室	室	胃	畢	鬼	張	亢	箕	女	室	婁
13	虚	室	壁	昴	觜	柳	翼	氐	斗	虚	壁	胃
14	虚	壁	奎	畢	参	星	軫	房	女	危	奎	昴
15	危	奎	婁	觜	井	張	角	心	虚	室	婁	畢
16	室	婁	胃	参	鬼	翼	亢	尾	危	壁	胃	觜
17	壁	胃	昴	井	柳	軫	氐	箕	室	奎	昴	参
18	奎	昴	畢	鬼	星	角	房	斗	壁	婁	畢	井
19	婁	畢	觜	柳	張	亢	心	女	奎	胃	觜	鬼
20	胃	觜	参	星	翼	氐	尾	虚	婁	昴	参	柳
21	昴	参	井	張	軫	房	箕	危	胃	畢	井	星
22	畢	井	鬼	翼	角	心	斗	室	昴	觜	鬼	張
23	觜	鬼	柳	軫	亢	尾	女	壁	畢	参	柳	翼
24	参	柳	星	角	氐	箕	虚	奎	觜	井	星	軫
25	井	星	張	亢	房	斗	危	婁	参	鬼	張	角
26	鬼	張	翼	氐	心	女	室	胃	井	柳	翼	亢
27	柳	翼	軫	房	尾	虚	壁	昴	鬼	星	軫	氐
28	星	軫	角	心	箕	危	奎	畢	柳	張	角	房
29	張	-	亢	尾	斗	室	婁	觜	星	翼	亢	心
30	翼	-	氐	箕	女	壁	胃	参	張	軫	氐	尾
31	軫	-	房	-	虚	-	昴	井	-	角	-	箕

1946年　昭和21年

日＼月	1月	2月	3月	4月	5月	6月	7月	8月	9月	10月	11月	12月
1	斗	室	室	婁	畢	井	星	亢	尾	女	室	婁
2	女	室	壁	胃	觜	鬼	張	氐	箕	虚	壁	胃
3	虚	壁	奎	昴	参	柳	翼	房	斗	危	奎	昴
4	危	奎	奎	畢	井	星	軫	心	女	室	婁	畢
5	室	婁	婁	觜	鬼	張	角	尾	虚	壁	胃	觜
6	壁	胃	胃	参	柳	翼	亢	箕	危	奎	昴	参
7	奎	昴	昴	井	星	軫	氐	斗	室	婁	畢	井
8	婁	畢	畢	鬼	張	角	房	女	壁	胃	觜	鬼
9	胃	觜	觜	柳	翼	亢	心	虚	奎	昴	参	柳
10	昴	参	参	星	軫	氐	尾	危	婁	畢	井	星
11	畢	井	井	張	角	房	箕	室	胃	觜	鬼	張
12	觜	鬼	鬼	翼	亢	心	斗	壁	昴	参	柳	翼
13	参	柳	柳	軫	氐	尾	女	奎	畢	井	星	軫
14	井	星	星	角	房	箕	虚	婁	觜	鬼	張	角
15	鬼	張	張	亢	心	斗	危	胃	参	柳	翼	亢
16	柳	翼	翼	氐	尾	女	室	昴	井	星	軫	氐
17	星	軫	軫	房	箕	虚	壁	畢	鬼	張	角	房
18	張	角	角	心	斗	危	奎	觜	柳	翼	亢	心
19	翼	亢	亢	尾	女	室	婁	参	星	軫	氐	尾
20	軫	氐	氐	箕	虚	壁	胃	井	張	角	房	箕
21	角	房	房	斗	危	奎	昴	鬼	翼	亢	心	斗
22	亢	心	心	女	室	婁	畢	柳	軫	氐	尾	女
23	氐	尾	尾	虚	壁	胃	觜	星	角	房	箕	虚
24	房	箕	箕	危	奎	昴	参	張	亢	心	斗	危
25	心	斗	斗	室	婁	畢	井	翼	氐	心	女	室
26	尾	女	女	壁	胃	觜	鬼	軫	房	尾	虚	壁
27	箕	虚	虚	奎	昴	参	柳	角	心	箕	危	奎
28	斗	危	危	婁	畢	井	張	亢	尾	斗	室	婁
29	女	-	室	胃	觜	鬼	翼	氐	箕	女	壁	胃
30	虚	-	壁	昴	参	柳	軫	房	斗	虚	奎	昴
31	危	-	奎	-	参	-	角	心	-	危	-	畢

1947年　昭和22年

日＼月	1月	2月	3月	4月	5月	6月	7月	8月	9月	10月	11月	12月
1	觜	鬼	鬼	柳	翼	氐	心	女	奎	昴	井	柳
2	参	柳	柳	星	軫	房	尾	虚	婁	畢	鬼	星
3	井	星	星	張	角	心	箕	危	胃	觜	柳	張
4	鬼	張	張	翼	亢	尾	斗	室	昴	参	星	翼
5	柳	翼	翼	軫	氐	箕	女	壁	畢	井	張	軫
6	星	軫	軫	角	房	斗	虚	奎	觜	鬼	翼	角
7	張	角	角	亢	心	女	危	婁	参	柳	軫	亢
8	翼	亢	亢	氐	尾	虚	室	胃	井	星	角	氐
9	軫	氐	氐	房	箕	危	壁	昴	鬼	張	亢	房
10	角	房	房	心	斗	室	奎	畢	柳	翼	氐	心
11	亢	心	心	尾	女	壁	婁	觜	星	軫	房	尾
12	氐	尾	尾	箕	虚	奎	胃	参	張	角	心	斗
13	房	箕	箕	斗	危	婁	昴	井	翼	亢	心	女
14	心	斗	斗	女	室	胃	畢	鬼	軫	氐	尾	虚
15	尾	女	女	虚	壁	昴	觜	柳	角	房	箕	危
16	箕	虚	虚	危	奎	畢	参	張	亢	心	斗	室
17	斗	危	危	室	婁	觜	井	翼	氐	尾	女	壁
18	女	室	室	壁	胃	参	鬼	軫	房	箕	虚	奎
19	虚	壁	壁	奎	昴	参	柳	角	心	斗	危	婁
20	危	奎	奎	婁	畢	井	星	亢	尾	女	室	胃
21	室	奎	婁	胃	觜	鬼	張	氐	箕	虚	壁	昴
22	室	婁	胃	昴	参	柳	翼	房	斗	危	奎	畢
23	壁	胃	奎	畢	井	星	軫	心	女	室	婁	觜
24	奎	昴	婁	觜	鬼	張	角	尾	虚	壁	胃	参
25	婁	畢	胃	参	柳	翼	亢	箕	危	奎	昴	井
26	胃	觜	昴	井	星	軫	氐	斗	室	婁	畢	鬼
27	昴	参	畢	鬼	張	角	房	女	壁	胃	觜	柳
28	畢	井	觜	柳	翼	亢	心	虚	奎	昴	参	星
29	觜	-	参	星	軫	氐	尾	危	婁	畢	井	張
30	参	-	井	張	角	房	箕	室	胃	觜	鬼	翼
31	井	-	鬼	-	亢	-	斗	壁	-	参	-	軫

1948年　昭和23年

日＼月	1月	2月	3月	4月	5月	6月	7月	8月	9月	10月	11月	12月
1	角	房	心	斗	危	奎	昴	参	張	亢	心	斗
2	亢	心	尾	女	室	婁	畢	井	翼	氐	尾	女
3	氐	尾	箕	虚	壁	胃	觜	鬼	角	氐	箕	虚
4	房	箕	斗	危	奎	昴	参	柳	亢	房	斗	危
5	心	斗	女	室	婁	畢	井	張	氐	心	女	室
6	尾	女	虚	壁	胃	觜	鬼	翼	房	尾	虚	壁
7	箕	虚	危	奎	昴	参	鬼	軫	心	箕	危	奎
8	斗	危	室	婁	畢	井	柳	角	尾	斗	室	婁
9	女	室	壁	胃	畢	鬼	星	亢	箕	女	壁	胃
10	虚	室	奎	昴	觜	柳	張	氐	斗	虚	奎	昴
11	虚	壁	奎	畢	参	星	翼	房	女	危	婁	畢
12	危	奎	婁	觜	井	張	軫	心	虚	室	胃	觜
13	室	婁	胃	参	鬼	翼	角	尾	危	壁	昴	参
14	壁	胃	昴	井	柳	軫	亢	箕	室	奎	畢	井
15	奎	昴	畢	鬼	星	角	氐	斗	壁	婁	觜	鬼
16	婁	畢	觜	柳	張	亢	房	女	奎	胃	参	柳
17	胃	觜	参	星	翼	氐	心	虚	婁	昴	井	星
18	昴	参	井	張	軫	房	尾	危	胃	畢	鬼	張
19	畢	井	鬼	翼	角	心	箕	室	昴	觜	柳	翼
20	觜	鬼	柳	軫	亢	尾	斗	壁	畢	参	星	軫
21	参	柳	星	角	氐	箕	女	奎	觜	井	張	角
22	井	星	張	亢	房	斗	虚	婁	参	鬼	翼	亢
23	鬼	張	翼	氐	心	女	危	胃	井	柳	軫	氐
24	柳	翼	軫	房	尾	虚	室	昴	鬼	星	角	房
25	星	軫	角	心	箕	危	壁	畢	柳	張	亢	心
26	張	角	亢	尾	斗	室	奎	觜	星	翼	氐	尾
27	翼	亢	氐	箕	女	壁	婁	参	張	軫	房	箕
28	軫	氐	房	斗	虚	奎	胃	井	翼	角	心	斗
29	角	房	心	女	危	婁	昴	鬼	軫	亢	尾	女
30	亢	-	尾	虚	室	胃	畢	柳	角	氐	箕	虚
31	氐	-	箕	-	壁	-	觜	星	-	房	-	危

1941年　昭和16年

日＼月	1月	2月	3月	4月	5月	6月	7月	8月	9月	10月	11月	12月
1	壁	昴	昴	参	柳	翼	角	氐	箕	危	婁	昴
2	奎	畢	畢	井	星	軫	亢	房	斗	室	胃	畢
3	婁	觜	觜	鬼	張	角	氐	心	女	壁	昴	觜
4	胃	参	参	柳	翼	亢	房	尾	虚	奎	畢	参
5	昴	井	井	星	軫	氐	心	箕	危	婁	觜	井
6	畢	鬼	鬼	張	角	房	尾	斗	室	胃	参	鬼
7	觜	柳	柳	翼	亢	心	箕	女	壁	昴	井	柳
8	参	星	星	軫	氐	尾	斗	虚	奎	畢	鬼	星
9	井	張	張	角	房	箕	女	危	婁	觜	柳	張
10	鬼	翼	翼	亢	心	斗	虚	室	胃	参	星	翼
11	柳	軫	軫	氐	尾	女	危	壁	昴	井	張	軫
12	星	角	角	房	箕	虚	室	奎	畢	鬼	翼	角
13	張	亢	亢	心	斗	危	壁	婁	觜	柳	軫	亢
14	翼	氐	氐	尾	女	室	奎	胃	参	星	角	氐
15	軫	房	房	箕	虚	壁	婁	昴	井	張	亢	房
16	角	心	心	斗	危	奎	胃	畢	鬼	翼	氐	心
17	亢	尾	尾	女	室	婁	昴	觜	柳	軫	房	尾
18	氐	箕	箕	虚	壁	胃	畢	参	星	角	心	斗
19	房	斗	斗	危	奎	昴	觜	井	張	亢	心	女
20	心	女	女	室	婁	畢	参	鬼	翼	氐	尾	虚
21	尾	虚	虚	壁	胃	觜	井	柳	角	房	箕	危
22	箕	危	危	奎	昴	参	鬼	星	亢	心	斗	室
23	斗	室	室	婁	畢	井	柳	張	氐	尾	女	壁
24	女	壁	壁	胃	觜	鬼	鬼	翼	房	箕	虚	奎
25	虚	奎	奎	昴	参	鬼	柳	軫	心	斗	危	婁
26	危	奎	婁	畢	参	柳	星	角	尾	女	室	胃
27	室	婁	胃	觜	井	星	張	亢	箕	虚	壁	昴
28	壁	胃	胃	参	鬼	張	翼	氐	斗	危	奎	畢
29	奎	-	昴	井	柳	翼	軫	房	女	室	婁	觜
30	婁	-	畢	鬼	星	軫	角	心	虚	壁	胃	参
31	胃	-	觜	-	張	-	亢	尾	-	奎	-	井

1942年　昭和17年

日＼月	1月	2月	3月	4月	5月	6月	7月	8月	9月	10月	11月	12月
1	鬼	張	翼	亢	心	斗	虚	奎	畢	井	張	軫
2	柳	翼	軫	氐	尾	女	危	婁	觜	鬼	翼	角
3	星	軫	角	房	箕	虚	室	胃	参	柳	軫	亢
4	張	角	亢	心	斗	危	壁	昴	井	星	角	氐
5	翼	亢	氐	尾	女	室	奎	畢	鬼	張	亢	房
6	軫	氐	房	箕	虚	壁	婁	觜	柳	翼	氐	心
7	角	房	心	斗	危	奎	胃	参	星	軫	房	尾
8	亢	心	尾	女	室	婁	昴	井	張	角	心	斗
9	氐	尾	箕	虚	壁	胃	畢	鬼	翼	亢	心	女
10	房	箕	斗	危	奎	昴	觜	柳	軫	氐	尾	虚
11	心	斗	女	室	婁	畢	参	星	角	房	箕	危
12	尾	女	虚	壁	胃	觜	井	張	亢	心	斗	室
13	箕	虚	危	奎	昴	参	鬼	翼	氐	尾	女	壁
14	斗	危	室	婁	畢	参	柳	軫	房	箕	虚	奎
15	女	室	壁	胃	畢	井	星	角	心	斗	危	婁
16	虚	壁	奎	昴	觜	鬼	張	亢	尾	女	室	胃
17	虚	奎	奎	畢	参	柳	翼	氐	箕	虚	壁	昴
18	危	婁	婁	觜	井	星	軫	房	斗	危	奎	畢
19	室	胃	胃	参	鬼	張	角	心	女	室	婁	觜
20	壁	昴	昴	井	柳	翼	亢	尾	虚	壁	胃	参
21	奎	畢	畢	鬼	星	軫	氐	箕	危	奎	昴	井
22	婁	觜	觜	柳	張	角	房	斗	室	婁	畢	鬼
23	胃	参	参	星	翼	亢	心	女	壁	胃	觜	柳
24	昴	井	井	張	軫	氐	尾	虚	奎	昴	参	星
25	畢	鬼	鬼	翼	角	房	箕	危	婁	畢	井	張
26	觜	柳	柳	軫	亢	心	斗	室	胃	觜	鬼	翼
27	参	星	星	角	氐	尾	女	壁	昴	参	柳	軫
28	井	張	張	亢	房	箕	虚	奎	畢	井	星	角
29	鬼	-	翼	氐	心	斗	危	婁	觜	鬼	張	亢
30	柳	-	軫	房	尾	女	室	胃	参	柳	翼	氐
31	星	-	角	-	箕	-	壁	昴	-	星	-	房

1943年　昭和18年

日＼月	1月	2月	3月	4月	5月	6月	7月	8月	9月	10月	11月	12月
1	心	女	女	壁	婁	觜	井	張	亢	心	斗	危
2	尾	虚	虚	奎	胃	参	鬼	翼	氐	尾	女	室
3	箕	危	危	婁	昴	参	柳	軫	房	箕	虚	壁
4	斗	室	室	胃	畢	井	星	角	心	斗	危	奎
5	女	室	壁	胃	觜	鬼	張	亢	尾	女	室	婁
6	虚	壁	奎	昴	参	柳	翼	氐	箕	虚	壁	胃
7	危	奎	婁	畢	井	星	軫	房	斗	危	奎	昴
8	室	婁	胃	觜	鬼	張	角	心	女	室	婁	畢
9	壁	胃	昴	参	柳	翼	亢	尾	虚	壁	胃	觜
10	奎	昴	畢	井	星	軫	氐	箕	危	奎	昴	参
11	婁	畢	觜	鬼	張	角	房	斗	室	婁	畢	井
12	胃	觜	参	柳	翼	亢	心	女	壁	胃	觜	鬼
13	昴	参	井	星	軫	氐	尾	虚	奎	昴	参	柳
14	畢	井	鬼	張	角	房	箕	危	婁	畢	井	星
15	觜	鬼	柳	翼	亢	心	斗	室	胃	觜	鬼	張
16	参	柳	星	軫	氐	尾	女	壁	昴	参	柳	翼
17	井	星	張	角	房	箕	虚	奎	畢	井	星	軫
18	鬼	張	翼	亢	心	斗	危	婁	觜	鬼	張	角
19	柳	翼	軫	氐	尾	女	室	胃	参	柳	翼	亢
20	星	軫	角	房	箕	虚	壁	昴	井	星	軫	氐
21	張	角	亢	心	斗	危	奎	畢	鬼	張	角	房
22	翼	亢	氐	尾	女	室	婁	觜	柳	翼	亢	心
23	軫	氐	房	箕	虚	壁	胃	参	星	軫	氐	尾
24	角	房	心	斗	危	奎	昴	井	張	角	房	箕
25	亢	心	尾	女	室	婁	畢	鬼	翼	亢	心	斗
26	氐	尾	箕	虚	壁	胃	觜	柳	軫	氐	尾	女
27	房	箕	斗	危	奎	昴	参	星	角	房	箕	虚
28	心	斗	女	室	婁	畢	井	張	亢	心	斗	危
29	尾	-	虚	壁	胃	觜	鬼	翼	氐	心	女	室
30	箕	-	危	奎	昴	参	柳	軫	房	尾	虚	壁
31	斗	-	室	-	畢	-	星	角	-	箕	-	奎

1944年　昭和19年

日＼月	1月	2月	3月	4月	5月	6月	7月	8月	9月	10月	11月	12月
1	婁	畢	参	星	翼	角	氐	箕	危	婁	畢	参
2	胃	觜	井	張	軫	亢	房	斗	室	胃	觜	井
3	昴	参	鬼	翼	角	氐	心	女	壁	昴	参	鬼
4	畢	井	柳	軫	亢	房	尾	虚	奎	畢	井	柳
5	觜	鬼	星	角	氐	心	箕	危	婁	觜	鬼	星
6	参	柳	張	亢	房	尾	斗	室	胃	参	柳	張
7	井	星	翼	氐	心	箕	女	壁	昴	井	星	翼
8	鬼	張	軫	房	尾	斗	虚	奎	畢	鬼	張	軫
9	柳	翼	角	心	箕	女	危	婁	觜	柳	翼	角
10	星	軫	亢	尾	斗	虚	室	胃	参	星	軫	亢
11	張	角	氐	箕	女	危	壁	昴	井	張	角	氐
12	翼	亢	房	斗	虚	室	奎	畢	鬼	翼	亢	房
13	軫	氐	心	女	危	壁	婁	觜	柳	軫	氐	心
14	角	房	尾	虚	室	奎	胃	参	星	角	房	尾
15	亢	心	箕	危	壁	婁	昴	井	張	亢	心	斗
16	氐	尾	斗	室	奎	胃	畢	鬼	翼	氐	心	女
17	房	箕	女	壁	婁	昴	觜	柳	角	氐	尾	虚
18	心	斗	虚	奎	胃	畢	参	星	亢	房	箕	危
19	尾	女	危	婁	昴	觜	井	張	氐	心	斗	室
20	箕	虚	室	胃	畢	参	鬼	翼	房	尾	女	壁
21	斗	危	壁	昴	觜	参	柳	軫	心	箕	虚	奎
22	女	室	奎	畢	畢	井	星	角	尾	斗	危	婁
23	虚	壁	婁	畢	觜	鬼	張	亢	箕	女	室	胃
24	危	奎	胃	觜	参	柳	翼	氐	斗	虚	壁	昴
25	室	婁	昴	参	井	星	軫	房	女	危	奎	畢
26	室	胃	畢	井	鬼	張	角	心	虚	室	婁	觜
27	壁	昴	觜	鬼	柳	翼	亢	尾	危	壁	胃	参
28	奎	畢	参	柳	星	軫	氐	箕	室	奎	昴	井
29	婁	觜	井	星	張	角	房	斗	壁	婁	畢	鬼
30	胃	-	鬼	張	翼	亢	心	女	奎	胃	觜	柳
31	昴	-	柳	-	軫	-	尾	虚	-	昴	-	星

1949年　昭和24年

日＼月	1月	2月	3月	4月	5月	6月	7月	8月	9月	10月	11月	12月
1	室	婁	婁	畢	井	星	軫	房	尾	虚	壁	胃
2	壁	胃	胃	觜	鬼	張	角	心	箕	危	奎	昴
3	奎	昴	昴	参	柳	翼	亢	尾	斗	室	婁	畢
4	婁	畢	畢	井	星	軫	氐	箕	女	壁	胃	觜
5	胃	觜	觜	鬼	張	角	房	斗	虚	奎	昴	参
6	昴	参	参	柳	翼	亢	心	女	危	婁	畢	井
7	畢	井	井	星	軫	氐	尾	虚	室	胃	觜	鬼
8	觜	鬼	鬼	張	角	房	箕	危	壁	昴	参	柳
9	参	柳	柳	翼	亢	心	斗	室	奎	畢	井	星
10	井	星	星	軫	氐	尾	女	壁	婁	觜	鬼	張
11	鬼	張	張	角	房	箕	虚	奎	胃	参	柳	翼
12	柳	翼	翼	亢	心	斗	危	婁	昴	井	星	軫
13	星	軫	軫	氐	尾	女	室	胃	畢	鬼	張	角
14	張	角	角	房	箕	虚	壁	昴	觜	柳	翼	亢
15	翼	亢	亢	心	斗	危	奎	畢	参	星	軫	氐
16	軫	氐	氐	尾	女	室	婁	觜	井	張	角	房
17	角	房	房	箕	虚	壁	胃	参	鬼	翼	亢	心
18	亢	心	心	斗	危	奎	昴	井	柳	軫	氐	尾
19	氐	尾	尾	女	室	婁	畢	鬼	星	角	房	箕
20	房	箕	箕	虚	壁	胃	觜	柳	張	亢	心	斗
21	心	斗	斗	危	奎	昴	参	星	翼	氐	尾	女
22	尾	女	女	室	婁	畢	井	張	角	氐	箕	虚
23	箕	虚	虚	壁	胃	觜	鬼	翼	亢	房	斗	危
24	斗	危	危	奎	昴	参	柳	張	氐	心	女	室
25	女	室	室	婁	畢	井	星	翼	房	尾	虚	壁
26	虚	壁	壁	胃	觜	鬼	張	軫	心	箕	危	奎
27	危	奎	奎	昴	参	柳	翼	角	尾	斗	室	婁
28	室	奎	婁	畢	参	星	軫	亢	箕	女	壁	胃
29	室	-	胃	觜	井	張	角	氐	斗	虚	奎	昴
30	壁	-	胃	参	鬼	翼	亢	房	女	危	婁	畢
31	奎	-	昴	-	柳	-	氐	心	-	室	-	觜

1950年　昭和25年

日＼月	1月	2月	3月	4月	5月	6月	7月	8月	9月	10月	11月	12月
1	参	星	星	軫	氐	尾	斗	室	胃	参	星	翼
2	井	張	張	角	房	箕	女	壁	昴	井	張	軫
3	鬼	翼	翼	亢	心	斗	虚	奎	畢	鬼	翼	角
4	柳	軫	軫	氐	尾	女	危	婁	觜	柳	軫	亢
5	星	角	角	房	箕	虚	室	胃	参	星	角	氐
6	張	亢	亢	心	斗	危	壁	昴	井	張	亢	房
7	翼	氐	氐	尾	女	室	奎	畢	鬼	翼	氐	心
8	軫	房	房	箕	虚	壁	婁	觜	柳	軫	房	尾
9	角	心	心	斗	危	奎	胃	参	星	角	心	斗
10	亢	尾	尾	女	室	婁	昴	井	張	亢	心	女
11	氐	箕	箕	虚	壁	胃	畢	鬼	翼	氐	尾	虚
12	房	斗	斗	危	奎	昴	觜	柳	角	房	箕	危
13	心	女	女	室	婁	畢	参	星	亢	心	斗	室
14	尾	虚	虚	壁	胃	觜	井	張	氐	尾	女	壁
15	箕	危	危	奎	昴	参	鬼	翼	房	箕	虚	奎
16	斗	室	室	婁	畢	参	柳	軫	心	斗	危	婁
17	女	室	壁	胃	畢	井	星	角	尾	女	室	胃
18	虚	壁	奎	昴	觜	鬼	張	亢	箕	虚	壁	昴
19	危	奎	奎	畢	参	柳	翼	氐	斗	危	奎	畢
20	室	婁	婁	觜	井	星	軫	房	女	室	婁	觜
21	壁	胃	胃	参	鬼	張	角	心	虚	壁	胃	参
22	奎	昴	昴	井	柳	翼	亢	尾	危	奎	昴	井
23	婁	畢	畢	鬼	星	軫	氐	箕	室	婁	畢	鬼
24	胃	觜	觜	柳	張	角	房	斗	壁	胃	觜	柳
25	昴	参	参	星	翼	亢	心	女	奎	昴	参	星
26	畢	井	井	張	軫	氐	尾	虚	婁	畢	井	張
27	觜	鬼	鬼	翼	角	房	箕	危	胃	觜	鬼	翼
28	参	柳	柳	軫	亢	心	斗	室	昴	参	柳	軫
29	井	-	星	角	氐	尾	女	壁	畢	井	星	角
30	鬼	-	張	亢	房	箕	虚	奎	觜	鬼	張	亢
31	柳	-	翼	-	心	-	危	婁	-	柳	-	氐

1951年　昭和26年

日＼月	1月	2月	3月	4月	5月	6月	7月	8月	9月	10月	11月	12月
1	房	箕	斗	危	奎	昴	觜	柳	角	氐	箕	虚
2	心	斗	女	室	婁	畢	参	星	亢	房	斗	危
3	尾	女	虚	壁	胃	觜	井	張	氐	心	女	室
4	箕	虚	危	奎	昴	参	鬼	翼	房	尾	虚	壁
5	斗	危	室	婁	畢	参	柳	軫	心	箕	危	奎
6	女	室	壁	胃	畢	井	星	角	尾	斗	室	婁
7	虚	壁	奎	昴	觜	鬼	張	亢	箕	女	壁	胃
8	虚	奎	奎	畢	参	柳	翼	氐	斗	虚	奎	昴
9	危	婁	婁	觜	井	星	軫	房	女	危	婁	畢
10	室	胃	胃	参	鬼	張	角	心	虚	室	胃	觜
11	壁	昴	昴	井	柳	翼	亢	尾	危	壁	昴	参
12	奎	畢	畢	鬼	星	軫	氐	箕	室	奎	畢	井
13	婁	觜	觜	柳	張	角	房	斗	壁	婁	觜	鬼
14	胃	参	参	星	翼	亢	心	女	奎	胃	参	柳
15	昴	井	井	張	軫	氐	尾	虚	婁	昴	井	星
16	畢	鬼	鬼	翼	角	房	箕	危	胃	畢	鬼	張
17	觜	柳	柳	軫	亢	心	斗	室	昴	觜	柳	翼
18	参	星	星	角	氐	尾	女	壁	畢	参	星	軫
19	井	張	張	亢	房	箕	虚	奎	觜	井	張	角
20	鬼	翼	翼	氐	心	斗	危	婁	参	鬼	翼	亢
21	柳	軫	軫	房	尾	女	室	胃	井	柳	軫	氐
22	星	角	角	心	箕	虚	壁	昴	鬼	星	角	房
23	張	亢	亢	尾	斗	危	奎	畢	柳	張	亢	心
24	翼	氐	氐	箕	女	室	婁	觜	星	翼	氐	尾
25	軫	房	房	斗	虚	壁	胃	参	張	軫	房	箕
26	角	心	心	女	危	奎	昴	井	翼	角	心	斗
27	亢	尾	尾	虚	室	婁	畢	鬼	軫	亢	尾	女
28	氐	箕	箕	危	壁	胃	觜	柳	角	氐	箕	虚
29	房	-	斗	室	奎	昴	参	星	亢	房	斗	危
30	心	-	女	壁	婁	畢	井	張	氐	心	女	室
31	尾	-	虚	-	胃	-	鬼	翼	-	尾	-	壁

1952年　昭和27年

日＼月	1月	2月	3月	4月	5月	6月	7月	8月	9月	10月	11月	12月
1	奎	昴	觜	鬼	張	角	亢	心	女	壁	胃	觜
2	婁	畢	参	柳	翼	亢	氐	尾	虚	奎	昴	参
3	胃	觜	井	星	軫	氐	房	箕	危	婁	畢	井
4	昴	参	鬼	張	角	房	心	斗	室	胃	觜	鬼
5	畢	井	柳	翼	亢	心	尾	女	壁	昴	参	柳
6	觜	鬼	星	軫	氐	尾	箕	虚	奎	畢	井	星
7	参	柳	張	角	房	箕	斗	危	婁	觜	鬼	張
8	井	星	翼	亢	心	斗	女	室	胃	参	柳	翼
9	鬼	張	軫	氐	尾	女	虚	壁	昴	井	星	軫
10	柳	翼	角	房	箕	虚	危	奎	畢	鬼	張	角
11	星	軫	亢	心	斗	危	室	婁	觜	柳	翼	亢
12	張	角	氐	尾	女	室	壁	胃	参	星	軫	氐
13	翼	亢	房	箕	虚	壁	奎	昴	井	張	角	房
14	軫	氐	心	斗	危	奎	婁	畢	鬼	翼	亢	心
15	角	房	尾	女	室	婁	胃	觜	柳	軫	氐	尾
16	亢	心	箕	虚	壁	胃	昴	参	星	角	房	箕
17	氐	尾	斗	危	奎	昴	畢	井	張	亢	心	斗
18	房	箕	女	室	婁	畢	觜	鬼	翼	氐	尾	女
19	心	斗	虚	壁	胃	觜	参	柳	角	氐	箕	虚
20	尾	女	危	奎	昴	参	井	星	亢	房	斗	危
21	箕	虚	室	婁	畢	井	鬼	張	氐	心	女	室
22	斗	危	壁	胃	觜	参	鬼	翼	房	尾	虚	壁
23	女	室	奎	昴	参	井	柳	軫	心	箕	危	奎
24	虚	壁	婁	畢	参	鬼	星	角	尾	斗	室	婁
25	危	奎	胃	觜	井	柳	張	亢	箕	女	壁	胃
26	室	婁	胃	参	鬼	星	翼	氐	斗	虚	奎	昴
27	室	胃	昴	井	柳	張	軫	房	女	危	婁	畢
28	壁	昴	畢	鬼	星	翼	角	心	虚	室	胃	觜
29	奎	畢	觜	柳	張	軫	亢	尾	危	壁	昴	参
30	婁	-	参	星	翼	角	氐	箕	室	奎	畢	井
31	胃	-	井	-	軫	-	房	斗	-	婁	-	鬼

1953年　昭和28年

日＼月	1月	2月	3月	4月	5月	6月	7月	8月	9月	10月	11月	12月
1	柳	軫	軫	房	尾	虚	壁	胃	参	星	軫	亢
2	星	角	角	心	箕	危	奎	昴	井	張	角	氏
3	張	亢	亢	尾	斗	室	婁	畢	鬼	翼	亢	房
4	翼	氏	氏	箕	女	壁	胃	觜	柳	軫	氏	心
5	軫	房	房	斗	虚	奎	昴	参	星	角	房	尾
6	角	心	心	女	危	婁	畢	井	張	亢	心	斗
7	亢	尾	尾	虚	室	胃	觜	鬼	翼	氏	心	女
8	氏	箕	箕	危	壁	昴	参	柳	角	氏	尾	虚
9	房	斗	斗	室	奎	畢	井	星	亢	房	箕	危
10	心	女	女	壁	婁	觜	鬼	張	氏	心	斗	室
11	尾	虚	虚	奎	胃	参	鬼	翼	房	尾	女	壁
12	箕	危	危	婁	昴	井	柳	軫	心	箕	虚	奎
13	斗	室	室	胃	畢	鬼	星	角	尾	斗	危	婁
14	女	室	壁	胃	觜	柳	張	亢	箕	女	室	胃
15	虚	壁	奎	昴	参	星	翼	氏	斗	虚	壁	昴
16	危	奎	婁	畢	井	張	軫	房	女	危	奎	畢
17	室	婁	胃	觜	鬼	翼	角	心	虚	室	婁	觜
18	壁	胃	昴	参	柳	軫	亢	尾	危	壁	胃	参
19	奎	昴	畢	井	星	角	氏	箕	室	奎	昴	井
20	婁	畢	觜	鬼	張	亢	房	斗	壁	婁	畢	鬼
21	胃	觜	参	柳	翼	氏	心	女	奎	胃	觜	柳
22	昴	参	井	星	軫	房	尾	虚	婁	昴	参	星
23	畢	井	鬼	張	角	心	箕	危	胃	畢	井	張
24	觜	鬼	柳	翼	亢	尾	斗	室	昴	觜	鬼	翼
25	参	柳	星	軫	氏	箕	女	壁	畢	参	柳	軫
26	井	星	張	角	房	斗	虚	奎	觜	井	星	角
27	鬼	張	翼	亢	心	女	危	婁	参	鬼	張	亢
28	柳	翼	軫	氏	尾	虚	室	胃	井	柳	翼	氏
29	星	-	角	房	箕	危	壁	昴	鬼	星	軫	房
30	張	-	亢	心	斗	室	奎	畢	柳	張	角	心
31	翼	-	氏	-	女	-	婁	觜	-	翼	-	尾

1954年　昭和29年

日＼月	1月	2月	3月	4月	5月	6月	7月	8月	9月	10月	11月	12月
1	箕	虚	虚	奎	昴	参	柳	軫	心	箕	虚	奎
2	斗	危	危	婁	畢	井	星	角	尾	斗	危	婁
3	女	室	室	胃	畢	鬼	張	亢	箕	女	室	胃
4	虚	室	壁	昴	觜	柳	翼	氏	斗	虚	壁	昴
5	虚	壁	奎	畢	参	星	軫	房	女	危	奎	畢
6	危	奎	婁	觜	井	張	角	心	虚	室	婁	觜
7	室	婁	胃	参	鬼	翼	亢	尾	危	壁	胃	参
8	壁	胃	昴	井	柳	軫	氏	箕	室	奎	昴	井
9	奎	昴	畢	鬼	星	角	房	斗	壁	婁	畢	鬼
10	婁	畢	觜	柳	張	亢	心	女	奎	胃	觜	柳
11	胃	觜	参	星	翼	氏	尾	虚	婁	昴	参	星
12	昴	参	井	張	軫	房	箕	危	胃	畢	井	張
13	畢	井	鬼	翼	角	心	斗	室	昴	觜	鬼	翼
14	觜	鬼	柳	軫	亢	尾	女	壁	畢	参	柳	軫
15	参	柳	星	角	氏	箕	虚	奎	觜	井	星	角
16	井	星	張	亢	房	斗	危	婁	参	鬼	張	亢
17	鬼	張	翼	氏	心	女	室	胃	井	柳	翼	氏
18	柳	翼	軫	房	尾	虚	壁	昴	鬼	星	軫	房
19	星	軫	角	心	箕	危	奎	畢	柳	張	角	心
20	張	角	亢	尾	斗	室	婁	觜	星	翼	亢	尾
21	翼	亢	氏	箕	女	壁	胃	参	張	軫	氏	箕
22	軫	氏	房	斗	虚	奎	昴	井	翼	角	房	斗
23	角	房	心	女	危	婁	畢	鬼	軫	亢	心	女
24	亢	心	尾	虚	室	胃	觜	柳	角	氏	尾	虚
25	氏	尾	箕	危	壁	昴	参	星	亢	房	斗	虚
26	房	箕	斗	室	奎	畢	井	張	氏	心	女	危
27	心	斗	女	壁	婁	觜	鬼	翼	氏	心	虚	室
28	尾	女	虚	奎	胃	参	柳	角	房	尾	危	壁
29	箕	-	危	婁	昴	井	星	亢	心	箕	室	奎
30	斗	-	室	胃	畢	鬼	張	氏	尾	斗	壁	婁
31	女	-	壁	-	觜	-	翼	房	-	女	-	胃

1955年　昭和30年

日＼月	1月	2月	3月	4月	5月	6月	7月	8月	9月	10月	11月	12月
1	昴	参	参	星	張	角	房	斗	室	胃	觜	鬼
2	畢	井	井	張	翼	亢	心	女	壁	昴	参	柳
3	觜	鬼	鬼	翼	軫	氏	尾	虚	奎	畢	井	星
4	参	柳	柳	軫	角	房	箕	危	婁	觜	鬼	張
5	井	星	星	角	亢	心	斗	室	胃	参	柳	翼
6	鬼	張	張	亢	氏	尾	女	壁	昴	井	星	軫
7	柳	翼	翼	氏	房	箕	虚	奎	畢	鬼	張	角
8	星	軫	軫	房	心	斗	危	婁	觜	柳	翼	亢
9	張	角	角	心	尾	女	室	胃	参	星	軫	氏
10	翼	亢	亢	尾	箕	虚	壁	昴	井	張	角	房
11	軫	氏	氏	箕	斗	危	奎	畢	鬼	翼	亢	心
12	角	房	房	斗	女	室	婁	觜	柳	軫	氏	尾
13	亢	心	心	女	虚	壁	胃	参	星	角	房	箕
14	氏	尾	尾	虚	危	奎	昴	井	張	亢	心	斗
15	房	箕	箕	危	室	婁	畢	鬼	翼	氏	尾	女
16	心	斗	斗	室	壁	胃	觜	柳	角	氏	箕	虚
17	尾	女	女	壁	奎	昴	参	星	亢	房	斗	危
18	箕	虚	虚	奎	婁	畢	井	張	氏	心	女	室
19	斗	危	危	婁	胃	觜	鬼	翼	房	尾	虚	壁
20	女	室	室	胃	昴	参	柳	軫	心	箕	危	奎
21	虚	壁	壁	昴	畢	井	星	角	尾	斗	室	婁
22	危	奎	奎	胃	畢	鬼	張	亢	箕	女	壁	胃
23	室	奎	婁	昴	觜	柳	翼	氏	斗	虚	奎	昴
24	室	婁	胃	畢	参	星	軫	房	女	危	婁	畢
25	壁	胃	昴	觜	井	張	角	心	虚	室	胃	觜
26	奎	昴	畢	参	鬼	翼	亢	尾	危	壁	昴	参
27	婁	畢	觜	井	柳	軫	氏	箕	室	奎	畢	井
28	胃	觜	参	鬼	星	角	房	斗	壁	婁	觜	鬼
29	昴	-	井	柳	張	亢	心	女	奎	胃	参	柳
30	畢	-	鬼	星	翼	氏	尾	虚	婁	昴	井	星
31	觜	-	柳	-	軫	-	箕	危	-	畢	-	張

1956年　昭和31年

日＼月	1月	2月	3月	4月	5月	6月	7月	8月	9月	10月	11月	12月
1	翼	亢	氏	箕	女	壁	婁	觜	星	軫	房	尾
2	軫	氏	房	斗	虚	奎	胃	参	張	角	心	斗
3	角	房	心	女	危	婁	昴	井	翼	亢	心	女
4	亢	心	尾	虚	室	胃	畢	鬼	軫	氏	尾	虚
5	氏	尾	箕	危	壁	昴	觜	柳	角	房	箕	危
6	房	箕	斗	室	奎	畢	参	張	亢	心	斗	室
7	心	斗	女	壁	婁	觜	井	翼	氏	尾	女	壁
8	尾	女	虚	奎	胃	参	鬼	軫	房	箕	虚	奎
9	箕	虚	危	婁	昴	参	柳	角	心	斗	危	婁
10	斗	危	室	胃	畢	井	星	亢	尾	女	室	胃
11	女	室	壁	胃	觜	鬼	張	氏	箕	虚	壁	昴
12	虚	室	奎	昴	参	柳	翼	房	斗	危	奎	畢
13	虚	壁	婁	畢	井	星	軫	心	女	室	婁	觜
14	危	奎	胃	觜	鬼	張	角	尾	虚	壁	胃	参
15	室	婁	昴	参	柳	翼	亢	箕	危	奎	昴	井
16	壁	胃	畢	井	星	軫	氏	斗	室	婁	畢	鬼
17	奎	昴	觜	鬼	張	角	房	女	壁	胃	觜	柳
18	婁	畢	参	柳	翼	亢	心	虚	奎	昴	参	星
19	胃	觜	井	星	軫	氏	尾	危	婁	畢	井	張
20	昴	参	鬼	張	角	房	箕	室	胃	觜	鬼	翼
21	畢	井	柳	翼	亢	心	斗	壁	昴	参	柳	軫
22	觜	鬼	星	軫	氏	尾	女	奎	畢	井	星	角
23	参	柳	張	角	房	箕	虚	婁	觜	鬼	張	亢
24	井	星	翼	亢	心	斗	危	胃	参	柳	翼	氏
25	鬼	張	軫	氏	尾	女	室	昴	井	星	軫	房
26	柳	翼	角	房	箕	虚	壁	畢	鬼	張	角	心
27	星	軫	亢	心	斗	危	奎	觜	柳	翼	亢	尾
28	張	角	氏	尾	女	室	婁	参	星	軫	氏	箕
29	翼	亢	房	箕	虚	壁	胃	井	張	角	房	斗
30	軫	-	心	斗	危	奎	昴	鬼	翼	亢	心	女
31	角	-	尾	-	室	-	畢	柳	-	氏	-	虚

1961年　昭和36年

日＼月	1月	2月	3月	4月	5月	6月	7月	8月	9月	10月	11月	12月
1	鬼	張	翼	亢	心	斗	危	奎	觜	鬼	張	角
2	柳	翼	軫	氏	尾	女	室	婁	参	柳	翼	亢
3	星	軫	角	房	箕	虚	壁	胃	井	星	軫	氏
4	張	角	亢	心	斗	危	奎	昴	鬼	張	角	房
5	翼	亢	氏	尾	女	室	婁	畢	柳	翼	亢	心
6	軫	氏	房	箕	虚	壁	胃	觜	星	軫	氏	尾
7	角	房	心	斗	危	奎	昴	参	張	角	房	箕
8	亢	心	尾	女	室	婁	畢	井	翼	亢	心	斗
9	氏	尾	箕	虚	壁	胃	觜	鬼	軫	氏	尾	女
10	房	箕	斗	危	奎	昴	参	柳	角	氏	箕	虚
11	心	斗	女	室	婁	畢	井	張	亢	房	斗	危
12	尾	女	虚	壁	胃	觜	鬼	翼	氏	心	女	室
13	箕	虚	危	奎	昴	参	鬼	軫	房	尾	虚	壁
14	斗	危	室	婁	畢	井	柳	角	心	箕	危	奎
15	女	室	壁	胃	畢	鬼	星	亢	尾	斗	室	婁
16	虚	壁	奎	昴	觜	柳	張	氏	箕	女	壁	胃
17	虚	奎	奎	畢	参	星	翼	房	斗	虚	奎	昴
18	危	婁	婁	觜	井	張	軫	心	女	危	婁	畢
19	室	胃	胃	参	鬼	翼	角	尾	虚	室	胃	觜
20	壁	昴	昴	井	柳	軫	亢	箕	危	壁	昴	参
21	奎	畢	畢	鬼	星	角	氏	斗	室	奎	畢	井
22	婁	觜	觜	柳	張	亢	房	女	壁	婁	觜	鬼
23	胃	参	参	星	翼	氏	心	虚	奎	胃	参	柳
24	昴	井	井	張	軫	房	尾	危	婁	昴	井	星
25	畢	鬼	鬼	翼	角	心	箕	室	胃	畢	鬼	張
26	觜	柳	柳	軫	亢	尾	斗	壁	昴	觜	柳	翼
27	参	星	星	角	氏	箕	女	奎	畢	参	星	軫
28	井	張	張	亢	房	斗	虚	婁	觜	井	張	角
29	鬼	-	翼	氏	心	女	危	胃	参	鬼	翼	亢
30	柳	-	軫	房	尾	虚	室	昴	井	柳	軫	氏
31	星	-	角	-	箕	-	壁	畢	-	星	-	房

1962年　昭和37年

日＼月	1月	2月	3月	4月	5月	6月	7月	8月	9月	10月	11月	12月
1	心	女	女	壁	婁	觜	鬼	翼	氏	心	女	室
2	尾	虚	虚	奎	胃	参	鬼	軫	房	尾	虚	壁
3	箕	危	危	婁	昴	井	柳	角	心	箕	危	奎
4	斗	室	室	胃	畢	鬼	星	亢	尾	斗	室	婁
5	女	室	壁	胃	觜	柳	張	氏	箕	女	壁	胃
6	虚	壁	奎	昴	参	星	翼	房	斗	虚	奎	昴
7	危	奎	婁	畢	井	張	軫	心	女	危	婁	畢
8	室	婁	胃	觜	鬼	翼	角	尾	虚	室	胃	觜
9	壁	胃	昴	参	柳	軫	亢	箕	危	壁	昴	参
10	奎	昴	畢	井	星	角	氏	斗	室	奎	畢	井
11	婁	畢	觜	鬼	張	亢	房	女	壁	婁	觜	鬼
12	胃	觜	参	柳	翼	氏	心	虚	奎	胃	参	柳
13	昴	参	井	星	軫	房	尾	危	婁	昴	井	星
14	畢	井	鬼	張	角	心	箕	室	胃	畢	鬼	張
15	觜	鬼	柳	翼	亢	尾	斗	壁	昴	觜	柳	翼
16	参	柳	星	軫	氏	箕	女	奎	畢	参	星	軫
17	井	星	張	角	房	斗	虚	婁	觜	井	張	角
18	鬼	張	翼	亢	心	女	危	胃	参	鬼	翼	亢
19	柳	翼	軫	氏	尾	虚	室	昴	井	柳	軫	氏
20	星	軫	角	房	箕	危	壁	畢	鬼	星	角	房
21	張	角	亢	心	斗	室	奎	觜	柳	張	亢	心
22	翼	亢	氏	尾	女	壁	婁	参	星	翼	氏	尾
23	軫	氏	房	箕	虚	奎	胃	井	張	軫	房	箕
24	角	房	心	斗	危	婁	昴	鬼	翼	角	心	斗
25	亢	心	尾	女	室	胃	畢	柳	軫	亢	尾	女
26	氏	尾	箕	虚	壁	昴	觜	星	角	氏	箕	虚
27	房	箕	斗	危	奎	畢	参	張	亢	房	斗	虚
28	心	斗	女	室	婁	觜	井	翼	氏	心	女	危
29	尾	-	虚	壁	胃	参	鬼	軫	氏	尾	虚	室
30	箕	-	危	奎	昴	井	柳	角	房	箕	危	壁
31	斗	-	室	-	畢	-	張	亢	-	斗	-	奎

1963年　昭和38年

日＼月	1月	2月	3月	4月	5月	6月	7月	8月	9月	10月	11月	12月
1	婁	觜	觜	柳	張	軫	氏	尾	危	奎	畢	参
2	胃	参	参	星	翼	角	房	箕	室	婁	觜	井
3	昴	井	井	張	軫	亢	心	斗	壁	胃	参	鬼
4	畢	鬼	鬼	翼	角	氏	尾	女	奎	昴	井	柳
5	觜	柳	柳	軫	亢	房	箕	虚	婁	畢	鬼	星
6	参	星	星	角	氏	心	斗	危	胃	觜	柳	張
7	井	張	張	亢	房	尾	女	室	昴	参	星	翼
8	鬼	翼	翼	氏	心	箕	虚	壁	畢	井	張	軫
9	柳	軫	軫	房	尾	斗	危	奎	觜	鬼	翼	角
10	星	角	角	心	箕	女	室	婁	参	柳	軫	亢
11	張	亢	亢	尾	斗	虚	壁	胃	井	星	角	氏
12	翼	氏	氏	箕	女	危	奎	昴	鬼	張	亢	房
13	軫	房	房	斗	虚	室	婁	畢	柳	翼	氏	心
14	角	心	心	女	危	壁	胃	觜	星	軫	房	尾
15	亢	尾	尾	虚	室	奎	昴	参	張	角	心	箕
16	氏	箕	箕	危	壁	婁	畢	井	翼	亢	心	斗
17	房	斗	斗	室	奎	胃	觜	鬼	軫	氏	尾	女
18	心	女	女	壁	婁	昴	参	柳	角	房	箕	虚
19	尾	虚	虚	奎	胃	畢	井	張	亢	心	斗	危
20	箕	危	危	婁	昴	觜	鬼	翼	氏	尾	女	室
21	斗	室	室	胃	畢	参	鬼	軫	房	箕	虚	壁
22	女	壁	壁	昴	觜	井	柳	角	心	斗	危	奎
23	虚	奎	奎	畢	畢	鬼	星	亢	尾	女	室	婁
24	危	奎	婁	畢	觜	柳	張	氏	箕	虚	壁	胃
25	室	婁	胃	觜	参	星	翼	房	斗	危	奎	昴
26	壁	胃	昴	参	井	張	軫	心	女	室	婁	畢
27	奎	昴	畢	井	鬼	翼	角	尾	虚	壁	胃	觜
28	婁	畢	觜	鬼	柳	軫	亢	箕	危	奎	昴	参
29	胃	-	参	柳	星	角	氏	斗	室	婁	畢	井
30	昴	-	井	星	張	亢	房	女	壁	胃	觜	鬼
31	畢	-	鬼	-	翼	-	心	虚	-	昴	-	柳

1964年　昭和39年

日＼月	1月	2月	3月	4月	5月	6月	7月	8月	9月	10月	11月	12月
1	星	軫	亢	心	斗	危	奎	畢	鬼	翼	亢	心
2	張	角	氏	尾	女	室	婁	觜	柳	軫	氏	尾
3	翼	亢	房	箕	虚	壁	胃	参	星	角	房	箕
4	軫	氏	心	斗	危	奎	昴	井	張	亢	心	斗
5	角	房	尾	女	室	婁	畢	鬼	翼	氏	尾	女
6	亢	心	箕	虚	壁	胃	觜	柳	角	氏	箕	虚
7	氏	尾	斗	危	奎	昴	参	星	亢	房	斗	危
8	房	箕	女	室	婁	畢	井	張	氏	心	女	室
9	心	斗	虚	壁	胃	觜	鬼	翼	房	尾	虚	壁
10	尾	女	危	奎	昴	参	柳	軫	心	箕	危	奎
11	箕	虚	室	婁	畢	井	星	角	尾	斗	室	婁
12	斗	危	壁	胃	畢	鬼	張	亢	箕	女	壁	胃
13	女	室	奎	昴	觜	柳	翼	氏	斗	虚	奎	昴
14	虚	壁	奎	畢	参	星	軫	房	女	危	婁	畢
15	虚	奎	婁	觜	井	張	角	心	虚	室	胃	觜
16	危	婁	胃	参	鬼	翼	亢	尾	危	壁	昴	参
17	室	胃	昴	井	柳	軫	氏	箕	室	奎	畢	井
18	壁	昴	畢	鬼	星	角	房	斗	壁	婁	觜	鬼
19	奎	畢	觜	柳	張	亢	心	女	奎	胃	参	柳
20	婁	觜	参	星	翼	氏	尾	虚	婁	昴	井	星
21	胃	参	井	張	軫	房	箕	危	胃	畢	鬼	張
22	昴	井	鬼	翼	角	心	斗	室	昴	觜	柳	翼
23	畢	鬼	柳	軫	亢	尾	女	壁	畢	参	星	軫
24	觜	柳	星	角	氏	箕	虚	奎	觜	井	張	角
25	参	星	張	亢	房	斗	危	婁	参	鬼	翼	亢
26	井	張	翼	氏	心	女	室	胃	井	柳	軫	氏
27	鬼	翼	軫	房	尾	虚	壁	昴	鬼	星	角	房
28	柳	軫	角	心	箕	危	奎	畢	柳	張	亢	心
29	星	角	亢	尾	斗	室	婁	觜	星	翼	氏	尾
30	張	-	氏	箕	女	壁	胃	参	張	軫	房	箕
31	翼	-	房	-	虚	-	昴	井	-	角	-	斗

1957年　昭和32年

日＼月	1月	2月	3月	4月	5月	6月	7月	8月	9月	10月	11月	12月
1	虚	壁	奎	昴	觜	柳	張	氐	斗	斗	室	奎
2	危	奎	奎	畢	参	星	翼	房	女	女	壁	婁
3	室	婁	婁	觜	井	張	軫	心	虚	虚	奎	胃
4	壁	胃	胃	参	鬼	翼	角	尾	危	危	婁	昴
5	奎	昴	昴	井	柳	軫	亢	箕	室	室	胃	畢
6	婁	畢	畢	鬼	星	角	氐	斗	壁	壁	昴	觜
7	胃	觜	觜	柳	張	亢	房	女	奎	奎	畢	参
8	昴	参	参	星	翼	氐	心	虚	婁	婁	觜	井
9	畢	井	井	張	軫	房	尾	危	胃	胃	参	鬼
10	觜	鬼	鬼	翼	角	心	箕	室	昴	昴	井	柳
11	参	柳	柳	軫	亢	尾	斗	壁	畢	畢	鬼	星
12	井	星	星	角	氐	箕	女	奎	觜	觜	柳	張
13	鬼	張	張	亢	房	斗	虚	婁	参	参	星	翼
14	柳	翼	翼	氐	心	女	危	胃	井	井	張	軫
15	星	軫	軫	房	尾	虚	室	昴	鬼	鬼	翼	角
16	張	角	角	心	箕	危	壁	畢	柳	柳	軫	亢
17	翼	亢	亢	尾	斗	室	奎	觜	星	星	角	氐
18	軫	氐	氐	箕	女	壁	婁	参	張	張	亢	房
19	角	房	房	斗	虚	奎	胃	井	翼	翼	氐	心
20	亢	心	心	女	危	婁	昴	鬼	軫	軫	房	尾
21	氐	尾	尾	虚	室	胃	畢	柳	角	角	心	斗
22	房	箕	箕	危	壁	昴	觜	星	亢	亢	心	女
23	心	斗	斗	室	奎	畢	参	張	氐	氐	尾	虚
24	尾	女	女	壁	婁	觜	井	翼	角	房	箕	危
25	箕	虚	虚	奎	胃	参	鬼	角	亢	心	斗	室
26	斗	危	危	婁	昴	井	柳	亢	氐	尾	女	壁
27	女	室	室	胃	畢	鬼	張	氐	房	箕	虚	奎
28	虚	壁	壁	昴	觜	鬼	翼	房	心	斗	危	婁
29	危	-	奎	畢	参	柳	軫	心	尾	女	室	胃
30	室	-	婁	畢	井	星	角	尾	箕	虚	壁	昴
31	室	-	胃	-	鬼	-	亢	箕	-	危	-	畢

1958年　昭和33年

日＼月	1月	2月	3月	4月	5月	6月	7月	8月	9月	10月	11月	12月
1	觜	鬼	鬼	翼	角	房	箕	虚	婁	觜	鬼	張
2	参	柳	柳	軫	亢	心	斗	危	胃	参	柳	翼
3	井	星	星	角	氐	尾	女	室	昴	井	星	軫
4	鬼	張	張	亢	房	箕	虚	壁	畢	鬼	張	角
5	柳	翼	翼	氐	心	斗	危	奎	觜	柳	翼	亢
6	星	軫	軫	房	尾	女	室	婁	参	星	軫	氐
7	張	角	角	心	箕	虚	壁	胃	井	張	角	房
8	翼	亢	亢	尾	斗	危	奎	昴	鬼	翼	亢	心
9	軫	氐	氐	箕	女	室	婁	畢	柳	軫	氐	尾
10	角	房	房	斗	虚	壁	胃	觜	星	角	房	箕
11	亢	心	心	女	危	奎	昴	参	張	亢	心	斗
12	氐	尾	尾	虚	室	婁	畢	井	翼	氐	尾	女
13	房	箕	箕	危	壁	胃	觜	鬼	角	氐	箕	虚
14	心	斗	斗	室	奎	昴	参	柳	亢	房	斗	危
15	尾	女	女	壁	婁	畢	井	張	氐	心	女	室
16	箕	虚	虚	奎	胃	觜	鬼	翼	房	尾	虚	壁
17	斗	危	危	婁	昴	参	鬼	軫	心	箕	危	奎
18	女	室	室	胃	畢	井	柳	角	尾	斗	室	婁
19	虚	室	壁	胃	畢	鬼	星	亢	箕	女	壁	胃
20	虚	壁	奎	昴	觜	柳	張	氐	斗	虚	奎	昴
21	危	奎	婁	畢	参	星	翼	房	女	危	婁	畢
22	室	婁	胃	觜	井	張	軫	心	虚	室	胃	觜
23	壁	胃	昴	参	鬼	翼	角	尾	危	壁	昴	参
24	奎	昴	畢	井	柳	軫	亢	箕	室	奎	畢	井
25	婁	畢	觜	鬼	星	角	氐	斗	壁	婁	觜	鬼
26	胃	觜	参	柳	張	亢	房	女	奎	胃	参	柳
27	昴	参	井	星	翼	氐	心	虚	婁	昴	井	星
28	畢	井	鬼	張	軫	房	尾	危	胃	畢	鬼	張
29	觜	-	柳	翼	角	心	箕	室	昴	觜	柳	翼
30	参	-	星	軫	亢	尾	斗	壁	畢	参	星	軫
31	井	-	張	-	氐	-	女	奎	-	井	-	角

1959年　昭和34年

日＼月	1月	2月	3月	4月	5月	6月	7月	8月	9月	10月	11月	12月
1	亢	尾	尾	虚	室	婁	畢	井	翼	亢	心	女
2	氐	箕	箕	危	壁	胃	觜	鬼	軫	氐	尾	虚
3	房	斗	斗	室	奎	昴	参	柳	角	房	箕	危
4	心	女	女	壁	婁	畢	井	張	亢	心	斗	室
5	尾	虚	虚	奎	胃	觜	鬼	翼	氐	尾	女	壁
6	箕	危	危	婁	昴	参	鬼	軫	房	箕	虚	奎
7	斗	室	室	胃	畢	井	柳	角	心	斗	危	婁
8	女	室	壁	胃	畢	鬼	星	亢	尾	女	室	胃
9	虚	壁	奎	昴	觜	柳	張	氐	箕	虚	壁	昴
10	危	奎	婁	畢	参	星	翼	房	斗	危	奎	畢
11	室	婁	胃	觜	井	張	軫	心	女	室	婁	觜
12	壁	胃	昴	参	鬼	翼	角	尾	虚	壁	胃	参
13	奎	昴	畢	井	柳	軫	亢	箕	危	奎	昴	井
14	婁	畢	觜	鬼	星	角	氐	斗	室	婁	畢	鬼
15	胃	觜	参	柳	張	亢	房	女	壁	胃	觜	柳
16	昴	参	井	星	翼	氐	心	虚	奎	昴	参	星
17	畢	井	鬼	張	軫	房	尾	危	婁	畢	井	張
18	觜	鬼	柳	翼	角	心	箕	室	胃	觜	鬼	翼
19	参	柳	星	軫	亢	尾	斗	壁	昴	参	柳	軫
20	井	星	張	角	氐	箕	女	奎	畢	井	星	角
21	鬼	張	翼	亢	房	斗	虚	婁	觜	鬼	張	亢
22	柳	翼	軫	氐	心	女	危	胃	参	柳	翼	氐
23	星	軫	角	房	尾	虚	室	昴	井	星	軫	房
24	張	角	亢	心	箕	危	壁	畢	鬼	張	角	心
25	翼	亢	氐	尾	斗	室	奎	觜	柳	翼	亢	尾
26	軫	氐	房	箕	女	壁	婁	参	星	軫	氐	箕
27	角	房	心	斗	虚	奎	胃	井	張	角	房	斗
28	亢	心	尾	女	危	婁	昴	鬼	翼	亢	心	女
29	氐	-	箕	虚	室	胃	畢	柳	軫	氐	尾	虚
30	房	-	斗	危	壁	昴	觜	星	角	房	斗	虚
31	心	-	女	-	奎	-	参	張	-	心	-	危

1960年　昭和35年

日＼月	1月	2月	3月	4月	5月	6月	7月	8月	9月	10月	11月	12月
1	室	胃	昴	井	柳	軫	亢	氐	斗	危	婁	昴
2	壁	昴	畢	鬼	星	角	氐	房	女	室	胃	畢
3	奎	畢	觜	柳	張	亢	房	心	虚	壁	昴	觜
4	婁	觜	参	星	翼	氐	心	尾	危	奎	畢	参
5	胃	参	井	張	軫	房	尾	箕	室	婁	觜	井
6	昴	井	鬼	翼	角	心	箕	斗	壁	胃	参	鬼
7	畢	鬼	柳	軫	亢	尾	斗	女	奎	昴	井	柳
8	觜	柳	星	角	氐	箕	女	虚	婁	畢	鬼	星
9	参	星	張	亢	房	斗	虚	危	胃	觜	柳	張
10	井	張	翼	氐	心	女	危	室	昴	参	星	翼
11	鬼	翼	軫	房	尾	虚	室	壁	畢	井	張	軫
12	柳	軫	角	心	箕	危	壁	奎	觜	鬼	翼	角
13	星	角	亢	尾	斗	室	奎	婁	参	柳	軫	亢
14	張	亢	氐	箕	女	壁	婁	胃	井	星	角	氐
15	翼	氐	房	斗	虚	奎	胃	昴	鬼	張	亢	房
16	軫	房	心	女	危	婁	昴	畢	柳	翼	氐	心
17	角	心	尾	虚	室	胃	畢	觜	星	軫	房	尾
18	亢	尾	箕	危	壁	昴	觜	参	張	角	心	斗
19	氐	箕	斗	室	奎	畢	参	井	翼	亢	心	女
20	房	斗	女	壁	婁	觜	井	鬼	軫	氐	尾	虚
21	心	女	虚	奎	胃	参	鬼	柳	角	房	箕	危
22	尾	虚	危	婁	昴	井	柳	張	亢	心	斗	室
23	箕	危	室	胃	畢	鬼	星	翼	氐	尾	女	壁
24	斗	室	壁	昴	觜	鬼	鬼	軫	房	箕	虚	奎
25	女	壁	奎	畢	参	柳	柳	角	心	斗	危	婁
26	虚	奎	婁	畢	井	星	星	亢	尾	女	室	胃
27	危	奎	胃	觜	鬼	張	張	氐	箕	虚	壁	昴
28	室	婁	昴	参	柳	翼	翼	房	斗	危	奎	畢
29	壁	胃	畢	井	星	軫	軫	心	女	室	婁	觜
30	奎	-	觜	鬼	張	角	角	尾	虚	壁	胃	参
31	婁	-	参	-	翼	-	亢	箕	-	奎	-	井

1965年　昭和40年

日＼月	1月	2月	3月	4月	5月	6月	7月	8月	9月	10月	11月	12月
1	女	室	室	胃	畢	井	星	亢	尾	女	壁	胃
2	虚	室	壁	胃	觜	鬼	張	氐	箕	虚	奎	昴
3	虚	壁	奎	昴	参	柳	翼	房	斗	危	婁	畢
4	危	奎	婁	畢	井	星	軫	心	女	室	胃	觜
5	室	婁	胃	觜	鬼	張	角	尾	虚	壁	昴	参
6	壁	胃	昴	参	柳	翼	亢	箕	危	奎	畢	井
7	奎	昴	畢	井	星	軫	氐	斗	室	婁	觜	鬼
8	婁	畢	觜	鬼	張	角	房	女	壁	胃	参	柳
9	胃	觜	参	柳	翼	亢	心	虚	奎	昴	井	星
10	昴	参	井	星	軫	氐	尾	危	婁	畢	鬼	張
11	畢	井	鬼	張	角	房	箕	室	胃	觜	柳	翼
12	觜	鬼	柳	翼	亢	心	斗	壁	昴	参	星	軫
13	参	柳	星	軫	氐	尾	女	奎	畢	井	張	角
14	井	星	張	角	房	箕	虚	婁	觜	鬼	翼	亢
15	鬼	張	翼	亢	心	斗	危	胃	参	柳	軫	氐
16	柳	翼	軫	氐	尾	女	室	昴	井	星	角	房
17	星	軫	角	房	箕	虚	壁	畢	鬼	張	亢	心
18	張	角	亢	心	斗	危	奎	觜	柳	翼	氐	尾
19	翼	亢	氐	尾	女	室	婁	参	星	軫	房	箕
20	軫	氐	房	箕	虚	壁	胃	井	張	角	心	斗
21	角	房	心	斗	危	奎	昴	鬼	翼	亢	尾	女
22	亢	心	尾	女	室	婁	畢	柳	軫	氐	箕	虚
23	氐	尾	箕	虚	壁	胃	觜	星	角	房	斗	虚
24	房	箕	斗	危	奎	昴	参	張	亢	心	女	危
25	心	斗	女	室	婁	畢	井	翼	氐	尾	虚	室
26	尾	女	虚	壁	胃	觜	鬼	軫	房	箕	危	壁
27	箕	虚	危	奎	昴	参	柳	角	心	斗	室	奎
28	斗	危	室	婁	畢	井	張	亢	尾	女	壁	婁
29	女	-	壁	胃	觜	鬼	翼	氐	箕	虚	奎	胃
30	虚	-	奎	昴	参	柳	軫	房	斗	危	婁	昴
31	危	-	婁	-	参	-	角	心	-	室	-	畢

1966年　昭和41年

日＼月	1月	2月	3月	4月	5月	6月	7月	8月	9月	10月	11月	12月
1	觜	鬼	柳	翼	翼	氐	心	女	奎	昴	井	柳
2	参	柳	星	軫	軫	房	尾	虚	婁	畢	鬼	星
3	井	星	張	角	角	心	箕	危	胃	觜	柳	張
4	鬼	張	翼	亢	亢	尾	斗	室	昴	参	星	翼
5	柳	翼	軫	氐	氐	箕	女	壁	畢	井	張	軫
6	星	軫	角	房	房	斗	虚	奎	觜	鬼	翼	角
7	張	角	亢	心	心	女	危	婁	参	柳	軫	亢
8	翼	亢	氐	尾	尾	虚	室	胃	井	星	角	氐
9	軫	氐	房	箕	箕	危	壁	昴	鬼	張	亢	房
10	角	房	心	斗	斗	室	奎	畢	柳	翼	氐	心
11	亢	心	尾	女	女	壁	婁	觜	星	軫	房	尾
12	氐	尾	箕	虚	虚	奎	胃	参	張	角	心	斗
13	房	箕	斗	危	危	婁	昴	井	翼	亢	心	女
14	心	斗	女	室	室	胃	畢	鬼	軫	氐	尾	虚
15	尾	女	虚	壁	壁	昴	觜	柳	角	房	箕	危
16	箕	虚	危	奎	奎	畢	参	張	亢	心	斗	室
17	斗	危	室	婁	婁	觜	井	翼	氐	尾	女	壁
18	女	室	壁	胃	胃	参	鬼	軫	房	箕	虚	奎
19	虚	壁	奎	昴	昴	参	柳	角	心	斗	危	婁
20	危	奎	婁	畢	畢	井	星	亢	尾	女	室	胃
21	室	婁	胃	胃	觜	鬼	張	氐	箕	虚	壁	昴
22	室	胃	胃	昴	参	柳	翼	房	斗	危	奎	畢
23	壁	昴	昴	畢	井	星	軫	心	女	室	婁	觜
24	奎	畢	畢	觜	鬼	張	角	尾	虚	壁	胃	参
25	婁	觜	觜	参	柳	翼	亢	箕	危	奎	昴	井
26	胃	参	参	井	星	軫	氐	斗	室	婁	畢	鬼
27	昴	井	井	鬼	張	角	房	女	壁	胃	觜	柳
28	畢	鬼	鬼	柳	翼	亢	心	虚	奎	昴	参	星
29	觜	-	柳	星	軫	氐	尾	危	婁	畢	井	張
30	参	-	星	張	角	房	箕	室	胃	觜	鬼	翼
31	井	-	張	-	亢	-	斗	壁	-	参	-	軫

1967年　昭和42年

日＼月	1月	2月	3月	4月	5月	6月	7月	8月	9月	10月	11月	12月
1	角	房	心	斗	虚	奎	胃	觜	星	角	房	箕
2	亢	心	尾	女	危	婁	昴	参	張	亢	心	斗
3	氐	尾	箕	虚	室	胃	畢	井	翼	氐	尾	女
4	房	箕	斗	危	壁	昴	觜	鬼	角	氐	箕	虚
5	心	斗	女	室	奎	畢	参	柳	亢	房	斗	危
6	尾	女	虚	壁	婁	觜	井	張	氐	心	女	室
7	箕	虚	危	奎	胃	参	鬼	翼	房	尾	虚	壁
8	斗	危	室	婁	昴	参	鬼	軫	心	箕	危	奎
9	女	室	壁	胃	畢	井	柳	角	尾	斗	室	婁
10	虚	壁	奎	胃	觜	鬼	星	亢	箕	女	壁	胃
11	虚	奎	奎	昴	参	柳	張	氐	斗	虚	奎	昴
12	危	婁	婁	畢	井	星	翼	房	女	危	婁	畢
13	室	胃	胃	觜	鬼	張	軫	心	虚	室	胃	觜
14	壁	昴	昴	参	柳	翼	角	尾	危	壁	昴	参
15	奎	畢	畢	井	星	軫	亢	箕	室	奎	畢	井
16	婁	觜	觜	鬼	張	角	氐	斗	壁	婁	觜	鬼
17	胃	参	参	柳	翼	亢	房	女	奎	胃	参	柳
18	昴	井	井	星	軫	氐	心	虚	婁	昴	井	星
19	畢	鬼	鬼	張	角	房	尾	危	胃	畢	鬼	張
20	觜	柳	柳	翼	亢	心	箕	室	昴	觜	柳	翼
21	参	星	星	軫	氐	尾	斗	壁	畢	参	星	軫
22	井	張	張	角	房	箕	女	奎	觜	井	張	角
23	鬼	翼	翼	亢	心	斗	虚	婁	参	鬼	翼	亢
24	柳	軫	軫	氐	尾	女	危	胃	井	柳	軫	氐
25	星	角	角	房	箕	虚	室	昴	鬼	星	角	房
26	張	亢	亢	心	斗	危	壁	畢	柳	張	亢	心
27	翼	氐	氐	尾	女	室	奎	觜	星	翼	氐	尾
28	軫	房	房	箕	虚	壁	婁	参	張	軫	房	箕
29	角	-	心	斗	危	奎	胃	井	翼	角	心	斗
30	亢	-	尾	女	室	婁	昴	鬼	軫	亢	尾	女
31	氐	-	箕	-	壁	-	畢	柳	-	氐	-	虚

1968年　昭和43年

日＼月	1月	2月	3月	4月	5月	6月	7月	8月	9月	10月	11月	12月
1	危	奎	胃	觜	井	張	軫	心	尾	虚	壁	胃
2	室	婁	昴	参	鬼	翼	角	尾	箕	危	奎	昴
3	壁	胃	畢	井	柳	軫	亢	箕	斗	室	婁	畢
4	奎	昴	觜	鬼	星	角	氐	斗	女	壁	胃	觜
5	婁	畢	参	柳	張	亢	房	女	虚	奎	昴	参
6	胃	觜	井	星	翼	氐	心	虚	危	婁	畢	井
7	昴	参	鬼	張	軫	房	尾	危	室	胃	觜	鬼
8	畢	井	柳	翼	角	心	箕	室	壁	昴	参	柳
9	觜	鬼	星	軫	亢	尾	斗	壁	奎	畢	井	星
10	参	柳	張	角	氐	箕	女	奎	婁	觜	鬼	張
11	井	星	翼	亢	房	斗	虚	婁	胃	参	柳	翼
12	鬼	張	軫	氐	心	女	危	胃	昴	井	星	軫
13	柳	翼	角	房	尾	虚	室	昴	畢	鬼	張	角
14	星	軫	亢	心	箕	危	壁	畢	觜	柳	翼	亢
15	張	角	氐	尾	斗	室	奎	觜	参	星	軫	氐
16	翼	亢	房	箕	女	壁	婁	参	井	張	角	房
17	軫	氐	心	斗	虚	奎	胃	井	鬼	翼	亢	心
18	角	房	尾	女	危	婁	昴	鬼	柳	軫	氐	尾
19	亢	心	箕	虚	室	胃	畢	柳	星	角	房	箕
20	氐	尾	斗	危	壁	昴	觜	星	張	亢	心	斗
21	房	箕	女	室	奎	畢	参	張	翼	氐	尾	女
22	心	斗	虚	壁	婁	觜	井	翼	角	氐	箕	虚
23	尾	女	危	奎	胃	参	鬼	軫	亢	房	斗	危
24	箕	虚	室	婁	昴	井	柳	張	氐	心	女	室
25	斗	危	壁	胃	畢	鬼	張	翼	房	尾	虚	壁
26	女	室	奎	昴	觜	鬼	翼	軫	心	箕	危	奎
27	虚	壁	婁	畢	参	柳	軫	角	尾	斗	室	婁
28	危	奎	胃	畢	井	星	角	亢	箕	女	壁	胃
29	室	婁	胃	觜	鬼	張	亢	氐	斗	虚	奎	昴
30	室	-	昴	参	柳	翼	氐	房	女	危	婁	畢
31	壁	-	畢	-	星	-	房	心	-	室	-	觜

1969年　昭和44年

日＼月	1月	2月	3月	4月	5月	6月	7月	8月	9月	10月	11月	12月
1	参	星	星	角	氐	箕	女	壁	昴	参	星	翼
2	井	張	張	亢	房	斗	虚	奎	畢	井	張	軫
3	鬼	翼	翼	氐	心	女	危	婁	觜	鬼	翼	角
4	柳	軫	軫	房	尾	虚	室	胃	参	柳	軫	亢
5	星	角	角	心	箕	危	壁	昴	井	星	角	氐
6	張	亢	亢	尾	斗	室	奎	畢	鬼	張	亢	房
7	翼	氐	氐	箕	女	壁	婁	觜	柳	翼	氐	心
8	軫	房	房	斗	虚	奎	胃	参	星	軫	房	尾
9	角	心	心	女	危	婁	昴	井	張	角	心	斗
10	亢	尾	尾	虚	室	胃	畢	鬼	翼	亢	心	女
11	氐	箕	箕	危	壁	昴	觜	柳	軫	氐	尾	虚
12	房	斗	斗	室	奎	畢	参	星	角	房	箕	危
13	心	女	女	壁	婁	觜	井	張	亢	心	斗	室
14	尾	虚	虚	奎	胃	参	鬼	翼	氐	尾	女	壁
15	箕	危	危	婁	昴	参	柳	軫	房	箕	虚	奎
16	斗	室	室	胃	畢	井	星	角	心	斗	危	婁
17	女	室	壁	胃	觜	鬼	張	亢	尾	女	室	胃
18	虚	壁	奎	昴	参	柳	翼	氐	箕	虚	壁	昴
19	危	奎	婁	畢	井	星	軫	房	斗	危	奎	畢
20	室	婁	胃	觜	鬼	張	角	心	女	室	婁	觜
21	壁	胃	昴	参	柳	翼	亢	尾	虚	壁	胃	参
22	奎	昴	畢	井	星	軫	氐	箕	危	奎	昴	井
23	婁	畢	觜	鬼	張	角	房	斗	室	婁	畢	鬼
24	胃	觜	参	柳	翼	亢	心	女	壁	胃	觜	柳
25	昴	参	井	星	軫	氐	尾	虚	奎	昴	参	星
26	畢	井	鬼	張	角	房	箕	危	婁	畢	井	張
27	觜	鬼	柳	翼	亢	心	斗	室	胃	觜	鬼	翼
28	参	柳	星	軫	氐	尾	女	壁	昴	参	柳	軫
29	井	-	張	角	房	箕	虚	奎	畢	井	星	角
30	鬼	-	翼	亢	心	斗	危	婁	觜	鬼	張	亢
31	柳	-	軫	-	尾	-	室	胃	-	柳	-	氐

1970年　昭和45年

日＼月	1月	2月	3月	4月	5月	6月	7月	8月	9月	10月	11月	12月
1	房	箕	斗	危	奎	畢	参	柳	角	房	箕	虚
2	心	斗	女	室	婁	觜	井	張	亢	心	斗	危
3	尾	女	虚	壁	胃	参	鬼	翼	氐	尾	女	室
4	箕	虚	危	奎	昴	参	鬼	軫	房	箕	虚	壁
5	斗	危	室	婁	畢	井	柳	角	心	斗	危	奎
6	女	室	壁	胃	觜	鬼	星	亢	尾	女	室	婁
7	虚	壁	奎	昴	参	柳	張	氐	箕	虚	壁	胃
8	虚	奎	奎	畢	井	星	翼	房	斗	危	奎	昴
9	危	婁	婁	觜	鬼	張	軫	心	女	室	婁	畢
10	室	胃	胃	参	柳	翼	角	尾	虚	壁	胃	觜
11	壁	昴	昴	井	星	軫	亢	箕	危	奎	昴	参
12	奎	畢	畢	鬼	張	角	氐	斗	室	婁	畢	井
13	婁	觜	觜	柳	翼	亢	房	女	壁	胃	觜	鬼
14	胃	参	参	星	軫	氐	心	虚	奎	昴	参	柳
15	昴	井	井	張	角	房	尾	危	婁	畢	井	星
16	畢	鬼	鬼	翼	亢	心	箕	室	胃	觜	鬼	張
17	觜	柳	柳	軫	氐	尾	斗	壁	昴	参	柳	翼
18	参	星	星	角	房	箕	女	奎	畢	井	星	軫
19	井	張	張	亢	心	斗	虚	婁	觜	鬼	張	角
20	鬼	翼	翼	氐	尾	女	危	胃	参	柳	翼	亢
21	柳	軫	軫	房	箕	虚	室	昴	井	星	軫	氐
22	星	角	角	心	斗	危	壁	畢	鬼	張	角	房
23	張	亢	亢	尾	女	室	奎	觜	柳	翼	亢	心
24	翼	氐	氐	箕	虚	壁	婁	参	星	軫	氐	尾
25	軫	房	房	斗	危	奎	胃	井	張	角	房	箕
26	角	心	心	女	室	婁	昴	鬼	翼	亢	心	斗
27	亢	尾	尾	虚	壁	胃	畢	柳	軫	氐	尾	女
28	氐	箕	箕	危	奎	昴	觜	星	角	房	箕	虚
29	房	-	斗	室	婁	畢	参	張	亢	心	斗	危
30	心	-	女	壁	胃	觜	井	翼	氐	心	女	室
31	尾	-	虚	-	昴	-	鬼	軫	-	尾	-	壁

1971年　昭和46年

日＼月	1月	2月	3月	4月	5月	6月	7月	8月	9月	10月	11月	12月
1	奎	昴	畢	井	星	角	角	心	女	壁	胃	畢
2	婁	畢	觜	鬼	張	亢	亢	尾	虚	奎	昴	觜
3	胃	觜	参	柳	翼	氐	氐	箕	危	婁	畢	参
4	昴	参	井	星	軫	房	房	斗	室	胃	觜	井
5	畢	井	鬼	張	角	心	心	女	壁	昴	参	鬼
6	觜	鬼	柳	翼	亢	尾	尾	虚	奎	畢	井	柳
7	参	柳	星	軫	氐	箕	箕	危	婁	觜	鬼	星
8	井	星	張	角	房	斗	斗	室	胃	参	柳	張
9	鬼	張	翼	亢	心	女	女	壁	昴	井	星	翼
10	柳	翼	軫	氐	尾	虚	虚	奎	畢	鬼	張	軫
11	星	軫	角	房	箕	危	危	婁	觜	柳	翼	角
12	張	角	亢	心	斗	室	室	胃	参	星	軫	亢
13	翼	亢	氐	尾	女	壁	壁	昴	井	張	角	氐
14	軫	氐	房	箕	虚	奎	奎	畢	鬼	翼	亢	房
15	角	房	心	斗	危	婁	婁	觜	柳	軫	氐	心
16	亢	心	尾	女	室	胃	胃	参	星	角	房	尾
17	氐	尾	箕	虚	壁	昴	昴	井	張	亢	心	箕
18	房	箕	斗	危	奎	畢	畢	鬼	翼	氐	心	斗
19	心	斗	女	室	婁	觜	觜	柳	角	氐	尾	女
20	尾	女	虚	壁	胃	参	参	星	亢	房	箕	虚
21	箕	虚	危	奎	昴	井	井	張	氐	心	斗	危
22	斗	危	室	婁	畢	鬼	鬼	翼	房	尾	女	室
23	女	室	壁	胃	觜	参	柳	軫	心	箕	虚	壁
24	虚	壁	奎	昴	参	井	星	角	尾	斗	危	奎
25	危	奎	婁	畢	井	鬼	張	亢	箕	女	室	婁
26	室	婁	胃	觜	鬼	柳	翼	氐	斗	虚	壁	胃
27	室	胃	胃	参	柳	星	軫	房	女	危	奎	昴
28	壁	昴	昴	井	星	張	角	心	虚	室	婁	畢
29	奎	-	畢	鬼	張	翼	亢	尾	危	壁	胃	觜
30	婁	-	觜	柳	翼	軫	氐	箕	室	奎	昴	参
31	胃	-	参	-	軫	-	房	斗	-	婁	-	井

1972年　昭和47年

日＼月	1月	2月	3月	4月	5月	6月	7月	8月	9月	10月	11月	12月
1	鬼	翼	軫	房	尾	虚	壁	胃	井	星	角	氐
2	柳	軫	角	心	箕	危	奎	昴	鬼	張	亢	房
3	星	角	亢	尾	斗	室	婁	畢	柳	翼	氐	心
4	張	亢	氐	箕	女	壁	胃	觜	星	軫	房	尾
5	翼	氐	房	斗	虚	奎	昴	参	張	角	心	箕
6	軫	房	心	女	危	婁	畢	井	翼	亢	心	斗
7	角	心	尾	虚	室	胃	觜	鬼	軫	氐	尾	女
8	亢	尾	箕	危	壁	昴	参	柳	角	房	箕	虚
9	氐	箕	斗	室	奎	畢	井	張	亢	心	斗	危
10	房	斗	女	壁	婁	觜	鬼	翼	氐	尾	女	室
11	心	女	虚	奎	胃	参	鬼	軫	房	箕	虚	壁
12	尾	虚	危	婁	昴	井	柳	角	心	斗	危	奎
13	箕	危	室	胃	畢	鬼	星	亢	尾	女	室	婁
14	斗	室	壁	胃	觜	柳	張	氐	箕	虚	壁	胃
15	女	室	奎	昴	参	星	翼	房	斗	危	奎	昴
16	虚	壁	婁	畢	井	張	軫	心	女	室	婁	畢
17	危	奎	胃	觜	鬼	翼	角	尾	虚	壁	胃	觜
18	室	婁	昴	参	柳	軫	亢	箕	危	奎	昴	参
19	壁	胃	畢	井	星	角	氐	斗	室	婁	畢	井
20	奎	昴	觜	鬼	張	亢	房	女	壁	胃	觜	鬼
21	婁	畢	参	柳	翼	氐	心	虚	奎	昴	参	柳
22	胃	觜	井	星	軫	房	尾	危	婁	畢	井	星
23	昴	参	鬼	張	角	心	箕	室	胃	觜	鬼	張
24	畢	井	柳	翼	亢	尾	斗	壁	昴	参	柳	翼
25	觜	鬼	星	軫	氐	箕	女	奎	畢	井	星	軫
26	参	柳	張	角	房	斗	虚	婁	觜	鬼	張	角
27	井	星	翼	亢	心	女	危	胃	参	柳	翼	亢
28	鬼	張	軫	氐	尾	虚	室	昴	井	星	軫	氐
29	柳	翼	角	房	箕	危	壁	畢	鬼	張	角	房
30	星	-	亢	心	斗	室	奎	觜	柳	翼	亢	心
31	張	-	氐	-	女	-	婁	参	-	軫	-	尾

1977年　昭和52年

日＼月	1月	2月	3月	4月	5月	6月	7月	8月	9月	10月	11月	12月
1	觜	柳	柳	翼	亢	心	箕	危	婁	觜	鬼	張
2	参	星	星	軫	氐	尾	斗	室	胃	参	柳	翼
3	井	張	張	角	房	箕	女	壁	昴	井	星	軫
4	鬼	翼	翼	亢	心	斗	虚	奎	畢	鬼	張	角
5	柳	軫	軫	氐	尾	女	危	婁	觜	柳	翼	亢
6	星	角	角	房	箕	虚	室	胃	参	星	軫	氐
7	張	亢	亢	心	斗	危	壁	昴	井	張	角	房
8	翼	氐	氐	尾	女	室	奎	畢	鬼	翼	亢	心
9	軫	房	房	箕	虚	壁	婁	觜	柳	軫	氐	尾
10	角	心	心	斗	危	奎	胃	参	星	角	房	箕
11	亢	尾	尾	女	室	婁	昴	井	張	亢	心	斗
12	氐	箕	箕	虚	壁	胃	畢	鬼	翼	氐	尾	女
13	房	斗	斗	危	奎	昴	觜	柳	角	氐	箕	虚
14	心	女	女	室	婁	畢	参	星	亢	房	斗	危
15	尾	虚	虚	壁	胃	觜	井	張	氐	心	女	室
16	箕	危	危	奎	昴	参	鬼	翼	房	尾	虚	壁
17	斗	室	室	婁	畢	参	柳	軫	心	箕	危	奎
18	女	室	壁	胃	畢	井	星	角	尾	斗	室	婁
19	虚	壁	奎	昴	觜	鬼	張	亢	箕	女	壁	胃
20	危	奎	奎	畢	参	柳	翼	氐	斗	虚	奎	昴
21	室	婁	婁	觜	井	星	軫	房	女	危	婁	畢
22	壁	胃	胃	参	鬼	張	角	心	虚	室	胃	觜
23	奎	昴	昴	井	柳	翼	亢	尾	危	壁	昴	参
24	婁	畢	畢	鬼	星	軫	氐	箕	室	奎	畢	井
25	胃	觜	觜	柳	張	角	房	斗	壁	婁	觜	鬼
26	昴	参	参	星	翼	亢	心	女	奎	胃	参	柳
27	畢	井	井	張	軫	氐	尾	虚	婁	昴	井	星
28	觜	鬼	鬼	翼	角	房	箕	危	胃	畢	鬼	張
29	参	-	柳	軫	亢	心	斗	室	昴	觜	柳	翼
30	井	-	星	角	氐	尾	女	壁	畢	参	星	軫
31	鬼	-	張	-	房	-	虚	奎	-	井	-	角

1978年　昭和53年

日＼月	1月	2月	3月	4月	5月	6月	7月	8月	9月	10月	11月	12月
1	亢	尾	箕	虚	室	胃	畢	鬼	翼	亢	心	女
2	氐	箕	斗	危	壁	昴	觜	柳	軫	氐	尾	虚
3	房	斗	女	室	奎	畢	参	星	角	房	箕	危
4	心	女	虚	壁	婁	觜	井	張	亢	心	斗	室
5	尾	虚	危	奎	胃	参	鬼	翼	氐	尾	女	壁
6	箕	危	室	婁	昴	参	柳	軫	房	箕	虚	奎
7	斗	室	壁	胃	畢	井	星	角	心	斗	危	婁
8	女	壁	奎	胃	觜	鬼	張	亢	尾	女	室	胃
9	虚	奎	奎	昴	参	柳	翼	氐	箕	虚	壁	昴
10	危	婁	婁	畢	井	星	軫	房	斗	危	奎	畢
11	室	胃	胃	觜	鬼	張	角	心	女	室	婁	觜
12	壁	昴	昴	参	柳	翼	亢	尾	虚	壁	胃	参
13	奎	畢	畢	井	星	軫	氐	箕	危	奎	昴	井
14	婁	觜	觜	鬼	張	角	房	斗	室	婁	畢	鬼
15	胃	参	参	柳	翼	亢	心	女	壁	胃	觜	柳
16	昴	井	井	星	軫	氐	尾	虚	奎	昴	参	星
17	畢	鬼	鬼	張	角	房	箕	危	婁	畢	井	張
18	觜	柳	柳	翼	亢	心	斗	室	胃	觜	鬼	翼
19	参	星	星	軫	氐	尾	女	壁	昴	参	柳	軫
20	井	張	張	角	房	箕	虚	奎	畢	井	星	角
21	鬼	翼	翼	亢	心	斗	危	婁	觜	鬼	張	亢
22	柳	軫	軫	氐	尾	女	室	胃	参	柳	翼	氐
23	星	角	角	房	箕	虚	壁	昴	井	星	軫	房
24	張	亢	亢	心	斗	危	奎	畢	鬼	張	角	心
25	翼	氐	氐	尾	女	室	婁	觜	柳	翼	亢	尾
26	軫	房	房	箕	虚	壁	胃	参	星	軫	氐	箕
27	角	心	心	斗	危	奎	昴	井	張	角	房	斗
28	亢	尾	尾	女	室	婁	畢	鬼	翼	亢	心	女
29	氐	-	箕	虚	壁	胃	觜	柳	軫	氐	尾	虚
30	房	-	斗	危	奎	昴	参	星	角	房	斗	虚
31	心	-	女	-	婁	-	井	張	-	心	-	危

1979年　昭和54年

日＼月	1月	2月	3月	4月	5月	6月	7月	8月	9月	10月	11月	12月
1	室	胃	胃	参	柳	翼	亢	氐	箕	危	奎	胃
2	壁	昴	昴	井	星	軫	氐	房	斗	室	婁	昴
3	奎	畢	畢	鬼	張	角	房	心	女	壁	胃	畢
4	婁	觜	觜	柳	翼	亢	心	尾	虚	奎	昴	觜
5	胃	参	参	星	軫	氐	尾	箕	危	婁	畢	参
6	昴	井	井	張	角	房	箕	斗	室	胃	觜	井
7	畢	鬼	鬼	翼	亢	心	斗	女	壁	昴	参	鬼
8	觜	柳	柳	軫	氐	尾	女	虚	奎	畢	井	柳
9	参	星	星	角	房	箕	虚	危	婁	觜	鬼	星
10	井	張	張	亢	心	斗	危	室	胃	参	柳	張
11	鬼	翼	翼	氐	尾	女	室	壁	昴	井	星	翼
12	柳	軫	軫	房	箕	虚	壁	奎	畢	鬼	張	軫
13	星	角	角	心	斗	危	奎	婁	觜	柳	翼	角
14	張	亢	亢	尾	女	室	婁	胃	参	星	軫	亢
15	翼	氐	氐	箕	虚	壁	胃	昴	井	張	角	氐
16	軫	房	房	斗	危	奎	昴	畢	鬼	翼	亢	房
17	角	心	心	女	室	婁	畢	觜	柳	軫	氐	心
18	亢	尾	尾	虚	壁	胃	觜	参	星	角	房	尾
19	氐	箕	箕	危	奎	昴	参	井	張	亢	心	斗
20	房	斗	斗	室	婁	畢	井	鬼	翼	氐	心	女
21	心	女	女	壁	胃	觜	鬼	柳	角	氐	尾	虚
22	尾	虚	虚	奎	昴	参	柳	星	亢	房	箕	危
23	箕	危	危	婁	畢	井	星	張	氐	心	斗	室
24	斗	室	室	胃	觜	鬼	鬼	翼	房	尾	女	壁
25	女	壁	壁	昴	参	柳	柳	軫	心	箕	虚	奎
26	虚	奎	奎	畢	参	星	星	角	尾	斗	危	婁
27	危	奎	婁	觜	井	張	張	亢	箕	女	室	胃
28	室	婁	胃	参	鬼	翼	翼	氐	斗	虚	壁	昴
29	壁	-	昴	井	柳	軫	軫	房	女	危	奎	畢
30	奎	-	畢	鬼	星	角	角	心	虚	室	婁	觜
31	婁	-	觜	-	張	-	亢	尾	-	壁	-	参

1980年　昭和55年

日＼月	1月	2月	3月	4月	5月	6月	7月	8月	9月	10月	11月	12月
1	井	星	翼	亢	心	女	危	婁	觜	柳	翼	角
2	鬼	張	軫	氐	尾	虚	室	胃	参	星	軫	亢
3	柳	翼	角	房	箕	危	壁	昴	井	張	角	氐
4	星	軫	亢	心	斗	室	奎	畢	鬼	翼	亢	房
5	張	角	氐	尾	女	壁	婁	觜	柳	軫	氐	心
6	翼	亢	房	箕	虚	奎	胃	参	星	角	房	尾
7	軫	氐	心	斗	危	婁	昴	井	張	亢	心	斗
8	角	房	尾	女	室	胃	畢	鬼	翼	氐	心	女
9	亢	心	箕	虚	壁	昴	觜	柳	角	氐	尾	虚
10	氐	尾	斗	危	奎	畢	参	星	亢	房	箕	危
11	房	箕	女	室	婁	觜	井	張	氐	心	斗	室
12	心	斗	虚	壁	胃	参	鬼	翼	房	尾	女	壁
13	尾	女	危	奎	昴	参	柳	軫	心	箕	虚	奎
14	箕	虚	室	婁	畢	井	星	角	尾	斗	危	婁
15	斗	危	壁	胃	觜	鬼	張	亢	箕	女	室	胃
16	女	室	奎	昴	参	柳	翼	氐	斗	虚	壁	昴
17	虚	壁	奎	畢	井	星	軫	房	女	危	奎	畢
18	虚	奎	婁	觜	鬼	張	角	心	虚	室	婁	觜
19	危	婁	胃	参	柳	翼	亢	尾	危	壁	胃	参
20	室	胃	昴	井	星	軫	氐	箕	室	奎	昴	井
21	壁	昴	畢	鬼	張	角	房	斗	壁	婁	畢	鬼
22	奎	畢	觜	柳	翼	亢	心	女	奎	胃	觜	柳
23	婁	觜	参	星	軫	氐	尾	虚	婁	昴	参	星
24	胃	参	井	張	角	房	箕	危	胃	畢	井	張
25	昴	井	鬼	翼	亢	心	斗	室	昴	觜	鬼	翼
26	畢	鬼	柳	軫	氐	尾	女	壁	畢	参	柳	軫
27	觜	柳	星	角	房	箕	虚	奎	觜	井	星	角
28	参	星	張	亢	心	斗	危	婁	参	鬼	張	亢
29	井	張	翼	氐	尾	女	室	胃	井	柳	翼	氐
30	鬼	-	軫	房	箕	虚	壁	昴	鬼	星	軫	房
31	柳	-	角	-	斗	-	奎	畢	-	張	-	心

1973年　昭和48年

日＼月	1月	2月	3月	4月	5月	6月	7月	8月	9月	10月	11月	12月
1	箕	虚	危	奎	昴	参	柳	軫	心	斗	危	奎
2	斗	危	室	婁	畢	井	星	角	尾	女	室	婁
3	女	室	壁	胃	畢	鬼	張	亢	箕	虚	壁	胃
4	虚	壁	奎	昴	觜	柳	翼	氐	斗	危	奎	昴
5	虚	奎	奎	畢	参	星	軫	房	女	室	婁	畢
6	危	婁	婁	觜	井	張	角	心	虚	壁	胃	觜
7	室	胃	胃	参	鬼	翼	亢	尾	危	奎	昴	参
8	壁	昴	昴	井	柳	軫	氐	箕	室	婁	畢	井
9	奎	畢	畢	鬼	星	角	房	斗	壁	胃	觜	鬼
10	婁	觜	觜	柳	張	亢	心	女	奎	昴	参	柳
11	胃	参	参	星	翼	氐	尾	虚	婁	畢	井	星
12	昴	井	井	張	軫	房	箕	危	胃	觜	鬼	張
13	畢	鬼	鬼	翼	角	心	斗	室	昴	参	柳	翼
14	觜	柳	柳	軫	亢	尾	女	壁	畢	井	星	軫
15	参	星	星	角	氐	箕	虚	奎	觜	鬼	張	角
16	井	張	張	亢	房	斗	危	婁	参	柳	翼	亢
17	鬼	翼	翼	氐	心	女	室	胃	井	星	軫	氐
18	柳	軫	軫	房	尾	虚	壁	昴	鬼	張	角	房
19	星	角	角	心	箕	危	奎	畢	柳	翼	亢	心
20	張	亢	亢	尾	斗	室	婁	觜	星	軫	氐	尾
21	翼	氐	氐	箕	女	壁	胃	参	張	角	房	箕
22	軫	房	房	斗	虚	奎	昴	井	翼	亢	心	斗
23	角	心	心	女	危	婁	畢	鬼	軫	氐	尾	女
24	亢	尾	尾	虚	室	胃	觜	柳	角	房	箕	虚
25	氐	箕	箕	危	壁	昴	参	星	亢	心	斗	虚
26	房	斗	斗	室	奎	畢	井	張	氐	心	女	危
27	心	女	女	壁	婁	觜	鬼	翼	房	尾	虚	室
28	尾	虚	虚	奎	胃	参	柳	角	心	箕	危	壁
29	箕	-	危	婁	昴	井	星	亢	尾	斗	室	奎
30	斗	-	室	胃	畢	鬼	張	氐	箕	女	壁	婁
31	女	-	壁	-	觜	-	翼	房	-	虚	-	胃

1974年　昭和49年

日＼月	1月	2月	3月	4月	5月	6月	7月	8月	9月	10月	11月	12月
1	昴	井	井	星	軫	角	房	斗	室	胃	参	鬼
2	畢	鬼	鬼	張	角	亢	心	女	壁	昴	井	柳
3	觜	柳	柳	翼	亢	氐	尾	虚	奎	畢	鬼	星
4	参	星	星	軫	氐	房	箕	危	婁	觜	柳	張
5	井	張	張	角	房	心	斗	室	胃	参	星	翼
6	鬼	翼	翼	亢	心	尾	女	壁	昴	井	張	軫
7	柳	軫	軫	氐	尾	箕	虚	奎	畢	鬼	翼	角
8	星	角	角	房	箕	斗	危	婁	觜	柳	軫	亢
9	張	亢	亢	心	斗	女	室	胃	参	星	角	氐
10	翼	氐	氐	尾	女	虚	壁	昴	井	張	亢	房
11	軫	房	房	箕	虚	危	奎	畢	鬼	翼	氐	心
12	角	心	心	斗	危	室	婁	觜	柳	軫	房	尾
13	亢	尾	尾	女	室	壁	胃	参	星	角	心	箕
14	氐	箕	箕	虚	壁	奎	昴	井	張	亢	心	斗
15	房	斗	斗	危	奎	婁	畢	鬼	翼	氐	尾	女
16	心	女	女	室	婁	胃	觜	柳	角	房	箕	虚
17	尾	虚	虚	壁	胃	昴	参	星	亢	心	斗	危
18	箕	危	危	奎	昴	畢	井	張	氐	尾	女	室
19	斗	室	室	婁	畢	觜	鬼	翼	房	箕	虚	壁
20	女	壁	壁	胃	觜	参	柳	軫	心	斗	危	奎
21	虚	奎	奎	昴	参	井	星	角	尾	女	室	婁
22	危	奎	婁	畢	畢	鬼	張	亢	箕	虚	壁	胃
23	室	婁	胃	觜	觜	柳	翼	氐	斗	危	奎	昴
24	壁	胃	胃	参	参	星	軫	房	女	室	婁	畢
25	奎	昴	昴	井	井	張	角	心	虚	壁	胃	觜
26	婁	畢	畢	鬼	鬼	翼	亢	尾	危	奎	昴	参
27	胃	觜	觜	柳	柳	軫	氐	箕	室	婁	畢	井
28	昴	参	参	星	星	角	房	斗	壁	胃	觜	鬼
29	畢	-	井	張	張	亢	心	女	奎	昴	参	柳
30	觜	-	鬼	翼	翼	氐	尾	虚	婁	畢	井	星
31	参	-	柳	-	軫	-	箕	危	-	觜	-	張

1975年　昭和50年

日＼月	1月	2月	3月	4月	5月	6月	7月	8月	9月	10月	11月	12月
1	翼	氐	氐	尾	斗	室	奎	畢	柳	翼	氐	尾
2	軫	房	房	箕	女	壁	婁	觜	星	軫	房	箕
3	角	心	心	斗	虚	奎	胃	参	張	角	心	斗
4	亢	尾	尾	女	危	婁	昴	井	翼	亢	尾	女
5	氐	箕	箕	虚	室	胃	畢	鬼	軫	氐	箕	虚
6	房	斗	斗	危	壁	昴	觜	柳	角	房	斗	危
7	心	女	女	室	奎	畢	参	張	亢	心	女	室
8	尾	虚	虚	壁	婁	觜	井	翼	氐	尾	虚	壁
9	箕	危	危	奎	胃	参	鬼	軫	房	箕	危	奎
10	斗	室	室	婁	昴	参	柳	角	心	斗	室	婁
11	女	室	壁	胃	畢	井	星	亢	尾	女	壁	胃
12	虚	壁	奎	胃	觜	鬼	張	氐	箕	虚	奎	昴
13	危	奎	奎	昴	参	柳	翼	房	斗	危	婁	畢
14	室	婁	婁	畢	井	星	軫	心	女	室	胃	觜
15	壁	胃	胃	觜	鬼	張	角	尾	虚	壁	昴	参
16	奎	昴	昴	参	柳	翼	亢	箕	危	奎	畢	井
17	婁	畢	畢	井	星	軫	氐	斗	室	婁	觜	鬼
18	胃	觜	觜	鬼	張	角	房	女	壁	胃	参	柳
19	昴	参	参	柳	翼	亢	心	虚	奎	昴	井	星
20	畢	井	井	星	軫	氐	尾	危	婁	畢	鬼	張
21	觜	鬼	鬼	張	角	房	箕	室	胃	觜	柳	翼
22	参	柳	柳	翼	亢	心	斗	壁	昴	参	星	軫
23	井	星	星	軫	氐	尾	女	奎	畢	井	張	角
24	鬼	張	張	角	房	箕	虚	婁	觜	鬼	翼	亢
25	柳	翼	翼	亢	心	斗	危	胃	参	柳	軫	氐
26	星	軫	軫	氐	尾	女	室	昴	井	星	角	房
27	張	角	角	房	箕	虚	壁	畢	鬼	張	亢	心
28	翼	亢	亢	心	斗	危	奎	觜	柳	翼	氐	尾
29	軫	-	氐	尾	女	室	婁	参	星	軫	房	箕
30	角	-	房	箕	虚	壁	胃	井	張	角	心	斗
31	亢	-	心	-	危	-	昴	鬼	-	亢	-	女

1976年　昭和51年

日＼月	1月	2月	3月	4月	5月	6月	7月	8月	9月	10月	11月	12月
1	虚	壁	奎	昴	参	柳	翼	氐	斗	斗	室	奎
2	危	奎	婁	畢	井	星	軫	房	女	女	壁	婁
3	室	婁	胃	觜	鬼	張	角	心	虚	虚	奎	胃
4	壁	胃	昴	参	柳	翼	亢	尾	危	危	婁	昴
5	奎	昴	畢	井	星	軫	氐	箕	室	室	胃	畢
6	婁	畢	觜	鬼	張	角	房	斗	壁	壁	昴	觜
7	胃	觜	参	柳	翼	亢	心	女	奎	奎	畢	参
8	昴	参	井	星	軫	氐	尾	虚	婁	婁	觜	井
9	畢	井	鬼	張	角	房	箕	危	胃	胃	参	鬼
10	觜	鬼	柳	翼	亢	心	斗	室	昴	昴	井	柳
11	参	柳	星	軫	氐	尾	女	壁	畢	畢	鬼	星
12	井	星	張	角	房	箕	虚	奎	觜	觜	柳	張
13	鬼	張	翼	亢	心	斗	危	婁	参	参	星	翼
14	柳	翼	軫	氐	尾	女	室	胃	井	井	張	軫
15	星	軫	角	房	箕	虚	壁	昴	鬼	鬼	翼	角
16	張	角	亢	心	斗	危	奎	畢	柳	柳	軫	亢
17	翼	亢	氐	尾	女	室	婁	觜	星	星	角	氐
18	軫	氐	房	箕	虚	壁	胃	参	張	張	亢	房
19	角	房	心	斗	危	奎	昴	井	翼	翼	氐	心
20	亢	心	尾	女	室	婁	畢	鬼	軫	軫	房	尾
21	氐	尾	箕	虚	壁	胃	觜	柳	角	角	心	斗
22	房	箕	斗	危	奎	昴	参	星	亢	亢	心	女
23	心	斗	女	室	婁	畢	井	張	氐	氐	尾	虚
24	尾	女	虚	壁	胃	觜	鬼	翼	角	房	箕	危
25	箕	虚	危	奎	昴	参	柳	角	亢	心	斗	室
26	斗	危	室	婁	畢	井	星	亢	氐	尾	女	壁
27	女	室	壁	胃	觜	鬼	張	氐	房	箕	虚	奎
28	虚	壁	奎	昴	参	柳	翼	房	心	斗	危	婁
29	危	奎	婁	畢	参	星	軫	心	尾	女	室	胃
30	室	-	胃	觜	井	張	角	尾	箕	虚	壁	昴
31	室	-	胃	-	鬼	-	亢	箕	-	危	-	畢

1981年　昭和56年

日＼月	1月	2月	3月	4月	5月	6月	7月	8月	9月	10月	11月	12月
1	尾	女	女	壁	婁	觜	鬼	翼	房	尾	女	壁
2	箕	虚	虚	奎	胃	参	鬼	軫	心	箕	虚	奎
3	斗	危	危	婁	昴	井	柳	角	尾	斗	危	婁
4	女	室	室	胃	畢	鬼	星	亢	箕	女	室	胃
5	虚	室	壁	胃	觜	柳	張	氐	斗	虚	壁	昴
6	虚	壁	奎	昴	参	星	翼	房	女	危	奎	畢
7	危	奎	婁	畢	井	張	軫	心	虚	室	婁	觜
8	室	婁	胃	觜	鬼	翼	角	尾	危	壁	胃	参
9	壁	胃	昴	参	柳	軫	亢	箕	室	奎	昴	井
10	奎	昴	畢	井	星	角	氐	斗	壁	婁	畢	鬼
11	婁	畢	觜	鬼	張	亢	房	女	奎	胃	觜	柳
12	胃	觜	参	柳	翼	氐	心	虚	婁	昴	参	星
13	昴	参	井	星	軫	房	尾	危	胃	畢	井	張
14	畢	井	鬼	張	角	心	箕	室	昴	觜	鬼	翼
15	觜	鬼	柳	翼	亢	尾	斗	壁	畢	参	柳	軫
16	参	柳	星	軫	氐	箕	女	奎	觜	井	星	角
17	井	星	張	角	房	斗	虚	婁	参	鬼	張	亢
18	鬼	張	翼	亢	心	女	危	胃	井	柳	翼	氐
19	柳	翼	軫	氐	尾	虚	室	昴	鬼	星	軫	房
20	星	軫	角	房	箕	危	壁	畢	柳	張	角	心
21	張	角	亢	心	斗	室	奎	觜	星	翼	亢	尾
22	翼	亢	氐	尾	女	壁	婁	参	張	軫	氐	箕
23	軫	氐	房	箕	虚	奎	胃	井	翼	角	房	斗
24	角	房	心	斗	危	婁	昴	鬼	軫	亢	心	女
25	亢	心	尾	女	室	胃	畢	柳	角	氐	尾	虚
26	氐	尾	箕	虚	壁	昴	觜	星	亢	房	斗	虚
27	房	箕	斗	危	奎	畢	参	張	氐	心	女	危
28	心	斗	女	室	婁	觜	井	翼	氐	心	虚	室
29	尾	-	虚	壁	胃	参	鬼	角	房	尾	危	壁
30	箕	-	危	奎	昴	井	柳	亢	心	箕	室	奎
31	斗	-	室	-	畢	-	張	氐	-	斗	-	婁

1982年　昭和57年

日＼月	1月	2月	3月	4月	5月	6月	7月	8月	9月	10月	11月	12月
1	胃	觜	觜	柳	張	軫	氐	尾	危	婁	畢	参
2	昴	参	参	星	翼	角	房	箕	室	胃	觜	井
3	畢	井	井	張	軫	亢	心	斗	壁	昴	参	鬼
4	觜	鬼	鬼	翼	角	氐	尾	女	奎	畢	井	柳
5	参	柳	柳	軫	亢	房	箕	虚	婁	觜	鬼	星
6	井	星	星	角	氐	心	斗	危	胃	参	柳	張
7	鬼	張	張	亢	房	尾	女	室	昴	井	星	翼
8	柳	翼	翼	氐	心	箕	虚	壁	畢	鬼	張	軫
9	星	軫	軫	房	尾	斗	危	奎	觜	柳	翼	角
10	張	角	角	心	箕	女	室	婁	参	星	軫	亢
11	翼	亢	亢	尾	斗	虚	壁	胃	井	張	角	氐
12	軫	氐	氐	箕	女	危	奎	昴	鬼	翼	亢	房
13	角	房	房	斗	虚	室	婁	畢	柳	軫	氐	心
14	亢	心	心	女	危	壁	胃	觜	星	角	房	尾
15	氐	尾	尾	虚	室	奎	昴	参	張	亢	心	斗
16	房	箕	箕	危	壁	婁	畢	井	翼	氐	心	女
17	心	斗	斗	室	奎	胃	觜	鬼	角	氐	尾	虚
18	尾	女	女	壁	婁	昴	参	柳	亢	房	箕	危
19	箕	虚	虚	奎	胃	畢	井	張	氐	心	斗	室
20	斗	危	危	婁	昴	觜	鬼	翼	房	尾	女	壁
21	女	室	室	胃	畢	参	鬼	軫	心	箕	虚	奎
22	虚	壁	壁	昴	觜	井	柳	角	尾	斗	危	婁
23	危	奎	奎	畢	畢	鬼	星	亢	箕	女	室	胃
24	室	奎	婁	畢	觜	柳	張	氐	斗	虚	壁	昴
25	室	婁	胃	觜	参	星	翼	房	女	危	奎	畢
26	壁	胃	昴	参	井	張	軫	心	虚	室	婁	觜
27	奎	昴	畢	井	鬼	翼	角	尾	危	壁	胃	参
28	婁	畢	觜	鬼	柳	軫	亢	箕	室	奎	昴	井
29	胃	-	参	柳	星	角	氐	斗	壁	婁	畢	鬼
30	昴	-	井	星	張	亢	房	女	奎	胃	觜	柳
31	畢	-	鬼	-	翼	-	心	虚	-	昴	-	星

1983年　昭和58年

日＼月	1月	2月	3月	4月	5月	6月	7月	8月	9月	10月	11月	12月
1	張	角	角	房	箕	虚	壁	昴	井	張	亢	房
2	翼	亢	亢	心	斗	危	奎	畢	鬼	翼	氐	心
3	軫	氐	氐	尾	女	室	婁	觜	柳	軫	房	尾
4	角	房	房	箕	虚	壁	胃	参	星	角	心	斗
5	亢	心	心	斗	危	奎	昴	井	張	亢	心	女
6	氐	尾	尾	女	室	婁	畢	鬼	翼	氐	尾	虚
7	房	箕	箕	虚	壁	胃	觜	柳	角	房	箕	危
8	心	斗	斗	危	奎	昴	参	星	亢	心	斗	室
9	尾	女	女	室	婁	畢	井	張	氐	尾	女	壁
10	箕	虚	虚	壁	胃	觜	鬼	翼	房	箕	虚	奎
11	斗	危	危	奎	昴	参	柳	軫	心	斗	危	婁
12	女	室	室	婁	畢	井	星	角	尾	女	室	胃
13	虚	室	壁	胃	畢	鬼	張	亢	箕	虚	壁	昴
14	虚	壁	奎	昴	觜	柳	翼	氐	斗	危	奎	畢
15	危	奎	奎	畢	参	星	軫	房	女	室	婁	觜
16	室	婁	婁	觜	井	張	角	心	虚	壁	胃	参
17	壁	胃	胃	参	鬼	翼	亢	尾	危	奎	昴	井
18	奎	昴	昴	井	柳	軫	氐	箕	室	婁	畢	鬼
19	婁	畢	畢	鬼	星	角	房	斗	壁	胃	觜	柳
20	胃	觜	觜	柳	張	亢	心	女	奎	昴	参	星
21	昴	参	参	星	翼	氐	尾	虚	婁	畢	井	張
22	畢	井	井	張	軫	房	箕	危	胃	觜	鬼	翼
23	觜	鬼	鬼	翼	角	心	斗	室	昴	参	柳	軫
24	参	柳	柳	軫	亢	尾	女	壁	畢	井	星	角
25	井	星	星	角	氐	箕	虚	奎	觜	鬼	張	亢
26	鬼	張	張	亢	房	斗	危	婁	参	柳	翼	氐
27	柳	翼	翼	氐	心	女	室	胃	井	星	軫	房
28	星	軫	軫	房	尾	虚	壁	昴	鬼	張	角	心
29	張	-	角	心	箕	危	奎	畢	柳	翼	亢	尾
30	翼	-	亢	尾	斗	室	婁	觜	星	軫	氐	箕
31	軫	-	氐	-	女	-	胃	参	-	角	-	斗

1984年　昭和59年

日＼月	1月	2月	3月	4月	5月	6月	7月	8月	9月	10月	11月	12月
1	女	室	壁	胃	畢	井	星	亢	尾	女	壁	壁
2	虚	室	奎	昴	觜	鬼	張	氐	箕	虚	奎	奎
3	虚	壁	奎	畢	参	柳	翼	房	斗	危	婁	婁
4	危	奎	婁	觜	井	星	軫	心	女	室	胃	胃
5	室	婁	胃	参	鬼	張	角	尾	虚	壁	昴	昴
6	壁	胃	昴	井	柳	翼	亢	箕	危	奎	畢	畢
7	奎	昴	畢	鬼	星	軫	氐	斗	室	婁	觜	觜
8	婁	畢	觜	柳	張	角	房	女	壁	胃	参	参
9	胃	觜	参	星	翼	亢	心	虚	奎	昴	井	井
10	昴	参	井	張	軫	氐	尾	危	婁	畢	鬼	鬼
11	畢	井	鬼	翼	角	房	箕	室	胃	觜	柳	柳
12	觜	鬼	柳	軫	亢	心	斗	壁	昴	参	星	星
13	参	柳	星	角	氐	尾	女	奎	畢	井	張	張
14	井	星	張	亢	房	箕	虚	婁	觜	鬼	翼	翼
15	鬼	張	翼	氐	心	斗	危	胃	参	柳	軫	軫
16	柳	翼	軫	房	尾	女	室	昴	井	星	角	角
17	星	軫	角	心	箕	虚	壁	畢	鬼	張	亢	亢
18	張	角	亢	尾	斗	危	奎	觜	柳	翼	氐	氐
19	翼	亢	氐	箕	女	室	婁	参	星	軫	房	房
20	軫	氐	房	斗	虚	壁	胃	井	張	角	心	心
21	角	房	心	女	危	奎	昴	鬼	翼	亢	尾	尾
22	亢	心	尾	虚	室	婁	畢	柳	軫	氐	箕	斗
23	氐	尾	箕	危	壁	胃	觜	星	角	房	心	女
24	房	箕	斗	室	奎	昴	参	張	亢	心	尾	虚
25	心	斗	女	壁	婁	畢	井	翼	氐	尾	箕	危
26	尾	女	虚	奎	胃	觜	鬼	軫	房	箕	斗	室
27	箕	虚	危	婁	昴	参	柳	角	心	斗	女	壁
28	斗	危	室	胃	畢	井	張	亢	尾	女	虚	奎
29	女	室	壁	昴	觜	鬼	翼	氐	箕	虚	危	婁
30	虚	-	奎	畢	参	柳	軫	房	斗	危	室	胃
31	危	-	婁	-	参	-	角	心	-	室	-	昴

1985年　昭和60年

日＼月	1月	2月	3月	4月	5月	6月	7月	8月	9月	10月	11月	12月
1	畢	井	井	張	軫	氐	尾	女	奎	昴	井	星
2	觜	鬼	鬼	翼	角	房	箕	虚	婁	畢	鬼	張
3	参	柳	柳	軫	亢	心	斗	危	胃	觜	柳	翼
4	井	星	星	角	氐	尾	女	室	昴	参	星	軫
5	鬼	張	張	亢	房	箕	虚	壁	畢	井	張	角
6	柳	翼	翼	氐	心	斗	危	奎	觜	鬼	翼	亢
7	星	軫	軫	房	尾	女	室	婁	参	柳	軫	氐
8	張	角	角	心	箕	虚	壁	胃	井	星	角	房
9	翼	亢	亢	尾	斗	危	奎	昴	鬼	張	亢	心
10	軫	氐	氐	箕	女	室	婁	畢	柳	翼	氐	尾
11	角	房	房	斗	虚	壁	胃	觜	星	軫	房	箕
12	亢	心	心	女	危	奎	昴	参	張	角	心	斗
13	氐	尾	尾	虚	室	婁	畢	井	翼	亢	尾	女
14	房	箕	箕	危	壁	胃	觜	鬼	軫	氐	箕	虚
15	心	斗	斗	室	奎	昴	参	柳	角	房	斗	危
16	尾	女	女	壁	婁	畢	井	張	亢	心	女	室
17	箕	虚	虚	奎	胃	觜	鬼	翼	氐	尾	虚	壁
18	斗	危	危	婁	昴	参	鬼	軫	房	箕	危	奎
19	女	室	室	胃	畢	井	柳	角	心	斗	室	婁
20	虚	室	壁	胃	畢	鬼	星	亢	尾	女	壁	胃
21	虚	壁	奎	昴	觜	柳	張	氐	箕	虚	奎	昴
22	危	奎	婁	畢	参	星	翼	房	斗	危	婁	畢
23	室	婁	胃	觜	井	張	軫	心	女	室	胃	觜
24	壁	胃	昴	参	鬼	翼	角	尾	虚	壁	昴	参
25	奎	昴	畢	井	柳	軫	亢	箕	危	奎	畢	井
26	婁	畢	觜	鬼	星	角	氐	斗	室	婁	觜	鬼
27	胃	觜	参	柳	張	亢	房	女	壁	胃	参	柳
28	昴	参	井	星	翼	氐	心	虚	奎	昴	井	星
29	畢	-	鬼	張	軫	房	尾	危	婁	畢	鬼	張
30	觜	-	柳	翼	角	心	箕	室	胃	觜	柳	翼
31	参	-	星	-	亢	-	斗	壁	-	参	-	軫

1986年　昭和61年

日＼月	1月	2月	3月	4月	5月	6月	7月	8月	9月	10月	11月	12月
1	角	心	心	女	危	奎	昴	参	星	角	房	箕
2	亢	尾	尾	虚	室	婁	畢	井	張	亢	心	斗
3	氐	箕	箕	危	壁	胃	觜	鬼	翼	氐	尾	女
4	房	斗	斗	室	奎	昴	参	柳	角	氐	箕	虚
5	心	女	女	壁	婁	畢	井	星	亢	房	斗	危
6	尾	虚	虚	奎	胃	觜	鬼	張	氐	心	女	室
7	箕	危	危	婁	昴	参	鬼	翼	房	尾	虚	壁
8	斗	室	室	胃	畢	井	柳	軫	心	箕	危	奎
9	女	室	壁	胃	畢	鬼	星	角	尾	斗	室	婁
10	虚	壁	奎	昴	觜	柳	張	亢	箕	女	壁	胃
11	危	奎	婁	畢	参	星	翼	氐	斗	虚	奎	昴
12	室	婁	胃	觜	井	張	軫	房	女	危	婁	畢
13	壁	胃	昴	参	鬼	翼	角	心	虚	室	胃	觜
14	奎	昴	畢	井	柳	軫	亢	尾	危	壁	昴	参
15	婁	畢	觜	鬼	星	角	氐	箕	室	奎	畢	井
16	胃	觜	参	柳	張	亢	房	斗	壁	婁	觜	鬼
17	昴	参	井	星	翼	氐	心	女	奎	胃	参	柳
18	畢	井	鬼	張	軫	房	尾	虚	婁	昴	井	星
19	觜	鬼	柳	翼	角	心	箕	危	胃	畢	鬼	張
20	参	柳	星	軫	亢	尾	斗	室	昴	觜	柳	翼
21	井	星	張	角	氐	箕	女	壁	畢	参	星	軫
22	鬼	張	翼	亢	房	斗	虚	奎	觜	井	張	角
23	柳	翼	軫	氐	心	女	危	婁	参	鬼	翼	亢
24	星	軫	角	房	尾	虚	室	胃	井	柳	軫	氐
25	張	角	亢	心	箕	危	壁	昴	鬼	星	角	房
26	翼	亢	氐	尾	斗	室	奎	畢	柳	張	亢	心
27	軫	氐	房	箕	女	壁	婁	觜	星	翼	氐	尾
28	角	房	心	斗	虚	奎	胃	参	張	軫	房	箕
29	亢	-	尾	女	危	婁	昴	井	翼	角	心	斗
30	氐	-	箕	虚	室	胃	畢	鬼	軫	亢	尾	女
31	房	-	斗	-	壁	-	觜	柳	-	氐	-	虚

1987年　昭和62年

日＼月	1月	2月	3月	4月	5月	6月	7月	8月	9月	10月	11月	12月
1	危	婁	婁	觜	井	星	軫	角	尾	女	室	婁
2	室	胃	胃	参	鬼	張	角	亢	箕	虚	壁	胃
3	壁	昴	昴	井	柳	翼	亢	氐	斗	危	奎	昴
4	奎	畢	畢	鬼	星	軫	氐	房	女	室	婁	畢
5	婁	觜	觜	柳	張	角	房	心	虚	壁	胃	觜
6	胃	参	参	星	翼	亢	心	尾	危	奎	昴	参
7	昴	井	井	張	軫	氐	尾	箕	室	婁	畢	井
8	畢	鬼	鬼	翼	角	房	箕	斗	壁	胃	觜	鬼
9	觜	柳	柳	軫	亢	心	斗	女	奎	昴	参	柳
10	参	星	星	角	氐	尾	女	虚	婁	畢	井	星
11	井	張	張	亢	房	箕	虚	危	胃	觜	鬼	張
12	鬼	翼	翼	氐	心	斗	危	室	昴	参	柳	翼
13	柳	軫	軫	房	尾	女	室	壁	畢	井	星	軫
14	星	角	角	心	箕	虚	壁	奎	觜	鬼	張	角
15	張	亢	亢	尾	斗	危	奎	婁	参	柳	翼	亢
16	翼	氐	氐	箕	女	室	婁	胃	井	星	軫	氐
17	軫	房	房	斗	虚	壁	胃	昴	鬼	張	角	房
18	角	心	心	女	危	奎	昴	畢	柳	翼	亢	心
19	亢	尾	尾	虚	室	婁	畢	觜	星	軫	氐	尾
20	氐	箕	箕	危	壁	胃	觜	参	張	角	房	箕
21	房	斗	斗	室	奎	昴	参	井	翼	亢	心	斗
22	心	女	女	壁	婁	畢	井	鬼	軫	氐	尾	女
23	尾	虚	虚	奎	胃	觜	鬼	柳	角	氐	箕	虚
24	箕	危	危	婁	昴	参	柳	張	亢	房	斗	危
25	斗	室	室	胃	畢	井	星	翼	氐	心	女	室
26	女	壁	壁	昴	觜	鬼	鬼	軫	房	尾	虚	壁
27	虚	奎	奎	畢	参	柳	柳	角	心	箕	危	奎
28	危	奎	婁	畢	参	星	星	亢	尾	斗	室	婁
29	室	-	胃	觜	井	張	張	氐	箕	女	壁	胃
30	壁	-	昴	参	鬼	翼	翼	房	斗	虚	奎	昴
31	奎	-	畢	-	柳	-	軫	心	-	危	-	畢

1988年　昭和63年

日＼月	1月	2月	3月	4月	5月	6月	7月	8月	9月	10月	11月	12月
1	觜	柳	星	角	房	箕	虚	壁	畢	井	星	軫
2	参	星	張	亢	心	斗	危	奎	觜	鬼	張	角
3	井	張	翼	氐	尾	女	室	婁	参	柳	翼	亢
4	鬼	翼	軫	房	箕	虚	壁	胃	井	星	軫	氐
5	柳	軫	角	心	斗	危	奎	昴	鬼	張	角	房
6	星	角	亢	尾	女	室	婁	畢	柳	翼	亢	心
7	張	亢	氐	箕	虚	壁	胃	觜	星	軫	氐	尾
8	翼	氐	房	斗	危	奎	昴	参	張	角	房	箕
9	軫	房	心	女	室	婁	畢	井	翼	亢	心	斗
10	角	心	尾	虚	壁	胃	觜	鬼	軫	氐	尾	女
11	亢	尾	箕	危	奎	昴	参	柳	角	氐	箕	虚
12	氐	箕	斗	室	婁	畢	井	張	亢	房	斗	危
13	房	斗	女	壁	胃	觜	鬼	翼	氐	心	女	室
14	心	女	虚	奎	昴	参	鬼	軫	房	尾	虚	壁
15	尾	虚	危	婁	畢	井	柳	角	心	箕	危	奎
16	箕	危	室	胃	畢	鬼	星	亢	尾	斗	室	婁
17	斗	室	壁	昴	觜	柳	張	氐	箕	女	壁	胃
18	女	室	奎	畢	参	星	翼	房	斗	虚	奎	昴
19	虚	壁	婁	觜	井	張	軫	心	女	危	婁	畢
20	危	奎	胃	参	鬼	翼	角	尾	虚	室	胃	觜
21	室	婁	昴	井	柳	軫	亢	箕	危	壁	昴	参
22	壁	胃	畢	鬼	星	角	氐	斗	室	奎	畢	井
23	奎	昴	觜	柳	張	亢	房	女	壁	婁	觜	鬼
24	婁	畢	参	星	翼	氐	心	虚	奎	胃	参	柳
25	胃	觜	井	張	軫	房	尾	危	婁	昴	井	星
26	昴	参	鬼	翼	角	心	箕	室	胃	畢	鬼	張
27	畢	井	柳	軫	亢	尾	斗	壁	昴	觜	柳	翼
28	觜	鬼	星	角	氐	箕	女	奎	畢	参	星	軫
29	参	柳	張	亢	房	斗	虚	婁	觜	井	張	角
30	井	-	翼	氐	心	女	危	胃	参	鬼	翼	亢
31	鬼	-	軫	-	尾	-	室	昴	-	柳	-	氐

1993年　平成5年

日＼月	1月	2月	3月	4月	5月	6月	7月	8月	9月	10月	11月	12月
1	畢	井	鬼	張	張	亢	房	斗	室	胃	参	鬼
2	觜	鬼	柳	翼	翼	氐	心	女	壁	昴	井	柳
3	参	柳	星	軫	軫	房	尾	虚	奎	畢	鬼	星
4	井	星	張	角	角	心	箕	危	婁	觜	柳	張
5	鬼	張	翼	亢	亢	尾	斗	室	胃	参	星	翼
6	柳	翼	軫	氐	氐	箕	女	壁	昴	井	張	軫
7	星	軫	角	房	房	斗	虚	奎	畢	鬼	翼	角
8	張	角	亢	心	心	女	危	婁	觜	柳	軫	亢
9	翼	亢	氐	尾	尾	虚	室	胃	参	星	角	氐
10	軫	氐	房	箕	箕	危	壁	昴	井	張	亢	房
11	角	房	心	斗	斗	室	奎	畢	鬼	翼	氐	心
12	亢	心	尾	女	女	壁	婁	觜	柳	軫	房	尾
13	氐	尾	箕	虚	虚	奎	胃	参	星	角	心	斗
14	房	箕	斗	危	危	婁	昴	井	張	亢	心	女
15	心	斗	女	室	室	胃	畢	鬼	翼	氐	尾	虚
16	尾	女	虚	壁	壁	昴	觜	柳	角	房	箕	危
17	箕	虚	危	奎	奎	畢	参	星	亢	心	斗	室
18	斗	危	室	婁	婁	觜	井	張	氐	尾	女	壁
19	女	室	壁	胃	胃	参	鬼	翼	房	箕	虚	奎
20	虚	壁	奎	昴	昴	参	柳	軫	心	斗	危	婁
21	危	奎	婁	畢	畢	井	星	角	尾	女	室	胃
22	室	婁	胃	胃	觜	鬼	張	亢	箕	虚	壁	昴
23	室	胃	胃	昴	参	柳	翼	氐	斗	危	奎	畢
24	壁	昴	昴	畢	井	星	軫	房	女	室	婁	觜
25	奎	畢	畢	觜	鬼	張	角	心	虚	壁	胃	参
26	婁	觜	觜	参	柳	翼	亢	尾	危	奎	昴	井
27	胃	参	参	井	星	軫	氐	箕	室	婁	畢	鬼
28	昴	井	井	鬼	張	角	房	斗	壁	胃	觜	柳
29	畢	-	鬼	柳	翼	亢	心	女	奎	昴	参	星
30	觜	-	柳	星	軫	氐	尾	虚	婁	畢	井	張
31	参	-	星	-	角	-	箕	危	-	觜	-	翼

1994年　平成6年

日＼月	1月	2月	3月	4月	5月	6月	7月	8月	9月	10月	11月	12月
1	軫	氐	房	箕	女	室	婁	畢	柳	翼	氐	尾
2	角	房	心	斗	虚	壁	胃	觜	星	軫	房	箕
3	亢	心	尾	女	危	奎	昴	参	張	角	心	斗
4	氐	尾	箕	虚	室	婁	畢	井	翼	亢	尾	女
5	房	箕	斗	危	壁	胃	觜	鬼	軫	氐	箕	虚
6	心	斗	女	室	奎	昴	参	柳	角	房	斗	危
7	尾	女	虚	壁	婁	畢	井	張	亢	心	女	室
8	箕	虚	危	奎	胃	觜	鬼	翼	氐	尾	虚	壁
9	斗	危	室	婁	昴	参	鬼	軫	房	箕	危	奎
10	女	室	壁	胃	畢	井	柳	角	心	斗	室	婁
11	虚	壁	奎	胃	畢	鬼	星	亢	尾	女	壁	胃
12	虚	奎	奎	昴	觜	柳	張	氐	箕	虚	奎	昴
13	危	婁	婁	畢	参	星	翼	房	斗	危	婁	畢
14	室	胃	胃	觜	井	張	軫	心	女	室	胃	觜
15	壁	昴	昴	参	鬼	翼	角	尾	虚	壁	昴	参
16	奎	畢	畢	井	柳	軫	亢	箕	危	奎	畢	井
17	婁	觜	觜	鬼	星	角	氐	斗	室	婁	觜	鬼
18	胃	参	参	柳	張	亢	房	女	壁	胃	参	柳
19	昴	井	井	星	翼	氐	心	虚	奎	昴	井	星
20	畢	鬼	鬼	張	軫	房	尾	危	婁	畢	鬼	張
21	觜	柳	柳	翼	角	心	箕	室	胃	觜	柳	翼
22	参	星	星	軫	亢	尾	斗	壁	昴	参	星	軫
23	井	張	張	角	氐	箕	女	奎	畢	井	張	角
24	鬼	翼	翼	亢	房	斗	虚	婁	觜	鬼	翼	亢
25	柳	軫	軫	氐	心	女	危	胃	参	柳	軫	氐
26	星	角	角	房	尾	虚	室	昴	井	星	角	房
27	張	亢	亢	心	箕	危	壁	畢	鬼	張	亢	心
28	翼	氐	氐	尾	斗	室	奎	觜	柳	翼	氐	尾
29	軫	-	房	箕	女	壁	婁	参	星	軫	房	箕
30	角	-	心	斗	虚	奎	胃	井	張	角	心	斗
31	亢	-	尾	-	危	-	昴	鬼	-	亢	-	女

1995年　平成7年

日＼月	1月	2月	3月	4月	5月	6月	7月	8月	9月	10月	11月	12月
1	虚	壁	奎	昴	觜	柳	張	亢	箕	箕	危	壁
2	危	奎	婁	畢	参	星	翼	氐	斗	斗	室	奎
3	室	婁	胃	觜	井	張	軫	房	女	女	壁	婁
4	壁	胃	昴	参	鬼	翼	角	心	虚	虚	奎	胃
5	奎	昴	畢	井	柳	軫	亢	尾	危	危	婁	昴
6	婁	畢	觜	鬼	星	角	氐	箕	室	室	胃	畢
7	胃	觜	参	柳	張	亢	房	斗	壁	壁	昴	觜
8	昴	参	井	星	翼	氐	心	女	奎	奎	畢	参
9	畢	井	鬼	張	軫	房	尾	虚	婁	婁	觜	井
10	觜	鬼	柳	翼	角	心	箕	危	胃	胃	参	鬼
11	参	柳	星	軫	亢	尾	斗	室	昴	昴	井	柳
12	井	星	張	角	氐	箕	女	壁	畢	畢	鬼	星
13	鬼	張	翼	亢	房	斗	虚	奎	觜	觜	柳	張
14	柳	翼	軫	氐	心	女	危	婁	参	参	星	翼
15	星	軫	角	房	尾	虚	室	胃	井	井	張	軫
16	張	角	亢	心	箕	危	壁	昴	鬼	鬼	翼	角
17	翼	亢	氐	尾	斗	室	奎	畢	柳	柳	軫	亢
18	軫	氐	房	箕	女	壁	婁	觜	星	星	角	氐
19	角	房	心	斗	虚	奎	胃	参	張	張	亢	房
20	亢	心	尾	女	危	婁	昴	井	翼	翼	氐	心
21	氐	尾	箕	虚	室	胃	畢	鬼	軫	軫	房	尾
22	房	箕	斗	危	壁	昴	觜	柳	角	角	心	斗
23	心	斗	女	室	奎	畢	参	星	亢	亢	心	女
24	尾	女	虚	壁	婁	觜	井	張	氐	氐	尾	虚
25	箕	虚	危	奎	胃	参	鬼	翼	角	房	箕	危
26	斗	危	室	婁	昴	井	柳	角	亢	心	斗	室
27	女	室	壁	胃	畢	鬼	星	亢	氐	尾	女	壁
28	虚	壁	奎	昴	觜	鬼	張	氐	房	箕	虚	奎
29	危	-	婁	畢	参	柳	翼	房	心	斗	危	婁
30	室	-	胃	畢	井	星	軫	心	尾	女	室	胃
31	室	-	胃	-	鬼	-	角	尾	-	虚	-	昴

1996年　平成8年

日＼月	1月	2月	3月	4月	5月	6月	7月	8月	9月	10月	11月	12月
1	畢	鬼	柳	軫	亢	尾	斗	危	胃	觜	柳	張
2	觜	柳	星	角	氐	箕	女	室	昴	参	星	翼
3	参	星	張	亢	房	斗	虚	壁	畢	井	張	軫
4	井	張	翼	氐	心	女	危	奎	觜	鬼	翼	角
5	鬼	翼	軫	房	尾	虚	室	婁	参	柳	軫	亢
6	柳	軫	角	心	箕	危	壁	胃	井	星	角	氐
7	星	角	亢	尾	斗	室	奎	昴	鬼	張	亢	房
8	張	亢	氐	箕	女	壁	婁	畢	柳	翼	氐	心
9	翼	氐	房	斗	虚	奎	胃	觜	星	軫	房	尾
10	軫	房	心	女	危	婁	昴	参	張	角	心	箕
11	角	心	尾	虚	室	胃	畢	井	翼	亢	心	斗
12	亢	尾	箕	危	壁	昴	觜	鬼	軫	氐	尾	女
13	氐	箕	斗	室	奎	畢	参	柳	角	房	箕	虚
14	房	斗	女	壁	婁	觜	井	張	亢	心	斗	危
15	心	女	虚	奎	胃	参	鬼	翼	氐	尾	女	室
16	尾	虚	危	婁	昴	参	鬼	軫	房	箕	虚	壁
17	箕	危	室	胃	畢	井	柳	角	心	斗	危	奎
18	斗	室	壁	胃	觜	鬼	星	亢	尾	女	室	婁
19	女	室	奎	昴	参	柳	張	氐	箕	虚	壁	胃
20	虚	壁	婁	畢	井	星	翼	房	斗	危	奎	昴
21	危	奎	胃	觜	鬼	張	軫	心	女	室	婁	畢
22	室	婁	昴	参	柳	翼	角	尾	虚	壁	胃	觜
23	壁	胃	畢	井	星	軫	亢	箕	危	奎	昴	参
24	奎	昴	觜	鬼	張	角	氐	斗	室	婁	畢	井
25	婁	畢	参	柳	翼	亢	房	女	壁	胃	觜	鬼
26	胃	觜	井	星	軫	氐	心	虚	奎	昴	参	柳
27	昴	参	鬼	張	角	房	尾	危	婁	畢	井	星
28	畢	井	柳	翼	亢	心	箕	室	胃	觜	鬼	張
29	觜	鬼	星	軫	氐	尾	斗	壁	昴	参	柳	翼
30	参	-	張	角	房	箕	女	奎	畢	井	星	軫
31	井	-	翼	-	心	-	虚	婁	-	鬼	-	角

1989年　昭和64年／平成元年

日＼月	1月	2月	3月	4月	5月	6月	7月	8月	9月	10月	11月	12月
1	房	箕	斗	危	奎	畢	参	星	亢	房	箕	危
2	心	斗	女	室	婁	觜	井	張	氐	心	斗	室
3	尾	女	虚	壁	胃	参	鬼	翼	房	尾	女	壁
4	箕	虚	危	奎	昴	参	柳	軫	心	箕	虚	奎
5	斗	危	室	婁	畢	井	星	角	尾	斗	危	婁
6	女	室	壁	胃	觜	鬼	張	亢	箕	女	室	胃
7	虚	壁	奎	昴	参	柳	翼	氐	斗	虚	壁	昴
8	虚	奎	奎	畢	井	星	軫	房	女	危	奎	畢
9	危	婁	婁	觜	鬼	張	角	心	虚	室	婁	觜
10	室	胃	胃	参	柳	翼	亢	尾	危	壁	胃	参
11	壁	昴	昴	井	星	軫	氐	箕	室	奎	昴	井
12	奎	畢	畢	鬼	張	角	房	斗	壁	婁	畢	鬼
13	婁	觜	觜	柳	翼	亢	心	女	奎	胃	觜	柳
14	胃	参	参	星	軫	氐	尾	虚	婁	昴	参	星
15	昴	井	井	張	角	房	箕	危	胃	畢	井	張
16	畢	鬼	鬼	翼	亢	心	斗	室	昴	觜	鬼	翼
17	觜	柳	柳	軫	氐	尾	女	壁	畢	参	柳	軫
18	参	星	星	角	房	箕	虚	奎	觜	井	星	角
19	井	張	張	亢	心	斗	危	婁	参	鬼	張	亢
20	鬼	翼	翼	氐	尾	女	室	胃	井	柳	翼	氐
21	柳	軫	軫	房	箕	虚	壁	昴	鬼	星	軫	房
22	星	角	角	心	斗	危	奎	畢	柳	張	角	心
23	張	亢	亢	尾	女	室	婁	觜	星	翼	亢	尾
24	翼	氐	氐	箕	虚	壁	胃	参	張	軫	氐	箕
25	軫	房	房	斗	危	奎	昴	井	翼	角	房	斗
26	角	心	心	女	室	婁	畢	鬼	軫	亢	心	女
27	亢	尾	尾	虚	壁	胃	觜	柳	角	氐	尾	虚
28	氐	箕	箕	危	奎	昴	参	星	亢	房	斗	虚
29	房	-	斗	室	婁	畢	井	張	氐	心	女	危
30	心	-	女	壁	胃	觜	鬼	翼	氐	心	虚	室
31	尾	-	虚	-	昴	-	柳	角	-	尾	-	壁

1990年　平成2年

日＼月	1月	2月	3月	4月	5月	6月	7月	8月	9月	10月	11月	12月
1	奎	昴	畢	井	星	角	角	心	虚	壁	胃	觜
2	婁	畢	觜	鬼	張	亢	亢	尾	危	奎	昴	参
3	胃	觜	参	柳	翼	氐	氐	箕	室	婁	畢	井
4	昴	参	井	星	軫	房	房	斗	壁	胃	觜	鬼
5	畢	井	鬼	張	角	心	心	女	奎	昴	参	柳
6	觜	鬼	柳	翼	亢	尾	尾	虚	婁	畢	井	星
7	参	柳	星	軫	氐	箕	箕	危	胃	觜	鬼	張
8	井	星	張	角	房	斗	斗	室	昴	参	柳	翼
9	鬼	張	翼	亢	心	女	女	壁	畢	井	星	軫
10	柳	翼	軫	氐	尾	虚	虚	奎	觜	鬼	張	角
11	星	軫	角	房	箕	危	危	婁	参	柳	翼	亢
12	張	角	亢	心	斗	室	室	胃	井	星	軫	氐
13	翼	亢	氐	尾	女	壁	壁	昴	鬼	張	角	房
14	軫	氐	房	箕	虚	奎	奎	畢	柳	翼	亢	心
15	角	房	心	斗	危	婁	婁	觜	星	軫	氐	尾
16	亢	心	尾	女	室	胃	胃	参	張	角	房	箕
17	氐	尾	箕	虚	壁	昴	昴	井	翼	亢	心	斗
18	房	箕	斗	危	奎	畢	畢	鬼	軫	氐	尾	女
19	心	斗	女	室	婁	觜	觜	柳	角	氐	箕	虚
20	尾	女	虚	壁	胃	参	参	張	亢	房	斗	危
21	箕	虚	危	奎	昴	井	井	翼	氐	心	女	室
22	斗	危	室	婁	畢	鬼	鬼	軫	房	尾	虚	壁
23	女	室	壁	胃	觜	参	柳	角	心	箕	危	奎
24	虚	壁	奎	昴	参	井	星	亢	尾	斗	室	婁
25	危	奎	婁	畢	井	鬼	張	氐	箕	女	壁	胃
26	室	婁	胃	觜	鬼	柳	翼	房	斗	虚	奎	昴
27	室	胃	胃	参	柳	星	軫	心	女	危	婁	畢
28	壁	昴	昴	井	星	張	角	尾	虚	室	胃	觜
29	奎	-	畢	鬼	張	翼	亢	箕	危	壁	昴	参
30	婁	-	觜	柳	翼	軫	氐	斗	室	奎	畢	井
31	胃	-	参	-	軫	-	房	女	-	婁	-	鬼

1991年　平成3年

日＼月	1月	2月	3月	4月	5月	6月	7月	8月	9月	10月	11月	12月
1	柳	翼	翼	氐	心	女	室	婁	参	星	軫	氐
2	星	軫	軫	房	尾	虚	壁	胃	井	張	角	房
3	張	角	角	心	箕	危	奎	昴	鬼	翼	亢	心
4	翼	亢	亢	尾	斗	室	婁	畢	柳	軫	氐	尾
5	軫	氐	氐	箕	女	壁	胃	觜	星	角	房	箕
6	角	房	房	斗	虚	奎	昴	参	張	亢	心	斗
7	亢	心	心	女	危	婁	畢	井	翼	氐	尾	女
8	氐	尾	尾	虚	室	胃	觜	鬼	角	氐	箕	虚
9	房	箕	箕	危	壁	昴	参	柳	亢	房	斗	危
10	心	斗	斗	室	奎	畢	井	張	氐	心	女	室
11	尾	女	女	壁	婁	觜	鬼	翼	房	尾	虚	壁
12	箕	虚	虚	奎	胃	参	鬼	軫	心	箕	危	奎
13	斗	危	危	婁	昴	井	柳	角	尾	斗	室	婁
14	女	室	室	胃	畢	鬼	星	亢	箕	女	壁	胃
15	虚	室	壁	胃	觜	柳	張	氐	斗	虚	奎	昴
16	虚	壁	奎	昴	参	星	翼	房	女	危	婁	畢
17	危	奎	婁	畢	井	張	軫	心	虚	室	胃	觜
18	室	婁	胃	觜	鬼	翼	角	尾	危	壁	昴	参
19	壁	胃	昴	参	柳	軫	亢	箕	室	奎	畢	井
20	奎	昴	畢	井	星	角	氐	斗	壁	婁	觜	鬼
21	婁	畢	觜	鬼	張	亢	房	女	奎	胃	参	柳
22	胃	觜	参	柳	翼	氐	心	虚	婁	昴	井	星
23	昴	参	井	星	軫	房	尾	危	胃	畢	鬼	張
24	畢	井	鬼	張	角	心	箕	室	昴	觜	柳	翼
25	觜	鬼	柳	翼	亢	尾	斗	壁	畢	参	星	軫
26	参	柳	星	軫	氐	箕	女	奎	觜	井	張	角
27	井	星	張	角	房	斗	虚	婁	参	鬼	翼	亢
28	鬼	張	翼	亢	心	女	危	胃	井	柳	軫	氐
29	柳	-	軫	氐	尾	虚	室	昴	鬼	星	角	房
30	星	-	角	房	箕	危	壁	畢	柳	張	亢	心
31	張	-	亢	-	斗	-	奎	觜	-	翼	-	尾

1992年　平成4年

日＼月	1月	2月	3月	4月	5月	6月	7月	8月	9月	10月	11月	12月
1	箕	虚	危	婁	昴	参	柳	軫	心	斗	危	婁
2	斗	危	室	胃	畢	井	星	角	尾	女	室	胃
3	女	室	壁	胃	畢	鬼	張	亢	箕	虚	壁	昴
4	虚	室	奎	昴	觜	柳	翼	氐	斗	危	奎	畢
5	虚	壁	婁	畢	参	星	軫	房	女	室	婁	觜
6	危	奎	胃	觜	井	張	角	心	虚	壁	胃	参
7	室	婁	昴	参	鬼	翼	亢	尾	危	奎	昴	井
8	壁	胃	畢	井	柳	軫	氐	箕	室	婁	畢	鬼
9	奎	昴	觜	鬼	星	角	房	斗	壁	胃	觜	柳
10	婁	畢	参	柳	張	亢	心	女	奎	昴	参	星
11	胃	觜	井	星	翼	氐	尾	虚	婁	畢	井	張
12	昴	参	鬼	張	軫	房	箕	危	胃	觜	鬼	翼
13	畢	井	柳	翼	角	心	斗	室	昴	参	柳	軫
14	觜	鬼	星	軫	亢	尾	女	壁	畢	井	星	角
15	参	柳	張	角	氐	箕	虚	奎	觜	鬼	張	亢
16	井	星	翼	亢	房	斗	危	婁	参	柳	翼	氐
17	鬼	張	軫	氐	心	女	室	胃	井	星	軫	房
18	柳	翼	角	房	尾	虚	壁	昴	鬼	張	角	心
19	星	軫	亢	心	箕	危	奎	畢	柳	翼	亢	尾
20	張	角	氐	尾	斗	室	婁	觜	星	軫	氐	箕
21	翼	亢	房	箕	女	壁	胃	参	張	角	房	斗
22	軫	氐	心	斗	虚	奎	昴	井	翼	亢	心	女
23	角	房	尾	女	危	婁	畢	鬼	軫	氐	尾	虚
24	亢	心	箕	虚	室	胃	觜	柳	角	房	斗	虚
25	氐	尾	斗	危	壁	昴	参	星	亢	心	女	危
26	房	箕	女	室	奎	畢	井	張	氐	心	虚	室
27	心	斗	虚	壁	婁	觜	鬼	翼	房	尾	危	壁
28	尾	女	危	奎	胃	参	柳	角	心	箕	室	奎
29	箕	虚	室	婁	昴	井	星	亢	尾	斗	壁	婁
30	斗	-	壁	胃	畢	鬼	張	氐	箕	女	奎	胃
31	女	-	奎	-	觜	-	翼	房	-	虚	-	昴

1997年　平成9年

日＼月	1月	2月	3月	4月	5月	6月	7月	8月	9月	10月	11月	12月
1	亢	尾	尾	虚	壁	胃	觜	鬼	軫	氐	尾	女
2	氐	箕	箕	危	奎	昴	参	柳	角	氐	箕	虚
3	房	斗	斗	室	婁	畢	井	張	亢	房	斗	危
4	心	女	女	壁	胃	觜	鬼	翼	氐	心	女	室
5	尾	虚	虚	奎	昴	参	鬼	軫	房	尾	虚	壁
6	箕	危	危	婁	畢	井	柳	角	心	箕	危	奎
7	斗	室	室	胃	畢	鬼	星	亢	尾	斗	室	婁
8	女	室	壁	昴	觜	柳	張	氐	箕	女	壁	胃
9	虚	壁	奎	畢	参	星	翼	房	斗	虚	奎	昴
10	危	奎	婁	觜	井	張	軫	心	女	危	婁	畢
11	室	婁	胃	参	鬼	翼	角	尾	虚	室	胃	觜
12	壁	胃	昴	井	柳	軫	亢	箕	危	壁	昴	参
13	奎	昴	畢	鬼	星	角	氐	斗	室	奎	畢	井
14	婁	畢	觜	柳	張	亢	房	女	壁	婁	觜	鬼
15	胃	觜	参	星	翼	氐	心	虚	奎	胃	参	柳
16	昴	参	井	張	軫	房	尾	危	婁	昴	井	星
17	畢	井	鬼	翼	角	心	箕	室	胃	畢	鬼	張
18	觜	鬼	柳	軫	亢	尾	斗	壁	昴	觜	柳	翼
19	参	柳	星	角	氐	箕	女	奎	畢	参	星	軫
20	井	星	張	亢	房	斗	虚	婁	觜	井	張	角
21	鬼	張	翼	氐	心	女	危	胃	参	鬼	翼	亢
22	柳	翼	軫	房	尾	虚	室	昴	井	柳	軫	氐
23	星	軫	角	心	箕	危	壁	畢	鬼	星	角	房
24	張	角	亢	尾	斗	室	奎	觜	柳	張	亢	心
25	翼	亢	氐	箕	女	壁	婁	参	星	翼	氐	尾
26	軫	氐	房	斗	虚	奎	胃	井	張	軫	房	箕
27	角	房	心	女	危	婁	昴	鬼	翼	角	心	斗
28	亢	心	尾	虚	室	胃	畢	柳	軫	亢	尾	女
29	氐	-	箕	危	壁	昴	觜	星	角	氐	箕	虚
30	房	-	斗	室	奎	畢	参	張	亢	房	斗	虚
31	心	-	女	-	婁	-	井	翼	-	心	-	危

1998年　平成10年

日＼月	1月	2月	3月	4月	5月	6月	7月	8月	9月	10月	11月	12月
1	室	胃	胃	参	柳	翼	軫	房	斗	危	婁	昴
2	壁	昴	昴	井	星	軫	角	心	女	室	胃	畢
3	奎	畢	畢	鬼	張	角	亢	尾	虚	壁	昴	觜
4	婁	觜	觜	柳	翼	亢	氐	箕	危	奎	畢	参
5	胃	参	参	星	軫	氐	房	斗	室	婁	觜	井
6	昴	井	井	張	角	房	心	女	壁	胃	参	鬼
7	畢	鬼	鬼	翼	亢	心	尾	虚	奎	昴	井	柳
8	觜	柳	柳	軫	氐	尾	箕	危	婁	畢	鬼	星
9	参	星	星	角	房	箕	斗	室	胃	觜	柳	張
10	井	張	張	亢	心	斗	女	壁	昴	参	星	翼
11	鬼	翼	翼	氐	尾	女	虚	奎	畢	井	張	軫
12	柳	軫	軫	房	箕	虚	危	婁	觜	鬼	翼	角
13	星	角	角	心	斗	危	室	胃	参	柳	軫	亢
14	張	亢	亢	尾	女	室	壁	昴	井	星	角	氐
15	翼	氐	氐	箕	虚	壁	奎	畢	鬼	張	亢	房
16	軫	房	房	斗	危	奎	婁	觜	柳	翼	氐	心
17	角	心	心	女	室	婁	胃	参	星	軫	房	尾
18	亢	尾	尾	虚	壁	胃	昴	井	張	角	心	箕
19	氐	箕	箕	危	奎	昴	畢	鬼	翼	亢	心	斗
20	房	斗	斗	室	婁	畢	觜	柳	軫	氐	尾	女
21	心	女	女	壁	胃	觜	参	星	角	房	箕	虚
22	尾	虚	虚	奎	昴	参	井	張	亢	心	斗	危
23	箕	危	危	婁	畢	井	鬼	翼	氐	尾	女	室
24	斗	室	室	胃	觜	参	柳	軫	房	箕	虚	壁
25	女	壁	壁	昴	参	井	星	角	心	斗	危	奎
26	虚	奎	奎	畢	参	鬼	張	亢	尾	女	室	婁
27	危	奎	婁	觜	井	柳	翼	氐	箕	虚	壁	胃
28	室	婁	胃	参	鬼	星	軫	房	斗	危	奎	昴
29	壁	-	昴	井	柳	張	角	心	女	室	婁	畢
30	奎	-	畢	鬼	星	翼	亢	尾	虚	壁	胃	觜
31	婁	-	觜	-	張	-	氐	箕	-	奎	-	参

1999年　平成11年

日＼月	1月	2月	3月	4月	5月	6月	7月	8月	9月	10月	11月	12月
1	井	星	張	角	房	斗	虚	奎	觜	鬼	翼	角
2	鬼	張	翼	亢	心	女	危	婁	参	柳	軫	亢
3	柳	翼	軫	氐	尾	虚	室	胃	井	星	角	氐
4	星	軫	角	房	箕	危	壁	昴	鬼	張	亢	房
5	張	角	亢	心	斗	室	奎	畢	柳	翼	氐	心
6	翼	亢	氐	尾	女	壁	婁	觜	星	軫	房	尾
7	軫	氐	房	箕	虚	奎	胃	参	張	角	心	箕
8	角	房	心	斗	危	婁	昴	井	翼	亢	心	斗
9	亢	心	尾	女	室	胃	畢	鬼	軫	氐	尾	女
10	氐	尾	箕	虚	壁	昴	觜	柳	角	房	箕	虚
11	房	箕	斗	危	奎	畢	参	張	亢	心	斗	危
12	心	斗	女	室	婁	觜	井	翼	氐	尾	女	室
13	尾	女	虚	壁	胃	参	鬼	軫	房	箕	虚	壁
14	箕	虚	危	奎	昴	参	柳	角	心	斗	危	奎
15	斗	危	室	婁	畢	井	星	亢	尾	女	室	婁
16	女	室	壁	胃	觜	鬼	張	氐	箕	虚	壁	胃
17	虚	壁	奎	昴	参	柳	翼	房	斗	危	奎	昴
18	虚	奎	奎	畢	井	星	軫	心	女	室	婁	畢
19	危	婁	婁	觜	鬼	張	角	尾	虚	壁	胃	觜
20	室	胃	胃	参	柳	翼	亢	箕	危	奎	昴	参
21	壁	昴	昴	井	星	軫	氐	斗	室	婁	畢	井
22	奎	畢	畢	鬼	張	角	房	女	壁	胃	觜	鬼
23	婁	觜	觜	柳	翼	亢	心	虚	奎	昴	参	柳
24	胃	参	参	星	軫	氐	尾	危	婁	畢	井	星
25	昴	井	井	張	角	房	箕	室	胃	觜	鬼	張
26	畢	鬼	鬼	翼	亢	心	斗	壁	昴	参	柳	翼
27	觜	柳	柳	軫	氐	尾	女	奎	畢	井	星	軫
28	参	星	星	角	房	箕	虚	婁	觜	鬼	張	角
29	井	-	張	亢	心	斗	危	胃	参	柳	翼	亢
30	鬼	-	翼	氐	尾	女	室	昴	井	星	軫	氐
31	柳	-	軫	-	箕	-	壁	畢	-	張	-	房

2000年　平成12年

日＼月	1月	2月	3月	4月	5月	6月	7月	8月	9月	10月	11月	12月
1	心	斗	虚	壁	婁	觜	鬼	翼	房	尾	虚	壁
2	尾	女	危	奎	胃	参	鬼	軫	心	箕	危	奎
3	箕	虚	室	婁	昴	井	柳	角	尾	斗	室	婁
4	斗	危	壁	胃	畢	鬼	星	亢	箕	女	壁	胃
5	女	室	奎	胃	觜	柳	張	氐	斗	虚	奎	昴
6	虚	壁	奎	昴	参	星	翼	房	女	危	婁	畢
7	虚	奎	婁	畢	井	張	軫	心	虚	室	胃	觜
8	危	婁	胃	觜	鬼	翼	角	尾	危	壁	昴	参
9	室	胃	昴	参	柳	軫	亢	箕	室	奎	畢	井
10	壁	昴	畢	井	星	角	氐	斗	壁	婁	觜	鬼
11	奎	畢	觜	鬼	張	亢	房	女	奎	胃	参	柳
12	婁	觜	参	柳	翼	氐	心	虚	婁	昴	井	星
13	胃	参	井	星	軫	房	尾	危	胃	畢	鬼	張
14	昴	井	鬼	張	角	心	箕	室	昴	觜	柳	翼
15	畢	鬼	柳	翼	亢	尾	斗	壁	畢	参	星	軫
16	觜	柳	星	軫	氐	箕	女	奎	觜	井	張	角
17	参	星	張	角	房	斗	虚	婁	参	鬼	翼	亢
18	井	張	翼	亢	心	女	危	胃	井	柳	軫	氐
19	鬼	翼	軫	氐	尾	虚	室	昴	鬼	星	角	房
20	柳	軫	角	房	箕	危	壁	畢	柳	張	亢	心
21	星	角	亢	心	斗	室	奎	觜	星	翼	氐	尾
22	張	亢	氐	尾	女	壁	婁	参	張	軫	房	箕
23	翼	氐	房	箕	虚	奎	胃	井	翼	角	心	斗
24	軫	房	心	斗	危	婁	昴	鬼	軫	亢	尾	女
25	角	心	尾	女	室	胃	畢	柳	角	氐	箕	虚
26	亢	尾	箕	虚	壁	昴	觜	星	亢	房	斗	虚
27	氐	箕	斗	危	奎	畢	参	張	氐	心	女	危
28	房	斗	女	室	婁	觜	井	翼	氐	尾	虚	室
29	心	女	虚	壁	胃	参	鬼	角	房	箕	危	壁
30	尾	-	危	奎	昴	井	柳	亢	心	斗	室	奎
31	箕	-	室	-	畢	-	張	氐	-	女	-	婁

婁 胃 昴 畢 觜 参 井 鬼 柳 星 張 翼 軫 角 亢 氐 房 心 尾 箕 斗 女 虚 危 室 壁 奎

2001年　平成13年

日＼月	1月	2月	3月	4月	5月	6月	7月	8月	9月	10月	11月	12月
1	胃	参	参	柳	張	軫	氐	尾	危	婁	畢	井
2	昴	井	井	星	翼	角	房	箕	室	胃	觜	鬼
3	畢	鬼	鬼	張	軫	亢	心	斗	壁	昴	参	柳
4	觜	柳	柳	翼	角	氐	尾	女	奎	畢	井	星
5	参	星	星	軫	亢	房	箕	虚	婁	觜	鬼	張
6	井	張	張	角	氐	心	斗	危	胃	参	柳	翼
7	鬼	翼	翼	亢	房	尾	女	室	昴	井	星	軫
8	柳	軫	軫	氐	心	箕	虚	壁	畢	鬼	張	角
9	星	角	角	房	尾	斗	危	奎	觜	柳	翼	亢
10	張	亢	亢	心	箕	女	室	婁	参	星	軫	氐
11	翼	氐	氐	尾	斗	虚	壁	胃	井	張	角	房
12	軫	房	房	箕	女	危	奎	昴	鬼	翼	亢	心
13	角	心	心	斗	虚	室	婁	畢	柳	軫	氐	尾
14	亢	尾	尾	女	危	壁	胃	觜	星	角	房	箕
15	氐	箕	箕	虚	室	奎	昴	参	張	亢	心	斗
16	房	斗	斗	危	壁	婁	畢	井	翼	氐	尾	女
17	心	女	女	室	奎	胃	觜	鬼	角	氐	箕	虚
18	尾	虚	虚	壁	婁	昴	参	柳	亢	房	斗	危
19	箕	危	危	奎	胃	畢	井	張	氐	心	女	室
20	斗	室	室	婁	昴	觜	鬼	翼	房	尾	虚	壁
21	女	壁	壁	胃	畢	参	鬼	軫	心	箕	危	奎
22	虚	奎	奎	昴	觜	井	柳	角	尾	斗	室	婁
23	危	奎	婁	畢	畢	鬼	星	亢	箕	女	壁	胃
24	室	婁	胃	畢	觜	柳	張	氐	斗	虚	奎	昴
25	壁	胃	胃	觜	参	星	翼	房	女	危	婁	畢
26	奎	昴	昴	参	井	張	軫	心	虚	室	胃	觜
27	婁	畢	畢	井	鬼	翼	角	尾	危	壁	昴	参
28	胃	觜	觜	鬼	柳	軫	亢	箕	室	奎	畢	井
29	昴	-	参	柳	星	角	氐	斗	壁	婁	觜	鬼
30	畢	-	井	星	張	亢	房	女	奎	胃	参	柳
31	觜	-	鬼	-	翼	-	心	虚	-	昴	-	星

2002年　平成14年

日＼月	1月	2月	3月	4月	5月	6月	7月	8月	9月	10月	11月	12月
1	張	亢	亢	心	箕	危	壁	昴	井	張	亢	房
2	翼	氐	氐	尾	斗	室	奎	畢	鬼	翼	氐	心
3	軫	房	房	箕	女	壁	婁	觜	柳	軫	房	尾
4	角	心	心	斗	虚	奎	胃	参	星	角	心	斗
5	亢	尾	尾	女	危	婁	昴	井	張	亢	心	女
6	氐	箕	箕	虚	室	胃	畢	鬼	翼	氐	尾	虚
7	房	斗	斗	危	壁	昴	觜	柳	角	房	箕	危
8	心	女	女	室	奎	畢	参	星	亢	心	斗	室
9	尾	虚	虚	壁	婁	觜	井	張	氐	尾	女	壁
10	箕	危	危	奎	胃	参	鬼	翼	房	箕	虚	奎
11	斗	室	室	婁	昴	参	柳	軫	心	斗	危	婁
12	女	室	壁	胃	畢	井	星	角	尾	女	室	胃
13	虚	壁	奎	胃	觜	鬼	張	亢	箕	虚	壁	昴
14	危	奎	奎	昴	参	柳	翼	氐	斗	危	奎	畢
15	室	婁	婁	畢	井	星	軫	房	女	室	婁	觜
16	壁	胃	胃	觜	鬼	張	角	心	虚	壁	胃	参
17	奎	昴	昴	参	柳	翼	亢	尾	危	奎	昴	井
18	婁	畢	畢	井	星	軫	氐	箕	室	婁	畢	鬼
19	胃	觜	觜	鬼	張	角	房	斗	壁	胃	觜	柳
20	昴	参	参	柳	翼	亢	心	女	奎	昴	参	星
21	畢	井	井	星	軫	氐	尾	虚	婁	畢	井	張
22	觜	鬼	鬼	張	角	房	箕	危	胃	觜	鬼	翼
23	参	柳	柳	翼	亢	心	斗	室	昴	参	柳	軫
24	井	星	星	軫	氐	尾	女	壁	畢	井	星	角
25	鬼	張	張	角	房	箕	虚	奎	觜	鬼	張	亢
26	柳	翼	翼	亢	心	斗	危	婁	参	柳	翼	氐
27	星	軫	軫	氐	尾	女	室	胃	井	星	軫	房
28	張	角	角	房	箕	虚	壁	昴	鬼	張	角	心
29	翼	-	亢	心	斗	危	奎	畢	柳	翼	亢	尾
30	軫	-	氐	尾	女	室	婁	觜	星	軫	氐	箕
31	角	-	房	-	虚	-	胃	参	-	角	-	斗

2003年　平成15年

日＼月	1月	2月	3月	4月	5月	6月	7月	8月	9月	10月	11月	12月
1	女	室	壁	胃	畢	井	柳	角	心	斗	室	婁
2	虚	壁	奎	胃	觜	鬼	星	亢	尾	女	壁	胃
3	虚	奎	奎	昴	参	柳	張	氐	箕	虚	奎	昴
4	危	婁	婁	畢	井	星	翼	房	斗	危	婁	畢
5	室	胃	胃	觜	鬼	張	軫	心	女	室	胃	觜
6	壁	昴	昴	参	柳	翼	角	尾	虚	壁	昴	参
7	奎	畢	畢	井	星	軫	亢	箕	危	奎	畢	井
8	婁	觜	觜	鬼	張	角	氐	斗	室	婁	觜	鬼
9	胃	参	参	柳	翼	亢	房	女	壁	胃	参	柳
10	昴	井	井	星	軫	氐	心	虚	奎	昴	井	星
11	畢	鬼	鬼	張	角	房	尾	危	婁	畢	鬼	張
12	觜	柳	柳	翼	亢	心	箕	室	胃	觜	柳	翼
13	参	星	星	軫	氐	尾	斗	壁	昴	参	星	軫
14	井	張	張	角	房	箕	女	奎	畢	井	張	角
15	鬼	翼	翼	亢	心	斗	虚	婁	觜	鬼	翼	亢
16	柳	軫	軫	氐	尾	女	危	胃	参	柳	軫	氐
17	星	角	角	房	箕	虚	室	昴	井	星	角	房
18	張	亢	亢	心	斗	危	壁	畢	鬼	張	亢	心
19	翼	氐	氐	尾	女	室	奎	觜	柳	翼	氐	尾
20	軫	房	房	箕	虚	壁	婁	参	星	軫	房	箕
21	角	心	心	斗	危	奎	胃	井	張	角	心	斗
22	亢	尾	尾	女	室	婁	昴	鬼	翼	亢	尾	女
23	氐	箕	箕	虚	壁	胃	畢	柳	軫	氐	箕	虚
24	房	斗	斗	危	奎	昴	觜	星	角	房	斗	危
25	心	女	女	室	婁	畢	参	張	亢	心	女	室
26	尾	虚	虚	壁	胃	觜	井	翼	氐	尾	虚	壁
27	箕	危	危	奎	昴	参	鬼	軫	房	箕	危	奎
28	斗	室	室	婁	畢	井	柳	角	心	斗	室	婁
29	女	-	壁	胃	觜	鬼	張	亢	尾	女	壁	胃
30	虚	-	奎	昴	参	鬼	翼	氐	箕	虚	奎	昴
31	危	-	婁	-	参	-	軫	房	-	危	-	畢

2004年　平成16年

日＼月	1月	2月	3月	4月	5月	6月	7月	8月	9月	10月	11月	12月
1	觜	鬼	星	張	角	房	尾	虚	奎	畢	井	星
2	参	柳	張	翼	亢	心	箕	危	婁	觜	鬼	張
3	井	星	翼	軫	氐	尾	斗	室	胃	参	柳	翼
4	鬼	張	軫	角	房	箕	女	壁	昴	井	星	軫
5	柳	翼	角	亢	心	斗	虚	奎	畢	鬼	張	角
6	星	軫	亢	氐	尾	女	危	婁	觜	柳	翼	亢
7	張	角	氐	房	箕	虚	室	胃	参	星	軫	氐
8	翼	亢	房	心	斗	危	壁	昴	井	張	角	房
9	軫	氐	心	尾	女	室	奎	畢	鬼	翼	亢	心
10	角	房	尾	箕	虚	壁	婁	觜	柳	軫	氐	尾
11	亢	心	箕	斗	危	奎	胃	参	星	角	房	箕
12	氐	尾	斗	女	室	婁	昴	井	張	亢	心	斗
13	房	箕	女	虚	壁	胃	畢	鬼	翼	氐	尾	女
14	心	斗	虚	危	奎	昴	觜	柳	角	氐	箕	虚
15	尾	女	危	室	婁	畢	参	星	亢	房	斗	危
16	箕	虚	室	壁	胃	觜	井	張	氐	心	女	室
17	斗	危	壁	奎	昴	参	鬼	翼	房	尾	虚	壁
18	女	室	奎	婁	畢	参	柳	軫	心	箕	危	奎
19	虚	壁	婁	胃	畢	井	星	角	尾	斗	室	婁
20	危	奎	胃	昴	觜	鬼	張	亢	箕	女	壁	胃
21	室	婁	奎	畢	参	柳	翼	氐	斗	虚	奎	昴
22	室	胃	婁	觜	井	星	軫	房	女	危	婁	畢
23	壁	昴	胃	参	鬼	張	角	心	虚	室	胃	觜
24	奎	畢	昴	井	柳	翼	亢	尾	危	壁	昴	参
25	婁	觜	畢	鬼	星	軫	氐	箕	室	奎	畢	井
26	胃	参	觜	柳	張	角	房	斗	壁	婁	觜	鬼
27	昴	井	参	星	翼	亢	心	女	奎	胃	参	柳
28	畢	鬼	井	張	軫	氐	尾	虚	婁	昴	井	星
29	觜	柳	鬼	翼	角	房	箕	危	胃	畢	鬼	張
30	参	-	柳	軫	亢	心	斗	室	昴	觜	柳	翼
31	井	-	星	-	氐	-	女	壁	-	参	-	軫

2009年　平成21年

日＼月	1月	2月	3月	4月	5月	6月	7月	8月	9月	10月	11月	12月
1	婁	畢	畢	井	星	角	角	心	虚	壁	昴	觜
2	胃	觜	觜	鬼	張	亢	亢	尾	危	奎	畢	参
3	昴	参	参	柳	翼	氐	氐	箕	室	婁	觜	井
4	畢	井	井	星	軫	房	房	斗	壁	胃	参	鬼
5	觜	鬼	鬼	張	角	心	心	女	奎	昴	井	柳
6	参	柳	柳	翼	亢	尾	尾	虚	婁	畢	鬼	星
7	井	星	星	軫	氐	箕	箕	危	胃	觜	柳	張
8	鬼	張	張	角	房	斗	斗	室	昴	参	星	翼
9	柳	翼	翼	亢	心	女	女	壁	畢	井	張	軫
10	星	軫	軫	氐	尾	虚	虚	奎	觜	鬼	翼	角
11	張	角	角	房	箕	危	危	婁	参	柳	軫	亢
12	翼	亢	亢	心	斗	室	室	胃	井	星	角	氐
13	軫	氐	氐	尾	女	壁	壁	昴	鬼	張	亢	房
14	角	房	房	箕	虚	奎	奎	畢	柳	翼	氐	心
15	亢	心	心	斗	危	婁	婁	觜	星	軫	房	尾
16	氐	尾	尾	女	室	胃	胃	参	張	角	心	斗
17	房	箕	箕	虚	壁	昴	昴	井	翼	亢	心	女
18	心	斗	斗	危	奎	畢	畢	鬼	軫	氐	尾	虚
19	尾	女	女	室	婁	觜	觜	柳	角	房	箕	危
20	箕	虚	虚	壁	胃	参	参	張	亢	心	斗	室
21	斗	危	危	奎	昴	井	井	翼	氐	尾	女	壁
22	女	室	室	婁	畢	鬼	鬼	軫	房	箕	虚	奎
23	虚	壁	壁	胃	觜	参	柳	角	心	斗	危	婁
24	危	奎	奎	昴	参	井	星	亢	尾	女	室	胃
25	室	奎	婁	畢	井	鬼	張	氐	箕	虚	壁	昴
26	室	婁	胃	觜	鬼	柳	翼	房	斗	危	奎	畢
27	壁	胃	胃	参	柳	星	軫	心	女	室	婁	觜
28	奎	昴	昴	井	星	張	角	尾	虚	壁	胃	参
29	婁	-	畢	鬼	張	翼	亢	箕	危	奎	昴	井
30	胃	-	觜	柳	翼	軫	氐	斗	室	婁	畢	鬼
31	昴	-	参	-	軫	-	房	女	-	胃	-	柳

2010年　平成22年

日＼月	1月	2月	3月	4月	5月	6月	7月	8月	9月	10月	11月	12月
1	星	軫	軫	氐	尾	女	室	婁	参	星	軫	氐
2	張	角	角	房	箕	虚	壁	胃	井	張	角	房
3	翼	亢	亢	心	斗	危	奎	昴	鬼	翼	亢	心
4	軫	氐	氐	尾	女	室	婁	畢	柳	軫	氐	尾
5	角	房	房	箕	虚	壁	胃	觜	星	角	房	箕
6	亢	心	心	斗	危	奎	昴	参	張	亢	心	斗
7	氐	尾	尾	女	室	婁	畢	井	翼	氐	尾	女
8	房	箕	箕	虚	壁	胃	觜	鬼	角	氐	箕	虚
9	心	斗	斗	危	奎	昴	参	柳	亢	房	斗	危
10	尾	女	女	室	婁	畢	井	張	氐	心	女	室
11	箕	虚	虚	壁	胃	觜	鬼	翼	房	尾	虚	壁
12	斗	危	危	奎	昴	参	鬼	軫	心	箕	危	奎
13	女	室	室	婁	畢	井	柳	角	尾	斗	室	婁
14	虚	室	壁	胃	畢	鬼	星	亢	箕	女	壁	胃
15	虚	壁	奎	昴	觜	柳	張	氐	斗	虚	奎	昴
16	危	奎	奎	畢	参	星	翼	房	女	危	婁	畢
17	室	婁	婁	觜	井	張	軫	心	虚	室	胃	觜
18	壁	胃	胃	参	鬼	翼	角	尾	危	壁	昴	参
19	奎	昴	昴	井	柳	軫	亢	箕	室	奎	畢	井
20	婁	畢	畢	鬼	星	角	氐	斗	壁	婁	觜	鬼
21	胃	觜	觜	柳	張	亢	房	女	奎	胃	参	柳
22	昴	参	参	星	翼	氐	心	虚	婁	昴	井	星
23	畢	井	井	張	軫	房	尾	危	胃	畢	鬼	張
24	觜	鬼	鬼	翼	角	心	箕	室	昴	觜	柳	翼
25	参	柳	柳	軫	亢	尾	斗	壁	畢	参	星	軫
26	井	星	星	角	氐	箕	女	奎	觜	井	張	角
27	鬼	張	張	亢	房	斗	虚	婁	参	鬼	翼	亢
28	柳	翼	翼	氐	心	女	危	胃	井	柳	軫	氐
29	星	-	軫	房	尾	虚	室	昴	鬼	星	角	房
30	張	-	角	心	箕	危	壁	畢	柳	張	亢	心
31	翼	-	亢	-	斗	-	奎	觜	-	翼	-	尾

2011年　平成23年

日＼月	1月	2月	3月	4月	5月	6月	7月	8月	9月	10月	11月	12月
1	箕	危	危	奎	昴	参	鬼	翼	房	箕	虚	奎
2	斗	室	室	婁	畢	参	柳	軫	心	斗	危	婁
3	女	室	壁	胃	畢	井	星	角	尾	女	室	胃
4	虚	壁	奎	昴	觜	鬼	張	亢	箕	虚	壁	昴
5	危	奎	奎	畢	参	柳	翼	氐	斗	危	奎	畢
6	室	婁	婁	觜	井	星	軫	房	女	室	婁	觜
7	壁	胃	胃	参	鬼	張	角	心	虚	壁	胃	参
8	奎	昴	昴	井	柳	翼	亢	尾	危	奎	昴	井
9	婁	畢	畢	鬼	星	軫	氐	箕	室	婁	畢	鬼
10	胃	觜	觜	柳	張	角	房	斗	壁	胃	觜	柳
11	昴	参	参	星	翼	亢	心	女	奎	昴	参	星
12	畢	井	井	張	軫	氐	尾	虚	婁	畢	井	張
13	觜	鬼	鬼	翼	角	房	箕	危	胃	觜	鬼	翼
14	参	柳	柳	軫	亢	心	斗	室	昴	参	柳	軫
15	井	星	星	角	氐	尾	女	壁	畢	井	星	角
16	鬼	張	張	亢	房	箕	虚	奎	觜	鬼	張	亢
17	柳	翼	翼	氐	心	斗	危	婁	参	柳	翼	氐
18	星	軫	軫	房	尾	女	室	胃	井	星	軫	房
19	張	角	角	心	箕	虚	壁	昴	鬼	張	角	心
20	翼	亢	亢	尾	斗	危	奎	畢	柳	翼	亢	尾
21	軫	氐	氐	箕	女	室	婁	觜	星	軫	氐	箕
22	角	房	房	斗	虚	壁	胃	参	張	角	房	斗
23	亢	心	心	女	危	奎	昴	井	翼	亢	心	女
24	氐	尾	尾	虚	室	婁	畢	鬼	軫	氐	尾	虚
25	房	箕	箕	危	壁	胃	觜	柳	角	房	斗	虚
26	心	斗	斗	室	奎	昴	参	星	亢	心	女	危
27	尾	女	女	壁	婁	畢	井	張	氐	心	虚	室
28	箕	虚	虚	奎	胃	觜	鬼	翼	房	尾	危	壁
29	斗	-	危	婁	昴	参	柳	角	心	箕	室	奎
30	女	-	室	胃	畢	井	星	亢	尾	斗	壁	婁
31	虚	-	壁	-	觜	-	張	氐	-	女	-	胃

2012年　平成24年

日＼月	1月	2月	3月	4月	5月	6月	7月	8月	9月	10月	11月	12月
1	昴	井	鬼	翼	翼	亢	房	斗	室	胃	参	鬼
2	畢	鬼	柳	軫	軫	氐	心	女	壁	昴	井	柳
3	觜	柳	星	角	角	房	尾	虚	奎	畢	鬼	星
4	参	星	張	亢	亢	心	箕	危	婁	觜	柳	張
5	井	張	翼	氐	氐	尾	斗	室	胃	参	星	翼
6	鬼	翼	軫	房	房	箕	女	壁	昴	井	張	軫
7	柳	軫	角	心	心	斗	虚	奎	畢	鬼	翼	角
8	星	角	亢	尾	尾	女	危	婁	觜	柳	軫	亢
9	張	亢	氐	箕	箕	虚	室	胃	参	星	角	氐
10	翼	氐	房	斗	斗	危	壁	昴	井	張	亢	房
11	軫	房	心	女	女	室	奎	畢	鬼	翼	氐	心
12	角	心	尾	虚	虚	壁	婁	觜	柳	軫	房	尾
13	亢	尾	箕	危	危	奎	胃	参	星	角	心	斗
14	氐	箕	斗	室	室	婁	昴	井	張	亢	心	女
15	房	斗	女	壁	壁	胃	畢	鬼	翼	氐	尾	虚
16	心	女	虚	奎	奎	昴	觜	柳	角	房	箕	危
17	尾	虚	危	婁	婁	畢	参	星	亢	心	斗	室
18	箕	危	室	胃	胃	觜	井	張	氐	尾	女	壁
19	斗	室	壁	昴	昴	参	鬼	翼	房	箕	虚	奎
20	女	壁	奎	畢	畢	参	柳	軫	心	斗	危	婁
21	虚	奎	婁	胃	畢	井	星	角	尾	女	室	胃
22	危	奎	胃	昴	觜	鬼	張	亢	箕	虚	壁	昴
23	室	婁	昴	畢	参	柳	翼	氐	斗	危	奎	畢
24	壁	胃	畢	觜	井	星	軫	房	女	室	婁	觜
25	奎	昴	觜	参	鬼	張	角	心	虚	壁	胃	参
26	婁	畢	参	井	柳	翼	亢	尾	危	奎	昴	井
27	胃	觜	井	鬼	星	軫	氐	箕	室	婁	畢	鬼
28	昴	参	鬼	柳	張	角	房	斗	壁	胃	觜	柳
29	畢	井	柳	星	翼	亢	心	女	奎	昴	参	星
30	觜	-	星	張	軫	氐	尾	虚	婁	畢	井	張
31	参	-	張	-	角	-	箕	危	-	觜	-	翼

2005年　平成17年

日＼月	1月	2月	3月	4月	5月	6月	7月	8月	9月	10月	11月	12月
1	角	心	心	女	危	婁	昴	井	張	角	心	箕
2	亢	尾	尾	虚	室	胃	畢	鬼	翼	亢	心	斗
3	氐	箕	箕	危	壁	昴	觜	柳	軫	氐	尾	女
4	房	斗	斗	室	奎	畢	参	星	角	房	箕	虚
5	心	女	女	壁	婁	觜	井	張	亢	心	斗	危
6	尾	虚	虚	奎	胃	参	鬼	翼	氐	尾	女	室
7	箕	危	危	婁	昴	参	柳	軫	房	箕	虚	壁
8	斗	室	室	胃	畢	井	星	角	心	斗	危	奎
9	女	室	壁	胃	觜	鬼	張	亢	尾	女	室	婁
10	虚	壁	奎	昴	参	柳	翼	氐	箕	虚	壁	胃
11	危	奎	婁	畢	井	星	軫	房	斗	危	奎	昴
12	室	婁	胃	觜	鬼	張	角	心	女	室	婁	畢
13	壁	胃	昴	参	柳	翼	亢	尾	虚	壁	胃	觜
14	奎	昴	畢	井	星	軫	氐	箕	危	奎	昴	参
15	婁	畢	觜	鬼	張	角	房	斗	室	婁	畢	井
16	胃	觜	参	柳	翼	亢	心	女	壁	胃	觜	鬼
17	昴	参	井	星	軫	氐	尾	虚	奎	昴	参	柳
18	畢	井	鬼	張	角	房	箕	危	婁	畢	井	星
19	觜	鬼	柳	翼	亢	心	斗	室	胃	觜	鬼	張
20	参	柳	星	軫	氐	尾	女	壁	昴	参	柳	翼
21	井	星	張	角	房	箕	虚	奎	畢	井	星	軫
22	鬼	張	翼	亢	心	斗	危	婁	觜	鬼	張	角
23	柳	翼	軫	氐	尾	女	室	胃	参	柳	翼	亢
24	星	軫	角	房	箕	虚	壁	昴	井	星	軫	氐
25	張	角	亢	心	斗	危	奎	畢	鬼	張	角	房
26	翼	亢	氐	尾	女	室	婁	觜	柳	翼	亢	心
27	軫	氐	房	箕	虚	壁	胃	参	星	軫	氐	尾
28	角	房	心	斗	危	奎	昴	井	張	角	房	箕
29	亢	-	尾	女	室	婁	畢	鬼	翼	亢	心	斗
30	氐	-	箕	虚	壁	胃	觜	柳	軫	氐	尾	女
31	房	-	斗	-	奎	-	参	星	-	房	-	虚

2006年　平成18年

日＼月	1月	2月	3月	4月	5月	6月	7月	8月	9月	10月	11月	12月
1	危	婁	婁	觜	井	張	軫	心	尾	虚	壁	婁
2	室	胃	胃	参	鬼	翼	角	尾	箕	危	奎	胃
3	壁	昴	昴	井	柳	軫	亢	箕	斗	室	婁	昴
4	奎	畢	畢	鬼	星	角	氐	斗	女	壁	胃	畢
5	婁	觜	觜	柳	張	亢	房	女	虚	奎	昴	觜
6	胃	参	参	星	翼	氐	心	虚	危	婁	畢	参
7	昴	井	井	張	軫	房	尾	危	室	胃	觜	井
8	畢	鬼	鬼	翼	角	心	箕	室	壁	昴	参	鬼
9	觜	柳	柳	軫	亢	尾	斗	壁	奎	畢	井	柳
10	参	星	星	角	氐	箕	女	奎	婁	觜	鬼	星
11	井	張	張	亢	房	斗	虚	婁	胃	参	柳	張
12	鬼	翼	翼	氐	心	女	危	胃	昴	井	星	翼
13	柳	軫	軫	房	尾	虚	室	昴	畢	鬼	張	軫
14	星	角	角	心	箕	危	壁	畢	觜	柳	翼	角
15	張	亢	亢	尾	斗	室	奎	觜	参	星	軫	亢
16	翼	氐	氐	箕	女	壁	婁	参	井	張	角	氐
17	軫	房	房	斗	虚	奎	胃	井	鬼	翼	亢	房
18	角	心	心	女	危	婁	昴	鬼	柳	軫	氐	心
19	亢	尾	尾	虚	室	胃	畢	柳	星	角	房	尾
20	氐	箕	箕	危	壁	昴	觜	星	張	亢	心	斗
21	房	斗	斗	室	奎	畢	参	張	翼	氐	心	女
22	心	女	女	壁	婁	觜	井	翼	角	氐	尾	虚
23	尾	虚	虚	奎	胃	参	鬼	軫	亢	房	箕	危
24	箕	危	危	婁	昴	井	柳	張	氐	心	斗	室
25	斗	室	室	胃	畢	鬼	張	翼	房	尾	女	壁
26	女	壁	壁	昴	觜	鬼	翼	軫	心	箕	虚	奎
27	虚	奎	奎	畢	参	柳	軫	角	尾	斗	危	婁
28	危	奎	婁	畢	井	星	角	亢	箕	女	室	胃
29	室	-	胃	觜	鬼	張	亢	氐	斗	虚	壁	昴
30	壁	-	昴	参	柳	翼	氐	房	女	危	奎	畢
31	奎	-	畢	-	星	-	房	心	-	室	-	觜

2007年　平成19年

日＼月	1月	2月	3月	4月	5月	6月	7月	8月	9月	10月	11月	12月
1	参	柳	柳	軫	氐	尾	女	壁	昴	井	星	翼
2	井	星	星	角	房	箕	虚	奎	畢	鬼	張	軫
3	鬼	張	張	亢	心	斗	危	婁	觜	柳	翼	角
4	柳	翼	翼	氐	尾	女	室	胃	参	星	軫	亢
5	星	軫	軫	房	箕	虚	壁	昴	井	張	角	氐
6	張	角	角	心	斗	危	奎	畢	鬼	翼	亢	房
7	翼	亢	亢	尾	女	室	婁	觜	柳	軫	氐	心
8	軫	氐	氐	箕	虚	壁	胃	参	星	角	房	尾
9	角	房	房	斗	危	奎	昴	井	張	亢	心	箕
10	亢	心	心	女	室	婁	畢	鬼	翼	氐	心	斗
11	氐	尾	尾	虚	壁	胃	觜	柳	角	氐	尾	女
12	房	箕	箕	危	奎	昴	参	星	亢	房	箕	虚
13	心	斗	斗	室	婁	畢	井	張	氐	心	斗	危
14	尾	女	女	壁	胃	觜	鬼	翼	房	尾	女	室
15	箕	虚	虚	奎	昴	参	柳	軫	心	箕	虚	壁
16	斗	危	危	婁	畢	井	星	角	尾	斗	危	奎
17	女	室	室	胃	畢	鬼	張	亢	箕	女	室	婁
18	虚	室	壁	昴	觜	柳	翼	氐	斗	虚	壁	胃
19	虚	壁	奎	畢	参	星	軫	房	女	危	奎	昴
20	危	奎	婁	觜	井	張	角	心	虚	室	婁	畢
21	室	婁	胃	参	鬼	翼	亢	尾	危	壁	胃	觜
22	壁	胃	昴	井	柳	軫	氐	箕	室	奎	昴	参
23	奎	昴	畢	鬼	星	角	房	斗	壁	婁	畢	井
24	婁	畢	觜	柳	張	亢	心	女	奎	胃	觜	鬼
25	胃	觜	参	星	翼	氐	尾	虚	婁	昴	参	柳
26	昴	参	井	張	軫	房	箕	危	胃	畢	井	星
27	畢	井	鬼	翼	角	心	斗	室	昴	觜	鬼	張
28	觜	鬼	柳	軫	亢	尾	女	壁	畢	参	柳	翼
29	参	-	星	角	氐	箕	虚	奎	觜	井	星	軫
30	井	-	張	亢	房	斗	危	婁	参	鬼	張	角
31	鬼	-	翼	-	心	-	室	胃	-	柳	-	亢

2008年　平成20年

日＼月	1月	2月	3月	4月	5月	6月	7月	8月	9月	10月	11月	12月
1	氐	箕	斗	危	奎	畢	参	張	亢	心	斗	危
2	房	斗	女	室	婁	觜	井	翼	氐	尾	女	室
3	心	女	虚	壁	胃	参	鬼	軫	房	箕	虚	壁
4	尾	虚	危	奎	昴	参	柳	角	心	斗	危	奎
5	箕	危	室	婁	畢	井	星	亢	尾	女	室	婁
6	斗	室	壁	胃	觜	鬼	張	氐	箕	虚	壁	胃
7	女	室	奎	昴	参	柳	翼	房	斗	危	奎	昴
8	虚	壁	奎	畢	井	星	軫	心	女	室	婁	畢
9	危	奎	婁	觜	鬼	張	角	尾	虚	壁	胃	觜
10	室	婁	胃	参	柳	翼	亢	箕	危	奎	昴	参
11	壁	胃	昴	井	星	軫	氐	斗	室	婁	畢	井
12	奎	昴	畢	鬼	張	角	房	女	壁	胃	觜	鬼
13	婁	畢	觜	柳	翼	亢	心	虚	奎	昴	参	柳
14	胃	觜	参	星	軫	氐	尾	危	婁	畢	井	星
15	昴	参	井	張	角	房	箕	室	胃	觜	鬼	張
16	畢	井	鬼	翼	亢	心	斗	壁	昴	参	柳	翼
17	觜	鬼	柳	軫	氐	尾	女	奎	畢	井	星	軫
18	参	柳	星	角	房	箕	虚	婁	觜	鬼	張	角
19	井	星	張	亢	心	斗	危	胃	参	柳	翼	亢
20	鬼	張	翼	氐	尾	女	室	昴	井	星	軫	氐
21	柳	翼	軫	房	箕	虚	壁	畢	鬼	張	角	房
22	星	軫	角	心	斗	危	奎	觜	柳	翼	亢	心
23	張	角	亢	尾	女	室	婁	参	星	軫	氐	尾
24	翼	亢	氐	箕	虚	壁	胃	井	張	角	房	箕
25	軫	氐	房	斗	危	奎	昴	鬼	翼	亢	心	斗
26	角	房	心	女	室	婁	畢	柳	軫	氐	尾	女
27	亢	心	尾	虚	壁	胃	觜	星	角	房	箕	虚
28	氐	尾	箕	危	奎	昴	参	張	亢	心	斗	危
29	房	箕	斗	室	婁	畢	井	翼	氐	心	女	室
30	心	-	女	壁	胃	觜	鬼	軫	房	尾	虚	壁
31	尾	-	虚	-	昴	-	柳	角	-	箕	-	奎

2013年　平成25年

日＼月	1月	2月	3月	4月	5月	6月	7月	8月	9月	10月	11月	12月
1	軫	氐	房	箕	虚	壁	婁	觜	柳	軫	氐	尾
2	角	房	心	斗	危	奎	胃	参	星	角	房	箕
3	亢	心	尾	女	室	婁	昴	井	張	亢	心	斗
4	氐	尾	箕	虚	壁	胃	畢	鬼	翼	氐	尾	女
5	房	箕	斗	危	奎	昴	觜	柳	角	氐	箕	虚
6	心	斗	女	室	婁	畢	参	星	亢	房	斗	危
7	尾	女	虚	壁	胃	觜	井	張	氐	心	女	室
8	箕	虚	危	奎	昴	参	鬼	翼	房	尾	虚	壁
9	斗	危	室	婁	畢	参	柳	軫	心	箕	危	奎
10	女	室	壁	胃	畢	井	星	角	尾	斗	室	婁
11	虚	壁	奎	昴	觜	鬼	張	亢	箕	女	壁	胃
12	虚	奎	奎	畢	参	柳	翼	氐	斗	虚	奎	昴
13	危	婁	婁	觜	井	星	軫	房	女	危	婁	畢
14	室	胃	胃	参	鬼	張	角	心	虚	室	胃	觜
15	壁	昴	昴	井	柳	翼	亢	尾	危	壁	昴	参
16	奎	畢	畢	鬼	星	軫	氐	箕	室	奎	畢	井
17	婁	觜	觜	柳	張	角	房	斗	壁	婁	觜	鬼
18	胃	参	参	星	翼	亢	心	女	奎	胃	参	柳
19	昴	井	井	張	軫	氐	尾	虚	婁	昴	井	星
20	畢	鬼	鬼	翼	角	房	箕	危	胃	畢	鬼	張
21	觜	柳	柳	軫	亢	心	斗	室	昴	觜	柳	翼
22	参	星	星	角	氐	尾	女	壁	畢	参	星	軫
23	井	張	張	亢	房	箕	虚	奎	觜	井	張	角
24	鬼	翼	翼	氐	心	斗	危	婁	参	鬼	翼	亢
25	柳	軫	軫	房	尾	女	室	胃	井	柳	軫	氐
26	星	角	角	心	箕	虚	壁	昴	鬼	星	角	房
27	張	亢	亢	尾	斗	危	奎	畢	柳	張	亢	心
28	翼	氐	氐	箕	女	室	婁	觜	星	翼	氐	尾
29	軫	-	房	斗	虚	壁	胃	参	張	軫	房	箕
30	角	-	心	女	危	奎	昴	井	翼	角	心	斗
31	亢	-	尾	-	室	-	畢	鬼	-	亢	-	女

2014年　平成26年

日＼月	1月	2月	3月	4月	5月	6月	7月	8月	9月	10月	11月	12月
1	虚	壁	奎	昴	参	柳	翼	氐	斗	虚	危	奎
2	危	奎	婁	畢	井	星	軫	房	女	危	室	婁
3	室	婁	胃	觜	鬼	張	角	心	虚	室	壁	胃
4	壁	胃	昴	参	柳	翼	亢	尾	危	壁	奎	昴
5	奎	昴	畢	井	星	軫	氐	箕	室	奎	婁	畢
6	婁	畢	觜	鬼	張	角	房	斗	壁	婁	胃	觜
7	胃	觜	参	柳	翼	亢	心	女	奎	胃	昴	参
8	昴	参	井	星	軫	氐	尾	虚	婁	昴	畢	井
9	畢	井	鬼	張	角	房	箕	危	胃	畢	觜	鬼
10	觜	鬼	柳	翼	亢	心	斗	室	昴	觜	参	柳
11	参	柳	星	軫	氐	尾	女	壁	畢	参	井	星
12	井	星	張	角	房	箕	虚	奎	觜	井	鬼	張
13	鬼	張	翼	亢	心	斗	危	婁	参	鬼	柳	翼
14	柳	翼	軫	氐	尾	女	室	胃	井	柳	星	軫
15	星	軫	角	房	箕	虚	壁	昴	鬼	星	張	角
16	張	角	亢	心	斗	危	奎	畢	柳	張	翼	亢
17	翼	亢	氐	尾	女	室	婁	觜	星	翼	軫	氐
18	軫	氐	房	箕	虚	壁	胃	参	張	軫	角	房
19	角	房	心	斗	危	奎	昴	井	翼	角	亢	心
20	亢	心	尾	女	室	婁	畢	鬼	軫	亢	氐	尾
21	氐	尾	箕	虚	壁	胃	觜	柳	角	氐	房	箕
22	房	箕	斗	危	奎	昴	参	星	亢	房	心	斗
23	心	斗	女	室	婁	畢	井	張	氐	心	尾	女
24	尾	女	虚	壁	胃	觜	鬼	翼	氐	氐	箕	虚
25	箕	虚	危	奎	昴	参	柳	角	房	房	斗	危
26	斗	危	室	婁	畢	井	星	亢	心	心	女	室
27	女	室	壁	胃	觜	鬼	張	氐	尾	尾	虚	壁
28	虚	壁	奎	昴	参	柳	翼	房	箕	箕	危	奎
29	危	-	婁	畢	参	星	軫	心	斗	斗	室	婁
30	室	-	胃	觜	井	張	角	尾	女	女	壁	胃
31	室	-	胃	-	鬼	-	亢	箕	-	虚	-	昴

2015年　平成27年

日＼月	1月	2月	3月	4月	5月	6月	7月	8月	9月	10月	11月	12月
1	畢	鬼	鬼	翼	角	心	斗	危	胃	觜	鬼	星
2	觜	柳	柳	軫	亢	尾	女	室	昴	参	柳	張
3	参	星	星	角	氐	箕	虚	壁	畢	井	星	翼
4	井	張	張	亢	房	斗	危	奎	觜	鬼	張	軫
5	鬼	翼	翼	氐	心	女	室	婁	参	柳	翼	角
6	柳	軫	軫	房	尾	虚	壁	胃	井	星	軫	亢
7	星	角	角	心	箕	危	奎	昴	鬼	張	角	氐
8	張	亢	亢	尾	斗	室	婁	畢	柳	翼	亢	房
9	翼	氐	氐	箕	女	壁	胃	觜	星	軫	氐	心
10	軫	房	房	斗	虚	奎	昴	参	張	角	房	尾
11	角	心	心	女	危	婁	畢	井	翼	亢	心	斗
12	亢	尾	尾	虚	室	胃	觜	鬼	軫	氐	心	女
13	氐	箕	箕	危	壁	昴	参	柳	角	氐	尾	虚
14	房	斗	斗	室	奎	畢	井	張	亢	房	箕	危
15	心	女	女	壁	婁	觜	鬼	翼	氐	心	斗	室
16	尾	虚	虚	奎	胃	参	鬼	軫	房	尾	女	壁
17	箕	危	危	婁	昴	井	柳	角	心	箕	虚	奎
18	斗	室	室	胃	畢	鬼	星	亢	尾	斗	危	婁
19	女	室	壁	胃	觜	柳	張	氐	箕	女	室	胃
20	虚	壁	奎	昴	参	星	翼	房	斗	虚	壁	昴
21	危	奎	婁	畢	井	張	軫	心	女	危	奎	畢
22	室	婁	胃	觜	鬼	翼	角	尾	虚	室	婁	觜
23	壁	胃	昴	参	柳	軫	亢	箕	危	壁	胃	参
24	奎	昴	畢	井	星	角	氐	斗	室	奎	昴	井
25	婁	畢	觜	鬼	張	亢	房	女	壁	婁	畢	鬼
26	胃	觜	参	柳	翼	氐	心	虚	奎	胃	觜	柳
27	昴	参	井	星	軫	房	尾	危	婁	昴	参	星
28	畢	井	鬼	張	角	心	箕	室	胃	畢	井	張
29	觜	-	柳	翼	亢	尾	斗	壁	昴	觜	鬼	翼
30	参	-	星	軫	氐	箕	女	奎	畢	参	柳	軫
31	井	-	張	-	房	-	虚	婁	-	井	-	角

2016年　平成28年

日＼月	1月	2月	3月	4月	5月	6月	7月	8月	9月	10月	11月	12月
1	亢	心	箕	虚	壁	胃	觜	柳	角	氐	尾	虚
2	氐	尾	斗	危	奎	昴	参	星	亢	房	箕	危
3	房	箕	女	室	婁	畢	井	張	氐	心	斗	室
4	心	斗	虚	壁	胃	觜	鬼	翼	房	尾	女	壁
5	尾	女	危	奎	昴	参	柳	軫	心	箕	虚	奎
6	箕	虚	室	婁	畢	井	星	角	尾	斗	危	婁
7	斗	危	壁	胃	畢	鬼	張	亢	箕	女	室	胃
8	女	室	奎	昴	觜	柳	翼	氐	斗	虚	壁	昴
9	虚	壁	奎	畢	参	星	軫	房	女	危	奎	畢
10	虚	奎	婁	觜	井	張	角	心	虚	室	婁	觜
11	危	婁	胃	参	鬼	翼	亢	尾	危	壁	胃	参
12	室	胃	昴	井	柳	軫	氐	箕	室	奎	昴	井
13	壁	昴	畢	鬼	星	角	房	斗	壁	婁	畢	鬼
14	奎	畢	觜	柳	張	亢	心	女	奎	胃	觜	柳
15	婁	觜	参	星	翼	氐	尾	虚	婁	昴	参	星
16	胃	参	井	張	軫	房	箕	危	胃	畢	井	張
17	昴	井	鬼	翼	角	心	斗	室	昴	觜	鬼	翼
18	畢	鬼	柳	軫	亢	尾	女	壁	畢	参	柳	軫
19	觜	柳	星	角	氐	箕	虚	奎	觜	井	星	角
20	参	星	張	亢	房	斗	危	婁	参	鬼	張	亢
21	井	張	翼	氐	心	女	室	胃	井	柳	翼	氐
22	鬼	翼	軫	房	尾	虚	壁	昴	鬼	星	軫	房
23	柳	軫	角	心	箕	危	奎	畢	柳	張	角	心
24	星	角	亢	尾	斗	室	婁	觜	星	翼	亢	尾
25	張	亢	氐	箕	女	壁	胃	参	張	軫	氐	箕
26	翼	氐	房	斗	虚	奎	昴	井	翼	角	房	斗
27	軫	房	心	女	危	婁	畢	鬼	軫	亢	心	女
28	角	心	尾	虚	室	胃	觜	柳	角	氐	尾	虚
29	亢	尾	箕	危	壁	昴	参	星	亢	房	斗	虚
30	氐	-	斗	室	奎	畢	井	張	氐	心	女	危
31	房	-	女	-	婁	-	鬼	翼	-	心	-	室

2017年～2024年生まれのあなた

2017年　平成29年

日＼月	1月	2月	3月	4月	5月	6月	7月	8月	9月	10月	11月	12月
1	壁	胃	昴	参	柳	翼	軫	房	斗	室	婁	畢
2	奎	昴	畢	井	星	軫	角	心	女	壁	胃	觜
3	婁	畢	觜	鬼	張	角	亢	尾	虚	奎	昴	参
4	胃	觜	参	柳	翼	亢	氐	箕	危	婁	畢	井
5	昴	参	井	星	軫	氐	房	斗	室	胃	觜	鬼
6	畢	井	鬼	張	角	房	心	女	壁	昴	参	柳
7	觜	鬼	柳	翼	亢	心	尾	虚	奎	畢	井	星
8	参	柳	星	軫	氐	尾	箕	危	婁	觜	鬼	張
9	井	星	張	角	房	箕	斗	室	胃	参	柳	翼
10	鬼	張	翼	亢	心	斗	女	壁	昴	井	星	軫
11	柳	翼	軫	氐	尾	女	虚	奎	畢	鬼	張	角
12	星	軫	角	房	箕	虚	危	婁	觜	柳	翼	亢
13	張	角	亢	心	斗	危	室	胃	参	星	軫	氐
14	翼	亢	氐	尾	女	室	壁	昴	井	張	角	房
15	軫	氐	房	箕	虚	壁	奎	畢	鬼	翼	亢	心
16	角	房	心	斗	危	奎	婁	觜	柳	軫	氐	尾
17	亢	心	尾	女	室	婁	胃	参	星	角	房	箕
18	氐	尾	箕	虚	壁	胃	昴	井	張	亢	心	斗
19	房	箕	斗	危	奎	昴	畢	鬼	翼	氐	尾	女
20	心	斗	女	室	婁	畢	觜	柳	角	氐	箕	虚
21	尾	女	虚	壁	胃	觜	参	星	亢	房	斗	危
22	箕	虚	危	奎	昴	参	井	張	氐	心	女	室
23	斗	危	室	婁	畢	井	鬼	翼	房	尾	虚	壁
24	女	室	壁	胃	觜	参	柳	軫	心	箕	危	奎
25	虚	壁	奎	昴	参	井	星	角	尾	斗	室	婁
26	危	奎	婁	畢	参	鬼	張	亢	箕	女	壁	胃
27	室	婁	胃	觜	井	柳	翼	氐	斗	虚	奎	昴
28	室	胃	胃	参	鬼	星	軫	房	女	危	婁	畢
29	壁	-	昴	井	柳	張	角	心	虚	室	胃	觜
30	奎	-	畢	鬼	星	翼	亢	尾	危	壁	昴	参
31	婁	-	觜	-	張	-	氐	箕	-	奎	-	井

2018年　平成30年

日＼月	1月	2月	3月	4月	5月	6月	7月	8月	9月	10月	11月	12月
1	鬼	張	張	亢	房	斗	虚	奎	觜	鬼	翼	角
2	柳	翼	翼	氐	心	女	危	婁	参	柳	軫	亢
3	星	軫	軫	房	尾	虚	室	胃	井	星	角	氐
4	張	角	角	心	箕	危	壁	昴	鬼	張	亢	房
5	翼	亢	亢	尾	斗	室	奎	畢	柳	翼	氐	心
6	軫	氐	氐	箕	女	壁	婁	觜	星	軫	房	尾
7	角	房	房	斗	虚	奎	胃	参	張	角	心	斗
8	亢	心	心	女	危	婁	昴	井	翼	亢	心	女
9	氐	尾	尾	虚	室	胃	畢	鬼	軫	氐	尾	虚
10	房	箕	箕	危	壁	昴	觜	柳	角	房	箕	危
11	心	斗	斗	室	奎	畢	参	張	亢	心	斗	室
12	尾	女	女	壁	婁	觜	井	翼	氐	尾	女	壁
13	箕	虚	虚	奎	胃	参	鬼	軫	房	箕	虚	奎
14	斗	危	危	婁	昴	参	柳	角	心	斗	危	婁
15	女	室	室	胃	畢	井	星	亢	尾	女	室	胃
16	虚	室	壁	胃	觜	鬼	張	氐	箕	虚	壁	昴
17	虚	壁	奎	昴	参	柳	翼	房	斗	危	奎	畢
18	危	奎	婁	畢	井	星	軫	心	女	室	婁	觜
19	室	婁	胃	觜	鬼	張	角	尾	虚	壁	胃	参
20	壁	胃	昴	参	柳	翼	亢	箕	危	奎	昴	井
21	奎	昴	畢	井	星	軫	氐	斗	室	婁	畢	鬼
22	婁	畢	觜	鬼	張	角	房	女	壁	胃	觜	柳
23	胃	觜	参	柳	翼	亢	心	虚	奎	昴	参	星
24	昴	参	井	星	軫	氐	尾	危	婁	畢	井	張
25	畢	井	鬼	張	角	房	箕	室	胃	觜	鬼	翼
26	觜	鬼	柳	翼	亢	心	斗	壁	昴	参	柳	軫
27	参	柳	星	軫	氐	尾	女	奎	畢	井	星	角
28	井	星	張	角	房	箕	虚	婁	觜	鬼	張	亢
29	鬼	-	翼	亢	心	斗	危	胃	参	柳	翼	氐
30	柳	-	軫	氐	尾	女	室	昴	井	星	軫	房
31	星	-	角	-	箕	-	壁	畢	-	張	-	心

2019年　平成31年／令和元年

日＼月	1月	2月	3月	4月	5月	6月	7月	8月	9月	10月	11月	12月
1	尾	女	女	室	婁	畢	井	張	氐	心	女	室
2	箕	虚	虚	壁	胃	觜	鬼	翼	房	尾	虚	壁
3	斗	危	危	奎	昴	参	鬼	軫	心	箕	危	奎
4	女	室	室	婁	畢	井	柳	角	尾	斗	室	婁
5	虚	室	壁	胃	畢	鬼	星	亢	箕	女	壁	胃
6	虚	壁	奎	昴	觜	柳	張	氐	斗	虚	奎	昴
7	危	奎	奎	畢	参	星	翼	房	女	危	婁	畢
8	室	婁	婁	觜	井	張	軫	心	虚	室	胃	觜
9	壁	胃	胃	参	鬼	翼	角	尾	危	壁	昴	参
10	奎	昴	昴	井	柳	軫	亢	箕	室	奎	畢	井
11	婁	畢	畢	鬼	星	角	氐	斗	壁	婁	觜	鬼
12	胃	觜	觜	柳	張	亢	房	女	奎	胃	参	柳
13	昴	参	参	星	翼	氐	心	虚	婁	昴	井	星
14	畢	井	井	張	軫	房	尾	危	胃	畢	鬼	張
15	觜	鬼	鬼	翼	角	心	箕	室	昴	觜	柳	翼
16	参	柳	柳	軫	亢	尾	斗	壁	畢	参	星	軫
17	井	星	星	角	氐	箕	女	奎	觜	井	張	角
18	鬼	張	張	亢	房	斗	虚	婁	参	鬼	翼	亢
19	柳	翼	翼	氐	心	女	危	胃	井	柳	軫	氐
20	星	軫	軫	房	尾	虚	室	昴	鬼	星	角	房
21	張	角	角	心	箕	危	壁	畢	柳	張	亢	心
22	翼	亢	亢	尾	斗	室	奎	觜	星	翼	氐	尾
23	軫	氐	氐	箕	女	壁	婁	参	張	軫	房	箕
24	角	房	房	斗	虚	奎	胃	井	翼	角	心	斗
25	亢	心	心	女	危	婁	昴	鬼	軫	亢	尾	女
26	氐	尾	尾	虚	室	胃	畢	柳	角	氐	箕	虚
27	房	箕	箕	危	壁	昴	觜	星	亢	房	斗	危
28	心	斗	斗	室	奎	畢	参	張	氐	心	女	室
29	尾	-	女	壁	婁	觜	井	翼	氐	尾	虚	壁
30	箕	-	虚	奎	胃	参	鬼	角	房	箕	危	奎
31	斗	-	危	-	昴	-	柳	亢	-	斗	-	婁

2020年　令和2年

日＼月	1月	2月	3月	4月	5月	6月	7月	8月	9月	10月	11月	12月
1	胃	觜	参	星	翼	軫	氐	尾	危	婁	畢	井
2	昴	参	井	張	軫	角	房	箕	室	胃	觜	鬼
3	畢	井	鬼	翼	角	亢	心	斗	壁	昴	参	柳
4	觜	鬼	柳	軫	亢	氐	尾	女	奎	畢	井	星
5	参	柳	星	角	氐	房	箕	虚	婁	觜	鬼	張
6	井	星	張	亢	房	心	斗	危	胃	参	柳	翼
7	鬼	張	翼	氐	心	尾	女	室	昴	井	星	軫
8	柳	翼	軫	房	尾	箕	虚	壁	畢	鬼	張	角
9	星	軫	角	心	箕	斗	危	奎	觜	柳	翼	亢
10	張	角	亢	尾	斗	女	室	婁	参	星	軫	氐
11	翼	亢	氐	箕	女	虚	壁	胃	井	張	角	房
12	軫	氐	房	斗	虚	危	奎	昴	鬼	翼	亢	心
13	角	房	心	女	危	室	婁	畢	柳	軫	氐	尾
14	亢	心	尾	虚	室	壁	胃	觜	星	角	房	箕
15	氐	尾	箕	危	壁	奎	昴	参	張	亢	心	斗
16	房	箕	斗	室	奎	婁	畢	井	翼	氐	尾	女
17	心	斗	女	壁	婁	胃	觜	鬼	角	氐	箕	虚
18	尾	女	虚	奎	胃	昴	参	柳	亢	房	斗	危
19	箕	虚	危	婁	昴	畢	井	張	氐	心	女	室
20	斗	危	室	胃	畢	觜	鬼	翼	房	尾	虚	壁
21	女	室	壁	昴	觜	参	鬼	軫	心	箕	危	奎
22	虚	壁	奎	畢	参	井	柳	角	尾	斗	室	婁
23	危	奎	婁	畢	畢	鬼	星	亢	箕	女	壁	胃
24	室	奎	胃	觜	觜	柳	張	氐	斗	虚	奎	昴
25	室	婁	昴	参	参	星	翼	房	女	危	婁	畢
26	壁	胃	畢	井	井	張	軫	心	虚	室	胃	觜
27	奎	昴	觜	鬼	鬼	翼	角	尾	危	壁	昴	参
28	婁	畢	参	柳	柳	軫	亢	箕	室	奎	畢	井
29	胃	觜	井	星	星	角	氐	斗	壁	婁	觜	鬼
30	昴	-	鬼	張	張	亢	房	女	奎	胃	参	柳
31	畢	-	柳	-	翼	-	心	虚	-	昴	-	星

2021年　令和3年

日＼月	1月	2月	3月	4月	5月	6月	7月	8月	9月	10月	11月	12月
1	張	亢	亢	尾	斗	危	奎	昴	鬼	張	亢	房
2	翼	氐	氐	箕	女	室	婁	畢	柳	翼	氐	心
3	軫	房	房	斗	虚	壁	胃	觜	星	軫	房	尾
4	角	心	心	女	危	奎	昴	参	張	角	心	斗
5	亢	尾	尾	虚	室	婁	畢	井	翼	亢	心	女
6	氐	箕	箕	危	壁	胃	觜	鬼	軫	氐	尾	虚
7	房	斗	斗	室	奎	昴	参	柳	角	房	箕	危
8	心	女	女	壁	婁	畢	井	張	亢	心	斗	室
9	尾	虚	虚	奎	胃	觜	鬼	翼	氐	尾	女	壁
10	箕	危	危	婁	昴	参	鬼	軫	房	箕	虚	奎
11	斗	室	室	胃	畢	井	柳	角	心	斗	危	婁
12	女	室	壁	胃	畢	鬼	星	亢	尾	女	室	胃
13	虚	壁	奎	昴	觜	柳	張	氐	箕	虚	壁	昴
14	危	奎	婁	畢	参	星	翼	房	斗	危	奎	畢
15	室	婁	胃	觜	井	張	軫	心	女	室	婁	觜
16	壁	胃	昴	参	鬼	翼	角	尾	虚	壁	胃	参
17	奎	昴	畢	井	柳	軫	亢	箕	危	奎	昴	井
18	婁	畢	觜	鬼	星	角	氐	斗	室	婁	畢	鬼
19	胃	觜	参	柳	張	亢	房	女	壁	胃	觜	柳
20	昴	参	井	星	翼	氐	心	虚	奎	昴	参	星
21	畢	井	鬼	張	軫	房	尾	危	婁	畢	井	張
22	觜	鬼	柳	翼	角	心	箕	室	胃	觜	鬼	翼
23	参	柳	星	軫	亢	尾	斗	壁	昴	参	柳	軫
24	井	星	張	角	氐	箕	女	奎	畢	井	星	角
25	鬼	張	翼	亢	房	斗	虚	婁	觜	鬼	張	亢
26	柳	翼	軫	氐	心	女	危	胃	参	柳	翼	氐
27	星	軫	角	房	尾	虚	室	昴	井	星	軫	房
28	張	角	亢	心	箕	危	壁	畢	鬼	張	角	心
29	翼	-	氐	尾	斗	室	奎	觜	柳	翼	亢	尾
30	軫	-	房	箕	女	壁	婁	参	星	軫	氐	箕
31	角	-	心	-	虚	-	胃	井	-	角	-	斗

2022年　令和4年

日＼月	1月	2月	3月	4月	5月	6月	7月	8月	9月	10月	11月	12月
1	女	室	壁	胃	畢	鬼	星	角	尾	斗	室	婁
2	虚	壁	奎	昴	觜	柳	張	亢	箕	女	壁	胃
3	虚	奎	奎	畢	参	星	翼	氐	斗	虚	奎	昴
4	危	婁	婁	觜	井	張	軫	房	女	危	婁	畢
5	室	胃	胃	参	鬼	翼	角	心	虚	室	胃	觜
6	壁	昴	昴	井	柳	軫	亢	尾	危	壁	昴	参
7	奎	畢	畢	鬼	星	角	氐	箕	室	奎	畢	井
8	婁	觜	觜	柳	張	亢	房	斗	壁	婁	觜	鬼
9	胃	参	参	星	翼	氐	心	女	奎	胃	参	柳
10	昴	井	井	張	軫	房	尾	虚	婁	昴	井	星
11	畢	鬼	鬼	翼	角	心	箕	危	胃	畢	鬼	張
12	觜	柳	柳	軫	亢	尾	斗	室	昴	觜	柳	翼
13	参	星	星	角	氐	箕	女	壁	畢	参	星	軫
14	井	張	張	亢	房	斗	虚	奎	觜	井	張	角
15	鬼	翼	翼	氐	心	女	危	婁	参	鬼	翼	亢
16	柳	軫	軫	房	尾	虚	室	胃	井	柳	軫	氐
17	星	角	角	心	箕	危	壁	昴	鬼	星	角	房
18	張	亢	亢	尾	斗	室	奎	畢	柳	張	亢	心
19	翼	氐	氐	箕	女	壁	婁	觜	星	翼	氐	尾
20	軫	房	房	斗	虚	奎	胃	参	張	軫	房	箕
21	角	心	心	女	危	婁	昴	井	翼	角	心	斗
22	亢	尾	尾	虚	室	胃	畢	鬼	軫	亢	尾	女
23	氐	箕	箕	危	壁	昴	觜	柳	角	氐	箕	虚
24	房	斗	斗	室	奎	畢	参	星	亢	房	斗	危
25	心	女	女	壁	婁	觜	井	張	氐	心	女	室
26	尾	虚	虚	奎	胃	参	鬼	翼	氐	尾	虚	壁
27	箕	危	危	婁	昴	井	柳	角	房	箕	危	奎
28	斗	室	室	胃	畢	鬼	星	亢	心	斗	室	婁
29	女	-	壁	昴	觜	鬼	張	氐	尾	女	壁	胃
30	虚	-	奎	畢	参	柳	翼	房	箕	虚	奎	昴
31	危	-	婁	-	井	-	軫	心	-	危	-	畢

2023年　令和5年

日＼月	1月	2月	3月	4月	5月	6月	7月	8月	9月	10月	11月	12月
1	觜	鬼	柳	星	軫	氐	尾	女	奎	昴	参	柳
2	参	柳	星	張	角	房	箕	虚	婁	畢	井	星
3	井	星	張	翼	亢	心	斗	危	胃	觜	鬼	張
4	鬼	張	翼	軫	氐	尾	女	室	昴	参	柳	翼
5	柳	翼	軫	角	房	箕	虚	壁	畢	井	星	軫
6	星	軫	角	亢	心	斗	危	奎	觜	鬼	張	角
7	張	角	亢	氐	尾	女	室	婁	参	柳	翼	亢
8	翼	亢	氐	房	箕	虚	壁	胃	井	星	軫	氐
9	軫	氐	房	心	斗	危	奎	昴	鬼	張	角	房
10	角	房	心	尾	女	室	婁	畢	柳	翼	亢	心
11	亢	心	尾	箕	虚	壁	胃	觜	星	軫	氐	尾
12	氐	尾	箕	斗	危	奎	昴	参	張	角	房	箕
13	房	箕	斗	女	室	婁	畢	井	翼	亢	心	斗
14	心	斗	女	虚	壁	胃	觜	鬼	軫	氐	尾	女
15	尾	女	虚	危	奎	昴	参	柳	角	氐	箕	虚
16	箕	虚	危	室	婁	畢	井	張	亢	房	斗	危
17	斗	危	室	壁	胃	觜	鬼	翼	氐	心	女	室
18	女	室	壁	奎	昴	参	鬼	軫	房	尾	虚	壁
19	虚	壁	奎	婁	畢	井	柳	角	心	箕	危	奎
20	危	奎	婁	胃	畢	鬼	星	亢	尾	斗	室	婁
21	室	婁	胃	昴	觜	柳	張	氐	箕	女	壁	胃
22	室	胃	奎	畢	参	星	翼	房	斗	虚	奎	昴
23	壁	昴	婁	觜	井	張	軫	心	女	危	婁	畢
24	奎	畢	胃	参	鬼	翼	角	尾	虚	室	胃	觜
25	婁	觜	昴	井	柳	軫	亢	箕	危	壁	昴	参
26	胃	参	畢	鬼	星	角	氐	斗	室	奎	畢	井
27	昴	井	觜	柳	張	亢	房	女	壁	婁	觜	鬼
28	畢	鬼	参	星	翼	氐	心	虚	奎	胃	参	柳
29	觜	-	井	張	軫	房	尾	危	婁	昴	井	星
30	参	-	鬼	翼	角	心	箕	室	胃	畢	鬼	張
31	井	-	柳	-	亢	-	斗	壁	-	觜	-	翼

2024年　令和6年

日＼月	1月	2月	3月	4月	5月	6月	7月	8月	9月	10月	11月	12月
1	軫	房	心	女	危	婁	畢	井	翼	亢	心	斗
2	角	心	尾	虚	室	胃	觜	鬼	軫	氐	尾	女
3	亢	尾	箕	危	壁	昴	参	柳	角	氐	箕	虚
4	氐	箕	斗	室	奎	畢	井	張	亢	房	斗	危
5	房	斗	女	壁	婁	觜	鬼	翼	氐	心	女	室
6	心	女	虚	奎	胃	参	鬼	軫	房	尾	虚	壁
7	尾	虚	危	婁	昴	井	柳	角	心	箕	危	奎
8	箕	危	室	胃	畢	鬼	星	亢	尾	斗	室	婁
9	斗	室	壁	胃	觜	柳	張	氐	箕	女	壁	胃
10	女	室	奎	昴	参	星	翼	房	斗	虚	奎	昴
11	虚	壁	婁	畢	井	張	軫	心	女	危	婁	畢
12	危	奎	胃	觜	鬼	翼	角	尾	虚	室	胃	觜
13	室	婁	昴	参	柳	軫	亢	箕	危	壁	昴	参
14	壁	胃	畢	井	星	角	氐	斗	室	奎	畢	井
15	奎	昴	觜	鬼	張	亢	房	女	壁	婁	觜	鬼
16	婁	畢	参	柳	翼	氐	心	虚	奎	胃	参	柳
17	胃	觜	井	星	軫	房	尾	危	婁	昴	井	星
18	昴	参	鬼	張	角	心	箕	室	胃	畢	鬼	張
19	畢	井	柳	翼	亢	尾	斗	壁	昴	觜	柳	翼
20	觜	鬼	星	軫	氐	箕	女	奎	畢	参	星	軫
21	参	柳	張	角	房	斗	虚	婁	觜	井	張	角
22	井	星	翼	亢	心	女	危	胃	参	鬼	翼	亢
23	鬼	張	軫	氐	尾	虚	室	昴	井	柳	軫	氐
24	柳	翼	角	房	箕	危	壁	畢	鬼	星	角	房
25	星	軫	亢	心	斗	室	奎	觜	柳	張	亢	心
26	張	角	氐	尾	女	壁	婁	参	星	翼	氐	尾
27	翼	亢	房	箕	虚	奎	胃	井	張	軫	房	箕
28	軫	氐	心	斗	危	婁	昴	鬼	翼	角	心	斗
29	角	房	尾	女	室	胃	畢	柳	軫	亢	尾	女
30	亢	-	箕	虚	壁	昴	觜	星	角	氐	箕	虚
31	氐	-	斗	-	奎	-	参	張	-	房	-	虚